難解事例から探る

財産評価のキーポイント

第3集

税理士／笹岡宏保 著

ぎょうせい

はしがき

　相続税法22条（評価の原則）において，「相続，遺贈又は贈与により取得した財産の価額は，当該財産の取得の時における時価により」評価するものと規定し，また，評価通達1（評価の原則）(2)時価の意義において，「財産の価額は，時価によるものとし，時価とは，課税時期において，それぞれの財産の現況に応じ，不特定多数の当事者間で自由な取引が行われる場合に通常成立すると認められる価額をいい，その価額は，この通達の定めによって評価した価額による」と定められている。よって，相続税・贈与税等において必要とされる財産評価の具体的な評価手法は，我が国では評価通達の定めに依拠していることになる。

　しかしながら，実際に財産評価に直面した場合に，上記の評価通達（法令解釈通達の位置付けにある）はもちろんのこと，当該通達の解釈を補助する位置付けにある資産評価企画官情報及び文書回答事例を熟読したとしても，その判断に頭を悩ます事例は多いものと考えられる。

　このような特徴を持つ財産評価の理解の一助に資することができればとの思いで，月刊『税理』誌上において，「難解事例から探る　財産評価のキーポイント」と題して土地評価に関する各種論点を実務上の視点から検証することを目的に，平成20年1月号から連載を担当させていただいている。

　そして，平成24年9月には，連載開始初回号から平成23年12月号までを取りまとめて単行本（『難解事例から探る　財産評価のキーポイント』）として発刊させていただいた。

　また，平成27年11月には，平成24年1月号から平成27年1月号までを取りまとめて単行本（『難解事例から探る　財産評価のキーポイント［第2集］』）化させていただいた。

　この度も，機会をいただき，平成27年2月号から平成29年10月号までに連載した全15話に所要の加筆補正を行って，『難解事例から探る　財産評価のキーポイント［第3集］』として発刊させていただくことになった。

　第3集では，「一括借上げされている複数の貸家建物の敷地（貸家建付地）評価に係る諸論点」，「開発困難な市街地山林等の宅地見込地の評価」や「評価通達の定めにより難い特別の事情があるとして不動産鑑定評価による場合の立証挙証責任」等の今日的な話題性の高い論点を収録できたものと考えているところである。

　本書の特色は，次のとおりである。
(1)　使用する題材（事例）は，著者が空想で作成したものではなく，世の中で実際に発生

i

した生きた事例（国税不服審判所の裁決事例）に基づいて構成されている。
(2) 各事例の構成を下記のとおりに統一している。

事　例	紹介する事例の概要を簡潔にまとめて説明している。
基 礎 事 実	事例について，双方（請求人・原処分庁）において争いのない事実が掲記されている。
争　点	事例において，双方の理解が異なる点を要約している。
争点に関する双方（請求人・原処分庁）の主張	上記に掲げる「争点」について，双方の主張が掲記されている。掲記に当たっては一貫して，下記のとおりの表形式によっている。 ①　左欄……争点を掲記 ②　中欄……請求人（納税者）の主張を掲記 ③　右欄……原処分庁（課税庁）の主張を掲記
国税不服審判所の判断	争点に関して，国税不服審判所より示された判断が掲記されている。 ［この部分は，読者諸兄が審判官に就任した心積りで読んでいただければ，なお一層の関心と理解が深まるものと考えられる。］
本件裁決例のキーポイント	筆者がこの連載を継続する上で，最も重視している部分であり，題材とした裁決に対する判断機関等の判断に関するコメント及び題材とした事例に係る各種論点を実務上の立場から解説し，必要に応じて所要の提言も行っている。
参考事項等	①　参考法令通達等 　題材とした事例を理解するために必要な法令及び通達を掲記しているので，理解を深めるためにはぜひとも原典に触れることをおすすめしたい。 ②　類似判例・裁決事例の確認 　題材として採り上げた裁決事例に関して，これと同旨若しくは類似，又は全く正反対の立場を採るもの等，併せて確認しておくことで知識の拡大を図ることが期待できる。

　本書を参考にしていただくことにより，財産（土地）評価の機微に触れていただければ，筆者にとって望外の喜びとするところである。

　また，この分野に興味，関心を寄せられた読者には，併せて，平成24年9月発刊の第1集及び平成27年11月発刊の第2集も熟読していただければと願う次第である。

　なお，文中意見にわたる部分は，筆者の全く個人的な見解によるものであり，評価実務担当者又は読者諸兄の見解と相違があるかもしれないことを念のために申し添える。

　最後になったが，今回発行の機会を与えていただいた㈱ぎょうせい，わけても月刊『税理』編集局の皆様に厚く御礼を申し上げたい。

平成30年8月

税理士　笹岡　宏保

◆目　　次◆

総論　広大地の評価（廃止）から地積規模の大きな宅地の評価
　　　　（新設）へ ……………………………………………………………… 2
　Ⅰ　はじめに／2
　Ⅱ　旧通達の定め／2
　Ⅲ　旧通達の問題点／6
　Ⅳ　新通達の定め／7
　資料1　評価通達（新旧対照表）／21
　資料2　「地積規模の大きな宅地の評価」の適用対象の判定のためのフローチャート
　　　　／26
　資料3　旧通達と新通達の比較／27

CASE1　複数棟の貸家の敷地たる貸家建付地の評価に係る諸論点
　　　　（一括借上時の評価単位，通路・駐車場等の共用施設の取扱
　　　　い，借家人の有する権利の及ぶ範囲等）が争点とされた事例 ………… 31

CASE2　複数棟の貸家が一括借上げされている場合の貸家建付地の
　　　　評価単位が争点とされた事例 …………………………………………… 90

CASE3　評価会社が課税時期前3年以内に取得した家屋等の価額
　　　　（課税時期における通常の取引価額）の算定方法が争点と
　　　　された事例 ………………………………………………………………… 138

CASE4　非線引の都市計画区域内に存する現状では建物建築が困難
　　　　とされる雑種地の評価方法が争点とされた事例 ……………………… 189

CASE5 市街化区域内に存するものの現状では建物建築が困難とされる市街地農地の評価方法が争点とされた事例 ……………213

CASE6 里道（道路法に規定する道路に非該当）に設定された路線価を基に市街地周辺農地として評価することの相当性が争点とされた事例 ………………………………………………………266

CASE7 宅地開発が可能な地域に存するものの急傾斜地で間口が狭小なため宅地化率が低い土地（畑・山林）の評価方法が争点とされた事例 ………………………………………………………284

CASE8 評価通達24－4（広大地の評価）に定める「その地域」の範囲及び「標準的な宅地の地積」の求め方が争点とされた事例 ………304

CASE9 建物が滅失し課税時期に存在していない貸地（賃貸借による）の評価につき，借地権割合を控除して評価することの可否が争点とされた事例 ………………………………………323

CASE10 評価通達に定める広大地の要件たる「開発行為を行うとした場合に公共公益的施設用地（道路等）の負担が必要と認められるもの」に該当するか否かの判断基準が争点とされた事例（財産評価に影響を及ぼすべき客観的事情の認定） ……369

CASE11 土地区画整理事業の施行地区内に所在し，かつ，仮換地は未指定であり具体的な指定時期も不明確であることから著しい利用制限があると認められる市街地山林の評価方法が争点とされた事例 ……………………………………………390

CASE12 土地区画整理事業の施行区域（都市計画事業の認可が告示されていない地区）に存する評価対象地の評価につき，都市計画法上の建築制限をどのように反映させることが相当とされるのかが争点とされた事例 ……423

CASE13 課税時期において土地区画整理法に規定する仮換地の指定を受けたものの使用又は収益をすることができず，また，当該仮換地に係る造成工事も行われていない宅地の評価方法が争点とされた事例 ……459

CASE14 課税時期において事業認可された土地区画整理事業の施行地内に存するものの仮換地指定を受けていない土地（市街地山林）の価額を不動産鑑定評価額によることの可否が争点とされた事例 ……475

CASE15 建築基準法上の道路（行止まりで路線価は未設定）に接道する市街地山林の評価につき，不動産鑑定士による不動産鑑定評価額と特定路線価を設定して評価通達の定めにより算定した評価額とのいずれによることが相当であるのかが争点とされた事例 ……522

資 料 裁決事例一覧 ……570

＜凡　例＞

(1) 本書では，本文中において，通達名の表記につき，以下のように省略している。
・財産評価基本通達…評価通達

(2) 本書ではかっこ内及び図表内等において，法令・通達名その他の表記につき，以下のように省略している。

＜法　令＞
・相続税法…相法　・所得税法…所法　・法人税法…法法　・租税特別措置法…措法
・国税通則法…通則法　・国税通則法施行令…通則令
・都市計画法…都計法　・都市計画法施行令…都計令
・地方税法…地法

＜通　達＞
・財産評価基本通達…評価通達　　・相続税法個別通達…相個通
・相続税法基本通達…相基通　　　・法人税基本通達…法基通
・所得税基本通達…所基通　　　　・消費税法基本通達…消基通

＜条項番号等の省略方法＞
（例）法人税法施行令第32条第1項第4号　➡　法令32①四

＜裁決・判決の表記方法＞
（例）国税不服審判所平成30年6月13日裁決　➡　平30.6.13裁決
　　　東京地裁平成30年6月13日判決　➡　東京地判平30.6.13

(3) 本文中，「＊＊＊＊＊」で示した部分は，情報公開法上不開示となった箇所である。

難解事例から探る
財産評価のキーポイント 第3集

評価単位・地目・地積 / 路線価方式 / 間口距離・奥行距離 / 側方加算・二方加算 / 不整形地・無道路地 / 倍率方式 / 私道 / 土地区画整理事業 / 貸家・貸家建付地 / 借地権・貸宅地 / 農地・山林・原野 / 雑種地 / 不動産鑑定評価 / 利用価値の低下地・特別な事情 / その他の評価項目

総　論

広大地の評価（廃止）から地積規模の大きな宅地の評価（新設）へ

 はじめに

　相続税等の財産評価の適正化を図るため，相続税法の時価主義の下，実態を踏まえて，平成30年1月1日以後に開始した相続，遺贈又は贈与により取得した財産の評価に適用するものとして，評価通達20－2（地積規模の大きな宅地の評価）の定めが新設された（以下，同通達を「新通達」という）。

　また，新通達の制定により，従前において適用されていた評価通達24－4（広大地の評価）の定めは，同日以後における財産の評価にはその適用が認められなくなり廃止された（以下，同通達を「旧通達」という）。

　本稿では，旧通達から新通達への移行について，実務上のポイントをまとめてみることにする。

 旧通達の定め

概　要

　平成29年12月31日までに開始した相続，遺贈又は贈与により取得した財産の評価については，現行の取扱いでは廃止された旧通達の定めが適用されていた。同通達に定義する広大地の価額は，原則として，評価通達に定める奥行価格補正率から容積率の異なる2以上の地域にわたる宅地の評価までの定めに代替して「広大地補正率」を適用して算定した金額によって評価するものとされていた。

解　説

(1) 旧通達における広大地の定義

　旧通達においてその評価方法を定める『広大地』とは，次に掲げる要件のすべてを充足している宅地をいうものとされていた。

① その地域における標準的な宅地の地積に比して著しく地積が広大な宅地であること
② 都市計画法4条（定義）12項に規定する開発行為（以下「開発行為」という）を行うとした場合に公共公益的施設用地注の負担が必要と認められること

(注) 「公共公益的施設用地」とは，都市計画法4条（定義）14項に規定する道路，公園等の公共施設の用に供される土地及び都市計画法施行令27条に掲げる教育施設，医療施設等の公益的施設の用に供される土地（その他これらに準ずる施設で，開発行為の許可を受けるために必要とされる施設の用に供される土地を含む）をいうものとされていた。

ただし，上記①及び②に掲げる要件に該当する宅地であっても，次に掲げる要件に該当する場合には，当該宅地は，評価通達に定める広大地には該当しないものとされていた。
① 評価通達22－2（大規模工場用地）に定める大規模工場用地に該当するもの
② 中高層の集合住宅等の敷地用地に適しているもの（その宅地について，経済的に最も合理的であると認められる開発行為が中高層の集合住宅等を建築することを目的とするものであると認められるものをいう）

(2) 広大地の評価方法

上記(1)に該当する広大地の価額は，原則として，次に掲げる区分に従って，それぞれ次により計算した金額によって評価するものとされていた。

① その広大地が路線価地域に所在する場合

その広大地の面する路線の路線価[注1]に，評価通達15（奥行価格補正）から同通達20－5（容積率の異なる2以上の地域にわたる宅地の評価）までの定め[注2]に代わるものとして求めた「広大地補正率」を乗じて計算した価額にその広大地の地積を乗じて計算した金額によって評価していた[注3]。この取扱いを算式で示すと次のとおりとされていた。

（算 式）

その広大地の面する路線の路線価×広大地補正率×広大地の地積

なお，「広大地補正率」は，具体的には次の算式によって求めるものとされていた。

算式

$$広大地補正率 = 0.6 - 0.05 \times \frac{広大地の地積}{1,000 \text{m}^2}$$

(注) 広大地補正率には，端数処理の定めは設けられていなかった。

（注1）「その広大地の面する路線の路線価」は，その路線が2以上ある場合には，原則として，その広大地が面する路線の路線価のうち最も高いものとされていた。

（注2）「広大地補正率」を適用して評価する場合には，評価通達に定める下記の取扱いは適用されないこととされていた。

(イ) 評価通達15（奥行価格補正）
(ロ) 評価通達16（側方路線影響加算）
(ハ) 評価通達17（二方路線影響加算）
(ニ) 評価通達18（三方又は四方路線影響加算）
(ホ) 評価通達20（不整形地の評価）
(ヘ) 評価通達20－2（無道路地の評価）
(ト) 評価通達20－3（間口が狭小な宅地等の評価）

(チ) 評価通達20－4（がけ地等を有する宅地の評価）
(リ) 評価通達20－5（容積率の異なる２以上の地域にわたる宅地の評価）
　　（注）　上記(ヘ)から(リ)に定める各通達は，現行の取扱いでは，通達番号が評価通達20－3ないし評価通達20－6と１つずつ，繰り下がっている。
（注３）　上記の（算式）によって評価する広大地は，5,000㎡以下の地積のものとされていた。したがって「広大地補正率」は，下記の計算より，0.35（地積が5,000㎡の場合）が下限となることに留意する必要があった。

計　算

$$0.6 - 0.05 \times \frac{5,000㎡}{1,000㎡} = 0.35$$

なお，地積が5,000㎡を超える広大地については，原則として評価通達5（評価方法の定めのない財産の評価）の定めを適用して個別に評価することになるが，評価の簡便性の観点から地積が5,000㎡を超える広大地であっても，0.35（広大地補正率の下限）を適用して評価することができるものとされていた。

② その広大地が倍率地域に所在する場合

　その広大地が標準的な間口距離及び奥行距離を有する宅地であるとした場合の１㎡当たりの価額を評価通達14（路線価）に定める路線価として，上記①に準じて計算した金額によって評価していた。

　なお，上記①又は②に掲げる広大地の評価方法に基づいて計算した価額が，当該広大地につき，広大地の評価方法（広大地補正率を適用して評価する方法）を適用しないで，通常の路線価方式（奥行価格補正率を基に評価する方法）又は倍率方式により評価した価額を上回る場合には，当該広大地については，広大地の評価方法を適用せずに，通常の路線価方式又は倍率方式により評価するものとされていた（すなわち，いずれか低い方の価額により評価していた）。

(3) 広大地の評価における留意点

① セットバックを必要とする宅地に対する重複適用関係

　評価対象地が評価通達24－4（広大地の評価）に定める広大地に該当する場合には，たとえ，当該評価対象地が同通達24－6（セットバックを必要とする宅地の評価）に定めるセットバックを必要とする宅地に該当するものであっても，広大地の評価の定めを適用して評価するものとされており，セットバックを必要とする宅地の評価の定めは適用しないものとされていた。

② 広大な市街地農地等の評価方法

　評価通達に定める市街地周辺農地及び市街地農地が宅地であるとした場合において，旧通達に定める広大地に該当するときは，その市街地周辺農地及び市街地農地の価額は，通常の市街地周辺農地及び市街地農地の評価方法にかかわらず，旧通達に定める広大地の評価の定めに準じて評価するものとされていた。(注)

　ただし，その市街地周辺農地及び市街地農地を旧通達の定めによって評価した価額が，

通常の市街地周辺農地及び市街地農地の評価方法の定めによって評価した価額を上回る場合には，通常の市街地周辺農地及び市街地農地の評価方法の定めによって評価するものとされていた。

(注) 旧通達の定めに準じて評価する農地が市街地周辺農地である場合には，旧通達の定めに準じて評価した価額の100分の80に相当する金額によって評価するものとされていた。

③ 広大な市街地山林の評価方法

評価通達に定める市街地山林が宅地であるとした場合において，旧通達に定める広大地に該当するときは，その市街地山林の価額は，通常の市街地山林の評価方法にかかわらず，旧通達に定める広大地の評価の定めに準じて評価するものとされていた。

ただし，その市街地山林を旧通達の定めによって評価した価額が，通常の市街地山林の評価方法の定めによって評価した価額を上回る場合には，通常の市街地山林の評価方法の定めによって評価するものとされていた。

④ 広大な市街地原野の評価方法

評価通達に定める市街地原野が宅地であるとした場合において，旧通達に定める広大地に該当するときは，その市街地原野の価額は，通常の市街地原野の評価方法にかかわらず，旧通達に定める広大地の評価の定めに準じて評価するものとされていた。

ただし，その市街地原野を旧通達の定めによって評価した価額が，通常の市街地原野の評価方法の定めによって評価した価額を上回る場合には，通常の市街地原野の評価方法の定めによって評価するものとされていた。

(4) 広大地の評価事例

設例　次の図のように旧通達に定める広大地に該当すると認められる評価対象地（宅地）の具体的な相続税評価額はいくらになるのか。

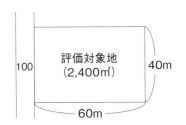

・地区区分……普通住宅地区
・奥行価格補正率……0.86（60m）
・周辺の状況等……1画地が150㎡前後の戸建住宅の敷地として利用されることが標準的であると認められる。

回　答

① 広大地の評価方法を適用して評価した場合

(イ) 広大地補正率の計算

$$0.6 - 0.05 \times \frac{2,400㎡（広大地の地積）}{1,000㎡} = 0.48$$

(ロ) 相続税評価額の計算

　　（路線価）　（広大地補正率）　（地積）　（相続税評価額）
　　100,000円 ×　0.48　× 2,400㎡ = 115,200,000円

② 通常の路線価方式によって評価した場合

$$\underset{(路線価)}{100{,}000円} \times \underset{(奥行価格補正率)}{0.86} \times \underset{(地\ 積)}{2{,}400㎡} = \underset{(相続税評価額)}{206{,}400{,}000円}$$

③ ①＜②　∴①（115,200,000円）を採用

旧通達の問題点

概　要

　旧通達に定める広大地の評価方法（広大地補正率の算式を使用して評価額を算定する方法）が採用されたのは平成16年の評価通達の改正時からである。その後，相当の期間が経過し，解説に掲げるような問題点が生じていたこともあり，今回の改正（新通達の制定）にいたったものと考えられる。

解　説

　旧通達の抱える問題点として，大きく，次の２点が摘示されていた。

(1)　相続税評価額と市場価額（時価）の乖離

　旧通達に定める広大地補正率は，広大地である宅地の地積のみに着目して自動的にその適用数値が算定（算式：$0.6 - 0.05 \times \dfrac{広大地の地積}{1{,}000㎡}$）されていた。そうすると，このような評価方法を採用すると，実際の不動産の売買価額（市場時価）の決定に重要な影響を与えると考えられる評価対象地の個性に応じた形状（奥行，間口，不整形等）の差異が相続税評価額に反映されないこととなり，不合理な結果を招来させることになると懸念された（一部の不動産について，相続税評価額と市場時価との間に大きな乖離を出現させることになった）。

　また，世上ではこのような不合理な結果を招来させることを積極的に活用して，過度とも指摘されかねない相続税対策が一部の富裕層の間で実行されていた（この試算例として，図表－１を参照）ともいわれていた。

図表－１　旧通達による広大地の評価額（相続税評価額と市場時価の乖離）の試算例

項目	事例１	事例２	比較等
評価対象地の形状	100 広大地の要件を充足した評価対象地（5,000㎡）	100 広大地の要件を充足した評価対象地（5,000㎡）	各事例の評価対象地の地積は5,000㎡と同一であるものの，形状（地形，間口）等において大きな差異が認められる。
相続税評価額（旧通達適用）とその計算過程	（同一）175百万円 ←→ 175百万円 （路線価）100千円×（広大地補正率）$\left(0.6 - 0.05 \times \dfrac{5{,}000㎡}{1{,}000㎡}\right)$ （地積）×5,000㎡＝（相続税評価額）175百万円	（路線価）100千円×（広大地補正率）$\left(0.6 - 0.05 \times \dfrac{5{,}000㎡}{1{,}000㎡}\right)$ （地積）×5,000㎡＝（相続税評価額）175百万円	旧通達に定める評価方法では，各事例における相続税評価額は同一額として算定される。（広大地補正率に不整形地等の要素は折り込み済）

	(推定値)	(推定値)	
	(多額の乖離)		
	400百万円 ←→ 150百万円		
実際の不動産の売買価額（いわゆる市場時価）の推定値	ポイント 評価対象地は地積過大地ではあるものの，形状（長方形，間口と奥行の均衡）等から判断して，比較的に有効宅地化率の高い宅地として，次のとおり算定した。 　　（路線価）（還元割合）（1㎡当たりの推定標準地時価） (1)　100千円÷80％＝125千円／㎡ 　　　　（地積）　　（推定標準地時価） (2)　(1)×5,000㎡＝625,000千円 　　　　　（有効宅地化率） (3)　(2)×　70％　＝437,500千円 ※　上記(3)に付き，購入業者の費用負担等を考慮して，400百万円（推定値）であるものと算定	ポイント 評価対象地は地積過大地であり，かつ，形状（不整形，間口狭小）等から判断して，非常に有効宅地化率の低い宅地として，次のとおり算定した。 　　　（左記(2)）（有効宅地化率） ・625,000千円×30％＝187,500千円 ※　上記(3)に付き，購入業者の費用負担等を考慮して，150百万円（推定値）であるものと算定	実際の不動産の売買価額（いわゆる市場時価）の算定では，各事例における価額は当然に異なるものとされ，しかも，その価格差には多額の乖離が生じていることが想定される。
不動産（宅地）の購入と相続税対策との関係	事例1の宅地を被相続人が相続開始前に取得すると，購入価額（400百万円）と当該宅地の相続税評価額（175百万円）との差額が，いわゆる評価差額として被相続人に帰属し，結果として相続税対策効果が生じることになる。	事例2の宅地を被相続人が相続開始前に取得すると，当該宅地の相続税評価額（175百万円）と購入価額（150百万円）との差額が逆に被相続人に係る相続税の課税価格に加算されることになり，かえって不利な結果となる。	事例1に掲げる相続税対策効果を目的とする広大地の売買事例が一部の富裕層の間で実施されていた旨の指摘がなされていた。

(2)　広大地判断の主観性（課税要件の明確化要請）

上記 Ⅱ の 解説 (1)に掲げるとおり，旧通達に定める広大地の定義では，次に掲げるような抽象的な要件につき判断が求められることからその思考過程に主観を伴うことも多く，課税の公平，簡素化の観点から課税要件の明確化が求められていた。

抽象的な要件
① その地域（具体的な範囲の求め方）
② 標準的な宅地の地積（具体的な地積の求め方）
③ 都市計画法に規定する開発行為を行うとした場合に公共公益的施設用地の負担が必要（いわゆる開発道路を新設するのか，又は路地状敷地とするのかの経済的合理性に対する判断）
④ 中高層の集合住宅等の敷地用地に適しているもの（いわゆるマンション適地の該当性に対する判断）

Ⅳ 新通達の定め

概要

平成30年1月1日以後に開始した相続，遺贈又は贈与により取得した財産の評価については，新通達の定めが適用される。新通達に定義する地積規模の大きな宅地の価額の算定

に当たっては,「規模格差補正率」が適用される。また,旧通達に定める広大地の価額の算定に当たって「広大地補正率」が適用される場合には,奥行価格補正率から容積率の異なる2以上の地域にわたる宅地の評価までの各定めの適用はないものとされていたが,新通達に定める規模格差補正率の適用に当たっては,これらの各定めとの重複適用が容認されている。

[解 説]

(1) 地積規模の大きな宅地の定義

地積規模の大きな宅地とは,下記に掲げる①から③までの要件のすべてを充足している宅地をいう。

① 三大都市圏(注1)においては500㎡以上の地積の宅地,それ以外の地域においては1,000㎡以上の地積の宅地であること

② 次の(イ)から(ハ)までのいずれかに該当するものでないこと

(イ) 市街化調整区域に所在する宅地

ただし,これに該当しても当該市街化調整区域が都市計画法34条(開発許可の基準)10号又は11号の規定(注2)に基づき宅地分譲に係る同法4条(定義)12号(注3)に規定する開発行為を行うことができる区域を除く。

(ロ) 都市計画法8条(地域地区)1項1号(注4)に規定する工業専用地域に所在する宅地

注 ④ 倍率地域に所在する宅地にあっては,評価通達22-2(大規模工場用地)に定める大規模工場用地に該当する宅地も含まれる(適用除外地に該当する)。

 ⑩ 評価の対象となる宅地等が用途地域の定められていない地域にある場合には,工業専用地域に指定されている地域以外の地域に所在するものと判定される。

(ハ) 容積率(建築基準法52条(容積率)1項(注5)に規定する建築物の延べ面積の敷地面積に対する割合をいう)が10分の40以上の地域に所在する宅地

ただし,東京都の特別区(地方自治法281条(特別区)1項(注6)に規定する特別区をいう)においては,10分の30以上の地域に所在する宅地

③ 評価通達14-2(地区)の定めにより,普通商業・併用住宅地区及び普通住宅地区として定められた地域に所在すること

(注1) 「三大都市圏」とは,次の地域をいう。

(A) 首都圏整備法2条(定義)3項に規定する既成市街地又は同条4項に規定する近郊整備地帯

(B) 近畿圏整備法2条(定義)3項に規定する既成都市区域又は同条4項に規定する近郊整備区域

(C) 中部圏開発整備法2条(定義)3項に規定する都市整備区域

上記に掲げる三大都市圏に該当する具体的な地方自治体(都市)の名称は,次に掲げる図表-2のとおりとなる。

図表－2　三大都市圏に該当する都市（平成28年4月1日現在）

圏名	都府県名		都市名
首都圏	東京都	全域	特別区、武蔵野市、八王子市、立川市、三鷹市、青梅市、府中市、昭島市、調布市、町田市、小金井市、小平市、日野市、東村山市、国分寺市、国立市、福生市、狛江市、東大和市、清瀬市、東久留米市、武蔵村山市、多摩市、稲城市、羽村市、あきる野市、西東京市、瑞穂町、日の出町
	埼玉県	全域	さいたま市、川越市、川口市、行田市、所沢市、加須市、東松山市、春日部市、狭山市、羽生市、鴻巣市、上尾市、草加市、越谷市、蕨市、戸田市、入間市、朝霞市、志木市、和光市、新座市、桶川市、久喜市、北本市、八潮市、富士見市、三郷市、蓮田市、坂戸市、幸手市、鶴ケ島市、日高市、吉川市、ふじみ野市、白岡市、伊奈町、三芳町、毛呂山町、越生町、滑川町、嵐山町、川島町、吉見町、鳩山町、宮代町、杉戸町、松伏町
		一部	熊谷市、飯能市
	千葉県	全域	千葉市、市川市、船橋市、松戸市、野田市、佐倉市、習志野市、柏市、流山市、八千代市、我孫子市、鎌ケ谷市、浦安市、四街道市、印西市、白井市、富里市、酒々井町、栄町
		一部	木更津市、成田市、市原市、君津市、富津市、袖ケ浦市
	神奈川県	全域	横浜市、川崎市、横須賀市、平塚市、鎌倉市、藤沢市、小田原市、茅ケ崎市、逗子市、三浦市、秦野市、厚木市、大和市、伊勢原市、海老名市、座間市、南足柄市、綾瀬市、葉山町、寒川町、大磯町、二宮町、中井町、大井町、松田町、開成町、愛川町
		一部	相模原市
	茨城県	全域	龍ケ崎市、取手市、牛久市、守谷市、坂東市、つくばみらい市、五霞町、境町、利根町
		一部	常総市
近畿圏	京都府	全域	亀岡市、向日市、八幡市、京田辺市、木津川市、久御山町、井手町、精華町
		一部	京都市、宇治市、城陽市、長岡京市、南丹市、大山崎町
	大阪府	全域	大阪市、堺市、豊中市、吹田市、泉大津市、守口市、富田林市、寝屋川市、松原市、門真市、摂津市、高石市、藤井寺市、大阪狭山市、忠岡町、田尻町
		一部	岸和田市、池田市、高槻市、貝塚市、枚方市、茨木市、八尾市、泉佐野市、河内長野市、大東市、和泉市、箕面市、柏原市、羽曳野市、東大阪市、泉南市、四條畷市、交野市、阪南市、島本町、豊能町、能勢町、熊取町、岬町、太子町、河南町、千早赤阪村
	兵庫県	全域	尼崎市、伊丹市
		一部	神戸市、西宮市、芦屋市、宝塚市、川西市、三田市、猪名川町
	奈良県	全域	大和高田市、安堵町、川西町、三宅町、田原本町、上牧町、王寺町、広陵町、河合町、大淀町
		一部	奈良市、大和郡山市、天理市、橿原市、桜井市、五條市、御所市、生駒市、香芝市、葛城市、宇陀市、平群町、三郷町、斑鳩町、高取町、明日香村、吉野町、下市町
中部圏	愛知県	全域	名古屋市、一宮市、瀬戸市、半田市、春日井市、津島市、碧南市、刈谷市、安城市、西尾市、犬山市、常滑市、江南市、小牧市、稲沢市、東海市、大府市、知多市、知立市、尾張旭市、高浜市、岩倉市、豊明市、日進市、愛西市、清須市、北名古屋市、弥富市、みよし市、あま市、長久手市、東郷町、豊山町、大口町、扶桑町、大治町、蟹江町、阿久比町、東浦町、南知多町、美浜町、武豊町、幸田町、飛島村
		一部	岡崎市、豊田市
	三重県	全域	四日市市、桑名市、木曽岬町、東員町、朝日町、川越町
		一部	いなべ市

（注）　「一部」の欄に表示されている市町村は、その行政区域の一部が区域指定されているものである。評価対象となる宅地等が指定された区域内に所在するか否かは、各市町村又は府県の窓口で確認する必要がある。

(注2) 都市計画法34条（開発許可の基準）10号又は11号の規定

前条（筆者注 都市計画法33条（開発許可の基準））の規定にかかわらず，市街化調整区域に係る開発行為（主として第二種特定工作物の建設の用に供する目的で行う開発行為を除く。）については，当該申請に係る開発行為及びその申請の手続が同条に定める要件に該当するほか，当該申請に係る開発行為が次の各号のいずれかに該当すると認める場合でなければ，都道府県知事は，開発許可をしてはならない。

 1号～9号 （略）

 10号 地区計画又は集落地区計画の区域（地区整備計画又は集落地区整備計画が定められている区域に限る。）内において，当該地区計画又は集落地区計画に定められた内容に適合する建築物又は第一種特定工作物の建築又は建設の用に供する目的で行う開発行為

 11号 市街化区域に隣接し，又は近接し，かつ，自然的社会的諸条件から市街化区域と一体的な日常生活圏を構成していると認められる地域であつておおむね50以上の建築物（市街化区域内に存するものを含む。）が連たんしている地域のうち，政令で定める基準に従い，都道府県（指定都市等又は事務処理市町村の区域内にあつては，当該指定都市等又は事務処理市町村。以下この号及び次号において同じ。）の条例で指定する土地の区域内において行う開発行為で，予定建築物等の用途が，開発区域及びその周辺の地域における環境の保全上支障があると認められる用途として都道府県の条例で定めるものに該当しないもの

 12号～14号 （略）

(注3) 都市計画法4条（定義）12号の規定

 12号 この法律において「開発行為」とは，主として建築物の建築又は特定工作物の建設の用に供する目的で行う土地の区画形質の変更をいう。

(注4) 都市計画法8条（地域地区）1項1号の規定

都市計画区域については，都市計画に，次に掲げる地域，地区又は街区を定めることができる。

 1号 第一種低層住居専用地域，第二種低層住居専用地域，第一種中高層住居専用地域，第二種中高層住居専用地域，第一種住居地域，第二種住居地域，準住居地域，田園住居地域，近隣商業地域，商業地域，準工業地域，工業地域又は工業専用地域（以下「用途地域」と総称する。）

(注5) 建築基準法52条（容積率）1項の規定

建築物の延べ面積の敷地面積に対する割合（以下「容積率」という。）は，次の各号に掲げる区分に従い，当該各号に定める数値以下でなければならない。ただし，当該建築物が5号に掲げる建築物である場合において，3項の規定により建築物の延べ面積の算定に当たりその床面積が当該建築物の延べ面積に算入されない部分を有するときは，当該部分の床面積を含む当該建築物の容積率は，当該建築物がある第一種住居地域，第二種住居地域，準住居地域，近隣商業地域又は準工業地域に関する都市計画において定め

られた2号に定める数値の1.5倍以下でなければならない。

- 1号 第一種低層住居専用地域,第二種低層住居専用地域又は田園住居地域内の建築物（6号に掲げる建築物を除く。）

　10分の5,10分の6,10分の8,10分の10,10分の15又は10分の20のうち当該地域に関する都市計画において定められたもの

- 2号 第一種中高層住居専用地域若しくは第二種中高層住居専用地域内の建築物（6号に掲げる建築物を除く。）又は第一種住居地域,第二種住居地域,準住居地域,近隣商業地域若しくは準工業地域内の建築物（5号及び6号に掲げる建築物を除く。）

　10分の10,10分の15,10分の20,10分の30,10分の40又は10分の50のうち当該地域に関する都市計画において定められたもの

- 3号 商業地域内の建築物（6号に掲げる建築物を除く。）

　10分の20,10分の30,10分の40,10分の50,10分の60,10分の70,10分の80,10分の90,10分の100,10分の110,10分の120又は10分の130のうち当該地域に関する都市計画において定められたもの

- 4号 工業地域内の建築物（6号に掲げる建築物を除く。）又は工業専用地域内の建築物

　10分の10,10分の15,10分の20,10分の30又は10分の40のうち当該地域に関する都市計画において定められたもの

- 5号 高層住居誘導地区内の建築物（6号に掲げる建築物を除く。）であって,その住宅の用途に供する部分の床面積の合計がその延べ面積の3分の2以上であるもの（当該高層住居誘導地区に関する都市計画において建築物の敷地面積の最低限度が定められたときは,その敷地面積が当該最低限度以上のものに限る。）

　当該建築物がある第一種住居地域,第二種住居地域,準住居地域,近隣商業地域又は準工業地域に関する都市計画において定められた2号に定める数値から,その1.5倍以下で当該建築物の住宅の用途に供する部分の床面積の合計のその延べ面積に対する割合に応じて政令で定める方法により算出した数値までの範囲内で,当該高層住居誘導地区に関する都市計画において定められたもの

- 6号 特定用途誘導地区内の建築物であって,その全部又は一部を当該特定用途誘導地区に関する都市計画において定められた誘導すべき用途に供するもの

　当該特定用途誘導地区に関する都市計画において定められた数値

- 7号 用途地域の指定のない区域内の建築物

　10分の5,10分の8,10分の10,10分の20,10分の30又は10分の40のうち特定行政庁が土地利用の状況等を考慮し当該区域を区分して都道府県都市計画審議会の議を経て定めるもの

（注6） 地方自治法281条（特別区）1項の規定

　都（筆者注 東京都）の区は,これを特別区という。

(2) 評価方法（評価対象地が路線価地域に所在する場合）

上記(1)に掲げる要件を充足する地積規模の大きな宅地の価額は，評価通達15（奥行価格補正）から同通達20（不整形地の評価）(注1)までの定めにより計算した価額に，その宅地の地積の規模に応じて，次の（算式1）により求めた「規模格差補正率」を乗じて計算した価額によって評価する。この取扱いを算式に示すと下記（算式2）のとおりになる。

（算式1）　規模格差補正率

$$規模格差補正率 = \frac{Ⓐ \times Ⓑ + Ⓒ}{地積規模の大きな宅地の地積（Ⓐ）} \times 0.8 \begin{pmatrix} 小数点以下第2 \\ 位未満切捨て \end{pmatrix}$$

　上記算式中の「Ⓑ」及び「Ⓒ」は，地積規模の大きな宅地が所在する地域（三大都市圏の地域又は三大都市圏以外の地域）に応じて，それぞれ次に掲げる表のとおりとされている。

(1)　三大都市圏に所在する宅地

地積＼地区区分記号	普通商業・併用住宅地区，普通住宅地区	
	Ⓑ	Ⓒ
500㎡以上 1,000㎡未満	0.95	25
1,000㎡以上 3,000㎡未満	0.90	75
3,000㎡以上 5,000㎡未満	0.85	225
5,000㎡以上	0.80	475

(2)　三大都市圏以外の地域に所在する宅地

地積＼地区区分記号	普通商業・併用住宅地区，普通住宅地区	
	Ⓑ	Ⓒ
1,000㎡以上 3,000㎡未満	0.90	100
3,000㎡以上 5,000㎡未満	0.85	250
5,000㎡以上	0.80	500

（算式2）　路線価を基に算定した地積規模の大きな宅地の評価の定めを適用する前の1㎡当たりの価額 × 上記（算式1）により求めた「規模格差補正率」 × 地積

参考　具体的な規模格差補正率

地積	規模格差補正率	
	三大都市圏	三大都市圏以外
500㎡	0.80	—
600㎡	0.79	—
700㎡	0.78	—
800㎡	0.78	—
900㎡	0.78	—
1,000㎡	0.78	0.80
1,500㎡	0.76	0.77
2,000㎡	0.75	0.76
2,500㎡	0.74	0.75
3,000㎡	0.74	0.74
3,500㎡	0.73	0.73
4,000㎡	0.72	0.73
4,500㎡	0.72	0.72

地積	規模格差補正率	
	三大都市圏	三大都市圏以外
5,000㎡	0.71	0.72
6,000㎡	0.70	0.70
7,000㎡	0.69	0.69
8,000㎡	0.68	0.69
9,000㎡	0.68	0.68
10,000㎡	0.67	0.68
20,000㎡	0.65	0.66
30,000㎡	0.65	0.65
40,000㎡	0.64	0.65
50,000㎡	0.64	0.64
100,000㎡	0.64	0.64
200,000㎡	0.64	0.64
500,000㎡	0.64	0.64

(注1) 評価通達20－2（地積規模の大きな宅地の評価）の定めでは，規模格差補正率は，同通達15（奥行価格補正）から20（不整形地の評価）までの各定めと重複適用が可能とされている。なお，規模格差補正率が上掲以外の他の画地補正率等と重複適用できるか否かについては，15頁の(4)①を参照
(注2) 評価対象地が倍率地域に所在する場合の地積規模の大きな宅地の評価方法については，16頁の(4)②を参照

(3) 地積規模の大きな宅地の評価事例

設例 次の図のように新通達に定める地積規模の大きな宅地に該当すると認められる評価対象地（宅地）の具体的な相続税評価額はいくらになるのか。

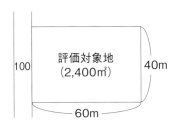

・所在地……大阪市東住吉区（三大都市圏に該当）
・地区区分……普通住宅地区
・奥行価格補正率……0.86（60m）
・都市計画法上の区域区分……市街化区域
・都市計画法上の用途地域……住居地域
・指定容積率……200%

類題 上記の 設例 において，評価対象地が静岡県浜松市（三大都市圏以外に該当）に所在した場合（他の条件は同一とする）の相続税評価額はいくらになるのか。

回答
① 地積規模の大きな宅地の該当性
　次に掲げる 判断基準 から，評価対象地が三大都市圏に所在する場合（設例 の場合）又は三大都市圏以外に所在する場合（類題 の場合）のいずれにおいても，評価対象地は，評価通達20－2（地積規模の大きな宅地の評価）に定める地積規模の大きな宅地に該当する。

判断基準

要件	本件土地			
① 地積要件	三大都市圏に所在する場合	2,400㎡（評価対象地の地積）≧ 500㎡（三大都市圏に所在する場合の地積要件） ∴地積要件を充足	三大都市圏以外に所在する場合	2,400㎡（評価対象地の地積）≧ 1,000㎡（三大都市圏以外に所在する場合の地積要件） ∴地積要件を充足
② 区域区分要件	評価対象地は，前提条件から市街化区域（市街化調整区域以外）に所在 ∴区域区分要件を充足			
③ 地域区分要件	評価対象地は，前提条件から住居地域（工業専用地域以外）に所在 ∴地域区分要件を充足			
④ 容積率要件	評価対象地に係る指定容積率は，前提条件から200％（指定容積率400％未満（東京都の特別区以外の場合）に該当） ∴容積率要件を充足			
⑤ 地区区分要件	評価対象地は，前提条件から路線価地域の普通住宅地区に所在 ∴地区区分要件を充足			
⑥ 判断とその理由	三大都市圏に所在する場合	該当（上記①ないし⑤の要件を充足）	三大都市圏以外に所在する場合	該当（上記①ないし⑤の要件を充足）

② 評価対象地の価額（相続税評価額）

区　分		評価対象地	
		三大都市圏に所在する場合	三大都市圏以外に所在する場合
正面路線価	①	100,000円	100,000円
奥行価格補正率	②	0.86	0.86
①×②	③	86,000円	86,000円
規模格差補正率(注)	④	0.74	0.75
③×④	⑤	63,640円	64,500円
地積	⑥	2,400㎡	2,400㎡
相続税評価額（⑤×⑥）	⑦	152,736,000円	154,800,000円

(注) 規模格差補正率
　(イ) 三大都市圏に所在する場合

$$\frac{2,400㎡（評価対象地の地積）\times 0.90+75}{2,400㎡（評価対象地の地積）}\times 0.8 = 0.745 \to 0.74 \text{（小数点以下第2位未満切捨て）}$$

　(ロ) 三大都市圏以外に所在する場合

$$\frac{2,400㎡（評価対象地の地積）\times 0.90+100}{2,400㎡（評価対象地の地積）}\times 0.8 = 0.753\cdots \to 0.75 \text{（小数点以下第2位未満切捨て）}$$

ポイント

　上記に掲げるとおり，新通達適用後における評価対象地の相続税評価額は，152,736,000円（三大都市圏に所在する場合）又は154,800,000円（三大都市圏以外に所在する場合）となる。一方，上記❷の 解説 (4)に掲げる 設例 の評価対象地（評価対象地の評価に係る前提条件は， 設例 と全く同一である）につき旧通達を適用した場合の相続税評価額は，115,200,000円（100千円×$(0.6-0.05\times\frac{2,400㎡}{1,000㎡})\times 2,400㎡$）となる。評価対象地の相続税

評価額について，評価通達の改正前後における差異が非常に大きなものとなっていることが確認される。

⑷　評価上の留意点

① 規模格差補正率と他の各種画地補正率との重複適用関係

(イ) 評価通達等に定める重複適用関係

評価通達20－2（地積規模の大きな宅地の評価）をはじめとする各評価通達の定め及び平成29年10月3日付で国税庁から公開された『財産評価基本通達の一部改正について』通達等のあらましについて（情報）（資産評価企画官情報5号）（以下「情報」という）の定めでは，地積規模の大きな宅地の評価に当たって「規模格差補正率」を適用した場合であっても，次に掲げる評価通達の各定めとの重複適用が必要とされる旨が示されている。

㋑ 評価通達15（奥行価格補正）
㋺ 評価通達16（側方路線影響加算）
㋩ 評価通達17（二方路線影響加算）
㊁ 評価通達18（三方又は四方路線影響加算）
㋭ 評価通達20（不整形地の評価）
㋬ 評価通達20－3（無道路地の評価）
㋣ 評価通達20－4（間口が狭小な宅地等の評価）
㋠ 評価通達20－5（がけ地等を有する宅地の評価）
㋷ 評価通達20－6（容積率の異なる2以上の地域にわたる宅地の評価）
㋦ 評価通達24－6（セットバックを必要とする宅地の評価）

上記に掲げるような取扱いが定められたのは，地積規模の大きな宅地の評価に係る「規模格差補正率」は，地積規模の大きな宅地を戸建住宅用地として分割分譲する場合に発生する減価のうち，主に地積に依拠するものを反映しているものであり，それ以外の土地の個別的要因に係る補正（例えば，土地の形状，道路との位置関係等に基づく個別的要因に係る補正）については考慮されていないとの考え方に基づくものである。

(ロ) 上記(イ)に定めるもの以外の重複適用関係

上記(イ)においてその取扱いが明示されているもの以外であっても，評価通達に定める地積規模の大きな宅地の評価方法及び上記(イ)の＿＿部分に掲げる「規模格差補正率」に関する創設の趣旨から判断すると，「規模格差補正率」と次に掲げる評価通達の各定めに係る補正率（土地の個別的要因に係る補正）との重複適用についても認められるべきものであると考えられる。

㋑ 評価通達23（余剰容積率の移転がある場合の宅地の評価）
㋺ 評価通達23－2（余剰容積率を移転している宅地又は余剰容積率の移転を受けている宅地）

㈧　評価通達24（私道の用に供されている宅地の評価）
㈡　評価通達24－２（土地区画整理事業施行中の宅地の評価）
㈭　評価通達24－３（造成中の宅地の評価）
㈹　評価通達24－７（都市道路予定地の区域内にある宅地の評価）
㈷　評価通達24－８（文化財建造物である家屋の敷地の用に供されている宅地の評価）

②　倍率地域に所在する地積規模の大きな宅地の評価方法

倍率地域に所在する宅地（大規模工場用地に該当するものを除く）についても，一定の要件を充足する場合には，評価通達20－２（地積規模の大きな宅地の評価）の定めに準じて，「規模格差補正率」を適用して評価するものとされている。

⑴　評価方法（地積規模の大きな宅地が倍率地域に所在する場合）

評価通達21－２（倍率方式による評価）の定めでは，倍率方式により評価する地域（以下「倍率地域」という）に所在する宅地の価額は，下表の左欄に掲げる区分に応じて，それぞれ，右欄に掲げる評価方法に基づいて算定するものとされている。

倍率地域に所在する宅地の区分	評価方法
㋑　下記㋺に該当しない宅地である場合	欄外の 評価方法 の(A)により評価
㋺　評価通達に定める地積規模の大きな宅地に該当する場合	欄外の 評価方法 の(A)又は(B)のうち，いずれか低い方により評価

評価方法

(A)　評価対象地である宅地の固定資産税評価額に地価事情の類似する地域ごとに，その地域にある宅地の売買実例価額，公示価格，不動産鑑定士等による鑑定評価額，精通者意見価格等を基として国税局長の定める倍率を乗じて計算した金額によって評価する（**（算式１）**を参照）。

（算式１）

評価対象地である宅地の固定資産税評価額×宅地の評価倍率

(B)　倍率地域に所在する地積規模の大きな宅地（評価通達22－２（大規模工場用地）に定める大規模工場用地に該当する宅地を除く）につき，その宅地が標準的な間口距離及び奥行距離を有する宅地であるとした場合の１㎡当たりの価額を評価通達14（路線価）に定める路線価とし，かつ，その宅地が評価通達14－２（地区）に定める普通住宅地区に所在するものとして，評価通達20－２（地積規模の大きな宅地の評価）の定めに準じて計算した価額によって評価する（**（算式２）**を参照）。

（算式２）

その宅地が標準的な間口距離及び奥行距離を有する宅地であるとした場合の１㎡当たりの価額×各種画地調整補正率等×規模格差補正率×地積

総論

(注) 『その宅地が標準的な間口距離及び奥行距離を有する宅地であるとした場合の1㎡当たりの価額』（上記＿＿部分）は，付近にある標準的な画地規模を有する宅地の価額との均衡を考慮して算定する必要がある。

　　　具体的には，評価対象となる宅地の近傍の固定資産税評価に係る標準宅地（近傍標準宅地）の1㎡当たりの価額を基に計算することが考えられるが，当該近傍標準宅地が固定資産税評価に係る各種補正の適用を受ける場合には，その適用がないものとしたときの1㎡当たりの価額に基づき計算することに留意する必要がある。

(ロ) 評価事例

設例　次の図のように新通達に定める地積規模の大きな宅地に該当すると認められる評価対象地（倍率地域に所在する宅地）の具体的な相続税評価額はいくらになるのか。

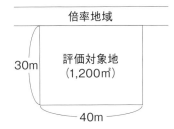

・所在地……鳥取県米子市（三大都市圏以外に該当）
・都市計画法の区域区分……市街化区域
・都市計画法の用途地域……第一種低層住居専用地域
・指定容積率……100％
・固定資産税評価額……10,800,000円
・宅地の評価倍率……1.1倍

回答

(イ) 地積規模の大きな宅地の該当性

　　次に掲げる判断基準から，評価対象地は，評価通達20－2（地積規模の大きな宅地の評価）に定める地積規模の大きな宅地に該当する。

判断基準

要件	評価対象地
① 地積要件	1,200㎡（評価対象地の地積）≧1,000㎡（三大都市圏以外に所在する場合の地積要件） ∴地積要件を充足
② 区域区分要件	評価対象地は，前提条件から市街化区域（市街化調整区域以外）に所在 ∴区域区分要件を充足
③ 地域区分要件	評価対象地は，前提条件から第一種低層住居専用地域（工業専用地域以外）に所在 ∴地域区分要件を充足
④ 容積率要件	評価対象地に係る指定容積率は100％（指定容積率400％未満（東京都の特別区の場合以外）に該当） ∴容積率要件を充足
⑤ 大規模工場用地非該当要件	評価対象地は，評価通達22－2（大規模工場用地）に定める大規模工場用地には非該当 ∴大規模工場用地非該当要件を充足
⑥ 判断とその理由	該当（上記①ないし⑤の要件を充足）

17

ロ 評価対象地の価額（相続税評価額）
(A) 通常の倍率方式によって算定した場合

$$\underset{(固定資産税評価額)}{10,800,000円} \times \underset{(宅地の評価倍率)}{1.1} = 11,880,000円$$

(B) 評価通達20－2（地積規模の大きな宅地の評価）の定めに準じて算定した場合

前提

評価対象地である宅地が標準的な間口距離及び奥行距離を有する宅地であるとした場合の1㎡当たりの価額（近傍標準宅地の固定資産税評価額）は，10,000円であるものとする。

計算

$$\underset{\binom{近傍標準宅地の1}{㎡当たりの価額}}{10,000円} \times \underset{(宅地の評価倍率)}{1.1} \times \underset{(奥行価格補正率)}{0.95}^{(注1)} \times \underset{(規模格差補正率)}{0.78}^{(注2)} \times \underset{(地\;積)}{1,200㎡}$$
$$= 9,781,200円$$

(注1) 奥行価格補正率

評価対象地が普通住宅地区に所在するものとして，奥行距離30mに対応する奥行価格補正率を適用

(注2) 規模格差補正率

$$\frac{1,200㎡（評価対象地の地積）\times 0.90 + 100}{1,200㎡（評価対象地の地積）} \times 0.8 = 0.786\cdots \Rightarrow 0.78 \binom{小数点以下第2}{位未満切捨て}$$

(C) 相続税評価額

(A)＞(B) ∴いずれか低い方で，(B) <u>(9,781,200円)</u>

③ 奥行価格補正率の改正

新通達の創設に伴って，従来の評価通達15（奥行価格補正）の定めとの間で所要の調整を図る必要が生じたことから，同通達に定める奥行価格補正率も改正され，平成30年1月1日以後に相続，遺贈又は贈与により取得した財産の評価に適用するものとされている。評価通達の改正前後における奥行価格補正率の定めを示すと，図表－3及び図表－4のとおりとなる。

図表－3　奥行価格補正率（改正前：平成29年12月31日まで適用）

奥行距離(メートル)	ビル街地区	高度商業地区	繁華街地区	普通商業・併用住宅地区	普通住宅地区	中小工場地区	大工場地区
4 未満	0.80	0.90	0.90	0.90	0.90	0.85	0.85
4 以上 6 未満	0.80	0.92	0.92	0.92	0.92	0.90	0.90
6 〃 8 〃	0.84	0.94	0.95	0.95	0.95	0.93	0.93
8 〃 10 〃	0.88	0.96	0.97	0.97	0.97	0.95	0.95
10 〃 12 〃	0.90	0.98	0.99	0.99	1.00	0.96	0.96
12 〃 14 〃	0.91	0.99	1.00	1.00	1.00	0.97	0.97
14 〃 16 〃	0.92	1.00	1.00	1.00	1.00	0.98	0.98
16 〃 20 〃	0.93	1.00	1.00	1.00	1.00	0.99	0.99
20 〃 24 〃	0.94	1.00	1.00	1.00	1.00	1.00	1.00
24 〃 28 〃	0.95	1.00	1.00	1.00	0.99	1.00	1.00
28 〃 32 〃	0.96	1.00	0.98	1.00	0.98	1.00	1.00
32 〃 36 〃	0.97	1.00	0.96	0.98	0.96	1.00	1.00
36 〃 40 〃	0.98	1.00	0.94	0.96	0.94	1.00	1.00
40 〃 44 〃	0.99	1.00	0.92	0.94	0.92	1.00	1.00
44 〃 48 〃	1.00	1.00	0.90	0.92	0.91	1.00	1.00
48 〃 52 〃	1.00	0.99	0.88	0.90	0.90	1.00	1.00
52 〃 56 〃	1.00	0.98	0.87	0.88	0.88	1.00	1.00
56 〃 60 〃	1.00	0.97	0.86	0.87	0.87	1.00	1.00
60 〃 64 〃	1.00	0.96	0.85	0.86	0.86	0.99	1.00
64 〃 68 〃	1.00	0.95	0.84	0.85	0.85	0.98	1.00
68 〃 72 〃	1.00	0.94	0.83	0.84	0.84	0.97	1.00
72 〃 76 〃	1.00	0.93	0.82	0.83	0.83	0.96	1.00
76 〃 80 〃	1.00	0.92	0.81	0.82	0.83	0.96	1.00
80 〃 84 〃	1.00	0.90	0.80	0.81	0.82	0.93	1.00
84 〃 88 〃	1.00	0.88	0.80	0.80	0.82	0.93	1.00
88 〃 92 〃	1.00	0.86	0.80	0.80	0.81	0.90	1.00
92 〃 96 〃	0.99	0.84	0.80	0.80	0.81	0.90	1.00
96 〃 100 〃	0.97	0.82	0.80	0.80	0.81	0.90	1.00
100 〃	0.95	0.80	0.80	0.80	0.80	0.90	1.00

（注）　アンダーライン部分が改正点です。

図表－4　奥行価格補正率（改正後：平成30年1月1日以後適用）

地区区分 奥行距離 （メートル）	ビル街地区	高度商業地区	繁華街地区	普通商業・併用住宅地区	普通住宅地区	中小工場地区	大工場地区
4未満	0.80	0.90	0.90	0.90	0.90	0.85	0.85
4以上　6未満		0.92	0.92	092	0.92	0.90	0.90
6　〃　8　〃	0.84	0.94	0.95	0.95	0.95	0.93	0.93
8　〃　10　〃	0.88	0.96	0.97	0.97	0.97	0.95	0.95
10　〃　12　〃	0.90	0.98	0.99	0.99		0.96	0.96
12　〃　14　〃	0.91	0.99			1.00	0.97	0.97
14　〃　16　〃	0.92					0.98	0.98
16　〃　20　〃	0.93		1.00	1.00		0.99	0.99
20　〃　24　〃	0.94						
24　〃　28　〃	0.95				0.97		
28　〃　32　〃	0.96	1.00	0.98		0.95		
32　〃　36　〃	0.97		0.96	0.97	0.93		
36　〃　40　〃	0.98		0.94	0.95	0.92	1.00	
40　〃　44　〃	0.99		0.92	0.93	0.91		
44　〃　48　〃			0.90	0.91	0.90		
48　〃　52　〃		0.99	0.88	0.89	0.89		
52　〃　56　〃		0.98	0.87	0.88	0.88		
56　〃　60　〃		0.97	0.86	0.87	0.87		
60　〃　64　〃		0.96	0.85	0.86	0.86	0.99	1.00
64　〃　68　〃		0.95	0.84	0.85	0.85	0.98	
68　〃　72　〃	1.00	0.94	0.83	0.84	0.84	0.97	
72　〃　76　〃		0.93	0.82	0.83		0.96	
76　〃　80　〃		0.92	0.81	0.82	0.83		
80　〃　84　〃		0.90		0.81		0.93	
84　〃　88　〃		0.88			0.82		
88　〃　92　〃		0.86	0.80				
92　〃　96　〃	0.99	0.84		0.80	0.81	0.90	
96　〃　100　〃	0.97	0.82					
100　〃	0.95	0.80			0.80		

（注）　アンダーライン部分が改正点です。

資料1　評価通達（新旧対照表）

改正後（平成30年1月1日以後適用）	改正前（平成29年12月31日まで適用）
（地積規模の大きな宅地の評価） 20-2　地積規模の大きな宅地（三大都市圏においては500㎡以上の地積の宅地、それ以外の地域においては1,000㎡以上の地積の宅地をいい、次の(1)から(3)までのいずれかに該当するものを除く。以下本項において「地積規模の大きな宅地」という。）で14-2《地区》の定めにより普通商業・併用住宅地区及び普通住宅地区として定められた地域に所在するものの価額は、15《奥行価格補正》から前項までの定めにより計算した価額に、その宅地の地積の規模に応じ、次の算式により求めた規模格差補正率を乗じて計算した価額によって評価する。 (1)　市街化調整区域（都市計画法第34条第10号又は第11号の規定に基づき宅地分譲に係る同法第4条《定義》第12項に規定する開発行為を行うことができる区域を除く。）に所在する宅地 (2)　都市計画法第8条《地域地区》第1項第1号に規定する工業専用地域に所在する宅地 (3)　容積率（建築基準法（昭和25年法律第201号）第52条《容積率》第1項に規定する建築物の延べ面積の敷地面積に対する割合をいう。）が10分の40（東京都の特別区（地方自治法（昭和22年法律第67号）第281条《特別区》第1項に規定する特別区をいう。）においては10分の30）以上の地域に所在する宅地 （算式） $$\text{規模格差補正率} = \frac{Ⓐ \times Ⓑ + Ⓒ}{\text{地積規模の大きな宅地の地積（Ⓐ）}} \times 0.8$$ 上の算式中の「Ⓑ」及び「Ⓒ」は、地積規模の大きな宅地が所在する地域に応じ、それぞれ次に掲げる表のとおりとする。	（新設）

イ　三大都市圏に所在する宅地

地積㎡ 地区区分 記号	普通商業・併用住宅地区、普通住宅地区	
	Ⓑ	Ⓒ
500以上　1,000未満	0.95	25
1,000 〃　3,000 〃	0.90	75
3,000 〃　5,000 〃	0.85	225
5,000 〃	0.80	475

ロ　三大都市圏以外の地域に所在する宅地

地積㎡ 地区区分 記号	普通商業・併用住宅地区、普通住宅地区	
	Ⓑ	Ⓒ
1,000以上　3,000未満	0.90	100
3,000 〃　5,000 〃	0.85	250
5,000 〃	0.80	500

改正後（平成30年1月1日以後適用）	改正前（平成29年12月31日まで適用）
(注)1　上記算式により計算した規模格差補正率は，小数点以下第2位未満を切り捨てる。 　　2　「三大都市圏」とは，次の地域をいう。 　　　イ　首都圏整備法（昭和31年法律第83号）第2条《定義》第3項に規定する既成市街地又は同条第4項に規定する近郊整備地帯 　　　ロ　近畿圏整備法（昭和38年法律第129号）第2条《定義》第3項に規定する既成都市区域又は同条第4項に規定する近郊整備区域 　　　ハ　中部圏開発整備法（昭和41年法律第102号）第2条《定義》第3項に規定する都市整備区域	
（無道路地の評価） 20－3　無道路地の価額は，実際に利用している路線の路線価に基づき20《不整形地の評価》又は前項の定めによって計算した価額からその価額の100分の40の範囲内において相当と認める金額を控除した価額によって評価する。この場合において，100分の40の範囲内において相当と認める金額は，無道路地について建築基準法その他の法令において規定されている建築物を建築するために必要な道路に接すべき最小限の間口距離の要件（以下「接道義務」という。）に基づき最小限度の通路を開設する場合その通路に相当する部分の価額（路線価に地積を乗じた価額）とする。 （注）　（省　略）	（無道路地の評価） 20－2　無道路地の価額は，実際に利用している路線の路線価に基づき20《不整形地の評価》の定めによって計算した価額からその価額の100分の40の範囲内において相当と認める金額を控除した価額によって評価する。この場合において，100分の40の範囲内において相当と認める金額は，無道路地について建築基準法（昭和25年法律第201号）その他の法令において規定されている建築物を建築するために必要な道路に接すべき最小限の間口距離の要件（以下「接道義務」という。）に基づき最小限度の通路を開設する場合その通路に相当する部分の価額（路線価に地積を乗じた価額）とする。 （注）　（同　左）
（間口が狭小な宅地等の評価） 20－4　次に掲げる宅地（不整形地及び無道路地を除く。）の価額は，15《奥行価格補正》から18《三方又は四方路線影響加算》までの定めにより計算した1平方メートル当たりの価額にそれぞれ次に掲げる補正率表に定める補正率を乗じて求めた価額にこれらの宅地の地積を乗じて計算した価額によって評価する。この場合において，地積が大きいもの等にあっては，近傍の宅地の価額との均衡を考慮し，それぞれの補正率表に定める補正率を適宜修正することができる。 　なお，20－2《地積規模の大きな宅地の評価》の定めの適用がある場合には，本項本文の定めにより評価した価額に，20－2に定める規模格差補正率を乗じて計算した価額によって評価する。 (1)及び(2)　（省　略）	（間口が狭小な宅地等の評価） 20－3　次に掲げる宅地（不整形地及び無道路地を除く。）の価額は，15《奥行価格補正》の定めにより計算した1平方メートル当たりの価額にそれぞれ次に掲げる補正率表に定める補正率を乗じて求めた価額にこれらの宅地の地積を乗じて計算した価額によって評価する。この場合において，地積が大きいもの等にあっては，近傍の宅地の価額との均衡を考慮し，それぞれの補正率表に定める補正率を適宜修正することができる。 (1)及び(2)　（同　左）
（がけ地等を有する宅地の評価） 20－5　がけ地等で通常の用途に供することができないと認められる部分を有する宅地の価額は，その宅地のうちに存するがけ地等ががけ地等でないとした場合の価額に，その宅地の総地積に対するがけ地部	（がけ地等を有する宅地の評価） 20－4　がけ地等で通常の用途に供することができないと認められる部分を有する宅地の価額は，その宅地のうちに存するがけ地等ががけ地等でないとした場合の価額に，その宅地の総地積に対するがけ地部

改正後（平成30年１月１日以後適用）	改正前（平成29年12月31日まで適用）
分等通常の用途に供することができないと認められる部分の地積の割合に応じて付表８「がけ地補正率表」に定める補正率を乗じて計算した価額によって評価する。 （容積率の異なる２以上の地域にわたる宅地の評価） 20－6 容積率（建築基準法第52条に規定する建築物の延べ面積の敷地面積に対する割合をいう。以下同じ。）の異なる２以上の地域にわたる宅地の価額は、15《奥行価格補正》から前項までの定めにより評価した価額から、その価額に次の算式により計算した割合を乗じて計算した金額を控除した価額によって評価する。この場合において適用する「容積率が価額に及ぼす影響度」は、14－2《地区》に定める地区に応じて下表のとおりとする。 （算式）　（省　略） ○ 容積率が価額に及ぼす影響度 　　（省　略） （注）（省　略） （倍率方式による評価） 21－2 倍率方式により評価する宅地の価額は、その宅地の固定資産税評価額に地価事情の類似する地域ごとに、その地域にある宅地の売買実例価額、公示価格、不動産鑑定士等による鑑定評価額、精通者意見価格等を基として国税局長の定める倍率を乗じて計算した金額によって評価する。ただし、倍率方式により評価する地域（以下「倍率地域」という。）に所在する20－2《地積規模の大きな宅地の評価》に定める地積規模の大きな宅地（22－2《大規模工場用地》に定める大規模工場用地に該当する宅地を除く。）の価額については、本項本文の定めにより評価した価額が、その宅地が標準的な間口距離及び奥行距離を有する宅地であるとした場合の１平方メートル当たりの価額を14《路線価》に定める路線価とし、かつ、その宅地が14－2《地区》に定める普通住宅地区に所在するものとして20－2に準じて計算した価額を上回る場合には、20－2に準じて計算した価額により評価する。 （大規模工場用地の評価） 22 大規模工場用地の評価は、次に掲げる区分に従い、それぞれ次に掲げるところによる。ただし、その地積が20万平方メートル以上のものの価額は、次により計算した価額の100分の95に相当する価額によって評価する。 （1）（省　略） （2）倍率地域に所在する大規模工場用地の価額は、その大規模工場用地の固定資産税評価額に倍率を乗じて計算した金額によって評価する。	分等通常の用途に供することができないと認められる部分の地積の割合に応じて付表８「がけ地補正率表」に定める補正率を乗じて計算した価額によって評価する。 （容積率の異なる２以上の地域にわたる宅地の評価） 20－5 容積率（建築基準法第52条《容積率》に規定する建築物の延べ面積の敷地面積に対する割合をいう。以下同じ。）の異なる２以上の地域にわたる宅地の価額は、15《奥行価格補正》から前項までの定めにより評価した価額から、その価額に次の算式により計算した割合を乗じて計算した金額を控除した価額によって評価する。この場合において適用する「容積率が価額に及ぼす影響度」は、14－2《地区》に定める地区に応じて下表のとおりとする。 （算式）　（同　左） ○ 容積率が価額に及ぼす影響度 　　（同　左） （注）（同　左） （倍率方式による評価） 21－2 倍率方式により評価する宅地の価額は、その宅地の固定資産税評価額に地価事情の類似する地域ごとに、その地域にある宅地の売買実例価額、公示価格、不動産鑑定士等による鑑定評価額、精通者意見価格等を基として国税局長の定める倍率を乗じて計算した金額によって評価する。 （大規模工場用地の評価） 22 大規模工場用地の評価は、次に掲げる区分に従い、それぞれ次に掲げるところによる。ただし、その地積が20万平方メートル以上のものの価額は、次により計算した価額の100分の95に相当する価額によって評価する。 （1）（同　左） （2）倍率方式により評価する地域（以下「倍率地域」という。）に所在する大規模工場用地の価額は、その大規模工場用地の固定資産税評価額に倍率を

改正後(平成30年1月1日以後適用)	改正前(平成29年12月31日まで適用)
	乗じて計算した金額によって評価する。
24-4　(削　除)	(広大地の評価) 24-4　その地域における標準的な宅地の地積に比して著しく地積が広大な宅地で都市計画法第4条《定義》第12項に規定する開発行為(以下本項において「開発行為」という。)を行うとした場合に公共公益的施設用地の負担が必要と認められるもの(22-2《大規模工場用地》に定める大規模工場用地に該当するもの及び中高層の集合住宅等の敷地用地に適しているもの(その宅地について,経済的に最も合理的であると認められる開発行為が中高層の集合住宅等を建築することを目的とするものであると認められるものをいう。)を除く。以下「広大地」という。)の価額は,原則として,次に掲げる区分に従い,それぞれ次により計算した金額によって評価する。 (1)　その広大地が路線価地域に所在する場合　その広大地の面する路線の路線価に,15《奥行価格補正》から20-5《容積率の異なる2以上の地域にわたる宅地の評価》までの定めに代わるものとして次の算式により求めた広大地補正率を乗じて計算した価額にその広大地の地積を乗じて計算した金額 $$広大地補正率 = 0.6 - 0.05 \times \frac{広大地の地積}{1,000㎡}$$ (2)　その広大地が倍率地域に所在する場合 その広大地が標準的な間口距離及び奥行距離を有する宅地であるとした場合の1平方メートル当たりの価額を14《路線価》に定める路線価として,上記(1)に準じて計算した金額 (注)1　本項本文に定める「公共公益的施設用地」とは,都市計画法第4条《定義》第14項に規定する道路,公園等の公共施設の用に供される土地及び都市計画施行令(昭和44年政令第158号)第27条に掲げる教育施設,医療施設等の公益的施設の用に供される土地(その他これらに準ずる施設で,開発行為の許可を受けるために必要とされる施設の用に供される土地を含む。)をいうものとする。 2　本項(1)の「その広大地の面する路線の路線価」は,その路線が2以上ある場合には,原則として,その広大地が面する路線の路線価のうち最も高いものとする。 3　本項によって評価する広大地は,5,000㎡以下の地積のものとする。したがって,広大地補正率は0.35が下限となることに留意する。 4　本項(1)又は(2)により計算した価額が,その広大地を11《評価の方式》から21-2《倍率

改正後（平成30年１月１日以後適用）	改正前（平成29年12月31日まで適用）
	方式による評価》まで及び24－6《セットバックを必要とする宅地の評価》の定めにより評価した価額を上回る場合には，その広大地の価額は11から21－2まで及び24－6の定めによって評価することに留意する。
（セットバックを必要とする宅地の評価） 24－6　建築基準法第42条《道路の定義》第２項に規定する道路に面しており，将来，建物の建替え時等に同法の規定に基づき道路敷きとして提供しなければならない部分を有する宅地の価額は，その宅地について道路敷きとして提供する必要がないものとした場合の価額から，その価額に次の算式により計算した割合を乗じて計算した金額を控除した価額によって評価する。 （算式）　（省　略）	（セットバックを必要とする宅地の評価） 24－6　建築基準法第42条第２項に規定する道路に面しており，将来，建物の建替え時等に同法の規定に基づき道路敷きとして提供しなければならない部分を有する宅地の価額は，その宅地について道路敷きとして提供する必要がないものとした場合の価額から，その価額に次の算式により計算した割合を乗じて計算した金額を控除した価額によって評価する。ただし，その宅地を24－4《広大地の評価》⑴又は⑵により計算した金額によって評価する場合には，本項の定めは適用しないものとする。 （算式）　（同　左）

資料2 「地積規模の大きな宅地の評価」の適用対象の判定のためのフローチャート

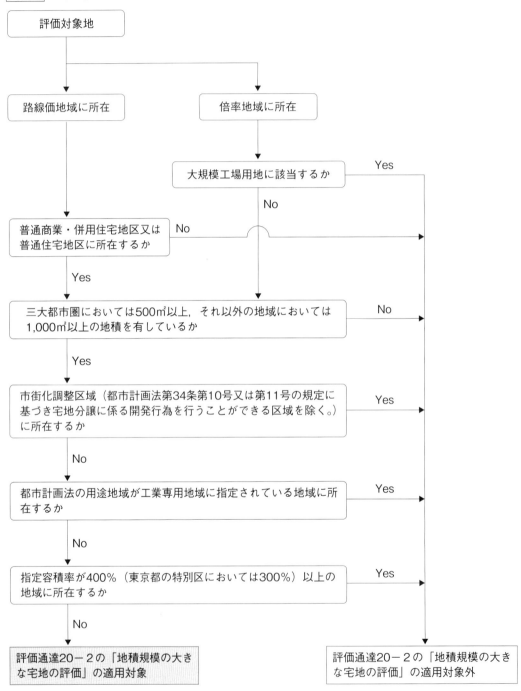

資料3　旧通達と新通達の比較

(1) 両通達の定めの概要

項目	改正前（旧通達）の定め	改正後（新通達）の定め
評価通達の名称	評価通達24－4（広大地の評価）	評価通達20－2（地積規模の大きな宅地の評価）
定義（要旨）	(1) その地域における標準的な宅地の地積に比して著しく地積が広大な宅地であること (2) 都市計画法4条（定義）12項に規定する開発行為を行うとした場合に公共公益的施設用地の負担が必要と認められること (3) 次に掲げるものに該当しないこと 　① 評価通達22－2（大規模工場用地）に定める大規模工場用地に該当するもの 　② 中高層の集合住宅等の敷地用地に適しているもの（その宅地について，経済的に最も合理的であると認められる開発行為が中高層の集合住宅等を建築することを目的とするものと認められるものをいう）	(1) 三大都市圏においては500㎡以上の地積の宅地，それ以外の地域においては1,000㎡以上の地積の宅地であること (2) 次のいずれかに該当するものでないこと 　① 市街化調整区域（都市計画法34条10号又は11号の規定に基づき宅地分譲に係る同法4条（定義）12項に規定する開発行為を行うことができる区域を除く）に所在する宅地 　② 都市計画法8条（地域地区）1項1号に規定する工業専用地域に所在する宅地 　③ 容積率(注1)が400％(注2)以上の地域に所在する宅地 （注1）建築基準法52条（容積率）1項に規定する建築物の延べ面積の敷地面積に対する割合（いわゆる「指定容積率」）をいう。 （注2）東京都の特別区においては300％とされている。 (3) 評価通達14－2（地区）の定めにより普通商業・併用住宅地区及び普通住宅地区として定められた地域に所在する宅地であること
評価方法（算式）	評価対象地である広大地の面する路線の路線価(注1) × 広大地補正率(注2)(注3) × 評価対象地の地積 （注1）路線価の設定されている路線が複数ある場合には，そのうち路線価の最も高い路線をいう。 （注2）広大地補正率は，次の算式により求める。 算式　$0.6 - 0.05 \times \dfrac{評価対象地の地積}{1,000㎡}$ （注）上記の広大地補正率の算定に当たって，端数処理は行わないものとされている。 （注3）広大地補正率を適用した場合には，次に掲げる評価通達に定める各種の補正率の重複適用は排除されている。 　(1) 評価通達15（奥行価格補正） 　(2) 評価通達16（側方路線影響加算） 　(3) 評価通達17（二方路線影響加算） 　(4) 評価通達18（三方又は四方路線影響加算） 　(5) 評価通達20（不整形地の評価） 　(6) 評価通達20－2（無道路地の評価） 　(7) 評価通達20－3（間口が狭小な宅地	地積規模の大きな宅地につき評価通達15（奥行価格補正）から評価通達20（不整形地の評価）(注1)までの定めにより評価した価額 × 規模格差補正率(注2) （注1）次に掲げる評価通達に定める各種の補正率との重複適用も排除されていません。 　(1) 評価通達20－3（無道路地の評価） 　(2) 評価通達20－4（間口が狭小な宅地等の評価） 　(3) 評価通達20－5（がけ地等を有する宅地の評価） 　(4) 評価通達20－6（容積率の異なる2以上の地域にわたる宅地の評価） 　(5) 評価通達24－6（セットバックを必要とする宅地の評価） （注2）規模格差補正率は，次の算式により求める。 算式　$\dfrac{Ⓐ \times 評価通達20-2に定める所在地域別のⒷの値 + 評価通達20-2に定める所在地域別のⒸの値}{地積規模の大きな宅地の地積（Ⓐ）} \times 0.8$

	等の評価） (8) 評価通達20－4（がけ地等を有する宅地の評価） (9) 評価通達20－5（容積率の異なる2以上の地域にわたる宅地の評価） (10) 評価通達24－6（セットバックを必要とする宅地の評価）	上記の算式中の「Ⓑ」及び「Ⓒ」は，地積規模の大きな宅地が所在する地域に応じ，それぞれ次に掲げる表のとおりとする。 イ　三大都市圏に所在する宅地 	地積㎡ \ 地区区分 記号	普通商業・併用住宅地区，普通住宅地区 Ⓑ	Ⓒ
500以上　1,000未満	0.95	25
1,000 〃　3,000 〃	0.90	75
3,000 〃　5,000 〃	0.85	225
5,000 〃	0.80	475 | ロ　三大都市圏以外の地域に所在する宅地 | 地積㎡ \ 地区区分 記号	普通商業・併用住宅地区，普通住宅地区 Ⓑ	Ⓒ
1,000以上　3,000未満	0.90	100
3,000 〃　5,000 〃	0.85	250
5,000 〃	0.80	500 | ㊟　上記の規模格差補正率の算定に当たっては，小数点以下第2位未満を切り捨てるものとされている。
広大地補正率と規模格差補正率の試算	広大地補正率 | （地積）	（補正率）
---	---
500㎡	0.575
1,000㎡	0.55
2,000㎡	0.50
3,000㎡	0.45
4,000㎡	0.40
5,000㎡	0.35
6,000㎡	0.35
8,000㎡	0.35
10,000㎡	0.35
20,000㎡	0.35
50,000㎡	0.35
100,000㎡	0.35
500,000㎡	0.35		規模格差補正率 | （地積）	三大都市圏の補正率	三大都市圏以外の補正率
500㎡	0.80	－
1,000㎡	0.78	0.80
2,000㎡	0.75	0.76
3,000㎡	0.74	0.74
4,000㎡	0.72	0.73
5,000㎡	0.71	0.72
6,000㎡	0.70	0.70
8,000㎡	0.68	0.69
10,000㎡	0.67	0.68
20,000㎡	0.65	0.66
50,000㎡	0.64	0.64
100,000㎡	0.64	0.64
500,000㎡	0.64	0.64	
評価通達の適用期間	平成6年1月1日から平成29年12月31日までの間に開始した相続，遺贈又は贈与により取得した財産の評価に適用 ㊟　平成6年から平成15年までの間は，上記の評価方法の算式に掲げる広大地補正率ではなく，有効宅地化率を算定してこれを奥行価格補正率に代替して適用させていた。	平成30年1月1日以後に相続，遺贈又は贈与により取得した財産の評価に適用

(2) 両通達の定めの検証（具体的な検討項目の比較）

具体的な比較検討項目	改正前（広大地の評価）	改正後（地積規模の大きな宅地の評価）
(1) 「その地域」の設定	必要不可欠（争点とされる事例も多数）	不要
(2) 「標準的な宅地の地積」の認定	必要不可欠（争点とされる事例も多数）	不要
(3) 都市計画法に規定する「開発行為」の必要性	必要不可欠（争点とされる事例も多数）	不要
(4) 「公共公益的施設用地」の負担の必要性	必要不可欠（争点とされる事例も多数）	不要
(5) 「大規模工場用地」等への適用関係	評価通達22－2（大規模工場用地）に定める大規模工場用地は適用対象外	都市計画法8条（地域地区）1項1号に規定する工業専用地域に所在する宅地は適用対象外
(6) 「マンション適地」への適用関係	中高層の集合住宅等の敷地用地に適しているもの（いわゆる「マンション適地」）は適用対象外	マンション適地であっても適用は可能（ただし，次の(7)に該当する場合は適用対象外となる）
(7) 容積率による運用と判断基準	原則として，容積率300％以上の地域に所在する宅地は「マンション適地」と判断され，適用対象外	次に掲げる宅地は適用対象外 ① 下記②に掲げる地域以外の地域　容積率が400％以上の地域に所在する宅地 ② 東京都の特別区に該当する地域　容積率が300％以上の地域に所在する宅地
(8) 上記(7)で適用する容積率の範囲	評価通達に明確な定めはないが，課税実務上の取扱いとして，次に掲げる2つの容積率のうち，いずれか低い方の容積率を採用することが相当と解釈 ① 建築基準法52条（容積率）1項に規定するいわゆる「指定容積率」 ② 建築基準法52条（容積率）2項に規定するいわゆる「基準容積率」	評価通達に，建築基準法52条（容積率）1項に規定するいわゆる「指定容積率」を適用する旨を明示
(9) 適用可能地とされる評価通達に定める地区区分	評価通達に明確な定めはないが，課税実務上の取扱いとして，普通住宅地区，普通商業・併用住宅地区及び中小工場地区に所在する宅地を対象とすることが一般的に定着	評価通達に，普通商業・併用住宅地区及び普通住宅地区として定められた地域に所在する宅地と明示 これに伴って中小工場地区に対する新通達の適用は形式的に不可とされる。
(10) 他の各種画地調整補正率等との重複適用関係	広大地補正率を適用すると，評価通達15（奥行価格補正）から評価通達20－5（容積率の異なる2以上の地域にわたる宅地の評価）まで及び評価通達24－6（セットバックを必要とする宅地の評価）の各定めの補正率の重複適用を排除する旨を評価通達に明示（上記(1)の評価方法 算式 の項目を参照）	規模格差補正率を適用しても，評価通達に定める各種画地調整補正率等の重複適用を排除しない旨を評価通達に明示（上記(1)の評価方法 算式 の項目を参照）
(11) 評価対象地の地積が5,000㎡以上である場合の取扱い	広大地の評価は，地積が5,000㎡以上である宅地の評価についても適用可能（ただし，広大地補正率は地積が5,000	地積規模の大きな宅地の評価は，地積が5,000㎡以上である宅地の評価についても適用可能（規模格差補正率は地

			㎡以上の場合は一律，0.35となる）	積が5,000㎡以上の場合であっても，当該地積に連動して逓減するが最終的には0.64に収束する）
(12) 市街地農地等に対する適用	①適用の可否		下記に掲げる評価通達の各定めより，評価対象地の地目が農地，山林又は原野であっても，広大地の評価の定めの適用は可能である旨が明示 (イ) 評価通達40－2（広大な市街地農地等の評価） (ロ) 評価通達49－2（広大な市街地山林の評価） (ハ) 評価通達58－4（広大な市街地原野の評価）	「市街地農地等の評価における『宅地であるとした場合の1㎡当たりの価額』についても，同様に評価する。」旨の定めが設けられていることから，評価対象地の地目が農地，山林又は原野であっても，地積規模の大きな宅地の評価の定めを準用することは可能である旨が明示
	②宅地造成費の取扱い		市街地農地等を広大地として評価する場合には，広大地補正率の中に宅地造成費等を考慮してあることから，通達上の造成費については控除しないで評価する旨の定めが，課税実務上の取扱いとして明示	市街地農地等の評価につき，「宅地であるとした場合の1㎡当たりの価額」の算定に地積規模の大きな宅地の評価の定めを準用する場合であっても，別途，宅地造成費を控除することは，可能である旨が明示

CASE 1

評価単位・地目・地積	路線価方式	間口距離・奥行距離	側方加算・二方加算	不整形地・無道路地
倍率方式	私　道	土地区画整理事業	**貸家・貸家建付地**	借地権・貸宅地
農地・山林・原野	**雑種地**	不動産鑑定評価	利用価値の低下地・特別な事情	その他の評価項目

複数棟の貸家の敷地たる貸家建付地の評価に係る諸論点（一括借上時の評価単位，通路・駐車場等の共用施設の取扱い，借家人の有する権利の及ぶ範囲等）が争点とされた事例

事 例

　被相続人甲に係る相続開始時において，同人が有していた＊＊＊＊に所在する宅地（普通住宅地区に存する7筆により構成される地積5,840.51㎡の宅地（以下「本件各土地」という），被相続人甲が所有する3棟の貸付用共同住宅（図表－1を参照）の敷地の用に供されている）があり，その利用状況等を示すと次頁図表－2の概略図のとおりとなる。

図表－1　3棟の貸付用共同住宅の概要

順号	略　称	種　類	構　　造	床　面　積		
				1階	2階	3階
1	本件A共同住宅	共同住宅	鉄筋コンクリート造陸屋根3階建て	298.43㎡	290.07㎡	290.53㎡
2	本件B共同住宅	共同住宅	鉄筋コンクリート造陸屋根3階建て	352.50㎡	344.14㎡	344.57㎡
3	本件C共同住宅	共同住宅	鉄筋コンクリート造陸屋根3階建て	412.12㎡	403.76㎡	404.21㎡

　（注）　本件A共同住宅，本件B共同住宅及び本件C共同住宅を併せて「本件各共同住宅」という。

　本件各土地及び本件各共同住宅については，2人の相続人が各2分の1ずつの共有持分をもって，それぞれ取得することが被相続人甲に係る遺産分割協議により確定している。

　本件各共同住宅については，賃貸料収入の安定的確保を目的としていずれも契約日日付を平成＊＊年＊＊月＊＊日として，契約の効力発生日及び契約の終了日をいずれも同一日とする一括借上賃貸借契約が，本件A共同住宅，本件B共同住宅及び本件C共同住宅について，当該各棟ごとに貸主を被相続人甲，借主を上場会社（本件各共同住宅の建築施工会社）の子会社である＊＊＊＊（以下「本件会社」という）として締結されている。

　また，本件各共同住宅の建築に当たっては行政指導により，駐車場を付置すること

図表－2　本件各土地及び本件各共同住宅の概略図

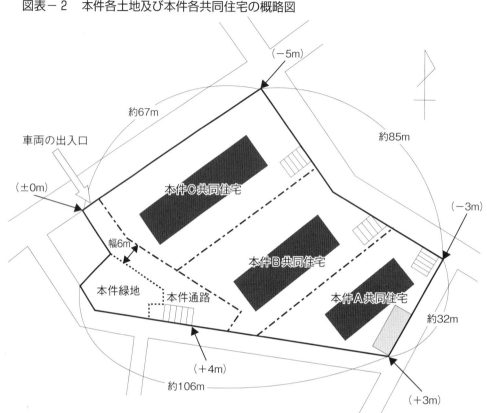

注1：──は，本件各土地の範囲を示す。
注2：……は，本件緑地と本件通路の境界を示す。
注3：－・－は，本件認定計画書における設定敷地線を示す。
（筆者注）　本件各共同住宅の建築に当たっては，建築基準法86条（一の敷地とみなすこと等による制限の緩和）に規定する一団地建築物設計制度に係る認定を受け，当該認定に係る認定計画書が公開されている。
注4：▦は，本件各土地から道路に連絡する階段を示す。
注5：▨は，スロープ状の通路を示す。
注6：（　）内の数値は，本件各共同住宅が建築されている地盤面に対する周囲の道路の各地点における高低差の概数を示す。

が求められていることから，本件各共同住宅の総戸数（54戸）に対して，駐車場台数（56台）が用意されている（駐車場も一括借上契約の対象とされている）。しかしながら，駐車場の所在場所と各個別の共同住宅の敷地の用に供されている土地は厳密には対応していない状況にある（例えば，本件C共同住宅に入居する者が利用する駐車場として，本件A共同住宅の敷地の範囲内に存すると認められる区画割が充当されることがある）。

評価通達の定めでは，貸家建付地を評価する場合において，貸家が数棟（複数棟）あるときは，原則として，各棟の敷地ごとに1画地の宅地として評価するものとされている。

そうすると，上記のような状況（3棟の共同住宅の敷地の用に供されている）にある貸家建付地についても，当該評価通達の定めであるとして各棟の敷地ごとに区分して，3単位に分割して評価することになるのか。また，当該評価単位の判断に当たって，次に掲げる事項はしんしゃく配慮の対象とされるのか否かについて教示されたい。
(1) 本件各共同住宅について，本件A共同住宅ないし本件C共同住宅につき，各棟ごとの個別の契約ではあるものの，同一の相手方（本件会社）を借主とする一括借上賃貸借契約が締結されていること
(2) 本件各共同住宅の建築に当たって，建築基準法上の一団地建築物設計制度（3棟の本件各共同住宅の敷地が同一の敷地にあるものとみなされて建築許可がなされることにより一定の建築制限の緩和が認められる制度をいう）が採用されており，建築基準法上の取扱いでは，一の建築物の敷地とされていること
(3) 本件各共同住宅について，個別の各棟の入居者と当該入居者が利用する駐車場の所在場所に係る対応関係が一致していない事例が認められること
　また，仮に，本件各土地について本件各共同住宅に係る本件A共同住宅ないし本件C共同住宅の各棟の敷地ごとに区分して評価することが相当であると判断された場合には，本件通路及び本件緑地の取扱いはどのようにすればよいのか併せて教示されたい。
（平25.5.20裁決，東裁（諸）平24－212，平成22年相続開始分）

基礎事実

❶ 被相続人甲に係る相続について
(1) 被相続人甲の相続財産のなかには，本件各土地及び本件各共同住宅があった（前記図表－1及び図表－2を参照）。
(2) 被相続人甲に係る共同相続人は，平成23年1月，被相続人甲に係る遺産分割協議を成立させ，相続人乙及び相続人丙が，本件各土地及び本件各共同住宅の共有持分2分の1をそれぞれ取得した。

❷ 本件各土地について
　被相続人甲に係る相続開始日における本件各土地の状況等は，次のとおりであった。
(1) **本件各土地の位置，形状及び公法上の規制等**
① 本件各土地は，北東側の道路に約85m，東側の道路に約32m，南側の道路に約106m，北西側の道路に約67m，接面する不整形地の土地であった（前頁図表－2を参照）。
② 本件各土地は，都市計画により，市街化区域に指定されるとともに，北西側の道路から20m以内の範囲は第一種中高層住居専用地域（建ぺい率50％，容積率150％）に，その他の範囲は第一種低層住居専用地域（建ぺい率50％，容積率100％）に，それぞれ指定されていた。

③ 本件各土地は，評価通達に基づき東京国税局長の定めた平成22年分財産評価基準書によれば，評価通達14－2（地区）に定める路線価地域の普通住宅地区に存し，路線価は，北東側及び北西側の各道路が140,000円，南側の道路が130,000円とされていた。

(2) 本件各土地の利用状況

① 本件各土地には本件各共同住宅が存し，東側からみて，本件A共同住宅，本件B共同住宅及び本件C共同住宅の順に並んでいた（前記図表－2を参照）。

② 本件共同住宅は，本件A共同住宅，本件B共同住宅及び本件C共同住宅のそれぞれについて，いずれも平成20年6月26日付で，被相続人甲から本件会社に対して賃貸され（以下，当該各賃貸借契約を併せて「本件各賃貸借契約」という），共同住宅として転貸されていた。

③ 本件各賃貸借契約に係る各契約書は，同一内容の一括賃貸借契約約款が添付される形式が採られており，契約事項の詳細は当該約款において定められていた（以下，特に断らない限り，当該各契約書をいう場合には当該約款を含むものとする）。

(3) 本件各共同住宅に対する地方自治体の認定について

① 被相続人甲は，本件各土地上に本件各共同住宅を建築するに当たり，平成16年2月20日，建築基準法86条（一の敷地とみなすこと等による制限の緩和）1項（以下，この規定による制度を「一団地建築物設計制度」という）に規定する＊＊＊＊（筆者注 地方自治体名と推定される）の認定（以下「本件認定」という）を受け，＊＊＊＊は，同年3月9日，同条8項の規定により，一団地の区域等を公告し，本件認定に係る認定計画書（以下「本件認定計画書」という）を一般の縦覧に供した。

② 本件認定計画書によれば，本件認定の内容は，要旨次のとおりであり，(イ)3つの敷地（以下，当該敷地を「設定敷地」といい，設定敷地を区分する境界線を「設定敷地線」という），(ロ)通路（「本件通路」という）及び(ハ)緑地（以下「本件緑地」という）に区分されていた（前記図表－2を参照）。

(イ) 対象区域の地名地番

　　＊＊＊＊

(ロ) 対象区域の面積

　　5,844.49㎡

(ハ) 建築物の敷地面積等

建築物の番号	①, ②	③, ④, ⑤	⑥, ⑦, ⑧
敷地面積	1,321.25㎡	1,522.70㎡	2,088.10㎡
建築面積	382.37㎡	462.85㎡	530.22㎡
延べ面積	976.07㎡	1,155.31㎡	1,334.75㎡

（注）「建築物の番号」欄のうち，①は本件A共同住宅，③は本件B共同住宅，⑥は本件C共同住宅であり，②，④，⑤，⑦及び⑧の建築物はいずれも駐輪場である。

CASE1

Ⅱ 争　　点

❶ 本件各土地の評価に当たり，評価単位は何単位とすべきか。
❷ 本件各土地の具体的な相続税評価額はいくらになるのか。

Ⅲ 争点に関する双方（請求人・原処分庁）の主張

争点に関する請求人・原処分庁の主張は，図表－3のとおりである。

図表－3　争点に関する請求人・原処分庁の主張

争　　点	請求人（納税者）の主張	原処分庁（課税庁）の主張
(1) 本件各土地の評価単位は何単位になるのか	本件各土地の評価に当たっては，次の理由から，全体で一つとしたものを評価単位とすべきである。 ①　本件各土地の利用状況等 　(イ)　車両の出入口及び防火水槽は，本件各土地全体で1か所のみである。 　(ロ)　本件各土地内の階段及び通路は，本件各共同住宅の居住者全員が利用できる配置となっている。 　(ハ)　本件各土地に分散して設置された本件各共同住宅の居住者用の駐車場は，本件会社により，利用者が居住している棟とは関係なく場所が割り振られている。 ②　本件各土地の権利関係 　被相続人甲は，3棟の本件各共同住宅を同一の法人（本件会社）に対し，一括で賃貸しており，本件各土地に存する他者の権利の種類及び権利者は同じである。 ③　本件各土地の処分可能性 　本件各共同住宅は，建築基準法上の特例制度である一団地建築物設計制度の認定を受けた上，同一の敷地にあるものとみなされて建築許可されたものである以上，一敷地とみるべきであり，また，3棟の本件各共同住宅の敷地に分離して処分することはできない。 　本件各共同住宅の敷地ごとに評価することは，相続税法と密接な関係を有する建築基準法に反することになる。	本件各土地の評価に当たっては，次の理由から，3棟の本件各共同住宅の敷地ごとに3区画に区分したものを評価単位とすべきである。 ①　本件各土地の利用状況等 　(イ)　3棟の本件各共同住宅には，互いに連結している箇所は認められない。 　(ロ)　本件各土地内には，本件各土地の北東側に面する道路から3棟の本件各共同住宅に進入するための階段がそれぞれ存している。 　(ハ)　被相続人甲は，本件各共同住宅1棟ごとに別々の賃貸借契約を締結している。 ②　本件各土地の権利関係 　本件各土地には，転借人又は賃借人の本件各土地を利用する権利が3棟の本件各共同住宅ごとに存することから，本件各土地に存する転借人又は賃借人の権利は本件各共同住宅の敷地ごとに異なると認められる。 ③　本件各土地の処分可能性 　一団地建築物設計制度の認定を受けて建築された本件各共同住宅が存することにより本件各土地は一体でしか処分することができないことになるとの法的根拠は見当たらない。 　なお，土地に建築基準法上の制限（一団地建築物設計制度）があることを考慮して価額を評価することは当然であるものの，土地の評価単位の判断については，建築基準法とは別個に相続税法上の観点から判断するべきである。
(2) 本件各土地の具体的な相続税評	上記(1)より，本件各土地は，本件各土地全体を1画地の宅地として評価すべきであり，その価額は，計算－1のとおり，<u>2億</u>	上記(1)より，本件各土地は，本件各土地の上に存する本件各共同住宅の1階の床面積を基に3つに区分した部分をそれぞれ1

| 価額 | 3,467万1,691円となる。 |

画地の宅地として評価すべきであり，その価額は，計算－2のとおり，3億3,590万6,926円となる。

計算－1　請求人の算定による本件各土地の価額

区　分		本件各土地
地　　　積	①	5,840.51㎡
正　面　路　線　価	②	140,000円
広　大　地　補　正　率(注1)	③	0.35
自用地としての価額 (②×③×①)	④	286,184,990円
貸家建付地減額割合(注2)	⑤	0.18
評　価　額 (④×(1－⑤))	⑥	234,671,691円

（注1）　地積が5,000㎡を超えるため広大地補正率の下限である0.35による。
（注2）　評価通達26《貸家建付地の評価》の定めにより，借地権割合（60％）×借家権割合（30％）によって計算された割合である。

計算－2　原処分庁の算定による本件各土地の価額

区　分		本件A共同住宅の敷地	本件B共同住宅の敷地	本件C共同住宅の敷地	本件各土地（計）
1　階　の　床　面　積	①	298.43㎡	352.50㎡	412.12㎡	a　1,063.05㎡
本件各共同住宅の敷地として算定した地積(注1)	②	1,639.61㎡	1,936.67㎡	2,264.23㎡	b　5,840.51㎡
正　面　路　線　価	③	140,000円	140,000円	140,000円	－
広　大　地　補　正　率(注2)	④	0.5180195	0.5031665	0.4867885	－
自用地としての価額 (③×④×②)	⑤	118,908,993円	136,425,445円	154,308,157円	－
貸家建付地減額割合(注3)	⑥	0.18	0.18	0.18	－
評　価　額 (⑤×(1－⑥))	⑦	97,505,374円	111,868,864円	126,532,688円	335,906,926円

（注1）　計算式：b×①÷a
　　　　a：本件各共同住宅の1階の床面積の合計，b：本件各土地の地積
（注2）　計算式：0.6－0.05×評価対象地の地積（②）÷1,000
（注3）　評価通達26《貸家建付地の評価》の定めにより，借地権割合（60％）×借家権割合（30％）によって計算された割合である。

　国税不服審判所の判断

❶　認定事実

(1)　本件各土地の権利関係

被相続人甲に係る相続開始日において，本件各土地全体に係る賃借権又は使用借権は設定されていなかった。

(2) 本件各賃貸借契約の内容
① 被相続人甲に係る相続開始日において，本件各土地上に存する本件各共同住宅は，本件各賃貸借契約により，本件会社にそれぞれ賃貸されていた。
② 本件各賃貸借契約の概要は，要旨図表－4のとおりであった。
　なお，本件各賃貸借契約に係る各契約書の表紙には，「居住用」，「事業用」，「駐車場」の3つの欄が記載されているところ，いずれも「居住用」の欄に丸印が付されている。また，本件各賃貸借契約に係る各契約書によれば，本件各賃貸借契約の目的物には，本件各共同住宅とともに駐車場も掲げられている（図表－4の「賃貸借の目的物」の欄）ところ，次に掲げる事実が認められる。
　(イ) 当該各契約書上，駐車場の所在場所は特定されていないこと

図表－4　本件各賃貸借契約の概要

		本件A共同住宅	本件B共同住宅	本件C共同住宅
所　在　地		＊＊＊＊ ＊＊＊＊	＊＊＊＊ ＊＊＊＊	＊＊＊＊ ＊＊＊＊
建　物　構　造		RC造　3階建て	RC造　3階建て	RC造　3階建て
建　物　種　別		マンション	マンション	マンション
建　物　名　称		＊＊＊＊ ＊＊＊＊	＊＊＊＊ ＊＊＊＊	＊＊＊＊ ＊＊＊＊
賃貸借の目的物	居住用総部屋数	15戸	18戸	21戸
	借上部屋数	15戸	18戸	21戸
	借上駐車場台数	56台	0台	0台
契約期間	契約の効力発生日	平成20年7月1日		
	契約終了日	平成47年9月30日		
建物の借上賃料		本件会社から被相続人甲に対し，部屋単位で次のとおり計算・算出された額を，全室について合計した額を支払う。 保証査定家賃額－基準家賃額×4％－｛保証査定家賃額×6％×（1＋消費税率）｝		
駐車場の借上駐車料		本件会社から被相続人甲に対し，駐車区画単位で次のとおり計算・算出された額を，全駐車区画について合計した額を支払う。 転貸駐車料－｛（転貸駐車料－消費税等）×5％×（1＋消費税率）｝ ただし，①転借人の転貸駐車料が発生している期間中の駐車区画については，転借人の転貸駐車料の支払の有無にかかわらず，本件会社から被相続人甲に対し，上記計算式のとおりの借上駐車料を支払うが，②転借人の転貸駐車料が発生していない期間中の駐車区画については，本件会社から被相続人甲に対する転貸駐車料の支払を要しない。		
契　約　の　目　的		転貸借 なお，転貸条件（賃料等）は，地域の不動産賃貸市況等に基づいて本件会社が判定し，賃貸人（被相続人甲）は本件会社が判定した転貸条件を承認するものとする。		
契　約　の　終　了		被相続人甲が，自己の都合により本件各賃貸借契約を解約する場合は，解約日の2か月以上前に，書面により本件会社に通知する。 本件各賃貸借契約の契約期間中に被相続人甲が賃貸借の目的物を第三者に譲渡する場合は，事前に本件会社に通知する。この場合，本件会社は直ちに本件各賃貸借契約を解除することができる。		

(ロ)　被相続人甲に係る相続開始日において，本件各土地上に37区画，本件各土地上以外に19区画の駐車場が存していたこと
③　本件各賃貸借契約は本件各共同住宅の棟ごとに締結されているところ，本件各賃貸借契約に係る各契約書には，相互に関連性を有する条項は見当たらず，また，被相続人甲から本件会社に対して本件各共同住宅の3棟が一括して賃貸されたものである旨の条項や，その旨をうかがわせる条項も見当たらない。

(3)　**本件各土地の高低差等の状況**
　本件相続開始日における本件各土地の高低差等の状況は，次のとおりであったと認められる。
①　本件緑地を除く本件各土地の状況
　(イ)　本件緑地を除く本件各土地の本件各共同住宅が建築されている地盤面は平坦であった。
　　当該地盤面に対する周囲の道路の高低差は，次のとおりであった（前記図表－2を参照）。
　　ⓐ　北東側の道路（南東側に向かって上り坂）は，北端で約5ｍ，南端で約3ｍそれぞれ低くなっていた。
　　ⓑ　東側の道路（一部が南側に向かって上り階段）は，北端で約3ｍ低く，南端で約3ｍ高くなっていた。
　　ⓒ　南側の道路（ほぼ平坦）は，東端で約3ｍ，当該道路に接続する階段の登り口地点で約4ｍそれぞれ高くなっていた。
　　ⓓ　北西側の道路（北東側に向かって下り坂）は，西端で等高に，東端で約5ｍ低くなっていた。
　(ロ)　上記(イ)以外に，本件緑地を除く本件各土地の状況は次のとおりであった。
　　ⓐ　北東側部分に北東側の道路に下る階段が3か所設置されていた。
　　ⓑ　東側部分に東側の道路へ下るスロープ状の通路が1か所設置されていた。
　　ⓒ　南側部分に南側の道路へ上る階段（本件緑地に隣接）が1か所設置されていた。
　　ⓓ　北西側部分に北西側の道路への車両の出入口（本件通路に係る出入口）が1か所設置されていた。
　　ⓔ　周囲の道路に隣接する植栽部分に一部段差が設けられており，この植栽部分並びに上記の階段及びスロープ状の通路を除くと，段差や塀等の仕切りは設けられていなかった。
　　ⓕ　本件各共同住宅の転借人が自由に歩行することが可能な状態であった。
②　本件緑地の状況
　(イ)　本件緑地は，本件緑地を除く本件各土地の地盤面より約4ｍ高い位置にあるほぼ平坦な土地であり，南側の道路と等高に接していた。
　(ロ)　本件緑地には低い樹木が植えられており，本件緑地と本件緑地を除く本件各土地との境界には擁壁が設置されていた。

図表-5　設定敷地に基づく本件各共同住宅の建ぺい率等

	本件A共同住宅に係る設定敷地	本件B共同住宅に係る設定敷地	本件C共同住宅に係る設定敷地
敷 地 面 積（①）	1,321.25㎡	1,522.70㎡	2,088.10㎡
建 築 面 積（②）	382.37㎡	462.85㎡	530.22㎡
延 べ 面 積（③）	976.07㎡	1,155.31㎡	1,334.75㎡
建ぺい率（②／①）	28.9%	30.4%	25.4%
容 積 率（③／①）	73.9%	75.9%	63.9%

③　本件通路及び本件緑地の形状等

本件通路は、幅6m、奥行約64mの帯状の土地であり、本件緑地は、間口約24m、奥行約18mの不整形の土地であった。

なお、審判所において、本件認定計画書の配置図を基に、本件通路及び本件緑地の面積を計測したところ、それぞれ554.71㎡及び353.75㎡であった。

④　本件各共同住宅の状況

被相続人甲に係る相続開始日において、本件A共同住宅、本件B共同住宅及び本件C共同住宅は、次に掲げる事項が認められる。

　(イ)　相互に連結した箇所のないそれぞれが外観上独立した建物であったこと
　(ロ)　建物内の居住用部屋が2LDKの住居の集合住宅であり、居住用部屋ごとに賃貸（転貸）の用に供することができるものであったこと

⑤　設定敷地に基づく本件各共同住宅の建ぺい率等

本件認定計画書による各設定敷地の敷地面積並びに本件各共同住宅の建築面積及び延べ面積を基に、各設定敷地に基づく建ぺい率及び容積率を計算すると、図表-5のとおりとなり、いずれも、建築基準法上の建ぺい率及び容積率の制限を満たしているものと認められる。

❷　法令解釈等

評価通達7-2（評価単位）(1)及び（注）1は、宅地については、「1画地の宅地」（利用の単位となっている1区画の宅地）を評価単位として評価する旨定めている。

また、この「1画地の宅地」とは、その宅地を取得した者が、その宅地を使用、収益及び処分することができる利用単位又は処分単位であって、課税実務上、1画地の宅地であるか否かの判断に当たっては、原則として、次に掲げる判断基準により、それぞれの部分を1画地の宅地として取り扱っている。

(1)　宅地の所有者による自由な使用収益を制約する他者の権利（原則として、使用貸借による使用借権を除く）の存在の有無により区分すること
(2)　他者の権利が存在する場合には、その権利の種類及び権利者の異なるごとに区分すること

このような評価通達の定め及び課税実務上の取扱いはいずれも合理性を有すると考えられ、1画地の宅地であるか否かの判断に当たっては、評価をする宅地の利用状況及び権利

関係を検討する必要があるのはもちろんであるが、当該宅地の利用状況をみるためには、まずもって、当該宅地を分断する地盤面の著しい高低差の有無といった当該宅地の客観的状況を検討するべきであり、また、当該宅地上に建物が存する場合には、当該建物の外観上の独立性の有無といった当該宅地上の存する建物の客観的状況も検討する必要があるというべきである。

そして、地続きの宅地の一部に著しい高低差のある部分が存する場合においては、当該高低差により分断された各部分をそれぞれ単独では利用することができないような特段の事情が認められる場合を除き、当該高低差により分断された各部分をそれぞれ1画地の宅地とみるのが相当であり、また、宅地の所有者がその宅地の上に存する複数の貸家である建物を所有している場合において、当該各建物が外観上それぞれ独立したものであるときには、母屋と離れのように当該各建物が一体で機能している特段の事情が認められる場合を除き、各建物の敷地部分をそれぞれ1画地の宅地とみるのが相当であると考えられる。

❸ 当てはめ

(1) 本件各土地に係る他者の権利

① 被相続人甲に係る相続開始日において、本件各土地全体に係る賃借権又は使用借権は設定されていなかった。

ところで、一般に、借家人は、賃借する建物に対する使用収益権を有する他、特段の約定がなくとも、当該建物の賃借権に基づき当該建物の使用収益に必要な範囲で当該建物の敷地を利用することが許され、当該建物を賃貸する地主は、借家人が上記の範囲で当該敷地を利用することを受忍しなければならないというべきであり、このことからすると、本件会社は、本件各共同住宅の使用収益に必要な範囲で本件各土地を利用することが許され、被相続人甲は、その範囲で本件各土地の自由な使用収益の制約を受けるものと認められる。

② 本件各賃貸借契約に係る各契約書によれば、本件各賃貸借契約の目的物には本件各共同住宅とともに駐車場が掲げられている一方で、当該各契約書の表紙には「居住用」の欄に丸印が付されており、これらのことからすると、次に掲げる事項が認められる。

(イ) 本件各賃貸借契約の主たる目的物は本件各共同住宅であって、上記駐車場は従たる目的物であること

(ロ) 上記駐車場に係る権利関係は、本件各共同住宅に係る権利関係の変動に付随して変動するものであること

そうすると、1画地の宅地であるか否かを判断するに当たり宅地の所有者による自由な使用収益を制約する他者の権利の有無をみる際には、本件会社が本件各賃貸借契約に基づき有する上記駐車場に係る賃借権を独立した権利として考慮する必要はなく、本件会社が本件各共同住宅の賃借権に基づいて有することとなる本件各土地の利用権のみを前提として、1画地の宅地であるか否かを判断すれば足りるというべきである。

③ 上記①及び②で述べたとおり、本件各賃貸借契約は被相続人甲による本件各土地の自由な使用収益を制約するものであるところ、前記に掲げる基礎事実及び認定事実で述べ

た各事実によれば、本件各賃貸借契約により本件各共同住宅の3棟が一括して本件会社に賃貸されたものとも、また、本件各賃貸借契約が相互に関連性を有するものとも認められないから、被相続人甲は、本件A共同住宅、本件B共同住宅及び本件C共同住宅のそれぞれについて賃貸借契約を終了させ、又は処分することが可能であったと認められる。

(2) 本件各土地の客観的状況
① 本件緑地について

1画地の宅地であるか否かの判断に当たり、評価をする宅地の利用状況をみるためには、まずもって、当該宅地の客観的状況を検討する必要があり、地続きの宅地の一部に著しい高低差のある部分が存する場合においては、当該高低差により分断された各部分をそれぞれ単独では利用することができないような場合を除き、当該高低差により分断された各部分をそれぞれ1画地の宅地とみるのが相当であるところ、本件各土地の地盤面をみると、本件緑地は、本件緑地と本件緑地を除く本件各土地との境界に擁壁が設置され、本件緑地以外の部分よりも約4m高い位置にある。

また、本件緑地は、南側の道路とは等高に接しており、地積も353.75㎡であることからすると、単独で利用することが可能な土地であると認められる。

さらに、本件緑地は、本件緑地を除く本件各土地から南側の道路に接続する階段には隣接しているものの、本件各賃貸借契約において賃貸借の目的物とされておらず（前記図表－4の「賃貸借の目的物」欄を参照）、また、本件緑地の地勢からすると、当該賃貸借の目的物である本件各共同住宅及び本件各土地の駐車場の部分の利用に必要な範囲に含まれるものとも認められない。

そうすると、本件緑地は、本件緑地以外の部分とは区分して評価することが相当である。

② 本件緑地を除く本件各土地について

1画地の宅地であるか否かの判断に当たり、評価する宅地の所有者がその宅地の上に存する複数の貸家である建物を所有している場合において、当該各建物が外観上それぞれ独立したものであるときには、母屋と離れのように当該各建物が一体として機能している特段の事情が認められる場合を除き、各建物の敷地部分をそれぞれ1画地の宅地とみるのが相当であるところ、本件緑地を除く本件各土地上には、本件各共同住宅（本件A共同住宅、本件B共同住宅及び本件C共同住宅の3棟）が存し、当該3棟は、相互に連結した箇所のないそれぞれが外観上独立した建物であり、建物内の居住用部屋が2LDKの住居の集合住宅として、居住用ごとに賃貸（転貸）の用に供することができるものであった。

また、本件各共同住宅は、本件会社が賃借権を有する建物であることが認められるものの、本件各賃貸借契約が棟ごとに締結されており、相互に関連性を有するものとは認められないことからすると、他に本件各共同住宅の敷地全体を1画地とみるべき事情も認められない。

そうすると、本件緑地を除く本件各土地は、3棟からなる本件各共同住宅の各敷地部分をそれぞれ1画地の宅地とみることが相当である。

③ 本件緑地を除く本件各土地の区分の範囲について

　3棟からなる本件各共同住宅の各敷地の区分の範囲については，本件緑地を除く本件各土地は，周囲の道路に接続する階段及びスロープ状の通路並びに植栽部分を除くと，段差や塀等の仕切りがないため，転借人が自由に歩行することが可能な状態であるところ，次に掲げる事項からすると，本件B共同住宅と本件C共同住宅の間にある設定敷地線を延長した線により区分して，本件B共同住宅及び本件C共同住宅の各敷地に含めることが相当である。

- (イ) 本件認定計画書によれば，一団地建築物設計制度を適用しないとした場合において建築物ごとに設定される敷地（通路部分を除く）とされている設定敷地が棟ごとに設定されていることから，当該各設定敷地は本件各共同住宅の各敷地と認めることができること
- (ロ) 当該各設定敷地から除かれている本件通路は，本件B共同住宅及び本件C共同住宅に係る各設定敷地の南西側に面する位置にある幅6mの土地であること

　そうすると，3棟からなる本件各共同住宅の各敷地は，本件緑地を除く本件各土地について，本件A共同住宅と本件B共同住宅の間にある設定敷地線並びに本件B共同住宅と本件C共同住宅の間にある設定敷地線及びそれを延長した線により3つに区分される各部分とすることが相当である。

(3) 本件各土地の評価単位

　上記(1)及び(2)により，本件各土地の評価に当たっての評価単位は，次頁図表－6のとおり，4つの評価単位とし，本件A共同住宅の敷地1,321.25㎡，本件B共同住宅の敷地1,846.40㎡及び本件C共同住宅の敷地2,319.11㎡（以下，順に「本件審判所認定A敷地」，「本件審判所認定B敷地」及び「本件審判所認定C敷地」といい，これらを併せて「本件審判所認定各敷地」という）並びに本件緑地353.75㎡に区分した評価単位とすることが相当である。

❹ 原処分庁の主張について

　原処分庁は，本件各土地の評価単位は，3棟の本件各共同住宅の敷地ごとに3区画に区分したものとすべきであるとし，当該各区画の価額は，本件各共同住宅の1階床面積の合計に占める本件各共同住宅の各棟の1階床面積の割合により本件各土地を区分した面積に基づき，広大地補正率等により算定すべきである旨主張する。

　しかしながら，そもそも宅地の評価単位とは利用の単位となっている1区画の宅地とされていることからすれば，評価単位を特定するに当たっては，単に面積が特定されているのみではなく，利用の単位を判断することのできる形状や位置関係が特定されていることが必要であるところ，原処分庁が主張する方法では単に面積が特定されているのみで，形状や位置関係は不明であって，現実の利用状況に即した特定がされているかどうかも不明であるから，利用の単位の判断方法として適切とはいえず，採用することはできない。

❺ 請求人の主張について

(1) 本件各土地の利用状況等について

図表-6 国税不服審判所が認定した本件各土地の評価単位

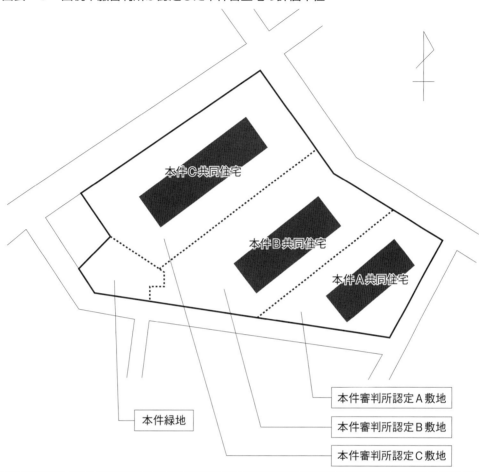

区　分		本件審判所認定A敷地	本件審判所認定B敷地	本件審判所認定C敷地	本件緑地
認定敷地の面積	①	1,321.25㎡	1,522.70㎡	2,088.10㎡	―
本件通路の面積	②	―	323.70㎡	231.01㎡	―
本件緑地の面積	③	―	―	―	353.75㎡
計		1,321.25㎡	1,846.40㎡	2,319.11㎡	353.75㎡

　請求人は，本件各土地の利用状況について，車両の出入口等が本件各土地全体で1か所のみで，階段等や居住者用の駐車場を居住者全員で利用できる状況であるから，本件各土地を一つの評価単位として評価するべきである旨主張する。

　しかしながら，本件各共同住宅の居住者は本件各共同住宅を賃借している本件会社からの転借人であるから，転借人が本件各土地を利用できる範囲は，賃借人である本件会社の有する賃借権の範囲にとどまるものであり，当該賃借権は本件各共同住宅の棟ごとに設定されたものであることからすると，本件緑地を除く本件各土地の利用について転借人が利用できる範囲は，本件各共同住宅のうち自己が転借した部分の利用に必要な範囲内に限ら

れるというべきであり，本件緑地を除く本件各土地を本件各共同住宅の居住者全員が利用できる状況にあるとしても，そのことが1画地の宅地か否かの判断に影響するものではなく，請求人の主張を採用することはできない。

(2) **本件各土地の権利関係について**

　請求人は，本件各土地の権利関係について，3棟の本件各共同住宅を同一の法人である本件会社に対して一括で賃貸しており，本件各土地に存する他者の権利の種類及び権利者が同一であるから，本件各土地全体を1つの評価単位として評価するべきである旨主張する。

　しかしながら，上記❶(2)③で述べたとおり，本件各共同住宅が本件会社に対して一括で賃貸されているとは認められないことから，請求人の主張は前提を欠くものであり，理由がない。

(3) **本件各土地の処分可能性について**

　請求人は，本件各共同住宅は，建築基準法上の特例制度である一団地建築物設計制度の認定を受けて建築許可されたものであるから，3棟の本件各共同住宅の敷地に分離して処分することはできず，当該各敷地ごとに評価することは，相続税法と密接な関係を有する建築基準法に反することとなる旨主張する。

　しかしながら，次に掲げる事項から，請求人の主張を採用することはできない。

① 一団地建築物設計制度を受けて建築された本件各共同住宅が存することにより本件各土地を一体としてしか処分することができないこととする法令上の規定は存しないこと

② 本件各賃貸借契約においても本件各共同住宅を棟ごとに契約を終了させ，又は処分することが可能であったこと

③ 本件認定計画書による設定敷地を基に区分した本件審判所認定各敷地ごとに区分したとしても，建築基準法上の建ぺい率及び容積率の制限を満たしていると認められること

④ 建築基準法と相続税法とは目的を異にする別個の法律であるところ，後者における評価通達上の1画地の宅地とは評価額（課税価格）算定に当たっての単位であり，前者における敷地の概念と後者における1画地の宅地の概念とを同一に解さなければならない理由はないこと

❻ **まとめ（本件各土地の価額）**

　上記❸(3)のとおり，本件各土地は，4つの評価単位に区分し，次に掲げるとおりに評価することが相当である。

(1) 本件審判所認定各敷地については，本件各共同住宅の敷地であることから，それぞれ貸家建付地として評価し，1画地の宅地であるか否かの判断に当たり，本件各土地の駐車場の部分に係る賃借権を独立した権利として考慮する必要はなく，本件各土地の所有者が受ける所有者としての利用の制約は，貸家建付地としての利用の制約と同じであるとして評価する。

(2) 本件緑地については，本件各賃貸借契約の目的物とされておらず，本件各共同住宅及び本件各土地の駐車場の部分の利用に必要な範囲にも含まれないことから，自用地とし

図表－7　国税不服審判所の算定による本件各土地の価額

区　分		本件審判所 認定A敷地	本件審判所 認定B敷地	本件審判所 認定C敷地
地　　　　積	①	1,321.25㎡	1,846.40㎡	2,319.11㎡
正　面　路　線　価	②	140,000円	140,000円	140,000円
広　大　地　補　正　率(注1)	③	0.5339375	0.50768	0.4840445
自用地としての価額 （②×③×①）	④	98,765,089円	131,233,249円	157,157,341円
貸家建付地減額割合(注2)	⑤	0.18	0.18	0.18
評　　価　　額 （④×（1－⑤））	⑥	80,987,372円	107,611,264円	128,869,019円

区　分		本件緑地
地　　　積	①	353.75㎡
正　面　路　線　価	②	130,000円
不　整　形　地　補　正　率(注3)	③	0.90
宅　地　造　成　費(注4)	④	400円
1㎡当たりの評価額 （②×③－④）	⑤	116,600円
評　　価　　額 （⑤×①）	⑥	41,247,250円

本件各土地 （合計）	
地　積	5,840.51㎡
評価額	<u>358,714,905円</u>

（注1）　計算式：0.6－0.05×評価対象地の地積（①）÷1,000
（注2）　評価通達26《貸家建付地の評価》の定めにより，借地権割合（60％）×借家権割合（30％）によって計算された割合である。
（注3）　普通住宅地区，間口距離24.2m，奥行距離18.0m

　　　（想定間口距離）　（想定奥行距離）　（想定整形地の地積）
　　　　29.6m　　×　　18.0m　　＝　　532.80㎡

　　　（想定整形地の地積）　（不整形地の地積）　（想定整形地の地積）　（かげ地割合）
　　　（　532.80㎡　－　353.75㎡　）÷　532.80㎡　＝　33.6％
　　　地積区分A，不整形地補正率表の補正率0.90

　　　（不整形地補正率表の補正率）　（間口狭小補正率）　（不整形地補正率）
　　　　　0.90　　　　×　　　　1.00　　＝　　　0.90

（注4）　整地費400円／㎡

て評価する。
　これらを前提として，審判所において，本件各土地の価額を評価通達の定めに基づき評価すると，図表－7のとおり<u>3億5,871万4,905円</u>となる。

（注）　国税不服審判所が認定した本件各土地の価額（3億5,871万4,905円）は，原処分庁（課税庁）が認定した本件各土地の価額（3億3,590万6,926円）を上回り，結果として，本件相続税に係る更正処分は適法であると判断された。

本件裁決事例のキーポイント

❶ 宅地の評価単位
(1) 考え方

評価通達7-2（評価単位）(1)の定めでは，宅地の価額は，1画地の宅地ごとに評価するものとされている。

ここに「1画地の宅地」とは，利用の単位となっている1区画の宅地をいう(注)。

(注) 1画地の宅地は，必ずしも1筆（土地課税台帳に登録された1筆をいう）の宅地からなるとは限らず，2筆以上の宅地からなる場合もあり，また，1筆の宅地が2画地以上の宅地として利用されている場合もある。すなわち，相続税等の財産評価において，宅地を評価する場合の評価単位の判定に当たっては，筆との関係を考慮する必要はないこととなる。

「利用の単位」の判定に当たっては，原則として，次に掲げる事項に留意する必要がある。

① 自己（所有者）の自由な使用収益権が得られるか否かによること
② 何らかの権利の目的となっている宅地（例：貸宅地，貸家建付地）で所有者の自由な使用収益権に制約が付されているか否かによること
③ 上記②に該当する場合には，その制約の対象となる単位ごとに区分すること

上記の考え方は，宅地の上に存する権利（例：借地権）の評価単位を考慮する場合にも同様となる。

なお，相続，遺贈又は贈与により取得した宅地については，原則として（この用語は，その代表例として，「不合理分割が行われた場合を除き」との意味と思われる），その取得した宅地ごとに評価単位を判定するものとされている（わが国の相続税の課税体系は遺産取得税体系が採用されていることによる帰結と考えられる）。

(2) 具体的な判定

上記(1)に掲げる考え方に基づいて，宅地の評価単位の具体的な判定例を示すと，次頁図表-8のとおりとなる。

❷ 貸家建付地の評価単位等
(1) 貸家建付地の意義とその評価方法
① 意義

貸家建付地とは，貸家の敷地の用に供されている宅地をいう。また，貸家とは，借地借家法に係る借家に対する保護規定の適用対象となる家屋の賃借人が有する賃借権（これを「借家権」という）の目的となっている家屋をいう。したがって，家屋の貸借契約の形態が使用貸借契約である場合には，貸家建付地の評価とはならず，自用地として評価されることになる。最も一般的な貸家建付地の概念図を示すと，次頁図表-9のとおりとなる。

② 評価方法

図表-8　宅地の評価単位（考え方と判定例）

番	区　分	考え方・判定	図　解
①	所有する宅地を自ら使用している場合	居住の用か事業の用かにかかわらず，その全体を1画地の宅地とする。	A：建物所有者 甲（居宅）／B：建物所有者 甲（店舗）／土地所有者 甲
②	所有する宅地の一部について借地権を設定させ，他の部分を自己が使用している場合	それぞれの部分を1画地の宅地とする。一部を貸家の敷地，他の部分を自己が使用している場合も同様とする。	A：建物所有者（甲）／B：建物所有者（乙）　借地権者（乙）／土地所有者（甲）
③	所有する宅地の一部について借地権を設定させ，他の部分を貸家の敷地の用に供している場合	それぞれの部分を1画地の宅地とする。	A：建物所有者（乙）　借地権者（乙）土地所有者（甲）／B：建物所有者（甲）　借家人（丙）　土地所有者（甲）
④	借地権の目的となっている宅地を評価する場合において，貸付先が複数であるとき	同一人に貸し付けられている部分ごとに1画地の宅地とする。	A：建物所有者（乙）　借地権者（乙）／B：建物所有者（丙）　借地権者（丙）／土地所有者（甲）
⑤	2以上の者から隣接している土地を借りて，これを一体として利用している場合	その借主の借地権の評価に当たっては，その全体を1画地として評価する。この場合，貸主側の貸宅地の評価に当たっては，各貸主の所有する部分ごとに区分して，それぞれを1画地の宅地として評価する。	A：土地所有者（乙）　借地権者（甲）／建物所有者（甲）／B：借地権者（甲）　土地所有者（丙）

図表-9　貸家建付地の概念図

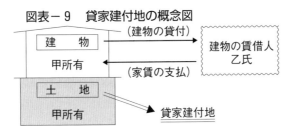

(イ) 貸家建付地について評価方法を定める趣旨

　　貸家建付地についてその評価額を次の(ロ)に掲げるとおり，自用地としての価額よりも低く評価する趣旨として，土地所有者にとって，その有する貸家建物の敷地に対する自

由な使用収益に対する制約が生じたことに対するしんしゃく配慮であると説明されることが多い。本件裁決事例でも前記Ⅳ❸(1)①において、「一般に、借家人は、賃借する建物に対する使用収益権を有する他、特段の約定がなくとも、当該建物の賃借権に基づき当該建物の使用収益に必要な範囲で当該建物の敷地を利用することが許され、当該建物を賃貸する地主は、借家人が上記の範囲で当該敷地を利用することを受忍しなければならないというべきであり、このことからすると、本件会社（筆者注 本件各共同住宅を一括借上げしている賃借人）は、本件各共同住宅の使用収益に必要な範囲で本件各土地を利用することが許され、被相続人甲は、その範囲で本件各土地の自由な使用収益の制約を受けるものと認められる。」と国税不服審判所は、その解釈基準を示している。

(ロ) 貸家建付地の評価方法

評価通達26（貸家建付地の評価）の定めでは、貸家建付地の価額は、その宅地の自用地としての価額から、その自用地としての価額にその宅地に係る借地権割合とその貸家に係る借家権割合との相乗積に賃貸割合を乗じて計算した価額を控除した価額をもって評価するものとされている。

この取扱いを算式で示すと次のとおりとなる。

（算　式）

その宅地の自用地としての価額 − (その宅地の自用地としての価額 × 借地権割合 × 借家権割合 × 賃貸割合)

= その宅地の自用地としての価額 × (1 − 借地権割合 × 借家権割合 × 賃貸割合)

(2) 貸家建付地の評価単位

貸家建付地を評価する場合において、貸家が複数棟あるときは、原則として、各棟の敷地ごとに1画地の宅地として評価するものとされている。この取扱いを設例で示すと、次のとおりとなる。

設例

父甲に係る相続開始に伴って、相続人である長男Aが下記に掲げる貸家及びその敷地の用に供されている宅地の全てを取得した。

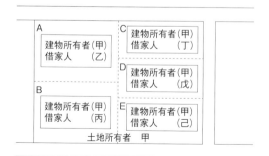

回答

A土地からE土地までのそれぞれの土地を1画地の宅地（貸家建付地）として評価す

る。したがって，設例の場合には，5単位に区分されることになる。

❸ 本件裁決事例において注目すべき評価単位に関する諸論点

(1) 本件緑地の取扱い

本件裁決事例では，国税不服審判所は本件緑地について次に掲げる事実が認められるとしている。

① 本件緑地は，本件緑地を除く本件各土地の地盤面より約4m高い位置にあるほぼ平坦な土地であり，南側の道路と等高に接していた。

② 本件緑地には，低い樹木が植えられており，本件緑地と本件緑地を除く本件各土地との境界には擁壁が設置されていた。

そして，評価通達に定める1画地の宅地に該当するか否かの判断に当たって，次のとおりの法令解釈等が示されている。

(イ) 1画地の宅地であるか否かの判断に当たっては，評価をする宅地の利用状況を検討する必要があるが，当該宅地の利用状況をみるためには，まずもって，当該宅地を分断する地盤面の著しい高低差の有無といった当該宅地の客観的状況を検討するべきであること

(ロ) 地続きの宅地の一部に著しい高低差のある部分が存する場合においては，当該高低差により分断された各部分をそれぞれ単独では利用することができないような特段の事情が認められる場合を除き，当該高低差により分断された各部分をそれぞれ1画地の宅地とみるのが相当であること

上記に掲げる認定事実及び法令解釈等を基にして，本件裁決事例では，当てはめとして本件緑地について下記に掲げる事項を摘示して，本件緑地と本件緑地以外の部分とは区分して評価することが相当である旨の判断を国税不服審判所は示している。

ⓐ 本件各土地の地盤面をみると，本件緑地は，本件緑地と本件緑地を除く本件各土地との境界に擁壁が設置され，本件緑地以外の部分よりも約4m高い位置にあること

ⓑ 本件緑地は，南側の道路とは等高に接しており，地積も353.75㎡であることからすると，単独で利用することが可能な土地であると認められること

ⓒ 本件緑地は，本件緑地を除く本件各土地から南側の道路に接続する階段に隣接しているものの，本件各賃貸借契約において賃貸借の目的物とされていないこと（前記図表－4の「賃貸借の目的物」欄を参照）

ⓓ 本件緑地の地勢からすると，当該賃貸借の目的物である本件各共同住宅及び本件各土地の駐車場の部分の利用に必要な範囲に含まれるものとも認められないこと

なお，本件裁決事例と同様に，被相続人の相続財産である地続きの宅地の一部に2mを超える高低差が存し，その間の往来が物理的に不可能な状態にあると認められる部分が存する場合における当該宅地の評価単位が争点とされた裁判例（東京地方裁判所，昭和63年10月20日判決）がある。その概要をまとめると次のとおりである。

|裁判例| 東京地方裁判所（昭和63年10月20日判決，昭和60年（行ウ）第92号）

（概　　要）

図表-10 裁判例事案の概要

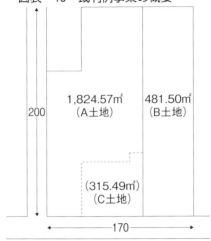

区　分	土地の利用状況その他参考事項
A土地	被相続人所有の建物（被相続人の居住用）の敷地の用に供されていた土地
B土地	課税時期において被相続人が賃貸マンションを建築中であり，当該マンションの敷地の用に供される土地
C土地	①C土地はA土地上に存する被相続人の居住用建物に付随する庭園の用に供する土地として利用 ②B土地とC土地との地表面は，その境界線において2mを超える高低差を有し，かつ，擁壁，塀が構築されていて，その間を往来することは物理的に不可能な状態

　被相続人甲の相続財産である土地（A土地・B土地・C土地）の形状及びその利用状況は図表-10のとおりとなっている。

（争　　点）

　被相続人に係る相続財産であるA土地，B土地及びC土地（いずれの土地も，同一人が相続により取得している）を評価する場合に，その利用の単位（評価単位）はどのようになるのか。その判断に当たって，特に，B土地（他のA土地及びC土地とは2mを超える高低差が認められる）の取扱いはどのようにすればよいのか。

（判　　断）

　A土地とC土地を一体のものとして利用単位である1画地の宅地（被相続人の居住用宅地，自用地評価）として評価し，また，B土地をもって利用単位である1画地の宅地（建築中の賃貸予定建物の敷地，自用地評価）として，併せて，全体で2つの利用単位（評価単位）として評価する。

（判決要旨）

　C土地が本件建物（ 筆者注 被相続人所有の未登記建物（居宅））の庭園として利用されていることは当事者間に争いがなく，右争いのない事実並びに弁論の全趣旨により成立が認められる乙第18号証，昭和60年11月19日にA土地とB土地との境界付近を撮影した写真であることにつき当事者間に争いがない乙第25号証の一ないし三及び弁論の全趣旨によれば，C土地とB土地との地表面は，その境界線において2mを超える高低差を有し，かつ，擁壁，塀が構築されていて，その間を往来することは物理的に不可能な状態にあること，C土地は本件建物に付随する庭園として利用され，したがって，A土地が全体として本件建物の敷地を成していることが認められるところ，右事実と当事者間に争いがない，B土地上に被相続人が〇〇マンションを建築中であった事実を総合すれば，本件土地は，外形上も利用状況のうえからも，本件建物の敷地であるA土地と〇〇マンションの敷地であるB土地とに厳然と区分され，それぞれが1画地として利用されているものと認め

ることができる。

(2) 一括借上が行われている場合における貸家建付地に係る評価単位（本件緑地を除く本件各土地の部分）

　本件裁決事例で筆者が最も注目しているのが，この題記の項目である。すなわち，本件各共同住宅（本件A共同住宅，本件B共同住宅及び本件C共同住宅の3棟の貸家住宅で，賃貸借契約は個別に締結されているが同一の者（本件会社）に一括して貸し付けられている）の敷地（貸家建付地に該当し，同一の者が相続により取得している）の評価単位を何単位とするのか，そして，取扱いに関する解釈基準をどこに求めるのかという点が，従来から実務上において深い関心が寄せられて来たところである。

　本件裁決事例では，国税不服審判所は本件各土地について次に掲げる事実が認められるとしている。

① 本件各土地全体に係る賃借権又は使用借権は設定されていなかった。
② 被相続人甲に係る相続開始日において，本件各共同住宅は，相互に連結した箇所のないそれぞれが外観上独立した建物であり，建物内の居住用部屋が2LDKの住居の集合住宅であり，居住用部屋ごとに賃貸（転貸）の用に供することができるものであったことが認められる。
③ 本件各賃貸借契約は，本件各共同住宅の棟ごとに締結されている。
④ 本件各賃貸借契約に係る各契約書には，相互に関連性を有する条項は見当らず，また，被相続人甲から本件会社に対して本件各共同住宅の3棟が一括して賃貸されたものである旨の条項や，その旨をうかがわせる条項も見当らない。

　そして，貸家建付地の評価単位を判定するに当たっては，次のとおりの法令解釈等が示されている。

　(イ) 評価対象地上に建物が存する場合には，当該建物の外観上の独立性の有無といった当該宅地上に存する建物の客観的状況も検討する必要があること
　(ロ) 宅地の所有者がその宅地の上に存する複数の貸家である建物を所有している場合において，当該各建物が外観上それぞれ独立したものであるときには，(X)母屋と離れのように(Y)当該各建物が一体で機能している特段の事情が認められる場合を除き，各建物の敷地部分をそれぞれ1画地の宅地とみるのが相当であると考えられること

　上記に掲げる認定事実及び法令解釈等を基にして，本件裁決事例では，当てはめとして本件緑地を除く本件各土地は，3棟からなる本件各共同住宅の各敷地部分をそれぞれ1画地の宅地（貸家建付地）とみることが相当である旨の判断を国税不服審判所は示している。

　ⓐ 本件会社は，本件各共同住宅の使用収益に必要な範囲で本件各土地を利用することが許され，被相続人甲は，その範囲で本件各土地の自由な使用収益の制約を受けるものと認められること
　ⓑ 本件各賃貸借契約により本件各共同住宅の3棟が一括して本件会社に賃貸されたものとも，また，本件各賃貸借契約が相互に関連性を有するものとも認められないから，被相続人甲は，本件A共同住宅，本件B共同住宅及び本件C共同住宅のそれぞれに

ついて賃貸借契約を終了させ，又は処分することが可能であったと認められること
　ⓒ　本件各共同住宅は，本件会社が賃借権を有する建物であることが認められるものの，本件各賃貸借契約が棟ごとに締結されており，相互に関連性を有するものとは認められないことからすると，他に本件各共同住宅の敷地全体を１画地とみるべき事情も認められないこと

　前記❷(2)に掲げるとおり，貸家が複数棟ある場合における貸家建付地の評価単位は，<u>原則として</u>，各棟の敷地ごとに１画地の宅地とされている。ここで注視したいのが，「原則として」（上記＿＿部分）という用語である。この用語が用いられている意味は，例外的に上記の取扱い（貸家建付地の評価単位は，各棟の敷地ごとに１画地）によらないことも条件次第では存在し得ることを示唆しているものと考えられる。そして，本件裁決事例では，国税不服審判所による法令解釈等として，上記の原則的取扱いの対象とされない例外的な取扱い（複数棟の敷地にまたがって，１画地の貸家建付地と認定される場合）の対象とされる条件として，「当該各建物が一体で機能している特段の事情が認められる場合」（上記㈹(Y)＿＿部分）を掲げ，「建物の外観上の独立性の有無」（上記(イ)＿＿部分）を検討する必要性を説き，その例示として，「母屋と離れ」（上記㈹(X)＿＿部分）を挙げている。

　次に，上掲の用語のなかで，「各建物が一体で機能している特段の事情」について検討してみたい。この用語の解釈について，次に掲げる２つの仮説を立ててみる。

　|仮説１|　この用語は，国税不服審判所が法令解釈等として示したとおり，建物の外観上の独立性の有無が判断基準となり，母屋と離れのように主たる建物と補完関係にある建物の関係にある場合には，当該補完関係にある建物（離れ）のみではその用をなさず，当該建物の賃貸借契約の本来の目的を達成することは困難であると考えられる。したがって，このような事例を想定して「各建物が一体で機能している特段の事情」としているのであり，当該判断については，外観上（物理的に人の目で見て）の独立性が最重要視される。

　|仮説２|　「各建物が一体で機能している特段の事情」の解釈に当たって，建物の外観上（物理的）の独立性に着目することは１つの判断基準としての相当性は担保しているものの，それのみによって確定するのではなく，例えば，複数の貸家建物に係る建物賃貸借契約に係る締結態様等，経済的，法令的（本件の場合には，借地借家法に規定する借家権の存在）な側面からの諸事情も考慮して，総合的に判断されるべきものである。

　本件裁決事例における国税不服審判所における法令解釈等においては，上記㈹に掲げるとおり複数の貸家建物が貸し付けられている場合には，母屋と離れのような機能的一体性が認められない限り，各建物の敷地ごとに評価するとして，|仮説１|に依っているようにも思われる。しかしながら，「各建物が一体で機能している特段の事情」の解釈に当たっては，上記|仮説２|に掲げる経済的，法令的な側面からのしんしゃく配慮の必要性を見当すべき事例（その例として，複数の建物が一体として一括して借上げられている事例）があるものと考えられる（この件に関して，後掲の裁決事例において検討する）。

幸か不幸か本件裁決事例の場合には，本件各賃貸借契約書は本件各共同住宅の棟ごとに締結されており（上記③___部分），当該各契約書には，相互に関連性を有する条項及び本件各共同住宅の3棟が一括して賃貸されたものである旨の条項も見当たらない（いずれも上記④___部分）とされていることから，上掲の 仮説2 に掲げるしんしゃく配慮の必要性を検討すべき事例（複数の建物の一体としての一括借上げの事例）には該当しない。

　しかしながら，もし仮に，本件裁決事例において外観上において独立している本件各共同住宅（本件A共同住宅，本件B共同住宅及び本件C共同住宅から構成されている）が一括して同一の者（本件会社）に一の賃貸借契約で貸し付けられ，賃貸借期間も全て同一であり，かつ，当該賃貸借期間の中途で本件各共同住宅につき部分解約（例えば，本件A共同住宅の借上契約は解約するが，他の本件B共同住宅及び本件C共同住宅の借上契約は従前どおり維持する）が禁止されている場合にはどのような結論になったのであろうか。このような事例においても， 仮説1 に掲げる解釈に正当性が認められるとして，本件各土地（本件緑地部分を除く）を3棟からなる本件各共同住宅の各敷地部分に区分して，それぞれを1画地の宅地（貸家建付地）とすることに相当性を見い出すことになるのであろうか（重複するが，この件に関して，後掲の裁決事例を参照），深い関心が寄せられるものである（先例とすべき法令解釈等として，国税不服審判所にはこの点についても論及してほしかったと筆者は思う）。

　なお，本件裁決事例から学ぶべきポイントとして，地続きの宅地の所有者（ 筆者注 遺産分割協議等による相続等による取得後の状況で判定することになる）が当該宅地上に複数の貸家家屋を所有しており，かつ，当該複数の貸家家屋の賃借人が同一の者である場合であっても，当該各貸家家屋に係る賃貸借契約書が個別に締結されているものであるときには，当該地続きの宅地を利用の単位として1画地の宅地（貸家建付地）として取り扱うことはあり得ないことを少なくとも明確にした裁決事例であると評することができ，課税実務上，重要な位置付けにあるものと考えられる。

　次に，本件裁決事例の判断（貸家家屋が独立家屋である限り，たとえ，複数の貸家家屋に係る賃貸借契約を一括借上契約にしていたとしても，各個別の貸家家屋の敷地ごとに1画地の宅地（貸家建付地）とする）と比較対象すべき裁決事例（平22.3.25裁決，関裁（諸）平21第94号）（以下「関信裁決事例」という）があるので，これを紹介してみたい。その概要をまとめると次のとおりである。

 関信裁決事例 平成22年3月25日裁決，関裁（諸）平21第94号，平成18年相続開始分

（概　要）

　被相続人の相続財産である土地（甲土地・乙土地・丙土地）の形状，利用状況及び遺産分割協議による取得状況等は次頁図表－11のとおりとなっている。

（基礎事実）

　本稿で検討したいのは乙土地の評価である。乙土地の評価に必要な資料等（基礎事実）は，次のとおりである。

① 乙土地は，次頁図表－11のとおり，本件鉄道高架の南側に隣接しており，周辺地域は

図表-11 関信裁決事例の概要

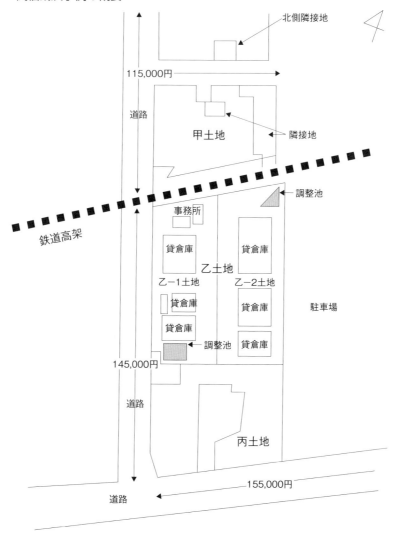

順号	所在地		地目	利用状況	面積（㎡）	取得者
1	甲土地	**********	宅地	自用地	3,068.09	長男
			宅地	鉄道敷	3.68	
2	乙土地	乙-1土地	**********	宅地	貸家建付地	487.50	長男
3			宅地	貸家建付地	2,078.09	
4			宅地	調整池	465.50	
				貸家建付地	2,399.90	
5		乙-2土地	**********	宅地	貸家建付地	2,695.95	配偶者
6			宅地	貸家建付地	1,690.79	
7			宅地	調整池	183.30	
				貸家建付地	4,793.15	
8	丙土地	**********	山林	自用地	3,224.00	配偶者

図表-12 争点に対する請求人（納税者）と原処分庁（課税庁）の主張

争点	請求人（納税者）の主張	原処分庁（課税庁）の主張
(1) 本件各調整池の敷地の評価（貸家建付地評価の可否）	乙土地に存する本件各調整池は，雨が降った際に乙土地の雨水が流れ込む仕組みとなっており，雨水流出対策として＊＊＊＊（地方公共団体）の指導のもと設計建築されたものである。乙土地を利用する際には必要不可欠のものであり，本件各調整池の敷地を乙土地から切り離して評価することはできないため，本件各調整池の敷地を含めた乙土地全体を貸家建付地として評価すべきである。	Y㈱の担当者は，本件各調整池は借りていない旨申述しており，賃貸借の事実が認められないことから，本件各調整池の敷地は自用地として評価すべきである。
(2) 乙土地の相続税評価額	請求人が主張する乙土地の相続税評価額は下記に掲げるとおりである。 乙土地 乙-1土地 その他の土地 203,409,583円 　　　　　　　調整池 　　　乙-2土地 その他の土地 350,684,235円 　　　　　　　調整池 　合計 554,093,818円 （注）裁決書には，請求人が主張する乙土地の相続税評価額の計算明細は示されていない。	原処分庁が主張する乙土地の相続税評価額は下記に掲げるとおりである。 乙土地 乙-1土地 その他の土地 207,657,595円 　　　　　　　調整池 46,690,115円 　　　乙-2土地 その他の土地 382,021,121円 　　　　　　　調整池 10,363,782円 　合計 646,732,613円 （注）裁決書には，原処分庁が主張する乙土地の相続税評価額の計算明細は示されていない。

戸建住宅の中に中小規模の工場が点在している地域であり，用途地域は第一種住居地域である。

② 乙土地は，評価通達11（評価の方式）に定める路線価地域にあって，地区区分は普通住宅地区であり，西側が幅員6mの市道（南北に約143m接面）に接し，平成18年分の路線価は14万5,000円である。

③ 乙土地には，前頁図表-11のとおり，＊＊＊＊（地方自治体が定めた条例）に定める雨水の貯留施設（以下「調整池」といい，乙-1土地上の調整池を「本件調整池」，乙-1土地及び乙-2土地上の調整池を併せて「本件各調整池」という）が2か所設置されている。

④ 被相続人は，乙土地上に，昭和46年から昭和48年にかけて，(A)倉庫等を23棟（以下「本件各貸倉庫」という）建築し，(B)被相続人が主宰していたX㈱（同族会社）に一括賃貸した。その後，X㈱は，本件各貸倉庫をY㈱に一括で転貸し，Y㈱は，本件各貸倉庫をさらに第三者に再転貸した。

⑤ 長男（請求人）は，本件各貸倉庫を本件相続によりすべて取得した。

（争点と双方の主張）

関信裁決事例において，乙土地に関する争点及び当該争点に関する請求人（納税者）及び原処分庁（課税庁）の主張は，それぞれ，図表-12に掲げるとおりである。

図表－13　乙－1土地の相続税評価額

区　分		金　額　等
正面路線価	①	145,000円
広大地補正率 （0.6－0.05×地積／1,000㎡）	②	0.35
地積	③	5,430.99㎡
自用地の評価額（①×②×③）	④	275,622,742円
借地権割合	⑤	0.60
借家権割合	⑥	0.30
財産評価額（④×（1－⑤×⑥））		226,010,648円

（注）　広大地補正率は地積が5,000㎡を超えるため、下限である0.35を適用した。

図表－14　乙－2土地の相続税評価額

区　分		金　額　等
正面路線価	①	145,000円
広大地補正率 （0.6－0.05×地積／1,000㎡）	②	0.35
地積	③	9,363.19㎡
自用地の評価額（①×②×③）	④	475,181,892円
借地権割合	⑤	0.60
借家権割合	⑥	0.30
財産評価額（④×（1－⑤×⑥））		389,649,151円

（注）　広大地補正率は地積が5,000㎡を超えるため、下限である0.35を適用した。

（判　断）

　本件各調整池は、乙土地の開発行為を行うに当たり、県の指導により設置が義務付けられたものであって、本件貸倉庫敷地として利用が開始されるとともにその機能が果たされてきていること等から、本件各調整池の敷地を含め、乙土地は一団の土地として、本件貸倉庫の敷地として利用されていたと認められるから、本件各調整池の敷地は、貸家建付地として評価すべきである。

　上記より、審判所において乙土地を評価すると、下記のとおりとなる。

(1)　乙－1土地の相続税評価額（審判所認定額）

　図表－13を参照。

(2)　乙－2土地の相続税評価額（審判所認定額）

　図表－14を参照。

(3)　合　計

226,010,648円（乙－1土地）
＋389,649,151円（乙－2土地）
＝615,659,799円

（ポイント）

　関信裁決事例において、乙土地に関して争点とされたのは本件各調整池の敷地も含めて評価通達26（貸家建付地の評価）に定める貸家建付地に該当するか否かであり、乙土地の評価単位に関する取扱いが争点とはなっていない（請求人、原処分庁及び国税不服審判所は共に、乙土地について、これを乙－1土地及び乙－2土地の2区分（ただし、原処分庁はこれらにつき調整池とその他の土地（貸倉庫の敷地にそれぞれ区分して合計4区分））に評価単位を分けて評価している）。

　前記の（基礎事実）②の(A)　部分では、乙土地上には被相続人名義による23棟の貸倉庫（以下「本件各倉庫」という）が建築されているとのことであるから、これに前記❷(2)に掲げる貸家建付地の原則的な評価単位の定め（貸家が複数棟あるときは、各棟の敷地ごとに1画地の宅地として評価する）を当てはめると、乙土地を本件各倉庫の敷地ごとに1画地の宅地として、23評価単位の貸家建付地に区分すべきであるとの考え方が成立する余地

もあろう。

　一方，本件各倉庫は，同②の⁽ᴮ⁾　部分に示されているとおり，被相続人が主宰していたX㈱（同族会社）に一括賃貸されていたとのことであるところ，関信裁決事例にはこれ以上に詳細な基礎事実等は明記されていないが，23棟もの倉庫等を同一の借主（しかも，被相続人である貸主の主宰する同族会社）に一括して借上げさせているという事案であることから，貸付けに係る賃貸借契約書も一通で作成されており，貸付期間等の諸条件も全て一括で処理（したがって，各棟ごとの部分解約等で禁止）されているものと強く推認される。

　これを前提条件（単独の賃貸借契約に基づく一括借上が行われた場合）にすると，関信裁決事例において，乙土地を23評価単位に区分して評価するのではなく，2評価単位（又は4単位）に区分して評価したことの説明が果たされることになる（なお，2評価単位としたのは，乙－1土地（長男取得）と乙－2土地（配偶者取得）とでは，相続による承継者が異なることによるものと考えられる）。

＊

　本件裁決事例と関信裁決事例を慎重に比較検討して，複数の貸家家屋について一括借上契約が締結されている場合の当該家屋の敷地（貸家建付地）の評価単位について，納得を得られるような課税実務上の取扱いが示されることが期待される。

(3) 建築基準法上の敷地概念と評価通達に定める利用の単位

　従前からときおり論点とされる項目として，評価対象地上に建物が存在する場合に，当該建物の建築に当たって考慮された建築基準法上の取扱い（しんしゃく項目）は，評価通達に定める宅地の利用の単位（評価単位）を確定させるに当たって何らかの影響を与えることになるのかという事項がある。本件裁決事例においても争点の一つとなっている。本件裁決事例における基礎事実及び認定事実は，次に掲げるとおりである。

① 本件各土地は，都市計画により，市街化区域に指定されるとともに，北西側の道路から20m以内の範囲は第一種中高層住居専用地域（建ぺい率50％，容積率150％）に，その他の範囲は第一種低層住居専用地域（建ぺい率50％，容積率100％）に，それぞれ指定されていた。

② 被相続人甲は，本件各土地上に本件各共同住宅を建築するに当たり，平成16年2月20日，建築基準法86条（一定の敷地とみなすこと等による制限の緩和）1項（参考資料を参照）（一団地建築物設計制度）に規定する地方自治体の認定を受け，当該地方自治体は，同年3月9日，同条8項の規定により，一団地等の区域を公告し，本件認定計画書を一般の従覧に供した。

参考資料　建築基準法86条（一定の敷地とみなすこと等による制限の緩和）1項〔要旨を記載〕

　同条同項においては，建築物の敷地又は建築物の敷地以外の土地で二以上のものが一団地を形成している場合において，当該一団地（その内に第8項の規定により現に

公示されている他の対象区域があるときは，当該他の対象区域の全部を含むものに限る。以下同じ。）内に建築される一又は二以上の構えを成す建築物（２以上の構えを成すものにあっては，総合的設計によって建築されるものに限る。以下「一又は二以上の建築物」という。）のうち，国土交通省令で定めるところにより，特定行政庁が当該一又は二以上の建築物の位置及び構造が安全上，防火上及び衛生上支障がないと認めるものに対する下記に掲げる規定の適用については，当該一団地を当該一又は二以上の建築物の一の敷地とみなす旨を規定している。

(1) 建築基準法23条（外壁）
(2) 建築基準法43条（敷地等と道路との関係）
(3) 建築基準法52条（容積率）１項から４項まで
(4) 建築基準法53条（建ぺい率）１項若しくは２項
(5) 建築基準法54条（第一種低層住居専用地域又は第二種低層住居専用地域内における外壁の後退距離）１項
(6) 建築基準法55条（第一種低層住居専用地域又は第二種低層住居専用地域内における建築物の高さの限度）２項
(7) 建築基準法56条（建築物の各部分の高さ）１項から４項まで，６項若しくは７項
(8) 建築基準法56条の２（日影による中高層の建築物の高さの制限）１項から３項まで
(9) 建築基準法57条の２（特例容積率適用地区内における建築物の容積率の特例）
(10) 建築基準法57条の３（指定の取消し）１項から４項まで
(11) 建築基準法59条（高度利用地区）１項
(12) 建築基準法59条の２（敷地内に広い空地を有する建築物の容積率の特例）１項
(13) 建築基準法60条（特定街区）１項
(14) 建築基準法60条の２（都市再生特別地区）１項
(15) 建築基準法62条（準防火地域内の建築物）２項
(16) 建築基準法64条（外壁の開口部の防火戸）
(17) 建築基準法68条の３（再開発等促進区等内の制限の緩和等）１項から３項まで

③ 本件認定計画書によれば，本件認定により本件各土地は，次の３つに区分されていた。
　(イ)　３つの敷地（設定敷地）
　　　（注）　上記の設定敷地を区分する境界線を「設定敷地線」と称する。
　(ロ)　通路（本件通路）
　(ハ)　緑地（本件緑地）
④ 本件認定計画書による各設定敷地の敷地面積並びに本件各共同住宅の建築面積及び延べ面積を基に，各設定敷地に基づく建ぺい率及び容積率を計算すると，いずれも，建築基準法上の建ぺい率及び容積率の制限を満たしているものと認められる（次頁図表－15を参照）。

図表-15 各設定敷地に基づく建ぺい率及び容積率と建築基準法上の建ぺい率及び容積率

		本件A共同住宅に係る設定敷地	本件B共同住宅に係る設定敷地	本件C共同住宅に係る設定敷地
各設定敷地を基準とした場合	建ぺい率	28.9%	30.4%	25.4%
	容積率	73.9%	75.9%	63.9%
建築基準法によった場合	建ぺい率	第一種中高層住居専用地域部分50%，第一種低層住居専用地域部分 50%		
	容積率	第一種中高層住居専用地域部分150%，第一種低層住居専用地域部分100%		

（注） 本件各土地は，北西側の道路から20m以内（第一種中高層住居専用地域）とそれ以外（第一種低層住居専用地域）とで用途地域が区分されている。

そして，評価通達に定める1画地の宅地に該当するか否か及び貸家建付地の評価単位の判定に当たって，次のとおりの法令解釈等が示されている。

(イ) 地続きの宅地の一部に著しい高低差のある部分が存する場合においては，当該高低差により分断された各部分をそれぞれ単独では利用することができないような特段の事情が認められる場合を除き，当該高低差により分断された各部分をそれぞれ1画地の宅地とみるのが相当であること

(ロ) 宅地の所有者がその宅地の上に存する複数の貸家である建物を所有している場合において，当該各建物が外観上それぞれ独立したものであるときには，母屋と離れのように当該各建物が一体で機能している特段の事情が認められる場合を除き，各建物の敷地部分がそれぞれ1画地の宅地とみるのが相当であると考えられること

上記に掲げる認定事実及び法令解釈等を基にして，本件裁決事例では，当てはめとして本件緑地を除く本件各土地は，本件通路を本件B共同住宅と本件C共同住宅の各敷地に配分して，3つに区分（本件A共同住宅の敷地，本件B共同住宅の敷地及び本件C共同住宅の敷地）に評価することが相当である旨の判断を国税不服審判所は示している。

ⓐ 本件緑地を除く本件各土地は，周囲の道路に接続する階段及びスロープ状の通路並びに植栽部分を除くと，段差や塀等の仕切りがないため，転借人が自由に歩行することが可能な状態であること

ⓑ 本件認定計画書によれば，一団地建築物設計制度を適用しないとした場合において建築物ごとに設定される敷地（通路部分を除く）とされている設定敷地が棟ごとに設定されていることから，当該各設定敷地は本件各共同住宅の各敷地と認めることができること

ⓒ 当該各設定敷地から除かれている本件通路は，本件B共同住宅及び本件C共同住宅に係る各設定敷地の南西側に面する位置にある幅6mの土地であること

そして，本件裁決事例から学ぶポイントとして注目したいのが評価通達に定める宅地の評価単位と建築基準法上の敷地概念との関係である。すなわち，本件各共同住宅は，建築基準法上の特例制度である一団地建築物設計制度の認定を受けて建築許可されたものであるから，3棟の本件各共同住宅の敷地に分離して処分することはできず，当該各敷地ごとに評価することはできず，当該各敷地ごとに評価することは，相続税法と密接な関係を有する建築基準法に反すると主張することの可否である。

図表－16 評価通達に定める宅地の評価単位と建築基準法上の敷地概念との関係

請求人の主張	原処分庁の主張	国税不服審判所の判断
本件各共同住宅は，建築基準法上の特例制度である一団地建築物設計制度の認定を受けた上，同一の敷地にあるものとみなされて建築許可されたものである以上，一敷地とみるべきであり，また，3棟の本件各共同住宅の敷地に分離して処分することはできない。本件各共同住宅の敷地ごとに評価することは，相続税法と密接な関係を有する建築基準法に反することになる。	一団地建築物設計制度の認定を受けて建築された本件各共同住宅が存することにより本件各土地は一体でしか処分することができないことになるとの法的根拠は見当たらない。なお，土地に建築基準法上の制限（一団地建築物設計制度）があることを考慮して価額を評価することは当然であるものの，土地の評価単位の判定については，建築基準法とは別個に相続税法上の観点から判断するべきである。	次に掲げる事項から，請求人の主張を採用することはできない。 ① 一団地設計制度を受けて建築された本件各共同住宅が存することにより本件各土地を一体でしか処分することができないこととする法令上の規定は存しないこと ② 本件賃貸借契約においても本件各共同住宅を棟ごとに契約を終了させ，又は処分することが可能であったこと ③ 本件認定計画書による設定敷地を基に区分した本件審判所認定各敷地ごとに区分したとしても，建築基準法上の建ぺい率及び容積率の制限を満たしていると認められること ④ 建築基準法と相続税法とは目的を異にする別個の法律であること

図表－17 裁判例事案の概要

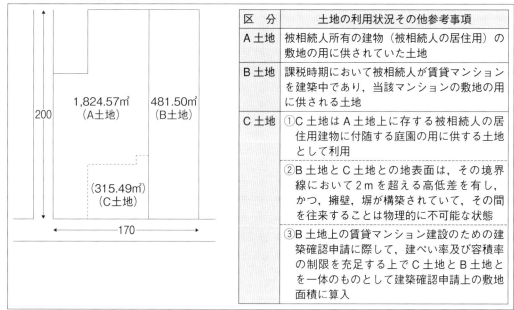

区　分	土地の利用状況その他参考事項
A土地	被相続人所有の建物（被相続人の居住用）の敷地の用に供されていた土地
B土地	課税時期において被相続人が賃貸マンションを建築中であり，当該マンションの敷地の用に供される土地
C土地	①C土地はA土地上に存する被相続人の居住用建物に付随する庭園の用に供する土地として利用 ②B土地とC土地との地表面は，その境界線において2mを超える高低差を有し，かつ，擁壁，塀が構築されていて，その間を往来することは物理的に不可能な状態 ③B土地上の賃貸マンション建設のための建築確認申請に際して，建ぺい率及び容積率の制限を充足する上でC土地とB土地とを一体のものとして建築確認申請上の敷地面積に算入

　この点に関する請求人及び原処分庁の主張並びに国税不服審判所の判断をまとめると，図表－16のとおりとなる。

　上記の論点に対して，国税不服審判所は図表－16に掲げる事項を摘示して，相続税法における評価通達上の1画地の宅地とは評価額（課税価格）算定に当たっての単位であり，建築基準法における敷地の概念と相続税法における宅地の概念とを同一に解さなければならない理由はないとして，明確に当該主張を否定している。

　次に，本件裁決事例の判断（建築基準法における敷地の概念と相続税法における宅地の

評価単位の概念とを同一に解するものではない)を支持した裁判例(東京地判昭63.10.20)がある。その概要をまとめると次のとおりである（この裁判例は，前記(1)においても検証したものである）。

裁判例 東京地方裁判所（昭和63年10月20日判決，昭和60年（行ウ）第92号）

（概　要）

被相続人の相続財産である土地（A土地・B土地・C土地）の形状及びその利用状況は，前頁図表－17のとおりとなっている。

（争　点）

被相続人に係る相続財産であるA土地，B土地及びC土地（いずれの土地も，同一人が相続により取得している）を評価する場合に，その利用の単位（評価単位）はどのようになるのか。その判断に当たって，特に，C土地（現実の利用状況はA土地（被相続人の自宅敷地）と一体であるが，建築基準法上の取扱いではB土地（建築中の賃貸マンションの敷地）と一体して容積率等の計算の基礎に算入されている）の取扱いはどのようにすればよいのか。

（判　断）

A土地とC土地を一体のものとして利用単位である1画地の宅地（被相続人の居住用宅地，自用地評価）として評価し，また，B土地をもって利用単位である1画地の宅地（建築中の賃貸予定建物の敷地，自用地評価）として，併せて，全体で2つの利用単位（評価単位）として評価する。

筆者注　上記の判断から，相続税等の財産評価における宅地に係る1画地の利用単位（評価単位）の判定に当たっては，課税時期における現況（課税時期において客観的事項と認められる現実の利用状況）が，建築基準法上の諸法令（例えば，同法に係る建築物の敷地に係る容積率や建ぺい率の計算単位としての一体性）よりも重視されるべきものであることが理解される。

（判決要旨）

原告は，土地の現況の判断に当たっては，物理的な面だけではなく法的な用途制限も考慮すべきであるとして，C土地は，B土地上の○○マンションが建ぺい率及び容積率の制限を充たすうえで不可欠な土地であるから，B土地と一体のものとして評価すべきであると主張するが，被相続人が○○マンションの建築確認を取得するに当たって，C土地をその敷地に含めて確認申請をしたことを認めるに足る証拠はないから原告の主張はこの点において既に失当であるのみならず，仮にC土地をその敷地に含めて建築確認を取得し，その要件である建ぺい率及び容積率の制限を充たすうえで，C土地の面積を敷地面積に算入する必要があるとしても，相続税法上，相続財産となる土地の現況の評価に当たって，かかる事情があるからといって，前記のように，外形上も，利用状況のうえでも明瞭に区分される両土地を一体のものとして評価すべきであると解することはできないから，いずれにしても，原告の主張は失当であるを免れない。

(4)　入居者専用駐車場の存在と貸家建付地の評価単位の関係

図表−18 単独で所在する駐車場
・月極駐車場に係るアスファルト舗装等の諸設備は土地所有者が実施している。

図表−19 賃貸家屋に隣接する入居者専用駐車場
・賃貸家屋の敷地内に駐車場（土地所有者は全て同一人）があり、駐車場の利用者は全て当該賃貸家屋の入居者（賃借人）とされている。

① 賃貸家屋に隣接する入居者専用の駐車場が存する場合（一般的な取扱い）

駐車場の用に供されている土地の評価について，まず，原則的な取扱いを掲記しておく。

(イ) 図表−18のように，単独で駐車場の用に供されている土地の地目（評価地目）は，雑種地とされる。

(ロ) (イ)の状況にある土地の評価態様は，貸駐車場（例えば，月極駐車場）として供用されることにより，土地所有者に利用制約が生じていたとしても，土地の上に存する権利としての減額は認められず，自用地として評価することになる。

一方，貸家建付地評価に関する実務書では，課税実務上の取扱いとして図表−19に掲げるような駐車場については，次に掲げる要件を充足していることが確認されるものについて，当該駐車場の貸付けは，事実上，当該賃貸家屋に係る賃貸借と一体のものであると考えられることから，当該賃貸家屋及び駐車場の全体で1画地の宅地（1評価単位）として，当該敷地全体を貸家建付地として評価することができる旨の解説が示されている。

　ⓐ 当該駐車場が当該賃貸家屋に隣接していること

　筆者注 当該駐車場が当該賃貸家屋と道路（当該賃貸家屋の入居者専用通路等のようなものではない，ある程度の公共性を有する道路をいう）を挟んで隔った場所に存するときは，これに該当しない。

　ⓑ 当該駐車場の利用者が当該賃貸家屋の入居者に限定されていること

　筆者注 当該駐車場の利用者に当該賃貸家屋の入居者とその他の者が混在しているときは，これに該当しない。

② 複数の貸家家屋の入居者が専用使用する駐車場が存する場合（応用的な取扱い）

賃貸家屋に隣接する入居者専用の駐車場が存する場合の取扱いは上記①に掲げるとおりであるが，この取扱いは，当該賃貸家屋が1棟のみ存在する事例として示されている。筆者がかねがね疑問に思っていた論点として，複数の賃貸家屋とこれらに隣接する入居者専用の駐車場の敷地の用に供されている宅地（貸家建付地）の評価単位の判定に当たって，当該入居者専用の駐車場の所在位置関係はその判断に何らかの影響を与えるか否かという事項がある。具体的事例をもって検討してみることにする。次頁図表−20を参照されたい。

次頁図表−20に掲げる各事例は，被相続人の相続財産である2棟の貸家家屋と入居者専用駐車場を同一人が相続したものとして，当該複数の貸家家屋に係る入居者専用駐車場の所在位置次第で貸家建付地の評価単位の判定（面積の割振り）がどのようになるのかを問うものである。

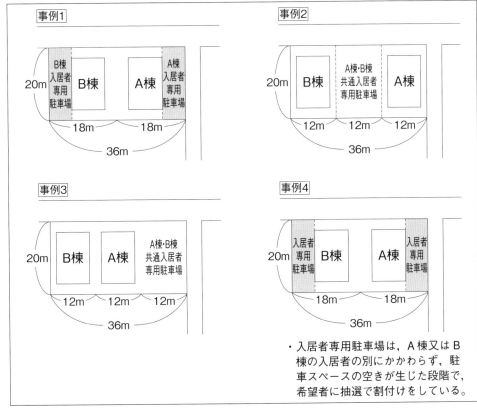

図表-20 複数の貸家家屋と入居者専用の駐車場

まず，本件裁決事例を振り返ってみたい。本件裁決事例では請求人は，本件各土地に分散して設置された本件各共同住宅（本件Ａ共同住宅，本件Ｂ共同住宅及び本件Ｃ共同住宅）の居住者の駐車場は，本件会社（本件各共同住宅に係る一括借上会社）により，利用者が居住している棟とは関係なく場所が割り振られている（筆者注　図表-20の 事例3 又は 事例4 にその状況が近似しているものと考えられる）ことから，本件各土地を全体で１つとしたもの（貸家建付地）として評価単位を主張している。

本件裁決事例では，国税不服審判所は，本件各共同住宅に係る駐車場について次に掲げる事実が認められるとしている。

(イ) 本件各賃貸借契約に係る各契約書の表紙には，「居住用」，「事業用」，「駐車場」の３つの欄が記載されているところ，いずれも「居住用」の欄に丸印が付されている。

(ロ) 本件各賃貸借契約に係る各契約書によれば，本件各賃貸借契約の目的物には，本件各共同住宅とともに駐車場も掲げられており，次に掲げる事実が認められる。

ⓐ 当該各契約書上，駐車場の所在場所は特定されていないこと

ⓑ 被相続人に係る相続開始日において，本件各土地上に37区画，本件各土地上以外に19区画の駐車場が存していたこと

そして，上記に掲げる認定事実を基にして，本件裁決事例では，当てはめとして駐車場について下記に掲げる事項を摘示して，１画地の宅地であるか否かを判断するに当たり宅

図表－21　図表－20の各事例に係る貸家建付地の評価単位（評価面積の割振り）

図表－20の各事例	評価単位，評価面積の割振り及びそのポイント
事例1 B棟入居者専用駐車場／B棟／A棟／A棟入居者専用駐車場　20m　18m＋18m＝36m	評価単位　2単位となる。 評価面積の割振り　──部分でA棟の敷地部分とB棟の敷地部分とに区分することが合理的であると考えられる。 　A棟の敷地面積……360㎡（18m×20m） 　B棟の敷地面積……360㎡（18m×20m） ポイント　2か所存在する入居者専用駐車場は，それぞれに隣接する各棟の入居者の専用利用であるので，最も容易に評価面積を割振りすることができる事例である。
事例2 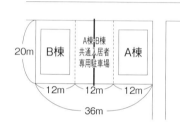	評価単位　2単位となる。 評価面積の割振り　──部分でA棟の敷地部分とB棟の敷地部分とに区分することが合理的であると考えられる。 　A棟の敷地面積……360㎡（(12m＋12m×1／2)×20m） 　B棟の敷地面積……360㎡（(12m＋12m×1／2)×20m） ポイント　1か所のみ存在する入居者専用駐車場は，A棟及びB棟の両棟の入居者にとって共通の専用駐車場であることから，合理的な区分をもって，当該専用駐車場の面積をA棟及びB棟の敷地面積に配分する事例である。
事例3 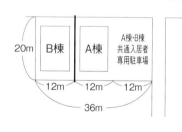	評価単位　2単位となる。 評価面積の割振り　──部分でA棟の敷地部分とB棟の敷地部分とに区分することが合理的であると考えられる。 　A棟の敷地面積……480㎡（(12m＋12m)×20m） 　B棟の敷地面積……240㎡（12m×20m） ポイント　1か所のみ存在する入居者専用駐車場は，A棟及びB棟の両棟の入居者にとって共通の専用駐車場であるものの，当該駐車場の所在によって貸家建付地の評価単位の判定が左右されることはないと解されるから，当該駐車場はA棟の敷地に含まれるものとして取り扱うことが相当とされる事例である。
事例4 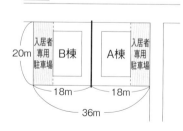 ・入居者専用駐車場は，A棟又はB棟の入居者の別にかかわらず，駐車スペースの空きが生じた段階で，希望者に抽選で割付けをしている。	評価単位　2単位となる。 評価面積の割振り　──部分でA棟の敷地部分とB棟の敷地部分とに区分することが合理的であると考えられる。 　A棟の敷地面積……360㎡（18m×20m） 　B棟の敷地面積……360㎡（18m×20m） ポイント　2か所存在する入居者専用駐車場は，それぞれに隣接する各棟の入居者の専用駐車場ではなく各棟の入居者による混在使用であるものの，当該駐車場の所在及び利用状況によって貸家建付地の評価単位の判定が左右されることはないと解されるから，A棟及びB棟の各棟の所在状況によって配分することが相当とされる事例である。

地の所有者による自由な使用収益を制約する他者の権利の有無をみる際には，本件会社が本件各賃貸借契約に基づき有する上記駐車場に係る賃借権を独立した権利として考慮する必要はなく，本件会社が本件各共同住宅の賃借権に基づいて有することとなる本件各土地の利用権のみを前提として，1画地の宅地であるか否かを判断すれば足りるとしている。

　(イ)　本件各賃貸借契約の主たる目的物は本件各共同住宅であって，上記駐車場は従たる目的物であること
　(ロ)　上記駐車場に係る権利関係は，本件各共同住宅に係る権利関係の変動に付随して変動するものであること

　すなわち，本件各土地の所有者が受ける所有者としての利用の制約は，貸家建付地としての利用の制約と同じであるとして評価することが相当である旨，換言すれば，複数の貸家家屋が存する場合における貸家建付地の評価単位（評価面積の割振り）の判定に当たっては，当該複数の貸家家屋に隣接する入居者専用の駐車場の位置関係から生ずる制約は上記＿＿部分で示された解釈からすると，考慮の対象にならない旨の判断を国税不服審判所は示している。課税実務上の取扱いが明確にされた裁決事例として注目に値するものである。

　以上の取扱いに基づいて，前々頁図表－20に掲げる複数の貸家家屋と入居者専用の駐車場に係る貸家建付地の評価単位（評価面積の割振り）を考察すると，前頁図表－21に掲げるとおりに取り扱うことが相当と考えられる。

(5)　貸家が複数存在する場合の各棟の敷地部分の算定
①　一般的と考えられる課税実務上の取扱い

　前記❷(2)で確認したとおり，貸家建付地を評価する場合において，貸家が複数棟あるときは，原則として，各棟の敷地ごとに1画地の宅地として評価するものとされている。

　上記のように，貸家が複数棟ある場合の各棟（建物）の敷地の判定に当たっては，評価通達に明確な取扱いは定められていないが，課税実務上の取扱いとして，当該敷地全体を，おおむね次のように区分整理したうえで，それぞれに定めるところにより各棟の敷地部分を算定することが相当であると考えられる。

　(イ)　通路，さく，生け垣等によって専ら一の建物の用に供されている土地等として他の土地等と区別されている部分
　　当該一の建物の敷地部分として取り扱う。
　(ロ)　2以上の建物の用に一体的に利用されている部分（下記(ハ)に該当する部分を除く）
　　当該部分の土地等のうち，当該部分の土地等の地積を基礎として，その上に存する各建物の建築基準法施行令2条（面積，高さ等の算定方法）1項2号に規定する建築面積（下記 参考資料 を参照）の比によってあん分して計算した当該各建物に係る地積に相当する部分を当該各建物の敷地部分として取り扱う。

参考資料　建築基準法施行令2条（面積，高さ等の算定方法）1項2号

　二　建築面積

建築物（地階で地盤面上1m以下にある部分を除く。以下この号において同じ。）の外壁又はこれに代わる柱の中心線（軒，ひさし，はね出し縁その他これらに類するもので当該中心線から水平距離1m以上突き出たものがある場合においては，その端から水平距離1m後退した線）で囲まれた部分の水平投影面積による。ただし，国土交通大臣が高い開放性を有すると認めて指定する構造の建築物又はその部分については，その端から水平距離1m以内の部分の水平投影面積は，当該建築物の建築面積に算入しない。

(ハ) 通路その他の各建物の共用の施設の用に供されている部分

当該部分の土地等のうち，当該部分の土地等の地積を基礎として，(イ)及び(ロ)の各建物の敷地部分の地積の比によりあん分して計算した当該建物に係る地積に相当する部分は，それぞれ，(イ)及び(ロ)の各建物の敷地部分に含めて取り扱う。

(ニ) (イ)から(ハ)までの部分のいずれにも該当しない部分

いずれの建物の敷地部分にも含めないものとして取り扱う。

上記（(イ)～(ニ)）に掲げる課税実務上の取扱いを設例で示すと図表－22のとおりである。

図表－22 各棟の敷地区分による課税実務上の取扱い

設例1 各棟の敷地が物理的に区分されている場合

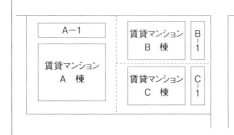

・A棟，B棟及びC棟は，すべて3階建ての賃貸マンションである。
・ A-1 ， B-1 及び C-1 部分は，それぞれ各棟の入居者専用の駐輪場スペースを示している。
・------ 部分はフェンスで，これにより3棟は物理的に区分されている。

回答

設例1 の事例は，上記に掲げる課税実務上の取扱いの(イ)（通路，さく，生け垣等によって専ら一の建物の用に供されている土地等として他の土地等と区別されている部分を有する場合）に該当する。

したがって，設例1 の場合には，フェンスで区切られている部分をもって，A棟，B棟及びC棟に係る各棟の敷地の境界として，各棟に係る敷地面積の計算を行うことになる。

設例2 各棟の敷地が物理的に区分されていない場合（その1：共用施設が存在しない場合）

・一団地である宅地の地積は，800㎡である。
・A棟，B棟及びC棟は，すべて3階建ての賃貸マンションで，各棟に係る建築面積は次のとおりである。
　A棟……180㎡
　B棟……300㎡
　C棟……160㎡

回 答

設例2 の事例は，上記に掲げる課税実務上の取扱いの(ロ)（2以上の建物の用に一体的に利用されている部分が存するが共用施設は存在しない場合）に該当する。

そうすると，設例2 の場合には，一団地の宅地上に存する複数棟の各賃貸マンションの建築面積（原則として，建築物の外壁又はこれに代わる柱の中心線で囲まれた部分の水平投影面積をいう）の比によって，あん分して計算した地積に相当する部分を当該各賃貸マンションに係る各敷地部分として取り扱うことになる。

したがって，設例2 の場合には，次のとおりとなる。

A棟の敷地面積……$800㎡ × \dfrac{180㎡（A棟）}{180㎡（A棟）＋300㎡（B棟）＋160㎡（C棟）} = 225㎡$

B棟の敷地面積……$800㎡ × \dfrac{300㎡（B棟）}{180㎡（A棟）＋300㎡（B棟）＋160㎡（C棟）} = 375㎡$

C棟の敷地面積……$800㎡ × \dfrac{160㎡（C棟）}{180㎡（A棟）＋300㎡（B棟）＋160㎡（C棟）} = 200㎡$

設例3 各棟の敷地が物理的に区分されていない場合（その2：共用施設が存在する場合）

- 一団地である宅地の地積は，800㎡である。
- ▨部分（地積160㎡）は，各棟の入居者が共同して利用する専用駐輪場である。
- A棟，B棟及びC棟は，すべて3階建ての賃貸マンションで，各棟に係る建築面積は次のとおりである。
  A棟……120㎡
  B棟……150㎡
  C棟……242㎡

回 答

設例3 の事例は，上記に掲げる課税実務上の取扱いの(ロ)及び(ハ)の複合型（2以上の建物の用に一体的に利用されている部分及び共用施設が存する場合）に該当する。

そうすると，設例3 の場合には，2以上の建物の用に一体的に利用されている部分（共用の施設の用に供用されている部分を除く）については，設例2 に掲げるとおりに建築面積の比によってあん分し，また，入居者専用の駐輪場として共用の施設の用に供されている部分については，当該部分の土地等の地積（160㎡）を基礎として，上記で求めた2以上の建物の用に一体的に利用されている部分の取扱いに定める各賃貸マンションの敷地部分の地積の比によりあん分して計算した当該各賃貸マンションに係る地積に相当する部分を当該各賃貸マンションの敷地部分に含めて取り扱うことになる。

したがって，設例3 の場合には，次のとおりとなる。

(A) 2以上の建物の用に一体的に利用されている部分

Ⓐ A棟部分……$(800㎡ － 160㎡) × \dfrac{120㎡（A棟）}{120㎡（A棟）＋150㎡（B棟）＋242㎡（C棟）} = 150㎡$

Ⓑ B棟部分……$(800㎡ － 160㎡) × \dfrac{150㎡（B棟）}{120㎡（A棟）＋150㎡（B棟）＋242㎡（C棟）} = 187.5㎡$

Ⓒ C棟部分……$(800㎡ － 160㎡) × \dfrac{242㎡（C棟）}{120㎡（A棟）＋150㎡（B棟）＋242㎡（C棟）} = 302.5㎡$

(B) 共用施設（入居者専用の駐輪場）の用に供されている部分

Ⓐ A棟部分……$160㎡ × \dfrac{150㎡（A棟）}{150㎡（A棟）＋187.5㎡（B棟）＋302.5㎡（C棟）} = 37.5㎡$

Ⓑ B棟部分……$160㎡ × \dfrac{187.5㎡（B棟）}{150㎡（A棟）＋187.5㎡（B棟）＋302.5㎡（C棟）} = 46.875㎡$

ⓒ　C棟部分……160㎡ × $\dfrac{302.5㎡（C棟）}{150㎡（A棟）+187.5㎡（B棟）+302.5㎡（C棟）}$ =75.625㎡

(C)　各棟の敷地面積（(A)+(B)）
　A棟の敷地面積……150㎡（上記(A)Ⓐ）+37.5㎡（上記(B)Ⓐ）=187.5㎡
　B棟の敷地面積……187.5㎡（上記(A)Ⓑ）+46.875㎡（上記(B)Ⓑ）=234.375㎡
　C棟の敷地面積……302.5㎡（上記(A)Ⓒ）+75.625㎡（上記(B)Ⓒ）=378.125㎡

②　本件裁決事例の場合

　本件裁決事例において，本件各土地（本件各土地及びその上に存する本件各共同住宅の配置状況等について，次頁図表-23の上欄(1)の図を参照）の評価単位（各評価単位ごとの地積配分）及びその相続税評価額について，双方（請求人及び原処分庁）の主張と国税不服審判所の判断をまとめると，次々頁図表-24のとおりとなる。

　本件裁決事例において，国税不服審判所の判断には注目すべき点がある。貸家が複数存在する場合の各棟の敷地部分の判定については，上記①に掲げるとおり従来における一般的と考えられる課税実務上の取扱いとして，当該複数の貸家建物の建築基準法施行令2条に規定する建築面積（筆者注　おおむね，建物の1階の床面積と理解して差し支えない。以下同じ。）の合計に占める当該各貸家建物の建築面積の割合により行うものとされている（次々頁図表-24の(2)の「原処分庁（課税庁）の主張」欄の＿＿部分を参照）。

　しかしながら，上記に掲げる課税実務上の取扱い（建築面積を基礎に算定する方法）が相当とされるのは，例えば，上記①の 設例2 のように，建築面積を基礎に算定した各賃貸マンション（A棟，B棟及びC棟）のそれぞれの敷地面積について，これを当該各賃貸マンションの敷地の用に供されている全体の宅地に合理的に割り振りすることが可能とされていることが前提条件となっているものと考えられ，貸家が複数存在する場合の各棟の敷地部分を判定する方法として，無条件にすべての事例に適用することには無理があるものと考えられる。

　すなわち，上記の課税実務上の取扱いでは，次々頁図表-24の(2)の「国税不服審判所の判断」欄の＿＿部分のとおり，次に掲げる難点があり，前掲 設例2 のような比較的単純な事例以外の事例には，その適用が困難なことが想定されるところである。

㈦　課税実務上の取扱いでは，単純に各棟ごとの面積が建築面積を基礎に特定されるのみであること

㈻　上記㈦によって求められた面積に応じる形状や位置関係を示すことは，一般的に困難であること

㈨　上記㈦によって求められた面積が現実の利用状況に即したものであるとは言い難い事例の出現も想定されること

　例えば，後記図表-25を参照されたい。この事例においては，上記の課税実務上の取扱い（建築面積を基礎に算定する方法）を採用したならば，その算出された各棟ごとの面積とされる数値に結果の妥当性は見い出し難く，また，当該各棟ごとにその算出された面積に応ずるものとして各画地を作定（形状や位置関係を決定）することは不可能であると考えられる。

図表－23 本件各土地の評価単位
(1) 本件各土地及びその上に存する本件各共同住宅の配置状況等

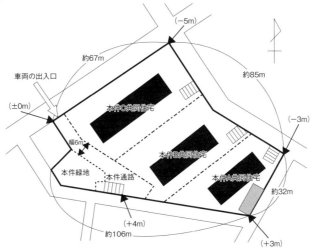

(注1) ━━ は，本件各土地の範囲を示す。
(注2) ‥‥ は，本件緑地と本件通路の境界を示す。
(注3) --- は，本件認定計画書における設定敷地線を示す。
(筆者注) 本件各共同住宅の建築に当たっては，建築基準法86条（一の敷地とみなすこと等による制限の緩和）に規定する一団地建築物設計制度に係る認定を受け，当該認定に係る認定計画書が公開されている。
(注4) ▨ は，本件各土地から道路に連絡する階段を示す。
(注5) ▨ は，スロープ状の通路を示す。
(注6) （ ）内の数値は，本件各共同住宅が建築されている地盤面に対する周囲の道路の各地点における高低差の概数を示す。

(2) 国税不服審判所が認定した本件各土地の評価単位

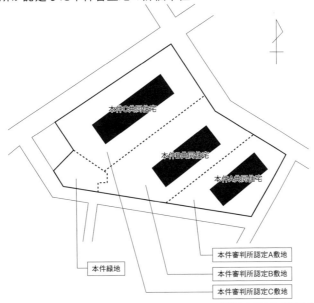

区　分	本件審判所認定A敷地	本件審判所認定B敷地	本件審判所認定C敷地	本件緑地
認定敷地の面積 ①	1,321.25㎡	1,522.70㎡	2,088.10㎡	—
本件通路の面積 ②	—	323.70㎡	231.01㎡	—
本件緑地の面積 ③	—	—	—	353.75㎡
計	1,321.25㎡	1,846.40㎡	2,319.11㎡	353.75㎡

図表－24　本件各土地の評価単位及びその相続税評価額

争　点	請求人(納税者)の主張	原処分庁(課税庁)の主張	国税不服審判所の判断
(1) 評価単位	本件各土地の評価に当たっては、全体で一つとしたものを評価単位とすべきである。	本件各土地の評価単位は、3棟の本件各共同住宅の敷地ごとに3区画に区分したものである。	本件各土地の評価に当たっての評価単位は、図表－23の下欄の(2)の図のとおり、四つの評価単位（本件審判所認定A敷地，本件審判所認定B敷地，本件審判所認定C敷地及び本件緑地）に区分した評価単位とすることが相当である。 筆者注　原処分庁が三つに区分することを主張したのに対し，国税不服審判所が本件緑地を別の評価単位として，四つの評価単位としたことが注目される。
(2) 評価単位ごとの面積，評価態様及びその相続税評価額	上記(1)より，1画地の宅地として評価すべき本件各土地の評価の詳細は，次のとおりである。 面　積　5,840.51㎡ 態　様　貸家建付地 評価額　234,671,691円	上記(1)より，3画地の宅地として評価すべき本件各土地の評価の詳細は，次のとおりである。 ① 本件A共同住宅の敷地 面　積　1,639.61㎡ 態　様　貸家建付地 評価額　97,505,374円 ② 本件B共同住宅の敷地 面　積　1,936.67㎡ 態　様　貸家建付地 評価額　111,868,864円 ③ 本件C共同住宅の敷地 面　積　2,264.23㎡ 態　様　貸家建付地 評価額　126,532,688円 ④ 本件各土地（①＋②＋③） 面　積　5,840.51㎡ 評価額　335,906,926円 (筆者注)　原処分庁が主張する本件各共同住宅の各敷地の区分 3棟からなる本件各共同住宅の各敷地の区分の範囲については，本件各共同住宅の1階床面積の合計に占める本件各共同住宅の各棟の1階床面積の割合により本件各土地を区分した面積に基づき算定すべきである。	上記(1)より，4画地の土地として評価すべき本件各土地の評価の詳細は，次のとおりである。 | 区　分 | 面　積 | 評価態様 | 評価額 | |---|---|---|---| | 本件A共同住宅の敷地 | 1,321.25㎡ | 貸家建付地 | 80,987,372円 | | 本件B共同住宅の敷地 | 1,846.40㎡ | 貸家建付地 | 107,611,264円 | | 本件C共同住宅の敷地 | 2,319.11㎡ | 貸家建付地 | 128,869,019円 | | 本件緑地 | 353.75㎡ | 自用地 | 41,247,250円 | | 合計 | 5,840.51㎡ | ―― | 358,714,905円 | 筆者注　国税不服審判所が判断した本件各共同住宅の各敷地の区分 (イ) 3棟からなる本件各共同住宅の各敷地の区分の範囲については，本件緑地を除く本件各土地は，周囲の道路に接続する階段及びスロープ状の通路並びに植栽部分を除くと，段差や塀等の仕切りがないため，転借人が自由に歩行することが可能な状態であるところ，次に掲げる事項からすると，本件B共同住宅と本件C共同住宅の間にある設定敷地線を延長した線により区分して，本件B共同住宅及び本件C共同住宅の各敷地に含めることが相当である。 ⓐ　本件認定計画書によれば，一団地建築物設計制度を適用しないとした場合において建築物ごとに設定される敷地（通路部分を除く）とされている設定敷地が棟ごとに設定されていることから，当該各設定敷地は本件各共同住宅の各敷地と認めることができること ⓑ　当該各設定敷地から除かれている本件通路は，本件B共同住宅及び本件C共同住宅に係る各設定敷地の南西側に面する位置にある幅6mの土地であること (ロ) 上記(イ)より，3棟からなる本件各共同住宅の各敷地は，本件緑地を除く本件各土地について，本件A共同住宅と本件B共同住宅の間にある設定敷地線並びに本件B共同住宅と本件C共同住宅の間にある設定敷地線及びそれを延長した線により三つに区分される各部分とすることが相当である。 (ハ) 原処分庁は左記のとおり主張する。しかしながら，そもそも宅地の評価単位とは利用の単位となっている1区画の宅地とされていることからすれ

		ば，評価単位を特定するに当たっては，単に面積が特定されているのみではなく，利用の単位を判断することのできる形状や位置関係が特定されていることが必要であるところ，原処分庁が主張する方法では単に面積が特定されているのみで，形状や位置関係は不明であって，現実の利用状況に即した特定がされているかどうかも不明であるから，利用の単位の判断方法として適切とはいえず，採用することはできない。

図表－25 課税実務上の取扱いを適用することが困難であると考えられる事例

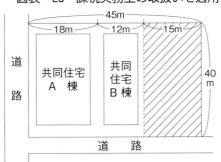

資料　宅地の全体の地積は，1,800㎡あり，その内訳は次のとおりである。
　㋑　共同住宅A棟の建築面積……600㎡
　㋺　共同住宅B棟の建築面積……400㎡
　㋩　共同住宅の入居者専用の駐車場（░部分）の面積……600㎡
　㋥　共同住宅の入居者専用の共用施設で上記㋩に該当しない部分の面積……200㎡

計算1　課税実務上の取扱いによった場合の各棟の画地の面積の計算とその位置関係

(1) 2以上の建物の用に一体的に利用されている部分

① A棟部分……(600㎡ + 400㎡ + 200㎡) × $\dfrac{600㎡（A棟）}{600㎡（A棟）+ 400㎡（B棟）}$ ＝ 720㎡
　　　　　　　（資料㋑）（資料㋺）（資料㋥）

② B棟部分……(600㎡ + 400㎡ + 200㎡) × $\dfrac{400㎡（B棟）}{600㎡（A棟）+ 400㎡（B棟）}$ ＝ 480㎡
　　　　　　　（資料㋑）（資料㋺）（資料㋥）

(2) 共用施設（入居者専用の駐車場）の用に供されている部分

① A棟部分……600㎡ × $\dfrac{720㎡（A棟：上記(1)①）}{720㎡（A棟：上記(1)①）+480㎡（B棟：上記(1)②）}$ ＝ 360㎡
　　　　　　（資料㋩）

② B棟部分……600㎡ × $\dfrac{480㎡（B棟：上記(1)②）}{720㎡（A棟：上記(1)①）+480㎡（B棟：上記(1)②）}$ ＝ 240㎡
　　　　　　（資料㋩）

(3) 各棟の敷地面積（(1)＋(2)）

　A棟の敷地面積……720㎡（上記(1)①）＋ 360㎡（上記(2)①）＝ 1,080㎡
　B棟の敷地面積……480㎡（上記(1)②）＋ 240㎡（上記(2)②）＝ 　720㎡

　上記(3)で求められた各棟の敷地面積に基づいて，当該各棟の画地割の境界線を示すと，おおむね，次頁図表－26のとおりとなり，その結果の合理性に疑念が生じるところである。

計算2　課税実務上の取扱いによらず，現実の利用状況に即した取扱いによった場合の面積計算とその位置関係

(1) 2以上の建物の用に一体的に利用されている部分

① A棟部分……720㎡（計算過程は，上記 計算1 の(1)①に同じ）

② B棟部分……480㎡（計算過程は，上記 計算1 の(1)②に同じ）
(2) 共用施設（入居者専用の駐車場）の用に供されている部分
① A棟部分……0㎡
　（注） A棟部分は入居者専用の駐車場とは直接的には接しておらず（両施設の間には，B棟が介在している），共用施設たる入居者専用の駐車場の面積の一部をA棟部分に配分すると，当該配分後に応じるA棟の形状や位置関係を示すことは困難であり，現実の利用状況を反映したものとは言い難いことから，A棟部分に配分する共用施設の面積は，0㎡とすることが相当と考えられる。
② B棟部分……600㎡
　（注） B棟部分は入居者専用の駐車場と唯一隣接していることから，たとえ，共用施設であったとしても，その面積（600㎡）はすべて，B棟部分に帰属するものとして取り扱うことが相当と考えられる。
(3) 各棟の敷地面積 （(1)＋(2)）
　A棟の敷地面積……720㎡（上記(1)①） ＋　 0㎡（上記(2)①） ＝720㎡
　B棟の敷地面積……480㎡（上記(1)②） ＋ 600㎡（上記(2)②） ＝1,080㎡

上記(3)で求められた各棟の敷地面積に基づいて，当該各棟の画地割の境界線を示すと，おおむね，図表－27のとおりとなり，その結果の合理性に理解が寄せられるものと考えられる。

本件裁決事例における本件各土地（本件緑地を除く）の評価単位の確定（前記図表－23

図表－26　計算1 の課税上の取扱いによった場合における各棟の敷地面積とその位置関係

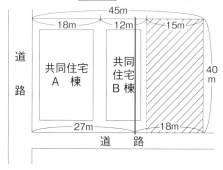

・A棟の敷地面積　1,080㎡（40m×27m）
・B棟の敷地面積　720㎡（40m×18m）

↓

・左図の｜部分がA棟とB棟との敷地の区分線となる（区分線より左側がA棟の敷地，右側がB棟の敷地となる）。

↓

・しかしながら，上記の区分線は，共同住宅B棟の建築面積部分にあたり，当該区分線に合理性は認め難い。

図表－27　計算2 の現実の利用状況によった場合における各棟の敷地面積とその位置関係

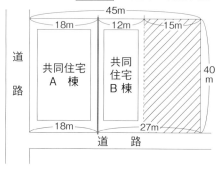

・A棟の敷地面積　720㎡（40m×18m）
・B棟の敷地面積　1,080㎡（40m×27m）

↓

・左図の｜部分がA棟とB棟との敷地の区分線となる（区分線より左側がA棟の敷地，右側がB棟の敷地となる）。

↓

・上記の区分線によった場合には，共同住宅A棟と共同住宅B棟との合理的と考えられる境界上に存することから，当該区分線に合理性があるものと考えられる。

の上部の(1)を参照）に当たっては，本件通路部分の地積を本件各共同住宅（本件A共同住宅，本件B共同住宅及び本件C共同住宅）の敷地に配分するに当たって，原処分庁（課税庁）が従来，一般的と考えられていた課税実務上の取扱いである本件各共同住宅の1階床面積の合計に占める本件各共同住宅の各棟の1階床面積の割合により本件各土地を区分することを主張したのに対して，国税不服審判所は，その判断において，本件各共同住宅の敷地としてその形状や位置関係を考慮して現実の利用状況に即したものであるべきであるとして，前記図表－23の下部の(2)のとおりに区分すべきであるとしている。

すなわち，本件通路（この部分の地積は，554.71㎡）の配分に当たっては，本件A共同住宅は本件通路に接する部分が存しないことからこれを配分の対象とせず，本件通路と直接的に接していることが認められる本件B共同住宅と本件C共同住宅の2つを対象として配分することが相当であるとしている。そして，その配分方法についても，本件B共同住宅及び本件C共同住宅のそれぞれの認定敷地の面積（それぞれ，1,522.70㎡，2,088.10㎡）で比例配分するのではなく，本件通路及びそれぞれの認定敷地の形状及び位置関係から現実の利用状況に即したものとして個別に算定して本件通路（地積554.71㎡）を本件B共同住宅へ配分すべき部分（地積323.70㎡）及び本件C共同住宅へ配分すべき部分（地積231.01㎡）に合理的に区分している。

以上に掲げる国税不服審判所の判断は，貸家が複数存在する場合の各棟への敷地部分の算定に当たって，従来のややもすれば硬直的とも考えられる課税実務上の取扱いとは趣を異にする画期的な考え方が示されたものであると考えられ，今後の実務上の重要先例になるものと考えられる。

(6) 広大地の評価

筆者注　評価通達24－4（広大地の評価）の定めは，平成29年12月31日をもって廃止された。

本件裁決事例においては，請求人は本件各土地につきこれを1評価単位の貸家建付地として評価通達24－4（広大地の評価）に定める広大地として評価することを主張し，また，原処分庁においては本件各土地につきこれを3評価単位（本件A共同住宅の敷地，本件B共同住宅の敷地及び本件C共同住宅の敷地）の貸家建付地として同じく同通達に定める広大地として評価することを主張している。

そして，当該争点について国税不服審判所は，本件各土地を4評価単位に区分して評価する(注)ことが相当であると判断している。

(注)　4評価単位の内訳及び評価態様として，3評価単位（本件審判所認定A敷地，本件審判所認定B敷地及び本件審判所認定C敷地）の貸家建付地として評価通達24－4（広大地の評価）に定める広大地として評価し，残る1評価単位の土地（本件緑地）については自用地として，また，同通達に定める広大地には該当しないものとして評価するものとしている。

上記に掲げる双方（請求人及び原処分庁）の主張，国税不服審判所の判断をまとめると，次頁図表－28のとおりとなる。

図表－28　本件各土地の価額（双方（請求人・原処分庁）の主張と国税不服審判所の判断）

請求人 …… 1評価単位（貸家建付地，広大地該当）

　　　(正面路線価)　(広大地補正率)　　　(地積)　　　　　(借地権割合) (借家権割合)　　　(相続税評価額)
　　　140,000円×　0.35（注）　×5,840.51㎡×（1－　60%　×　30%　）＝234,671,691円

　　（注）　評価対象地の地積が5,000㎡を超えるため、広大地補正率はその下限である0.35となる。

原処分庁 …… 3評価単位

① 本件A共同住宅の敷地（貸家建付地，広大地該当）

　　(正面路線価)　(広大地補正率)　　　(地積)　　　　　(借地権割合) (借家権割合)
　　140,000円×0.5180195（注）×1,639.61㎡×（1－　60%　×　30%　）＝97,505,374円

　　（注）　広大地補正率……0.6－0.05×$\frac{1,639.61㎡}{1,000㎡}$＝0.5180195

② 本件B共同住宅の敷地（貸家建付地，広大地該当）

　　(正面路線価)　(広大地補正率)　　　(地積)　　　　　(借地権割合) (借家権割合)
　　140,000円×0.5031665（注）×1,936.67㎡×（1－　60%　×　30%　）＝111,868,864円

　　（注）　広大地補正率……0.6－0.05×$\frac{1,936.67㎡}{1,000㎡}$＝0.5031665

③ 本件C共同住宅の敷地（貸家建付地，広大地該当）

　　(正面路線価)　(広大地補正率)　　　(地積)　　　　　(借地権割合) (借家権割合)
　　140,000円×0.4867885（注）×2,264.23㎡×（1－　60%　×　30%　）＝126,532,688円

　　（注）　広大地補正率……0.6－0.05×$\frac{2,264.23㎡}{1,000㎡}$＝0.4867885

④ 本件各土地（合計）

　　　　　　　　(相続税評価額)
　　①＋②＋③＝335,906,926円

国税不服審判所 …… 4評価単位

① 本件審判所認定A敷地（貸家建付地，広大地該当）

　　(正面路線価)　(広大地補正率)　　　(地積)　　　　　(借地権割合) (借家権割合)
　　140,000円×0.5339375（注）×1,321.25㎡×（1－　60%　×　30%　）＝80,987,372円

　　（注）　広大地補正率……0.6－0.05×$\frac{1,321.25㎡}{1,000㎡}$＝0.5339375

② 本件審判所認定B敷地（貸家建付地，広大地該当）

　　(正面路線価)　(広大地補正率)　　　(地積)　　　　　(借地権割合) (借家権割合)
　　140,000円×0.50768（注）×1,846.40㎡×（1－　60%　×　30%　）＝107,611,264円

　　（注）　広大地補正率……0.6－0.05×$\frac{1,846.40㎡}{1,000㎡}$＝0.50768

③ 本件審判所認定C敷地（貸家建付地，広大地該当）

　　(正面路線価)　(広大地補正率)　　　(地積)　　　　　(借地権割合) (借家権割合)
　　140,000円×0.4840445（注）×2,319.11㎡×（1－　60%　×　30%　）＝128,869,019円

　　（注）　広大地補正率……0.6－0.05×$\frac{2,319.11㎡}{1,000㎡}$＝0.4840445

④ 本件緑地（自用地，広大地非該当）

　　(正面路線価)　(奥行価格補正率) (不整形地補正率) (宅地造成費)　　(地積)
　　（130,000円×　1.00　　×　0.90　－　400円　）×353.75㎡＝41,247,250円

⑤ 本件各土地（合計）

　　　　　　　　　(相続税評価額)
　　①＋②＋③＋④＝358,714,905円

本件裁決事例では，評価通達24－4（広大地の評価）に定める広大地の評価の可否に関して，請求人と原処分庁との間に争点はない（ただし，国税不服審判所の判断では，本件緑地部分は同通達に定める広大地に該当しないとしている）。

しかしながら，本件裁決事例は，広大地の評価に関する多様な注目点が検証される有益な題材であると筆者は考えている。

次に，この点について検討を加えてみることにする。

① 広大地の意義

評価通達24－4（広大地の評価）の定めでは，広大地とは，次に掲げる(イ)から(ハ)までのすべての要件を充足している宅地をいう。

(イ) その地域における標準的な宅地の地積に比して，著しく地積が広大な宅地であること

(ロ) 都市計画法4条（定義）12項（資料を参照）に規定する開発行為（以下「開発行為」という）を行うとした場合に公共公益的施設用地の負担が必要と認められること

資料 都市計画法4条（定義）12項

> この法律において「開発行為」とは，主として建築物の建築又は特定工作物の建設の用に供する目的で行なう土地の区画形質の変更をいう。

(ハ) 次の@又は⑥に掲げる広大地に該当しない適用除外地以外のものであること

@ 評価通達22－2（大規模工場用地）に定める大規模工場用地に該当するもの

⑥ 中高層の集合住宅等の敷地用地に適しているもの（その宅地について，経済的に最も合理的であると認められる開発行為が中高層の集合住宅等を建築することを目的とするものであると認められるものをいう）

② 評価方法

上記①に定める広大地が路線価地域に所在する場合における当該広大地の価額は，評価通達15（奥行価格補正）から同通達20－5（容積率の異なる2以上の地域にわたる宅地の評価）までの定めに代わるものとして，次の（算式1）により求めた「広大地補正率」を乗じて計算した価額にその広大地の地積を乗じて計算した金額によって評価する。

この取扱いを算式に示すと，次の（算式2）のとおりになる。

（算式1）

$$広大地補正率_{(注1)\cdot(注2)} = 0.6 - 0.05 \times \frac{広大地の地積}{1,000㎡}$$

（算式2）

その広大地の面する路線の路線価$^{(注3)}$ × 上記（算式1）により求めた「広大地補正率」 × 地積

(注1) （算式1）には，端数処理はない。

(注2) （算式1）により求められた補正率は，0.35を下限とする。

(注3) 「その広大地の面する路線の路線価」とは、評価対象地である広大地が接面する路線が2以上ある場合には、原則として、その広大地が面する路線の路線価のうち最も高いものをいう。

③ 広大地の判定単位と宅地の評価単位の関係

(イ) 基本的な考え方

評価対象地が評価通達24－4（広大地の評価）に定める広大地に該当するか否かの判定単位について、当該通達中においては特段の判定要件は定められていない。そうすると、次に掲げる事項から判断しても、評価対象地たる宅地の評価単位と当該評価対象地が評価通達に定める広大地に該当するか否かの判定単位は一致するとして取り扱うことが相当と考えられており、現行の課税実務上の取扱いとして通説的なものとなっている。

ⓐ 広大地の評価の定めも評価通達の定めである限り、広大地の評価方法を定めた評価通達24－4（広大地の評価）の定めの解釈を行うに当たりその取扱いが明記されていない事項に関しては、同通達に定める他の定め（本件の場合、同通達7－2（評価単位）の定め）に基づくことが相当であること

ⓑ いわゆる不合理分割に該当する場合を除き、遺産分割等による分割後の1画地の宅地として取り扱う評価通達7－2（評価単位）の定めは、下記に掲げる点に照らして、相当なものと理解されること

(i) 相続税の計算について、いわゆる法定相続分課税方式による遺産取得者課税方式を採用していること

(ii) 民法909条（遺産の分割の効力）が遺産の分割は相続開始のときにさかのぼってその効力を生じる旨規定していることなどから、土地の時価の算定に当たり、遺産分割等による宅地の分割後の所有単位で評価することが相当であること

一方、上記に掲げる通説（評価対象地たる宅地の評価単位と当該評価対象地が評価通達に定める広大地に該当するか否かの判定単位が一致すること）につき、次に掲げる事項を摘示して同一の者が所有している隣接した宅地を開発する場合、一団の宅地として併せて開発することが最有効使用であるとき、広大地の判定については、評価通達7－2（評価単位）の定めにかかわらず、当該一団の宅地を併せて一つの評価単位とすべきである旨主張して、これを批判する考え方がある。

ⓐ 評価通達24－4（広大地の評価）は「開発行為を行うとした場合」と仮定の状況を採用しており、この開発行為とは最有効使用に基づくものであるため、広大地についての評価単位も最有効使用の観点から判定されるべきであること

ⓑ 土地の時価とは最有効使用に即して評価されるべき売却可能な価値であること

しかしながら、「開発行為を行うとした場合」という文言は、公共公益的施設用地の負担に関する定めであって広大地の判定について特別の評価単位を定める趣旨のものではないし、土地の時価とは相続開始時における当該財産の客観的な交換価値をいうものと解されるところ、このことから直ちに広大地の判定については最有効使用に基づき評価単位を判定すべきということにはならないとの判断（当該判断を相当とするものとし

て，国税不服審判所裁決事例（平25.7.2裁決，名裁（諸）平25－1，平成22年相続開始分）（『難解事例から探る財産評価のキーポイント［第2集］』**CASE24**に収録済を参照）がある）を示して，当該批判は独自の理論を主張するのみで，その正当性はないと判断されることが十分に想定される。

　㈠　本件裁決事例の場合

　　上記㈣に掲げる基本的な考え方からすると，広大地の判定単位と宅地の評価単位は一致するものとして取り扱うことが相当とされている。そうすると，もう一度，前記図表－28を参照されたい。本件裁決事例は本件各土地の価額の算定方法が争点とされたものであるが，究極的には宅地の評価単位を何単位に区分するのか，そして当該区分した宅地の評価単位ごとに評価通達24－4（広大地の評価）に定める広大地の適用が可能であるか否か（仮に，適用可能であれば「広大地補正率」はどのように算定するのか）という非常に重要な論点を有するものである。次に，本件裁決事例において注視すべき事項をまとめておく。

　　　ⓐ　広大地の判定単位と宅地の評価単位は一致するものとして取り扱うことが相当であるとする考え方につき，請求人，原処分庁及び国税不服審判所の三者は全く異論を唱えていない（ポイント　国税不服審判所の判断では本件緑地（地積353.75㎡）について，これを1評価単位とし，当該1評価単位の地積が都市計画法29条（開発行為の許可）に規定する開発行為の許可面積に満たないことから，広大地に該当しないものとしている）。

　　　ⓑ　広大地補正率はその計算過程（0.6－0.05×広大地の地積／1,000㎡）において，「広大地の地積」を使用し，かつ，その計算構造上において「広大地の地積」が大きな数値（ただし，上限5,000㎡）になるほど低くなるので，広大地に該当する宅地については，その評価単位の認定には十分注意する必要がある（次頁図表－29を参照）。

④　本件各共同住宅の敷地に対する広大地評価の適用

　前記①㈻ⓑに掲げるとおり，評価通達24－4（広大地の評価）に定める広大地には該当しないものとして，「中高層の集合住宅等の敷地用地に適しているもの（その宅地について，経済的に最も合理的であると認められる開発行為が中高層の集合住宅等を建築することを目的とするものであると認められるものをいう）」が挙げられている。

　この場合における『中高層の集合住宅等』（上記＿＿部分）の意義等については評価通達において明示されていない。しかしながら，課税実務上の取扱いとしてその意義等につき次のとおりに解釈することが相当とされているようである。

　㈠　中高層には，原則として地上階数3以上のものが該当すること
　㈡　集合住宅等には，分譲マンションのほか，賃貸マンション等も含まれること

　そうすると，もう一度，前記図表－1及び図表－4を確認されたい。本件各土地上に存する本件各共同住宅（本件A共同住宅，本件B共同住宅及び本件C共同住宅）は，そのいずれもが鉄筋コンクリート造陸屋根3階建ての賃貸用の共同住宅である。換言すれば，

図表-29 宅地の評価単位と広大地補正率

設例　被相続人が所有していた評価対象地は次の(1)に掲げるとおりの地積4,000㎡の宅地で当該地域の都市計画法に規定する開発行為の許可面積が1,000㎡であることから評価通達に定める広大地に該当するものとする。
　　　当該宅地に係る遺産分割について，(2)に掲げる3案が検討されている。この分割案次第では，当該宅地の相続税評価額に差異が生じることになるのか。

(1) 相続財産の状況

(2) 遺産分割案
A案　相続人Aが単独で相続
B案　相続人A，B，C及びDの4名により各人4分の1ずつの共有持分で相続
C案　(1)の土地を1,000㎡（間口25m，奥行40m）で4筆に分割して，4名の相続人が1筆ずつ単独で相続

回答　(1) A案の場合
　　　　相続財産の評価単位……1単位
　　　　相続財産の相続税評価額……100千円×$(0.6-0.05\times\frac{4,000㎡}{1,000㎡})$×4,000㎡＝160,000千円
　　　　　　　　　　　　　　　　　　　　　　　　　　　　↳広大地補正率(0.40)

　　　(2) B案の場合
　　　　相続財産の評価単位……1単位
　　　　相続財産の相続税評価額……100千円×$(0.6-0.05\times\frac{4,000㎡}{1,000㎡})$×4,000㎡＝160,000千円
　　　　　　　　　　　　　　　　　　　　　　　　　　　　↳広大地補正率(0.40)

　　　(3) C案の場合
　　　　相続財産の評価単位……4単位
　　　　相続財産の相続税評価額……・100千円×$(0.6-0.05\times\frac{1,000㎡}{1,000㎡})$×1,000㎡＝55,000千円
　　　　　　　　　　　　　　　　　　　　　　　　　　　　↳広大地補正率(0.55)
　　　　　　　　　　　　　　　　　・55,000千円×4区画＝220,000千円

論点　相続財産の評価単位を1単位とすると広大地補正率は0.40（地積4,000㎡で計算）となり，その相続税評価額は160,000千円となる（A案及びB案の場合）。その一方で，相続財産の評価単位をC案のとおり4単位とすると各単位ごとの広大地に適用する広大地補正率は，0.55（地積1,000㎡で計算）となり，その相続税評価額は4単位の合計で220,000千円となる。
　　　評価対象地たる宅地の評価単位と評価対象地が広大地に該当するか否かの判定単位は一致するとの現行の課税実務上の取扱いから，同じ地続きの自用地の宅地であっても遺産分割による取得状況によっては，当該宅地の価額に相当の開差が生じることが理解される。

前記＿＿部分の『中高層の集合住宅等』に該当すると理解されるものである。そして，ここで再び前記図表-28を確認していただきたい。少なくとも，本件各共同住宅に係る敷地と認定した部分の宅地については，原処分庁（課税庁）及び国税不服審判所はともに評価通達24-4（広大地の評価）に定める広大地に該当するものとして，その相続税評価額を算定している。時おり，都市伝説的な伝承として，「3階建以上のマンションの敷地に広大地の評価は認められない」という話を耳にすることがあるが不充分な理解である。次に，中高層の集合住宅等の敷地と広大地評価の可否との関係について検討してみたい。
　文頭に掲げるとおり，評価通達24-4（広大地の評価）において「中高層の集合住宅等の敷地用地に⁽ˣ⁾適しているもの（その宅地について，⁽ʸ⁾経済的に最も合理的であると認

められる開発行為が中高層の集合住宅等を建築することを目的とするものであると認められるものをいう）」は，広大地に該当しないとされている。しかし，ここで注目しておくべき文言がある。それは「適しているもの」（上記(X)部分）と明記されているのであって，決して「中高層の集合住宅等の敷地用地であるもの」という表現になっていないということである。換言すれば，たとえ，中高層の集合住宅等の敷地用地であったとしても，当該宅地が中高層の集合住宅等の敷地用地に適しているものではないと認定された場合には，評価通達に定める広大地の評価を検討する余地があるということである。

それでは，この「適しているもの」（上記(X)部分）という用語の解釈であるが，同通達ではその意義を「その宅地について，(Y)経済的に最も合理的であると認められる開発行為が中高層の集合住宅等を建築することを目的とするものであると認められるものをいう」と定めており，この「経済的に最も合理的」（上記(Y)部分）という用語の理解が重要になると考える。この用語の意義については，『不動産鑑定評価基準』（不動産鑑定評価制度の健全な発達を期するために，不動産鑑定士等が不動産鑑定評価を行うに当たってよるべき統一的な基準を整備確立する必要があるものとして制定された基準）のなかの『総論，第4章（不動産の価格に関する諸原則），Ⅳ最有効使用の原則』（資料 を参照）に掲げる『最有効使用の原則』の考え方に準ずるものとして取り扱われるべきものであると考えられる。

資料　最有効使用の原則

> 不動産の価格は，その不動産の効用が最高度に発揮される可能性に最も富む使用（最有効使用）を前提として把握される価格を標準として形成される。この場合の最有効使用は，現実の社会経済情勢の下で客観的にみて，良識と通常の使用能力を持つ人による合理的かつ合法的な最高最善の使用方法に基づくものである。
>
> なお，ある不動産についての現実の使用方法は，必ずしも最有効使用に基づいているものではなく，不合理な又は個人的な事情による使用方法のために，当該不動産が十分な効用を発揮していない場合があることに留意すべきである。

上掲の不動産鑑定評価基準に定める最有効使用の原則につき，これを評価通達24－4（広大地の評価）に定める「経済的に最も合理的であると認められる開発行為が中高層の集合住宅等を建築することを目的とするもの」に該当するか否かを当てはめると，おおむね，次のとおりに解釈することが相当と考えられる。

評価対象地の最有効使用の方法

> 評価対象地である広大地の近隣にマンション等の中高層の建築物が数多く建築されており，評価対象地がマンション等の中高層建築物の敷地としての利用を前提とできる場合には，一戸建て住宅の敷地との比較において広大地と判定される画地であっても，地積過大による減価を行う必要がない旨の取扱い（土地価格比準表（昭和50年1

月20日国土地第4号国土庁地価調査課長通達「国土利用計画法の施行に伴う土地価格の評定等について」）があり，当該評価対象地の最有効使用の方法の判定（一戸建て住宅の敷地又は中高層建築物の敷地等の判断等）が重要となる。

　また，課税実務上の取扱いとして，「現に宅地として有効利用されている建築物等の敷地」は評価通達に定める広大地に該当しないものとされている（この旨を定めたものとして，平成16年6月29日付けの資産評価企画官情報第2号がある）ところ，この用語の解釈の統一性を図るために，平成17年6月17日付けで「広大地の判定に当たり留意すべき事項（情報）」（資産評価企画官情報第1号）が公開されており，このなかで，『現に宅地として有効利用されている建築物等の敷地』の解釈基準が次の資料のとおりに示されている。

資料　『現に宅地として有効利用されている建築物等の敷地』（平成17年6月17日付け〔資産評価企画官情報第1号〕）

> 情報第2号（筆者注　平成16年6月29日付けの資産評価企画官情報第2号を指す）「2　広大地の評価」のとおり，「大規模店舗，ファミリーレストラン等」は，「現に宅地として有効利用されている建築物等の敷地」であることから，広大地に該当しないこととしている。
> 　これは，比較的規模の大きい土地の有効利用の一形態として大規模店舗等を例示的に示したものである。したがって，大規模店舗等の敷地がその地域において有効利用されているといえるかどうか，言い換えれば，それらの敷地がその地域の土地の標準的使用といえるかどうかで判定するということであり，いわゆる「郊外路線商業地域」（都市の郊外の幹線道路（国道，都道府県道等）沿いにおいて，店舗，営業所等が連たんしているような地域）に存する大規模店舗の敷地が，この「現に宅地として有効利用されている建築物等の敷地」に該当する。
> 　一方，例えば，戸建住宅が連たんする住宅街に存する大規模店舗やファミリーレストラン，ゴルフ練習場などは，その地域の標準的使用とはいえないことから，「現に宅地として有効利用されている建築物等の敷地」には該当しない。
> 筆者注　＿＿＿部分は筆者が付設したものである。

　以上より，本件各土地上には本件各共同住宅（本件A共同住宅，本件B共同住宅及び本件C共同住宅）が存して（しかも，前記図表－4に掲げる本件賃貸借契約の概要より本件各共同住宅は平成20年に新築されたものと合理的に推認され，被相続人甲に係る相続開始日が平成22年であることから，本件各共同住宅は非常に築浅の物件であるものと考えられる）おり，そのいずれもが鉄筋コンクリート造陸屋根3階建てであることから課税実務上での取扱いに定める中高層の集合住宅等に該当し，よって，その敷地である宅地は評価通達24－4（広大地の評価）に定める広大地に該当しないのではないかという疑念が生じるかも知れない。

本件裁決事例においては，請求人（納税者）はもちろんのこと，原処分庁（課税庁）及び国税不服審判所においても，少なくとも本件各共同住宅の敷地部分の宅地が広大地に該当することについて格別の異論を唱えているものではないので明確な断定を行うことは相当ではないが，次のような論点に留意する必要があるもの考える。

(イ)　下記に掲げる事項からすると，本件各土地は，前述の不動産鑑定評価基準に定める最有効使用の原則（不動産の価格は，その不動産の効用が最高度に発揮される可能性に最も富む使用を前提として把握される価格を標準として形成される）にあるとは認められないこと

　　ⓐ　本件各土地につき，北西側の道路から20m以内の範囲は第一種中高層住居専用地域（建ぺい率50％，容積率150％），その他の範囲は第一種低層住居専用地域（建ぺい率50％，容積率100％）とされているにもかかわらず，前記図表－5に掲げるとおり，設定敷地に基づく本件各共同住宅の建ぺい率は，28.9％（本件A共同住宅），30.4％（本件B共同住宅），25.4％（本件C共同住宅）であり，また，容積率は，73.9％（本件A共同住宅），75.9％（本件B共同住宅），63.9％（本件C共同住宅）であり，建ぺい率及び容積率は共に十分な活用がなされているとはいい難い。

　　ⓑ　上記ⓐに掲げる本件各土地に係る用途地域，建ぺい率及び容積率並びに本件各土地の評価に適用する路線価（北東側の道路140,000円，北西側の道路130,000円）から推認される本件各土地所在地の周辺における宅地の通常の取引価額からすると，本件各土地の最有効使用は，マンションではなく戸建住宅の敷地に供用することであると認められる。

(ロ)　下記に掲げる事項からすると，本件各土地は，前述の平成17年6月17日付けの資産評価企画官情報第1号に定める「現に宅地として有効利用されている建築物等の敷地」には該当しないものと考えられること

　　●　資産評価企画官情報第1号に定める「現に宅地として有効利用されている建築物等の敷地」とは，単に当該地上に建築物が存在するものとの意味ではない。有効利用されていることが必要とされる。ここにおいて有効利用とは，「その地域の標準的使用」（換言すれば，その地域における一般的使用）にあるか否かで判断するものとされている（当該建築物が新築であるとか，当該建築物の収益性が高いというような事項は，本件判断における考慮要素ではないことに留意する必要がある）。

　　　そうすると，前記(イ)ⓑよりの推認に過ぎないが，本件各土地所在地の周辺における標準的使用はマンションではなく戸建住宅の敷地に供用することであると認められる。したがって，本件各土地の現実の使用方法（本件各共同住宅の敷地に供用）は，その地域の標準的使用とはいえない（前掲の情報の＿＿＿部分を参照）。

　　　すなわち，本件裁決事例においては本件各共同住宅が3階建ての中高層の集合住宅であるにもかかわらず，当該建築物の敷地部分の宅地について評価通達24－4（広大地の評価）に定める広大地の適用が容認されたのは，当該宅地が「中高層の集合

住宅の敷地用地であるもの」には該当するが,「中高層の集合住宅の敷地用地に適しているもの」には該当しないとの認定に基づく帰結であると考える。

(7) **本件緑地の取扱い**

本稿の最後に本件緑地の取扱いをまとめておきたい。本件緑地に関する認定事実は次に掲げるとおりである。

・本件緑地は,本件緑地を除く本件各土地の地盤面より約4m高い位置にあるほぼ平坦な土地であり,南側の道路と等高に接していた。
・本件緑地には低い樹木が植えられており,本件緑地と本件緑地を除く本件各土地との境界には擁壁が設置されていた。
・本件緑地は,間口約24m,奥行約18mの不整形の土地であった。
・本件認定計画書の配置図を基に,本件緑地の面積を計測したところ,353.75㎡であった。

上記の認定事実を基に国税不服審判所は,地続きの宅地の一部に著しい高低差のある部分が存する場合においては,当該高低差により分断された各部分をそれぞれ単独では利用することができないような特段の事情が認められる場合を除き,当該高低差により分断された各部分をそれぞれ1画地の宅地とみるのが相当であるとの法令解釈等を示し,その結果の当てはめとして,本件緑地を本件緑地以外の部分とは区別して評価することが相当であるとの判断を示している。

① 本件緑地の地目

評価通達7(土地の評価上の区分)においては,評価通達において適用する地目は,次に掲げる9区分であると定めている。

(1)宅地,(2)田,(3)畑,(4)山林,(5)原野,(6)牧場,(7)池沼,(8)鉱泉地,(9)雑種地

なお,具体的な地目の判定は,不動産登記事務取扱手続準則68条(地目)(下記 資料 を参照)及び69条(地目の認定)の定めに準じて行うものとされている。

資料 不動産登記事務取扱手続準則68条(地目)

次の各号に掲げる地目は,当該各号に定める土地について定めるものとする。この場合には,土地の現況及び利用目的に重点を置き,部分的にわずかな差異の存するときでも,土地全体としての状況を観察して定めるものとする。
(1) 田　農耕地で用水を利用して耕作する土地
(2) 畑　農耕地で用水を利用しないで耕作する土地
(3) 宅地　建物の敷地及びその維持若しくは効用を果すために必要な土地
(4) 学校用地　校舎,附属施設の敷地及び運動場
(5) 鉄道用地　鉄道の駅舎,附属施設及び路線の敷地
(6) 塩田　海水を引き入れて塩を採取する土地
(7) 鉱泉地　鉱泉(温泉を含む。)の涌出口及びその維持に必要な土地
(8) 池沼　かんがい用水でない水の貯留池

⑼　山林　耕作の方法によらないで竹木の生育する土地
⑽　牧場　家畜を放牧する土地
⑾　原野　耕作の方法によらないで雑草，かん木類の生育する土地
⑿　墓地　人の遺体又は遺骨を埋葬する土地
⒀　境内地　境内に属する土地であって，宗教法人法（昭和26年法律第126号）第3条第2号及び第3号に掲げる土地（宗教法人の所有に属しないものを含む。）
⒁　運河用地　運河法（大正2年法律第16号）第12条第1項第1号又は第2号に掲げる土地
⒂　水道用地　専ら給水の目的で敷設する水道の水源地，貯水池，ろ水場又は水道線路に要する土地
⒃　用悪水路　かんがい用又は悪水はいせつ用の水路
⒄　ため池　耕作かんがい用の用水貯留池
⒅　堤　防水のために築造した堤防
⒆　井溝　田畝又は村落の間にある通水路
⒇　保安林　森林法（昭和26年法律第249号）に基づき農林水産大臣が保安林として指定した土地
㉑　公衆用道路　一般交通の用に供する道路（道路法（昭和27年法律第180号）による道路であるかどうかを問わない。）
㉒　公園　公衆の遊楽のために供する土地
㉓　雑種地　以上のいずれにも該当しない土地

　そうすると，本件緑地は，上掲の不動産登記事務取扱手続準則68条（地目）においては，同条の⑴ないし㉒のいずれにも該当しないことから，その地目は，㉓の雑種地に該当することになる。したがって，評価通達上における地目の判定も雑種地となる。
②　評価単位
　本体裁決事例では，認定事実から本件緑地と本件緑地を除く本件各土地の地盤面の高低差（約4ｍ）から，本件緑地の評価通達上の地目の如何を問わずに，本件緑地を独立した1評価単位とすることが相当とされる。それでは仮に，本件裁決事例において，本件緑地（地目は雑種地）と本件緑地を除く本件各土地（地目は宅地）が等高で隣接している（ただし，本件緑地は未利用とする）とした場合の土地の評価上の区分について検討しておきたい。
　(イ)　原則的な取扱い（地目別評価）
　　評価通達7（土地の評価上の区分）の前段の定めでは，上記で検討する場合における土地の価額は，次に掲げる(ロ)の取扱いが相当と認められる場合を除き，原則として地目の別に評価するものとされている。評価通達に定める地目は，前記①に掲げるとおり9区分（宅地，田，畑，山林，原野，牧場，池沼，鉱泉地，雑種地）に分類される。
　　そうすると，この原則的な取扱いを適用すると，本件緑地（地目は雑種地）と本件緑

地を除く本件各土地（地目は宅地）は地目が異なるから，それぞれ区分して評価することになる（この取扱いは，本件緑地と本件緑地を除く本件各土地を相続等により取得した者が同一人であるか，それとも異なる者であるかにかかわらず，同様の取扱いとなることに留意する必要がある）。

(ロ) 特例的な取扱い（一体利用の特例）

評価通達7（土地の評価上の区分）のただし書の定めでは，一体として利用されている一団の土地が二つ以上の地目からなる場合には，その一団の土地は，そのうちの主たる地目からなるものとして，その一団の土地ごとに評価するものとされている。この取扱いは，上記(イ)に掲げる土地評価の原則的な取扱い（地目別評価）に固執するとゴルフ練習場用地（建物（宅地）と芝生（雑種地））や大規模な工場用地（建物（宅地）と運動場・駐車場（雑種地））等のように一体として利用されている一団の土地のうちに2以上の地目がある場合には，その一団の土地をそれぞれの地目ごとに区分して評価することとなり，一体として利用されていることによる効用が評価額に反映されなくなり，かえって不都合な結果になることを防止するためであると考えられる。

そうすると，上記に掲げる検討事例では，本件緑地は未利用であるとの前提条件が付されていることから，たとえ，地続きである本件緑地（地目は雑種地）と本件緑地を除く本件各土地（地目は宅地）の各地盤面が等高であったとしても，両地目の土地が一体として利用されている一団の土地に該当するとは認められないことから，この特例的な取扱いを適用することにはならない。

(ハ) 結論

上記(イ)及び(ロ)で検討したとおり，上記に掲げる検討事例（地続きである両地目の土地が等高，ただし，本件緑地は未利用である場合）では，上記(イ)に掲げる原則的な取扱い（地目別評価）が採用されることとなり，2評価単位として取り扱うことが相当とされる。

③ 雑種地の評価方法

上記①及び②で検討したとおり，本件緑地はこれを単独で評価地目を雑種地として1評価単位として評価することが相当となる。次に，雑種地の評価方法について整理しておきたい。

(イ) 評価方法

評価通達82（雑種地の評価）の定めでは，雑種地の価額は，次に掲げるⓐの近傍地比準価額方式又はⓑの倍率方式のいずれかの方式によって評価するものとされている。

　ⓐ　近傍地比準価額方式

　　雑種地の価額は，次に掲げるⓑの取扱いが適用される場合を除き，原則としてその雑種地と状況が類似する付近の土地について評価した1㎡当たりの価額を基とし，その土地とその雑種地の位置，形状等の条件の差を考慮して評定した価額に，その雑種地の地積を乗じて計算した金額により評価する。

　ⓑ　倍率方式

雑種地の固定資産税評価額に，地価事情の類似する地域ごとに，その地域にある雑種地の売買実例価額，精通者意見価格等を基として国税局長が定める倍率が明示されている場合があり，その場合には，当該雑種地の評価は上記ⓐの近傍地比準価額方式によらず，当該雑種地の固定資産税評価額にその倍率を乗じて計算した金額により評価する。

(注) 課税実務上の取扱いとして，雑種地の価額を上記ⓑに掲げる倍率方式によって評価する事例は，きわめて少数例である。

㈪ 本件裁決事例の場合

前記図表－7において国税不服審判所が算定した本件緑地の価額を示すと次の計算－3のとおりとなり，上記(イ)ⓐに掲げる『近傍地比準価額方式』が採用（換言すれば，当該地域には国税局長の定める雑種地の評価倍率の定めが設けられていないものと考えられる）されていることが理解される。また，本件緑地（地目は雑種地）の評価に当たり，下記に掲げる 留意点 にも注目すべきであろう。

計算－3　国税不服審判所が算定した本件緑地の価額

　　　　　（正面路線価）　（奥行価格補正率）　（不整形地補正率）
㋑　130,000円　×　1.00　×　0.90　＝　117,000円

　　　　　（上記㋑）　　　（宅地造成費（整地費））
㋺　117,000円　－　400円　＝　116,600円

　　　　　（上記㋺）　　　（地積）　　　　（相続税評価額）
㋩　116,600円　×　353.75㎡　＝　41,247,250円

留意点

(A) 本件緑地（地目は雑種地）につき，その雑種地と状況が類似する付近の土地（近傍類似地）の地目として，宅地が選定されている（上記計算－3の㋑より，正面路線価（130,000円）が計算の基礎とされている）こと

(B) 近傍類似地（宅地）と本件緑地（雑種地）の位置，形状等の条件の差を画地面から考慮するものとして，路線価方式に適用される各種画地補正率（本件の場合，奥行価格補正率，不整形地補正率）が適用されていること

(C) 近傍類似地（宅地）と本件緑地（雑種地）に係る各種条件の差を地盤面から考慮するものとして宅地造成費（本件の場合，整地費）の控除が認められていること

(D) 本件緑地（地積353.75㎡）についてこれを1評価単位として評価した場合，当該1評価単位の地積が都市計画法29条（開発行為の許可）に規定する開発行為の許可面積に満たないことから，本件緑地は評価通達24－4（広大地の評価）に定める広大地に該当しないとされていること

参考事項等

❶ 参考法令通達等
・評価通達7（土地の評価上の区分）
・評価通達7-2（評価単位）
・評価通達24-4（広大地の評価）　筆者注 平成29年12月31日をもって廃止
・評価通達26（貸家建付地の評価）
・評価通達82（雑種地の評価）
・資産評価企画官情報第2号（平成16年6月29日付）
・資産評価企画官情報第1号（平成17年6月17日付）
・建築基準法86条（一の敷地とみなすこと等による制限の緩和）
・建築基準法施行令2条（面積，高さ等の算定方法）1項2号
・都市計画法4条（定義）12項
・民法909条（遺産の分割の効力）
・不動産登記事務取扱手続準則68条（地目）
・不動産登記事務取扱手続準則69条（地目の認定）
・不動産鑑定評価基準に定める「最有効使用の原則」

❷ 類似判例・裁決事例の確認

　本件裁決事例は，本件各共同住宅（本件A共同住宅，本件B共同住宅及び本件C共同住宅の3棟）に係る一括借上契約が各棟ごとに締結されているという事案であった。

　本稿を執筆中に，5棟の各共同住宅に係る一括借上契約が1通の契約書において締結されている場合の貸家建付地の評価単位（相続による取得者は，2人）が何単位とされるのかを主な争点とする裁決事例を入手できた。以下に要旨を簡記する。この裁決事例は本稿の内容をさらに進化させるものとして非常に興味深いものであり，次の**CASE2**においてその詳細を確認する。

・平成26年4月25日裁決，東裁（諸）平25-111，平成22年相続開始分

　本件各共同住宅の賃借人である賃借会社（一括借上会社）に一括貸しした後に転貸されている5棟の共同住宅の敷地である本件各宅地（貸家建付地）の評価単位が争点とされた事例

　請求人らは，次に掲げる事項からすると本件賃借会社の敷地利用権は本件各宅地の全体に及んでおり，これに遺産分割による取得者単位の区分を踏まえて，本件甲宅地及び本件乙宅地をそれぞれ1画地の宅地として評価すべきである旨主張する。

(イ)　本件被相続人が本件賃借会社に対して同時期に本件各共同住宅を5棟一括で賃貸する本件契約を締結していたこと

(ロ)　本件契約において敷地の使用範囲が本件各宅地の全体に及ぶ旨が定められていること

しかしながら，本件契約は，その実態において本件各共同住宅の棟ごとに締結された賃貸借契約を1通の契約書（本件契約書）としたにすぎないと認められ，また，本件各共同住宅は構造上各棟がそれぞれ独立した建物であり，各棟が一体のものとして機能していた特段の事情があるとも認められないことからすると，本件各宅地の上に存する本件各共同住宅の賃借人である本件賃借会社の敷地利用権の及ぶ範囲は，本件各共同住宅（本件A共同住宅ないし本件E共同住宅）の敷地ごとに及んでいるものと認めるのが相当である。

　そうすると，本件各宅地の評価単位は，本件各共同住宅（本件A共同住宅ないし本件E共同住宅）の各敷地部分をそれぞれ1画地の宅地として，5区画に区分するのが相当であるから，請求人らの上記主張には理由がない。

＊　　　　＊

　上記の裁決事例以外で類似判例・裁決事例として，本稿文中において紹介したものを次に掲げておく。

(1) 東京地方裁判所（昭和63年10月20日判決，昭和60年（行ウ）第92号）

論点
① 地続きの宅地の一部に2mを超える高低差が認められる場合の評価単位
② 建築基準法上の敷地概念と評価通達に定める利用の単位（評価単位）が異なる場合の取扱い

(2) 国税不服審判所裁決事例（平成22年3月25日裁決，関裁（諸）平21第94号，平成18年相続開始分）

論点
・複数の貸家（倉庫23棟）の敷地の用に供されている宅地（貸家建付地）の評価単位

追補　地積規模の大きな宅地の評価について

　本件裁決事例に係る相続開始年分は，平成22年である。もし仮に，当該相続開始日が，平成30年1月1日以後である場合（評価通達20―2（地積規模の大きな宅地の評価）の新設等の改正が行われた。以下「新通達適用後」という）としたときの本件各土地は，次のとおりとなる。

(1)　地積規模の大きな宅地の該当性

　次に掲げる 判断基準 から，本件各土地のうち，「本件審判所認定A敷地」，「本件審判所認定B敷地」及び「本件審判所認定C敷地」は，評価通達20―2（地積規模の大きな宅地の評価）に定める地積規模の大きな宅地に該当するが，「本件緑地」はこれに該当しない。

判断基準

要件		本件審判所認定A敷地	本件審判所認定B敷地	本件審判所認定C敷地	本件緑地
①	地積要件(注)	1,321.25㎡ ≧ 500㎡ (評価対象地の地積) (三大都市圏に所在する場合の地積要件) ∴地積要件を充足	1,846.40㎡ ≧ 500㎡ (評価対象地の地積) (三大都市圏に所在する場合の地積要件) ∴地積要件を充足	2,319.11㎡ ≧ 500㎡ (評価対象地の地積) (三大都市圏に所在する場合の地積要件) ∴地積要件を充足	353.75㎡ ＜ 500㎡ (評価対象地の地積) (三大都市圏に所在する場合の地積要件) ∴地積要件を未充足
②	区域区分要件	本件各土地は，基礎事実から市街化区域（市街化調整区域以外）に所在 ∴区域区分要件を充足			
③	地域区分要件	本件各土地は，基礎事実から第一種中高層住居専用地域又は第一種低層住居専用地域（いずれも，工業専用地域以外）に所在 ∴地域区分要件を充足			
④	容積率要件	本件各土地に係る指定容積率は，基礎事実から150％（第一種中高層住居専用地域）又は100％（第一種低層住居専用地域）（いずれも，指定容積率400％未満（東京都の特別区以外の場合）に該当） ∴容積率要件を充足			
⑤	地区区分要件	本件各土地は，基礎事実から路線価地域の普通住宅地区に所在 ∴地区区分要件を充足			
⑥	判断とその理由	該当 (上記①ないし⑤の要件を充足)	該当 (上記①ないし⑤の要件を充足)	該当 (上記①ないし⑤の要件を充足)	非該当 (上記①の要件を未充足)

　（注）　本件各土地は，東京都＊＊市（三大都市圏に該当）に所在することが確認されている。

(2) 規模格差補正率の算定

本件裁決事例では，本件各土地の価額の計算に必要な奥行価格補正率等の数値資料が不明であるため，新通達適用後の本件各土地の価額（相続税評価額）を算定することはできない。そこで，参考までに新通達適用後にその適用対象とされる「本件審判所認定A敷地」，「本件審判所認定B敷地」及び「本件審判所認定C敷地」に係る規模格差補正率を掲げると，それぞれ，下記①ないし③のとおりとなる。

① 本件審判所認定A敷地に係る規模格差補正率

$$\frac{1,321.25\text{m}^2\text{（評価対象地の地積）}\times 0.90 + 75}{1,321.25\text{m}^2\text{（評価対象地の地積）}} \times 0.8 = 0.765\cdots \Rightarrow 0.76 \begin{pmatrix} \text{小数点以下第2} \\ \text{位未満切捨て} \end{pmatrix}$$

② 本件審判所認定B敷地に係る規模格差補正率

$$\frac{1,846.40\text{m}^2\text{（評価対象地の地積）}\times 0.90 + 75}{1,846.40\text{m}^2\text{（評価対象地の地積）}} \times 0.8 = 0.752\cdots \Rightarrow 0.75 \begin{pmatrix} \text{小数点以下第2} \\ \text{位未満切捨て} \end{pmatrix}$$

③ 本件審判所認定C敷地に係る規模格差補正率

$$\frac{2,319.11\text{m}^2\text{（評価対象地の地積）}\times 0.90 + 75}{2,319.11\text{m}^2\text{（評価対象地の地積）}} \times 0.8 = 0.745\cdots \Rightarrow 0.74 \begin{pmatrix} \text{小数点以下第2} \\ \text{位未満切捨て} \end{pmatrix}$$

CASE2

評価単位・地目・地積	路線価方式	間口距離・奥行距離	側方加算・二方加算	不整形地・無道路地
倍率方式	私道	土地区画整理事業	貸家・貸家建付地	借地権・貸宅地
農地・山林・原野	雑種地	不動産鑑定評価	利用価値の低下地・特別な事情	その他の評価項目

複数棟の貸家が一括借上げされている場合の貸家建付地の評価単位が争点とされた事例

事例

　被相続人甲に係る相続開始時において、同人が有していた＊＊＊＊に所在する宅地（普通住宅地区に存する3筆により構成される地積2,287.70㎡の宅地（以下「本件各宅地」という。図表－1の(1)を参照）で、同人が所有する5棟の貸付用共同住宅（以下「本件各共同住宅」という。図表－1の(2)を参照）の敷地の用に供されている）があり、その利用状況等を示すと次頁図表－2の概略図のとおりとなる。

図表－1　不動産目録
(1)　本件各宅地

順号	所在・地番	地目	地積	取得者	略称
1	＊＊＊＊	宅地	1,107.23㎡	相続人X	本件甲宅地
2	＊＊＊＊	宅地	646.85㎡	相続人Y	本件乙宅地
3	＊＊＊＊	宅地	533.62㎡		

(2)　本件各共同住宅

順号	所在	家屋番号	種類	構造	床面積	取得者	略称
1	＊＊＊＊	＊＊＊＊	共同住宅	軽量鉄骨造スレート葺2階建	1階 108.71㎡　2階 108.71㎡	相続人X	本件A共同住宅
2	＊＊＊＊	＊＊＊＊	共同住宅	軽量鉄骨造スレート葺2階建	1階 108.71㎡　2階 108.71㎡	相続人Y	本件B共同住宅
3	＊＊＊＊	＊＊＊＊	共同住宅	軽量鉄骨造スレート葺2階建	1階 116.77㎡　2階 116.77㎡	相続人X	本件C共同住宅
4	＊＊＊＊	＊＊＊＊	共同住宅	軽量鉄骨造スレート葺2階建	1階 116.77㎡　2階 116.77㎡	相続人Y	本件D共同住宅
5	＊＊＊＊	＊＊＊＊	共同住宅	軽量鉄骨造スレート葺2階建	1階 116.77㎡　2階 116.77㎡	相続人Y	本件E共同住宅

　被相続人甲に係る遺産分割協議において、本件各宅地及び本件各共同住宅につき、2人の共同相続人（相続人X及び相続人Y）がそれぞれ、次に掲げるとおりに取得して

図表−2　本件各宅地及び本件各共同住宅の概略図

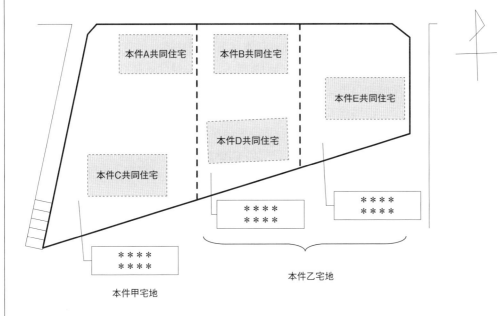

（注1）　———— は，本件各宅地の範囲を示す。
（注2）　---- は，＊＊＊＊，同番＊及び同番＊の各境界を示す。
（注3）　▭▭▭▭ は，階段を示す。

いる（併せて，図表−1及び図表−2を参照）。
- 相続人Xが取得した宅地及び共同住宅
　宅　　　地……本件甲宅地
　共同住宅……本件A共同住宅及び本件C共同住宅
- 相続人Yが取得した宅地及び共同住宅
　宅　　　地……本件乙宅地
　共同住宅……本件B共同住宅，本件D共同住宅及び本件E共同住宅

本件各共同住宅については，賃貸料収入の安定確保を目的として契約日日付を平成＊＊年＊＊月＊＊日として一括借上会社（被相続人甲との特殊関係は認められない）との間で，本件各共同住宅を5棟一括で賃貸借する旨を記載した建物等一括賃貸借契約を被相続人甲は締結している。

上記のような状況にある本件各宅地を評価通達26（貸家建付地の評価）に定める貸家建付地として評価する場合の評価単位について，相続税等の財産評価に詳しい者に尋ねたところ，次に掲げる3つの見解が示された。今回の相続税申告に当たって，いずれの見解に従って処理することが相当とされるのか教示されたい。

|見解1|　評価単位は5単位とする見解

評価通達の定めでは，貸家建付地を評価する場合において，貸家が数棟（複数棟）あるときは，原則として，各棟の敷地ごとに1画地の宅地として評価するものとされ

ている。そうすると，事例の貸家建付地についても，当該評価通達の定めを適用して各棟の敷地ごとに区分して，5単位に分割して評価することが相当である。

見解2　評価単位は1単位とする見解

本件各共同住宅（本件A共同住宅ないし本件E共同住宅）は，上記に掲げるとおり，建物等一括賃貸借契約によって同一の賃借人に貸し付けられており，被相続人甲にとっての本件各宅地の自由な使用収益に制約を加える他者の権利を有する者は1人だけである。そして，前問のCASE1の事例（平25.5.20裁決，東裁（諸）平24-212，平成22年相続開始分）とは異なり，当該建物等の一括借上賃貸借契約は5棟一括の借上契約により，1通の契約書で作成（前問のCASE1の事例は，一括借上の対象とされた3棟につき，各棟ごとの個別の契約により一括借上契約が締結されている）されている。そうすると，これらの諸事情から総合勘案すると，本件各宅地については，全体（地積2,287.70㎡）をもって1単位として評価することが相当である。

見解3　評価単位は2単位とする見解

原則的には，上記に掲げる見解2のとおりであるが，本問の場合には，本件各宅地につき，被相続人甲に係る遺産分割協議により相続人Xが本件甲宅地を，相続人Yが本件乙宅地をそれぞれ取得しており，かつ，当該取得が評価通達7-2（評価単位）に定める不合理分割に該当しない限り，相続等による財産の取得者ごとに区分して評価することが相当と考えられる。そうすると，本件各宅地については不合理分割には該当しないと考えられることから2単位に分割して評価することが相当である。

また，上記に掲げる見解1又は見解3のいずれか（いずれも，複数の画地から評価単位が構成される）が相当であると判断された場合における本件各宅地の評価単位の区分方法についても，併せて教示されたい。

（平26.4.25裁決，東裁（諸）平25-111，平成22年相続開始分）

基 礎 事 実

❶ 本件相続

(1) 被相続人甲に係る相続（以下「本件相続」という）の相続財産の中には，前記図表-1の(1)に掲げる各宅地（以下，同表の順号1の宅地を「本件甲宅地」，順号2及び順号3の各宅地を併せて「本件乙宅地」といい，これらの各宅地を併せて「本件各宅地」という），並びに同表の(2)に掲げる各建物（以下，同表の順号1から順に，「本件A共同住宅」，「本件B共同住宅」，「本件C共同住宅」，「本件D共同住宅」及び「本件E共同住宅」といい，これらの各共同住宅を併せて「本件各共同住宅」という）があった。

(2) 本件相続に係る共同相続人は，平成23年3月28日付で，本件相続に係る遺産分割協議を成立させ，相続人Xが本件甲宅地，本件A共同住宅及び本件C共同住宅を取得し，相続人Yが本件乙宅地，本件B共同住宅，本件D共同住宅及び本件E共同住宅を取得

した。

❷ **本件各宅地の状況等**

本件各宅地は，本件相続人に係る相続開始日（以下「本件相続開始日」という）において，隣接する3筆の宅地であり，次に掲げる事実が認められる（前記図表－1及び図表－2を参照）。

① 本件甲宅地は，北側道路及び西側の遊歩道に接する宅地であること
② 本件乙宅地のうち，前記図表－1の(1)の順号2は北側道路に接する宅地であること
③ 本件乙宅地のうち，前記図表－1の(1)の順号3は北側道路及び東側道路に接する宅地であること
④ 本件各宅地の上には，次に掲げるとおりに本件各共同住宅があること
　(イ) 北側道路に面して西側に本件A共同住宅
　(ロ) 北側道路に面して中央に本件B共同住宅
　(ハ) 本件A共同住宅の南側に本件C共同住宅
　(ニ) 本件B共同住宅の南側に本件D共同住宅
　(ホ) 北側道路と東側道路に面して本件E共同住宅

❸ **本件各共同住宅の状況**

本件各共同住宅は，本件相続開始日において，平成22年5月16日付の建物等一括賃貸借契約（以下「本件契約」といい，本件契約に係る契約書を「本件契約書」という）により，被相続人甲から＊＊＊＊（筆者注 本件各共同住宅に係る一括借上会社，以下「本件賃借会社」という）に対して賃貸されていた（なお，本件契約の締結に至る経緯及び本件契約の具体的内容等については，後記 Ⅳ ❶(3)及び(4)において述べる）。

Ⅱ ─ 争　　　点

❶ 本件各宅地の評価に当たり，評価単位は何単位とすべきか。
❷ 本件各宅地の具体的な相続税評価額はいくらになるのか。

Ⅲ ─ 争点に関する双方（請求人・原処分庁）の主張

争点に関する請求人・原処分庁の主張は，図表－3のとおりである。

図表－3　争点に関する請求人・原処分庁の主張

争　点	請求人（納税者）の主張	原処分庁（課税庁）の主張
(1) 本件各宅地の評価単位は何単位となるのか	下記に掲げる事項からすると，本件各宅地については，本件甲宅地及び本件乙宅地をそれぞれ1画地の宅地として評価すべきである。 ① 本件においては，被相続人甲と本件賃	下記に掲げる事項からすると，本件各宅地については，本件各共同住宅の敷地ごとに5区画に区分し（以下，原処分庁が認定した本件各共同住宅の各敷地をそれぞれ，「本件原処分庁認定A敷地」ないし「本

	借会社との間で建物等一括賃貸借契約（本件契約）を締結していることにより、建物に付随して土地にも権利（敷地利用権）が及んでいると考えられ、宅地の所有者による自由な使用収益を制約する他者の権利がある。 ② 次に掲げる事項からすると、本件賃借会社の敷地利用権は本件各宅地の全体に及んでいるといえる。 　㋑ 被相続人甲が本件賃借会社に対し同時期に本件各共同住宅を5棟一括で賃貸する建物等一括賃貸借契約（本件契約）を締結していたこと 　㋺ 本件契約において敷地の使用範囲が本件各宅地の全体に及ぶ旨が定められていることからすると、本件賃借会社の敷地利用権は本件各宅地の全体に及んでいるといえること ③ もっとも、本件各宅地は、本件相続により、相続人Xが本件甲宅地を、相続人Yが本件乙宅地をそれぞれ取得しているので、相続による取得者ごとに区分して評価することとなる。 なお、原処分庁は、本件各宅地は本件各共同住宅の敷地としてそれぞれ利用されている旨主張するが、本件各宅地には、本件各共同住宅の間にフェンス等もなく、一体で利用されている。	件原処分庁認定E敷地」という。形状、地積等については、次頁図表－4を参照）、本件原処分庁認定A敷地ないし本件原処分庁認定E敷地をそれぞれ1画地の宅地として評価すべきである。 ① 本件各宅地の上には本件各共同住宅が存しているところ、本件各共同住宅は、互いに連結している箇所は認められず、各建物に名称を表示したプレートが設置されており、外観上それぞれが独立した共同住宅である。 また、本件各共同住宅は、被相続人甲が転貸借を承認した上でそれぞれ異なる転借人（借家人）が利用しており、その転貸借に基づく敷地利用の範囲も本件各共同住宅ごとに異なるものであることからすれば、本件各共同住宅は、それぞれが独立して利用されているものであって、本件各宅地も、上記のとおり独立して利用されている本件各共同住宅の各敷地としてそれぞれ利用されているといえる。 ② 本件契約では本件賃借会社の敷地利用権が本件各宅地の全体に及ぶ旨の定めがあるが、本件契約は、本件賃借会社が入居者管理及び本件各共同住宅の管理を行うことを目的として、第三者に転貸することを前提とした契約であることからすると、上記の定めは、本件賃借会社が本件各共同住宅を管理するために定められたものとみるのが相当である。 他方において、本件各共同住宅は各転借人が利用することを前提とするものであることからすると、本件各宅地に係る権利関係を判断するに当たっては、各転借人が有する本件各共同住宅の敷地利用権をも考慮すべきである。 そして、本件各共同住宅の転借人はそれぞれ異なることからすると、本件各住宅地の上に存する権利は、本件原処分庁認定A敷地ないし本件原処分庁認定E敷地ごとに区分される。
(2) 本件各宅地の具体的な相続税評価額	上記(1)より、本件各宅地は、本件甲宅地及び本件乙宅地をそれぞれ1画地（合計で2評価単位）の宅地として評価すべきであり、それらの各価額は、計算－1のとおりであり、その合計は<u>1億2,726万8,777円</u>となる。	上記(1)より、本件各宅地は、本件原処分庁認定A敷地ないし本件原処分庁認定E敷地をそれぞれ1画地（合計で5評価単位）の宅地として評価すべきであり、それらの各価額は、計算－2のとおりであり、その合計は<u>1億8,553万2,693円</u>となる。

図表－4　原処分庁が認定した本件各宅地の区分（評価単位）

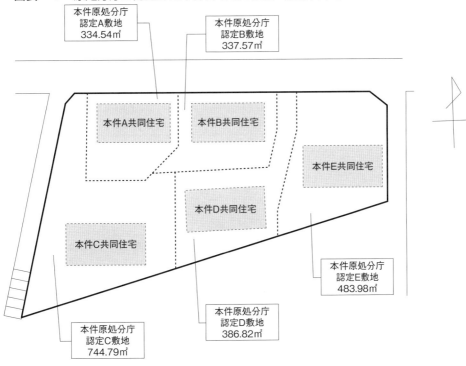

（注1）地積は，本件求積図による。
（注2）──── は，本件各宅地の範囲を示す。
（注3）------- は，本件求積図による本件原処分庁認定A敷地ないし本件原処分庁認定E敷地の境界を示す。
（注4）▭▭▭ は，階段を示す。

計算－1　請求人の算定による本件各宅地の価額（請求人の主張額）

区　分		本件甲宅地	本件乙宅地	本件各宅地（合計）
地　積	①	1,107.23㎡	1,180.47㎡	2,287.70㎡
正　面　路　線　価	②	125,000円	125,000円	－
広大地補正率（注）	③	0.5446385	0.5409765	－
自用地としての価額（②×③×①）	④	75,380,010円	79,825,816円	－
借　地　権　割　合	⑤	0.6	0.6	－
借　家　権　割　合	⑥	0.3	0.3	－
評　価　額（④×（1－⑤×⑥））	⑦	61,811,608円	65,457,169円	127,268,777円

（注）広大地補正率＝0.6－0.05×$\dfrac{\text{評価対象地の地積（①）}}{1,000㎡}$

参考　図表－4は，＊＊＊＊（筆者注　測量者名と推定される）が作成した求積図（＊＊＊＊（筆者注　本件各宅地所在地の特定行政庁と推定される）建築主事が本件各共同住宅の各建物の建築計画が建築基準関係規定に適合するものであることを確認した旨

計算-2　原処分庁の算定による本件各宅地の価額（原処分庁の主張額）

区　　分		本件原処分庁認定A敷地	本件原処分庁認定B敷地	本件原処分庁認定C敷地	本件原処分庁認定D敷地	本件原処分庁認定E敷地	本件各宅地(合計)
地　　積	①	334.54㎡	337.57㎡	744.79㎡	386.82㎡	483.98㎡	2,287.70㎡
間　口　距　離	②	19.30m	20.31m	4.30m	4.00m	19.58m	—
奥　行　距　離	③	19.07m	17.44m	30.75m	35.05m	22.26m	—
正　面　路　線　価	④	125,000円	125,000円	125,000円	125,000円	125,000円	—
奥行価格補正率	⑤	1.00	1.00	—	0.96	1.00	—
④×⑤	⑥	125,000円	125,000円	—	120,000円	125,000円	—
側　方　路　線　価	⑦	—	—	—	—	125,000円	—
奥行価格補正率	⑧	—	—	—	—	0.99	—
側方路線影響加算率	⑨	—	—	—	—	0.03	—
側方路線影響加算の調整	⑩	—	—	—	—	(注4) 15.40/22.26	—
⑥+⑦×⑧×⑨×⑩	⑪	125,000円	125,000円	—	120,000円	127,568円	—
不整形地補正率又は広大地補正率	⑫	1.00	(注1)0.94	(注2) 0.5627605	(注3)0.74	(注5)0.94	—
⑪×⑫	⑬	125,000円	117,500円	—	88,800円	119,913円	—
自用地としての価額(⑬×①、本件原処分庁認定C敷地は④×⑫×①)	⑭	41,817,500円	39,664,475円	52,392,299円	34,349,616円	58,035,493円	—
借　地　権　割　合	⑮	0.6	0.6	0.6	0.6	0.6	—
借　家　権　割　合	⑯	0.3	0.3	0.3	0.3	0.3	—
評　価　額 (⑭×(1−⑮×⑯))	⑰	34,290,350円	32,524,869円	42,961,685円	28,166,685円	47,589,104円	<u>185,532,693円</u>

(注1)　　(想定整形地の間口距離)　　(想定整形地の奥行距離)　　(想定整形地の地積)
　　　　　　25.31m　　×　　17.44m　　=　　441.40㎡

　　　　(想定整形地の地積)　(不整形地の地積)　(想定整形地の地積)　(かげ地割合)
　　　（　441.40㎡　−　337.57㎡　）÷　441.40㎡　≒　23.52%
　　　普通住宅地，地積区分A，不整形地補正率表の補正率0.94

(注2)　広大地補正率=0.6−0.05×744.79㎡／1,000㎡

(注3)　　(想定整形地の間口距離)　　(想定整形地の奥行距離)　　(想定整形地の地積)
　　　　　　24.31m　　×　　35.05m　　=　　852.06㎡

　　　　(想定整形地の地積)　(不整形地の地積)　(想定整形地の地積)　(かげ地割合)
　　　（　852.06㎡　−　386.82㎡　）÷　852.06㎡　≒　54.60%
　　　普通住宅地区，地積区分A，不整形地補正率表の補正率0.79

　　　　(不整形地補正率表の補正率)　(間口狭小補正率)　　　(不整形地補正率)
　　　　　　0.79　　×　　0.94　　=0.74(小数点以下2位未満切捨て)

(注4)　側方路線から見たときに想定される整形地の間口距離(22.26m)に対する側方路線に接している距離(15.40m)の割合である。

(注5)　　(想定整形地の間口距離)　　(想定整形地の奥行距離)　　(想定整形地の地積)
　　　　　　27.25m　　×　　22.25m　　=　　606.59㎡

　　　　(想定整形地の地積)　(不整形地の地積)　(想定整形地の地積)　(かげ地割合)
　　　（　606.59㎡　−　483.98㎡　）÷　606.59㎡　≒　20.21%
　　　普通住宅地区，地積区分A，不整形地補正率表の補正率0.94

の平成3年11月22日付の各「確認通知書（建築物）」に添付されたもの。以下「本件求積図」という）を基に，本件各宅地を本件各共同住宅の敷地ごとに5区画に区分したもの（これらが，前記図表-3の(1)の原処分庁（課税庁）の主張欄の「本件原処分庁認定A敷地」ないし「本件原処分庁認定E敷地」に該当する）である。

計算－2付表　原処分庁の算定による本件各宅地における各相続人の取得状況

	本件原処分庁認定A敷地	本件原処分庁認定B敷地	本件原処分庁認定C敷地	本件原処分庁認定D敷地	本件原処分庁認定E敷地	合　計
相続人X	34,290,350円	2,688,165円	42,961,685円	－	－	79,940,200円
相続人Y	－	29,836,704円	－	28,166,685円	47,589,104円	105,592,493円
合　計	34,290,350円	32,524,869円	42,961,685円	28,166,685円	47,589,104円	185,532,693円

（注）　本件原処分庁認定B敷地（337.57㎡）のうち，＊＊＊＊（筆者注：所在地番と推定される）所在の宅地の一部（27.90㎡）は相続人Xが取得したとして，本件原処分庁認定B敷地の評価額に面積のあん分割合を乗じて相続人Xの取得財産の価額を算定し（下記 算定1 を参照），同票＊＊＊＊（筆者注：所在地番と推定される）所在の宅地の一部（309.67㎡）は相続人Yが取得したとして，本件原処分庁認定B敷地の評価額から上記相続人Xの取得財産の価額を控除して，相続人Yの取得財産の価額を算定し（下記 算定2 を参照），これらの各取得財産の価額を相続税の課税価格に算入している。

算定1　本件原処分庁認定B敷地のうち相続人Xの取得財産の価額

$$\underset{\left(\substack{\text{本件原処分庁認定}\\ \text{B敷地の価額}}\right)}{32{,}524{,}869\text{円}} \times \frac{27.90\text{㎡}}{337.57\text{㎡}} = 2{,}688{,}165\text{円}$$

算定2　本件原処分庁認定B敷地のうち相続人Yの取得財産の価額

$$\underset{\left(\substack{\text{本件原処分庁認定}\\ \text{B敷地の価額}}\right)}{32{,}524{,}869\text{円}} - \underset{\left(\substack{\text{本件原処分庁認定B敷地のう}\\ \text{ち相続人Xの取得財産の価額}}\right)}{2{,}688{,}165\text{円}} = 29{,}836{,}704\text{円}$$

Ⅳ　国税不服審判所の判断

❶　認定事実

(1)　本件相続開始日における本件各宅地の状況等

① 本件各宅地は，都市計画により市街化区域に指定された地域に存すると共に，第一種低層住居専用地域（建ぺい率40％，容積率80％）に指定された地域に存していた。

② 本件各宅地は，評価通達に基づき東京国税局長の定めた平成22年分財産評価基準書によれば，評価通達14－2（地区）に定める路線価地域の普通住宅地区に存し，路線価は北側及び東側の各道路がいずれも125,000円であり，借地権割合は60％であった。

③ 本件各宅地内の状況は次頁図表－5に掲げるとおりであるが，同図表より次の事実が認められる。

(イ)　本件各宅地の外周部分にはフェンスが設置されていたが，北側道路に面した外周部分のうち，本件A共同住宅の北西側の幅約4ｍの出入口部分及び本件B共同住宅の北東側の幅約4ｍの出入口部分ほか1か所にはフェンスは設置されていなかった。

(ロ)　本件各宅地内には，本件A共同住宅の西側及び本件B共同住宅の東側等に植木が植えられており，また本件各宅地の地面は，植木及び芝生部分を除き舗装されていた。

(ハ)　本件各宅地内のうち，本件A共同住宅及び本件B共同住宅の各南側，本件A共同住宅の東側（本件B共同住宅の西側），本件C共同住宅の北側，本件D共同住宅の東側及び本件E共同住宅の北側にはいずれも駐車場があり，また，本件A共同住宅の南側，本件C共同住宅の東側及び本件E共同住宅の北側にはいずれも駐輪場があった。

図表－5 本件各宅地内の状況

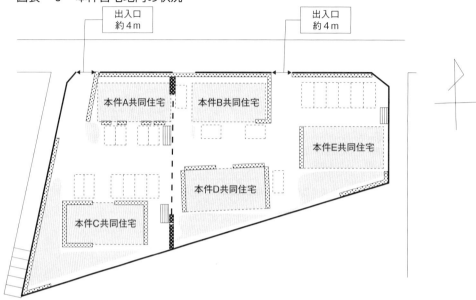

(注1) ────── は，フェンスの設置部分を示す。
(注2) ▒▒▒▒▒ は，植木が植えられている部分を示す。
(注3) ◯ は，芝生を示す。
(注4) ▭ は，駐車場を示す。
(注5) ∭ は，駐輪場を示す。
(注6) ▓▓▓ は，ブロック塀を示す。
(注7) ---- は，本件甲宅地（＊＊＊＊（筆者注：所在地番と推定される）所在の宅地）と本件乙宅地のうち同番＊＊＊＊所在の宅地との境界を示す。
(注8) ▭▭▭ は，階段を示す。

㈡　本件名共同住宅の間にはフェンス等は設けられていないが，次に掲げるブロック塀がそれぞれ設けられていた。
　ⓐ　本件A共同住宅と本件B共同住宅の間には，高さが10cm程度のブロック塀
　ⓑ　本件C共同住宅と本件D共同住宅の間には，高さが最大で40cm程度のブロック塀
　上記ⓐのブロック塀と上記ⓑのブロック塀は，おおむね，本件宅地（＊＊＊＊（筆者注 所在地番と推定される）所在の宅地）と本件乙宅地のうち同番＊＊＊＊（筆者注 所在地番と推定される）所在の宅地との境界に位置していた。

④　本件各宅地のうち，本件甲宅地の上には本件A共同住宅及び本件C共同住宅が，また，本件乙宅地の上には本件B共同住宅，本件D共同住宅及び本件E共同住宅があった（前記図表－2を参照）。

(2) **本件相続開始日における本件各共同住宅の状況**

①　本件各共同住宅は，1棟ごとに登記されており，相互に連結した箇所はなかった。

② 本件各共同住宅は，いずれも2階建ての建物であるところ，各階には3DK又は3LDKの間取りの住戸部分が2戸ずつあり，住戸ごとに賃貸（転貸）の用に供することができるものであった。

(3) 本件契約の締結に至る経緯
① 被相続人甲は，平成3年12月24日付で，＊＊＊＊（以下「本件旧賃借人」という）との間で，本件旧賃借人が，平成4年6月20日より平成6年6月19日までの2年間，賃料を月額184万5,120円として，本件各共同住宅を被相続人甲より一括借り受け，これを第三者に転貸し，これにより入居者管理を行うとともに建物管理を行う旨の建物賃貸借及び一括管理契約を締結した。
② 本件各共同住宅は，いずれも平成4年6月19日に新築されたものであり，上記①の契約が棟ごとではなく5棟一括で締結されたのは，本件各共同住宅の完成時期（新築時期）が同時期であったためであった（本件旧賃借人及び本件賃借会社が所属する＊＊＊＊では，完成時期が同時期である数棟の建物を賃借する場合，棟ごとではなく一括で契約する取扱いをしていた）。
③ 被相続人甲及び本件旧賃借人は，上記①の契約の期間満了に伴い，契約期間及び賃料の点を除き上記①の契約と同内容で契約を更新し，その後も2年ごとに同様の更新等を繰り返していたところ，平成11年10月1日付で，被相続人甲，本件旧賃借人及び本件賃借会社の三者の合意により，賃借人を本件旧賃借人から本件賃借会社へ変更した。

そして，被相続人甲及び本件賃借会社も，上記契約の期間満了に伴い，2年ごとに同様の更新を繰返し，平成20年5月19日付で，建物等一括賃貸借契約を締結したところ，平成22年5月16日付で契約期間，賃料等の点を除き当該契約と同内容で契約を更新し，本件契約を締結した。

(4) 本件契約の具体的内容等
① 本件契約の具体的内容（要旨のみ記載）は，次のとおりであった。
   (イ) 本件契約は，本件賃借会社が本件各共同住宅を被相続人甲より一括借り受け，これを第三者（入居者）に転貸し，これにより本件賃借会社が入居者及び本件各共同住宅の各管理を行うものとする（本件契約書第1条【目的】）。
   (ロ) 本件契約の期間は，平成22年6月20日より平成24年6月19日までの2年間とする（本件契約書第3条【契約期間】第1項）。

   筆者注　上記(ロ)より，本件相続開始日は平成22年6月20日から平成22年12月31日までの間にあるものと推定される。

   (ハ) 本件賃借会社が被相続人甲に対して支払う月額賃料は，145万840円（これは，住戸番号ごとに定められた月額賃料を棟ごとに合計して小計額を算出し，当該小計額を合計した額である）とする（本件契約書第4条【賃料】第1項）。
   (ニ) 本件各共同住宅の敷地の使用範囲は，本件契約書別表1の物件明細(2)（これは，平成20年5月19日付の建物等一括賃貸借契約に係る契約書の別表1の物件明細(2)と同じである。次頁図表－6を参照）に基づくものとする（本件契約書第16条【敷地の使用

図表－6　本件契約書別表1の物件明細(2)の概要図
　　　　敷地の使用範囲は，太枠内とする（注：下図 ──── 枠内）。

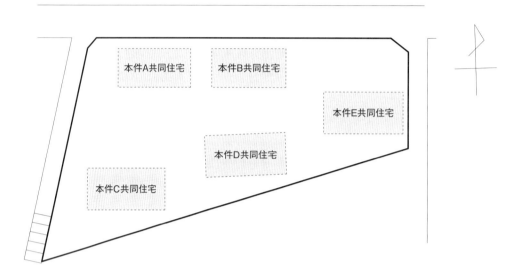

　　範囲】第1項）。
　(ホ)　被相続人甲又は本件賃借会社は，6か月の予告期間をもって本件契約の解除を相手方に通知することによって，予告期間の満了と同時に本件契約を終了することができるものとする（本件契約書第17条【途中解約】）。
　(ヘ)　本件契約の期間中に被相続人甲が本件各共同住宅を第三者に譲渡する場合は，本件賃借会社宛に事前に書面による通知をするものとし，この場合，本件賃借会社は本件契約を解除できるものとする（本件契約書第18条【契約の解除】第4項）。
②　本件契約書第16条第1項（上記①(ニ)）において，本件各共同住宅の敷地の使用範囲を本件各宅地全体と定めたのは，本件賃借会社が管理する範囲（具体的には月1回の巡回点検を行う範囲）を定めたものであった。
③　本件契約書第17条又は第18条第4項に基づいて本件契約の解除をする（上記①(ホ)及び(ヘ)）場合，本件各共同住宅の全てについて賃貸借契約を解除しなければならない旨の本件契約の定めはなく，賃料の額も住戸ごとの合計額であり，本件各共同住宅を一括して定められたものではない（上記①(ハ)）から，本件契約書第17条（上記①(ホ)）に基づき契約期間中に本件契約を解除する場合，本件各共同住宅のうち解除する棟についてのみ，契約を解除することが可能であり，また，被相続人甲が本件各共同住宅を第三者に譲渡するために，本件契約書第18条第4項（上記①(ヘ)）に基づき契約期間中に契約を解除する場合も，本件各共同住宅のうち譲渡する棟についてのみ，契約を解除することが可能であった。
④　本件契約書は，本件賃借会社の定型の様式を使用したものであったところ，本件賃借会社は，本件契約書第17条又は第18条第4項と同内容の契約条項に基づき，契約期間中に賃貸借の目的物件である複数の共同住宅の一部について契約を解除する場合には，要

旨次のとおりの「建物等一括賃貸借契約に関する覚書」（本件賃借会社の定型の様式であり，右上に「一部居室除外」と記載されているもの）を作成することとして，当該複数の共同住宅のうち契約を解除する棟や住戸部分のみを契約から除外することを可能にしていた。

(イ) 賃貸人＿＿＿賃借人（本件賃借会社）とは，平成＿＿年＿＿月＿＿日付締結した建物等一括賃貸借契約（原契約）に関し，下記のとおり合意したので本覚書を締結する（柱書）。

(ロ) 賃貸人の申出により，原契約の＿＿＿号室を平成＿＿年＿＿月＿＿日より賃貸（管理）から除外する。このことから，原契約の月額支払賃料から＿＿＿円を減額する（第1条【管理戸数の変更と支払賃料の変更】第1項）。

(ハ) 上記以外は，原契約に基づくものとする（第4条【その他】）。

❷ **法令解釈等**

一般に，建物の賃借人は，建物の賃貸借契約の性質上当然に，当該建物使用目的の範囲内においてその敷地の利用権を有するものと解されるところ，所有する宅地の上に貸家が複数ある場合，各貸家の敷地に，各貸家の使用目的の範囲内において利用権がそれぞれ生じ，その利用権に基づき各貸家の敷地がそれぞれ利用されることとなるから，貸家建付地（評価通達26（貸家建付地の評価）に定める貸家建付地をいう。以下同じ）における1画地の宅地の判断に当たっては，評価の対象である宅地の上に存する建物（貸家）の建物賃借人の敷地利用権の及ぶ範囲を検討する必要がある。

また，その敷地利用権の及ぶ範囲の判断に当たっては，当該宅地の上に存する建物がその外観からみて構造上全体が一体のものであるか否かといった物理的な観点はもとより，建物が複数ある場合であっても，例えば母屋と離れのように当該各建物が一体のものとして機能しているか否かといった機能的な観点から検討する必要があるというべきである。

そして，宅地の所有者がその宅地の上に存する複数の貸家である建物を所有している場合において，当該各建物が外観からみて構造上それぞれ独立したものであるときには，母屋と離れのように当該各建物が一体で機能している特段の事情が認められる場合を除き，各建物の敷地部分をそれぞれ1画地の宅地と見るのが相当であると考えられる。

❸ **当てはめ**

(1) 宅地所有者の自由な使用収益を制約する他者の権利の有無

本件各宅地は，本件相続開始日において，宅地の所有者である被相続人甲による自由な使用収益を制約する他者の権利（具体的には，本件各共同住宅の賃借人である本件賃借会社が，本件契約に基づいて，本件各共同住宅の使用目的の範囲内において有する各敷地利用権）が存する土地（貸家建付地）であった。

(2) 評価対象地上に存する建物（貸家）の賃借人の敷地利用権の及ぶ範囲

① 本件契約

(イ) 本件契約は，本件契約書1通により本件賃借会社が，被相続人甲から本件各共同住宅を5棟一括で借り受けたものである。

㈡ 本件契約における月額賃料の額は、住戸番号ごとに定められた月額賃料を棟ごとに合計して小計額を算出し、当該小計額を合計して算出した額である。

㈢ 本件契約には、本件契約書第17条又は第18条第4項に基づく契約の解除に当たり、本件各共同住宅の全てについて一括して賃貸借契約を解除しなければならない旨の定めはなく、賃料の額も本件各共同住宅を一括して定められたものではないから、上記の各条項に基づき契約の解除をする場合、本件各共同住宅のうちの一部の棟についてのみ契約を解除することが可能である。

　この点、本件契約書は本件賃借会社の定型の様式を使用したものであったところ、本件賃借会社は、本件契約書第17条又は第18条第4項と同内容の契約条項に基づき、賃貸借の目的物件である複数の共同住宅の一部について契約を解除する場合を予定した覚書の定型の様式を準備し、当該解除の際にはこれを作成することとしていたものである。そうすると、賃借人である本件賃借会社は、複数の建物（本件各共同住宅）を一括して借り受ける旨の賃貸借契約（本件契約）の締結に当たり、一部の建物についてのみ契約を終了させる場合もあることを想定したものと推認される。

　また、本件各共同住宅の契約関係を常に必ず5棟一緒に終了させなければならないとすることは、賃貸人である被相続人甲にとってみても、特段の利益のあるものとも考えられないことからすると、被相続人甲は、本件各共同住宅のうちの一部の棟についてのみ契約を終了させる場合もあることを否定する意思は有していなかったであろうことがうかがわれる。

㈣ 本契約において本件賃借会社が本件各共同住宅を被相続人甲より一括で借り受ける旨の賃貸借契約を締結することとなったのは、本件各共同住宅の完成時期が全て同時期であったために、本件旧賃借人が本件各共同住宅を被相続人甲より一括で借り受ける旨の賃貸借契約を締結し、同契約が更新又は賃借人の変更等を経て本件契約の締結に至ったためである。

　このような経緯からすると、本件契約の当事者である被相続人甲及び本件賃借会社が、本件契約の締結時において、本件各共同住宅5棟を一括してでなければ絶対に契約を締結しないという意思を有していたとも考え難い。

㈤ 上記㈠ないし㈣より、本契約は、本契約書1通により本件各共同住宅5棟を一括して賃貸借契約が締結されたものではあるが、実態は、本件各共同住宅の棟ごとに締結された賃貸借契約を1通の契約書（本件契約書）としたにすぎないと認められる。

② 本件各共同住宅

㈠ 本件各共同住宅は、その外観上相互に連結した箇所がないから、本件各共同住宅の各棟（本件A共同住宅ないし本件E共同住宅）は、構造上全体が一体のものであるとはいえず、各棟が独立した建物であったものと認められる。

㈡ 本件各共同住宅は、いずれも2階建ての建物であり、各階には3DK又は3LDKの間取りの住戸部分が2戸ずつあり、住戸ごとに賃貸（転貸）の用に供することができるものであったから、本件各共同住宅の各棟（本件A共同住宅ないし本件E共同

住宅）は，例えば母屋と離れのように当該各建物が一体のものとして機能していた特段の事情があるとはいえず，各棟が独立して機能している建物であったものと認められる。

③ まとめ

上記①及び②より，本件各宅地の上に存する本件各共同住宅の賃借人である本件賃借会社の敷地利用権の及ぶ範囲は，本件各共同住宅（本件A共同住宅ないし本件E共同住宅）の敷地ごとに及んでいるものと認めるのが相当である。

したがって，本件各宅地の評価単位は，本件各共同住宅の各敷地部分をそれぞれ1画地の宅地として，5区画に区分するのが相当である。

(3) 本件各宅地の評価単位の区分

審判所において，本件各宅地の評価単位の区分について検討したところ，次のとおりとなる（後記図表－7を参照）。

① 本件各宅地については，本件相続により，相続人Xが本件甲宅地を，相続人Yが本件乙宅地をそれぞれ取得していることから，次のとおりに取り扱うことが相当である。

(イ) 評価通達7－2（評価単位）により，遺産分割後の所有者単位に基づき，相続による取得者ごとに本件各宅地を本件甲宅地及び乙宅地に区分すること

(ロ) 本件甲宅地及び本件乙宅地の上にそれぞれ複数の共同住宅が存することから，本件各共同住宅の敷地ごとに区分すること

そして，相続人Xが取得した本件甲宅地の上には，本件A共同住宅及び本件C共同住宅の2棟があり，相続人Yが取得した本件乙宅地の上には，本件B共同住宅，本件D共同住宅及び本件E共同住宅の3棟があると認められるから，本件甲宅地は本件A共同住宅及び本件C共同住宅の各敷地で2区画に区分し，本件乙宅地は本件B共同住宅，本件D共同住宅及び本件E共同住宅の各敷地で3区画に区分することとなる。

② 相続人Xが取得した本件甲宅地（1,107.23㎡）の上には，北側道路に面して本件A共同住宅が，その南側に本件C共同住宅があるところ，本件A共同住宅の敷地は北側道路に直接接しているが，本件C共同住宅の敷地は本件A共同住宅の西側の敷地部分（いわゆる路地状部分）並びに本件A共同住宅の南側の駐車場と本件C共同住宅の北側の駐車場との間の敷地部分を通じて北側道路に接しており（前記図表－5を参照），このような各建物の配置及び各建物の敷地の接道状況からすると，次のとおりにそれぞれ，本件A共同住宅の敷地及び本件C共同住宅の敷地とみて，後記図表－7のとおり，評価単位の区分をするのが合理的である（このように区分しても，建築基準法上の建ぺい率及び容積率の制限に反しない）。

(イ) 本件A共同住宅の西側の敷地部分（いわゆる路地状部分）は，本件C共同住宅の敷地とすること

(ロ) 本件A共同住宅の南側の駐車場と本件C共同住宅の北側の駐車場との敷地部分は，中心線で区分すること

そうすると，本件A共同住宅の敷地は345.15㎡（以下「本件審判所認定A敷地」と

いう），本件C共同住宅の敷地は762.08㎡（以下「本件審判所認定C敷地」という）とするのが相当である。

③　相続人Yが取得した本件乙宅地（1,180.47㎡）の上には，北側道路に面して本件B共同住宅，その南側に本件D共同住宅がそれぞれあり，また，これらの東側にある本件E共同住宅は北側道路及び東側道路に面しているところ，本件B共同住宅の敷地は北側道路に，また，本件E共同住宅の敷地は北側道路及び東側道路にいずれも直接接しているが，本件D共同住宅の敷地は本件B共同住宅の東側の敷地部分（いわゆる路地状部分）並びに本件B共同住宅の南側の駐車場と本件D共同住宅との間の敷地部分を通じて北側道路に接しており（前記図表－5），このような各建物の配置及び各建物の敷地の接道状況からすると，次のとおりにそれぞれ，本件B共同住宅の敷地及び本件D共同住宅の敷地とみて，次頁図表－7のとおり，評価単位の区分をするのが合理的である（このように区分しても，建築基準法上の建ぺい率及び容積率の制限に反しない）。

　㈱　本件B共同住宅の東側の敷地部分（いわゆる路地状部分）は，本件D共同住宅の敷地とすること

　㈹　本件B共同住宅の南側の駐車場と本件D共同住宅との間の敷地部分は，中心線で区分すること

　そうすると，本件B共同住宅の敷地は331.91㎡（以下「本件審判所認定B敷地」という），本件D共同住宅の敷地は418.31㎡（以下「本件審判所認定D敷地」という），本件E共同住宅の敷地は430.25㎡（以下「本件審判所認定E敷地」という）とするのが相当である。

(4)　原処分庁の主張について

　原処分庁は，本件各宅地については，本件各共同住宅の敷地ごとに5区画に区分するべきであるとするも，本件求積図に基づき区分した本件原処分庁認定A敷地ないし本件原処分庁認定E敷地をそれぞれ1画地の宅地として評価すべきであり，本件原処分庁認定A敷地ないし本件原処分庁認定E敷地の各価額は，前記計算－2のとおりである旨主張する。

　しかしながら，原処分庁が主張する本件求積図に基づく区分では，本件原処分庁認定B敷地が本件甲宅地及び本件乙宅地の双方にまたがることとなるが，遺産分割による取得者単位の区分（評価通達7－2（評価単位）(1)の注書（筆者注　いわゆる「不合理分割」をいう））に反することとなるから，合理的な区分であるとはいえず，原処分庁の上記主張には理由がない。

(5)　請求人の主張について

　請求人は，次に掲げる事項からすると，本件賃借会社の敷地利用権は本件各宅地の全体に及んでおり，これに遺産分割による取得者単位の区分を踏まえて，本件甲宅地及び本件乙宅地をそれぞれ1画地の宅地として評価すべきである旨主張する。

①　被相続人甲が本件賃借会社に対して同時期に本件各共同住宅を5棟一括で賃貸する本

図表-7 国税不服審判所が認定した本件各宅地の区分（評価単位）

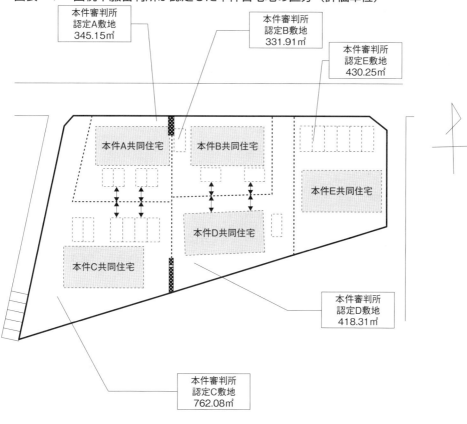

（注1） ——— は，本件各宅地の範囲を示す。
（注2） ☐ は，駐車場を示す。
（注3） ▒▒▒ は，ブロック塀を示す。
（注4） ------- は，審判所が認定した本件各宅地の各敷地の境界を示す。
（注5） ↕ は，上の矢印間の距離と下の矢印間の距離とが同距離であることを示す。
（注6） ▭▭▭ は，階段を示す。

件契約を締結していたこと
② 本件契約において敷地の使用範囲が本件各宅地の全体に及ぶ旨が定められていること
　しかしながら，次に掲げる事項からすると，本件各宅地の上に存する本件各共同住宅の賃借人である本件賃借会社の敷地利用権の及ぶ範囲は，本件各共同住宅（本件A共同住宅ないし本件E共同住宅）の敷地ごとに及んでいるものと認めるのが相当である。
① 本件契約は，その実態において本件各共同住宅の棟ごとに締結された賃貸借契約を1通の契約書（本契約書）としたにすぎないと認められること
② 本件各共同住宅は，構造上各棟がそれぞれ独立した建物であり，各棟が一体のものとして機能していた特段の事情があるとも認められないこと
　なお，本件契約書第16条第1項が本件各共同住宅の敷地の使用範囲を本件各宅地全体と

計算－3　本件各宅地の価額（国税不服審判所認定額）

区　　　　分		本件審判所認定A敷地	本件審判所認定B敷地	本件審判所認定C敷地	本件審判所認定D敷地	本件審判所認定E敷地	本件各宅地(合計)
地　　　　積	①	345.15㎡	331.91㎡	762.08㎡	418.31㎡	430.25㎡	2,287.70㎡
間　口　距　離	②	16.75m	20.74m	6.00m	4.00m	19.70m	―
奥　行　距　離	③	17.30m	16.00m	45.20m	34.20m	19.30m	―
正　面　路　線　価	④	125,000円	125,000円	125,000円	125,000円	125,000円	―
奥行価格補正率	⑤	1.00	1.00	―	0.96	1.00	―
④×⑤	⑥	125,000円	125,000円	―	120,000円	125,000円	―
側　方　路　線　価	⑦	―	―	―	―	125,000円	―
奥行価格補正率	⑧	―	―	―	―	(注3)1.00	―
側方路線影響加算率	⑨	―	―	―	―	0.03	―
側方路線影響加算の調整	⑩	―	―	―	―	―	―
⑥＋⑦×⑧×⑨×⑩	⑪	125,000円	125,000円	―	120,000円	128,750円	―
不整形地補正率又は広大地補正率	⑫	1.00	1.00	(注1) 0.561896	(注2)0.74	(注4)0.98	―
⑪×⑫	⑬	125,000円	125,000円	―	88,800円	126,175円	―
自用地としての価額(⑬×①、本件審判所認定C敷地は④×⑫×①)	⑭	43,143,750円	41,488,750円	53,526,212円	37,145,928円	54,286,793円	―
借　地　権　割　合	⑮	0.6	0.6	0.6	0.6	0.6	―
借　家　権　割　合	⑯	0.3	0.3	0.3	0.3	0.3	―
評　　価　　額 ⑭×(1－⑮×⑯)	⑰	35,377,875円	34,020,775円	43,891,493円	30,459,660円	44,515,170円	<u>188,264,973円</u>

(注1)　広大地補正率＝$0.6-0.05\times\dfrac{762.08㎡}{1,000㎡}$

(注2)　　　　（想定整形地の間口距離）　（想定整形地の奥行距離）　（想定整形地の地積）
　　　　　　　24.74m　　×　　34.20m　　＝　　846.10㎡
　　　　（想定整形地の地積）　（不整形地の地積）　（想定整形地の地積）　（かげ地割合）
　　　　（　846.10㎡　－　418.31㎡　）÷　846.10㎡　≒　50.56％
　　　　普通住宅地区，地積区分A，不整形地補正率表の補正率0.79
　　　　（不整形地補正率表の補正率）　（間口狭小補正率）　　　（不整形地補正率）
　　　　　　　0.79　　　×　　0.94　　＝0.74（小数点以下2位未満切捨て）

(注3)　側方路線から見た間口距離は19.30m，奥行距離は22.29mである。

(注4)　　　　（想定整形地の間口距離）　（想定整形地の奥行距離）　（想定整形地の地積）
　　　　　　　25.80m　　×　　19.30m　　＝　　497.94㎡
　　　　（想定整形地の地積）　（不整形地の地積）　（想定整形地の地積）　（かげ地割合）
　　　　（　497.94㎡　－　430.25㎡　）÷　497.94㎡　≒　13.59％
　　　　普通住宅地区，地積区分A，不整形地補正率表の補正率0.98

　定めたのは，本件賃借会社が月1回の巡回点検を行う範囲を定めたものであるところ，同契約条項の存在が，上記①及び②の各事実に影響するものではなく，ひいては本件賃借会社の敷地利用権の及ぶ範囲に影響するものでもない。

　そうすると，本件各宅地の評価単位は，本件各共同住宅（本件A共同住宅ないし本件E共同住宅）の各敷地部分をそれぞれ1画地の宅地として，5区画に区分するのが相当であるから，請求人の上記主張には理由がない。

(6)　**本件各宅地の価額（国税不服審判所認定額）**

　審判所において，本件各宅地の価額を評価通達の定めに基づき評価（本件各宅地を本件審判所認定A敷地ないし本件審判所認定E敷地の5区画に区分して評価）すると，計算

－3のとおりとなり，その合計額は1億8,826万4,973円となる。

筆者注　本件宅地の価額は，原処分庁主張額（1億8,553万2,693円，前記計算－2を参照）よりも国税不服審判所認定額（1億8,826万4,973円，前記計算－3を参照）が高額となることから，本件相続に係る相続税の更正処分は適法と判断されることとなった。

Ⅴ 本件裁決事例のキーポイント

❶ 本件裁決事例の位置付け

　本件裁決事例は，被相続人が所有する宅地上に同人所有の5棟の貸付用共同住宅（その全てが1通の建物等一括賃貸借契約書によって，一括借上会社に対して転貸借を前提として賃貸されている）があり，これを2人の共同相続人が遺産分割協議により，評価通達7－2（評価単位）に定める不合理分割に該当しない方法により合理的に相続により取得した場合の当該宅地（貸家建付地に該当する）の評価単位が主な争点とされた事例である。

　本件裁決事例の検討に当たっては，前問のCASE1の 事例 において紹介した一括借上の対象とされた3棟の貸付用共同住宅について，各棟ごとの個別の賃貸借契約（合計で3通の賃貸借契約書が存在する）により，一括借上会社に対して転貸借を前提に賃貸されている場合（相続した者は，いずれも同一人である）における当該貸家の敷地である貸家建付地の評価単位等が争われた事例〔平25.5.20裁決，東裁（諸）平24－212，平成22年相続開始分〕（以下「前問裁決事例」という）との比較検証を行うことによって，より深度のある学習が可能になると考えられる。

　念のため，前問裁決事例及び本問裁決事例における被相続人所有の相続財産の目録（貸付用共同住宅及びその敷地たる宅地）並びに当該不動産に係る概略図を再掲すると，次頁図表－8（前問裁決事例の場合）及び次々頁図表－9（本問裁決事例の場合）のとおりとなる。

　次に，前問裁決事例及び本問裁決事例において主な争点とされた建物等一括賃貸借契約（いわゆる一括借上契約）と貸家建付地に係る評価単位との関係（評価単位の具体的な区分方法を含む），そして，争点にはなっていないものの各問におけるそれぞれの評価対象地に対する評価通達24－4（広大地の評価）に定める広大地評価の適用に関する課税実務上の重要論点につき，双方（請求人及び原処分庁）の主張とこれに対する国税不服審判所の判断を簡記してまとめると，後記図表－10のとおりとなる。

図表−8　前問裁決事例（3棟の貸付用共同住宅及びその敷地である宅地）の場合
(1) 不動産目標
　① 本件各土地

順号	所在・地番	地目	地積	取得者	略称
1	＊＊＊＊	宅地	335.00㎡	共有持分で取得 相続人乙 $\frac{1}{2}$ 相続人丙 $\frac{1}{2}$	本件各土地
2	＊＊＊＊	宅地	60.00㎡		
3	＊＊＊＊	宅地	551.00㎡		
4	＊＊＊＊	宅地	280.00㎡		
5	＊＊＊＊	宅地	280.00㎡		
6	＊＊＊＊	宅地	372.51㎡		
7	＊＊＊＊	宅地	3,962.00㎡		

　② 3棟の貸付用共同住宅（本件各共同住宅）

| 順号 | 種類 | 構造 | 床面積 | | | 取得者 | 略称 |
			1階	2階	3階		
1	共同住宅	鉄筋コンクリート造陸屋根3階建て	298.43㎡	290.07㎡	290.53㎡	共有持分で取得 相続人乙 $\frac{1}{2}$ 相続人丙 $\frac{1}{2}$	本件A共同住宅
2	共同住宅	鉄筋コンクリート造陸屋根3階建て	352.50㎡	344.14㎡	344.57㎡		本件B共同住宅
3	共同住宅	鉄筋コンクリート造陸屋根3階建て	412.12㎡	403.76㎡	404.21㎡		本件C共同住宅

(2) 本件各土地及びその上に存する本件各共同住宅の配置状況等

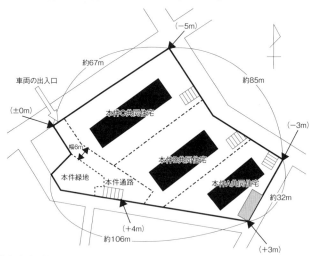

（注1）――は，本件各土地の範囲を示す。
（注2）……は，本件緑地と本件通路の境界を示す。
（注3）----は，本件認定計画書における設定敷地線を示す。
筆者注　本件各共同住宅の建築に当たっては，建築基準法86条（一の敷地とみなすこと等による制限の緩和）に規定する一団地建築物設計制度に係る認定を受け，当該認定に係る認定計画書が公開されている。
（注4）▨は，本件各土地から道路に連絡する階段を示す。
（注5）▨は，スロープ状の通路を示す。
（注6）（　）内の数値は，本件各共同住宅が建築されている地盤面に対する周囲の道路の各地点における高低差の概数を示す。

CASE2

図表－9 本問裁決事例（5棟の貸付用共同住宅及びその敷地である宅地）の場合
(1) 不動産目録
　① 本件各宅地

順号	所在・地番	地目	地積	取得者	略称
1	＊＊＊＊	宅地	1,107.23㎡	相続人X	本件甲宅地
2	＊＊＊＊	宅地	646.85㎡	相続人Y	本件乙宅地
3	＊＊＊＊	宅地	533.62㎡		

　② 5棟の貸付用共同住宅（本件各共同住宅）

順号	所在	家屋番号	種類	構造	床面積 1階	床面積 2階	取得者	略称
1	＊＊＊＊	＊＊＊＊	共同住宅	軽量鉄骨造スレート葺2階建	108.71㎡	108.71㎡	相続人X	本件A共同住宅
2	＊＊＊＊	＊＊＊＊	共同住宅	軽量鉄骨造スレート葺2階建	108.71㎡	108.71㎡	相続人Y	本件B共同住宅
3	＊＊＊＊	＊＊＊＊	共同住宅	軽量鉄骨造スレート葺2階建	116.77㎡	116.77㎡	相続人X	本件C共同住宅
4	＊＊＊＊	＊＊＊＊	共同住宅	軽量鉄骨造スレート葺2階建	116.77㎡	116.77㎡	相続人Y	本件D共同住宅
5	＊＊＊＊	＊＊＊＊	共同住宅	軽量鉄骨造スレート葺2階建	116.77㎡	116.77㎡	相続人Y	本件E共同住宅

(2) 本件各宅地及びその上に存する本件各共同住宅の概略図

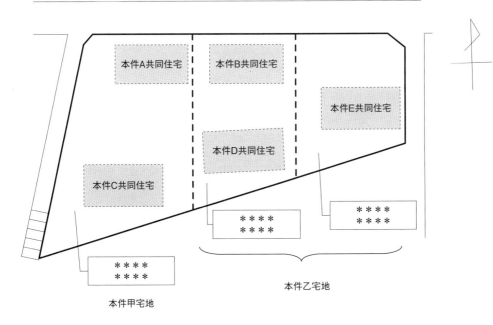

（注1） ——— は，本件各宅地の範囲を示す。
（注2） - - - は，＊＊＊＊，同番＊及び同番＊の各境界を示す。
（注3） ▦▦▦ は，階段を示す。

図表－10　前問裁決事例及び本問裁決事例における課税実務上の重要論点（まとめ）

重要論点	前問裁決事例（3棟の貸付用共同住宅）の場合	本問裁決事例（5棟の貸付用共同住宅）の場合	備考
(1) 建物等一括借上契約の存在と貸家建付地の評価単位	請求人（納税者）の主張 　被相続人は，3棟の本件各共同住宅を同一の法人（本件会社）に対し，一括で賃貸しており，本件各土地の上に存する他者の権利の種類及び権利者は同じであることから，本件各土地の評価に当たっては，全体で1つとしたものを評価単位とすべきである。 原処分庁（課税庁）の主張 　次に掲げる事項からすると，本件各土地の評価に当たっては，3棟の本件各共同住宅の敷地ごとに3区画に区分したものを評価単位とすべきである。 ① 3棟の本件各共同住宅には，互いに連結している箇所は認められない。 ② 被相続人は，本件各共同住宅1棟ごとに別々の賃貸借契約を締結している。 ③ 本件各土地には，転借人（実際の入居者）又は賃借人（本件会社）の本件各土地を利用する権利が3棟の本件各共同住宅ごとに存することから，本件各土地に存する転借人又は賃借人の権利は本件各共同住宅の敷地ごとに異なると認められる。 国税不服審判所の判断 　次に掲げる事項からすると，本件各土地の評価に当たっての評価単位は，4つとなる。 ① 本件各土地のうち本件緑地を除く部分 　本件各共同住宅は，相互に連結した箇所のないそれぞれが外観上独立した建物であり，また，本件会社が賃借権を有する建物であることが認められるものの，本件各賃貸借契約が棟ごとに締結されており，相互に関連性を有するものとは認められないことからすると，本件緑地を除く本件各土地は，3棟からなる本件各共同住宅の各敷地部分をそれぞれ1画地の宅地とみることが相当であること ② 本件各土地のうち本件緑地部分 　本件緑地は，本件緑地と本件緑地を除く本件各土地との境界に擁壁が設置され，本件緑地以外の部分よりも約4m高い位置にある。 また，本件緑地は南側の道路とは等高に接しており，地積も353.75㎡であることからすると，単独で利用することが可能な土地であ	請求人（納税者）の主張 　被相続人が本件賃借会社に対し同時期に本件各共同住宅を5棟一括で賃貸する建物等一括賃貸借契約（本件契約）を締結し，敷地の使用範囲が本件各宅地の全体に及ぶ旨が定められていることから，本件各宅地については，本件甲宅地及び本件乙宅地をそれぞれ1画地の宅地（[筆者注]相続による取得者ごとによる区分）として評価すべきである。 原処分庁（課税庁）の主張 　次に掲げる事項からすると，本件各宅地については，本件各共同住宅の敷地ごとに5区画に区分し，それぞれを1画地の宅地として評価すべきである。 ① 本件各共同住宅は，互いに連結している箇所は認められない。 ② 本件各共同住宅は，被相続人が転貸借を承認した上でそれぞれ異なる転借人（実際の入居者）が利用しており，その転貸借に基づく敷地利用の範囲も本件各共同住宅ごとに異なる。 ③ 請求人が主張する定め（本件契約において敷地の使用範囲が本件各宅地の全体に及ぶ旨の定め）は，本件賃借会社が本件各共同住宅を管理するために定められたものである。 国税不服審判所の判断 　次に掲げる事項からすると，本件各宅地の評価に当たっての評価単位は，3つとなる。 ① 本件各共同住宅は，その外観上相互に連結した箇所がないから構造上全体が一体のものであるとはいえず，また，例えば母屋と離れのように当該各建物が一体のものとして機能していた特段の事情があるとはいえず，各棟が独立して機能している建物であったと認められること ② 本契約は，本契約書1通により本件各共同住宅5棟を一括して賃貸借契約が締結されたものではあるが，賃借人である本件賃借会社は，複数の建物（本件各共同住宅）を一括して借り受ける旨の賃貸借契約（本件契約）の締結に当たり，複数の共同住宅の一部について契約を解除する場合を予定した覚書の定型の様式を準備し，当該解除の際にはこれを作成することとしていたものであることから，一部の建物についての	後記❷において詳細を検討

	ると認められる。 　さらに、本件緑地は、本件各賃貸借契約において賃貸借の目的物とされておらず、また、本件緑地の地勢からすると、当該賃貸借の目的物である本件各共同住宅及び本件各土地の駐車場の部分の利用に必要な範囲に含まれるものとも認められない。 　そうすると、本件緑地は、本件緑地以外の部分とは区分して評価することが相当である。 筆者注 　上記①（本件各土地のうち本件緑地を除く部分）は3単位となり、また、②（本件緑地部分）は1単位とされることから、合計で4単位となる。	み契約を終了させる場合もあることを想定したものと推認されるところであり、その実態は、本件各共同住宅の棟ごとに締結された賃貸借契約を1通の契約書としたにすぎないと認められる。 ③　上記①及び②より、本件各宅地の上に存する本件各共同住宅の賃借人である本件賃借会社の敷地利用権の及ぶ範囲は、本件各共同住宅の敷地ごとに及んでいるものと認めるのが相当である。 　したがって、本件各宅地の評価単位は、本件各共同住宅の各敷地部分をそれぞれ1画地の宅地として、5区画に区分するのが相当である。	
(2) 貸家建付地の評価単位の判定と駐車場の存在	請求人（納税者）の主張 　本件各土地に分散して設置された本件各共同住宅の居住者用の駐車場は、本件会社により、利用者が居住している棟とは関係なく場所が割り振られていることからも、本件各土地の評価は、全体で1つとしたものを評価単位とすべきである。 原処分庁（課税庁）の主張 　本件裁決書には、この点に関する原処分庁（課税庁）の主張は記載されていない。 国税不服審判所の判断 　本件各賃貸借契約に係る各契約書によれば、次に掲げる事項が認められる。 ①　本件賃貸借契約の主たる目的は、本件各共同住宅であって、本件各共同住宅の居住者用の駐車場は従たる目的物であること ②　上記駐車場に係る権利関係は、本件各共同住宅に係る権利関係の変動に付随して変動するものであること 　そうすると、1画地の宅地であるか否かを判断するに当たり宅地の所有者による自由な使用収益を制約する他者の権利の有無をみる際には、本件会社が本件各賃貸借契約に基づき有する上記賃借権を独立した権利として考慮する必要はなく、本件会社が本件各共同住宅の賃借権に基づいて有することとなる本件各土地の利用権のみを前提として、1画地の宅地であるか否かを判断すれば足りるというべきである。	本問裁決事例においては、貸家建付地に係る評価単位の判定に当たって、入居者専用の駐車場の所在場所がどのような影響を与えるのかについては、双方（請求人及び原処分庁）ともに一切、争点としていない。 　この点につき、次の図表－Aを参照されたい。 ●図表－A　本件各宅地の状況  （注1）────は、フェンスの設置部分を示す。 （注2）　　　は、植木が植えられている部分を示す。 （注3）　　　は、芝生を示す。 （注4）　　　は、駐車場を示す。 （注5）　　　は、駐輪場を示す。 （注6）　　　は、ブロック塀を示す。 （注7）----は、本件甲宅地（****（筆者注：所在地番と推定される）所在の宅地）と本件乙宅地のうち同番****所在の宅地との境界を示す。 （注8）　　　は、階段を示す。 　あくまでも推測にすぎないが、図表－Aを見る限り、本件各宅地に分散して設置されている本件各共同住宅の居住者用駐車場（図表－Aを見ると9か所で20台分）及び駐輪場（同3か所）は、居住している棟とは無関係に本件各共同住宅の入居者に貸し付けられているものと考えられ、本問裁決事例においても、前問裁決事例における国税不服審判所の判断等と同様の法令解釈等及び当てはめがなされるべきものであると考えられる。	後記❸において詳細を検討
(3) 貸家が複	請求人（納税者）の主張 　上記(1)に掲げるとおり、請求人（納税者）は、本件各土地の評価に当たっては、全体をもって1評価単位とすべきであると主張して	請求人（納税者）の主張 　上記(1)に掲げるとおり、本件各宅地は、本件相続により、相続人Xが本件甲宅地を、相続人Yが本件で宅地をそれぞれ取得して	後記❹において詳細を検討

数棟ある場合における各棟の敷地の区分

いることから、この点に関する請求人（納税者）の主張はない。

いるので、相続による取得者ごとに区分して評価することが相当であると解されることから、本件各宅地は、本件甲宅地及び本件乙宅地の２つの評価単位からなり、その区分を示すと、後記の図表－11の(1)のとおりとなる。

原処分庁（課税庁）の主張

３棟からなる本件各共同住宅の各敷地の区分の範囲については、本件各共同住宅の１階床面積の合計に占める本件各共同住宅の各棟の１階床面積の割合により本件各土地を区分した面積に基づき算定すべきである。

筆者注　本件裁決書には、原処分庁（課税庁）が主張する本件各土地の評価単位は示されていない。

原処分庁（課税庁）の主張

本件各宅地については、本件各共同住宅の敷地ごとに５区画に区分（筆者注）し、それぞれ１画地の宅地として評価すべき（合計で５評価単位）であり、その区分を示すと、後記の図表－11の(2)のとおりとなる。

筆者注　原処分庁（課税庁）が主張する本件各宅地に係る区分図は、＊＊＊＊（測量者名）が作成した求積図で、＊＊＊＊（特定行政庁名）建築主事が本件各共同住宅の各建物の建築計画が建築基準関係規定に適合するものであることを確認した旨の各「確認通知書（建築物）」に添付されたものを基に作成されたものである。

国税不服審判所の判断

３棟からなる本件各共同住宅の各敷地の区分の範囲については、本件緑地を除く本件各土地は、周囲の道路に接続する階段及びスロープ状の通路並びに植栽部分を除くと、段差や塀等の仕切りがないため、転借人が自由に歩行することが可能な状態であることから、本件Ａ共同住宅と本件Ｂ共同住宅の間にある設定敷地線並びに本件Ｂ共同住宅と本件Ｃ共同住宅の間にある設定敷地線及びそれを延長した線により３つに区分される各部分とすることが相当である（筆者注　図表－Ｂを参照）。

●図表－Ｂ　国税不服審判所が認定した本件各土地の評価単位

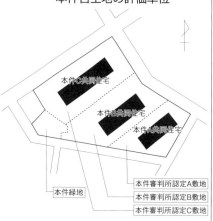

国税不服審判所の判断

① 相続人Ｘが取得した本件甲宅地の上には、北側道路に面して本件Ａ共同住宅が、その南側に本件Ｃ共同住宅があるところ、次のとおりにそれぞれ、本件Ａ共同住宅の敷地及び本件Ｃ共同住宅の敷地とみて評価単位の区分（合計で２評価単位）をするのが合理的である。
(イ)　本件Ａ共同住宅の西側の敷地部分（いわゆる路地状部分）は、本件Ｃ共同住宅の敷地とすること
(ロ)　本件Ａ共同住宅の南側の駐車場と本件Ｃ共同住宅の北側の駐車場との敷地部分は、中心線で区分すること
② 相続人Ｙが取得した本件乙宅地の上には、北側道路に面して本件Ｂ共同住宅、その南側に本件Ｄ共同住宅がそれぞれあり、また、これらの東側にある本件Ｅ共同住宅は北側道路及び東側道路に面しているところ、次のとおりにそれぞれ、本件Ｂ共同住宅の敷地及び本件Ｄ共同住宅の敷地とみて評価単位の区分（合計で３評価単位）をするのが合理的である。
(イ)　本件Ｂ共同住宅の東側の敷地部分（いわゆる路地状部分）は、本件Ｄ共同住宅の敷地とすること
(ロ)　本件Ｂ共同住宅の南側の駐車場と本件Ｄ共同住宅との間の敷地部分は、中心線で区分すること

筆者注　上記①及び②より、本件各宅地は

CASE2

区　分	本件審判所認定A敷地	本件審判所認定B敷地	本件審判所認定C敷地	本件緑地
認定敷地の面積 ①	1,321.25㎡	1,522.70㎡	2,088.10㎡	—
本件通路の面積 ②	—	323.70㎡	231.01㎡	—
本件緑地の面積 ③	—	—	—	353.75㎡
計	1,321.25㎡	1,846.40㎡	2,319.11㎡	353.75㎡

合計で5評価単位によって評価すべきこととなり、その区分図を示すと、後記図表—11の(3)のとおりとなる。

(4) 評価対象地の具体的な相続税評価額	請求人（納税者）の主張 　本件各土地は、1画地の宅地として評価すべきであり、その評価額は、234,671,691円となる。 原処分庁（課税庁）の主張 　本件各土地は、3画地の宅地として評価すべきであり、その評価額は、335,906,926円となる。 国税不服審判所の判断 　本件各土地は、4画地の土地として評価すべきであり、その評価額は、358,714,905円となる。 筆者注　本件各土地の評価単位及びその相続税評価額の詳細については、前問裁決事例において示した図表—24を参照。	請求人（納税者）の主張 　本件各宅地は、2画地の宅地として評価すべきであり、その評価額は、127,268,777円となる。 原処分庁（課税庁）の主張 　本件各宅地は、5画地の宅地として評価すべきであり、その評価額は、185,532,693円となる。 国税不服審判所の判断 　本件各宅地は、5画地の宅地として評価すべきであり、その評価額は、188,264,973円となる。 筆者注　本件各宅地の評価単位及びその相続税評価額の詳細については、後記図表—12を参照。

評価通達24—4（広大地の評価）に定める広大地評価に係る諸論点

前問裁決事例及び本問裁決事例において、請求人及び原処分庁との間で争点とはされていないが、広大地評価について注目すべき項目を確認することができる。

重要論点	前問裁決事例（3棟の貸付用共同住宅）の場合	本問裁決事例（5棟の貸付用共同住宅）の場合
(イ) 広大地の該当性と開発行為の許可面積との関係	共通 　評価通達24—4（広大地の評価）において評価対象地が広大地に該当するための要件の一つとして、「都市計画法4条（定義）12項に規定する開発行為を行うとした場合に公共公益的施設用地の負担が必要と認められること」と定められている。そして、当該開発行為を行うに当たっては、当該開発行為が一定の面積（例えば、評価対象地が市街化区域内に存する場合には、原則として、三大都市圏においては500㎡、その他の地域においては1,000㎡）以上に及ぶ場合には、都市計画法29条（開発行為の許可）に規定する開発許可を受けなければならないものとされている。 　そうすると、課税実務上の解釈指針として、評価通達に定める広大地に該当するためには、評価対象地が所在する地方自治体が定めた開発行為の許可面積以上の面積を有することが必要（なぜならば、開発行為の許可面積未満の面積しか有しない土地については、開発行為の許可は不要とされるため）として、これを前提に判断されることが一般的になっている。	
(ロ) 広大地の判定単位と評価単位との関係	共通 　評価通達24—4（広大地の評価）において、評価対象地が同通達に定める広大地に該当するか否かの判定単位については特段の判定要件を定めていない。 　そうすると、広大地の評価の定めも評価通達の定めである限り、広大地の評価方法を定めた同通達にその取扱いが明記されていない事項（広大地の判定単位）に関しては、同通達に定める他の定め（同通達7（土地の評価上の区分）、同通達7—2（評価単位）の定め）に基づくことが相当であると考えられる。 　したがって、課税実務上の解釈指針として、評価対象地の評価単位と当該評価対象地が評価通達に定める広大地に該当するか否かの判定単位は一致するとして取り扱うことが相当であるとされている。	

| (ハ) 上記(イ)及び(ロ)の具体的な検証 | 上記(イ)及び(ロ)に掲げる取扱いを前問裁決事例に当てはめてみることにする。なお，前問裁決事例における評価対象地所在地に係る地方自治体が定めた開発行為許可面積は，500㎡である。 | 上記(イ)及び(ロ)に掲げる取扱いを本問裁決事例に当てはめてみることにする。なお，本問裁決事例における評価対象地所在地に係る地方自治体が定めた開発行為許可面積は，500㎡である。 |

・請求人（納税者）が行った判断（1評価単位）

評価単位	評価単位の面積	開発行為許可面積	広大地の判定
本件各土地	5,840.51㎡	500㎡	該当

・請求人（納税者）が行った判断（2評価単位）

評価単位	評価単位の面積	開発行為許可面積	広大地の判定
本件甲宅地	1,107.23㎡	500㎡	該当
本件乙宅地	1,180.47㎡	500㎡	該当

・原処分庁（課税庁）が行った判断（3評価単位）

評価単位	評価単位の面積	開発行為許可面積	広大地の判定
本件A共同住宅の敷地	1,639.61㎡	500㎡	該当
本件B共同住宅の敷地	1,936.67㎡	500㎡	該当
本件C共同住宅の敷地	2,264.23㎡	500㎡	該当

・原処分庁（課税庁）が行った判断（5評価単位）

評価単位	評価単位の面積	開発行為許可面積	広大地の判定
本件A共同住宅の敷地	334.54㎡	500㎡	非該当
本件B共同住宅の敷地	337.57㎡	500㎡	非該当
本件C共同住宅の敷地	744.79㎡	500㎡	該当
本件D共同住宅の敷地	386.82㎡	500㎡	非該当
本件E共同住宅の敷地	483.98㎡	500㎡	非該当

・国税不服審判所が行った判断（4評価単位）

評価単位	評価単位の面積	開発行為許可面積	広大地の判定
本件A共同住宅の敷地	1,321.25㎡	500㎡	該当
本件B共同住宅の敷地	1,846.40㎡	500㎡	該当
本件C共同住宅の敷地	2,319.11㎡	500㎡	該当
本件緑地	353.75㎡	500㎡	非該当

・国税不服審判所が行った判断（5評価単位）

評価単位	評価単位の面積	開発行為許可面積	広大地の判定
本件A共同住宅の敷地	345.15㎡	500㎡	非該当
本件B共同住宅の敷地	331.91㎡	500㎡	非該当
本件C共同住宅の敷地	762.08㎡	500㎡	該当
本件D共同住宅の敷地	418.31㎡	500㎡	非該当
本件E共同住宅の敷地	430.25㎡	500㎡	非該当

前問裁決事例及び本問裁決事例ともに，それぞれ，上記に掲げる3つの表（請求人及び原処分庁並びに国税不服審判所が行った判断）から，それぞれの三者は評価対象地が評価通達24－4（広大地の評価）に定める広大地に該当するか否かの判断に当たって，下記に掲げる思考過程により処理していることが理解され，上記(イ)及び(ロ)に掲げる課税実務上の解釈指針の履践が確認される。

　(イ) 評価対象地の面積が，当該評価対象地の所在する地方自治体において定められた開発行為の許可面積以上であること（上記(イ)）
　(ロ) 評価対象地が広大地に該当するか否かの判定単位は，評価通達に定める評価単位に合致させて判定すること（上記(ロ)）

| (ニ) 「マンション適地」等の意義 | 共通 |

評価通達24－4（広大地の評価）において，評価対象地が「中高層の集合住宅等の敷地用地に適しているもの（いわゆる「マンション適地」）」は広大地に該当しないと定められている。また，同通達を補充するものとして，課税実務上の取扱いでは，次に掲げる解釈が相当であるとされている。

　(イ) 中高層とは，原則として地上階数3以上のものが該当し，集合住宅等には，分譲マンションのほか，賃貸マンション等も含まれること
　(ロ) 「現に宅地として有効利用されている建築物等の敷地」は，広大地に該当しないこと（平成16年6月29日，資産評価企画官情報）

そうすると，上記の取扱いを一読しただけでは，前問裁決事例における本件各土地（本件緑地部分を除く）（3階建ての賃貸用共同住宅（3棟）の敷地に供用）及び本問裁決事例における本件宅地（2階建ての賃貸用共同住宅（5棟）の敷地に供用）に同通達の定め（広大地評価）を適用することに疑義を持ったとしても不思議ではない。

しかしながら，上記(イ)及び(ロ)は，次に掲げるとおりの精読にしたがって解釈されるべきものとな

CASE2

	っている。 (A) いわゆる「マンション適地」の判定に当たっては、たとえ、中高層の集合住宅等の敷地用地であったとしても、当該宅地が中高層の集合住宅等の敷地用地に適しているものでないと認められる場合には、マンション適地には該当しないものと解されている（上記㋑に係る精読部分）。 (B) 「現に宅地として有効利用されている建築物等の敷地」の文言中の「有効利用されている」とは、当該敷地がその地域の土地の標準的使用（換言すれば、その地域における土地の一般的使用）といえるかどうかで判定するものである。そうすると、例えば、戸建住宅が連たんする住宅街に存する大規模店舗やファミリーレストラン、ゴルフ練習場などは、その地域の標準的使用（換言すれば、一般的使用）とはいえないことから、「現に宅地として有効利用されている建築物等の敷地」には該当しないものと解釈されている（平成17年6月17日、資産評価企画官情報より）（上記㋺に係る精読部分）。 そうすると、たとえマンションの敷地に供用されている宅地であっても、その地域における土地の標準的使用（一般的使用、さらに換言すれば、最も多数を占める使用方法）が戸建住宅の敷地の用に供することであると認められる場合には、当該宅地はマンション適地には該当せず、他の一定要件を充足する場合には、評価通達に定める広大地に該当する可能性がある。

| ㋭ 上記㋥の具体的な検証 | 上記㋥に掲げる取扱いを前問裁決事例に当てはめてみることにする。そうすると、次に掲げる事項から総合的に判断すると、評価対象地である本件各土地は、評価通達24－4（広大地の評価）に定める「中高層の集合住宅等の敷地用地に適しているもの」には該当しないものと考えられる。
㋑ 都市計画（用途地域、建ぺい率、容積率）
　(A) 北西側の道路から20m以内の範囲は第一種中高層住居専用地域（建ぺい率50％、容積率150％）
　(B) 上記(A)以外の範囲は第一種低層住居専用地域（建ぺい率50％、容積率100％）
㋺ 戸建住宅の分譲想定価額
　(イ) 宅地の仕入価額
　　（路線価）　（時　価／還元率）（標準画地の面積）
　　140,000円÷ 80％ × 150㎡ ＝26,250千円
　(ロ) 建物の建築原価を8百万円と仮定する。
　　　　　　　　　　　　　　　　（利益率）
　(ハ) （(イ)＋(ロ)）÷（1－20％）＝42,812,500円
　(注) 上記の価額は、首都圏における住宅の一般的な分譲価額の範囲内にあるものと考えられる。 | 上記㋥に掲げる取扱いを本問裁決事例に当てはめてみることにする。そうすると、次に掲げる事項から総合的に判断すると、評価対象地である本件宅地は、評価通達24－4（広大地の評価）に定める「中高層の集合住宅等の敷地用地に適しているもの」には該当しないものと考えられる。
㋑ 都市計画（用途地域、建ぺい率、容積率）
　第一種低層住居専用地域（建ぺい率40％、容積率80％）
　筆者注　本問裁決事例に係る評価対象地の建ぺい率及び容積率は、前問裁決事例の評価対象地以上に低いものとなっている。
㋺ 戸建住宅の分譲想定価額
　(イ) 宅地の仕入価額
　　（路線価）　（時　価／還元率）（標準画地の面積）
　　125,000円÷ 80％ × 150㎡ ＝23,437,500円
　(ロ) 建物の建築原価を8百万円と仮定する。
　　　　　　　　　　　　　　　　（利益率）
　(ハ) （(イ)＋(ロ)）÷（1－20％）＝39,296,875円
　(注) 上記の価額は、首都圏における住宅の一般的な分譲価額の範囲内にあるものと考えられる。 |

図表-11　本件各宅地の区分図（評価単位）

(1) 請求人が主張する本件各宅地の区分図（2評価単位）

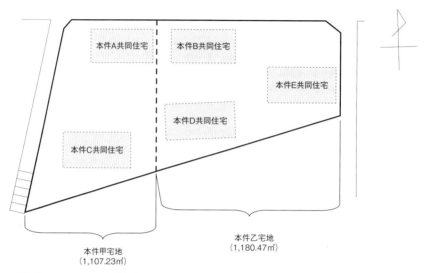

(注1)　─── は，本件各宅地の範囲を示す。
(注2)　- - - - は，本件甲宅地（1筆の宅地で相続人Xが取得），本件乙宅地（2筆からなる宅地で相続人Yが取得）の各境界を示す。
(注3)　▭▭▭ は，階段を示す。

(2) 原処分庁が認定した本件各宅地の区分図（5評価単位）

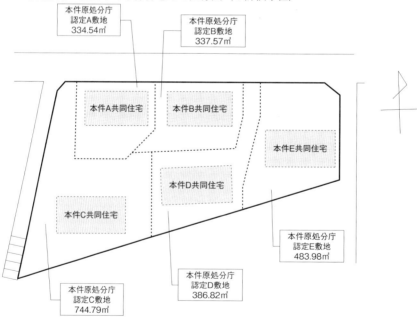

(注1) 地積は，本件求積図による。
(注2)　─── は，本件各宅地の範囲を示す。
(注3)　‑‑‑‑‑‑‑‑ は，本件求積図による本件原処分庁認定A敷地ないし本件原処分庁認定E敷地の境界を示す。
(注4)　▭▭▭ は，階段を示す。

(3) 国税不服審判所が認定した本件各宅地の区分図（5評価単位）

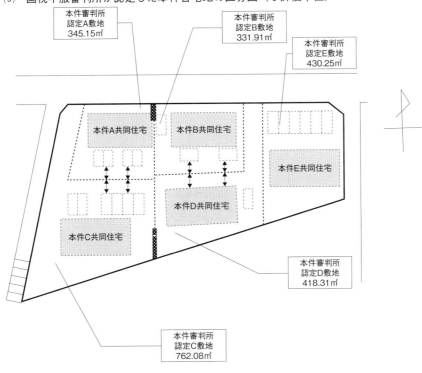

（注1） ───── は、本件各宅地の範囲を示す。
（注2） ▭ は、駐車場を示す。
（注3） ▨▨▨ は、ブロック塀を示す。
（注4） ------- は、審判所が認定した本件各宅地の各敷地の境界を示す。
（注5） ↕ は、上の矢印間の距離と下の矢印間の距離とが同距離であることを示す。
（注6） ▭▭▭ は、階段を示す。

図表－12　本件各宅地の評価単位及びその相続税評価額

請求人（納税者の主張）	原処分庁（課税庁）の主張	国税不服審判所の判断
本件各宅地の評価は、2画地の宅地として評価すべきであり、その詳細は、次のとおりである。 (1) 本件甲宅地 　面積　1,107.23㎡ 　広大地　該当 　評価額　61,811,608円 (2) 本件乙宅地 　面積　1,180.47㎡ 　広大地　該当 　評価額　65,457,169円 (3) 本件各宅地（(1)+(2)） 　面積　2,287.70㎡ 　評価額　127,268,777円 筆者注　請求人が主張する本件各	本件各宅地の評価は、5画地の宅地として評価すべきであり、その詳細は、次のとおりである。 (1) 本件A共同住宅の敷地 　面積　334.54㎡ 　広大地　非該当 　評価額　34,290,350円 (2) 本件B共同住宅の敷地 　面積　337.57㎡ 　広大地　非該当 　評価額　32,524,869円 (3) 本件C共同住宅の敷地 　面積　744.79㎡ 　広大地　該当 　評価額　42,961,685円	本件各宅地の評価は、5画地の宅地として評価すべきであり、その詳細は、次のとおりである。 (1) 本件A共同住宅の敷地 　面積　345.15㎡ 　広大地　非該当 　評価額　35,377,875円 (2) 本件B共同住宅の敷地 　面積　331.91㎡ 　広大地　非該当 　評価額　34,020,775円 (3) 本件C共同住宅の敷地 　面積　762.08㎡ 　広大地　該当 　評価額　43,891,493円

宅地の区分 　3筆でからなる本件各宅地の区分については，相続人Xが取得した本件甲宅地（1筆）と相続人Yが取得した本件乙宅地（2筆）として算定すべきである。	(4)　本件D共同住宅の敷地 　面積　386.82㎡ 　広大地　非該当 　評価額　28,166,685円 (5)　本件E共同住宅の敷地 　面積　483.98㎡ 　広大地　非該当 　評価額　47,589,104円 (6)　本件各宅地（(1)＋(2)＋(3)＋(4)＋(5)） 　面積　2,287.70㎡ 　評価額　185,532,693円 筆者注　原処分庁が主張する本件各共同住宅の各敷地の区分 　5棟からなる本件各共同住宅の各敷地の区分の範囲については，本件求積図を基に，本件各宅地を本件各共同住宅の敷地ごとに5区画に区分した面積に基づき算定すべきである。	(4)　本件D共同住宅の敷地 　面積　418.31㎡ 　広大地　非該当 　評価額　30,459,660円 (5)　本件E共同住宅の敷地 　面積　430.25㎡ 　広大地　非該当 　評価額　44,515,170円 (6)　本件各宅地（(1)＋(2)＋(3)＋(4)＋(5)） 　面積　2,287.70㎡ 　評価額　188,264,973円 筆者注　国税不服審判所が判断した本件各共同住宅の各敷地の区分 　相続人Xによる本件甲宅地（2棟の共同住宅の敷地）の取得，及び相続人Yによる本件乙宅地（3棟の共同住宅の敷地）の取得が評価通達7－2（評価単位）に定める不合理分割に該当しないことから，これらの取得を前提に，本件甲宅地を2区画に区分し，本件乙宅地を3区画に区分した面積に基づき算定（具体的な算定方法については，前記図表－10の(3)の国税不服審判所の判断欄を参照）すべきである。 参考 ・(本件A共同住宅の敷地の面積) 345.15㎡ ＋ (本件C共同住宅の敷地の面積) 762.08㎡ 　＝ (本件甲宅地の面積) 1,107.23㎡ ・(本件B共同住宅の敷地の面積) 331.91㎡ ＋ (本件D共同住宅の敷地の面積) 418.31㎡ 　＋ (本件E共同住宅の敷地の面積) 430.25㎡ ＝ (本件乙宅地の面積) 1,180.47㎡

❷　建物等一括借上契約の存在と貸家建付地の評価単位

　評価通達7－2（評価単位）の定めの解釈として，貸家建付地を評価する場合において，貸家が複数棟あるときは，(X)原則として，各棟の敷地ごとに1画地の宅地として評価するものとされている。この取扱いを図示すると，図表－13のとおりである。

図表－13　貸家建付地の評価単位（原則的な取扱い）

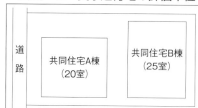

・被相続人甲が共同住宅A棟及びB棟，並びにこれらの各棟の敷地に供用されている宅地を所有していた。これらの不動産は長男乙が相続により取得している。
↓
　この場合の貸家建付地の評価単位は，各棟（A棟，B棟）の敷地ごとに1画地ずつとなり，合計で2評価単位となる。

図表-14 複数の貸家建物が一体として機能している特段の事情が認められる場合

- 被相続人甲から相続により長男乙は左に掲げる9棟の建物及びこれらの敷地に供用されている宅地を取得した。9棟の建物の用途は次に掲げるとおりであり、一括して旅館業を営む法人に対して貸し付けられている。
  (1) A棟ないしG棟……宿泊者が専用利用する離れ形式の棟
  (2) 本館棟……宿泊者管理事務所、宿泊者用食堂及び浴室等の旅館業務を営むための必要不可欠な設備を集約した棟
  (3) 別棟……住み込みの旅館従業員のための専用棟(社宅)
  ↓
  この場合の貸家建付地の評価単位は、上記に掲げる9棟の建物が全体で一体として機能している特段の事情があると認められることから、全体をもって1画地の宅地として取り扱うことが相当とされる。

　そして、上記の定めに関する法令解釈等として、前問裁決事例及び本問裁決事例においていずれも、国税不服審判所より、「宅地の所有者がその宅地の上に存する複数の貸家である建物を所有している場合において、当該各建物が外観上それぞれ独立したものであるときには、^(Y)母屋と離れのように当該各建物が一体として機能している特段の事情が認められる場合を除き、各建物の敷地部分をそれぞれ1画地の宅地とみるのが相当である。」とされている。上記^(Y)部分に掲げる「特段の事情」が認められる場合の例示を挙げると、図表-14のとおりである。

　それでは次に、上記^(X)部分について検討してみたい。再掲となるが、貸家建付地を評価する場合において、貸家が複数棟あるときは、原則として各棟の敷地ごとに1画地の宅地として評価するものとされている。しかしながら、この「原則として」(上記^(X)部分)という用語が挿入されていることから、ここには例外的な取扱いがあることを念頭に置いているものと考えられるところ、その代表的な例示として、図表-14のとおり、母屋と離れのように当該各建物が一体として機能している特段の事情が認められる場合(上記^(Y)部分)が挙げられる。そうすると、本稿の主要論点である複数の貸家である建物を一括借上契約によって同一の者(一括借上会社)に貸し付けている場合の貸家建付地の評価単位の判定に当たっては、上記に掲げる例外的な取扱いを適用する余地はあるのであろうか(前問裁決事例及び本問裁決事例における国税不服審判所の判断は、いずれもこれに否定的であった)。この点を検証するに当たって、前問裁決事例及び本問裁決事例における建物等一括借上契約の形態(契約方式)等を比較すると、次頁図表-15のとおりとなる。

図表－15　前問裁決事例及び本問裁決事例における建物等一括借上契約の形態(契約方式)等

区　　分	前問裁決事例(3棟の貸付用共同住宅)の場合	本問裁決事例(5棟の貸付用共同住宅)の場合
(1) 各共同住宅の状況（外観,独立性）	① 相互に連結した箇所のないそれぞれが外観上独立した建物である。 ② 建物内の居住用部屋が2LDKの住居の集合住宅であり，居住用部屋ごとに賃貸（転貸）の用に供することができるものである。	① 本件各共同住宅は，1棟ごとに登記されており，相互に連結した箇所はなかった。 ② 本件各共同住宅は，いずれも2階建ての建物であるところ，各階には3DK又は3LDKの間取りの住戸部分が2戸ずつあり，住戸ごとに賃貸（転貸）の用に供することができるものである。
	比較　両事例における各共同住宅は，共に外観上独立した建物であり，それぞれの各棟が単独で機能しており，国税不服審判所における法令解釈等に示されている「母屋と離れのように当該各建物が一体として機能している特段の事情が認められる場合」には該当しないものと認められる。	
(2) 建物等一括借上契約の締結方法	① 本件各共同住宅は，各棟のそれぞれについて，被相続人甲から本件会社に対して賃貸され（契約書は合計で，3通作成されたことになる），共同住宅として転貸されている。 ② 本件各賃貸借契約に係る各契約書は，同一内容の一括賃貸借契約約款が添付される形式が採られており，契約事項の詳細は当該約款において定められている。 ③ 本件各賃貸借契約が棟ごとに締結されており，相互に関連性を有するものとは認められない。	本件契約は，本件契約書1通により本件賃借会社が，被相続人甲から本件各共同住宅を5棟一括で借り受けたものである。 （注）　本件契約が棟ごとではなく5棟一括で締結されたのは，本件各共同住宅の完成時期（新築時期）が同時期であったためである。すなわち，本件賃借会社では，完成時期が同時期である数棟の建物を賃借する場合，棟ごとではなく一括で契約する取扱をしていたからである。
	比較　両事例における建物等一括借上契約の締結方法は，一見すると大きく異なり（前問裁決事例では各棟ごとの契約であり，本問裁決事例では5棟一括の契約），判断の分岐点になると考えられるかもしれないが，この点に関しては，後記(5)で検討する。	
(3) 建物の借上賃料の算定方法	本件会社から被相続人甲に対し，部屋単位で次のとおり計算・算出された額を，全室について合計した額を支払うものとされている。 保証査定家賃額 ＝ 基準家賃額 × 4％ － (保証査定家賃額 × 6％ × (1＋消費税率)) （注）　駐車場についても，駐車区画単位で計算・算出された額を，全駐車区画について合計した額を支払う旨の一括借上契約が締結されている。	本件契約における月額賃料の額は，住戸番号ごとに定められた月額賃料を棟ごとに合計して小計額を算出し，当該小計額を合計して算出した額である。 （注）　平成4年6月20日（一番最初の一括借上契約に係る契約開始日）より平成6年6月19日までの2年間の賃料は，月額184万5,120円とされていた。なお，駐車場の賃料については何ら言及はされていないが，上記の月額賃料の中に含まれているものと推定される。
	比較　両事例における建物の借上賃料の算定方法は，下記に掲げるとおり共通であり，最小の貸付単位である部屋（住戸番号）単位を基礎に積上計算の形態が採用されていることが理解できる。 ①　部屋（住戸番号）ごとに月額賃料を算定する。 ②　上記①を棟ごとに合計して，当該1棟ごとの月額賃料を算定する。 ③　上記②を合計して，当該建物一括借上契約に係る月額賃料とする。	

(4) 建物等一括借上契約に係る部分解約の可否	本件各賃貸借契約には，契約の終了に関して，「被相続人甲が，自己の都合により本件各賃貸借契約を解除する場合は，解約日の2カ月以上前に，書面により本件会社に通知する」，「本件各賃貸借契約の契約期間中に被相続人甲が賃貸借の目的物を第三者に譲渡する場合は，事前に本件会社に通知する。この場合，本件会社は直ちに本件各賃貸借契約を解除することができる」と規定されている。 そうすると，本件各共同住宅に係る賃貸借契約が各棟ごとに締結されており，また，一括借上契約を部分解約することを禁止する条項（特約）が認められない前問裁決事例においては，本件各賃貸借契約を解除する（上記___部分）とは，各棟ごとに個別に賃貸借契約を解除することが可能であると考えられるべきものである。		本件契約には，契約の解除に当たり，本件各共同住宅の全てについて一括して賃貸借契約を解除しなければならない旨の定めはなく，賃料の額も本件各共同住宅を一括して定められたものではないから，本件契約の解除をする場合，本件各共同住宅のうちの一部の棟についてのみ契約を解除することが可能である。 （注）本件賃借会社では，複数の共同住宅の一部について契約を解除する場合を予定した覚書の定型の様式を準備し，当該解除の際にはこれを作成することとしていたことから，本件賃借会社においても本件契約の部分解約を想定したものと認定事実から推認される。
	比較 前問裁決事例では，明確に建物等一括借上契約につき各棟ごとに当該契約を部分解除することの可否は明記されていなかったが，当該契約全般の記載内容を総合的に勘案すると各棟ごとの解除（部分解除）が可能と判断されるものであり，また，本問裁決事例においても，契約書の記載方法及び賃借会社が用意する覚書の定型の様式等の認定事実から部分解除を想定したものであると判断され，両事例においては，そのいずれにおいても建物等一括借上契約に係る部分解除は可能な契約形態が採用されていることが理解される。		
(5) 総合的な判断	（注）この点に関し，国税不服審判所は裁決書において明確な記述を行っていないが，上記(1)ないし(4)及び最終的な評価単位に関する判断（本件各共同住宅の敷地について，それぞれの各敷地部分をもって1画地の宅地とする）からすると，本件各賃貸契約は，当該賃貸借契約書がそれぞれ別個に作成されていることは当然として，相互に何らの関連性も認められないことから，完全に独立した個別の契約であると認定したものと推測される。		上記(1)ないし(4)より，本契約は，本契約書1通により本件各共同住宅5棟を一括して賃貸借契約が締結されたものではあるが，実態は，本件各共同住宅の棟ごとに締結された賃貸借契約を1通の契約書（本件契約書）としたにすぎないと認められるとの総合的な判断を示している。すなわち，本契約は形式上は1通の契約書により成立しているが，その実態は本件各共同住宅ごとに部分的な契約解除が可能な5つの契約をまとめたものに過ぎないと認定されたこと（当事者間で認識された契約形態と異なる契約方式が採用されたと判断されたこと）が特徴である。
	比較 両事例におけるそれぞれ複数の各貸付用共同住宅に係る建物等一括借上契約は，次に掲げるとおり，本件各賃貸借契約が各棟ごとに作成されている事例（前問裁決事例の場合）はもちろんのこと，各貸付用共同住宅に係る建物等一括借上契約が1通の契約書にまとめられて契約されている事例（本問裁決事例の場合）においても，各棟の敷地ごとに1画地の宅地であるとして評価することが相当であり，各貸付用共同住宅に係る各棟の敷地を一括して1評価単位として取り扱うことは認められないことになる。 ① 本件各賃貸借契約が各棟ごとに作成されている事例（前問裁決事例の場合）　本件各賃貸借契約が相互に関連性を有するものとは認められないこと ② 各貸付用共同住宅に係る建物等一括借上契約が1通の契約書にまとめられて契約されている事例（本問裁決事例の場合） 　(イ) 本件各共同住宅（3DK又は3LDKの間取りの住戸）は，独立性を有する		

	住戸であること
	㈣ 本件契約における月額賃料の額は、住戸番号ごとの賃料を基礎（最小の計算単位）としていること
	㈤ 本件契約は、本件賃借会社において部分解約に関する定型の書式を用意する等、棟ごとに契約を部分解除することが可能であること

　それではもし仮に、前掲の図表－15の⑸の 比較 ②㈣に掲げる月額賃料の決定方法及び同㈤に掲げる各貸付用共同住宅に係る部分解約に関する条項が次に掲げるとおりとなっていた場合の本問裁決事例（5棟の各貸付用共同住宅の敷地に係る評価単位）の取扱いについても検討しておきたい。

　㈠　本件契約における月額賃料の額は、本件A共同住宅ないし本件E共同住宅につき一括で、金＊＊＊＊円とする。
　㈡　本件契約は、本件A共同住宅ないし本件E共同住宅に係る5棟全体を一括で借り上げる契約であることから、1棟単位での部分解約はできないものとする。

　もちろん、本件裁決事例では、上記㈠及び㈡に掲げる契約条件にはなっていないのであるが、前記 Ⅳ ❸⑵①㈤において、「本件各共同住宅の契約関係を常に必ず5棟一緒に終了させなければならないとすることは、<u>賃貸人である被相続人甲にとっても、特段の利益のあるものとも考えられない</u>ことからすると、被相続人甲は、本件各共同住宅のうちの一部の棟についてのみ契約を終了させる場合もあることを否定する意思は有していなかったであろうことがうかがわれる」との見解を示し、通常において貸主に何等の利益を保持させるものではない（上記 <u>　　</u> 部分を参照）部分解約禁止条項を、建物等一括借上契約において規定する合理的な理由（課税実務上の取扱いにおいては当然ではあるが、わが国では当該理由のなかに、相続税負担の軽減は含まれない）が求められることになる。そうすると、このような合理的な理由を見い出すことは相当に困難であると考えられる。

　したがって、例えば母屋と離れのように当該各建物が個々に単独では機能せずこれらを一体のものとして取り扱う事例における建物賃貸借契約においては、母屋と離れとの個別の部分解約を禁止する規定を制定することには合理性は認められるものの、一方、本稿で検討している共同住宅のように最終的な入居者の入居単位（住戸番号）をもって、単独機能を有していると認められる場合には、たとえ、建物等一括借上契約が締結されていたとしても、当該事項が貸家建付地の評価単位に影響を与える事例は極めて限定的（例えば、各共同住宅を構成する個別の各棟につき、部分解約を禁止する条項が付されている場合で、当該条項を設けることにつき合理的な理由が認められるとき（筆者には、そのような理由は想定できないが））であると解される。あたかも、建物等一括借上契約を締結すれば、無条件で当該契約の対象とされた範囲内に存する宅地（貸家建付地）の評価単位は総括され全体で1評価単位とされるという旨の話を側聞するが、その真偽に当たっては十分に前提条件を確認したうえで、判断されるべきものである。

❸　貸家建付地の評価単位の判定と駐車場の存在

　前記 Ⅳ ❶⑵②によれば、「本件各共同住宅は、いずれも2階建ての建物であるところ、

図表−16　本件各宅地内の状況

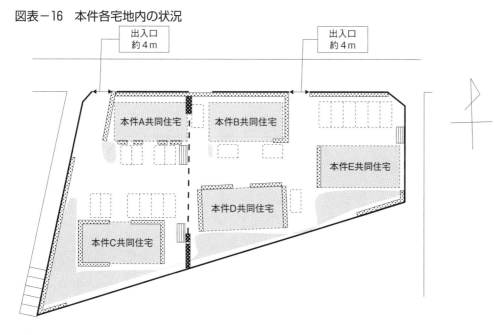

（注1）―――　は、フェンスの設置部分を示す。
（注2）▨▨▨▨　は、植木が植えられている部分を示す。
（注3）◯　は、芝生を示す。
（注4）┆┆　は、駐車場を示す。
（注5）▥▥　は、駐輪場を示す。
（注6）▰▰▰▰　は、ブロック塀を示す。
（注7）− − − −　は、本件甲宅地（＊＊＊＊（筆者注：所在地番と推定される）所在の宅地）と本件乙宅地のうち同番＊＊＊＊所在の宅地との境界を示す。
（注8）▭▭▭▭　は、階段を示す。

各階には3DK又は3LDKの間取りの住戸部分が2戸ずつあった」とされており、本件各共同住宅（5棟）の全体で、合計20戸（室）を有していることが理解される。また、後記図表−18によれば、本件各宅地内には合計で20区画の駐車場の存在が確認できる。本問裁決事例においては基礎事実及び認定事実において格別の記載がないので単なる推測に過ぎないが、一戸の住戸（貸室）につき自動的に入居者専用駐車場として一区画が割り付けられているのではないかと考えられなくもない。少なくとも、本件各宅地の全体を貸家建付地と判断しているところから、当該20区画の駐車場全体が入居者専用であると考えて差し支えない。

そして、次頁図表−17を参照されたい。これは本問裁決事例において国税不服審判所が認定した本件各宅地の評価単位（本件各共同住宅の敷地ごとに5区画の貸家建付地に区分する）の区分図である。同図における本件各共同住宅の敷地の区分と上記に掲げる20区画の入居者専用の駐車場の台数配分との関係をまとめると、次頁図表−18のとおりとなり、各共同住宅の戸数と各戸別に対応するべき入居者専用の駐車場の台数が適確に対応してい

図表-17　国税不服審判所が認定した本件各宅地の区分（評価単位）

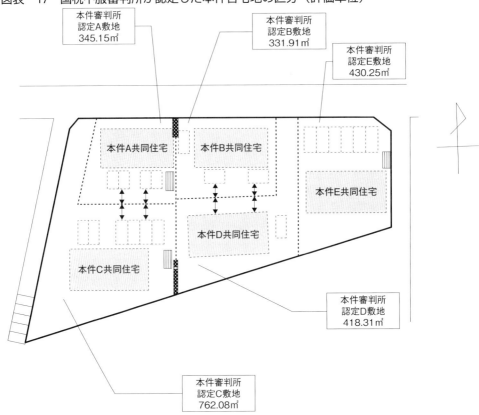

（注1）　────は，本件各宅地の範囲を示す。
（注2）　□は，駐車場を示す。
（注3）　||||は，駐輪場を示す。
（注4）　▨▨▨は，ブロック塀を示す。
（注5）　-------は，審判所が認定した本件各宅地の各敷地の境界を示す。
（注6）　⇕は，上の矢印間の距離と下の矢印間の距離とが同距離であることを示す。
（注7）　□□□は，階段を示す。

図表-18　各共同住宅の戸数と入居者専用の駐車場の台数との対応関係

本件各共同住宅		国税不服審判所が認定した本件各宅地の区分内に認められる駐車場の台数
共同住宅の名称	住戸の戸数	
本件A共同住宅	4戸（室）	4区画
本件B共同住宅	4戸（室）	3区画
本件C共同住宅	4戸（室）	6区画
本件D共同住宅	4戸（室）	1区画
本件E共同住宅	4戸（室）	6区画
（合計）	20戸（室）	20区画

ないことが理解される。

また，同様の事項については，本件各共同住宅の戸数と入居者が専用使用する駐輪場の所在地との関係においても同様である。再度，前頁図表－17を参照されたい。同図表によれば，本件A共同住宅ないし本件E共同住宅の敷地の用に供されている本件各宅地の区分（評価単位）のなかで，入居者が専用使用する駐輪場が所在しているのは，本件A共同住宅，本件C共同住宅及び本件E共同住宅の敷地に供用されている宅地内に存するのみで，これら以外の本件B共同住宅及び本件C共同住宅の敷地である各宅地部分には，当該駐輪場は存在していない。換言すれば，これらの3か所に所在する駐輪場を本件各共同住宅の各入居者が自己の居住棟の枠を超えて利用しているというのである。

そうすると，これらに掲げる事項（入居者専用の駐車場及び駐輪場の所在場所と本件各共同住宅の敷地に供用されている宅地の位置関係）が本件各宅地に係る貸家建付地の区分にどのような影響を与えるのかについては，本問裁決事例では請求人及び原処分庁ともに直接の争点とはされていないものの，検討を必要とする重要論点であると考えられる。この点を争点とした前問裁決事例において，国税不服審判所はその要旨として「建物賃貸借契約の主たる目的物は建物であり，駐車場は従たる目的物であることから駐車場に係る権利関係は，建物に係る権利関係に付随して変動するものである」との法令解釈等を示し，その当てはめとして「1画地の宅地であるか否かを判断するに当たり宅地の所有者による自由な使用収益を制約する他者の権利の有無をみる際には，建物の賃借人が当該建物賃貸借契約に基づき有する駐車場に係る賃借権を独立した権利として考慮する必要はなく，建物の賃借人が当該建物の賃借権に基づいて有することとなる宅地の利用権のみを前提として，1画地の宅地であるか否かを判断すれば足りるというべきである」との判断を示しており，課税実務上において先例とすべき非常に有益な裁決事例であると考えられる。本問裁決事例においても同様に取り扱われることが相当と考えられる。この点（複数の貸家家屋が存する場合における貸家建付地の評価単位の判定に当たっては，当該複数の貸家家屋に隣接する入居者専用の駐車場の位置関係から生ずる制約は考慮の対象とされないこと）を取り扱った事例として，前問裁決事例における図表－20及び図表－21があるので確認されたい。

❹ 貸家が複数棟ある場合における各棟の敷地の区分

従来における課税実務上の取扱いでは，地続きの宅地に複数棟の貸家住宅が存在する場合において，当該各棟の敷地の用に供されている宅地（貸家建付地）が通路，さく，生け垣等によって専ら一の建物の用に供されている土地等として明確に区分されていないときには，原則として，当該部分の土地等の地積を基礎として，その上に存する各建物の建築基準法施行令2条（面積，高さ等の算定方法）1項2号に規定する建築面積の比によってあん分して計算した面積をもって当該各建物の敷地部分の面積とするものとされていた。この点を確認するための設例として，前問裁決事例に掲げる図表－22を参照されたい。

前問裁決事例における原処分庁の主張は，真に上記の課税実務上の取扱いに依拠するものであり，「本件各土地の評価単位（3棟の本件各共同住宅の敷地ごとに3区画に区分）

に係る各区画の土地の価額は，本件各共同住宅の1階の床面積の合計に占める本件各共同住宅の各棟の1階床面積の割合により本件各土地を区分した面積に基づき算定すべきである」としている。ただし，当該主張は，各区画の評価単位に係る面積（数値）の算定方法を示したものにすぎない。この点に関する国税不服審判所の判断は，「評価単位を特定するに当たっては，単に面積が特定されているのみではなく，利用の単位を判断することのできる形状や位置関係が特定されていることが必要である」との考え方を示した上で，「原処分庁が主張する方法では単に面積が特定されているのみで，形状や位置関係は不明であって，現実の利用状況に即した特定がされているかどうかも不明であるから，利用の単位の判断方法として適切とはいえず，採用できない」として，前問裁決事例における本件各土地の評価単位の判定に当たっては，従来の課税実務上の取扱いを適用することは不合理であり，容認されないとしている。

　また，本問裁決事例における本件各宅地の区分（5棟の本件各共同住宅の敷地ごとに5区画に区分すべきであるとの判断が示されている）に当たって，原処分庁は，「本件求積図（筆者注 本件各宅地に係る求積図で，建築主事が本件各共同住宅の各建物の建築計画が建築基準関係規定に適合するものであることを確認したいわゆる「建築確認通知書」に添付されていたもの）に基づき区分した本件原処分庁認定A敷地ないし本件原処分庁認定E敷地をそれぞれ1画地の宅地として評価すべきである」として，本件求積図に基づいて各々に区分された評価単位（貸家建付地）の面積，形状及び位置関係等を特定すべきであると主張している（前記図表－11の(2)を参照）。しかしながら，本問裁決事例では本件各宅地に係る遺産分割協議の結果として，本件甲宅地（1筆の宅地で相続人Xが取得）と本件乙宅地（2筆からなる宅地で相続人Yが取得）の取得者が異なることとなり，相続税の課税体系として遺産取得税方式を採用している我が国では当該相続等による宅地の取得がいわゆる「不合理分割」（評価通達7－2（評価単位）に定める不合理分割をいう）に該当しない限り（本問裁決事例では，本件甲宅地及び本件乙宅地上に跨って存在する建物はない等，あえて当該分割を不合理分割であると指摘する要因は見当たらない。前記図表－11の(1)を参照），当該分割に基づく宅地の取得を前提に評価単位が定められることが必要になるものと解されるところ，強いて，原処分庁が主張するような本件求積図に基づくような本件各宅地の区分が求められるのであろうか（この点に関し，次頁図表－19を参照）。

　上記の論点に関し，国税不服審判所では，「原処分庁が主張する本件求積図に基づく区分では，本件原処分庁認定B敷地が本件甲宅地及び本件乙宅地の双方にまたがることとなるが，遺産分割による取得者単位の区分（評価通達7－2（評価単位）(1)の注書（筆者注 いわゆる「不合理分割」をいう））に反することとなるから，合理的な区分であるとはいえず，原処分庁の主張（筆者注 本件求積図に基づく区分）には理由がない」として，原処分庁の主張を排斥している。本件各宅地の区分につき，請求人及び原処分庁の主張並びに国税不服審判所の判断をまとめると，次々頁図表－20のとおりとなる。

　以上のとおり，前問裁決事例及び本問裁決事例を通じて，評価対象地内に貸家が複数棟

図表-19 原処分庁が認定した本件各宅地の区分（評価単位）の合理性に対する疑問点

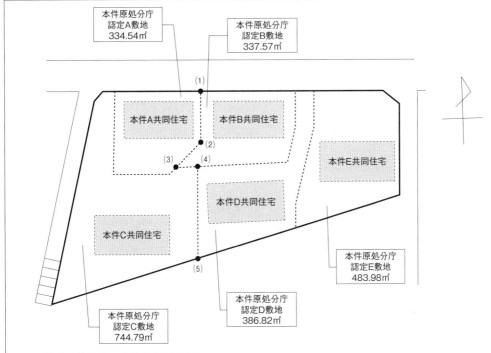

（注1） 地積は、本件求積図による。
（注2） ――― は、本件各宅地の範囲を示す。
（注3） ------- は、本件求積図による本件原処分庁認定A敷地ないし本件原処分庁認定E敷地の境界を示す。
（注4） ▨▨▨ は、階段を示す。

疑問点

　相続人Xが取得したとされる本件甲宅地と相続人Yが取得したとされる本件乙宅地の境界は、おおむね、本件求積図上の(1)(2)(4)(5)を結んだ直線上にあるものと推定される（また、当該直線上に跨って建物が存在するという事実もない。）。そして、遺産分割協議では相続人Xが本件A共同住宅及び本件C共同住宅を取得し、また、相続人Yが本件B共同住宅、本件D共同住宅及び本件E共同住宅を取得したとされている。

　したがって、両相続人間における合理的な遺産分割に対する認識及び意思表示として、相続人Xは本件甲宅地と同宅地上に存すると考えられる本件A共同住宅及び本件C共同住宅を取得し、一方、相続人Yは本件乙宅地と同宅地上に存すると考えられる本件B共同住宅、本件D共同住宅及び本件E共同住宅を取得したとして取り扱うことが、いわゆる「不合理分割」に該当しない本問裁決事例では相当であると考えられるところである。

　しかしながら、原処分庁の主張では、両相続人間における合理性を担保した遺産分割による意思表示とは全く無関係の建築関係法規上の書類にすぎない本件求積図を引用して、本件各宅地の区分（評価単位）を確定すべきであるとしている。その結果として、本来的には本件甲宅地に属し、両相続人間における合理性を有すると認められる認識では、本件A共同住宅の敷地に帰属するものとされる部分（(2)(3)(4)を結んだ三角地状の部分）の宅地の面積が、本件B共同住宅（当該共同住宅は、両相続人間の認識では、相続人Yが取得したものと認識されている本件乙宅地上に存するものと考えられている）の敷地部分として取り扱われ、結果として、本件原処分庁認定B敷地は、相続人X及び相続人Yが共同で取得したものとして（この点に関する計算として、前記計算-2付表を参照）、その取得財産の価額が算定されるという説明困難な状況を招来させている。

　何故に、両相続人間における合理性が担保された遺産分割による利用の単位の確定によらず、本件求積図による区分に基づいて本件各宅地の区分（評価単位）を確定させる必要があるのであろうか。

図表－20　本件各宅地の区分（請求人及び原処分庁の主張並びに国税不服審判所の判断）

		本件A共同住宅の敷地	本件B共同住宅の敷地	本件C共同住宅の敷地	本件D共同住宅の敷地	本件E共同住宅の敷地	面積合計
請求人の主張	取得者（面積）	相続人X（注1）	相続人Y（注1）	相続人X（注1）	相続人Y（注1）	相続人Y（注1）	相続人X…1,107.23㎡（注2） 相続人Y…1,180.47㎡（注3） 合計　2,287.70㎡
原処分庁の主張	取得者（面積）	相続人X（334.54㎡）	相続人X（27.90㎡）	相続人Y（309.67㎡）	相続人X（744.79㎡）	相続人Y（386.82㎡）	相続人Y（483.98㎡）	相続人X…1,107.23㎡（注2） 相続人Y…1,180.47㎡（注3） 合計　2,287.70㎡
国税不服審判所の判断	取得者（面積）	相続人X（345.15㎡）	相続人Y（331.91㎡）	相続人X（762.08㎡）	相続人Y（418.31㎡）	相続人Y（430.25㎡）	相続人X…1,107.23㎡（注2） 相続人Y…1,180.47㎡（注3） 合計　2,287.70㎡

（注1）　請求人は，本件A共同住宅及び本件C共同住宅の各敷地から構成される本件甲宅地と本件B共同住宅及び本件D共同住宅並びに本件E共同住宅の各敷地から構成される本件乙宅地との2評価単位に本件各宅地が区分されるべきと主張しているので，本件各共同住宅の各敷地ごとの面積に関する主張は行っていない。
（注2）　相続人Xが取得したとされる面積（1,107.23㎡）は，本件甲宅地の面積（1,107.23㎡）に一致している。
（注3）　相続人Yが取得したとされる面積（1,180.47㎡）は，本件乙宅地の面積（1,180.47㎡）に一致している。

ある場合における各棟の敷地の区分について，次に掲げる事項を確認することができた。

① 評価単位を特定するに当たっては，単に面積が特定されているのみではなく，利用の単位を判断することのできる形状や位置関係が特定されていることが必要であること
② 評価対象地を複数の者が相続等により取得する場合には，不合理分割に該当すると認められない限り当事者間における遺産分割等に基づく意思が尊重されること
③ 上記②の判断に当たっては，建物の建築に当たって建築主事が確認した通知書（建築確認通知書）に添付された建築地に係る求積図（本問裁決事例の場合には，本件求積図）に優先して尊重されること

❺　その他（雑感）

(1) 複数棟の共同住宅の建築と専用駐車場の所在位置

今，仮に，次頁図表－21の(1)に掲げる宅地（現況：更地である未利用地）があるとして，当該宅地に2棟の貸家共同住宅及び入居者専用駐車場を設けることを検討しているとする。この場合における各棟及び入居者専用駐車場の配置状況が，同(2)及び(3)の二つの計画で当該評価対象地である宅地の相続税評価額がどのように異なるのかを検討してみたい。

次頁図表－21からも理解できるとおり，評価対象地の現況（更地である未利用地）における相続税評価額が226,092,000円（指数100）である場合に，複数棟の共同住宅及び入居者専用駐車場を設けることを企画したところ，甲案（駐車場を角地に配置）によった場合の評価対象地の相続税評価額は177,640,290円（指数79）となり，また，乙案（駐車場を左端に配置）によった場合の相続税評価額は165,832,290円（指数73）となり，貸家建物等を建築することによる自用地評価から貸家建付地評価への評価差額の発生もさることながら，甲案又は乙案のいずれを採用するかによって（換言すれば，入居者専用の駐車場をいずれに配置するかという論点だけで），評価対象地に係る相続税評価額に約1,200万円弱の評価額の差異が生じていることに注目すべきである。

(2) 広大地該当地と非該当地の評価価額差

筆者注　評価通達24－4（広大地の評価）の定めは，平成29年12月31日をもって廃止された。

図表-21　複数棟の共同住宅の建築と専用駐車場の所在位置

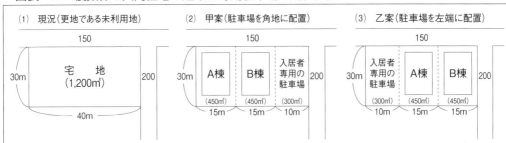

- 奥行価格補正率（普通住宅地区）……15m（1.00），25m（0.99），30m（0.98），40m（0.92）
- 側方路線影響加算率（普通住宅地区）……0.03
- 奥行長大補正率（普通住宅地区）……0.98（2以上3未満）
- 借地権割合……60％
- 借家権割合……30％
- 賃貸割合……100％
- 評価対象地は，いわゆるマンション適地に該当し，評価通達24－4（広大地の評価）に定める広大地には当たらない。
- 評価対象地は，単独で相続されるものとする。

評価対象地の相続税評価額

(1) 現況（更地である未利用地）による場合
　評価対象地は，全体をもって1評価単位（自用地）として評価されることとなり，その相続税評価額は，226,092,000円となる。

① （正面路線価）　（奥行価格補正率）
　　200,000円×　　0.92　　＝184,000円

② （側方路線価）（奥行価格補正率）（側方路線影響加算率）
　　①＋150,000円×　0.98　×　　0.03　　＝188,410円

③ （地積）　（相続税評価額）
　　②×1,200㎡＝226,092,000円

(2) 甲案（駐車場を角地に配置）を採用した場合
　評価対象地は，「A棟の敷地」部分と「B棟の敷地＋入居者専用駐車場」部分との2評価単位（いずれも，貸家建付地として評価）に区分して評価されることとなり，その相続税評価額の合計額は，次に掲げるとおり，177,640,290円となる。

① 「A棟の敷地」部分
　(イ) （正面路線価）（奥行価格補正率）（奥行長大補正率）
　　　150,000円×　0.98　×　0.98　＝144,060円
　(ロ) （地積）　（自用地の価額）
　　　(イ)×450㎡＝64,827,000円
　(ハ) （借地権割合）（借家権割合）（賃貸割合）（相続税評価額）
　　　(ロ)×（1－　60％　×　30％　×　100％）＝53,158,140円

② 「B棟の敷地＋入居者専用駐車場」部分
　(イ) （正面路線価）（奥行価格補正率）
　　　200,000円×　0.99　＝198,000円
　(ロ) （側方路線価）（奥行価格補正率）（側方路線影響加算率）
　　　(イ)＋150,000円×　0.98　×　　0.03　　＝202,410円
　(ハ) （地積）　　　（自用地の価額）
　　　(ロ)×（450㎡＋300㎡）＝151,807,500円
　(ニ) （借地権割合）（借家権割合）（賃貸割合）（相続税評価額）
　　　(ハ)×（1－　60％　×　30％　×　100％）＝124,482,150円

③ 合計

　①+②＝<u>177,640,290円</u>（全体の相続税評価額）

(3) 乙案（駐車場を左端に配置）を採用した場合

　評価対象地は、「A棟の敷地＋入居者専用駐車場」部分と「B棟の敷地」部分との2評価単位（いずれも、貸家建付地として評価）に区分して評価されることとなり、その相続税評価額の合計額は、次に掲げるとおり、<u>165,832,290円</u>となる。

① 「A棟の敷地＋入居者専用駐車場」部分
　(イ) 150,000円（正面路線価）× 0.98（奥行価格補正率） ＝147,000円
　(ロ) (イ)×（450㎡＋300㎡）（地積）＝110,250,000円（自用地の価額）
　(ハ) (ロ)×（1－ 60%（借地権割合） × 30%（借家権割合） × 100%（賃貸割合））＝<u>90,405,000円</u>（相続税評価額）

② 「B棟の敷地」部分
　(イ) 200,000円（正面路線価）× 1.00（奥行価格補正率） ＝200,000円
　(ロ) (イ)＋150,000円（側方路線価）× 0.98（奥行価格補正率） × 0.03（側方路線影響加算率） ＝204,410円
　(ハ) (ロ)×450㎡（地積）＝91,984,500円（自用地の価額）
　(ニ) (ハ)×（1－ 60%（借地権割合） × 30%（借家権割合） × 100%（賃貸割合））＝<u>75,427,290円</u>（相続税評価額）

③ 合計

　①+②＝<u>165,832,290円</u>（全体の相続税評価額）

備考
　CASE 2で検討した裁決事例に係る課税時期（相続開始年分）が平成22年であるため、上記の設例の回答に当たって適用した各種の評価通達の定めは、当該年分のものとしている。

　課税実務上の取扱いでは、評価対象地が評価通達24－4（広大地の評価）に定める広大地に該当するためには、少なくとも評価対象地につき、次に掲げる面積基準を充足していることが必要になると解釈されている。

① 評価対象地の面積が、当該評価対象地の所在する地方自治体において定められた開発行為の許可面積以上であること
② 上記①に基づいて評価対象地が広大地に該当するか否かを判定する場合の判定単位は、評価通達に定める評価単位に合致させて行うものであること

　それでは、次に前記図表－10の(ハ)の「本問裁決事例（5棟の貸付用共同住宅）の場合」欄の国税不服審判所が行った判断（5評価単位）の項目を参照されたい。評価対象地である本件各宅地（2,287.70㎡）は、地続きの宅地ではあるものの5棟の貸付用共同住宅の敷地の用に供されているため、貸家建付地の評価単位の原則である各棟の敷地ごとに1画地の宅地を判定するとの取扱いから5評価単位に区分されることになる。

　また、本件各宅地につき、上記①に掲げる開発行為の許可面積基準が500㎡とされていることから、これを上記②に当てはめたところ、本件各宅地のうち本件C共同住宅の敷地供用地（762.08㎡）のみが評価通達に定める広大地に該当するもの判断されている（換

図表-22 本件A共同住宅ないし本件E共同住宅の敷地の1㎡当たりの相続税評価額

評価単位	評価単位の面積(①)	広大地の判定	評価単位の評価額(②)	1㎡当たりの相続税評価額(②／①)
本件A共同住宅の敷地	345.15㎡	非該当	35,377,875円	102,500円
本件B共同住宅の敷地	331.91㎡	非該当	34,020,775円	102,500円
本件C共同住宅の敷地	762.08㎡	該当	43,891,493円	57,594円
本件D共同住宅の敷地	418.31㎡	非該当	30,459,660円	72,816円(注)
本件E共同住宅の敷地	430.25㎡	非該当	44,515,170円	103,463円

（注）本件C共同住宅の敷地以外で1㎡当たりの相続税評価額が低額なものとして、本件D共同住宅の敷地（72,816円／㎡）を指摘することができるが、これは、前記図表-11の(3)から確認できるとおり、当該敷地は不整形地に該当し、不整形地補正率（0.74）を適用した結果によるものである。

言すれば、他の本件A共同住宅、本件B共同住宅、本件D共同住宅及び本件E共同住宅の各敷地供用地は、そのいずれにおいても面積が500㎡未満であるため、同通達に定める広大地に該当しないものとされている）。

すなわち、本問裁決事例においても、広大地の該当性判断に係る面積基準につき、上記①及び②に掲げる課税実務上の取扱いに当てはめられた処理が行われていることが確認されるのであるが、この点につき、図表-22に掲げる本件A共同住宅ないし本件E共同住宅の各敷地供用地の1㎡当たりの相続税評価額欄に示された本件C共同住宅の敷地供用地の著しく低い数値をどのように説明するのか（再度の記載になるが、本件各宅地は面積2,287.70㎡地続きの宅地であることを失念してはならない）。

もちろん、相続税等における財産評価に適用されるべき財産評価基準制度上の取扱いに過ぎない評価通達に定める広大地の評価方法と不動産鑑定士等が不動産鑑定評価基準等に基づいて算定する適正な市場価値を求める不動産鑑定評価額との間には、その趣旨及び目的が相違することから直ちにその両者を連動させることは容認されないとしても、当該説明の合理性を示すことは容易ではないものと思慮される。

(3) 試案（貸宅地方式）の検討

筆者注 評価通達24-4（広大地の評価）の定めは、平成29年12月31日をもって廃止された。

前問裁決事例（3棟の貸付用共同住宅の敷地供用地の評価事例）及び本問裁決事例（5棟の貸付用共同住宅の敷地供用地の評価事例）も、その共通点として、被相続人所有地に当該被相続人名義で複数棟の貸付用共同住宅を建築し、当該建物を一括借上契約によって不動産管理会社に対して一括貸付けを行っている点がある。

すなわち、被相続人所有地に当該被相続人名義の建物が存在し、当該建物が賃貸借契約によって他者に貸し付けられているということなので、宅地の評価形態としては貸家建付地に該当（評価方法は、自用地価額×（1－借地権割合×借家権割合×賃貸割合）によって算定される）することになる。

また、貸家建付地の評価単位は、原則として、各棟の敷地ごとに1画地の宅地を構成するものとして取り扱われている。

そして，前記(2)①及び②に掲げるとおり，課税実務上の取扱いとして評価対象地が評価通達24－4（広大地の評価）に定める広大地に該当するか否かの判定単位は，評価通達に定める評価単位ごとに当該評価単位とされる宅地の面積がその地の法令等において定められた開発行為の許可面積以上であることが必要とされている。さらに，同通達に定める広大地の評価において適用される「広大地補正率」は，

$$0.6-0.05\times\frac{広大地の面積}{1,000\text{m}^2}$$

という算式によって求めるものとされていることから，これらを総合的に勘案すると，土地の有効活用を検討するには，当該評価対象地に広大地評価の定めが適用可能と判断される面積基準以上の画地規模（利用の単位）を確保し，かつ，可能な限りにおいて当該利用の単位である１画地の宅地の面積を大きくする（ただし，5,000m²以上は広大地補正率は一律（0.35）となる）ことが，当該宅地に係る相続税評価額の算定上は有利となる。

そうすると，原則として，各棟の敷地ごとに１画地の宅地（評価単位）を構成するものとされる貸家建付地方式による土地の有効活用は，評価通達に定める広大地の評価方法に対しては，些か分が悪いような気がしてならない。

そこで，本問裁決事例を題材にして，次に掲げるような試案を検討してみることにする。

試案　貸宅地方式の検討

被相続人甲が所有する本件各宅地（2,287.70m²）上に建築される本件各共同住宅（５棟）の所有者を本問裁決事例のように被相続人甲とするのではなく，被相続人甲及び同人の親族が主宰する同族会社（甲㈱）の所有とし，両者において下記に掲げる内容に基づく土地の貸借方式（借地方式）による土地有効活用を検討する。

① 被相続人甲は，本件各宅地を甲㈱に対して，建物の所有を目的とする賃貸借契約（借地借家法に規定する借地権の設定）として貸し付けるものとする。

② 上記①の貸付けに当たっては，両者間で，権利金その他の一時金を収受することなく，また，その賃貸借契約によって収受される地代として相当の地代のような高額な地代ではなく，本件各宅地の貸付けが賃貸借契約と認められる最低限の水準により設定するものとする。

③ 上記①及び②に基づく本件各宅地の貸付けに伴って，借地人である甲㈱に借地権利金相当額の経済的利益の認定課税が行われることを回避するために，両者の連名で被相続人甲（宅地所有者）に係る納税地の所轄税務署長に対して「土地の無償返還に関する届出書」を提出するものとする。

上記の 試案 が実行された後に被相続人甲に相続開始があり，本件各宅地について本件甲宅地（1,107.23m²）を相続人Xが取得し，本件乙宅地（1,180.47m²）を相続人Yが取得した場合における本件各宅地の価額（相続税評価額）は，次頁に掲げる計算－４のとおりとなる。

（注）　本件甲宅地（1,107.23m²）は，前頁図表－22に掲げる本件A共同住宅の敷地（345.15m²）及び本件C共同住宅の敷地（762.08m²）から構成されるものとし，本件乙宅地（1,180.47

計算-4　試案 が実行された場合の本件各宅地の価額（相続税評価額）

前提　(イ)　貸宅地の評価単位は貸付先（借地人）の異なるごとに判定するものとされている。もっとも，不合理分割を除いては宅地の評価単位は相続等による取得者ごとに区分するものとされていることから，試案 の場合は，本件甲宅地と本件乙宅地の2評価単位に区分して評価することになる。

(ロ)　上記(イ)に基づいて本件各宅地を2評価単位に区分して評価すると，本件甲宅地（1,107.23㎡）及び本件乙宅地（1,180.47㎡）はともに，本件各宅地所在地における開発行為の許可面積（500㎡）以上の面積を有することとなるので，評価通達24-4（広大地の評価）に定める広大地に該当する。

(ハ)　上記 試案 ①ないし③に掲げる前提条件（土地の無償返還に関する届出書が提出されている場合で賃貸借契約である事例）から，本件甲宅地及び本件乙宅地の相続税評価額は，自用地としての価額の80％相当額で算定することになる。

本件各宅地の価額（相続税評価額）

(A)　本件甲宅地

　　（正面路線価）　　（広大地補正率）　　（面積）　　（自用地の価額）
Ⓐ　125,000円×(注)0.5446385×1,107.23㎡＝75,380,010円

（注）　広大地補正率
$$0.6-0.05\times\frac{1,107.23㎡}{1,000㎡}=0.5446385$$

　　　（無償返還の届出書（賃貸借契約）が
　　　　提出されている場合のしんしゃく割合）　（相続税評価額）
Ⓑ　Ⓐ×　　　　　　　80％　　　　　　＝60,304,008円

(B)　本件乙宅地

　　（正面路線価）　　（広大地補正率）　　（面積）　　（自用地の価額）
Ⓐ　125,000円×(注)0.5409765×1,180.47㎡＝79,825,816円

（注）　広大地補正率
$$0.6-0.05\times\frac{1,180.47㎡}{1,000㎡}=0.5409765$$

　　　（無償返還の届出書（賃貸借契約）が
　　　　提出されている場合のしんしゃく割合）　（相続税評価額）
Ⓑ　Ⓐ×　　　　　　　80％　　　　　　＝63,860,652円

(C)　合計

　　　　　　（全体の相続税評価額）
(A)＋(B)＝124,164,660円

㎡）は，同じく本件B共同住宅の敷地（331.91㎡），本件D共同住宅の敷地（418.31㎡）及び本件E共同住宅の敷地（430.25㎡）から構成されるものとする。

なお，上記 試案 では，本件甲宅地を相続人Xが取得し，本件乙宅地を相続人Yが取得していることから本件各宅地を2評価単位として評価するものとしたが，もし仮に，上記 試案 の状況において本件各宅地を1人の相続人が取得した場合又は本件各宅地を相続人

> 計算－5　財産取得者を単一者として 試案 が実行された場合の本件各宅地の価額（相続税評価額）
>
> 　　　　（正面路線価）　　（広大地補正率）　　（面積）
> (A)　125,000円×(注)0.485615×2,287.70㎡＝138,867,679円
>
> 　（注）　広大地補正率
> 　　　　$0.6 - 0.05 \times \dfrac{2,287.70㎡}{1,000㎡} = 0.485615$
>
> 　　　（無償返還の届出書（賃貸借契約）が　）　（全体の相続税評価額）
> 　　　　提出されている場合のしんしゃく率
> (B)　(A)×　　　　　80%　　　　　＝111,094,143円

　X及び相続人Yが共有持分により取得した場合について検討してみたい。

　このような場合には，貸付先（借地人）が同一であり，かつ，財産取得者が単一者である場合（1人の相続人が単独で取得した場合及び複数の相続人が共有持分により取得した場合にはこれに該当する）に該当し，本件各宅地を1評価単位の貸宅地として評価することとなり，その相続税評価額は，計算－5のとおりとなる。

　最後に，本件裁決事例において実際に行われた本件各宅地の活用方式（貸家建付地方式）と試案（貸宅地方式）によった場合の本件各宅地の価額（相続税評価額）を比較しておくと次のとおりとなり，評価通達に定める広大地評価が関係することが想定される事案では，貸家建付地方式と貸宅地方式（土地の無償返還に関する届出書が提出されている賃貸借契約）のいずれの方式を採用するかを慎重に検討しなければならないことに留意するべきである。

・貸家建付地方式によった場合
　……188,264,973円（計算－3より）
・試案（評価単位を2単位とする貸宅地方式）によった場合
　……124,164,660円（計算－4より）
・試案（評価単位を1単位とする貸宅地方式）によった場合
　……111,094,143円（計算－5より）

ワンポイント

　試案（貸宅地方式）を採用した場合には，被相続人に建物の建築価額と当該建築された建物の貸家としての相続税評価額（当該建物の固定資産税評価額×1.0×（1－借家権割合（30%）））評価差額が直接的に帰属しない旨を指摘する声も想定されるが，このような場合には当該貸家建物の所有者である同族法人（ 試案 の場合は，甲㈱）の出資者（株主）を相続対策対象者（ 試案 の場合は，被相続人甲）とすることで，株式出資に係る資金拠出額と当該株式の純資産価額（相続税評価額）との評価差額が株主（被相続人甲）に帰属することにより解決されるものと考えられる。

　なお，上記の考え方に対して，評価通達185（純資産価額）の前段の括弧書きの定め（1株当たりの純資産価額（相続税評価額によって計算した金額）を計算する場合において，

評価会社が課税時期前3年以内に取得又は新築した土地等又は家屋等を有するときは，当該土地等又は家屋等の価額は，課税時期における通常の取引価額により評価する）から新築後3年間は建物の評価差額が発生しないのではないかとの疑問が生じる。しかしながら，「評価会社が課税時期前3年以内に取得した建物の価額につき，当該建物（筆者注 自用建物）の課税時期の属する年分の固定資産税評価額が，通常の取引価額に相当する金額であると認められる」と判断した国税不服審判所の裁決事例（平成27年7月1日裁決，東裁（諸）平25－2，平成20年相続開始分）（当該裁決は，次問の **CASE3** で紹介する）もあり，その取扱いの準用の可否も検討すべきである。

参考事項等

❶ 参考法令通達等

・評価通達7（土地の評価上の区分）
・評価通達7－2（評価単位）
・評価通達24－4（広大地の評価）（筆者注 平成29年12月31日をもって廃止）
・評価通達26（貸家建付地の評価）
・平成16年6月29日付，資産評価企画官情報
・平成17年6月17日付，資産評価企画官情報

❷ 類似判例・裁決事例

本項では，本問裁決事例と対比的に確認した前問裁決事例の裁決番号等を再掲しておくことにする。

・平成25年5月20日裁決，東裁（諸）平24－212，平成22年相続開始分

追補　地積規模の大きな宅地の評価について

　本件裁決事例に係る相続開始年分は，平成22年である。もし仮に，当該相続開始日が，平成30年1月1日以後である場合（評価通達20—2（地積規模の大きな宅地の評価）の新設等の改正が行われた。以下「新通達適用後」という）としたときの本件各土地の価額（前記計算—3に掲げる国税不服審判所の判断を基に算定した相続税評価額）は，次のとおりとなる。

(1)　地積規模の大きな宅地の該当性

　次に掲げる 判断基準 から，本件各宅地が三大都市圏に所在するとした場合には，「本件審判所認定C敷地」のみが評価通達20—2（地積規模の大きな宅地の評価）に定める地積規模の大きな宅地に該当する。しかしながら，本件各宅地が三大都市圏以外に所在するとした場合には，同通達に定める地積規模の大きな宅地に該当するものはない。

判断基準

	要件		本件審判所認定A敷地	本件審判所認定B敷地	本件審判所認定C敷地	本件審判所認定D敷地	本件審判所認定E敷地
①	地積要件（注）	三大都市圏に所在する場合	345.15㎡（評価対象地の地積）＜ 500㎡（三大都市圏に所在する場合の地積要件）∴地積要件を未充足	331.91㎡（評価対象地の地積）＜ 500㎡（三大都市圏に所在する場合の地積要件）∴地積要件を未充足	762.08㎡（評価対象地の地積）≧ 500㎡（三大都市圏に所在する場合の地積要件）∴地積要件を充足	418.31㎡（評価対象地の地積）＜ 500㎡（三大都市圏に所在する場合の地積要件）∴地積要件を未充足	430.25㎡（評価対象地の地積）＜ 500㎡（三大都市圏に所在する場合の地積要件）∴地積要件を未充足
		三大都市圏以外に所在する場合	345.15㎡（評価対象地の地積）＜ 1,000㎡（三大都市圏以外に所在する場合の地積要件）∴地積要件を未充足	331.91㎡（評価対象地の地積）＜ 1,000㎡（三大都市圏以外に所在する場合の地積要件）∴地積要件を未充足	762.08㎡（評価対象地の地積）＜ 1,000㎡（三大都市圏以外に所在する場合の地積要件）∴地積要件を未充足	418.31㎡（評価対象地の地積）＜ 1,000㎡（三大都市圏以外に所在する場合の地積要件）∴地積要件を未充足	430.25㎡（評価対象地の地積）＜ 1,000㎡（三大都市圏以外に所在する場合の地積要件）∴地積要件を未充足
②	区域区分要件		本件各宅地は，認定事実から市街化区域（市街化調整区域以外）に所在 ∴区域区分要件を充足				
③	地域区分要件		本件各宅地は，認定事実から第一種低層住居専用地域（工業専用地域以外）に所在 ∴地域区分要件を充足				
④	容積率要件		本件各宅地に係る指定容積率は，認定事実から80％（指定容積率400％未満に該当）∴容積率要件を充足				
⑤	地区区分要件		本件各宅地は，認定事実から路線価地域の普通住宅地区に所在 ∴地区区分要件を充足				
⑥	判断とその理由	三大都市圏に所在する場合	非該当（上記①の要件を未充足）	非該当（上記①の要件を未充足）	該当（上記①ないし⑤の要件を充足）	非該当（上記①の要件を未充足）	非該当（上記①の要件を未充足）
		三大都市圏以外に所在する場合	非該当（上記①の要件を未充足）	非該当（上記①の要件を未充足）	非該当（上記①の要件を未充足）	非該当（上記①の要件を未充足）	非該当（上記①の要件を未充足）

（注）　本件各宅地の所在地は不明である。

(2) 本件各宅地の価額（相続税評価額）

新通達適用後の本件各宅地の価額（相続税評価額）を算定すると，下表のとおりとなる。

区　分		本件審判所認定A敷地	本件審判所認定B敷地	本件審判所認定C敷地 三大都市圏に所在	本件審判所認定C敷地 三大都市圏以外に所在	本件審判所認定D敷地	本件審判所認定E敷地	本件各宅地(合計)
地　積	①	345.15㎡	331.91㎡	762.08㎡	762.08㎡	418.31㎡	430.25㎡	2,287.70㎡
間口距離	②	16.75m	20.74m	6.00m	6.00m	4.00m	19.70m	──
奥行距離	③	17.30m	16.00m	45.20m	45.20m	34.20m	19.30m	──
正面路線価	④	125,000円	125,000円	125,000円	125,000円	125,000円	125,000円(注3)	──
奥行価格補正率	⑤	1.00	1.00	0.90	0.90	0.93	1.00	
④×⑤	⑥	125,000円	125,000円	112,500円	112,500円	116,250円	125,000円	
側方路線価	⑦	──	──	──	──	──	125,000円(注3)	
奥行価格補正率	⑧	──	──	──	──	──	1.00	
側方路線影響加算率	⑨	──	──	──	──	──	0.03	
側方路線影響加算の調整	⑩	──	──	──	──	──	──(注3)	
⑥+(⑦×⑧×⑨×⑩)	⑪	125,000円	125,000円	112,500円	112,500円	116,250円	128,750円	
不整形地補正率	⑫	──	──	0.87(注1)	0.87(注1)	0.74	0.98	
⑪×⑫	⑬	──	──	97,875円	97,875円	86,025円	126,175円	
規模格差補正率	⑭	──	──	0.78(注2)	──	──	──	
⑬×⑭	⑮	──	──	76,342円	──	──	──	
自用地としての価額 (⑪，⑬又は⑮)×①	⑯	43,143,750円	41,488,750円	58,178,711円	74,588,580円	35,985,117円	54,286,793円	
借地権割合	⑰	0.6	0.6	0.6	0.6	0.6	0.6	
借家権割合	⑱	0.3	0.3	0.3	0.3	0.3	0.3	
相続税評価額 ⑯×(1－⑰×⑱)	⑲	35,377,875円	34,020,775円	47,706,543円	61,162,635円	29,507,795円	44,515,170円	191,128,158円(注4) / 204,584,250円(注5)

(注1) 本件審判所認定C敷地に係る想定整形地の地積が算定できないので，かげ地割合に基づく不整形地補正率を算定することができない。したがって，本欄の不整形地補正率は，下記のとおりに求めている。

$$0.97（間口狭小補正率：間口6\,m）\times 0.90\left(奥行長大補正率：\frac{45.20\,m（間口距離）}{6.00\,m（奥行距離）}\right) = 0.873$$

→ 0.87（小数点以下第2位未満切捨て）

(注2) 規模格差補正率

$$\frac{762.08㎡（評価対象地の地積）\times 0.95 + 25}{762.08㎡（評価対象地の地積）} \times 0.8 = 0.786\cdots$$ → 0.78（小数点以下第2位未満切捨て）

(注3) 本件審判所認定E敷地の評価に当たっては，東側道路が正面路線となる（奥行価格補正後の1㎡当たりの価額が同一となるため，間口距離の長さで判定）。そうすると，北側道路が側方路線となり，北側道路から想定整形地を作定すると，側方路線影響加算の調整は不要となる。

(注4) 本件各宅地（合計）欄の<u>191,128,158円</u>は，本件各宅地が三大都市圏に所在するとした場合の価額である。

(注5) 本件各宅地（合計）欄の<u>204,584,250円</u>は，本件各宅地が三大都市圏以外に所在するとした場合の価額である。

CASE3

評価単位・地目・地積	路線価方式	間口距離・奥行距離	側方加算・二方加算	不整形地・無道路地
倍率方式	私道	土地区画整理事業	**貸家・貸家建付地**	借地権・貸宅地
農地・山林・原野	雑種地	**不動産鑑定評価**	利用価値の低下地・特別な事情	**その他の評価項目**

評価会社が課税時期前3年以内に取得した家屋等の価額（課税時期における通常の取引価額）の算定方法が争点とされた事例

事例

　被相続人甲に相続の開始があった。同人の相続財産には，甲㈱の株式があり，当該株式は評価通達185（純資産価額）に定める純資産価額方式によって評価すべきものであることが判明した。そして，同通達の括弧書においては，「評価会社が課税時期前3年以内に取得又は新築した土地等及び家屋等の価額は，課税時期における通常の取引価額に相当する金額によって評価するものとし，当該土地等又は当該家屋等に係る帳簿価額が課税時期における通常の取引価額に相当すると認められる場合には，当該帳簿価額に相当する金額によって評価することができるものとする」と定められている。

　さらに，甲㈱が保有する資産を確認したところ，被相続人甲に係る相続開始日（課税時期）前3年以内に取得した賃貸事業用不動産（一括賃貸用の寮である建物及びその敷地）が存することが判明した。本件賃貸事業用不動産は，甲㈱による取得直後から賃借人を募集中ではあったが1棟貸しという特殊性もあり，課税時期現在においては，実際の入居者はいなかった（ただし，被相続人甲に係る相続税の申告期限までには賃借人が確定した）。

　そうすると，当該賃貸事業用不動産は，同通達の括弧書の適用対象になるものと考えられるところ，その具体的な評価額の算定方法について，次に掲げる種々の判断を必要とされる項目があり，その対応に苦慮しているところである。これらの諸論点につき，どのように対応することが相当であるのか教示されたい。

(1) **賃貸事業用不動産の課税時期における通常の取引価額の求め方**

① 　不動産鑑定士が作成した不動産鑑定評価額が通常の取引価額に該当すると認められる要件は何か。

② 　賃貸事業用不動産を構成する当該土地等，当該家屋等に係る帳簿価額が通常の取引価額に該当すると認められる要件は何か。

③ 賃貸事業用不動産を構成する当該土地等につき，路線価により評価することは認められないのか。
④ 賃貸事業用不動産を構成する当該土地等につき，路線価を100分の80で割戻し，かつ，一定の修正率（時点修正率，画地補正率等）を適用して評価する方法は，常に是認の範囲内にあるのか。
⑤ 賃貸事業用不動産を構成する当該建物等につき，固定資産税評価額相当額（固定資産税評価額×1.0（評価倍率））により評価することは認められないのか。
　（注）　評価通達89（家屋の評価）の定めでは，家屋（自用）の価額は，当該家屋に係る固定資産税評価額に評価倍率（1.0）を乗じて計算した金額によって評価するものとされている。

(2) 賃貸事業用不動産の課税時期における評価態様

当該賃貸事業用不動産に，たとえ，課税時期に賃借人が存していなかったとしても，実際に賃借人を募集中であり，賃貸事業に供用する不動産であることの性質に差異は認められないのであるから，賃貸事業用不動産を構成する当該土地等は貸家建付地（自用地の価額×（1－借地権割合×借家権割合×賃貸割合（100％）））とし，また，同じく当該建物等は貸家（自用家屋の価額×（1－借家権割合×賃貸割合（100％）））として評価することは認められないのか。

（平25.7.1裁決，東裁（諸）平25－2，平成20年相続開始分）

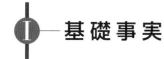 基礎事実

❶ 本件相続

被相続人甲は，平成20年2月12日作成の遺言公正証書により，その所有する＊＊＊＊（以下「本件会社」という）の株式（以下「本件株式」という）2,000株について，請求人らに対して2分の1ずつ相続させる旨の遺言をしていたところ，平成20年＊＊月＊＊日（以下「本件相続開始日」という）に死亡した。

❷ 本件会社及び本件株式

(1) 本件会社は，昭和59年に設立された土地及び建物の販売，賃貸及び仲介等を目的とする株式会社であり，本件相続開始日まで被相続人甲が代表取締役を務めていた同族会社である。

(2) 本件株式は，本件相続開始日において，評価通達168（評価単位）(3)に定める「取引相場のない株式」であり，本件会社は，評価通達178（取引相場のない株式の評価上の区分）に定める会社の規模区分の判定に当たり，卸売業，小売・サービス業以外に該当し（上記(1)），大会社に区分される会社であった。

(3) 本件会社は，本件相続開始日において，＊＊＊＊の土地（以下「本件土地」という）及び＊＊＊＊に所在する建物（以下「本件建物」といい，本件土地と併せて「本件不動

産」という）を所有していた。

❸ 本件不動産

(1) 本件土地

① 本件土地は，南側の市道（幅員6.0m）に接する間口距離が約19.0m，奥行距離が約53.8mの長方形の土地（地積1,002.64㎡）である。

② 本件土地の都市計画法上の用途地域は第二種住居地域であり，建築基準法上の建ぺい率は60％，容積率は200％である。

③ 東京国税局長が定めた平成20年分財産評価基準書によれば，上記①の市道の路線価は150,000円／㎡である。

(2) 本件建物

本件建物は，昭和61年5月20日に新築された鉄骨造陸屋根地下1階付3階建ての寄宿舎建物（床面積は，1ないし3階が各462.24㎡，地下1階が569.49㎡）である。

❹ 本件会社による本件不動産の取得及び本件建物の賃貸借の各状況

(1) 本件不動産の前所有者である＊＊＊＊（以下「本件前所有者」という）は，平成18年3月20日付で，＊＊＊＊（以下「本件旧賃借人」という）との間で，下記に掲げる内容による建物賃貸借契約を締結した。

① 賃貸人を本件前所有者，賃借人を本件旧賃借人とする。

② 目的物を本件建物とする。

③ 本件建物の使用目的を本件旧賃借人の社員宿舎とする。

④ 賃貸借期間を平成18年3月21日から平成20年3月20日までとする。

⑤ 賃料を月額386万7,300円とする。

(2) 本件会社は，平成18年12月28日付で，本件前所有者から，代金4億5,000万円（内訳は，本件土地の価格2億4,000万円，本件建物の価格2億円，及び消費税相当額1,000万円）で，本件建物を本件旧賃借人へ賃貸した状態で本件不動産を買い受ける旨の売買契約を締結し，平成19年2月20日，本件不動産につき，同日売買を原因とする所有権移転登記を経由した。本件会社は，本件前所有者が有していた上記(1)の本件建物に係る建物賃貸借契約における賃貸人としての地位及び権利義務の全てを，上記所有権移転と同時に承継した。

なお，本件会社は，本件不動産の取得価額を本件不動産の帳簿価額（本件土地につき2億4,000万円，本件建物につき2億円）としていたところ，本件建物についてはその後減価償却を行ったため，本件相続開始日における本件建物の帳簿価額は，1億9,115万円であった。

(3) 本件旧賃借人は，平成19年9月3日付で，本件会社に対して，上記(1)の建物賃貸借契約の更新をしない旨の申出を行ったため，当該建物賃貸借契約は，平成20年3月20日（筆者注 本件相続開始日前），契約期間満了により終了した。

(4) 本件会社は，平成20年11月5日（筆者注 本件相続開始日後）付で，＊＊＊＊（以下「本件新賃借人」という）との間で，下記に掲げる内容による建物賃貸借契約を締結し

た。
① 賃貸人を本件会社，賃借人を本件新賃借人とする。
② 目的物を本件建物とする。
③ 本件建物の使用目的を本件新賃借人が第三者と契約する社員寮又は学生寮等の単身者用居住とする。
④ 賃貸借期間を平成21年2月1日から平成31年3月31日までとする。
⑤ 賃料を月額255万円とする。

❺ 請求人らの本件相続税の申告等における本件不動産の価額

(1) 請求人らは，本件相続税の期限内申告において，本件会社の所有に係る本件不動産の価額について，本件土地は路線価を基に貸家建付地として1億418万4,722円と，本件建物は固定資産税評価額を基に貸家として6,234万1,855円とそれぞれ評価した。

(2) 請求人らが審判所に対して提出した，本件不動産を鑑定評価した平成24年12月5日付不動産鑑定評価書（以下「本件鑑定評価書」という）によれば，本件不動産の鑑定評価額は2億円とされている（以下，当該鑑定評価額を「本件鑑定評価額」といい，本件鑑定評価書に係る鑑定評価を「本件鑑定評価」という）。

図表－1　原処分庁算定による本件土地及び本件建物の価額

```
1　本件土地
【仲値】
　（正面路線価）　　（評価割合）　　（仲値）
　150,000円 ÷ 0.8 ＝ 187,500円……①

【時点修正後の1㎡当たりの価額】
　　（①）　　（時点修正率）(注1)
　187,500円 × ＊＊＊＊ ＝ ＊＊＊＊……②

【奥行価格補正後の1㎡当たりの価額】
　　（②）　　（奥行価格補正率）
　＊＊＊＊ × ＊＊＊＊ ＝ 162,655円……③

【奥行長大補正後の1㎡当たりの価額】
　　（③）　　（奥行長大補正率）
　162,655円 × 0.96 ＝ 156,148円……④

【本件土地の通常の取引価額に相当する金額】
　　（④）　　　　（地積）
　156,148円 × 1,002.64㎡ ＝ 156,560,230円

（注1） 時点修正率は，本件土地の平成20年1月1日の正面路線価（150,000円）と平成21年1月1日の正面路線価（145,000円）を基に1年間の下落率を計算し，平成20年1月1日から本件相続開始日（＊＊＊＊）までの日数（＊＊＊＊日）を年間日数（366日）で除して計算した。
（注2） 異議決定書の「間口狭小補正」とあるのは「奥行長大補正」の誤記である。

2　本件建物
　（本件建物の平成20年度の固定資産税評価額）
　89,059,794円
```

❻ 原処分庁算定による本件不動産の価額

原処分庁は，本件各更正処分（筆者注 相続税の期限内申告に係る更正処分）において，本件会社の所有に係る本件不動産の価額について，評価通達185（純資産価額）括弧書に定める通常の取引価額として，前頁図表－1のとおり評価した。

II ─ 争　　　点

本件株式の価額を評価通達185（純資産価額）括弧書の定めによって評価するに当たり，本件会社が課税時期前3年以内に取得した本件不動産の本件相続開始日における「通常の取引価額に相当する金額」は，いくらになるのか。

III ─ 争点に関する双方（請求人・原処分庁）の主張

争点に関する請求人・原処分庁の主張は，図表－2のとおりである。

図表－2　争点に関する請求人・原処分庁の主張

争　　点	請求人（納税者）の主張	原処分庁（課税庁）の主張
本件不動産の本件相続開始日における「通常の取引価額に相当する金額」はいくらになるのか	本件不動産の本件相続開始日における通常の取引価額に相当する金額は，次の①ないし③に掲げるとおりのいずれかである。 ① 原処分庁算定による本件不動産の金額に本件建物の新旧賃貸料に基づく下落率を加味して算定した金額 　不動産の賃貸料は土地の時価相場の動向を敏感に反映させる指標であるところ，リーマンショックによる事業用不動産価格の急落があり，実際，本件建物の家賃収入が34％下落していることを考慮して，本件不動産の本件相続開始日における通常の取引価額に相当する金額は，原処分庁算定による本件不動産の金額に本件建物の新旧賃貸料に基づく下落率（34％）（以下「本件下落率」という）を加味して算定した金額（1億6,210万9,215円）とすべきである。 ② 本件鑑定評価額 　仮に，上記①の主張が認められない場合には，本件不動産の本件相続開始日における通常の取引価額に相当する金額は，本件鑑定評価額（2億円）とすべきである。 ③ 原処分庁算定による本件不動産の金額に評価通達26（貸家建付地の評価）及び同通達93（貸家の評価）の定めと同様の減額の計算をした金額 　本件不動産は，賃貸事業用不動産として購入され管理運用されているものである	本件土地の本件相続開始日における通常の取引価額に相当する金額は，公示価格を基に評定されている平成20年分の路線価を100分の80で割り戻した価額を基礎とし，時点修正，奥行価格補正及び奥行長大補正をした後の1㎡当たりの価額に本件土地の地積を乗じて算定した金額（1億5,656万230円）（筆者注 前頁図表－1の1を参照）とすべきである。 　また，本件建物の本件相続開始における通常の取引価額に相当する金額は，「正常な価格」として合理的なものといえる平成20年度の固定資産税評価額（8,905万9,794円）（筆者注 前頁図表－1の2を参照）とすべきである。 　したがって，本件不動産の本件相続開始日における通常の取引価額に相当する金額は，上記の各金額の合計額（2億4,562万24円）とすべきである。

ころ，本件相続開始日において本件建物が賃貸されていなかったのは，本件会社が平成19年9月に本件建物に係る賃貸借契約の解約通知を受領した後，直ちに賃借人の募集活動を行ったが，本件建物が一括賃貸用の寮であるという特殊性によって，たまたま新規の賃貸借契約が平成21年2月となったからにすぎない。

また，本件不動産は，賃貸事業用不動産であることにより，空室はむしろ資産価値が低くなるという本来的・内在的性質があるので，当該性質に沿った評価をすべきである。

したがって，本件土地は貸家建付地として，本件建物は貸家として，それぞれ減額の計算をすべきであり，本件不動産の本件相続開始日における通常の取引価額に相当する金額は，当該計算により算出された本件土地及び本件建物の各金額の合計額（1億9,072万円）（欄外の 参考 を参照）である。

参考 計算根拠（筆者推定による）
(1) 本件土地（貸家建付地として評価）

$$\underset{\substack{\text{原処分庁が主張する}\\\text{自用地としての価額}}}{156,560,230\text{円}} \times (1 - \underset{\substack{\text{借地権}\\\text{割合}}}{60\%} \times \underset{\substack{\text{借家権}\\\text{割合}}}{30\%} \times \underset{\substack{\text{賃貸}\\\text{割合}}}{100\%}) = 128,379,388\text{円}$$

(2) 本件建物（貸家として評価）

$$\underset{\substack{\text{原処分庁が主張する自}\\\text{用家屋としての価額}}}{89,059,794\text{円}} \times (1 - \underset{\substack{\text{借家権}\\\text{割合}}}{30\%} \times \underset{\substack{\text{賃貸}\\\text{割合}}}{100\%}) = 62,341,855\text{円}$$

(3) 本件不動産
  (1) ＋ (2) ＝ 190,721,243円 ➡ <u>190,720,000円</u>

Ⅳ 国税不服審判所の判断

❶ 認定事実

(1) 本件土地及び近隣の公示地の状況等

① 本件土地及び近隣の公示地の状況等

  (イ) 本件土地は，地価公示法2条（標準地の価格の判定等）1項の公示区域内にある。

  (ロ) 本件土地及び本件土地の存する地域と状況が類似する地域に存する地価公示法6条（標準地の価格等の公示）の規定により公示された標準地（以下「公示地（＊＊＊＊）」という）の形状，位置等の状況は，次頁図表－3のとおりである。

② 公示地（＊＊＊＊）の公示価格等の状況

公示地（＊＊＊＊）の公示価格及び＊＊＊＊内の公示地（＊＊＊）（筆者注 前掲の公示地とは異なる複数の公示地である）の公示価格の平均価格に係る平成18年ないし平成21

図表-3 本件土地及び公示地（＊＊＊＊）の位置，形状等の状況

項目＼区分	本件土地	公示地（＊＊＊＊）
所在及び地番	＊＊＊＊＊＊＊＊	＊＊＊＊＊＊＊＊
地積	1,002.64㎡	308.00㎡
価格時点	＊＊＊＊	平成20年1月1日
交通接近条件（道路距離）	＊＊＊＊＊＊「＊＊＊＊」駅 450m	＊＊＊＊＊＊「＊＊＊＊」駅 1,000m
前面道路の状況	南 6.0m 市道	北 4.5m 市道
行政的条件	第二種住居地域 建ぺい率60% 指定容積率200% 基準容積率200%	第二種住居地域 建ぺい率60% 指定容積率200% 基準容積率180%
環境条件	＊＊＊＊＊＊＊＊ ＊＊＊＊	＊＊＊＊＊＊＊＊ ＊＊＊＊
画地条件 間口・奥行	間口 約19.0m：奥行 約53.8m	間口 約12.0m：奥行 約25.0m
画地条件 形状	長方形	ほぼ長方形
画地条件 地勢	接面道路と等高の平たん地	接面道路と等高の平たん地
公示価格		168,000円

図表-4 公示地（＊＊＊＊）の公示価格及び＊＊＊＊内の公示地（＊＊＊）の公示価格の平均価格に係る平成18年ないし平成21年の推移

（単位：円／㎡）

区分＼年	平成18年	平成19年	平成20年	平成21年
公示地（＊＊＊＊）の公示価格	164,000	163,000	168,000	166,000
＊＊＊＊内の公示地（＊＊＊）の公示価格の平均価格	123,715	122,518	124,312	122,497

（注） 下欄の平均価格は，＊＊＊＊内の公示地（＊＊＊）のうち，平成18ないし21の間に新設・廃止された地点を除く地点に係る公示価格の平均価格である。

年の推移は，図表-4のとおりである。

(2) **本件建物の固定資産税評価額**

本件建物の固定資産税評価額は，＊＊＊＊（地方自治体名）により，固定資産評価基準に従って，建築された年度である昭和61年度は1億7,618万3,189円と決定され，その後，最初の基準年度である昭和63年度以後3年ごとに本件建物の減耗の状況による補正等が行われ，本件相続開始日の直前の基準年度である平成18年度は8,905万9,794円と決定された（これが平成20年度の本件建物の固定資産税評価額である）。

(3) **本件建物が該当する商業系の収益用不動産の収益利回り**

社団法人日本不動産鑑定協会が作成した「第7回収益用不動産の利回り実態調査（平成20年度）」によると，本件建物（食事等のサービスを付加して賃貸するもの）が該当する

図表－5　社団法人日本不動産鑑定協会が作成した「第7回収益用不動産の利回り実態調査（平成20年度）」における商業系の収益用不動産の総収益利回り及び償却前純収益利回り

	総収益利回り	償却前純収益利回り
地域別（全国）	8.9～12.7%	6.0～10.0%
建築経過年数別（全国） （20年以上25年未満）	11.30%	7.80%

商業系の収益用不動産の平成20年度の総収益利回り及び償却前純収益利回りは，図表－5のとおりである。

(4) 本件建物と同様の用途の建物の建設事例における建築費

請求人ら提出資料である財団法人建設物価調査会発行の「建物の鑑定評価必携」（以下「建物鑑定評価必携」という）によると，掲載されている事例のうち，本件建物と同様の用途である単身寮（寄宿舎）の建物の建築費は，次に掲げるとおりである。

① 2階建て独身寮（S造）の建設事例の1㎡当たりの建築費が，平成22年10月（最新時点）で約16万8,000円，平成15年9月（建築時点）で約16万7,000円である。

② 3階建て独身寮（S造）の建設事例の1㎡当たりの建築費が，平成22年10月（最新時点）で約17万2,000円，昭和60年8月（建築時点）で約17万円である。

(5) 本件鑑定評価

① 本件鑑定評価書の要旨は，次頁図表－6のとおりである。

② 本件鑑定評価書及び本件鑑定評価書を作成した不動産鑑定士（以下「本件不動産鑑定士」という）の本件鑑定評価の補足説明によると，本件鑑定評価については，次のとおりである。

(イ) 積算価格を算定する際の本件土地の更地価格の査定

本件鑑定評価は，積算価格の算定における本件土地の更地価格の査定について，取引事例に基づく比準価格を採用しているところ，比準価格を採用するに当たっては，公示価格との均衡がとれていることを理由としている。

また，本件鑑定評価は，公示地（＊＊＊＊）の基準容積率は200%であるとしている。

(ロ) 積算価格を算定する際の本件建物の再調達原価の査定

本件鑑定評価は，本件建物の再調達原価について，本件建物と構造・規模・用途等が類似する鉄骨ALC造の共同住宅の建設事例等を参考に建築費の単価を16万円／㎡と査定している。

本件鑑定評価における上記建築費の単価の査定の根拠は，建物鑑定評価必携に掲載されている2階建て独身寮（S造）の建設事例（平成22年10月時点で建築費約16万8,000円／㎡）を参考とし，5階未満の建物であれば，建築費はほとんど変動しないのが通常であるとして，16万円／㎡と査定したものである。

(ハ) 収益価格を算定する際の還元利回りの査定

図表－6　本件鑑定評価書の要旨

1　鑑定評価額
　　200,000,000円
2　価格の種類
　　正常価格
3　価格時点
　　＊＊＊＊
4　対象不動産
　　本件不動産（本件土地及び本件建物）
5　鑑定方式の適用
　　対象不動産の種類を＊＊＊＊の自用の建物及び敷地と確定し，原価法及び収益還元法（直接還元法）を適用して求めた試算価格を調整して，鑑定評価額を決定した。
6　試算価格
(1)　積算価格（原価法による試算価格）
　　イ　更地価格
　　　本件土地は既成市街地に存し，再調達原価を把握することができないため，取引事例比較法による比準価格を求め，さらに公示価格との均衡に配慮して，更地価格を査定した。
　　(イ)　取引事例の事例地及び公示地の概要

区分 項目	事例地1	事例地2	事例地3	公示地（＊＊＊＊）
所在	＊＊＊＊＊＊	＊＊＊＊＊＊	＊＊＊＊＊＊	＊＊＊＊＊＊＊＊＊＊
土地の種別・類型	＊＊＊＊ 更地	＊＊＊＊ 建付地	＊＊＊＊ 更地	＊＊＊＊ 更地として
現況地目	畑	宅地	宅地	宅地
地積	500.00㎡	569.50㎡	690.61㎡	308.00㎡
取引時点	平成19年8月29日	平成19年12月3日	平成20年1月24日	平成21年1月1日
画地条件	ほぼ正方形 角地	長方形 中間画地	長方形 中間画地	ほぼ長方形 中間画地
前面道路の状況	南西　5.6m 市道	南　4.0m 市道	北　6.8m 市道	北　4.5m 市道
地域の特性	＊＊＊＊＊＊＊が混在する地域	＊＊＊＊＊＊＊＊が立地する中心市街地の外周部に位置する＊＊＊＊	＊＊＊＊＊＊＊＊＊＊＊が混在する＊＊＊＊	＊＊＊＊＊＊＊＊＊＊＊が混在する＊＊＊＊
交通接近条件（直線距離）	＊＊＊＊駅から 南西　440m	＊＊＊＊駅から 北　1,100m	＊＊＊＊駅から 北　800m	＊＊＊＊駅から 南　850m
間口距離・奥行距離	24.4m・21.2m	13.0m・40.0m	18.5m・37.7m	12.4m・24.8m
用途地域	＊＊＊＊	＊＊＊＊	＊＊＊＊	＊＊＊＊
建ぺい率 指定容積率 基準容積率	80% 400% 336%	60% 200% 160%	60% 200% 200%	60% 200% 200%

　　(ロ)　上記(イ)の標準価格の査定

区分 項目	事例地1	事例地2	事例地3	公示地（＊＊＊＊）
取引価格	166,400円／㎡	120,281円／㎡	212,411円／㎡	166,000円／㎡

			100/80 公有地売却	100/100	100/100	100/100
事 情 補 正			100/80 公有地売却	100/100	100/100	100/100
時 点 修 正			99.1/100	99.4/100	99.6/100	100.7/100
標準化補正	街路 条件		100/100	100/100	100/102 歩道あり+2	100/100
	画地 条件		100/105 角地+5	100/95 奥行長大−5	100/100	100/100
	計		100/105	100/95	100/102	100/100
地域格差補正	交通 接近 条件		100/100	100/90 駅距離−10	100/95 駅距離−5	100/95 駅距離−5
	環境 条件		100/90 鉄道軌道敷 隣接−10	100/95 農地隣接−5	100/110 店舗集積地 近接+10	100/100
	行政的 条件		100/132 容積率+32	100/90 容積率−10	100/100	100/100
	計		100/119	100/77	100/105	100/95
査 定 値			165,000円/㎡	164,000円/㎡	198,000円/㎡	176,000円/㎡

(ハ) 比準価格

事例地1ないし事例地3の査定値の平均値176,000円/㎡について、次のとおり個別格差補正を行い、167,000円/㎡と査定した。

(平均値)　　　　(奥行長大)
176,000円 × 95/100 ≒ 167,000円/㎡

(ニ) 公示価格等を規準とした価格

公示地（＊＊＊＊）の査定値176,000円/㎡について、次のとおり個別格差補正を行い、167,000円/㎡と査定した。

(査定値)　　　　(奥行長大)
176,000円 × 95/100 ≒ 167,000円/㎡

(ホ) 更地価格

上記(ハ)の比準価格は、実際の取引に基づいたもので市場の実態を反映した価格であり、公示価格とも均衡していることから、比準価格を採用し、更地価格を167,441,000円と査定した。

(比準価格)　　　　　　(敷地面積)
167,000円/㎡ × 1,002.64㎡ ≒ 167,441,000円

ロ 建物価格

(イ) 再調達原価

本件建物と構造・規模・用途等が類似する鉄骨ALC造の共同住宅の建設事例等を参考に、本件建物の再調達原価を次のとおり査定した。

(建築費単価)　　　(延床面積)
160,000円 × 1,956.21㎡ ≒ 312,994,000円

(ロ) 減価修正

A 耐用年数に基づく減価額

定額法を採用し、残価率は零として、次のとおり査定した。

(再調達減価)　　　　(割合)　　(経年減価率＝経過年数/耐用年数)
主体　312,994,000円 × 75％ × （22年/35年）≒ 147,554,000円……①
設備　312,994,000円 × 25％ × （22年/22年）≒ 78,249,000円……②
①　＋　②　＝　225,803,000円

B 観察減価法に基づく減価額

価格時点後の工事履歴などから、本件旧賃借人退去後に要した改修工事などを考慮し、次のとおり追加的な減価を計上した。

　　　　　　　（再調達減価）　　　（耐用年数に基づく減価額）　　（減価率）
　　　　（ 312,994,000円 － 225,803,000円 ） × 25% ≒ 21,798,000円
　　(ハ) 建物価格
　　　　上記(イ)の再調達減価から上記(ロ)の減価額を控除して、65,393,000円と査定した。
　ハ　積算価格
　　(イ) 複合不動産としての減価額
　　　　本件不動産は単身寮（寄宿舎）という特殊な用途であり、建物と敷地との適応関係からみて、現況は最有効使用の状態とはいえず、市場性減価が認められると判断し、次のとおり複合不動産としての減価を査定した。

　　　　　（更地価格）　　　　（建物価格）　　（減価率）
　　　　（167,441,000円 ＋ 65,393,000円） × 10% ≒ 23,283,000円
　　(ロ) 建物及びその敷地の価格
　　　　上記イの(ホ)の更地価格及び上記ロの(ハ)の建物価格の合計額から上記(イ)の減価額を控除して、積算価格を210,000,000円と査定した。
　　　　　（更地価格）　　　　（建物価格）　　　（減価額）
　　　　167,440,000円 ＋ 65,393,000円 － 23,283,000円 ≒ 210,000,000円
(2) 収益価格（収益還元法（直接還元法）による試算価格）
　イ　純収益
　　　（総収益）　　　　（総費用）　　　（純収益）
　　30,983,000円 － 8,381,000円 ＝ 22,601,000円
　ロ　還元利回り
　　(イ) 基本利率
　　　A　積上げ方式
　　　　(A) 長期安定的金融利回り　2.50%
　　　　(B) 不動産投資に対する最低限のリスク　1.50%
　　　　(C) 立地に対するリスク　3.00%
　　　　(D) 建物の用途・規模等に対するリスク　1.50%
　　　　(E) 築年に対するリスク　1.50%
　　　　(F) 対象不動産の権利態様に関するリスク　0.00%
　　　　(G) その他のリスク（一棟賃貸）　1.50%
　　　　(H) 上記(A)ないし(G)の合計　11.50%
　　　B　類似用途の物件の利回り及び投資家意見
　　　　　9%ないし12%前後
　　　C　基本利率
　　　　　上記A及びBの検討の結果、不動産の基本利率を11.50%と査定した。
　　(ロ) 還元利回り
　　　　基本利率から賃料の変動率（総収益の成長率）を控除して、次のとおり査定した。
　　　（基本利率）　（変動率）
　　　11.50% － 0.00% ＝ 11.50%
　ハ　収益価格
　　　純収益を還元利回りで還元して、収益価格を197,000,000円と査定した。
　　　（純収益）　　　（還元利回り）
　　　22,601,000円 ÷ 11.50% ≒ 197,000,000円
7　鑑定評価額の決定
　　各手法の特性及び本件不動産の種類、所在地の実情、採用した資料等の信頼性を考慮し、本件においては収益価格（197,000,000円）を重視し、積算価格（210,000,000円）を比較考量して、本件不動産の鑑定評価額を200,000,000円と決定した。

　本件鑑定評価書では、収益価格を算定する際の還元利回りについて、次に掲げるⓐ及びⓑの2つの検討により、基本利率を11.5%と査定し、その基本利率に賃料の変動率（0.0%）を考慮して、還元利回りを11.5%と査定したとしている。

ⓐ 長期安定的金融利回り，不動産投資に対する最低限のリスク，立地に対するリスクの他，本件建物の用途等に対するリスク等ごとに数値を求め，これらの合計（11.5％）を求めたもの

ⓑ 類似用途の物件の利回り及び投資家意見（9.0％ないし12.0％前後）

しかしながら，実際には具体的な類似用途の物件はない。なお，本件不動産鑑定士が，本件鑑定評価書において「類似用途の物件の利回り」と記載したのは，鑑定評価書における定型文であるという理由からである。

㈡ 本件鑑定評価額の決定

本件鑑定評価は，本件鑑定評価額の決定に当たり，収益価格を重視し，積算価格を比較考量している。

しかしながら，本件鑑定評価において，本件不動産に係る取引事例比較法による比準価格は試算されておらず，本件鑑定評価額の決定に当たり，比準価格は考慮されていない。また，本件鑑定評価書上，比準価格を試算・考慮しなかった理由は記載されていない（なお，本件不動産鑑定士は，比準価格を試算しなかった理由について，賃貸用不動産の場合，取引事例に係る建物の品等（外部及び内部の状況並びにデザインなど），寄宿舎の需給状況，賃料水準の把握ができないと，比準価格の査定が困難であるためであるとする）。

❷ **法令解釈等**

(1) 評価通達185（純資産価額）括弧書

評価通達185（純資産価額）括弧書は，評価会社の株式に係る1株当たりの純資産価額（相続税評価額によって計算した金額）を計算する場合において，評価会社が課税時期前3年以内に取得又は新築した土地等及び家屋等の価額は，課税時期における通常の取引価額に相当する金額によって評価するものとし，当該土地等及び建物等に係る帳簿価額が課税時期における通常の取引価額に相当すると認められる場合には，当該帳簿価額に相当する金額によって評価することができる旨定めている。

これは，評価会社の株式を純資産価額で評価するに当たり，評価会社が所有する土地等及び家屋等の「時価」を算定する場合には，個人が所有する土地等及び家屋等の相続税法上の評価を行うことを念頭においた路線価等によって評価することが唯一の方法であるとはいえず，適正な株式評価の見地からは，むしろ通常の取引価額によって評価すべきであると考えられることによるものであり，審判所においても，この取扱いは相当であると考えられる。

(2) 貸家建付地及び貸家の評価

① 評価通達は，次に掲げる旨定めている。

㈦ 貸家の敷地の用に供されている宅地（貸家建付地）の価額は，その宅地の自用地としての価額から，その宅地の自用地としての価額に借地権割合，借家権割合及び賃貸割合を乗じた金額を控除した価額で評価する（評価通達26（貸家建付地の評価））。

㈣ 貸家の価額は，建物の価額から建物の価額に借家権割合及び賃貸割合を乗じた金額

を控除した価額で評価する（評価通達93（貸家の評価））。

　これは，建物が借家権の目的となっている場合には，賃貸人は一定の正当事由がない限り，建物賃貸借契約の更新拒絶や解約申出ができないため，立退料等の支払をしなければ借家権を消滅させられず，また，借家権が付着したままで貸家及びその敷地を譲渡する場合にも，譲受人は建物及びその敷地利用が制約されることなどから，貸家建付地及び貸家である場合の経済的価値が，そうでない土地及び建物である場合に比較して低下することを考慮したものと考えられ，審判所においても，この取扱いは合理的なものであると考えられる。

② 　この借家権の設定に伴う建物及びその敷地利用の制約は，評価通達185（純資産価額）括弧書に定める「通常の取引価額に相当する金額」の算定においても，同様に考慮することが合理的であると考えられることから，「通常の取引価額に相当する金額」を算定する場合においても，対象の土地及び建物が貸家建付地及び貸家に該当し，上記制約を考慮する必要があるときは，上記①の取扱い（評価通達26及び93）と同様の方法で貸家建付地及び貸家の価額を評価することが相当である。

③ 　上記①の取扱いは，借家権の設定に伴う建物及びその敷地利用の制約を踏まえ，当該制約を減価すべき事情とみて貸家建付地及び貸家の評価をするものであることからすると，たとえ賃貸用の家屋であったとしても，評価の時点（課税時期）において現実に貸し付けられていない家屋には借家権の設定に伴う制約がなく，当該家屋の敷地にも同様に制約がないため，貸家建付地及び貸家としての減価を考慮する必要がない。

　したがって，貸家とは，評価の時点（課税時期）において現実に貸し付けられている家屋をいうものと解すべきである。

(3) 　固定資産税評価額

① 　地方税法341条（固定資産税に関する用語の意義）5号は，価格とは適正な時価をいう旨規定しているところ，同法388条（固定資産税に係る総務大臣の任務）1項は，総務大臣は，固定資産評価基準を定め，これを告示しなければならない旨，また，同法403条（固定資産の評価に関する事務に従事する市町村の職員の任務）1項は，市町村は，一定の場合を除くほか，固定資産評価基準によって固定資産の価格を決定しなければならない旨，各規定している。

② 　固定資産評価基準（昭和38年自治省告示）は，家屋の評価について，木造家屋及び木造家屋以外の家屋の区分に従い，各個の家屋について評点数を付設し，当該評点数を評点1点当たりの価額に乗じて各個の家屋の価額を求める方法によるものとし，各個の家屋の評点数は，当該家屋の再建築費評点数を基礎とし，これに家屋の損耗の状況及び需給事情による各減点補正を行う（再建築費評点数に減点補正率を乗じる）などの評価方法を定めている。当該評価方法は，再建築費（評価の対象となった家屋と全く同一のものを，評価の時点にその場所に建築するとした場合に必要とされる建築費。再建築費評点数に評点1点当たりの価額を乗じたものがこれに相当する）を求め，当該家屋の時の経過によって生ずる損耗の状況による減価等をするというものであり，かかる評価方法

は，一般的な合理性を肯定することができるものである。

そうすると，市町村長が固定資産評価基準に従って決定した家屋の固定資産税評価額は，固定資産評価基準が定める評価の方法によっては再建築費を適切に算定することができない特別の事情又は固定資産評価基準が定める減点補正を超える減価を要する特別の事情の存しない限り，地方税法341条5号に規定する「価格」（適正な時価）であると推認するのが相当である。(最高裁平成15年7月18日判決，平成11年（行ヒ）182号，審査決定取消請求事件)。

❸ 当てはめ

(1) 本件不動産の帳簿価額が本件不動産の本件相続開始日における通常の取引価額に相当すると認められるか否か

本件不動産の本件相続開始日における帳簿価額は，本件土地が2億4,000万円（約23万9,000円／㎡），本件建物が1億9,115万円である。

しかるに，下記に掲げる事項からすると，本件会社が本件不動産を取得した日（平成18年12月28日）から本件相続開始日（平成20年＊＊月＊＊日）までの間（筆者注 当然ながらこの期間は3年以内である）に本件不動産の価額が大きく下落したものとは認められない。

① 本件土地が面する路線の平成20年分の路線価は15万円／㎡であること
② 本件土地の存する地域と状況が類似する地域に存する公示地（＊＊＊＊）の平成20年の公示価格は16万8,000円／㎡であること
③ 公示地（＊＊＊＊）の公示価格に係る平成19年ないし平成21年の推移には大きな変動は認められないこと

また，本件建物の新築（昭和61年）時の固定資産税評価額は1億7,618万3,189円であり，その後約20年間の減耗があることが通常であることからすると，本件不動産の本件相続開始日における帳簿価額は，通常の取引価額に相当するとは認められない（この点について当事者間に争いはない）。

(2) 請求人らが主張する本件不動産の本件相続開始日における通常の取引価額に相当する金額

① 原処分庁算定による本件不動産の金額に本件下落率を加味して算定した金額

そもそも，請求人らが主張する本件下落率（34％）は，飽くまで本件相続の開始前と開始後における本件建物に係る賃貸料の下落を表したものであり，本件相続の開始前と開始後における本件不動産の価額の下落を表したものではない。

また，この点をおくとしても，前記図表－4のとおり，本件土地の存する地域と状況が類似する地域に存する公示地（＊＊＊＊）の公示価格及び＊＊＊＊市内の公示地（＊＊＊）の公示価格の平均価格に係る平成18年ないし平成21年の推移をみると，大きな変動自体が認められず，本件相続の開始前と開始後における本件不動産の価額について，大きく下落したものとは認められない。

したがって，請求人らの主張する，原処分庁算定による本件不動産の金額に本件下落率

を加味して算定した金額は，本件不動産の本件相続開始日における通常の取引価額に相当する金額とは認められない。
② 本件鑑定評価額
　(イ) 積算価格を算定する際の本件土地の更地価格の査定
　　　本件鑑定評価は，積算価格の算定における本件土地の更地価格の査定について，取引事例に基づく比準価格を採用するに当たり，公示価格との均衡がとれていることを理由としている。
　　　ところで，本件鑑定評価は，公示地（＊＊＊＊）の基準容積率は200％であるとしているが，公示地（＊＊＊＊）の前面道路の幅員が4.5mであることからすると，建築基準法52条（容積率）2項の規定により，公示地（＊＊＊＊）の基準容積率は180％が正しく，本件鑑定評価は，この点を誤るものである。そのため，本件鑑定評価は，公示地（＊＊＊＊）の標準価格の査定を行うに当たり，地域格差補正のうち容積率に係る補正をしなければならないところをしていないから，この点も誤るものであり，その結果，いわゆる規準価格の査定も誤るものである。
　　　この点，本件不動産鑑定士は，本件土地の更地価格は比準価格で査定しており，規準価格は参考にすぎないので，公示地（＊＊＊＊）の基準容積率の誤りは本件鑑定評価額に影響しないとする。
　　　しかしながら，本件鑑定評価は，比準価格を更地価格と査定することについて公示価格との均衡に配慮したとしているところ，公示価格との均衡を検討する前提というべき規準価格の査定を誤りながら，公示価格との均衡を的確に判断することはできないから，本件鑑定評価の合理性には疑問がある。
　(ロ) 積算価格を算定する際の本件建物の再調達原価の査定
　　　本件鑑定評価は，本件建物の再調達原価の査定について，建物鑑定評価必携に掲載されている2階建て独身寮（S造）の建設事例（平成22年10月時点で建築費約16万8,000円／m^2）を参考に，16万円／m^2と査定している。
　　　しかしながら，建物鑑定評価必携には3階建て独身寮（S造）の建設事例（平成22年10月時点で建築費約17万2,000円／m^2）も掲載されているところ，当該事例及び上記2階建て独身寮（S造）の建設事例からすると，階層に応じて1m^2当たりの建築費は増加することがうかがわれる。そうであるにもかかわらず，本件鑑定評価においては，3階建てである本件建物の再調達原価の査定に当たり，その建築費は，上記2階建て独身寮（S造）の建設事例の建築費よりも低額の16万円／m^2であると査定しており，また，当該査定の理由についても，5階未満の建物の建築費はほとんど変動しないのが通常であるというものにとどまり，具体的な根拠を示す資料は示されず，審判所の調査の結果によっても，当該資料の存在は認められない。このような本件鑑定評価は，本件建物の再調達原価の査定について，合理性に疑問が残るものである。
　(ハ) 収益価格を査定する際の還元利回りの査定
　　　本件鑑定評価は，収益価格を算定する際の還元利回りについて，下記に掲げる2つ

の検討により，基本利率を11.5%と査定した上で，これに基づき11.5%と査定している。

ⓐ　長期安定的金融利回り等の積上げ方式による利回り（11.5%）

ⓑ　類似用途の物件の利回り及び投資家意見（9.0%ないし12.0%前後）

しかしながら，実際には具体的な類似用途の物件はないことからすると，本件鑑定評価額は，具体的な物件の情報に基づいた検討は行われていないことが認められる。

また，本件建物が該当する商業系の収益用不動産の償却前純収益利回りは，地域別で6.0%ないし10.0%，建築経過年数別で7.8%であることと比較して，本件鑑定評価の還元利回りは相当高く査定されているものと認められる。

以上からすると，本件鑑定評価は，還元利回りの査定について，合理性を欠くものといわざるを得ない。

㈡　本件鑑定評価額の決定

本件鑑定評価は，本件鑑定評価額の決定に当たり，収益価格を重視し，積算価格を比較考量したとしているが，取引事例比較法による比準価格については，試算・検討がされておらず，また，本件鑑定評価書上，試算・検討をしなかった理由は記載されていない。

しかしながら，不動産鑑定評価基準は，自用の建物及びその敷地の鑑定評価額について，積算価格，比準価格及び収益価格を関連づけて決定するものとする旨を定めており，そうすると，本件鑑定評価は不動産鑑定評価基準に準拠していないものであり，また，準拠しなかった理由（要するに，鑑定評価額の決定手法）が適正であったか否かについても判断することができない（なお，この点について，本件不動産鑑定士は，比準価格を試算しなかった理由について，比準価格の査定が困難であるためであるとするが，比準価格の査定を困難ならしめる具体的な事情が分からなければ，鑑定評価額の決定手法が適正であったか否かを判断することもできない）。

以上からすると，本件鑑定評価は，本件鑑定評価額の決定手法について合理性の判断が不能なものといわざるを得ない。

㈭　小括

上記㈠ないし㈡に掲げるとおり，本件鑑定評価は合理性を欠くなどの問題点を有するものであるから，請求人らの主張する本件鑑定評価額は，本件不動産の本件相続開始日における通常の取引価額に相当する金額とは認められない。

③　原処分庁算定による本件不動産の金額に貸家建付地及び貸家としての減価の計算をした金額

㈠　評価通達185（純資産価額）括弧書に定める課税時期における通常の取引価額に相当する金額の算定において，貸家建付地及び貸家としての減価を考慮する必要性の有無は，課税時期において家屋が現実に貸し付けられているか否かにより判断することとなり，たとえ賃貸用の家屋であったとしても，課税時期において現実に貸し付けられていない家屋は借家権の設定に伴う制約がなく，当該家屋の敷地も同様に制約がな

いことから，貸家建付地及び貸家としての減価を考慮する必要性がないところ，本件建物は，本件相続開始日において，現実に貸し付けられておらず，借家権の設定に伴う制約がないことから，原処分庁算定による本件不動産の金額に貸家建付地及び貸家としての減価を計算した金額は，本件相続開始日における本件不動産の通常の取引価額に相当する金額と認めることはできない。

(ロ) 請求人らは，本件不動産は，賃貸事業用不動産であることにより，空室はむしろ資産価値が低くなるという本来的・内在的性質があるので，当該性質に沿った評価をすべきである旨主張する。

しかしながら，貸家建付地及び貸家の評価をする際に減価するのは，借家権の設定に伴う建物及びその敷地利用の制約を踏まえ，当該制約を減価すべき事情とみるためであることからすると，貸家建付地及び貸家かどうかは，飽くまで評価の時点（課税時期）において建物が現実に貸し付けられているか否かによって判断されるべきものであり，建物の利用目的によって判断されるべきものではない。

したがって，請求人らの上記主張には理由がない。

(3) 原処分庁が主張する本件不動産の本件相続開始日における通常の取引価額に相当する金額

① 本件建物

原処分庁は，本件建物の本件相続開始日における通常の取引価額に相当する金額は，平成20年度の固定資産税評価額（8,905万9,794円）であると主張する。

前記❷(3)②のとおり，市町村長が固定資産評価基準に従って決定した家屋の固定資産税評価額は，固定資産評価基準が定める評価の方法によっては再建築費を適切に算定することができない特別の事情又は固定資産評価基準が定める減点補正を超える減価を要する特別の事情の存しない限り，地方税法341条（固定資産税に関する用語の意義）5号に規定する「価格」（適正な時価）であると推認するのが相当である。

そして，＊＊＊＊（地方自治体名）は，本件建物について，固定資産評価基準に従い，昭和61年度の固定資産税評価額を決定し，以後，基準年度ごとに本件建物の減耗の状況による補正等を行って固定資産税評価額を決定し，平成18年度の固定資産税評価額も決定したことが認められ，他方，審判所の調査の結果によっても，固定資産評価基準が定める評価の方法によっては再建築費を適正に算定することができない特別の事情及び固定資産評価基準が定める減点補正を超える減価を要する特別の事情があるとは認められない。

そうすると，本件建物の平成20年度の固定資産税評価額（平成18年度に固定資産評価基準に従って決定された固定資産税評価額）は，本件相続開始日における適正な時価であると推認されることとなる。

したがって，原処分庁が主張するとおり，本件建物の平成20年度の固定資産税評価額が，本件建物の本件相続開始日における通常の取引価額に相当する金額であると認められる。

② 本件土地

原処分庁は，本件土地の本件相続開始日における通常の取引価額に相当する金額は，平

成20年分の路線価を100分の80で割り戻した価額を基礎とし，時点修正及び評価通達に定められた各種補正をした後の1㎡当たりの価額に，本件土地の地積を乗じて算定した金額（1億5,656万230円）であると主張する。

路線価とは，売買実例価額，公示価格，不動産鑑定士等による鑑定評価額，精通者意見価格等を基として評定されており，評価時点より1年間適用するといった理由から，公示価格と同水準の価格の80％程度を目途に定められているものである。そうすると，原処分庁が主張する算定方法は，一応の合理性を認めることができるものである。

しかしながら，他方で，路線価は，上記のとおり公示価格の80％程度で評定され，また，端数調整がされたものであることからすると，路線価を100分の80で割り戻した価額を基礎として上記のとおり算定した価額が，その土地の客観的な交換価値を上回ることが全くないということはできない。

そうすると，原処分庁が主張する算定方法より適切な他の算定方法が存在する場合には，当該方法により本件土地の本件相続開始日における通常の取引価額に相当する金額を算定するべきである。

(4) 本件不動産の本件相続開始日における通常の取引価額に相当する金額

① 本件建物

本件建物については，原処分庁算定による価額（平成20年度の固定資産税評価額である8,905万9,794円）が，本件建物の本件相続開始日における通常の取引価額に相当する金額であると認められる。

② 本件土地

(イ) 本件土地については，上記のとおり，請求人らが主張するいずれの金額も，本件土地の本件相続開始日における通常の取引価額に相当する金額であると認めることはできず，また，上記のとおり，原処分庁が主張する金額も，原処分庁が主張する算定方法より適切な他の算定方法が存在する場合には採用することができないから，以下においては，当該他の算定方法について検討する。

(ロ) 当該他の算定方法として，以下の方法がある。

ⓐ 公示価格とは，一般の土地の取引価格に対して指標を与え，公共事業の用地の買収価格の算定等に資し，もって適正な地価の形成に寄与することを目的として（地価公示法1条（目的）），土地鑑定委員会が，公示区域内の標準地について，毎年1月1日を評価時点として，2人以上の不動産鑑定士の鑑定評価を求め，その結果を審査し，必要な調整を行って判定した「正常な価格」である（地価公示法2条（標準地の価格の判定等）1項）。そして，この「正常な価格」とは，土地について，自由な取引が行われるとした場合におけるその取引において通常成立すると認められる価格をいう（地価公示法2条2項）ことからすると，公示価格とは，客観的交換価値を指すものと解することができる。そうすると，評価対象地の存する地域と状況が類似する地域に存する公示地の価格を基に格差補正を行って評価対象地の価額を算定する方法は，合理性を認めることができるものである。

ⓑ 実際に取引された土地の事例が存在し，当該事例の取引価格を基に不動産鑑定理論に基づいて評価対象地の価額を的確に算定することができる場合には，取引価格を基に算定する方法も，合理性を認めることができるものである。

(ハ) 本件土地について，上記(ロ)の各方法を検討する。

　ⓐ 上記(ロ)ⓑの取引価格を基に算定する方法についてみると，本件土地の存する地域の近接地域及び同一需給圏内の類似地域における取引事例として，本件鑑定評価書で採用された各取引事例を検討したところ，適切な補正や，地域要因及び個別要因の比較が可能である事例が限られ，多数の取引事例による比較考量をした検討が困難である。

　　したがって，本件については上記方法を採用することはできない。

　ⓑ 上記(ロ)ⓐの公示価格を基に算定する方法についてみると，本件土地の存する地域と状況が類似する地域に公示地（＊＊＊＊）が存し，当該公示地の位置，形状等の状況は，前記図表－3の「公示地（＊＊＊＊）」欄のとおりである。

　　この公示価格を基に算定する方法は，評価対象地の存する地域と状況が類似する地域に存する公示地の公示価格を基として格差補正を行って算定するため，路線価から間接的に求めた公示価格水準の価格を基として算定する原処分庁の上記(イ)の算定方法よりも，より適切な評価方式であるというべきである。

図表－7　審判所算定による本件土地の本件相続開始日における通常の取引価額に相当する金額

1　本件土地の本件相続開始日における1㎡当たりの更地価格				
公　示　地　（＊＊＊＊）　の　公　示　価　格		①		168,000円
時　　点　　修　　正　　率(注1)		②		＊＊＊＊
標　　準　　化　　補　　正		③		―
地域要因格差 (注2)	街　路　条　件	④		＊＊＊＊　幅員
	交　通　接　近　条　件	⑤		100／95　最寄駅の接近性
	行　政　的　条　件	⑥		100／98.5　公法上の規制の程度
標準価格　（①×②×④×⑤×⑥）		⑦		184,148円
個別要因格差 (注2)	奥　行　逓　減	⑧		90／100
	奥　行　長　大	⑨		97／100
	方　　　　　位	⑩		106／100
更　地　価　格　（⑦×⑧×⑨×⑩）				170,406円

(注1)　時点修正率は，公示地（＊＊＊＊）の平成20年1月1日の価格（168,000円）と平成21年1月1日の価格（166,000円）を基に計算した1年間の下落率を，本件相続開始日までの日数（＊＊日）と年間日数（366日）であん分して計算した。
　　　1－（1－166,000／168,000）×＊＊／366＝＊＊＊＊
(注2)　地域要因格差及び個別要因格差は，土地価格比準表に基づいて行った。

2　本件土地の本件相続開始日における通常の取引価額に相当する金額

　(1㎡当たりの価額)　　　　　(地積)
　170,406円／㎡　×　1,002.64㎡　＝　170,855,871円

したがって，本件については上記方法を採用することができる。

ⓒ　上記ⓐ及びⓑより，公示地（＊＊＊＊）の公示価格を基に，審判所においても相当と認められる基準である土地価格比準表（昭和50年1月20日付国土地第4号）に準じて，地域要因及び個別要因の格差補正を行って本件相続開始日における本件土地の更地価格を算出すると，前頁図表－7の1欄の表の「更地価格」欄のとおり，1㎡当たり17万406円と算定される。そして，これに本件土地の地積1,002.64㎡を乗じると，本件土地の価額は，前頁図表－7の2欄のとおり，1億7,085万5,871円と算定される。

③　本件不動産

上記①及び②より，本件不動産の本件相続開始日における通常の取引価額に相当する金額は，本件建物の当該金額8,905万9,794円（上記①）及び本件土地の当該金額1億7,085万5,871円（上記②ⅳⓒ）の合計額（2億5,991万5,665円）となる。

筆者注　本件不動産の本件相続開始日における通常の取引価額に相当する金額につき，原処分庁の主張額（本件建物8,905万9,794円，本件土地1億5,656万230円，合計額2億4,562万24円）は，上掲の国税不服審判所の認定額を下回ったため，本件裁決事例における請求人の主張には理由がないとして，裁決は棄却された。

本件裁決事例のキーポイント

❶　評価通達185（純資産価額）の括弧書の定め

(1)　趣旨（考え方）

評価通達185（総資産価額）の定めでは，取引相場のない株式の評価につき，1株当たりの純資産価額（相続税評価額によって計算した金額）を求める場合における各資産の価額は，原則として課税時期における当該各資産を評価通達に定めるところにより評価した価額（いわゆる相続税評価額）としているところ，同通達の括弧書において，「評価会社が課税時期前3年以内に取得又は新築した土地及び土地の上に存する権利（以下「土地等」という）並びに家屋及びその附属設備又は構築物（以下「家屋等」という）の価額は，課税時期における通常の取引価額に相当する金額によって評価するものとし，当該土地等又は当該家屋等に係る帳簿価額が課税時期における通常の取引価額に相当すると認められる場合には，当該帳簿価額に相当する金額によって評価することができる」としている。

すなわち，取引相場のない株式に係る1株当たりの純資産価額（相続税評価額によって計算した金額）を求める場合に限り，評価会社が課税時期前3年以内に取得等した土地等又は家屋等の価額は，いわゆる相続税評価額（土地等については路線価方式又は倍率方式によって算定された価額，家屋等については倍率方式（固定資産税評価額×1.0））によるのではなく，原則として，課税時期における通常の取引価額（客観的交換価値ともいい，すなわち，「時価」を示す）に相当する金額によって評価することを求めている。

このような取扱いが設けられたのは，財産の価額は相続税法22条（評価の原則）の規定

により時価によることを原則論として明記しつつ，財産評価の領域においては，適正な時価の把握が容易でないことを考慮して評価の安全性を確保するために土地等又は家屋等については路線価方式又は固定資産税評価額を基礎とする倍率方式によって評価することを認めているものの，本来の適正な価額（時価）による株式評価を行う見地からは，通常の取引価額により評価会社の保有する資産を評価すべきであり，またさらに，課税時期の直近（3年以内）に取得等した土地等又は家屋等については比較的，通常の取引価額（時価）が明確であると考えられるので，このような評価環境下にある資産についてまで，評価の安全性を配慮した路線価等による評価に評価水準を落とす必要性は認められないとの考え方に基因するものと思われる。

また，同通達の括弧書の後段において，当該土地等又は当該家屋等に係る帳簿価額が課税時期における通常の取引価額に相当すると認められる場合には，当該帳簿価額に相当する金額によって評価することができる旨の定めも設けられている。

この同通達の括弧書の後段の取扱いは，評価会社における当該対象資産に係る原始記録である帳簿価額による評価を一定の条件下において容認するという一種の課税実務上の簡便法であると考えられる。なお，このような取扱い（簡便法）が容認されるためには，少なくとも次に掲げる条件のいずれをも充足している必要があるものと考えられる。

① 当該資産の取得価額が取得等をした時における通常の取引価額（時価）と認められる価額で取得されていること（換言すれば，高額取得又は低額取得に該当していないこと）

② 当該資産の取得後，課税時期までの間（最長でも，この期間は3年間となる）に，当該資産の価額（時価）に大幅な変動が生じていないこと

参考
(イ) 評価通達185（純資産価額）の括弧書の定めは，平成2年8月3日付の評価通達の改正により新設された定めであり，平成2年9月1日以後に開始した相続又は遺贈若しくは贈与により取得した財産の評価について適用するものとされている。

(ロ) 所得税基本通達59－6（株式等を贈与等した場合の「その時における価額」）及び法人税基本通達9－1－14（上場有価証券等以外の株式の価額の特例）の定めでは，評価会社が土地（土地の上に存する権利を含む）又は金融商品取引所に上場されている有価証券を有しているときは，評価通達185（純資産価額）の本文に定める「1株当たりの純資産価額（相続税評価額によって計算した金額）」の計算に当たり，これらの資産については，当該評価の時における価額によるものとされている。

すなわち，「課税時期前3年以内に取得等した」という期間要件は付されていない。

(2) 通常の取引価額の解釈と論点（概要）

上記(1)に掲げるとおり，取引相場のない株式に係る1株当たりの純資産価額（相続税評価額によって計算した金額）を求める場合において，評価会社が課税時期前3年以内に取得等した土地等又は家屋等を有するときには，これらの資産の価額は，通常の取引価額に相当する金額によって評価することが原則的に求められている。この「通常の取引価額」

図表－8　評価通達に定める評価方法

評価区分	評　価　方　法
①宅地（自用地）	次に掲げるいずれかの方法によって評価する（方法の区分は，財産評価基準書に明示される）。 (イ)　路線価方式（例正面路線価×各種画地調整補正率×面積） (ロ)　倍率方式（宅地の固定資産税評価額×宅地の評価倍率）
②家屋（自用家屋）	倍率方式（家屋の固定資産税評価額×家屋の評価倍率（1.0））

という用語については，評価通達185（純資産価額）はもちろんのこと，他の諸法令及び諸通達においても明確に規定し又は定められたものは見当たらない。ただし，上記の定めが同通達の括弧書として定められ，当該括弧書が同通達中の「課税時期における各資産をこの通達に定めるところにより評価した価額」という文言に対する読替の定めであることからすると，この「通常の取引価額」を求めるに当たっては，評価通達の定めを適用して評価した価額(いわゆる相続税評価額)によるものではないことが容易に確認される（ちなみに，評価通達に定める土地等（例として，自用地である宅地），家屋等（例として，自用家屋）の評価方法を示すと，図表－8のとおりとなる）。

　この「通常の取引価額」の解釈と論点についての詳細は，家屋等については次の❷で，土地等については❸で検討してみることにする。また，本件裁決事例においては請求人の主張は認められなかったが，評価会社が課税時期前3年以内に取得等した土地等又は家屋等が貸家及びその敷地（評価通達に定める文言では，貸家及び貸家建付地）に該当する場合における通常の取引価額の求め方はどうなるのか。この点も従来から論争のあったところであり，これについては❹で検討したい。

❷　家屋等の通常の取引価額

(1)　従来の考え方（通説）

　家屋等（ここでは，自用家屋を前提とする。以下❷において同じ）の通常の取引価額を求める場合においては，上記❶(2)に掲げるとおり，これを評価通達の定めを適用して評価した価額（図表－8の②の区分により算定した相続税評価額）によることは，容認されるものではないとする考え方が支配的であったと思われる。そして，実務書のなかには，家屋等の通常の取引価額を求めるに当たって不動産鑑定士等の専門家による不動産鑑定評価を徴求することを勧めるものも散見された。これも1つの方法であることを筆者は否定はしないが，実務コストを考慮した場合に，世上よく見受けられたのがいわゆる「複成価格法」と呼称される方法であり，法人税基本通達9－1－19（減価償却資産の時価）において，次のとおりに定められている。

参考　法人税基本通達9－1－19（減価償却資産の時価）

　法人が，令13条第1号から第7号まで《有形減価償却資産》に掲げる減価償却資産について次に掲げる規定を適用する場合において，当該資産の価額につき当該資産の再取得価額を基礎としてその取得の時からそれぞれ次に掲げる時まで旧定率法により

償却を行ったものとした場合に計算される未償却残額に相当する金額によっているときは，これを認める。
(1) 法第33条第2項《資産の評価換えによる評価損の損金算入》　当該事業年度終了の時
(2) 同条第4項《資産評定による評価損の損金算入》　令第68条の2第4項第1号《再生計画認可の決定等の事実が生じた場合の評価損の額》に規定する当該再生計画認可の決定があった時
(注)　定率法による未償却残額の方が旧定率法による未償却残額よりも適切に時価を反映するものである場合には，定率法によって差し支えない。

すなわち，減価償却資産（建物は減価償却資産の代表例である）の時価（通常の取引価額）を算定することは，一般的には非常に困難（建物については，土地と異なり周辺相場という概念は形成し難いものと認められ，また，極めて個別性が強いものであることから類似の建物の取引事例を参考にするという考え方も容易ではない）であると認識され，逆にこれを強行すると，かえって恣意性が介在する算定結果が招来することも危惧されるところである。そこで，客観的な減価償却資産の時価の算定方法として課税実務上定着しているのが当該資産の再取得価額（評価時点において新品の状態で取得するとした場合における取得価額）を基礎として，その取得の時から評価時点までの期間にわたって旧定率法（旧定率法よりも定率法によることが合理的であると認められる場合においては定率法）(注)による減価償却が継続して行われたものとして求められた未償却残額（旧定率法（定率法）未償却残額）相当額をもって算定するという方法（これを「複成価格法」という）である。

(注)　直ちに準用すべき位置付けにあるとは思われないが，財産評価の分野においては，財産評価基準書において「増改築等に係る家屋の状況に応じた固定資産税評価額が付されていない家屋の価額」（下記を参照）の定めが設けられており，当該定めのなかでは，家屋の償却費相当額の計算について，残存価額を10％とする一種の定額法的な計算を行う（下記 参考 の＿＿＿部分を参照）ことが求められている。

参考　増改築等に係る家屋の状況に応じた固定資産税評価額が付されていない家屋の価額

　課税時期において，増改築等に係る家屋の状況に応じた固定資産税評価額が付されていない家屋の価額については，財産評価基本通達5（評価方法の定めのない財産の評価）の定めに基づき評価します。
　具体的には，当該家屋の価額は，増改築等に係る部分以外の部分に対応する固定資産税評価額に，当該増改築等に係る部分の価額として，当該増改築等に係る家屋と状況の類似した付近の家屋の固定資産税評価額を基として，その付近の家屋との構造，経過年数，用途等の差を考慮して評定した価額（ただし，状況の類似した付近の家屋がない場合には，その増改築等に係る部分の再建築価額から償却費相当額を控除した

価額の100分の70に相当する金額）を加算した価額（課税時期から申告期限までの間に，その家屋の課税時期の状況に応じた固定資産税評価額が付された場合には，その固定資産税評価額）に基づき財産評価基本通達89（家屋の評価）又は93（貸家の評価）の定めにより評価します。

　なお，<u>償却費相当額は，財産評価基本通達89－2（文化財建造物である家屋の評価）の(2)に定める評価方法に準じて，再建築価額から当該価額に0.1を乗じて計算した金額を控除した価額に，その建物の耐用年数（減価償却資産の耐用年数等に関する省令（昭和40年大蔵省令第15号）に規定する耐用年数）のうちに占める経過年数（増改築等の時から課税時期までの期間に相当する年数（その期間に1年未満の端数があるときは，その端数は，1年とします。））の割合を乗じて計算します。</u>

筆者注　上記＿＿＿は筆者が付設

(2) 本件裁決事例の場合

① 確認（双方の主張と国税不服審判所の判断）

　本件裁決事例においては，本件会社の株式（取引相場のない株式に該当）の1株当たりの純資産価額（相続税評価額によって計算した金額）を算定するに当たって，本件会社が所有する本件建物は課税時期前3年以内に取得（取得日：平成19年2月20日，課税時期：平成20年＊＊月＊＊日）した家屋等に該当することから，評価通達185（純資産価額）の括弧書の定めを額面どおり読むと，本件建物の価額は課税時期における通常の取引価額に相当する金額（再度の確認となるが，いわゆる相続税評価額（自用家屋の場合，「固定資産税評価額×1.0」として評価する旨定められている）とは異なる概念である）により評価するものとされている。

　次に，図表－9を参照されたい。図表－9は，本件建物の評価方法に関して，請求人及び原処分庁の双方の主張並びに国税不服審判所の判断をまとめたものである。

　そうすると，この図表－9からは，大いに注目すべき次に掲げる事項が2点確認される。

(イ) 原処分庁（課税庁）及び国税不服審判所はともに，本件建物（課税時期前3年以内に取得した建物である）の価額は，本件相続開始日における通常の取引価額に相当する金額により評価することが必要であると認識していると考えられること（図表－9の各該当欄の(A)＿＿部分を参照）。

図表－9　本件建物の評価方法（双方の主張・国税不服審判所の判断）

請求人（納税者）の主張	原処分庁（課税庁）の主張	国税不服審判所の判断
本件建物は，固定資産税評価額を基に貸家として，6,234万1,855円で評価すべきである。 計算　（固定資産税評価額）　（借家権割合） 　89,059,794円×(1－30％) 　　　　＝62,341,855円	(A)本件建物の本件相続開始日における通常の取引価額に相当する金額は，(B)「正常な価格」として合理的なものといえる平成20年度の固定資産税評価額（8,905万9,794円）とすべきである。	本件建物については，原処分庁算定による価額(B)（平成20年度の固定資産税評価額である8,905万9,794円）が，(A)本件建物の本件相続開始日における通常の取引価額に相当する金額であると認められる。

㊨　原処分庁（課税庁）及び国税不服審判所はともに，上記㋑に掲げる本件相続開始日における通常の取引価額に相当する金額は，課税時期の属する年分（平成20年分）の本件建物の固定資産税評価額であると主張又は判断していること（前頁図表－9の各該当欄の⁽ᴮ⁾　部分を参照）。
②　固定資産税評価額と通常の取引価額（時価）
㋑　地方税法等の規定等
　前記 Ⅳ ❷(3)①及び②に示すとおり，固定資産税評価額に関しては，次に掲げる地方税法の各規定及び固定資産評価基準の定めに留意する必要がある。
　　ⓐ　地方税法341条（固定資産税に関する用語の意義）5号において，価格とは適正な時価をいう旨規定していること
　　ⓑ　地方税法388条（固定資産税に係る総務大臣の任務）1項において，総務大臣は，固定資産評価基準を定め，これを告示しなければならない旨規定していること
　　ⓒ　地方税法403条（固定資産の評価に関する事務に従事する市町村の職員の任務）1項は，市町村は，一定の場合を除くほか，固定資産評価基準によって固定資産の価格を決定しなければならない旨規定していること
　　ⓓ　固定資産評価基準（昭和38年自治省告示）は，家屋の評価について，木造家屋及び木造家屋以外の家屋の区分に従い，各個の家屋について評点数を付設し，当該評点数を評点1点当たりの価額に乗じて各個の家屋の価額に求める方法によるものとし，各個の家屋の評点数は，当該家屋の再建築費評点数を基礎とし，これに家屋の損耗の状況及び需給事情による各減点補正を行う（再建築費評点数に減点補正率を乗じる）などの評価方法を定めていること
㋺　法令解釈等
　上記㋑に掲げる地方税法の各規定及び固定資産税評価基準の定めから，前記 Ⅳ ❷(3)②に示すとおり，国税不服審判所は，固定資産評価基準に定める家屋の評価方法及び家屋の固定資産税評価額と適正な時価との関係について，次のとおりの法令解釈等を示しており，課税実務上の取扱い（運用基準）として，大いに注目される。
　　ⓐ　固定資産評価基準に定める評価方法
　　　固定資産評価基準に定める評価方法は，再建築費（評価の対象となった家屋と全く同一のものを，評価の時点にその場所に建築するとした場合に必要とされる建築費。再建築費評点数に評点1点当たりの価額を乗じたものがこれに相当する）を求め，当該家屋の時の経過によって生ずる損耗の状況による減価等をするというものであり，かかる評価方法は，一般的な合理性を肯定することができるものである。
　　ⓑ　家屋の固定資産税評価額と適正な時価との関係
　　　上記ⓐより，市町村長が固定資産評価基準に従って決定した家屋の固定資産税評価額は，固定資産評価基準が定める評価の方法によって再建築費を適切に算定することができない特別の事情又は固定資産評価基準が定める減点補正を超える減価を要する特別の事情の存しない限り，地方税法341条（固定資産税に関する用語の意義）5号

に規定する「価格」（適正な時価）であると推認するのが相当である。

(ハ) 判例の確認

国税不服審判所が示した上記(ロ)ⓑに掲げる法令解釈等（家屋の固定資産税評価額と適正な時価との関係）は，判例（最高裁平成15年7月18日判決，平成11年（行ヒ）182号，審査決定取消請求事件）に依拠している。この判例の概要を示すと，次のとおりである。

最高裁平成15年7月18日判決，平成11年（行ヒ）182号，審査決定取消請求事件

(イ) 事案の概要

本件は，被上告人甲（固定資産税の納税義務者）が所有する鉄骨造陸屋根3階建店舗（以下「本件店舗用建物」という）の平成9年度固定資産課税台帳登録価格の評価について争われた事案である。

原審（高裁）は，被上告人甲が提出した本件店舗用建物に係る不動産鑑定書に基づいて本件店舗用建物の適正な時価を認定するのが相当であるとし，伊達市長が固定資産評価基準に従って評価し決定した登録価格は適正な時価を超える違法があると判断したことから，上告人（伊達市固定資産評価審査委員会）から上告受理の申立てがなされたものである。

(ロ) 原審（高裁）の判断

原審（高裁）は，次のとおり判断して，本件決定（被上告人甲が伊達市長によって決定され固定資産課税台帳に登録された本件店舗用建物の平成9年度の価格を不服として，上告人に対して審査の申出をしたところ，上告人からこれを棄却する旨の決定を受けたことをいう）を取り消すべきものとした。

(A) 固定資産評価基準は，固定資産税の課税標準の基礎となるべき価格の適正を手続的に担保するために，その算定手続，方法を規定するものであるから，これに従って決定された価格は，特段の反証のない限り，地方税法349条（土地又は家屋に対して課する固定資産税の課税標準）1項所定の固定資産の価格である適正な時価と認めることができる。

(B) 本件においては，三好鑑定書（本件店舗用建物の平成9年1月1日時点の鑑定評価額を1,895万円とする不動産鑑定士三好敬作成の鑑定評価書をいい，被上告人甲が原審（高裁）において提出したものである）に添付された地図及び写真に照らしても，その評価の前提となる事実の確定，計算過程等に問題があるとは認められないから，三好鑑定書に基づいて本件店舗用建物の時価（筆者注1）を認定するのが相当である。

筆者注1　三好鑑定書の内容

三好鑑定書の鑑定評価額（1,895万円）は，本件店舗用建物の概況，建築時期，構造等の調査に基づき，次のとおりに算定したものである。

Ⓐ　再調達原価を5,082万8,000円（1㎡当たり12万8,000円）として算出し

　　　　た。
　　Ⓑ　本件店舗用建物の建築年数を19年，経済的残存耐用年数を20年，同耐用
　　　年数経過時の残価率を0とする定額法による減価として，上記Ⓐの再調達
　　　原価に残価率39分の20を乗じて2,606万6,000円を算出した。
　　Ⓒ　上記Ⓑの金額（2,606万6,000円）に0.75（観察減価25％）を乗じて，1,955
　　　万円を算出した。
　　Ⓓ　上記Ⓒの金額（1,955万円）から補修費60万円を控除して，1,895万円を
　　　算出した。

　　三好鑑定書の観察減価（筆者注1 上記Ⓒに該当）又は補修費の控除（筆者注1
上記Ⓓに該当）が，定額法による減価と重複しているものとみる余地があるとし
ても，本件店舗用建物の平成9年1月1日時点の適正な時価は2,606万円程度（筆
者注1 上記Ⓑを参照）を超えるものではない。
　　したがって，伊達市長の決定した価格である3,008万3,044円（筆者注2）は
適正な時価を超えるから，本件決定は，審査手続の適法性について判断するまで
もなく，違法である。
筆者注2　伊達市長の決定した価格

　　伊達市長は，固定資産評価基準に従い，本件店舗用建物の再建築評点数4,715
　万2,107点に経年減点補正率0.58及び評点1点当たりの価額1.1円を乗じ，平成
　9年度の本件店舗用建物の価格を3,008万3,044円とした。

㈢　最高裁の判断
　原審（高裁）の上記㈡に掲げる判断は是認することができない。その理由は，次の
とおりである。
　(A)　伊達市長の決定した価格について
　　伊達市長は，本件店舗用建物について固定資産評価基準に定める総合比準評価の
　方法に従って再建築費評点数を算出したところ，この評価の方法は，再建築費の算
　定方法として一般的な合理性があるということができる。
　　また，評点1点当たりの価額1.1円は，家屋の資材費，労務費等の工事原価に含
　まれない設計監理費，一般管理費等負担額を反映するものとして，一般的な合理性
　に欠けるところはない。
　　そして，鉄骨造り（骨格材の肉厚4ミリを超えるもの）の店舗及び病院用建物に
　ついて固定資産評価基準が定める経年減点補正率は，この種の家屋について通常の
　維持管理がされた場合の減価の手法として一般的な合理性を肯定することができる。
　　そうすると，伊達市長が本件店舗用建物について固定資産評価基準に従って決定
　した価格（3,008万3,044円）は，固定資産評価基準が定める評価の方法によって再

建築費を適切に算定することができない特別の事情又は固定資産評価基準が定める
　　　減点補正を超える減価を要する特別の事情の存しない限り，その適正な時価である
　　　と推認するのが相当である。
　　(B)　原審（高裁）の判断について
　　　三好鑑定書が採用した評価方法は，固定資産評価基準が定める家屋の評価方法と
　　同様，再建築費に相当する再調達原価を基準として減価を行うものであるが，原審
　　（高裁）は，三好鑑定書の算定した本件店舗用建物の1㎡当たりの再調達原価（12
　　万8,000円）及び残価率（39分の20）を相当とする根拠を具体的に明らかにして
　　いないため，原審（高裁）の前記㋺に掲げる説示から直ちに上記(A)に掲げる特別の事
　　情があるということはできない。
　　　そして，原審（高裁）は，上記特別の事情について他に首肯するに足りる認定説
　　示をすることなく，本件店舗用建物の適正な時価が2,606万円程度を超えるもので
　　はないと判断したものであり，その判断には，判決に影響を及ぼすことが明らかな
　　法令の違反がある。論旨はこの趣旨をいうものとして理由があり，原判決は破棄を
　　免れない。
　　筆者注　最高裁の判断では，原審（高裁）が認容した三好鑑定書が採用した評価
　　　　　方法の不合理性を指摘し，これを採用することを認めなかった。そして，本
　　　　　件決定の適否について更に審理を尽くさせるために，本件は原審（高裁）に
　　　　　差し戻されることになった。

(ニ)　判例から学ぶこと
　上記(ハ)の判例（最高裁平成15年7月18日判決，平成11年（行ヒ）182号）から，市町
村長が固定資産評価基準（昭和38年自治省告示）に従って決定した家屋の固定資産税評
価額は，次に掲げるⓐ又はⓑに該当しない限り，地方税法341条（固定資産税に関する
用語の意義）5号に規定する「価格」（適正な時価）であると推認するとの考え方が支
持されたことを学ぶ必要がある。
　ⓐ　固定資産評価基準が定める評価の方法によっては，再建築費を適切に算定するこ
　　とができない特別の事情が存すること
　ⓑ　固定資産評価基準が定める減点補正を超える減価を要する特別の事情が存するこ
　　と
なお，上記の判示は，固定資産評価基準による家屋の固定資産税評価額は，一定の特別
の事情が存しない限り適正な時価であると推認するとされており，あくまでも「推認する」
（上記＿＿部分）のみであるから，固定資産税等の納税義務者が上記に掲げる特別の事情
を主張して争うことまでをも否定したものではないことに留意する必要がある。ただし，
この場合における特別の事情の存在に関する立証挙証責任は，固定資産税等の納税義務者
側にあることを理解しておく必要がある。
③　固定資産評価基準上の通常の取引価額と評価通達185上の通常の取引価額

筆者は，上記②(ハ)に掲げる判例の存在を知り，かつ同(ニ)に掲げるとおりの判例ポイント（(X)固定資産評価基準による家屋の固定資産税評価額は，原則として適正な時価である）について確認していたものの，当該判例は，あくまでも家屋の固定資産税評価額の決定方法を争点とする純粋に地方税法上の訴訟であるとの位置付けにあるものと認識していた。

しかしながら，本件裁決事例に接触してみて筆者は大変驚愕している。なぜならば，評価通達185（純資産価額）の括弧書に定める原則的な取扱いでは，「評価会社が課税時期前３年以内に取得又は新築した土地等又は家屋等の価額は，(Y)課税時期における通常の取引価額に相当する金額によって評価する」としており，この(Y)＿部分の解決に当たっては，評価通達の定めを一般的に適用（自用家屋の場合は，評価通達89（家屋の評価）において，(Z)その家屋の固定資産税評価額×倍率（1.0）により評価する旨を定めている）して求めた価額によることは相当ではないとされてきた。すなわち，従前においては，『(Y)＿≠(Z)＿』という解釈が成立するものと理解されていたはずである。ところが，本件裁決事例では，前記①の図表－９に掲げるとおり，原処分庁（課税庁）の主張及び国税不服審判所の判断の双方ともに一致して，「本件建物（本件会社が課税時期前３年以内に取得した家屋等に該当）の通常の取引価額に相当する金額は，正常な価格として合理的な本件建物の固定資産税評価額である」とし，『(Y)＿＝(Z)＿』の成立を認容している。

本件裁決事例において，上記の解釈（『(Y)＿＝(Z)＿』）の成立を認容した判断過程は，おおむね，次によるのであろう。

(イ)　評価通達89（家屋の評価）において，自用家屋の評価方法を定め（(Z)＿部分），事実上，自用家屋の価額は，固定資産評価基準による家屋の固定資産税評価額（(X)＿部分）に相当する金額によって評価するものと，従来からされてきた（すなわち，『(X)＿＝(Z)＿』が成立する）。

(ロ)　前記②(ハ)の判例（最高裁平成15年７月18日判決，平成11年（行ヒ）182号）では，固定資産評価基準による家屋の固定資産税評価額は，原則として適正な時価である（(X)＿部分）と判示されたことから，同様に家屋の価額を求めるものとして定められた評価通達185（純資産価額）の括弧書たる「課税時期における通常の取引価額に相当する金額」（(Y)＿部分）についても，家屋の固定資産税評価額によることが相当であるとの考え方が成立する（すなわち，『(X)＿＝(Y)＿』が成立する）。

(ハ)　上記(イ)より，『(X)＿＝(Z)＿』の関係が成立し，また，上記(ロ)より，『(X)＿＝(Y)＿』の関係が成立するのであれば，『(Y)＿（課税時期における通常の取引価額に相当する金額）＝(Z)＿（その家屋の固定資産税評価額×倍率（1.0））』の関係も成立することになる。

国税不服審判所は，本件建物の本件相続開始日における通常の取引価額に相当する金額について，次の資料に掲げるとおりの法令解釈等，当てはめ及び判断を示している。課税実務上の取扱いとして非常に重要なものと考えられるので，十分に確認しておきたいところである。

なお，本件裁決事例が今後の評価実務に与える影響等については，次の(3)で検討してみ

> 資料　原処分庁は，本件建物の本件相続開始日における通常の取引価額に相当する金額は，平成20年度の固定資産税評価額（8,905万9,794円）であると主張する。
>
> 　ところで，市町村長が固定資産評価基準に従って決定した家屋の固定資産税評価額は，固定資産評価基準が定める評価の方法によっては再建築費を適切に算定することができない特別の事情又は固定資産評価基準が定める減点補正を超える減価を要する特別の事情の存しない限り，地方税法341条（固定資産税に関する用語の意義）5号に規定する「価格」（適正な時価）であると推認するのが相当である。
>
> 　そして，＊＊＊＊（地方自治体名）は，本件建物について，固定資産評価基準に従い，昭和61年度の固定資産税評価額を決定し，以後，基準年度ごとに本件建物の減耗の状況による補正等を行って固定資産税評価額を決定し，平成18年度の固定資産税評価額も決定したことが認められ，他方，審判所の調査の結果によっても，固定資産評価基準が定める評価の方法によっては再建築費を適正に算定することができない特別の事情及び固定資産評価基準が定める減点補正を超える減価を要する特別の事情があるとは認められない。
>
> 　そうすると，本件建物の平成20年度の固定資産税評価額（平成18年度に固定資産評価基準に従って決定された固定資産税評価額）は，本件相続開始日における適正な時価であると推認されることとなる。
>
> 　したがって，原処分庁が主張するとおり，本件建物の平成20年度の固定資産税評価額が，本件建物の本件相続開始日における通常の取引価額に相当する金額であると認められる。

ることにする。

(3) 本件裁決事例が今後の評価実務に与える影響

① 概要

　以上，今までに確認したとおり，本件裁決事例において国税不服審判所は，取引相場のない株式の発行会社の1株当たりの純資産価額（相続税評価額によって計算した金額）を求める場合に，評価会社が課税時期前3年以内に取得した家屋等の価額は，課税時期における通常の取引価額に相当する金額によって評価するものとされているところ，当該課税時期における通常の取引価額に相当する金額は，一定の特別の事情が存在しない限り，固定資産評価基準に従って決定した家屋の固定資産税評価額とすることが相当であるとの判断を示している。

　本件裁決事例において国税不服審判所が示した判断の射程については，後記③において検討することにするが，もし仮に，当該判断がすべての事案において今後の標準になるとしたならば，次の②に掲げるような事態を招来することとなり，当該事案に対する対処について見解を異にする向きもでてこよう。

② 検討しておきたい事例

> 事　例
>
> 　相続税対策を検討している個人甲が所有している宅地（現在，更地であり自用地として

の相続税評価額は800百万円）があり，当該宅地に銀行借入金500百万円をもって建物を建築し，貸家事業を展開しようと考えている。この場合において，建物の建築主を(イ)個人甲とした場合，(ロ)個人甲が100％出資した甲㈱としたときでどのように異なるのか，また，本件裁決事例における国税不服審判所の判断を準用することの可否別に示されたい。なお，検討に必要な資料は次に掲げるとおりとする。

- (イ) 借地権割合……60％
- (ロ) 借家権割合……30％
- (ハ) 新たに建築される建物の固定資産税評価額……250百万円
- (ニ) 上記(ロ)で建物の建築主が甲㈱である場合には，当該建築予定地である宅地につき両者（個人甲と甲㈱）との間で土地賃貸借契約を締結し，かつ，税務上の手続きとして「土地の無償返還に関する届出書」を適正に提出するものとする。
- (ホ) 個人甲（相当以前から事業的規模で不動産賃貸業を営んでいる）については，評価対象地である宅地はそのすべてが小規模宅地等についての相続税の課税特例（措法69の4）の適用対象（貸付事業用宅地等）に該当するものとする。
- (ヘ) 個人甲は200百万円の現金預金を保有しているが，甲㈱を設立する場合には，その全額を資本金として出資するものとする。
- (ト) 個人甲については，個人甲又は甲㈱による貸家建物を取得，貸付直後に課税時期が到来したものとする。

|検　討|

(イ) 建物の建築主を個人甲とした場合

(A) 建　物

　　（上記(ハ)）　（評価倍率）　（上記(ロ)）
　　250百万円 × 1.0 ×（1 － 30％）＝ 175百万円

(B) 宅　地

　　（上記事例）　　　（上記(イ)）（上記(ロ)）（上記(ホ)）
　　800百万円 ×（1 － 60％ × 30％）× 50％ ＝ 328百万円

(C) 現金預金

　　（上記(ヘ)）
　　200百万円

(D) 借入金

　　（上記事例）
　　500百万円

(E) 相続税の課税価格

　　(A)＋(B)＋(C)－(D)＝<u>203百万円</u>

(ロ) 建物の建築主を甲㈱とした場合

|甲㈱が所有する建物の評価に本件裁決事例の考え方が適用できないものとされた場合|

(A) 甲㈱の株式

　　206.3百万円（次頁図表—10を参照）

(B) 宅　地

図表－10　甲㈱の資産と負債①

資産の部			負債の部		
勘定科目	相続税評価額	帳簿価額	勘定科目	相続税評価額	帳簿価額
現金預金 建　　物 借　地　権	200百万円 350百万円 （注1） 160百万円 （注2）	200百万円 500百万円 0百万円	借　入　金	500百万円	500百万円
合　　計	710百万円	700百万円	合　　計	500百万円	500百万円

- Ⓐ　相続税評価額による純資産価額　　　　　　　……710百万円－500百万円＝210百万円
- Ⓑ　帳簿価額による純資産価額　　　　　　　　　……700百万円－500百万円＝200百万円
- Ⓒ　評価差額に相当する金額　　　　　　　　　　……210百万円－200百万円＝10百万円
- Ⓓ　評価差額に対する法人税額等相当額　　　　　……10百万円×37％＝3.7百万円
- Ⓔ　課税時期現在の純資産価額（株式の相続税評価額）……210百万円－3.7百万円＝206.3百万円

ポイント　甲㈱の株式は，開業後3年未満の会社等の株式に該当するため，純資産価額（相続税評価額によって計算した金額）方式によって評価することとなる。

（注1）　建物は通常の取引価額により評価することになるが，本例では次のとおりに評価した。
　　　　（上記事例）　　　（上記ロ）
　　　　500百万円 ×（1－30％）＝ 350百万円
　　　　※　貸家としての通常の取引価額を算定する場合に借家権の価額を控除することの可否及び控除を可能とした場合における当該算定方法については❺で検討するが，ここでは，評価通達に定める借家権割合30％を控除することにより算定した。

（注2）　土地の無償返還に関する届出書が提出されている賃貸借契約なので，資産の部の相続税評価額欄に次のとおりの計算による借地権相当額の計上が必要とされる。
　　　　（上記事例）　（上記ニ）
　　　　800百万円 × 20％ ＝ 160百万円

　　（上記事例）　　　　　（上記ニ）　　　（上記ホ）
　　800百万円 ×（1－20％）× 50％ ＝ 320百万円

(C)　現金預金
　　（上記ヘ）
　　0百万円

(D)　相続税の課税価格
　　(A)＋(B)＋(C)＝<u>526.3百万円</u>

甲㈱が所有する建物の評価に本件裁決事例の考え方が適用できるものとされた場合

(A)　甲㈱の株式

　　35百万円（次頁図表―11を参照）

(B)　宅　地
　　（上記事例）　　　　　（上記ニ）　　　（上記ホ）
　　800百万円 ×（1－20％）× 50％ ＝ 320百万円

(C)　現金預金
　　（上記ヘ）
　　0百万円

(D)　相続税の課税価格
　　(A)＋(B)＋(C)＝<u>355百万円</u>

(ハ)　まとめ

図表-11　甲㈱の資産と負債②

資産の部			負債の部		
勘定科目	相続税評価額	帳簿価額	勘定科目	相続税評価額	帳簿価額
現金預金	200百万円	200百万円	借入金	500百万円	500百万円
建　物	175百万円(注1)	500百万円			
借地権	160百万円(注2)	0百万円			
合　計	535百万円	700百万円	合　計	500百万円	500百万円

- Ⓐ　相続税評価額による純資産価額　……535百万円－500百万円＝35百万円
- Ⓑ　帳簿価額による純資産価額　……700百万円－500百万円＝200百万円
- Ⓒ　評価差額に相当する金額　……35百万円－200百万円＜0百万円　∴0百万円
- Ⓓ　評価差額に対する法人税額等相当額　……0百万円×37％＝0百万円
- Ⓔ　課税時期現在の純資産価額（株式の相続税評価額）　……35百万円－0百万円＝35百万円

ポイント　甲㈱の株式は，開業後3年未満の会社等の株式に該当するため，純資産価額（相続税評価額によって計算した金額）方式によって評価することとなる。

(注1)　建物は固定資産税評価額を基礎として評価することになるが，本例では次のとおりに評価した。
　　　（上記Ⓐ）　　（上記ロ）
　　　250百万円 ×（1－ 30％注）＝ 175百万円
　　　注　固定資産税評価額を基礎として評価する場合に借家権の価額を控除することの可否及び控除を可能とした場合における当該算定方法については❺で検討するが，ここでは，評価通達に定める借家権割合30％を控除することにより算定した。

(注2)　土地の無償返還に関する届出書が提出されている賃貸借契約なので，資産の部の相続税評価額欄に次のとおりの計算による借地権相当額の計上が必要とされる。
　　　（上記事例）　（上記ニ）
　　　800百万円 × 20％ ＝ 160百万円

・現状（宅地と現金預金のみを保有）……1,000百万円
・建物の建築主を個人甲とした場合……203百万円
・建物の建築主を甲㈱とした場合
　　本件裁決事例の考え方が適用されないとした場合……526.3百万円
　　本件裁決事例の考え方が適用されるとした場合……355百万円

③　国税不服審判所が示した判断の射程

　上記②に掲げる検討しておきたい事例では，建物の建築主を甲㈱とした場合に本件裁決事例の考え方が適用されないとした場合と適用されるとした場合の差額は約170百万円超（526.3百万円－355百万円）となり，当該数値の大きさが認識される。当該差額の主因は，建物の建築価額と固定資産評価基準に基づいて当該建物に付された固定資産税評価額との開差によるものであり，当該開差は，原則として新築直後（換言すれば，一番最初に固定資産税評価額が付されるとき）が最大となる。

　一方，本件裁決事例における本件建物は，本件会社にとっては課税時期（平成20年（昭和の年号にすると昭和83年））前3年以内に取得（中古で取得）したものであるものの，その新築時期は昭和61年5月20日であり，課税時期においては，築後約22年が経過した物件であることにも留意する必要があるように思える。すなわち，家屋については，ある程

度の経過年数を経ると，固定資産税評価額が高止まりする傾向がある旨が指摘される（なお，事例によっては，通常の取引価額とされる価額よりも固定資産税評価額がより高額となっていると指摘する向きもある）場合もあるようである。本件裁決事例の場合，本件建物の通常の取引価額を固定資産税評価額によるとしたとしても，さほどの「目くじら」を立てる事案ではないとして処理された可能性についても考えを及ぼす必要があるものと思われる。

もし，本件裁決事例における本件建物が本件会社において新築されたものであり，上記②に掲げる検討しておきたい事例のように本件裁決事例の考え方の適用の可否次第では，評価額に相当の開差が生じることが想定される事例であったならば，どのようになるのであろうか。非常に興味を有するところである。

❸ 土地等の通常の取引価額
(1) 一般的な取扱い
① 路線価を100分の80で割り戻した価額を基礎とする方法（80％還元法）

土地等（ここでは，自用宅地を前提とする。以下❸において同じ）の通常の取引価額を求める場合に，実務書のなかには，不動産鑑定士等の専門家に不動産鑑定評価を依頼することが相当であると記述されているものも見受けられるが，不動産鑑定の内容次第によっては本件裁決事例のように，税務上における財産評価としての通常の取引価額（時価）を示したものではないとして否認される事例があることも想定しておく必要がある。また，実務コストを考慮すると容易に不動産鑑定評価を徴求することに躊躇を覚えることも少なくはない。そこで，世上においてよく採用される方法として，課税時期における通常の取引価額に相当する金額につき，公示価格を基に評定されている課税時期の属する年分の路線価を100分の80で割り戻した価額を基礎とし，時点修正，必要とされる画地補正（奥行価格補正，間口狭小補正，不整形地補正等）をした後の1㎡当たりの価額に評価対象地の地積を乗じて算定するという方式がある。

上記に掲げる方法は，土地政策上の問題や土地と他の財産との評価上の均衡等の問題が重要視された平成4年分の土地評価から，次に掲げる取扱いの変更（土地評価の適正化）が図られたことに基因して考えられたものであると推定される。
 (イ) 路線価等の評価時点を前年の7月1日時点からその年の1月1日時点に変更
 (ロ) 地価公示価格と同水準の価格の70％程度を目途に定めていた路線価等を80％程度に引上げ
 (ハ) 土地評価の一層の評価精度の向上を図るため，標準地の増設，路線価地域の拡大等
 (ニ) 評価通達について，現在の土地取引の実態に合った適正な評価が行えるように，その全体的な見直しの実行
② 80％還元法による具体的な計算例

本件裁決事例において，原処分庁（課税庁）が主張した本件土地の課税時期（平成20年＊＊月＊＊日）における通常の取引価額の算定は，真に，上記①に掲げる80％還元法によるものであり，その算定方法を掲記すると次頁図表−12のとおりである。

図表-12 原処分庁（課税庁）が主張する本件土地の価額（課税時期における通常の取引価額）

(イ) 路線価から通常の取引価額（標準的な価額）への補正

$$\underset{\substack{\text{課税時期の属する}\\\text{年分の正面路線価}}}{150,000円} \div \underset{(評価割合)}{\frac{80}{100}} = 187,500円$$

(ロ) 時点修正率の適用

上記(イ)×＊＊＊＊(注1)＝＊＊＊＊円

(注1) 時点修正率は、本件土地の平成20年1月1日の正面路線価（150,000円）と平成21年1月1日の正面路線価（145,000円）を基に1年間の下落率を計算し、平成20年1月1日から本件相続開始日（平成20年＊＊月＊＊日）までの日数を年間日数（366日）で除して計算した。

筆者注 上記の取扱いを算式に示すと、次のとおりとなる。

（算 式）

$$1 - \left(1 - \frac{\text{課税時期の属する年の翌年の正面路線価}}{\text{課税時期の属する年の正面路線価}}\right) \times \frac{\text{その年1月1日から本件相続開始日までの日数}}{\text{その年の年間日数}}$$

仮に、本件相続開始日を平成20年5月10日と仮定すると、その年1月1日から本件相続開始日までの日数は131日となり、時点修正率は次に掲げる計算より、0.988となる。

（計 算）

$$1 - \left(1 - \frac{145,000円}{150,000円}\right) \times \frac{131日}{366日} = 0.9880 \rightarrow 0.988 \begin{pmatrix}\text{小数点以下第四}\\\text{位を四捨五入}\end{pmatrix}$$

(ハ) 画地補正率の適用

上記(ロ)× ＊＊＊＊(注2)（奥行価格補正率）× 0.96(注2)（奥行長大補正率）＝156,148円

(注2) 奥行価格補正率及び奥行長大補正率は、いずれも、評価通達に定める補正率を適用している。

(ニ) 本件土地の価額（課税時期における通常の取引価額）

上記(ハ)×1,002.64㎡（地積）＝156,560,230円

(2) 本件裁決事例の場合

① 概要

本件裁決事例においては、本件会社の株式（取引相場のない株式に該当）の1株当たりの純資産価額（相続税評価額によって計算した金額）を算定するに当たって、本件会社が所有する本件土地は課税時期前3年以内に取得（取得日：平成19年2月20日、課税時期：平成20年＊＊月＊＊日）した土地等に該当することから、評価通達185（純資産価額）の括弧書の定めの適用があり、本件土地の価額は課税時期における通常の取引価額に相当する金額によって評価するものとされている。

そして、原処分庁（課税庁）が主張する本件土地の課税時期における通常の取引価額は、前記(1)②に掲げるとおり、課税実務上において一般的に広く採用されているものと推認される（いわゆる80％還元法によっている）。本件裁決事例において筆者が大いに注目しているのは、この80％還元法という課税実務上の取扱いにつき、国税不服審判所が、次の②に掲げるとおりの判断を示していることである。

② 80％還元法に対する国税不服審判所の判断

(イ) 原則的な取扱い

国税不服審判所では、「路線価とは、売買実例価額、公示価格、不動産鑑定士等によ

る鑑定評価額，精通者意見価格等を基として評定されており，評価時点より1年間適用するといった理由から，公示価格と同水準の価格の80％程度を目途に定められているものである。そうすると，原処分庁が主張する算定方法（筆者注 前頁図表－12に掲げる算定方法）は，(X)一応の合理性を認めることができるものである」と判断している。この国税不服審判所の判断で注目したいのは，いわゆる80％還元法については『一応の合理性を認める』（上記(X)___部分）としているのみであって，常時100％是認の射程内にある算定方法であるとは容認していないことである。

　すなわち，その理由につき，国税不服審判所は，「路線価は，公示価格の80％程度で評定され，また，(Y)端数調整がされたもの（筆者注）であることからすると，路線価を100分の80で割り戻した価額を基礎として算定した価額が，その土地の客観的な交換価値を上回ることが全くないということはできない」旨を挙げており，80％還元法に対しては一種の適用限界が存在することを示唆している。

筆者注　「路線価の端数調整」とは

　本件裁決事例を例にとると，本件土地の平成20年分の正面路線価は150,000円であり，また，平成21年分の正面路線価は145,000円であることから，一見すると1年間に5,000円下落しているように思われるかも知れない。しかしながら，路線価が100,000円以上300,000円未満の範囲にあるものについては，現行の課税実務上の取扱いでは次に掲げる端数処理が行われ，路線価は5,000円ごとの刻みにより表示されるものとなっているようである。

　㈑　路線価の端数が3,000円未満である場合……端数を切捨て3,000円未満を0円として表示
　㈻　路線価の端数が3,000円以上8,000円未満である場合……端数を調整して一律に5,000円として表示
　㈠　路線価の端数が8,000円以上である場合……端数を切上げて8,000円以上を10,000円として表示

　そうすると，本件裁決事例における本件土地の平成20年分及び平成21年分の正面路線価については，次の図表－13にまとめる事項が確認されることになる。

図表－13　本件土地の正面路線価

区分	正面路線価	実際の路線価の範囲	年間（平成20～平成21年）下落額	
平成20年分	150,000円	148,000円Ⓐ（最低）～152,999円Ⓑ（最大）	最大額9,999円（Ⓑ－Ⓒ）	最低額1円（Ⓐ－Ⓓ）
平成21年分	145,000円	143,000円Ⓒ（最低）～147,999円Ⓓ（最大）		

　すなわち，本件土地の正面路線価は，路線価図上では1年間に5,000円下落しているのであるが，これは見た目であって，実際には，ほぼ横バイ（値下げなし）から最大では約10,000円の下落までの可能性があったことが確認される。

これが,国税不服審判所が本件裁決事例で指摘した,いわゆる「路線価の端数調整」(上記(Y)部分)と呼ばれる課税実務上の取扱いである。

これはあくまでも一般論であるが,路線価の設定方針は平成4年分以降においては地価公示価格のおおむね80％水準に設定されているといわれている。そうすると評価対象地の正面路線価と近傍の公示地に係る地価公示価格との間には一定の相関関係が認められるはずである。しかしながら,上掲のとおり,「路線価の端数調整」という課税実務上の取扱いが存在するためにこの相関関係を説明できないという事象も生じてくる。本件裁決事例における評価対象地の正面路線価と近傍の公示地に係る地価公示価格の関係を示すと,図表－14のとおりとなり,一定の相関関係が成立していないことが確認される。

図表－14 評価対象地の正面路線価と近傍の公示地に係る地価公示価格

	評価対象地の正面路線価 (A)	近傍の公示地に係る地価公示価格 (B)	相関関係率 $\left(\frac{(A)}{(B)}\right)$
平成20年分 (1)	150,000円	168,000円	$\frac{150,000円}{168,000円}=89.28\%$
平成21年分 (2)	145,000円	166,000円	$\frac{145,000円}{166,000円}=87.34\%$
年間下落率 $\left(\frac{(1)-(2)}{(1)}\right)$	$\frac{150,000円-145,000円}{150,000円}=3.33\%$	$\frac{168,000円-166,000円}{168,000円}=1.19\%$	

そうすると,国税不服審判所がその判断において示しているとおり,「原処分庁(課税庁)が主張する算定方法(いわゆる80％還元法)より適切な他の算定方法が存在する場合には,当該方法により本件土地の本件相続開始日における通常の取引価額に相当する金額を算定するべきである」との取扱いが適用されることになる。

本件裁決事例は,この考え方を明確に示したものであり,今後の評価実務における貴重な先例になるものと考えられる。

(ロ) 応用的な取扱い(80％還元法に優先する適切な他の算定方法)

ⓐ 国税不服審判所が示した方法

国税不服審判所は,その判断において次に掲げる二つをいわゆる80％還元法に優先するとされる適切な合理性が認められる他の算定方法に該当するとしている。

(i) 評価対象地の存する地域と状況が類似する地域に存する公示地の価格を基に格差補正を行って評価対象地の価額を算定する方法(以下,この方法を「公示価格比準法」という)

この公示価格比準法は,評価対象地の存する地域と状況が類似する地域に存する公示地の公示価格を基として格差補正(注1)を行って算定するため,路線価から間接的に求めた(注2)公示価格水準の価格を基として算定する方法よりも,より適切な評価方式であるというべきである。

図表-15 土地価格比準表（標準住宅地，地域要因，環境条件（一部））

条件	項目	細項目	格差の内訳				備考
環境条件	日照・温度・湿度・風向等の気象の状態	日照，温度，湿度，風向，通風等	対象地域＼基準地域	優る	普通	劣る	日照の確保，温度，湿度，通風等の良否等の自然的条件について，次により分類し比較を行う。 優る　日照，通風等を阻害するものが殆んどなく自然的条件が優れている地域 普通　日照，通風等も普通で自然的条件も通常である地域 劣る　日照，通風等が悪く自然的条件が劣っている地域
			優る	0	-1.5	-3.0	
			普通	1.5	0	-1.5	
			劣る	3.0	1.5	0	
	眺望・景観等の自然的環境の良否	眺望，景観，地勢，地盤等	対象地域＼基準地域	優る	普通	劣る	眺望，景観，地勢，地盤等の自然的環境の良否について，次により分類し比較を行う。 優る　眺望がひらけ，景観，地勢がすぐれて地質地盤が強固な環境に恵まれた地域 普通　眺望，景観とも通常で，地勢は平坦，地質，地盤が普通である地域 劣る　眺望，景観がすぐれず，地勢，地盤が劣る地域
			優る	0	-1.5	-3.0	
			普通	1.5	0	-1.5	
			劣る	3.0	1.5	0	
	居住者の近隣関係等の社会的環境の良否	居住者の近隣関係等の社会的環境の良否	対象地域＼基準地域	優る	普通	劣る	居住者の近隣関係，すまい方等の社会的環境を形成する要因等について，次により分類し比較を行う。 優る　社会的環境がやや優れている地域 普通　社会的環境が中級である地域 劣る　社会的環境が普通である地域
			優る	0	-2.5	-5.0	
			普通	2.5	0	-2.5	
			劣る	5.0	2.5	0	
	各画地の面積・配置及び利用の状態	画地の標準的面積	対象地域＼基準地域	優る	普通	劣る	画地の標準的な面積について，次により分類し比較を行う。 優る　画地の標準的な面積が一般的に300（200）㎡を超える地域 普通　画地の標準的な面積が一般的に150㎡を超え300（200）㎡以下の地域 劣る　画地の標準的な面積が一般的に150㎡以下の地域 （　）内は三大圏等主要都市の地域に適用する。
			優る	0	-1.5	-3.0	
			普通	1.5	0	-1.5	
			劣る	3.0	1.5	0	
		各画地の配置の状態	対象地域＼基準地域	優る	普通	劣る	各画地の配置の状態について，次により分類し比較を行う。 優る　各画地の地積，形状等が均衡がとれ，配置が整然としている地域 普通　各画地の地積，形状等がやや不均衡であるが配置がやや整然としている地域 劣る　各画地の地積，形状等が不均衡で配置に統一性がない地域
			優る	0	-1.5	-3.0	
			普通	1.5	0	-1.5	
			劣る	3.0	1.5	0	

(注1) 格差補正については，評価実務上，「土地価格比準表」（昭和50年1月20日付国土地税第4号）（その例として，前頁図表－15を参照）に準じて，地域要因及び個別要因に係る各種補正を行うことが相当であると考えられている。

(注2) いわゆる80％還元法を使用する場合には，前記図表－12において原処分庁（課税庁）が主張する本件土地の価額（課税時期における通常の取引価額）の算定過程の(ハ)でも示されているとおり，画地補正率の適用に当たって，各種画地補正率（本件土地の場合には，奥行価格補正率及び奥行長大補正率）の基因を評価通達に求めることが一般的であることも併せて摘示しておきたい。

(ii) 実際に取引された土地の事例が存在し，当該事例の取引価格を基に不動産鑑定理論に基づいて評価対象地の価額を算定する方法（以下，この方法を「取引事例比較法」という）

この取引事例比較法は，評価対象地の存する地域の近接地域及び同一需給圏内の類似地域における取引事例が認められ，適切な補正や地域要因及び個別要因の比較（当該比較は，上記(i)（注1）に掲げる「土地価格比準表」に準じて行うことになる）が可能であることが必要条件と考えられ，多数の取引事例による比較考量をした検討が行われるものでなければならない。

ⓑ 本件土地の場合

本件裁決事例における本件土地の場合，国税不服審判所は，本件鑑定評価書（請求人側の不動産鑑定評価書）で採用された各取引事例につき適正な補正や地域要因及び個別要因の比較が困難であるとして上記(ii)に掲げる取引事例比較法の適用を断念し，上記(i)に掲げる公示価格比準法に基づいて本件土地の価額（課税時期における通常の取引価額）を算定する旨を判断している。その算定方法を掲記すると次頁図表－16のとおりである。

❹ 本件不動産の帳簿価額を通常の取引価額とすることの可否

(1) 概要

評価通達185（純資産価額）の括弧書では，評価会社（取引相場のない株式の発行会社）の株式に係る1株当たりの純資産価額（相続税評価額によって計算した金額）を計算する場合において，評価会社が課税時期前3年以内に取得又は新築した土地等及び家屋等の価額は，次に掲げるとおりに評価する旨定められている。

原則的評価　課税時期における通常の取引価格によって評価する。

特例的評価　当該土地等及び家屋等に係る帳簿価額が課税時期における通常の取引価額に相当すると認められる場合には，当該帳簿価額に相当する金額によって評価することができる。

すなわち，上記に掲げる 特例的評価 の取扱いは，評価通達に特に求められるものと考えられる納税者間の公平，評価の簡便性，徴税費用の節減の観点から設けられた一定の要件を充足することを前提とする一種の形式基準による評価方法であると考えられる。

図表-16　国税不服審判所が算定した本件土地の価額（課税時期における通常の取引価額）

(イ) 公示地（＊＊＊＊）の公示価格
　　168,000円
(ロ) 時点修正率の適用
　　上記(イ)×＊＊＊＊（注）＝＊＊＊＊円
　（注）　時点修正率は，公示地（＊＊＊＊）の平成20年1月1日の価格（168,000円）と平成21年1月1日の価格（166,000円）を基に計算した1年間の下落率を，本件相続開始日までの日数と年間日数（366日）であん分して計算した。

[筆者注] 上記の取扱いを算式に示すと，次のとおりとなる。
（算　式）

$$1 - \left(1 - \frac{\text{課税時期の属する年の翌年の公示地（＊＊＊＊）の公示価格}}{\text{課税時期の属する年の公示地（＊＊＊＊）の公示価格}}\right) \times \frac{\text{その年1月1日から本件相続開始日までの日数}}{\text{その年の年間日数}}$$

　仮に，本件相続開始日を平成20年5月10日と仮定すると，その年1月1日から本件相続開始日までの日数は131日となり，時点修正率は次に掲げる計算より，0.996となる。
（計　算）

$$1 - \left(1 - \frac{166,000円}{168,000円}\right) \times \frac{131日}{366日} = 0.9957 \sim \Rightarrow 0.996 \left(\begin{array}{l}\text{小数点以下第四}\\\text{位を四捨五入}\end{array}\right)$$

(ハ)　地域要因格差の比較
　　　　　　　　　　　（街路条件）　（交通接近条件）　（行政的条件）
　　上記(ロ)×＊＊＊＊× $\frac{100}{95}$ × $\frac{100}{98.5}$ ＝184,148円
　（注）　街路条件は道路幅員，交通接近条件は最寄駅の接近性，行政的条件は公法上の規制の程度を比較したものであり，いずれも土地価格比準表に基づいて行った。

(ニ)　個別要因格差の比較
　　　　　　　（奥行逓減）　（奥行長大）　（方　位）
　　上記(ハ)× $\frac{90}{100}$ × $\frac{97}{100}$ × $\frac{106}{100}$ ＝170,406円
　（注）　個別要因格差の比較は，土地価格比準法に基づいて行った。

(ホ)　本件土地の価額（課税時期における通常の取引価額）
　　　　　　　　　（地　積）
　　上記(ニ)×1,002.64㎡＝170,855,871円

(2)　本件不動産の場合

　本件裁決事例では，請求人（納税者）及び原処分庁（課税庁）の双方ともに，上記(1)に掲げる[特例的評価]に基づいて本件不動産の価額を算定すべきである旨の主張を行っているものではない。それでは，何故に本件裁決事例においてこの簡便的，かつ，形式的平等性が担保されていると考えられるこの[特例的評価]を採用しなかったのかを次に検討してみたい。

① 検討の前提

　本件裁決事例における基礎事実，双方の主張及び国税不服審判所の判断から，次に掲げる事項が確認される。

(イ) 平成19年2月20日に，本件会社が本件不動産を取得（前所有者から売買により取得）した際の代金は4億5,000万円で，その内訳は，本件土地の価格2億4,000万円，本件建物の価格2億1,000万円（内訳：本件建物の本体価格2億円，消費税相当額1,000万円（[参考]当時の消費税の税率は5％））であること

(ロ) 本件不動産の本件相続開始日（平成20年＊＊月＊＊日）における帳簿価額は，本件土地が2億4,000万円（約23万9,000円/㎡），本件建物については取得後減価償却を行ったため1億9,115万円であること

(ハ) 本件土地が面する路線の平成20年分（本件相続開始日の属する年分）の路線価は15万円/㎡であり，これを基に原処分庁（課税庁）が主張する本件土地の価額（課税時期における通常の取引価額）は15万6,148円/㎡，全体で1億5,656万円230万円（前記図表－12を参照）であること

(ニ) 本件土地の存する地域と状況が類似する地域に存する公示地（＊＊＊＊）の平成20年分（本件相続開始日の属する年分）の公示価格は16万8,000円/㎡であり，これを基に国税不服審判所が算定した本件土地の価額（課税時期における通常の取引価額）は17万406円/㎡，全体で1億7,085万5,871円（前頁図表－16を参照）であること

(ホ) 公示地（＊＊＊＊）の公示価格に係る平成19年ないし平成21年の推移には，大きな変動は認められないこと

② 検討

本件土地の本件相続開始日における帳簿価額は2億4,000万円（約23万9,000円/㎡）（上記①(ロ)）であり，当該価額は，原処分庁（課税庁）が主張する本件相続開始日における本件土地の価額である1億5,656万230円（約15万6,000円/㎡）はもちろんのこと，国税不服審判所が算定した本件土地の価額である1億7,085万5,871円（約17万円/㎡）をも遥かに上回る価額である。そうすると，上記(1)に掲げる評価通達185（純資産価額）の括弧書の定めとして，特例的評価の取扱いを採用したいとして本件土地の本件相続開始日における帳簿価額2億4,000万円をもって，本件土地の価額（課税時期における通常の取引価額）とすることの，相当性は担保されていないものと考えられる。

なお，本件裁決事例では，上記①(ホ)に掲げるとおり，国税不服審判所が公示価格比準法に基づいて本件土地の価額（課税時期における通常の取引価額）を算定する際に，その計算の基礎とした公示地（＊＊＊＊）の公示価格について，平成19年（本件会社が本件土地を取得した日の属する年分）から平成21年（課税時期の属する年分の翌年分で，取得の日から課税時期までの地価変動率を算定するために資料が必要な年分）までの間に大きな変動は認められないとのことから，本件会社における本件土地の帳簿価額2億4,000万円（この帳簿価額に取得の日から課税時期までの期間中の異動はない）は，本件土地の取得時の通常の取引価額を反映したものではないのではという疑問が生じることとなる。この点を具体的に数値で検証すると，次頁図表－17のとおりとなる。

そうすると，次頁図表－17の 計算 の(ロ)により明確にされたとおり，本件土地の取得に際して本件会社において記帳された帳簿価額（2億4,000万円）は，その合理性が担保されていると認められる公示価格比準法に基づいて推算される当該取得時における価額（通常の取引価額）たる約1億7,400万円を約40％（2億4,000万円÷1億7,400万円）も上回るものであり，このような高額な金額をもって記帳された帳簿価額によって，評価通達185（純資産価額）の括弧書に定める評価会社が課税時期前3年以内に取得した土地等の価額の算

図表－17　本件土地の通常の取引価額

前提　(イ)　本件土地の価額（課税時期における通常の取引価額）は，国税不服審判所が公示価格比準法に基づいて算定した1億7,085万5,871円とする。
(ロ)　公示地（＊＊＊＊）の公示価格を基に計算した本件土地の価格比率を0.98（取得時100，課税時期98）とする。
計算　(イ)　本件土地の取得時における価額（通常の取引価額）

　　　（上記前提(イ)より）　（上記前提(ロ)より）
　　　1億7,085万5,871円　÷　0.98　＝　1億7,434万2,725円
(ロ)　本件土地の取得時の帳簿価額との差異

　　（本件土地の取得
　　　時の帳簿価額　）　　　（上記(イ)）
　　2億4,000万円　－　1億7,434万2,725円＝6,565万7,275円

定方法たる特例的評価を採用したとすることに論理的妥当性を見出すことはできない。

一方，もし仮に，本件会社における本件不動産（本件土地及び本件建物からなる）の取得価額（本件不動産は売買により取得されている）が，当該取得時における本件不動産に係る通常の取引価額（客観的交換価値）によったものであると認められるのであれば，本件不動産の取得価額を本件土地の取得価額と本件建物の取得価額に配分する過程で非違があったことになる。すなわち，本件裁決事例の場合では土地の取得価額の過大計上及び建物の取得価額の過少計上が認められ，その後における数期の決算経過後においては，減価償却費の過少計上を原因として，結果的に本件不動産の価値が過大に計上されるという一種の粉飾決算の様相を示していると指摘することもできる。

本件裁決事例において，原処分庁（課税庁）の主張及び国税不服審判所の判断のいずれにおいても，上述の特例的評価を採用することを表明すらしていないのは，筆者が上記において示した事項（本件不動産の取得価額を本件土地及び本件建物に配分するに当たっての計算の不合理性）を両者が熟知していた帰結であると推認される。

❺　貸家及びその敷地（貸家建付地）のしんしゃく配慮

(1)　本件裁決事例の場合

本件裁決事例における本件不動産（一棟貸しを前提とする本件建物及びその敷地たる本件土地から構成されるが，課税時期において借家人は不存在である）の評価態様につき，請求人（納税者）は次に掲げる事由を示して本件土地は貸家建付地，本件建物は貸家としてそれぞれ所定のしんしゃくを行って評価すべき旨を主張している。

① 本件相続開始日（平成20年＊＊月＊＊日）において本件建物が賃貸されていなかったのは，本件会社が平成19年9月に本件建物に係る賃貸借契約の解約通知を受領した後，直ちに賃借人の募集を行ったが，本件建物が一括賃貸用の寮であるという特殊性によって，たまたま新規の賃貸借契約が平成21年2月（本件相続開始後）となったからにすぎないこと

② 本件不動産は，賃貸事業用不動産として購入され管理運用されているものであることから，空室はむしろ資産価値が低くなるという本来的・内在的性質があるので，当該性質に沿った評価をすべきであること

これに対して，国税不服審判所の判断は，評価通達26（貸家建付地の評価）及び同93（貸家の評価）の各通達の制定趣旨（借家権が設定されると，建物及びその敷地利用にさまざまな制約（(イ)不動産所有者の自由な使用収益に制約が発生，(ロ)借家権の消滅を図るためには，立退料等の支払をすることが不可欠，(ハ)借家権が付着したままでの不動産譲渡では経済的価値の低下に基因等）が生ずることとなる）を踏まえ，当該制約を減価すべき事情として，一定のしんしゃく配慮を行う必要があるとの考え方からすると，<u>たとえ賃貸用の家屋であったとしても，評価の時点（課税時期）において現実に貸し付けられていない家屋には借家権の設定に伴う制約がなく，当該家屋の敷地にも同様に制約がないため</u>，貸家建付地及び貸家としての減価を考慮する必要はないとして，請求人（納税者）の主張を排斥している（結果として，本件土地及び本件建物は自用であるものとして評価することが相当であると判断された）。

すなわち，本件裁決事例に掲げる本件建物のような一括賃貸用の寮形式の建物（このような建物は，1棟の独立家屋とも考えられる）には，評価通達26（貸家建付地の評価）に定める「賃貸割合」（ 資料 を参照）を適用する余地はなく（又は，仮にあったとしても，その賃貸割合は0％になるものと考えられる），この場合における貸家とは，評価時点（課税時期）において現実に貸し付けられていない家屋をいい，このような家屋には，借家権の設定に伴う制約がなく，当該家屋の敷地にも同様に制約がない（上記___部分）ため，貸家建付地及び貸家としての評価上のしんしゃくを行う必要性がないものと判断されたものと考えられる。

 資料 評価通達26（貸家建付地の評価）に定める賃貸割合

評価通達26（貸家建付地の評価）において，「賃貸割合」は，その貸家に係る各独立部分（構造上区分された数個の部分の各部分をいう）がある場合に，その各独立部分の賃貸の状況に基づいて，次の算式により計算した割合によるものと定められている。

（算　式）

$$\frac{\text{分母のうち課税時期において賃貸されている各独立部分の床面積の合計}}{\text{当該家屋の各独立部分の床面積の合計}}$$

(注1)　上記算式の「各独立部分」とは，建物の構成部分である隔壁，扉，階層（天井及び床）等によって他の部分と完全に遮断されている部分で独立した出入口を有するなど独立して賃貸その他の用に供することができるものをいう。したがって，例えば，ふすま，障子又はベニヤ板等の堅固でないものによって仕切られている部分及び階層で区分されていても，独立した出入口を有しない部分は「各独立部分」には該当しないものとされている。

(注2)　上記算式の「賃貸されている各独立部分」には，継続的に賃貸されていた各独立部分で，課税時期において，一時的に賃貸されていなかったと認められるものを含むこととして差し支えないものとされている。

(2) 課税時期前3年以内に取得等をした不動産に対する適用
① 課税時期前3年以内に取得等した不動産に対するしんしゃく配慮の可否

　評価通達185（純資産価額）において，評価会社が課税時期前3年以内に取得又は新築した土地等及び家屋等の価額は，原則として，課税時期における通常の取引価額に相当する金額によって評価する旨が定められている。本件裁決事例における本件不動産の場合は，上記(1)で確認したとおり本件相続開始日（課税時期）において実際に貸し付けられていないので，本件建物を貸家，そして本件土地を貸家建付地として評価することは認められない。

　では，仮定の話となるが，評価会社が課税時期前3年以内に取得又は新築した土地等及び家屋等について，評価時点（課税時期）において当該不動産が貸家及びその敷地（貸家建付地）の用に供されていると認められる場合における課税時期における通常の取引価額に相当する金額の算定方法（換言すれば，評価上のしんしゃく配慮の可否）について検討を加えてみたい。

　この点，国税不服審判所は，前記 Ⅳ ❷(2)②に掲げるとおり，その法令解釈等として，「借家権の設定に伴う建物及びその敷地の利用の制約（筆者注 この利用の制約は，(イ)不動産所有者の自由な使用収益の制限，(ロ)借家権の消滅を図るための立退料等の支払，(ハ)借家権の負担付で譲渡した場合の経済的価値の低下等に基因するものと考えられている）は，評価通達185（純資産価額）括弧書に定める「通常の取引価額に相当する金額」の算定においても，同様に考慮することが合理的であると考えられることから，「通常の取引価額に相当する金額」の算定においても，対象の土地及び建物が貸家建付地及び貸家に該当し，上記制約を考慮する必要があるときは，評価通達26（貸家建付地の評価）及び同93（貸家の評価）と同様の方法で貸家建付地及び貸家の価額を評価することが相当である」旨を示しており，評価会社が課税時期前3年以内に取得又は新築した土地等及び家屋等についても，当該不動産が課税時期において貸家及びその敷地（貸家建付地）の用に供されている限り，一定の評価上のしんしゃく配慮が必要とされることを明確にしたものであり，評価実務上において重視されるべき裁決事例である。

② しんしゃく配慮上の留意点
　(イ) 評価通達の定めを準用することの可否

　　従前においては，評価会社が課税時期前3年以内に取得又は新築した土地等及び家屋等につき，これらの資産が課税時期において貸家及びその敷地（貸家建付地）の用に供されていると認められる事例に関しては，評価実務上において一定のしんしゃく配慮が必要であるとは考えられていたものの，その具体的な取扱いについて明示されたものはなかった。

　　しかしながら，本件裁決事例においては，国税不服審判所による法令解釈等として，借家権の設定に伴う建物及びその敷地の利用の制約を考慮する必要があるときは，評価通達26（貸家建付地の評価）及び同93（貸家の評価）と同様の方法で貸家建付地及び貸家の価額を評価することが相当である（上記①の____部分）としており，上記の一定のし

図表－18　評価会社が課税時期前3年以内に取得等した不動産が貸家及びその敷地（貸家建付地）である場合の価額（通常の取引価額）の求め方

区　分	貸家及びその敷地（貸家建付地）の価額
家屋等（貸家）	課税時期における通常の取引価額(注)（自用家屋としての価額）×（1－借家権割合×賃貸割合）
土地等（貸家建付地）	課税時期における通常の取引価額（自用地としての価額）×（1－借地権割合×借家権割合×賃貸割合）

（注）　本件裁決事例においては，家屋等につき，課税時期における通常の取引価額（自用家屋としての価額）は，前記 Ⅳ ❷ (3)②に掲げるとおり，特別の事情の存しない限り，市町村長が固定資産評価基準に従って決定した家屋の固定資産税評価額によるべきことが相当であるとしている。

んしゃく配慮に際して，評価通達の定めを準用することの相当性についても言及している。この取扱いに基づく評価方法を算式で示すと，図表－18のとおりとなる。

　なお，上記のような考え方（課税時期における通常の取引価額を求めるに当たって，当該資産が賃貸用不動産であることに対する評価上のしんしゃく配慮を評価通達の定めを準用して求めることを相当とする取扱い）が定着してきたのは，平成16年8月30日付の名古屋地裁の判決（平成15年（行ウ）第10号，相続税更正処分等取消請求事件）による影響が大きいものであると筆者は推定している（この裁判例の概要については，(3)で確認してみることにする）。

(ロ)　帳簿価額相当額で評価する場合の留意点

　評価通達185（純資産価額）の括弧書の後段において，評価会社が課税時期前3年以内に取得又は新築した土地等及び家屋等に係る帳簿価額が課税時期における通常の取引価額に相当すると認められる場合には，当該帳簿価額に相当する金額によって評価することができる旨の一種の簡便的な評価方法を定めている。

　そうすると，次に確認しておきたいのが，評価対象資産が貸家及びその敷地（貸家建付地）である場合において，上記に掲げる簡便的な評価方法（帳簿価額によって評価する方法）を適用するときに，さらに，評価上のしんしゃく配慮が必要であるとして，評価通達26（貸家建付地の評価）及び同93（貸家の評価）と同様の評価方法を用いて調整することの可否である。この点について明記したものは筆者の知る限りでは存在せず，単なる推量にすぎないが，おおむね次頁図表－19のとおりに取り扱われるべきものであると考えられる。

(3)　名古屋地裁の裁判例

　本稿の最後に，上記(2)(イ)で摘示した名古屋地裁の裁判例を確認しておきたい。

① 事案の概要

　本件は，原告（納税者）が原告の父に係る相続税の申告をしたところ，被告（課税庁）がその相続財産のなかの不動産の一部（以下「本件土地」という）の評価に誤りがあることを理由に，相続税の更正処分及び過少申告加算税の賦課決定処分（以下，これらの処分を「本件更正処分等」という）をしたため，原告がその取消しを求めたものである。最終

図表－19　評価対象資産が貸家及びその敷地（貸家建付地）である場合における帳簿価額評価の留意点

区分名称	評価対象資産の状況		評価通達26・93の準用	課税時期における通常の取引価額		考え方
	取得時	課税時期		算定方法（私案）		
状況変化型	自用家屋自用地	貸家及びその敷地（貸家建付地）	可能と推量される	家屋	帳簿価額 × (1 − 借家権割合 × 賃貸割合)	評価対象資産につき，取得時から課税時期までの間の状況に変動があり，財産評価において当該変動を調整する必要がある。
				土地	帳簿価額 × (1 − 借地権割合 × 借家権割合 × 賃貸割合)	
状況維持型	貸家及びその敷地（貸家建付地）	貸家及びその敷地（貸家建付地）	不可と推量される	家屋	帳簿価額	取得時より借家権の負担付で購入しており，再度，評価通達を準用すると経済的価値の減額を二重に配慮したことになる。
				土地	帳簿価額	

的には，被告の提出した不動産鑑定評価書（以下「被告鑑定」という）による鑑定評価額（以下「被告鑑定評価額」という）と裁判所が不動産鑑定士に求めた不動産鑑定評価書（以下「裁判所鑑定」という）による鑑定評価額（以下「裁判所鑑定評価額」という）（筆者注　原告は，訴訟の途中で裁判所鑑定評価額に請求を縮減している）の双方のいずれに合理性が認められるのかが争点となった事案である。

② 争いのない事実及び証拠により明らかな事実等

㈦　原告の父は，平成10年6月3日に死亡し，その妻及びその子ら（原告と訴外の1人）が同人を相続した（以下「本件相続」という）ところ，本件相続に係る相続財産に，本件土地が含まれていた。なお，本件相続開始時において，本件土地上には建物が存在していたため，以下において，本件土地の価格を記すときは，断りのない限り建付減価後のそれを指す。

㈡　本件土地は，近鉄＊＊＊＊線＊＊＊＊駅の南方約450mに位置し，北東方向にある市役所からも約700m離れている。同土地は，その北東側間口約17.5mが幅員約12mの市道（通称A通り。約1m歩道付き）に，その西側間口約23mが幅員約4.5mの市道に，それぞれ等高に接面する地積281.68㎡の台形地である。西側の上記市道を挟んで，近鉄＊＊＊＊線の高架線路（複線）が存在し，朝夕の時間帯には上下線合わせて1時間当たり20本以上の電車が通過する。同土地は，市街化区域内にあって近隣商業地域及び準防火地域に指定され，その容積率は200％，建ぺい率は80％である。

③ 争点

本件土地の本件相続開始時における価額はいくらになるのか。また，その判断に当たっては被告鑑定による被告鑑定評価額と裁判所鑑定による裁判所鑑定評価額のいずれに合理性が認められるのか。

④ 争点に対する双方（原告・被告）の主張

争点に対する双方の主張をまとめると，次頁図表－20のとおりとなる。

図表－20　争点に対する双方の主張

原告（納税者）の主張	被告（課税庁）の主張
本件土地の価額は，下記に掲げる裁判所鑑定評価額を基に算定した価額である5,458万9,550円とすべきである。 ・本件土地に係る裁判所鑑定評価額を基に算定した価額 　裁判所鑑定は，本件土地はいわゆる角地であって利用効率に優ることから標準画地の価額より3％を上乗せし（格差率1.03），他方，不整形地（台形地）であることから標準画地より5％を減ずる（格差率0.95）こととし，さらに，本件土地が，鉄道高架に隣接していて環境条件に劣ることから3％を減ずる（格差率0.97）こととし，これらを累乗した0.95をもって標準画地との格差率とした。 　そして，標準画地の価額1㎡当たり24万円に上記格差率を乗じた22万8,000円をもって本件土地の1㎡当たりの価額と査定し，これに，地積281.68㎡を乗じた6,422万3,000円を裁判所鑑定評価額と決定した。なお，裁判所鑑定評価額から15％の建付減価を行うと，5,458万9,550円となる。 参考　裁判所鑑定評価額を基に算定した価額（計算式） 　(イ)　（角地に係る格差率）×（不整形地に係る格差率）×（環境条件に係る格差率） 　　　　1.03　×　0.95　×　0.97　≒0.95 　(ロ)　（標準画地の1㎡当たりの価額）×（上記(イ)） 　　　　240,000円　×　0.95　≒228,000円 　(ハ)　(ロ)×281.68㎡　≒　（更地としての鑑定評価額）64,223,000円 　(ニ)　(ハ)×（1－（借地権割合）0.5　×（借家権割合）0.3） 　　　　＝（建付減価済みの価額）54,589,550円 筆者注　原告が行った請求の縮減について 　原告（納税者）は，被告（課税庁）に対し本件土地を4,281万2,000円（名古屋地裁の判決文では，本件土地の計算過程については明示されていない）であるとして本件相続に係る相続税の申告をしている。 　その後，原告は本件更正処分等の取消しを求めて本訴を提起したが，第3回弁論準備手続期日において，「請求の趣旨の変更」と題する書面を陳述し，本件土地の評価額を裁判所鑑定の結果どおりに主張し，その余の相続財産の評価額については，被告の主張を認めてその請求を縮減している。	本件土地の価額は，下記(イ)に掲げる評価通達の定めを適用して評価した価額（以下「通達評価額」という）（5,776万807円）が下記(ロ)に掲げる被告鑑定評価額を基に算定した価額（5,814万円）を下回ることから，通達評価額である5,776万807円とすべきである。 (イ)　本件土地に係る通達評価額 　本件土地については，正面路線価（通称A通り）が1㎡当たり23万6,000円で，側方路線価（幅員約4.5mの市道）が同9万7,000円であるところ，後者に奥行価格補正率0.99と側方路線影響加算率0.08とを乗じた額を前者の額に加え，その合計額に不整形地補正率0.99を乗じると1㎡当たり24万1,245円と算出される。 　これに地積281.68㎡を乗じた金額6,795万3,891円が本件土地の更地の通達評価額であり，これから，借地権割合0.5と借家権割合0.3を乗じて算出される0.15の減価をすると，建付減価済みの通達評価額は5,776万807円と算出される。 参考　通達評価額（計算式） 　(イ)　（正面路線価）×（奥行価格補正率） 　　　　236,000円　×　1.00　＝236,000円 　(ロ)　(イ)＋（側方路線価）97,000円×（奥行価格補正率）0.99×（側方路線影響加算率）0.08 　　　　＝243,682円 　(ハ)　(ロ)×（不整形地補正率）0.99　＝241,245円 　(ニ)　(ハ)×281.68㎡（地積）＝（更地の通達評価額）67,953,891円 　(ホ)　(ニ)×（1－（借地権割合）0.5　×（借家権割合）0.3） 　　　　＝（建付減価済みの通達評価額）57,760,807円 (ロ)　本件土地に係る被告鑑定評価額を基に算定した価額 　被告鑑定は，本件土地はいわゆる角地であって利用効率において優ることから標準画地より3％を上乗せし（格差率1.03），他方，不整形地（台形地）であることから標準画地より6％を減ずる（格差率0.94）こととし，両者を乗じた0.97をもって標準画地との格差率とした。 　そして，標準画地の価額1㎡当たり25万円に上記格差率を乗じた24万3,000円をもって本件土地の1㎡当たりの価額と査定し，これに，地積281.68㎡を乗じた6,840万円を被告鑑定評価額と決定した。なお，被告鑑定評価額から15％の建付減価を行うと，5,814万円となる。 参考　被告鑑定評価額を基に算定した価額（計算式）

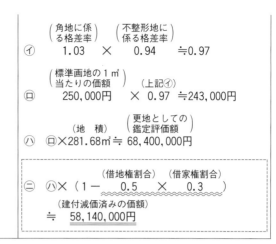

⑤ 裁判所の判断

　被告鑑定及び裁判所鑑定について総合的に判断すれば，被告鑑定には，鉄道高架の隣接による減価要因の無視や容積率の認定誤りという価額評価に重大な影響を及ぼす問題点を内包しており，その合理性に強い疑いを抱かざるを得ないのに対し，裁判所鑑定には，かかる問題点は見当たらない上，その余の鑑定内容，経緯についても，被告鑑定を上回る合理性を有すると判断するのが相当である。

　そうすると，本件土地の建付減価前の時価は，裁判所鑑定に従い6,422万3,000円であり，建付減価後の時価は5,458万9,550円と認められる。

⑥ 裁判所の判断のポイント

　本件土地（建付減価による補正を必要とする土地）の価額を評価通達の定めによらず，通常の取引価額（時価）に求める場合に，一担，建付減価前の時価を算定しこれに建付減価による補正を施すという方法が存在し，本件裁判例においては，被告鑑定及び裁判所鑑定はともにこの方法を採用している。

　そして，両鑑定ともに，図表－20の[ ]欄の～～部分に示すとおり，建付減価による補正（しんしゃく配慮）を税務における評価実務において用いられる借地権割合（本件裁判例の場合0.5）と借家権割合（本件裁判例の場合0.3）を連乗する方法に求めており注目される。

筆者注　この裁判例における建付減価による補正（しんしゃく配慮）の方法が，本稿で取り上げている本件裁決事例において，国税不服審判所が示した上記❺(2)①の法令解釈等（「通常の取引価額に相当する金額」を算定する場合においても，対象の土地及び建物が貸家建付地及び貸家に該当し，その制約を考慮する必要があるときは，評価通達26（貸家建付地の評価）及び同93（貸家の評価）と同様の方法で貸家建付地及び貸家の価額を評価することが相当である）に大きな影響を与えているものと推量される。

　なお，この裁判例における被相続人の相続開始日の属する年分は平成10年であることから，建付減価による補正（しんしゃく配慮）に当たって，「賃貸割合」という概念は存在していない（賃貸割合は，平成11年1月1日以後に開始した相続，遺贈又は贈与に

より取得した財産の評価から適用するものとされている）ことに併せて留意する必要がある。

VI 参考事項等

❶ 参考法令通達等

・相続税法22条（評価の原則）
・評価通達26（貸家建付地の評価）
・評価通達89（家屋の評価）
・評価通達93（貸家の評価）
・評価通達168（評価単位）
・評価通達178（取引相場のない株式の評価上の区分）
・評価通達185（純資産価額）
・増改築等に係る家屋の状況に応じた固定資産税評価額が付されていない家屋の価額
・所基通59－6（株式等を贈与等した場合の「その時における価額」）
・法基通9－1－14（上場有価証券等以外の株式の価額の特例）
・法基通9－1－19（減価償却資産の時価）
・地方税法341条（固定資産税に関する用語の意義）
・地方税法388条（固定資産税に係る総務大臣の任務）
・地方税法403条（固定資産の評価に関する事務に従事する市町村の職員の任務）
・固定資産評価基準（昭和38年自治省告示）
・地価公示法1条（目的）
・地価公示法2条（標準地の価格の判定等）
・地価公示法6条（標準地の価格の公示等）
・土地価格比準表（昭和50年1月20日付国土地第4号）
・「第7回収益用不動産の利回り実態調査（平成20年度）」（社団法人日本不動産鑑定協会）
・「建物の鑑定評価必携」（財団法人建設物価調査会）
・最高裁平成15年7月18日判決，平成11年（行ヒ）182号，審査決定取消請求事件
・名古屋地裁平成16年8月30日判決，平成15年（行ウ）10号，相続税更正処分取消請求事件

❷ 類似判例・裁決事例の確認

　贈与により国外に所在する取引相場のない株式の発行会社の株式を取得した場合において，当該株式の評価を純資産価額（相続税評価額によって計算した金額）方式により求めるときに，当該評価会社が課税時期前3年以内に取得した国外財産である土地等（外国政府所有地の使用権）の評価方法が争点とされた国税不服審判所の裁決事例（平成20年12月1日裁決，名裁（諸）平20第35号，平成18年贈与分）があるので，これを紹介しておきたい。

なお，詳細については，「難解事例から探る財産評価のキーポイント」（第２集）**CASE 4**に収録済みであるので併せて参照されたい。

(1) 事案の概要

受贈者がその父からＡ国所在の法人Ｘ社（非公開会社）の出資の贈与を受けた。Ｘ社は同国に関連会社Ｙ社を保有しており，当該関連会社の株式は純資産価額方式（相続税評価額によって計算した金額）によって算定する必要があり，当該関連会社の貸借対照表には同国に所在する国外財産たる土地使用権（外国政府所有地に許可を得て設定した土地の使用権をいい，以下「本件土地使用権」という）の価額が計上されており，その取得時期は課税時期（今回の出資の贈与時）前３年以内に該当するものである。本件は，本件土地使用権の財産価値の有無が争点とされたものである。

(2) 争点に関する双方の主張

① 請求人（納税者）の主張

下記に掲げる事項から，本件土地使用権の財産価値はないものと認められる。

(イ) 本件土地使用権がＡ国政府による開発や整理に遭遇した場合，Ａ国においては，日本における借地借家法のような借地人を保護する法律が存在しないため，Ａ国政府から補償を得ることなく即日退去ということがある。

(ロ) 本件土地使用権取得のために支払った費用については，土地の使用期限の中途で償還した場合においても，その使用期間に応じて返還されるものではない。

② 原処分庁（課税庁）の主張

下記に掲げる事項から，本件土地使用権の財産価値はあるものと認められる。

(イ) 本件土地使用権は，現に存しており，Ａ国政府から退去を命じられた事実は認められず，仮にＡ国政府から退去を命じられたとしても本件土地使用権が回収される場合には，相応の補償金が支払われる。

(ロ) Ａ国における本件土地使用権は，有償若しくは無償で取得する一定期間その土地を使用するために設けられた権利であり，その譲渡，賃貸借及び抵当権の設定も可能である。

(3) 国税不服審判所の判断

① 本件土地使用権の財産価値の有無

本件土地使用権は，Ａ国の不動産権利証の記載によれば，平成＊＊年＊＊月＊＊日にＡ国で施行された土地＊＊＊＊及び平成＊＊年＊＊月＊＊日にＡ国で施行された都市＊＊＊＊法の規定に基づき，Ｙ社の権益を保護するため登記されたものと認められる。

そして，土地＊＊＊＊法＊＊条は，土地使用権は，法律の保護を受ける侵害できない権利である旨規定し，また，都市＊＊＊＊法＊＊条は，土地使用者が土地使用権の上に存する不動産を譲渡し，抵当に供する場合は，当該土地使用権を同時に譲渡し，又は抵当を供する旨規定していることからすれば，本件土地使用権は，譲渡及び抵当権の設定が可能な財産であると認められ，Ｙ社により工業用地として現に有効に利用されている。

したがって，本件土地使用権は財産価値があると認められる。

② 本件土地使用権の相続税評価額

　Y社が本件土地使用権を本件受贈日前3年以内に取得しているので，Y社の土地使用権は，評価通達185（純資産価額）の括弧書の定めにより，本件受贈日における通常の取引価額に相当する金額により評価することとなる。

　しかしながら，本件受贈日におけるY社の本件土地使用権の通常の取引価額に相当する金額については把握することができないことから，本件土地使用権の相続税評価額は，その取得時における時価を表していると認められる取得価額を使用期間に応じて減価させた金額によることが相当である。

　Y社の本件受贈日の属する事業年度の直前期末（以下「本件直前期末」という）の貸借対照表に記載された本件土地使用権の金額は，A国不動産権利証に記載された当該土地使用権の使用期間の始期から間もないため取得価額が減価しないものとして計上された本件直前期末の金額であり，加えて，本件直前期末から本件受贈日までの間は6か月に満たないことから，Y社の本件直前期末の貸借対照表に記載された本件土地使用権の金額を本件受贈日における通常の取引価額に相当する金額とみても，これを不合理とする特段の事情は認められない。

　そうすると，Y社の本件土地使用権の相続税評価額は，2億7,351万3,488円である。

CASE 4

評価単位・地目・地積	路線価方式	間口距離・奥行距離	側方加算・二方加算	**不整形地・無道路地**
倍率方式	私　　道	土地区画整理事業	貸家・貸家建付地	借地権・貸宅地
農地・山林・原野	**雑種地**	不動産鑑定評価	利用価値の低下地・特別な事情	その他の評価項目

非線引の都市計画区域内に存する現状では建物建築が困難とされる雑種地の評価方法が争点とされた事例

事例

　被相続人甲の相続財産を確認したところ，同人が従前に取得した土地（地積661㎡）があることが判明した。

　この土地は，都市計画区域内の非線引区域（注1）に所在し，地元の特定行政庁の建築指導課に確認したところ，建築基準法43条（敷地等と道路の関係）1項に規定する接道義務（注2）を充足すれば建物の建築は可能とのことであった。しかしながら，被相続人甲に係る相続開始日の状況では，当該土地の前面（接面）路はアスファルト舗装はされているものの道路法又は建築基準法42条（道路の定義）に規定する道路（いわゆる「法律上の道路」）に該当しないため，当該土地上に建物を建築することは容認されないとのことであった。

　この土地は，取得当時では固定資産税の課税上は宅地として取り扱われていたもののその後放置していたため，被相続人甲に係る相続開始日の属する年度分においては「雑種地」として取り扱われて課税されている。

　また，相続税等における土地評価の基礎となる財産評価基準書では，この土地が所在する地域の宅地評価に当たっては路線価方式によらず倍率方式（宅地の固定資産評価額×宅地の評価倍率）によるものとされているが，雑種地の評価に当たっては雑種地の評価倍率は明示されていない。

　この土地の評価担当者は，次に掲げる点について解決すべき悩みを有しているので，適切なアドバイスをお願いしたい。

(1) 非線引区域に所在する雑種地の評価方法はどのようになっているのか（一般的に，都市計画区域内においては市街化区域又は市街化調整区域に所在する雑種地の評価方法は解説されているが，非線引区域に所在する雑種地の評価上の留意点に言及しているものは少ないと思われる）。

(2) この土地（雑種地）の評価に当たって，評価通達20－2（無道路地の評価）に定

める無道路地に該当し，同通達に定める無道路地の評価方法を準用することになるのか。
(3) 上記(2)に関して，この土地（雑種地）に建物の建築が制限されていることに対するしんしゃくとして，課税実務上の取扱いとして設けられている「市街化調整区域内の雑種地の評価」に係る定め（比準地目を宅地比準とした場合には，しんしゃく率（減額率）を0％，30％又は50％の三区分とするものとされている）を準用して適用することは認められるのか。

（注1） 都市計画法7条（区域区分）の規定では，原則として，都市計画区域については都市計画に市街化区域と市街化調整区域の区域区分を定めることができるものとされている。そして，都市計画区域であるにもかかわらず，上記の区域区分の定めがない区域を一般に，非線引きの都市計画区域という。

（注2） 建築基準法43条（敷地等と道路との関係）1項では，原則として，建築物の敷地は，道路（法律上の道路をいう。ただし，法律上の道路であっても自動車専用道路及び高架の道路等一定のものを除くものとされている）に2m以上接しなければならない旨を規定している。

（注3） 本件裁決事例では，評価対象地の概要図及び周辺の状況図等の資料は公開されなかったが，入手した裁決事例から推定した評価対象地等の状況図を示すと，図表－1のとおりである。

図表－1　評価対象地等の状況図

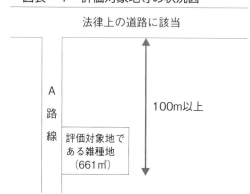

評価対象地の概況
・ 評価対象地は，都市計画法上の区分では非線引区域に所在
・ 評価対象地の所在地域では宅地の評価は倍率地域によるが，雑種地の評価倍率は定められていない。
・ A路線は，道路法又は建築基準法に規定する道路（法律上の道路）には該当していない。

（平19.6.22裁決，関裁（諸）平18－72，平成16年相続開始分）

I　基礎事実

❶　本件相続について

　請求人らは，平成16年＊＊月＊＊日に死亡した被相続人甲の共同相続人であり，本件相続により，＊＊＊＊所在の土地（以下「本件土地」という）661㎡（登記上の地目は山林）を取得した。

❷ 本件土地に関する事項

(1) 本件土地は，＊＊＊＊（分譲地の名称）として分譲された土地である。
(2) 本件土地の平成16年度の固定資産税は，雑種地として課税されている。
(3) 本件土地は，倍率方式（評価通達21（倍率方式））により評価する地域に所在し，平成16年分財産評価基準において，宅地の固定資産税評価額に乗ずる倍率は1.1と定められているが，雑種地の固定資産税評価額に乗ずる倍率は定められていない。
(4) 本件土地は，建築基準法42条（道路の定義）1項に規定する道路（以下「1項道路」という）に接していない。
(5) 本件土地の近隣に所在する標準的な画地である宅地の1 m^2 当たりの固定資産税評価額（以下「近傍宅地の評価額」という）は，16,300円である。

II 争　点

❶ 本件土地（地目：雑種地）を宅地に比準して評価すべきか。
❷ 本件土地の具体的な相続税評価額はいくらになるのか。

III 争点に関する双方（請求人・原処分庁）の主張

争点に関する請求人・原処分庁の主張は，図表－2のとおりである。

IV 国税不服審判所の判断

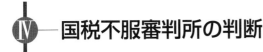

❶ 評価通達の定め

図表－2　争点に関する請求人・原処分庁の主張

争　点	請求人（納税者）の主張	原処分庁（課税庁）の主張
(1) 本件土地（地目：雑種地）を宅地に比準して評価すべきか	本件土地は，形状は宅地に類似しているが，建築物を建築することができない土地なのであるから，そもそも宅地を評価通達82（雑種地の評価）に定めるその雑種地と状況が類似する付近の土地（以下「比準地」という）として評価するのは誤りであるが，仮に，同土地の比準地を宅地として評価するとしても，同土地は，1項道路に接していないために建築ができない土地であるから，原処分庁の主張する宅地としての評価額から，50％を乗じて計算した金額を控除した金額によって評価するべきである。	本件土地は，1項道路に接していない土地であるが，同土地付近一帯が分譲地として開発され，宅地と類似する状況であることから，比準地は，宅地であるとして評価をすべきである。
(2) 本件土地の具体的な相続税評価額	本件土地の評価額は，次頁図表－3に掲げる計算－1の⑪欄のとおり，<u>1,706,041円</u>となる。	本件土地の評価額は，次頁図表－3に掲げる計算－2の⑪欄のとおり，<u>3,412,743円</u>となる。

図表－3　本件土地の評価額（請求人主張額及び原処分庁主張額）

区　分		計算－1 請求人主張額	計算－2 原処分庁主張額
近傍宅地の評価額（1㎡当たり）	①	16,300円	16,300円
倍率	②	1.1	1.1
奥行価格補正率	③	0.8	0.8
不整形地補正率	④	0.6	0.6
1㎡当たりの価額（①×②×③×④）	⑤	8,606円	8,606円
無道路地の割合	⑥	0.4	0.4
1㎡当たりの無道路地の割合を控除した価額（⑤×（1－⑥））	⑦	5,163円	5,163円
建築制限の減価割合	⑧	0.5	－
1㎡当たりの建築制限の減価割合を控除した価額（⑦×（1－⑧））	⑨	2,581円	－
地積	⑩	661㎡	661㎡
評価額（⑨×⑩又は⑦×⑩）	⑪	1,706,041円	3,412,743円

　評価通達82（雑種地の評価）は，雑種地の価額は，その雑種地と状況が類似する付近の土地について，この評価通達の定めるところにより評価した1㎡当たりの価額を基とし，その土地とその雑種地との位置，形状等の条件の差を考慮して評定した価額に，その雑種地の地積を乗じて計算した金額によって評価する旨定めている。

❷　**認定事実**

(1) 本件土地は，アスファルト舗装された道路（1項道路ではない）に接しており，付近との高低差もなく，整地された矩形の土地である。

　なお，本件土地の周辺地域の道路は，建築基準法42条（道路の定義）1項5号の位置の指定（以下「位置指定」という）がされれば建築基準法上の道路になる。

(2) 本件土地は，都市計画法5条（都市計画区域）に規定する都市計画区域に所在するが，同法7条（区域区分）の市街化区域及び市街化調整区域の定めがない，いわゆる非線引の都市計画区域である。

(3) 本件土地の周辺区域には一般住宅が散在しており，それらの住宅地と本件土地は区画された形状など状況が類似している。

(4) ＊＊＊＊（本件土地所在地の特定行政庁の名称）建築指導課の職員は，本件土地が所在する地域は，建築基準法43条（敷地等と道路との関係）1項に規定する接道義務（以下「接道義務」という）を満たしていれば，建物の建築が可能である旨答述した。

❸　**当てはめ**

　上記❷の認定事実及び❶の基礎事実からすると，本件土地の周辺地域は，＊＊＊＊（分譲地の名称）として，一団の宅地造成開発が行われていた地域であり，現に同地域内では住宅が散見されるように，建物の建築が可能な地域であると認められる。

　そうすると，本件土地は，接道義務を満たしていないことから建物の建築が制限されて

いるとはいえ，同土地の周辺地域は，道路の位置指定がされれば建築が可能で，宅地化された地域であり，同土地の状況も宅地の状況に最も類似していると認められるから，同土地の価額は，状況が類似する付近の宅地を比準地として評価するのが相当である。

そして，同土地が接道義務を満たさないことによって建物の建築ができない点は，評価通達20－2（無道路地の評価）の定めによってしんしゃくするのが相当である。

❹ 請求人の主張について

請求人は，本件土地の評価額について，同土地が接道義務を満たしておらず，建物を建築することができない土地であることを理由に，無道路地として評価した価額から，建築制限による50％の減価 筆者注 をすべきである旨主張する

筆者注　この建築制限による50％の減価は，課税実務上の取扱いとして設けられている「市街化調整区域内の雑種地の評価」に係る定め（比準地目を宅地とした場合で，家屋の建築が全くできない場合のしんしゃく率（減価率）を採用すると50％の減価となる）を適用したことによる。この課税実務上の取扱いに関しては，後記 Ⅴ ❶(3)②(ロ)に掲げる 資料－2 を参照されたい。

しかしながら，上記❸のとおり，評価通達20－2（無道路地の評価）の定めによる無道路地の評価は，そもそも建築制限による減価であると解されるところ，請求人が主張するように無道路地として評価した価額から，更に建築制限による50％の減価をするならば，建築制限による減価を二重に行うこととなり不相当というべきであるほか，そもそも請求人が主張する建築制限による50％の減価については合理的な根拠もないことから，この点に関する請求人の主張は採用できない。

❺ まとめ（本件土地の価額）

上記❶ないし❹のとおり，本件土地については，同土地の付近の宅地に状況が類似している雑種地として評価するのが相当と認められるところ，その評価額は，前記 Ⅲ の図表－3に掲げる計算－2の「原処分庁主張額⑪」欄と同額（3,412,743円）となる。

（注）　結果として，本件裁決事例における本件土地の価額（相続税評価額）は原処分庁（課税庁）の主張額どおりであるとされ，請求人（納税者）の主張は認められなかった。

本件裁決事例のキーポイント

本件裁決事例は，宅地造成事業の中途で諸事情により放置された非線引区域内の雑種地で，かつ，接道義務を充足していない（換言すれば，現状では建物の建築が不可とされる）土地に係る評価方法が争点とされたものであり，実務上，種々の論点を有することから興味深いものがある。次に，個々の論点について検討を加えてみることにしたい。

❶ 雑種地の評価方法

(1) 概要

評価通達の定めでは，雑種地とは，宅地，田，畑，山林，原野，牧場，池沼及び鉱泉地以外の土地をいうものとされており，その実態は多種多様であるため，画一的な評価方法

図表－4　雑種地の評価の区分

雑種地の評価
― ①　②から④に掲げる雑種地以外の雑種地（以下「一般の雑種地」という）の評価（評価通達82）
― ②　ゴルフ場の用に供されている土地の評価（評価通達83）
― ③　遊園地等の用に供されている土地の評価（評価通達83－2）
― ④　鉄軌道用地の評価（評価通達84）

を定めることは不適切であると考えられる。

したがって，雑種地を評価する場合には，現行の評価通達の定めでは，当該評価対象地である雑種地の特性に応じて，図表－4に掲げるとおりの区分に分類して評価するものとされている。

(2)　雑種地（一般の雑種地）の評価方法

評価通達82（雑種地の評価）の定めでは，上記(1)の図表－4の①に掲げる雑種地（一般の雑種地）の価額は，次に掲げる近傍地比準価額方式又は倍率方式のいずれかにより評価するものとされている。

①　近傍地比準価額方式

雑種地の価額は，原則として，その雑種地と状況が類似する付近の土地について評価した1㎡当たりの価額を基とし，その土地とその雑種地の位置，形状等の条件の差を考慮して評定した価額に，その雑種地の地積を乗じて計算した金額により評価するものとされている。

②　倍率方式

雑種地の評価をする場合に，当該雑種地の固定資産評価額に，地価事情の類似する地域ごとに，その地域にある雑種地の売買実例価額，精通者意見価格等を基として国税局長が定める倍率が明示されているときがある。このような雑種地の価額は，上記①に掲げる近傍地比準価額方式によらず，当該雑種地の固定資産評価額にその倍率を乗じて計算した金額により評価するものとされている。

ただし，現行における課税実務上の取扱いでは各国税局に共通している事項として，国税局長が定めるとされている雑種地の固定資産評価額に乗ずべき倍率が明示されている地域はきわめて限定的であり，例えば，大阪国税局管内でみると平成27年分の財産評価基準書では，大阪府下で1か所及び兵庫県下で2か所のみであり，他の府県（京都府，滋賀県，奈良県及び和歌山県）では該当地は存在しない。

すなわち，雑種地（一般の雑種地）の価額は，上記①に掲げる近傍地比準価額方式によって求めることが通例の取扱いであると考えて差し支えないものと考えられる。そして，次の(3)において近傍地比準価額方式によって評価する場合の留意点について検討してみる。

(3)　雑種地（一般の雑種地）の評価上の留意点

①　「状況類似地について評価した1㎡当たりの価額」の算定方法

上記(2)①に掲げるとおり，雑種地を近傍地比準価額方式によって評価する場合には，「その雑種地と状況が類似する付近の土地について評価した1㎡当たりの価額を基とし，」とされていることから近傍比準地の地目を認定する作業(注)が雑種地評価の第一歩として求

められることになる。
(注) 市街地農地，市街地山林及び市街地原野を評価する場合には，原則として，宅地比準方式が採用されており，雑種地を評価する場合に求められる近傍比準地目の認定という作業は不要であることに留意する必要がある。

ただし，雑種地の課税実務において一般的に多数事例と考えられるのは，駐車場や資材置場（しかも，建物との一体利用を前提とはしない）としての利用であり，これらの利用を前提とする限りにおける近傍比準地目は宅地であることから，本稿では，雑種地（一般の雑種地）の評価方法を解説する際における近傍比準地目は宅地と認定されることを前提として，検討を進めていくものとする。

次に，「その雑種地と状況が類似する付近の土地（この土地の地目を上述のとおり，宅地とする）について評価した１㎡当たりの価額」（上記＿＿部分）の具体的な算定方法について確認してみたい。この「１㎡当たりの価額」（以下「近傍比準宅地の価額」という）の算定に当たって，現行の評価実務上の取扱いでは，次に掲げる４つのアプローチが存在すると考えられる。

(イ) 相続税評価額を算定するための路線価が付されている場合
　相続税等の財産評価のために必要であるとして，財産評価基準制度に基づいて評価通達14（路線価）の定めにより，評価対象地である雑種地の所在する地域に路線価が設定されている場合がある。このような場合には，当該路線価が近傍比準宅地の価額に該当することになる。

(ロ) 固定資産評価額を算定するための路線価が付されている場合
　固定資産評価額を算定するために必要であるとして，固定資産評価基準に基づいて特定行政庁（各市区町村役場）が道路に路線価を付設している場合がある。このような場合には，当該路線価を基にして次の算式により計算した金額が近傍比準宅地の価額に該当することになる。

（算　式）

固定資産評価基準に基づいて特定行政庁により付設された路線価 × 国税局長が定める宅地の評価倍率

(ハ) 具体的な近傍標準宅地の固定資産評価額が確認できる場合
　評価対象地である雑種地に最も類似する状況にある標準的な宅地（奥行価格補正，間口狭小補正，奥行長大補正及び不整形地補正等の各種画地補正率の適用を必要としない宅地）の存在が確認され，当該宅地の地積及び固定資産評価額の数値資料が入手可能とされる場合も少数例ではあるかもしれないが想定される場合がある。このような場合には，当該数値資料を基にして次の算式により計算した金額が近傍比準宅地の価額に該当することになる。

（算　式）

$\dfrac{標準的な宅地の固定資産評価額}{標準的な宅地の地積}$ × 国税局長が定める宅地の評価倍率

㈡ 近傍標準宅地の固定資産評価額を証明してもらう場合

　評価対象地である雑種地が所在する市区町村役場に当該雑種地に係る固定資産評価証明書の発行を申請し，その際に，当該証明書に「近傍標準宅地1㎡当たりの価額　＊＊＊＊円」と付記記載を依頼し（その例として，資料－1を参照），当該証明された価格を基礎として次に掲げる算式により計算した金額をもって近傍比準宅地の価額とするという方法が考えられる。

（算　式）

近傍標準宅地1㎡当たりの価額（固定資産評価額） × 国税局長が定める宅地の評価倍率

　上記㈡ないし㈢に掲げる近傍比準宅地の価額の算出方法のうち，評価実務上の取扱いと

資料－1　「近傍標準宅地1㎡当たりの価額」が付記記載された固定資産評価証明書（例）

固定資産評価証明書　土　　地		
平成　　年度		課資証第　　　号

所有者	住　所	
	氏　名	
納税管理人等	住　所	
	氏　名	

所在地番　　　市　　町　　丁目　　番

地　積　（㎡）		地　　目	
登　記	15.00　　現況　15.00	登　記　山林	(X)現況　用悪水路

| 評価額(円) | 0 | 共有持分 | ＊＊＊＊＊＊＊＊ ＊＊＊＊＊＊＊＊ |

摘要欄　(Y)近傍宅地平米当り価格　39,529円

　　上記の事項は平成　　年度固定資産課税台帳に登録されていることを証明します。
　　平成　　年　　月　　日
　　　　　　　　　　　　　　　　　　　　　　　　市長　　　　　　印

（解説）　上記の「固定資産評価証明書　土地」は，現況地目が用悪水路（上記(X)　部分）であるため固定資産評価額が0円（非課税）とされている。したがって，評価対象地である用悪水路（相続税等による財産評価上の取扱いでは，用悪水路は雑種地として評価することになる）を評価するために比準地目を定め，当該比準地目が宅地とされた場合には，近傍標準宅地1㎡当たりの価額（固定資産評価額）を証明（摘要欄の「近傍宅地平米当り価格　39,529円」（上記(Y)　部分））してもらうことが必要となる。

して最も多用するのが筆者の経験では，㈡に示す資産所在地の市区町村役場に近傍標準宅地の固定資産評価額を証明してもらう方法である。

② 近傍比準宅地と評価対象地（雑種地）の位置，形状等の条件差の考慮

上記①により近傍比準宅地の１㎡当たりの価額を算出したとすると，その次に行われるべき作業として，当該近傍比準宅地と評価対象地である雑種地の位置，形状等の条件差の考慮（しんしゃく補正）を行うことが必要とされる。当該考慮に当たっては，次に掲げる２つの判断要素に基づいて行われることになる。

㈠ 物理的な観点から判断した条件差

近傍比準地である宅地と評価対象地である雑種地の位置及び形状の較差割合の補正及び近傍比準地の地目を宅地と認定したことからこれを雑種地並みで評価するための調整措置として必要とされる宅地造成費額の控除という物理的な観点から判断されるべき減価要素の算定が必要とされる。具体的な対応としては，次に掲げるとおりである。

ⓐ 位置及び形状による較差割合の補正

評価対象地である雑種地が路線価地域に所在する場合には，当該雑種地の所在する地区区分の別について定められている各種の画地調整率（奥行価格補正率等）を参考に計算することが考えられる。

また，評価対象地である雑種地が宅地評価上における倍率地域に所在する場合には，当該倍率地域には地区区分の定めが設けられていないものの，当該評価対象地である雑種地が路線価地域の普通住宅地区にあるものとした場合に定められている各種の画地調整率（奥行価格補正率等）を参考に計算することも課税実務上の取扱いとして相当であると考えられる。

ⓑ 宅地造成費額の控除

宅地造成費額の算定に当たっては，宅地比準方式によって評価すべき市街地農地等の価額を求める場合に控除されるべき宅地造成費の算定方法（平坦地に係る宅地造成費と傾斜地に係る宅地造成費の２とおりの算定基準が示されている）を準用することが相当であると考えられる。

㈡ 社会・経済・法令的な観点（建物の建築制限）から判断した減価要素

評価対象地である雑種地が市街化区域内に存する等，建物の建築が容易に可能であると認定される場合には，建物の建築制限に対するしんしゃくを行う必要性はないものとされる。

一方，評価対象地である雑種地が市街化調整区域内に存する等，建物の建築が原則として禁止されている場合には，近傍比準地である宅地と評価対象地である雑種地の位置，形状等の条件差の考慮を単に上記㈠に掲げる物理的な観点から求めることのみでは十分とはいえない。なぜならば，市区町村役場によって証明された近傍標準宅地の固定資産評価額は，当該近傍標準宅地がたとえ市街化調整区域内に所在していたとしても，建物の敷地の用に供される土地として建物の建築が可能であることを前提に１㎡当たりの標準価額（固定資産評価額）が付されているものと考えられるからである。そうすると，

当該価額をそのまま使用することは，建物の建築が原則として禁止されている評価対象地である雑種地の1㎡当たりの価額として不適切であると考えられる。

このような事例に対して，課税実務上の取扱いとして，平成16年7月5日付で「土壌汚染地の評価等の考え方について（情報）」（資産評価企画官情報第3号）が公開され，同情報中に「市街化調整区域内の雑種地の評価」の項目（資料－2を参照）が新設されており，下記に掲げる事項に関する基本的な考え方が取りまとめられている。

ⓐ　比準する地目の判定
ⓑ　宅地の価額を基として評価する際に考慮する法的規制等に係るしんしゃく割合

資料－2　「土壌汚染地の評価等の考え方について（情報）」（平成16年7月5日，資産評価企画官情報第3号）に定める『市街化調整区域内の雑種地の評価』について

市街化調整区域内の雑種地の評価

> 市街化調整区域内の雑種地を評価する場合における①比準する地目の判定及び②宅地の価額を基として評価する際に考慮する法的規制等に係るしんしゃく割合について，基本的な考え方を取りまとめることとした。　　　　（評基通82関係）

雑種地（ゴルフ場用地，遊園地等用地，鉄軌道用地を除く。）の価額は，評価通達82（雑種地の評価）の定めにより，評価対象地と状況が類似する付近の土地について評価通達の定めるところにより評価した1㎡当たりの価額を基とし，その土地とその雑種地との位置，形状等の条件の差を考慮して評定した価額に，その雑種地の地積を乗じて評価することとしているが，市街化調整区域内の雑種地については，
①　状況が類似する付近の土地（地目）の判定が難しい
②　宅地の価額を基として評価する場合，法的規制等（開発行為の可否，建築制限の程度，位置等）に係る格差（しんしゃく割合）について個別に判定している。
という状況にある。

このため，その取扱いの明確化等の観点から，上記の地目判定としんしゃく割合を中心に基本的な考え方を取りまとめることとした。

1　比準土地（地目）の判定

土地の価額は，一般的に，その土地の最有効使用を前提として形成されるものと考えられ，また，その土地の最有効使用は，周辺の標準的な使用（地目）の影響を受けることから，評価対象地である雑種地と状況が類似する付近の土地（地目）を判定するに当たっては，評価対象地の周囲の状況を考慮して判定するのが相当と考えられる。

例えば，評価対象地である雑種地の周囲が純農地，純山林，純原野である場合には，これらの土地は各々宅地化の期待益を含まない土地であるため，その雑種地を評価す

るに当たっては，付近の宅地の価額を基とするのではなく，付近の純農地，純山林又は純原野の価額を基として評価するのが相当と考えられる（**3の概要表**①の地域。なお，この場合における評価方法については**3の概要表**（注）1参照）。

他方，評価対象地である雑種地が幹線道路沿いや市街化区域との境界付近に所在する場合には，その付近に宅地が存在していることも多く，用途制限等があるにしても宅地化の可能性があることから，その雑種地を評価するに当たっては，付近の宅地の価額を基として評価するのが相当と考えられる（**3の概要表**③の地域）。

なお，これら以外の地域については，雑種地の所在する場所により周囲の状況が様々であると考えられることから，一律に比準地目を定めることは難しく，また，実態に即した対応を阻害するという弊害が生ずることも考慮すれば，どの地目の価額を基として評価するかは定めず，周囲の状況により個別に判定するのが相当と考えられる（**3の概要表**②の地域）。

2　しんしゃく割合の判定

市街化調整区域内の雑種地を付近の宅地の価額を基として評価する場合，そのしんしゃく割合（減価率）については，「市街化の影響度」と「雑種地の利用状況」が関係するとの専門家の意見がある。

これによれば，①「市街化の影響度」からみた減価率は，市街化の影響を強く受けている地域の方がその影響を強く受けていない地域よりも低くなり，②「雑種地の利用状況」からみた減価率は，駐車場，資材置場又はテニスコートなど様々な利用が可能な有効利用度が高い雑種地ほど低くなるということである。なお，これら2つの要素は，互いに独立したものというわけではなく重なり合っている。

ところで，評価通達27－5（区分地上権に準ずる地役権の評価）及び同25（貸宅地の評価）の(5)においては，建築等の制限による減価率を定めており，①家屋の建築が全くできない場合の減価率は50％又は借地権割合のいずれか高い割合とし，②家屋の構造，用途等に制限を受ける場合の減価率は30％としている。

以上のことを踏まえると，市街化調整区域内の雑種地を付近の宅地の価額を基として評価する場合の「しんしゃく割合」については，次のとおりとするのが相当である。

(1)　3の概要表②の地域（しんしゃく割合50％）

市街化調整区域の雑種地について付近の宅地の価額を基として評価する場合の「しんしゃく割合」を判定する場合には，上記のとおり，個別に「市街化の影響度」と「雑種地の利用状況」によって判定すればよいことになるが，これらを的確に判定することは困難である。

「3の概要表②の地域」は，いわば一般的な市街化調整区域内の雑種地が存する地域であり，原則として，建物の建築が禁止されている区域であることなどを考慮すると，上記の家屋の建築が全くできない場合の減価率を「しんしゃく割合」とするのが相当と考えられる。

なお,「しんしゃく割合を50％又は借地権割合のいずれか高い割合」とした場合には,一般に借地権割合が高い地域は,市街化の影響度が強く,有効利用度が高い(さらに宅地への転用可能性も高い)と考えられることから,「しんしゃく割合」を引き下げる方向にしなければならないにもかかわらず,「しんしゃく割合」を引き上げる方向になってしまうことから,一律に50％の減価率を「しんしゃく割合」とするのが相当と判断した。

(2)　3の概要表③の地域（しんしゃく割合30％又は０％）

　「3の概要表③の地域」は,幹線道路沿いや市街化区域との境界付近であるが,市街化の影響度が強く,有効利用度が高い雑種地の占める割合が高いと考えられる。

　言い換えれば,市街化調整区域内ではあるが,法的規制が比較的緩やかであり,店舗等の建築であれば可能なケースも多い地域ということになる。

　したがって,「3の概要表③の地域」は,原則として,家屋の構造,用途等に制限を受ける場合の減価率30％を「しんしゃく割合」とするのが相当と考えられる。

　ただし,この地域のうち,例えば,周囲に郊外型店舗等が建ち並び,雑種地であっても宅地価格と同等の取引が行われている実態があると認められる場合には,しんしゃく割合０％とするのが相当と考えられる。

(注)1　位置,形状等の条件差については,資産税関係質疑応答事例集（平成13年3月）問253を準用して,普通住宅地区の画地調整率を参考に計算して差し支えない。

　　　2　比準元となる宅地は,既存宅地又は線引き前からの宅地その他法的規制の程度がこれらと概ね同等程度の宅地（参考参照）とするのが相当と考えられる。

3　概　　要

　以上の基本的な考え方を取りまとめると,次のとおりである。

〈概要表〉

	周囲（地域）の状況	比準地目	しんしゃく割合
弱↑市街化の影響度↓強	①　純農地,純山林,純原野	農地比準,山林比準,原野比準(注1)	
	②　①と③の地域の中間（周囲の状況により判定）	宅地比準	しんしゃく割合50％
	③　店舗等の建築が可能な幹線道路沿いや市街化区域との境界付近(注2)		しんしゃく割合30％
		宅地価格と同等の取引実態が認められる地域（郊外型店舗が建ち並ぶ地域等）	しんしゃく割合０％

(注)　1　農地等の価額を基として評価する場合で,評価対象地が資材置場,駐車場等として利用されているときは,その土地の価額は,原則として,評価通達24－5（農業施設用地の評価）に準じて農地等の価額に造成費相当額を加算した価額により評価するのが相当と考えられる（ただし,その価額は宅地の価額を基として評価した価額を上回らない。）。

　　　2　③の地域は,線引き後に沿道サービス施設が建設される可能性のある土地（都計法34十ロ,43②,令36①三ホ）や,線引き後に日常生活に必要な物品の小売業等の店舗として開発又は建築される可能性のある土地（都計法34一,43②,令36①三イ）の存する地域をいう。

3 平成12年の都市計画法の改正により、新たに設けられた同法第34条第八の三号に規定する区域内については、すべての土地について都市計画法上の規制は一律となることから、雑種地であっても宅地と同一の法的規制を受けることになる。したがって、同じ区域内の宅地の価額を基とすれば、法的規制によるしんしゃくは考慮する必要がなくなると考えられるが、経過措置が設けられているなど、過渡期にあることから、上記概要表によらず、個別に判定するのが相当と考えられる。

(参考) 市街化調整区域内における主な宅地の分類及び法的規制の違い

宅地の分類	法的規制の違い
・既存宅地	用途変更可能
・線引き前からの宅地 ・市街化調整区域内団地の宅地 ・ドライブイン等の沿道サービス施設の敷地 ・集落サービス店舗の敷地	同一用途の建替えは認められる
・分家住宅の敷地 ・農林漁業に従事する者の居住用宅地	同一用途の建替えでも、特定承継人による場合は、やむを得ない事情がある場合に認められる

(注) 1 「線引き前からの宅地」とは、特に法令上の規定はないが、線引き前から存する建築物の敷地で既存宅地以外の宅地をいう。
2 「市街化調整区域内団地の宅地」とは、線引き後に市街化調整区域等内に開発された中・大規模団地の宅地をいう（都計法34十イ）。
3 「ドライブイン等の沿道サービス施設の敷地」とは、線引き後に市街化調整区域内の適切な位置に建設される沿道サービス施設の敷地をいう（都計法34十ロ、43②、令36①三ホ）。
4 「集落サービス店舗の敷地」とは、線引き後に開発又は建築された日常生活に必要な物品の小売業等の店舗の敷地をいう（都計法34一、43②、令36①三イ）。
5 「分家住宅の敷地」とは、市街化調整区域内において、継続して生活の本拠を有する世帯の二男、三男等が分家する場合の線引き後の宅地をいう（都計法34十ロ、43②、令36①三ホ）。
6 「農林漁業に従事する者の居住用宅地」とは、線引き後に建築した当該業務に従事する者の居住の用に供する建築物の敷地をいう（都計法29①二）。
7 「特定承継人」とは、売買等により他人の権利を取得した者をいう。

(4) 市街化調整区域内に存する雑種地の評価事例

設例　評価対象地は都市計画法に規定する市街化調整区域内に存する雑種地（都市近郊ではあるものの農村地域に所在し、一般的な生活道路たる町道に接道する地積750㎡（間口距離25m、奥行距離30m）の未利用地）であり、その所在環境等から賃貸住宅等の建物を建築できる可能性は非常に低いものと考えられる。

この雑種地に係る資料等として次に掲げるものが収集されている。よって、これらの資料をもとにして、この雑種地の具体的な相続税評価額を算出されたい。

・評価対象地（雑種地）の固定資産評価額……2,850,000円
・評価対象地が所在する町役場が証明した「近傍標準宅地」の1㎡当たりの固定資産評価額……10,000円
・宅地造成費（1㎡当たり）……400円
・土地の評価倍率……宅地（1.2倍）、雑種地（倍率の明示はない）

[計 算]

① 考え方

　設例に掲げる市街化調整区域内に存する建物の建築が困難な雑種地の評価方法を算式で示すと，次のとおりとなる。

（算式）

$$\left(\begin{array}{c}\text{近傍比準宅地について，}\\\text{評価通達の定めにより評}\\\text{価した1m}^2\text{当たりの価額}\end{array}\times\underbrace{\begin{array}{c}\text{近傍比準宅地}\\\text{と評価対象地}\\\text{との較差割合}\end{array}}_{\text{物理的な較差}}\times\underbrace{\begin{array}{c}\text{評価対象地上の建物建築が}\\\text{原則的に禁止であることに}\\\text{対するしんしゃく配慮率}\end{array}}_{\text{建物建築制限に係る減価要素}}-\begin{array}{c}1\text{m}^2\text{当た}\\\text{りの宅地}\\\text{造成費}\end{array}\right)\times\text{地積}$$

② 具体的な相続税評価額の計算

　上記①に掲げる算式に当てはめて，評価対象地である雑種地の相続税評価額を算定すると，次に掲げるとおり，<u>4,110,000円</u>となる。

$$(12{,}000\text{円}^{(注1)}\times 0.98^{(注2)}\times(1-50\%^{(注3)})-\underset{\substack{\text{宅地造成費}\\(1\text{m}^2\text{当たり})}}{400\text{円}})\times\underset{\text{(地積)}}{750\text{m}^2}=\underset{\text{(相続税評価額)}}{\underline{4{,}110{,}000\text{円}}}$$

（注1）　近傍比準宅地について評価通達の定めにより評価した1m²当たりの価額
　　　　10,000円×1.2＝12,000円

（注2）　近傍比準宅地と評価対象地との較差割合（物理的な較差）
　　　　奥行距離30mに応じる奥行価格補正率（普通住宅地区にあるものとした場合）を採用した。

（注3）　評価対象地上の建物建築が原則的に禁止であることに対するしんしゃく配慮率（建物建築制限に係る減価要素）
　　　　上記(3)②(ロ)に掲げる情報（市街化調整区域内の雑種地の評価）の定めに基づいて，評価対象地が農村地域の一般的な生活道路たる町道に接道しているとのことから，同情報に示されている「概要表」の②の中間地域で宅地比準で評価（この場合のしんしゃく割合50%）評価すべきことが相当であると判断した。

[備 考]

　CASE4で検討した裁決事例に係る課税年分（相続開始年分）が平成22年であるため，上記の設例の計算に当たって適用した各種の評価通達の定めは，当該年分のものとしている。

❷　無道路地の評価方法

(1)　無道路地の意義

　評価通達20-2（無道路地の評価）において，無道路地とは，道路（路線価の付設されていない道路も含まれる）に接しない宅地をいうものとされている。そして，道路に接していてもその接する間口距離が建築基準法等に規定する接道義務を満たしていない宅地についても，その価値効用が無道路地と同様に著しく低下するものと考えられることから無道路地に該当するものとされる。

(2)　無道路地の評価方法

図表－5　無道路地の評価事例

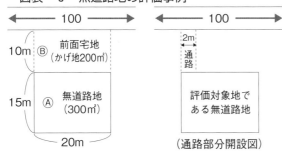

・普通住宅地区
・接道義務は間口距離2m
・通路部分の地積……20㎡（2m×10m）

　評価通達20－2（無道路地の評価）の定めでは，上記(1)に掲げる無道路地の価額は，実際に利用している路線の路線価に基づいて，評価通達20（不整形地の評価）の定めによって計算した価額（不整形地補正後の価額）から，無道路地であることのしんしゃくとして，その価額の100分の40の範囲内において相当と認める金額を控除した価額により評価するものとされている。

　この場合において，100分の40の範囲内において相当と認められる金額（無道路地であることのしんしゃく額）は，当該評価対象地である無道路地について，建築基準法その他の法令において規定されている建築物を建築するために必要な道路に接すべき最小限の間口距離の要件（接道義務）に基づき最小限度の通路を開設する場合のその通路に相当する部分の価額（実際に利用している路線の路線価×通路に相当する部分の地積）によるものとされている。

(3)　無道路地の評価事例

設 例

　評価対象地は図表－5に掲げるとおりの無道路地である。この無道路地の相続税評価額を算出されたい。

計 算

① 　無道路地（Ⓐ）の奥行価格補正後の価額
　(イ)　無道路地（Ⓐ）と前面宅地（Ⓑ）を合わせた土地の奥行価格補正後の価額

$$\underset{(路線価)}{100,000円} \times \underset{\substack{(奥行25mに応ずる \\ 奥行価格補正率)}}{0.99} \times \underset{(Ⓐの地積＋Ⓑの地積)}{(300㎡＋200㎡)} = 49,500,000円$$

　(ロ)　前面宅地（Ⓑ）の奥行価格補正後の価額

$$\underset{(路線価)}{100,000円} \times \underset{\substack{(奥行10mに応ずる \\ 奥行価格補正率)}}{1.00} \times \underset{(Ⓑの地積)}{200㎡} = 20,000,000円$$

　(ハ)　(イ)の価額から(ロ)の価額を控除して求めた無道路地（Ⓐ）の奥行価格補正後の価額
　　　(イ)－(ロ)＝29,500,000円

② 　不整形地補正後の価額

（かげ地割合）

$$\frac{500\text{m}^2（想定整形地の地積）-300\text{m}^2（評価対象地の地積）}{500\text{m}^2（想定整形地の地積）}=40\%$$

（不整形地補正率）　0.85

[地区区分……A（地積300m², 普通住宅地区）
　かげ地割合……40%]

(イ)　不整形地補正率と間口狭小補正率を適用して評価する方法

　　　（不整形補正率）　（間口狭小補正率）
　　　　0.85　　×　　0.90　　＝0.765
　　　　　（小数点以下第2
　　　　　　位未満切捨て）
　　➡　　0.76

（注）　間口狭小補正率は，間口距離2mで判定

(ロ)　間口狭小補正率と奥行長大補正率を適用して評価する方法

　　　（間口狭小補正率）　（奥行長大補正率）
　　　　0.90　　×　　0.90　　＝0.81

（注）　奥行長大補正率は，間口距離2m，奥行距離25mで判定

(ハ)　判定

　　　(イ)＜(ロ)　∴(イ)（0.76）を採用

(ニ)　不整形地補正後の価額

　　　（奥行価格補正後の価額）（不整形地補正率）
　　　　29,500,000円　×　　0.76　＝22,420,000円

③　無道路地としてのしんしゃく（道路開設部分の価額）

(イ)　通路部分の価額相当額

　　　（路線価）　（通路部分の地積）
　　　100,000円×　　20m²　＝2,000,000円

(ロ)　しんしゃくの限度額

　　　（不整形地補正後の価額）（しんしゃく割合）
　　　　22,420,000円　×　　40%　＝8,968,000円

(ハ)　判定

　　　(イ)＜(ロ)　∴(イ)（2,000,000円）を採用

④　評価対象地の相続税評価額

　　　（不整形地補正後の価額）（無道路地としてのしんしゃく額）（相続税評価額）
　　　　22,420,000円　－　2,000,000円　＝20,420,000円

備考

　CASE4で検討した裁決事例に係る課税年分（相続開始年分）が平成22年であるため，上記の

204

設例 の 計算 に当たって適用した各種の評価通達の定めは，当該年分のものとしている。

❸ 本件裁決事例の場合

本件裁決事例における本件土地（接道義務を充足していない（換言すれば，無道路地に該当する）非線引区域内に存する雑種地（近傍比準地目は宅地が相当））の価額（相続税評価額）につき，請求人（納税者）の主張及び原処分庁（課税庁）の主張（そして，当該主張を国税不服審判所は支持した）は，前記Ⅲに掲げる図表－3に掲げる計算－1及び計算－2のとおりであるが，これらの計算過程をまとめると，次の算式のとおりとなる。

（算　式）

$$\left[\underset{(1\mathrm{m}^2 当たり)}{\underset{固定資産評価額}{\overset{(\mathrm{A})近傍標準宅地の}{}}} \times \underset{率}{\overset{宅地の}{評価倍}} \times \underset{率}{\overset{(\mathrm{B})奥行価}{格補正}} \times \underset{率}{\overset{(\mathrm{B})不整形}{地補正}} \times \left(1 - \underset{ゃく割合}{\overset{(\mathrm{C})無道路地}{のしんし}}\right) \times \left(1 - \underset{ゃく割合}{\overset{(\mathrm{D})建築制限}{のしんし}}\right) \right] \times 地積$$

（注）　ただし，原処分庁（課税庁）の主張及び国税不服審判所の判断においては，建築制限のしんしゃく割合（算式(D)部分）を控除することは認めていない。

次に，本件土地の具体的な相続税評価額が上記の算式に基づいて算定されていく過程を確認することで，課税実務における評価計算上のポイントを確認してみたい。

(1)　雑種地としての評価

① 評価方法

本件土地の評価上の地目は雑種地であり，前記❶(1)の図表－4に示すとおり，ゴルフ場用地，遊園地等の用地又は鉄軌道用地のいずれにも該当しないことから，一般の雑種地として評価される。そして，本件土地の所在地を管轄する国税局長によって雑種地を評価するための倍率が示されていないことから倍率方式（固定資産評価額×倍率）による評価は採用されないため，近傍地比準価額方式によることが相当とされる。

② 近傍地目の認定

本件土地は，＊＊＊＊（分譲地の名称）として分譲された土地が宅地造成事業の中途で諸事情により放置された土地で，固定資産税における課税地目は雑種地とされているもののその経緯から一定の修復措置によって宅地に復帰させることは容易であると考えられるので，本件土地に係る近傍地目を宅地と認定したことは相当であると考えられる。

③ 状況類似地（近傍宅地）について評価した1m²当たりの価額

上記①及び②より，本件土地を近傍地比準価額方式（比準地目は宅地とされる）によって評価する場合における上記算式に掲げる「近傍標準宅地の固定資産評価額（1m²当たり）」（算式(A)部分）の算定方法については，既に，前記❶(3)①(イ)ないし(ニ)において下記に掲げる4通りがあることを確認した。

(イ)　評価対象地の相続税評価額を算定するために路線価が付されている場合の算定方法

(ロ)　評価対象地の固定資産評価額を算定するために路線価が付されている場合の算定方法

(ハ)　具体的な近傍標準宅地の固定資産評価額が確認できる場合の算定方法

㈡　近傍標準宅地の固定資産評価額を証明してもらう場合の算定方法

　これら4通りの算定方法のうち，実際に評価実務において多用するのは上記㈡に掲げるものであり，近傍標準宅地1m²当たりの価額が付記記載された固定資産評価証明書を入手することが重要となる。本件裁決事例においても争いのない基礎事実として，「本件土地の近隣に所在する標準的な画地である宅地の1m²当たりの固定資産評価額（近傍宅地の評価額）は，16,300円である」とされており，推測ではあるが上記㈡を採用して，本件土地所在地の市区町村役場から近傍標準宅地の固定資産評価額を証明してもらったものと考えられる。

④　近傍比準宅地との条件較差

㈤　物理的な観点から判断した条件較差

　本件裁決事例における本件土地（宅地評価上の倍率地域に所在）の評価においても，近傍比準宅地と本件土地との位置及び形状に関する物理的な較差に係る調整率（算式(B)＿＿部分）として，本件土地が路線価地域の普通住宅地区にあるものとした場合に適用される「奥行価格補正率（0.8）」及び「不整形地補正率（0.6）」が用いられていることが確認できる。

　なお，前掲の平成16年7月5日付の資産評価企画官情報第3号「市街化調整区域内の雑種地の評価」中に注書きとして，「位置，形状等の条件差については，資産税関係質疑応答事例集（平成13年3月）問253を準用して，普通住宅地区の画地調整率を参考に計算して差し支えない」旨が定められており，参考となる。

㈥　建物の建築制限から判断した条件較差

　この点に関しては，後記(3)①を参照されたい。

(2)　無道路地としての評価

①　本件土地の無道路地該当性

　図表－6を参照されたい。一般的には，このような評価対象地が無道路地の典型的な事例として示されている場合が大部分である。しかしながら，考えてみるにこの評価対象地のように周囲を他人所有地によってとりかこまれ，まったく接道していない土地を単独で所有している事例は珍しいのではないかと思われる。

　次に，図表－7を参照されたい。本件裁決事例における本件土地の状況図（もちろん，推測ではあるが）である。本件土地は外見上は接道しているが，本件土地の前面道は道路

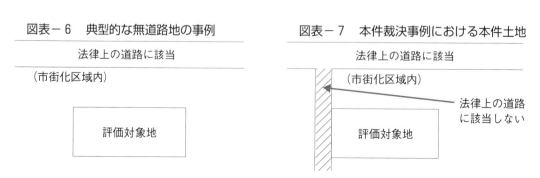

図表－6　典型的な無道路地の事例　　　図表－7　本件裁決事例における本件土地

法又は建築基準法に規定する道路には該当せず，たとえ，本件土地が仮に地域的には建物の建築が可能とされる場合（例えば，市街化区域内に所在する場合）であったとしても，原則として，建物の建築は建築基準法43条（敷地等と道路との関係）に規定する接道義務を充足していないことから認められない。このような土地は，評価通達20－2（無道路地の評価）に定める無道路地に該当する。

本件裁決事例においては，本件土地が同通達上に定める無道路地に該当するものとして取り扱われており（この点については，原処分庁（課税庁）も異論を主張していない），注目しておきたい点である。

② 無道路地であることのしんしゃく率

本件土地は，近傍地比準価額（比準地目は宅地が相当）方式によって評価される無道路地に該当する雑種地であり，かつ，比準地目である宅地の評価に当たっては倍率方式を適用する地域に所在している。次に，近傍地比準価額（比準地目：宅地）方式を算式により示した「無道路地のしんしゃく割合」（算式(C)____部分）を適用する場合の具体的な運用について検討を加えてみたい。

前記❷(3)に掲げる図表－5（無道路地の評価事例）を参照されたい。評価通達20－2（無道路地の評価）の定めでは，路線価方式（本件裁決事例における本件土地のように，近傍標準宅地の固定資産評価額を基に算定する場合を含むものと解される）によって無道路地を評価する場合には，その評価過程において評価通達20（不整形地の評価）に定める不整形地であることのしんしゃくを行うことが必要とされるが，同通達に定めるしんしゃく方法（(イ)不整形地補正率×間口狭小補正率，(ロ)間口狭小補正率×奥行長大補正率のうち，いずれか低い方の数値を採用）は当該評価対象地が路線価地域に所在することを前提としている。

本件裁決事例における本件土地（宅地評価上の倍率地域に所在）の評価においても，本件土地が無道路地であることに係るしんしゃく割合（算式(C)____部分）として，課税実務上で用いられている本件土地が路線価地域の普通住宅地区にあるものとした場合の上記に掲げるしんしゃく方法を基にしたものであると推測される。

(3) さらなる論点

① 評価通達に定める無道路地のしんしゃくと情報に定める建築制限の減価

本件裁決事例における本件土地の評価に当たっての論点として，評価通達20－2（無道路地の評価）に定める無道路地のしんしゃくと平成16年7月5日付の資産評価企画官情報第3号「市街化調整区域内の雑種地の評価」に定める建築制限（算式(D)____部分）の重複適用の可否について確認しておきたい。この点につき，請求人（納税者）は重複適用の可能を主張し，原処分庁（課税庁）はこれを否定する。この点につき，国税不服審判所の判断は，「評価通達に定める無道路地の評価は，そもそも建築制限による減価であると解されるところ，請求人が主張するように無道路地として評価した価額から，更に建築制限による50％の減価をするならば，建築制限による減価を二重に行うこととなり不相当というべきであるほか，そもそも請求人が主張する建築制限による50％の減価については合理的な

根拠もないことから，この点に関する請求人の主張は採用できない」としており，減価要因が重複することを理由として，双方の定めの重複適用を否定している。

筆者が検討すべき課題として挙げたいのは，評価通達に定める無道路地の最大のしんしゃく割合は40％であり，一方，同情報中に定める建築制限による減価割合50％（これは，評価通達27－5（区分地上権に準ずる地役権の評価）に定める家屋の建築が全くできない場合の減価率を準用したものであるとされている）に10％の差異が生じていることである。もちろん，2つの定めの成立過程が根本的に異なることは理解しているつもりであるが，建築制限による減価という同一理由であるのであれば，減価割合は統一されるべきとの考え方もあろう。

② 本来なされるべき議論

本件裁決事例における本件土地の評価（相続税評価額）につき，国税不服審判所の判断では，3,412,743円であるとして原処分庁（課税庁）の主張を支持している（計算過程については，前記Ⅲの図表－3に掲げる計算－2を参照）。

しかしながら，当該計算によると，「奥行価格補正率（0.8）」，「不整形地補正率（0.6）」及び「無道路地のしんしゃく率（0.6）」はいずれも，それぞれに定める補正率（しんしゃく率）の上限限度で適用されているものであり，本来は，当該計算結果として示された価額が相続税法22条（評価の原則）に規定する時価との整合性を有するものであるか否かが検討されるべきものであると考えられる。

ただし，本件土地の価額（客観的交換価値）であるとして，相続税法22条に規定する時価を立証挙証する（例えば，不動産鑑定士による不動産鑑定評価額を求める）としても，本件土地の場合には，必要と考えられる費用（不動産鑑定評価報酬等）を考慮した場合には躊躇せざるを得ないものと考えられる。

参考事項等

❶ 参考法令通達等

・相続税法22条（評価の原則）
・評価通達20（不整形地の評価）
・評価通達20－2（無道路地の評価）（筆者注 平成30年1月1日以後は，評価通達20－3）
・評価通達21（倍率方式）
・評価通達27－5（区分地上権に準ずる地役権の評価）
・評価通達82（雑種地の評価）
・評価通達83（ゴルフ場の用に供されている土地の評価）
・評価通達83－2（遊園地等の用に供されている土地の評価）
・評価通達84（鉄軌道用地の評価）
・平成〇〇年分の財産評価基準書

・市街化調整区域内の雑種地の評価（平成16年7月5日付，資産評価企画官情報第3号）
・都市計画法5条（都市計画区域）
・都市計画法7条（区域区分）
・建築基準法42条（道路の定義）
・建築基準法43条（敷地等と道路との関係）

❷ 類似判例・裁決事例の確認

(1) 雑種地（一般の雑種地）を宅地比準方式で評価することの可否が争点とされた裁決事例として，次のようなものがある。

① 平成15年11月14日裁決，関裁（諸）平15－26

請求人らは，原処分庁の採用したＡ土地ないしＤ土地の評価方法は評価通達には定められていない旨主張する。

しかしながら，評価通達82（雑種地の評価）は，雑種地の評価方法について定めているところ，原処分庁は，Ａ土地等に係る標準宅地をＡ土地ないしＤ土地と状況が類似する土地として選定し，Ａ土地等に係る標準宅地の1㎡当たりの固定資産税評価額に宅地の倍率1.1倍を乗じて算定した1㎡当たりの価額を基に，本件調整率を適用してＡ土地等に係る標準宅地とＡ土地ないしＤ土地との位置及び形状等の条件差についての調整を行って，Ａ土地ないしＤ土地の1㎡当たりの価額を求め，これにそれぞれの土地の地積を乗じてＡ土地ないしＤ土地の価額を算定している。そして，この原処分庁が採用したＡ土地ないしＤ土地と状況が類似する土地の選定及び位置，形状等の条件差の調整の方法は，いずれも評価通達82の定めに沿った合理的なものと認められる。したがって，この点に関する請求人らの主張は理由がない。

② 平成12年11月21日裁決，東裁（諸）平12－35

請求人らは，本件雑種地が市街化調整区域内に所在する建物の建築できない，もともとは山林であった土地であり，植樹することにより容易に山林になり得，そのことが周囲の状況にも適合するから，山林の価額を比準して評価すべきである旨主張する。

しかしながら，地目の判断は課税時期の現況において行うのであるから，植樹をすれば山林に復するからといって山林に類似しているということはできない。本件雑種地の状況からすると，本件雑種地が農地や山林又は原野の状況に類似していないことは明らかである。また，本件雑種地は，条件によっては建物の建築が可能で，まったく建築が禁止されているとまではいえないのであって，その状況及び立地条件からすると，宅地の状況に最も類似しているといえる。

したがって，本件雑種地は，建物の建築が制限されているといえ，宅地の状況に最も類似しているのであるから，本件雑種地の価額は，本件雑種地と状況が類似する付近の宅地を比準地とした，宅地比準方式により評価するのが相当である。

(2) 無道路地であることについてのしんしゃく割合が争点とされた裁決事例として，次のようなものがある。

① 平成9年11月10日裁決，東裁（諸）平9－57

請求人らは，本件敷地は接道義務規定の要件を充足せず，合法的に建物を建てることのできない土地であるにもかかわらず，このような評価額を減額する定めのない評価通達により本件敷地を評価することには合理性がない旨主張する。

　しかしながら，原処分庁は，本件土地の評価において，本件敷地が不整形地であるため評価通達20（不整形地の評価）の(1)に定める不整形地としての補正を行った上，さらに，本件敷地は無道路地ではないものの，接道義務規定を充足していないため無道路地と同様に建築制限を受けることを考慮して，無道路地の評価に準じてその減額相当額をしんしゃくしており，審判所の調査によっても，これが合理的でないとする理由は認められないので，原処分庁が評価通達によりした本件土地の評価は相当である。

② 平成17年10月28日裁決，名裁（諸）平17－23

　原処分庁は，本件土地は公道には直接接していないが，国有地である法定外道路（幅員1.8m）を通路として利用し，その通行には制限があるとは認められないとし，本件土地が建築基準法その他の法令において規定されている建築物を建築するために必要な道路に接すべき最小限の間口距離（幅員2ｍ）の要件（以下「接道義務」という）を満たしていないことから，接道義務を満たすために必要な道路拡幅に相当する部分（幅員0.2m）の価額を控除して本件土地を無道路地に準じて評価している。

　しかしながら，当該法定外道路は，道路法に規定する道路又は建築基準法に規定する道路ではないことから，本件土地に建物の建築をする場合には，公道までの距離から幅員2ｍ以上の通路を自己所有地に開設し，公道に直接接しなければならないものと認められる。したがって，本件土地は，無道路地として評価するのが相当である。

　筆者注　本件裁決事例の詳細については，『難解事例から探る財産評価のキーポイント［第2集］』**CASE10**に収録済みであるので併せて参照されたい。

③ 平成18年6月27日裁決，沖裁（諸）平17－19

　請求人らは，本件土地の時価については請求人らの不動産鑑定士による鑑定評価額によるべきであるが，仮に評価通達を適用する場合には，本件土地は市街化調整区域内の土地（雑種地）で，都市計画法の規制により建物を建築するとしても1棟の住宅しか建築できず建物が建築できないのと同等であると考えられることから，建築可能な通常の宅地と比準させて評価を行うことは非常に不合理であって，従って，50％減価して評価すべきである旨主張する。

　しかしながら，市街化調整区域内の雑種地を宅地比準方式により評価する場合における建物の建築制限に係るしんしゃく割合については，評価通達27－5（区分地上権に準ずる地役権の評価）を準用することと取り扱われており，この取扱いは相当であるほか，県の建築指導課の担当者の答述によれば，市街化調整区域内の土地であっても都市計画法34条（開発許可の基準）の各号に該当すれば建物が全く建てられないことはないという事実が認められることから，本件土地の建物の建築制限に係るしんしゃく割合については，評価通達27－5のロに定める30％が相当である。

CASE4

追補　地積規模の大きな宅地の評価について

　本件裁決事例に係る相続開始年分は，平成16年である。もし仮に，当該相続開始日が，平成30年１月１日以後である場合（評価通達20―２（地積規模の大きな宅地の評価）の新設等の改正が行われた。以下「新通達適用後」という）としたときの本件土地の価額（前記図表３の計算―２に掲げる原処分庁の主張額（国税不服審判所が判断した価額と同額）を基に算定した相続税評価額）は，次のとおりとなる。

(1) 地積規模の大きな宅地の該当性

　次に掲げる 判断基準 から，本件土地が三大都市圏に所在するとした場合には，本件土地は評価通達20―２（地積規模の大きな宅地の評価）に定める地積規模の大きな宅地に該当する。しかしながら，本件土地が三大都市圏以外に所在するとした場合には，同通達に定める地積規模の大きな宅地に該当しない。

判断基準

要　件	本　件　土　地			
① 地積要件（注）	三大都市圏に所在する場合	661㎡（評価対象地の地積）≧ 500㎡（三大都市圏に所在する場合の地積要件） ∴地積要件を充足	三大都市圏以外に所在する場合	661㎡（評価対象地の地積）＜ 1,000㎡（三大都市圏以外に所在する場合の地積要件） ∴地積要件を未充足
② 区域区分要件	本件土地は，認定事実から非線引区域（市街化調整区域以外）に所在 ∴区域区分要件を充足			
③ 地域区分要件	本件土地に係る地域区分は明示されていないが，「本件土地の周辺区域には一般住宅が散在しており，それらの住宅地と本件土地は区画された形状など状況が類似している」とのことから，工業専用地域以外に所在するものと推定される。 ∴地域区分要件を充足			
④ 容積率要件	本件土地に係る指定容積率は明示されていないが，基礎事実及び認定事実からすると，指定容積率400％未満に該当するものと推定される。 ∴容積率要件を充足			
⑤ 大規模工場用地要件	本件土地につき明示はされていないが，基礎事実及び認定事実からすると，評価通達に定める大規模工場用地に該当していないものと推定される。 ∴大規模工場用地要件を充足			
⑥ 判断とその理由	三大都市圏に所在する場合	該当 （上記①ないし⑤の要件を充足）	三大都市圏以外に所在する場合	非該当 （上記①の要件を未充足）

　（注）　本件土地の所在地は不明である。

(2) 本件土地の価額（相続税評価額）

新通達適用後の本件土地の価額（相続税評価額）を算定すると，下表のとおりとなる。

区　　　分		本　件　土　地	
		三大都市圏に所在する場合	三大都市圏以外に所在する場合
近傍宅地の評価額（1㎡当たり）	①	16,300円	16,300円
倍率	②	1.1	1.1
奥行価格補正率	③	0.8	0.8
不整形地補正率	④	0.6	0.6
1㎡当たりの価額（①×②×③×④）	⑤	8,606円	8,606円
規模格差補正率	⑥	0.79（注）	──
1㎡当たりの価額（⑤×⑥）	⑦	6,798円	──
無道路地の割合（減価割合）	⑧	0.4	0.4
1㎡当たりの価額（⑤又は⑦×（1－⑧））	⑨	4,078円	5,163円
地積	⑩	661㎡	661㎡
相続税評価額（⑨×⑩）	⑪	2,695,558円	3,412,743円

（注）　規模格差補正率

$$\frac{661㎡（評価対象地の地積）\times 0.95 + 25}{661㎡（評価対象地の地積）} \times 0.8 = 0.790\cdots \Rightarrow 0.79 \begin{pmatrix} 小数点以下第2 \\ 位未満切捨て \end{pmatrix}$$

CASE5

評価単位・地目・地積	**路線価方式**	間口距離・奥行距離	側方加算・二方加算	不整形地・無道路地
倍率方式	私　　道	土地区画整理事業	貸家・貸家建付地	借地権・貸宅地
農地・山林・原野	雑種地	不動産鑑定評価	利用価値の低下地・特別な事情	その他の評価項目

市街化区域内に存するものの現状では建物建築が困難とされる市街地農地の評価方法が争点とされた事例

事　例

　被相続人甲に相続の開始があった。同人の相続財産を確認したところ下記に掲げる状況にあるA土地（地目：畑，地積2,757㎡）及びB土地（地目：畑，地積1,728㎡）（以下，A土地及びB土地を併せて「本件各土地」という）があることが判明した。

(1) 本件各土地は，都市計画法7条（区域区分）に規定する都市計画区域内の市街化区域に所在するものの，その接道する前面路はいずれも幅員1.8mの農道（道路法又は建築基準法42条（道路の定義）に規定する道路（いわゆる「法律上の道路」）には該当しない）であるため，建築基準法43条（敷地等と道路の関係）に規定する接道義務（注1）を充足しておらず，地元の特定行政庁の建築指導課に確認したところ現況においては建物の建築は認められないとのことであった。

(2) 本件各土地は，路線価地域の普通住宅地区に所在するものの上記(1)に掲げる農道には路線価は付されていない。本件各土地は路線価（2万9,000円）が付された法律上の道路（以下「＊＊＊＊号線」という）から，おおむね250mから300m位離れた地点に位置している。

(3) 本件各土地が所在する地域一帯は，土地利用としての宅地化転換はあまり認められず，＊＊＊＊号線から本件各土地までの間には，ほとんど宅地は存在せず，周辺は農地が大宗を占めている。

　（注1）　建築基準法43条（敷地等と道路との関係）1項では，原則として，建築物の敷地は，道路（法律上の道路をいう。ただし，法律上の道路であっても自動車専用道路及び高架の道路等一定のものを除くものとされている）に2m以上接しなければならない旨規定している。

　（注2）　本件裁決事例では，評価対象地の概要図及び周辺の状況図等の資料は公開されなかったが，入手した裁決事例から推定した評価対象地等の状況図を示すと，次頁図表－1のとおりである。

図表-1　評価対象地等の状況図

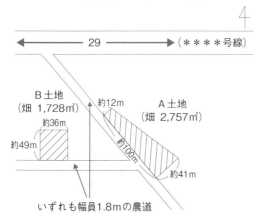

- 本件各土地は，市街化区域内に所在する。
- ＊＊＊＊号線（法律上の道路）の幅員は4.6mである。
- 幅員1.8mの農道は，法律上の道路には該当していない。
- A土地は，＊＊＊＊号線の南方約250mから300mに位置している。
- B土地は，＊＊＊＊号線の南方約255mから290mに位置している。
- A土地を分断するように計画幅員16mの都市計画道路が計画されている。

　本件各土地の評価を行うに当たって，評価担当者は次に掲げる点につきその対応に苦慮している。よって，適切なアドバイスをお願いしたい。

(1)　本件各土地は市街化区域内に所在する農地（畑）であることから，評価通達の定めを適用すると市街地農地に該当することになるが，同通達を適用した場合の相続税評価額はどのように算出することになるのか。

(2)　上記(1)により算出された相続税評価額が，本件各土地が抱える特別な事情（①市街化区域内に存するものの接道義務を充足していないこと，②周辺地域はほとんど農地であり今後も宅地化が期待できないこと等）を考慮した場合に，その実態を反映しきれていないとして，不動産鑑定士による不動産鑑定評価額を客観的な交換価値（時価）であるとして申告することは認められるのか。

(3)　上記(2)の不動産鑑定士による不動産鑑定評価額による場合，どのような留意事項に基づいて不動産鑑定評価書が作成されるべきであるのか。

（平22.5.19裁決，関裁（諸）平21－109，平成18年相続開始分）

基 礎 事 実

❶ 請求人による相続税の更正の請求

(1)　請求人は，平成18年＊＊月＊＊日（以下「本件相続開始日」という）に死亡した被相続人甲に係る相続（以下「本件相続」という）の相続人である。

(2)　請求人は，本件相続に係る相続財産のうち，A土地（畑，2,757㎡）及びB土地（畑，1,728㎡）の価額は，＊＊＊＊及び＊＊＊＊（筆者注　いずれも，担当不動産鑑定士名）の両名による不動産鑑定評価（以下「請求人鑑定評価」という）に基づき＊＊＊＊（筆者注　担当不動産鑑定士が所属する機関の名称）が作成した平成20年5月27日付の本件各土地に係る不動産鑑定書の鑑定評価額（以下「請求人鑑定評価額」という）によるべきであるとして，平成20年7月7日に，相続税の更正の請求をした。

なお，請求人鑑定評価の概要は，図表－2のとおりである。

❷ 本件各土地の状況

(1) 本件各土地は，＊＊＊＊（筆者注 最寄りの交通機関の駅名と推定される）の北東方約4.0kmから4.2kmに位置し，市街化区域内にあって第一種住居地域に指定され，容積率が200％，建ぺい率が60％である現況農地（畑）であり，文化財保護法に規定する周知の埋蔵文化財包蔵地に該当する「＊＊＊＊」（筆者注 文化財包蔵地名）の区域内に所在している。

(2) 本件各土地は，評価通達11（評価の方式）に定める路線価地域で，評価通達14－2（地区）に定める普通住宅地区に存し，評価通達36－4（市街地農地の範囲）に定める市街地農地に該当する。

(3) 本件各土地は，いずれも評価通達20－2（無道路地の評価）に定める無道路地で，A土地は，路線価の付された幅員4.6mの＊＊＊＊号線の南方約250mから300mに，また，B土地は，＊＊＊＊号線の南方約255mから290mにそれぞれ位置しており，＊＊＊＊号線に付された平成18年分の路線価は2万9,000円である。

なお，＊＊＊＊号線から本件各土地までの間には，ほとんど宅地はなく，周囲は農地に囲まれている。

(4) A土地は，西側幅員1.8mの未舗装道路（農道）に面する間口約100m，奥行約12mから41mの不整形な中間画地であり，地勢はほぼ平坦であるが，畑として利用されているため，西側農道よりやや低い位置にある。

なお，A土地を分断するように都市計画道路（計画幅員16m。以下「本件都市計画道路」という）が計画されている。

(5) B土地は，南側幅員1.8mの未舗装道路（農道）に面する間口約36m，奥行約49mの長方形の中間画地であり，地勢はほぼ平坦であるが，畑として利用されているため，南側農道よりやや低い位置にある。

図表－2　請求人鑑定評価の概要
1　地域分析及び個別分析等

項　目	A土地	B土地
対象不動産の所在地	＊＊＊＊	＊＊＊＊
地目及び地積	畑　2,757㎡	畑　1,728㎡
価格時点	平成18年＊＊月＊＊日	平成18年＊＊月＊＊日
同一需給圏	＊＊＊＊の市街化区域内の農地地域 （農業生産活動のうち耕作の用に供されることが，自然的，社会的，経済的及び行政的観点からみて合理的と判断される地域）	
近隣地域	本件各土地を含んでおおむね南北300m，東西400mの範囲の幅員約2mの未舗装の農道沿いに畑等が一面に広がる農地地域で，地域の系統及び連続性は劣り，農地としての利用が標準的と観察される。 公法上の規制（第一種住居地域，建ぺい率60％，指定容積率200％）	
埋蔵文化財包蔵地	＊＊＊＊にて聴取し，本件各土地が存する地域は周知の埋蔵文化財包蔵地ではないことを確認したため，価格形成には影響はない。	

宅地への転換	建築基準法上の道路（＊＊＊＊）に接続する幅5ｍ（幅員4.5m，両側溝0.5m）の開発道路の設置，宅地造成費用・インフラ（水道・下水配管等）工事費用，他人所有の土地の買収が必要であり，これら開発費用が宅地造成後の価格を相当額上回るため，現状では開発して宅地化することは不可能であり，今後も農地として利用されることが合理的である。
最有効使用	市街化区域に存するものの，現況（畑），周囲の利用状況，街路条件，供給処理施設の状態，宅地化への開発コスト及び将来の動向等を総合的に判断し，今後も農地（畑）として継続利用することが，最有効使用である。
標準的画地	幅員約1.8mの未舗装農道に面する画地規模500㎡程度の長方形状の平坦な中間画地（建物の建築困難）を想定した。
鑑定評価方式の適用	本件各土地の種別を成熟度の低い宅地見込地と判断し，市街化区域内の宅地見込地の取引事例等を比準して求めた価格，市街化調整区域内の農地の取引事例等を比準して求めた価格に宅地となる期待性を加味した価格をそれぞれ求め，調整の上で，鑑定評価額を決定する。

2　市街化区域内の宅地見込地の取引事例等に比準して求めた価格

	取引事例Ａ	取引事例Ｂ	取引事例Ｃ	取引事例Ｄ	＊＊＊＊
所在地	＊＊＊＊	＊＊＊＊	＊＊＊＊	＊＊＊＊	＊＊＊＊
備　考	東側幅員2.7m舗装道路に面する不整形の中間画地 一住 60/200（160）	幅員4ｍ舗装道路の約10m西方に位置するほぼ正方形の無道路画地 一住60/200	幅員4ｍ舗装道路の約50m南方に位置するほぼ長方形の無道路画地 一低40/60	北西側幅員4.2m舗装道路，南東側幅員4.5m舗装道路に面する台形状の二方路画地 一低40/50	＊＊＊＊
地　積	828㎡	100㎡	264㎡	433㎡	1,873㎡
取引時点	平成18年4月	平成18年10月	平成18年6月	平成18年10月	
1㎡当たりの取引価格等	6,400円	7,000円	3,030円	3,000円	13,800円
事情補正	100/100	100/100	100/100	100/50(注1)	
時点修正	97.4/100	100/100.4	98.6/100	100/100.2	99.2/100
標準化補正	100/95	100/120	100/50(注2)	100/100	100/100
地域格差(注3)	100/242	100/221	100/232	100/212	100/249
試算価格	2,710円	2,630円	2,580円	2,820円	5,500円
比準価格	1㎡当たり2,700円（各試算価格の中庸値）				
規準価格					5,500円
1㎡当たりの標準的画地価格	2,700円	総合的に判断し，実証性の高い比準価格を重視し，規準価格は参考に留め，標準的画地価格を2,700円と査定した。			
Ａ土地に係る宅地見込地としての価格	6,700,000円	2,700円/㎡×（1－0.1(注4)）×2,757㎡≒6,700,000円			
Ｂ土地に係る宅地見込地としての価格	4,200,000円	2,700円/㎡×（1－0.1(注5)）×1,728㎡≒4,200,000円			

（注1）　相当な売り急ぎが認められ，適正な価格に補正した。
（注2）　形状△20％及び無道路△30％で，合計△50％である。
（注3）　地域格差の内訳は次頁の表のとおりである。

CASE5

	取引事例A	取引事例B	取引事例C	取引事例D	＊＊＊＊
街路条件	＋26	＋29	＋29	＋29	
幅　員	＋1	＋4	＋4	＋4	
系統・連続性	＋20	＋20	＋20	＋20	
舗　装	＋5	＋5	＋5	＋5	
交通・接近条件	＋6	＋2	△4	△4	＋1
最寄駅の接近性	＋6	＋2	△4	△4	＋1
環境条件	＋60	＋40	＋60	＋40	＋100
社会的環境	＋30	＋20	＋30	＋10	＋100
周囲の利用状況	＋30	＋20	＋30	＋10	
高圧線鉄塔隣接	△20				
上水道	＋20			＋20	
行政的条件	＋50	＋50	＋47	＋47	＋48
容積率			△3	△3	△2
建物の建築可	＋50	＋50	＋50	＋50	＋50
合　計	＋142	＋121	＋132	＋112	＋149

（注4）　A土地の個別的要因の減価は、形状△10％、地積過大（標準的画地の約5.5倍）△20％、市街化進行の程度（都市計画道路により将来、街路整備される）＋20％の合計△10％である。
（注5）　地積過大（標準的画地の約3.5倍）△10％である。

3　市街化調整区域内の農地の取引事例に比準した価格に宅地となる期待性を加味した価格

	取引事例E	取引事例F	取引事例G	取引事例H
所在地	＊＊＊＊	＊＊＊＊	＊＊＊＊	＊＊＊＊
地積	1,814㎡	7,159㎡	3,784㎡	1,259㎡
取引時点	平成18年4月	平成18年6月	平成18年8月	平成19年1月
1㎡当たりの取引価格等	606円	1,120円	465円	397円
事情補正	100/100	100/100	100/100	100/100
時点修正	97.4/100	98.6/100	100/100	100/101.6
標準化補正	100/100	100/105	100/70（注1）	100/95
地域格差（注2）	100/55	100/100	100/71	100/49
試算価格	1,070円	1,050円	940円	840円
比準価格	1㎡あたり1,000円（各試算価格の中庸値）			
1㎡当たりの標準的画地価格	1,000円			
A土地に係る農地としての価格に宅地となる期待性を加味した価格	5,000,000円	1,000円/㎡×（1－0.1（注3））×2,757㎡≒2,500,000円 2,500,000円×（1＋100％（注4））＝5,000,000円		
B土地に係る農地としての価格に宅地となる期待性を加味した価格	2,550,000円	1,000円/㎡×1,728㎡≒1,700,000円 1,700,000円×（1＋50％（注5））＝2,550,000円		

（注1）　間口狭小△20％及形状△10％で合計△30％である。
（注2）　地域格差の内訳は下表のとおりである。

	取引事例E	取引事例F	取引事例G	取引事例H
街路条件	＋6	＋31	＋25	＋27
幅　員	＋1	＋6	＋5	＋7

	系統・連続性	＋5	＋20	＋20	＋20
	舗　装		＋5	＋5	＋5
交通・接近条件		△1	△1	△4	＋2
	最寄駅の接近性	△1	△1	△4	＋2
環境条件		△50	△30	△50	△80
	社会的環境	△30	△30	△30	△50
	周囲の利用状況	△20	△20	△20	△30
	上水道		＋20		
合　計		△45	0	△29	△51

（注3）　形状△10％である。
（注4）　A土地は，市街化区域に存することから何十年後には地域一帯が整備される可能性はゼロとはいえず，また，都市計画道路（幅員16m）が予定されており（A土地を分断するように通る），道路整備後にはインフラ等が整備される可能性もあることから，宅地となる可能性は＋100％である。
（注5）　B土地は，市街化区域に存することから何十年後には地域一帯が整備される可能性はゼロとはいえず，また，近くに都市計画道路（幅員16m）が予定されており，道路整備後にはインフラ等が整備される可能性もあることから，宅地となる期待性は＋50％である。

4　鑑定評価額

	評価額	算定根拠
A 土 地	6,000,000円 1㎡当たり2,180円	市街化区域内の宅地見込地から接近した価格　6,700,000円 市街化調整区域内の農地から接近した価格　5,000,000円
B 土 地	3,500,000円 1㎡当たり2,030円	市街化区域内の宅地見込地から接近した価格　4,200,000円 市街化調整区域内の農地から接近した価格　2,550,000円
		本件各土地は市街化区域内に存する現況農地であり，熟成度の低い宅地見込地と判定されるものの，何十年後には地域一帯が整備される可能性等を鑑み，市街化区域内の宅地見込地から接近した価格をやや重視し，6対4の比率を乗じて，請求人鑑定評価額を決定した。

❸　原処分庁による処分（更正処分）

　原処分庁は，上記❶(2)の更正の請求に対し，平成20年10月8日付で，本件各土地の価額は評価通達により評価した価額（以下「原処分庁評価額」という）によることが相当であるが，申告額の一部が過大であるとして，請求人の相続税額の一部を減額する更正処分をした。

　なお，原処分庁評価額の算定方法は，図表－3のとおりである。

図表－3　原処分庁評価額の算定方法

区　分		A 土地	B 土地
正面路線価	①	29,000円	29,000円
奥行価格補正率	②	0.8	0.8
想定整形地の地積	A	18,148.5㎡（55.5m×327m）	8,640㎡（45m×192m）
地　積	B	2,757㎡	1,728㎡

かげ地割合（A−B）/A	C	84.8%			80%		
不整形地補正率表に定める補正率	D	0.70			0.70		
奥行長大補正率	E	0.9（普通住宅地区，奥行距離327m）			0.9（普通住宅地区，奥行距離192m）		
間口狭小補正率	F	0.94（普通住宅地区，間口距離4m）			0.94（普通住宅地区，間口距離4m）		
D×F	G	0.658			0.658		
E×F	H	0.846			0.846		
不整形地補正率（G<H）	③	0.658			0.658		
1㎡当たりの価額（①×②×③）	④	15,265円			15,265円		
1㎡当たりの無道路地としての価額	⑤	9,159円（評価通達20−2 100分の40を適用）			9,159円（評価通達20−2 100分の40を適用）		
費　目		適用面積等	単価	造成費	適用面積等	単価	造成費
整地費	I	2,757㎡	400	1,102,800	1,728㎡	400	691,200
土盛費	J	2,757×0.3	3,600	2,977,560	1,728×0.3	3,600	1,866,240
土止費	K	268.5×0.3	38,300	3,085,065	159×0.3	38,300	1,826,910
宅地造成費（I+J+K）	L	7,165,425円			4,384,350円		
1㎡当たりの宅地造成費	⑥	2,598円			2,537円		
1㎡当たりの評価額（⑤−⑥）	⑦	6,561円			6,622円		
地　積	⑧	2,757㎡			1,728㎡		
⑦×⑧	⑨	18,088,677円			11,442,816円		
都市計画道路予定地の区域内にある宅地の評価をするに当たっての補正率	⑩	0.97（評価通達24−7 普通住宅地区，容積率200％以上，地積割合30％未満）					
財産評価額	⑪	17,546,016円　（⑨×⑩）			11,442,816円		

（注）　整地費，土盛費，土止費の金額は，平成18年分の財産評価基準書に記載されている金額である。

 争　　点

❶　本件各土地の本件相続開始日における価額は，どのように算定されるべきであるのか。
❷　本件各土地の本件相続開始日における具体的な相続税評価額はいくらになるのか。

争点に対する双方（請求人・原処分庁）の主張

争点に関する請求人・原処分庁の主張は，次頁図表−4のとおりである。

図表－4　争点に関する請求人・原処分庁の主張

争　点	請求人（納税者）の主張	原処分庁（課税庁）の主張
(1) 本件各土地の価額の算定方法	次の理由から、本件各土地の価額は、請求人鑑定評価額である。 ① 相続税法22条（評価の原則）に規定する本件各土地の時価は、請求人鑑定評価額であるところ、原処分庁評価額は、請求人鑑定評価額すなわち時価を上回ることから、評価通達の一律適用という公平の原則よりも、個別的評価の合理性を尊重すべきであり、本件各土地は、評価通達6（この通達の定めにより難い場合の評価）に定める「この通達の定めによって評価することが著しく不適当と認められる財産」に当たる。 ② 関東信越国税局長が定めた平成18年分財産評価基準書（以下「財産評価基準書」という）における「29F」と付された路線道路から本件各土地に至るまでの奥行距離は327mであり、評価通達15（奥行価格補正）で定める奥行価格補正率の限度である100mを相当超えており、本件各土地は路線価による評価方法になじまない土地である。 ③ 請求人の親族である＊＊＊＊（買主名）が、平成20年3月24日（筆者注 本件相続開始日後である）に＊＊＊＊（売主名）から購入したB土地に隣接する＊＊＊＊（地名）の各土地の売買価格（2,420円／㎡）は、ほぼ客観的交換価値を反映しているところ、請求人鑑定評価額を若干下回るが、原処分庁評価額を相当額下回っていることから、原処分庁評価額は時価を上回っている。 ④ 請求人鑑定評価は、次のとおり、相続税法22条に規定する本件各土地の時価すなわち客観的交換価値を示したものであり、原処分庁の指摘は当たらない。 　(イ) 原処分庁は、本件都市計画道路の開通見込みがあるにもかかわらず、農地として地域分析等を行っていることをもって、請求人鑑定評価額が客観的交換価値を示したものでない旨主張するが、請求人鑑定評価書の「三　対象不動産の状況（個別分析）」欄及び「四　鑑定評価方式の適用」欄において、本件都市計画道路の開通見込みについて検討しており、請求人鑑定評価が合理性を欠く理由とはならない。 　(ロ) 原処分庁は、本件各土地が存する地域を周知の埋蔵文化財包蔵地ではないと誤った事実を前提にしている旨主張するが、原処分庁評価額の算定過程においても発掘調査費用を控除していない以上、請求人鑑定評価額の算定において発掘調査費用を控除していない点で誤りはなく、上記前提の誤りをもって請求人鑑定評価額が合理性を欠く理由とはならない。	次の理由から、本件各土地の価額は、原処分庁評価額である。 ① 評価通達は、奥行価格補正だけでなく、評価すべき土地の状況に応じて各種補正を行った上で評価する旨定めており、奥行距離が100m以上の土地について一律の奥行価格補正率を定めているからといって、直ちに本件各土地が路線価による評価方法になじまない土地であるということはできず、評価通達に基づき評価することに合理性がある。 ② B土地に隣接する＊＊＊＊（地名）の各土地の売買に至るまでの経緯、その他同売買に影響を及ぼす事情等が証拠によって明らかにされておらず、同売買価格をもって客観的交換価値を反映しているとはいえない。 ③ 請求人鑑定評価額は、次のとおり、相続税法22条（評価の原則）に規定する本件各土地の時価を示しているとは認められない。 　(イ) 本件都市計画道路の開通見込みがあるにもかかわらず、㋑標準的使用を農地としており、地域分析が適正にされておらず、㋺最有効使用の判定を当面は農地として継続使用し、道路が開通後は宅地として使用することと判定されておらず、㋩宅地への転換の検証をしており、その検証自体が失当である。 　(ロ) 本件各土地が存する地域を周知の埋蔵文化財包蔵地ではないとする誤った事実を前提になされている。 　(ハ) 取引事例比較法において、同一需給圏外の市街化調整区域内の農地が含まれている。

		(ハ) 原処分庁は、取引事例比較法において、同一需給圏外の市街化調整区域内の農地が含まれている旨主張するが、本件各土地は、熟成度の低い宅地見込地であり、最有効使用は現況のまま農地として使用することであるから、市街化区域と市街化調整区域の差はあまりなく、また、本件各土地が市街化調整区域との境界付近に存在していることから、市街化調整区域の宅地見込地の売買実例を採用して比準させても、請求人鑑定評価額が合理性を欠く理由とはならない。 なお、市街化調整区域の売買実例を採用するに際し、単純にこれを採用せず、将来宅地となる可能性を考慮し、A土地については200%、B土地については150%の加算を行っていることからも、市街化調整区域の売買実例を採用したことに問題はない。	
(2)	本件各土地の具体的な相続税評価額	上記(1)より、本件各土地の評価額は請求人鑑定評価額によるべきであり、その価額は、前記図表－2に掲げるとおり、A土地が6,000,000円、B土地が3,500,000円となる。	上記(1)より、本件各土地の評価額は原処分庁評価額によるべきであり、その価額は、前記図表－3に掲げるとおり、A土地が17,546,016円、B土地が11,442,816円となる。

国税不服審判所の判断

❶ 認定事実

(1) 本件都市計画道路は、＊＊＊＊（年月日）に計画決定し、＊＊＊＊（年月日）に事業認可された。

(2) ＊＊＊＊（本件各土地所在地の地方自治体名）においては、埋蔵文化財包蔵地に係る開発費用の予算が確保されていることから、直ちに当該発掘調査費用を土地の所有者が負担することにはならない。

❷ 法令解釈等

(1) 相続税法22条（評価の原則）は、相続により取得した財産の価額は、特別の定めのあるものを除き、当該財産の取得の時における時価による旨規定しており、この時価とは、当該財産の取得の時において、それぞれの財産現況に応じ、不特定多数の当事者間で自由な取引が行われる場合に通常成立すると認められる価額、すなわち客観的な交換価値をいうものと解される。

ところで、相続税の課税対象とされる財産は多種多様であることから、国税庁は、相続財産の評価の一般的な基準を評価通達によって定め、各種財産の評価方法に共通する原則や各種の財産の評価単位ごとの評価方法を具体的に定め、課税の公平、公正の観点から、その取扱いを統一するとともに、これを公開し、納税者の申告、納税の便に供している。

(2) 上記(1)に掲げるとおり，評価通達に定める評価方法は，個別の評価によることなく，画一的な評価方法が採られていることから，同通達に基づき算定された評価額が，取得財産の取得時における客観的な時価と一致しない場合が生ずることも当然に予定されているというべきであり，同通達に基づき算定された評価額が客観的な時価を超えていることが証明されれば，当該評価方法によらないことはいうまでもない。

❸ 原処分庁評価額について

(1) 本件各土地に面する道路は，幅員1.8mの農道であり，建築基準法に定める道路に該当せず，現況のままでは建物を建築することができない土地であると認められるところ，前記❶❷(3)のとおり，A土地については，路線価の付された幅員4.6mの＊＊＊＊号線の南方約250mから300m，B土地については，南方約255mから290mにそれぞれ位置している。

そして，本件各土地に建物を建築しようとするならば，＊＊＊＊号線から本件各土地までの道路を整備しなければならないが，このような想定はおおよそ現実的ではなく，また，＊＊＊＊号線から本件各土地までの間は，未だ宅地開発はされておらず，電気・水道等のライフラインの整備もされていないことからすれば，本件各土地は，都市計画法上は市街化区域内に編入されており，将来的には宅地化されることが想定される土地ではあるものの，本件相続開始日における現況では宅地開発を行うことは事実上困難な土地であると認められる。

(2) 原処分庁評価額は，本件各土地が市街地農地に該当することから，評価通達40（市街地農地の評価）の定めにより本件各土地の宅地として価額を求め，宅地にするための造成費を控除して本件各土地の価額を算定しているが，本件各土地の現況が上記(1)のような特殊な土地であることからすれば，この点を加味していない原処分庁評価額については，直ちにこれを本件各土地の本件相続開始日における価額として採用することはできない。

❹ 請求人鑑定評価額について

請求人は，前記図表－2記載のとおり，A土地の評価額を600万円，B土地の評価額を350万円とそれぞれ算出している。

そこで，以下，請求人鑑定評価額の合理性を検討する。

(1) 地域分析及び個別分析について

① 請求人鑑定評価額は，本件各土地が市街化区域に存するものの，現況，周囲の利用状況，街路条件，供給処理施設の状態，宅地化への開発コスト及び将来の動向等を総合的に判断し，今後も農地として継続利用することが最有効使用であると判断しているところ，本件各土地は，前記❸(1)のとおり，宅地開発を行うことは事実上困難な土地であると認められることからすれば，この判断は相当と認められる。

② 原処分庁は，本件各土地が存する地域を周知の埋蔵文化財包蔵地ではないと誤った事実を前提としているので請求人鑑定評価が合理性を欠く旨主張するが，本件各土地は，上記①のとおり，最有効使用が農地であると認められることからすれば，本件各土地の

減価要因になるとまでは認められないから，原処分庁の主張は採用できない。

(2) 取引事例比較法について

① 取引事例について

(イ) 不動産の評価方法として，取引事例の価格から評価対象地の価格を比準する取引事例比較法を用いることは，その実証性に照らし合理的であると認められているものの，この取引事例比較法による対象不動産の価格の算出を合理的ならしめるには，不動産鑑定評価基準の総論第7章第1節Ⅲ 筆者注 のとおり，まず多数の取引事例を収集して適切な事例の選択を行い，さらに，適切な取引事例の価格に，必要に応じて事情補正及び時点修正を行い，かつ，地域要因の比較及び個別的要因の比較を行って求められた価格を比較考量することが必要であり，この場合の取引事例は，原則として，近隣地域又は同一需給圏内の類似地域に存する不動産に係るものから選択し，必要やむを得ない場合には，近隣地域の周辺の地域に存する不動産に係るものから選択するものとされている。

筆者注 不動産鑑定評価基準の総論第7章第1節Ⅲは，取引事例比較法の意義について，まず多数の取引事例を収集して適切な事例の選択を行い，これらに係る取引価格に必要に応じて事情補正及び時点修正を行い，かつ，地域要因の比較及び個別的要因の比較を行って求められた価格を比較考慮し，これによって対象不動産の試算価格を求める手法であり（この手法による試算価格を「比準価格」という），取引事例比較法は，近隣地域若しくは同一需給圏内の類似地域等において対象不動産と類似の不動産の取引が行われている場合又は同一需給圏内の代替競争不動産取の取引が行われている場合に有効である旨，また，取引事例比較法の適用方法について，取引事例は，原則として近隣地域又は同一需給圏内の類似地域に存する不動産に係るもののうちから選択するものとし，必要やむを得ない場合には近隣地域の周辺の地域に存する不動産に係るもののうちから選択するものとする旨定めている。

(ロ) 上記(イ)を本件についてみると，請求人鑑定評価は，近隣地域又は同一需給圏内の類似地域に存する不動産の取引事例に限らず，近隣地域の周辺の地域に存する不動産として，用途的観点から市街化調整区域内の農地を取引事例を採用しているが，本件各土地が存する地域は，極めて稀な地域的な事情により取引事例が極度に少なく，近隣地域又は同一需給圏内の類似地域において適切な取引事例を選択するのが極めて困難な地域であると認められることからすれば，この点をもって直ちに請求人鑑定評価の合理性を否定すべきものとは認められない。

しかしながら，本件各土地は，建物を建築できない土地ではあるものの，市街化区域内に存することから，その価額には宅地としての期待値の影響があることは否定できず，宅地化が抑制されている市街化調整区域内の農地と比較すれば，かなりの格差があることが想定されるところ，請求人鑑定評価における市街化調整区域内の農地の取引事例水準は，前記図表－2記載のとおり，おおむね1㎡当たり1,000円前後となっており，また，地域要因等の格差も極端に大きく，適切に各種の要因比較を行い得

ているか，その合理性に疑義があることからすると，その規範性は劣るものと認められる。

② 鑑定評価方式の適用
　(イ) 請求人鑑定評価においては，市街化区域内の宅地見込地から接近した価格と市街化調整区域内の農地から接近した価格との調整において，何十年後には地域一体が整備される可能性等を理由に，前者をやや重視し，6対4の調整比率を乗じて請求人鑑定評価額を算定している。
　(ロ) 上記(イ)にかかわらず，市街化調整区域内の農地の取引事例については，上記①のとおり，要因比較の観点からその規範性が劣ると認められるところ，これを基に6対4の調整比率を乗じて算定された請求人鑑定評価額については，直ちにこれを本件各土地の本件相続開始日における価額として採用することはできない。

❺ 審判所鑑定評価額について

　上記❶ないし❹から，審判所において，＊＊＊＊（不動産鑑定評価機関の名称）に対し，本件各土地に係る鑑定評価を依頼したところ，平成22年3月25日付の＊＊＊＊（不動産鑑定評価機関の名称）の不動産鑑定評価書（以下，この不動産鑑定評価書に係る鑑定評価を「審判所鑑定評価」という）が提出された。審判所鑑定評価の概要は，次頁図表−5記載のとおりであり，A土地の評価額を802万円，B土地の評価額を518万円（以下，これらの価額を「審判所鑑定評価額」という）とそれぞれ算出している。

　そこで，以下，審判所鑑定評価の合理性を検討する。

(1) 地域分析及び個別分析について
　(イ) 審判所鑑定評価は，本件都市計画道路の開通見込みがある事実を地域分析及び個別分析において考慮していないところ，本件都市計画道路は，前記❶(1)のとおり，＊＊＊＊（年月日）に計画決定され，＊＊＊＊（年月日）に事業認可がされたが，本件相続開始日においては，一般にその事業認可の時期を知り得る状況にはなかったと認められることからすれば，この判断は相当と認められる。
　(ロ) 審判所鑑定評価は，本件各土地は周知の埋蔵文化財包蔵地に所在するものの，そのことが価格形成に影響を与えないと判断しているところ，本件各土地は，今後も農地として継続利用することが最有効使用であると認められ，また，埋蔵文化財の発掘調査費用については，前記❶(2)のとおり，土地の所有者が直ちにこれを負担することにはならないことからも，この点に関する判断は相当と認められる。
　(ハ) 上記(イ)及び(ロ)のほか，審判所の調査の結果によっても，審判所鑑定評価について著しく相当性を欠くことをうかがわせる事情が存するとは認められず，特に合理性を否定すべきものとは認められない。

(2) 取引事例比較法について

　審判所鑑定評価における取引事例C及びD（筆者注　次頁図表−5を参照）は，市街化調整区域に存することから建物を建築することはできないが，地目は雑種地であることから，その価額は宅地としての期待値の影響を受けている土地であり，事実上建物を建築す

図表－5　審判所鑑定評価額の概要

1　地域分析及び個別分析等

項目	A土地	B土地
対象不動産の所在地	＊＊＊＊	＊＊＊＊
地目及び地積	畑　2,757㎡	畑　1,728㎡
価格時点	平成18年＊＊月＊＊日	平成18年＊＊月＊＊日
同一需給圏	農業生産活動の可能な地域である市内の農地地域	
近隣地域の状況	近隣地域の範囲は、本件各土地を中心に、南北約400m、東西約500mの公法上の規制（第一種住居地域、指定建ぺい率60％、指定容積率200％）下にある市街化の影響を受けた農地地域である。 農道の状態は、幅約2mの未舗装道路（建築基準法上の道路に該当しない）が標準である。 土地利用の状況は、田畑等の農地が集積する地域で、市街化区域に存し、周辺は、農家住宅のほか、ミニ開発による戸建住宅等が散在し、徐々に市街化が進行しているが、近隣地域は、道路の状態が劣り、上水道等の施設も未整備で、市街化の進展が妨げられ、古くから農地地域として推移してきた。 標準的使用は、市街化の影響を受けた農地である。	
近隣地域の標準的な土地	約2mの未舗装農道に面する2,000㎡程度の長方形状の平坦な中間画地である。	
最有効使用	本件各土地は、市街化区域に存するものの、接面する農道が建築基準法上の道路に該当せず、上水道等の施設も未整備で、単独での宅地転用はできず、また、周辺道路の状態等から、隣接地との併合又は周辺土地を含めた面的開発による宅地転用の可能性も低い。 本件各土地は、農地として自己使用不動産に区分され、本件各土地に係る典型的な市場参加者は、＊＊＊＊の農業経営者が中心であり、最有効使用は、近隣地域の標準的使用と同じ、市街化の影響を受けた農地である。	
埋蔵文化財包蔵地	耕作等における利用障害は特になく、特に減価要因とならない。	
鑑定評価方式の適用	農地の評価であり、まず近隣地域の標準的使用における標準価格を取引事例比較法を採用して求めた価格を比較検討して求め、次に標準価格に本件各土地の個別的要因に係る格差修正率を乗じて本件各土地の鑑定評価額を決定する。 なお、近隣地域は、農地地域につき規準とすべき公示地、比準すべき基準地はない。	
本件都市計画道路	本件相続開始日において、事業認可の時期は未定であったため、価格時点で知り得なかった後発事象として、その影響を考慮しない。	
＊＊＊＊まちづくり計画	本件相続開始日において、＊＊＊＊まちづくり構想は決定されておらず、価格時点で知り得なかった後発事象として、その影響を考慮しない。	

2　取引事例比較法等を採用して求めた価格

	近隣地域の標準的な土地	取引事例A	取引事例B	取引事例C	取引事例D
所在地	＊＊＊＊	＊＊＊＊	＊＊＊＊	＊＊＊＊	＊＊＊＊
交通・接近条件	＊＊＊＊から約3.8km 約2m未舗装農道	＊＊＊＊から約5.8km 接面道路はない	＊＊＊＊から約1km 東側約2.7m舗装道路	＊＊＊＊から約5.5km 南西側約3m未舗装道路	＊＊＊＊から約4.6km 南側約6m舗装＊＊＊＊
自然的条件	地勢：平坦 自然的災害：なし	地勢：平坦 自然的災害：なし	地勢：緩傾斜地 自然的災害：なし	地勢：平坦 自然的災害：なし	地勢：平坦 自然的災害：なし
行政的条件	第一種住居地域 60/200	第一種低層住居 40/60	第一種住居地域 60/200	市街化調整区域 60/200	市街化調整区域 60/200

取引時点		平成18年6月	平成18年4月	平成17年10月	平成17年4月
1㎡当たりの取引価格等		3,033円	5,882円	3,904円	3,927円
事情補正		100/100	100/100	100/100	100/100
時点修正		99/100	98/100	99/100	98/100
現在推定価格		3,003円	5,764円	3,865円	3,848円
標準化補正(注1)		100/90	100/87	100/97	100/103
地域要因格差(注2)		100/113	100/196	100/126	100/127
推定標準価格		2,950円	3,380円	3,160円	2,940円
1㎡当たりの標準的画地価格	3,000円	1　取引事例Aは、無道路地で、近隣地域の標準的な土地と同じ市街化区域に存する単独での宅地開発が困難な市街化の影響を受けた農地の取引事例であり、類似性を有し、相対的な規範性は高い。 2　取引事例Bは、市街化区域に存する農地の取引事例であるが、単独での宅地開発の可能性を有する宅地見込地の取引事例であり、地域要因格差が大きく、要因比較に難があり、相対的な規範性が劣るため参考に留めた。 3　取引事例C及びDは、市街化調整区域に存する資材置き場等のいわゆる雑種地の取引事例であるが、＊＊＊＊に存し、近隣地域の標準的な土地と同様に、周辺の宅地に係る地価水準の影響を受け、価格水準に類似性を有すると考えられる取引事例であり、一定の規範性を有している。 4　以上から、取引事例A，C及びDの価格を比較検討し、標準的画地価格を3,000円と査定した。			
A土地に係る鑑定評価額	8,020,000円 1㎡当たり2,910円	3,000円/㎡×（1－0.03（注））×2,757㎡≒8,020,000円 （注）不整形地であり、利用効率の劣る程度等を考慮△3％			
B土地に係る鑑定評価額	5,180,000円 1㎡当たり3,000円	3,000円/㎡×1,728㎡≒5,180,000円			

(注1)　標準化補正の内訳

	取引事例A	取引事例B	取引事例C	取引事例D
画地条件	規模が小さい帯状地△10	道路敷を含む△8 不整形地△5	略三角形地△3	角地＋3
合　計	100/90	100/87	100/97	100/103

(注2)　地域要因格差の内訳

	取引事例A	取引事例B	取引事例C	取引事例D
交通・接近条件	100/90	100/109	100/102	100/107
最寄駅の接近性	△10	＋7		
接面道路				
道路の幅員		＋2	＋2	＋7
行政的条件	100/100	100/100	100/95	100/95
公法上の規制			△5	△5
その他	100/125	100/180	100/130	100/125
周囲の利用状況	＋25	＋30	＋30	＋25
建物建築可		＋50		
合　計	100/113	100/196	100/126	100/127

図表－6　A土地及びB土地の価額（双方の主張・国税不服審判所の判断）

区　分	A土地	B土地	合計額	備　考
請求人（納税者）の主張	6,000,000円	3,500,000円	9,500,000円	請求人鑑定評価額によることを主張
原処分庁（課税庁）の主張	17,546,016円	11,442,816円	28,988,832円	評価通達の定めによることを主張
国税不服審判所の判断	8,020,000円	5,180,000円	13,200,000円	審判所鑑定評価額によることを相当と判断

ることができないものの市街化の影響を受けた農地である本件各土地と価格水準に類似性があると認められ，また，標準的画地の価格を算定する際の格差補正も小さいことからすれば，比較する取引事例として，適切な規範性を持つものと認められる。

(3)　結論

審判所鑑定評価は，市街化調整区域における取引事例においても，請求人鑑定評価と比較し，より適切な事例を採用していると認められ，その余の鑑定内容においても合理性を欠く点は認められない。

したがって，審判所は，本件各土地の本件相続開始日における価額は審判所鑑定評価に基づく評価額（審判所鑑定評価額）と認定する。

❻　まとめ

上記❶ないし❺の結果，本件相続開始日におけるA土地の価額は802万円，B土地の価額は518万円（筆者注　図表－6を参照）となり，これに基づき本件相続に係る相続税の課税価格及び納付すべき税額を計算すると＊＊＊＊（筆者注　取消額等計算書に記載された数値）のとおりとなり，これらの金額は原処分の金額を下回るから，原処分は，その一部を取り消すべきである。

本件裁決事例のキーポイント

本件裁決事例は，法令上では建物の建築が可能な市街化区域内に存する農地（市街地農地）ではあるものの，接道義務を充足していない（換言すれば，たとえ，市街化区域内に存していたとしても現状では建物の建築が不可とされる）土地に係る評価方法が争点とされたものであり，実務上，種々の話題性の高い論点を有するもので興味深い。次に，個々の論点について検討を加えてみることにしたい。

❶　市街地農地の範囲

評価通達36－4（市街地農地の範囲）の定めでは，市街地農地とは，次に掲げる農地のうち，そのいずれかに該当するものをいうものとされている。

(1)　農地法4条（農地の転用の制限）又は5条（農地又は採草放牧地の転用のための権利移動の制限）に規定する許可（以下「転用許可」という）を受けた農地

(2)　市街化区域内にある農地

(3) 農地法等の一部を改正する法律附則２条５項の規定によりなお従前の例によるものとされる改正前の農地法７条１項４号の規定により，転用許可を要しない農地として，都道府県知事の指定をうけたもの

　そうすると，本件各土地（地目：農地）は，いずれも都市計画法７条（区域区分）に規定する都市計画区域内の市街化区域に所在することから，上記(2)に該当し，市街地農地とされることになる。

❷ 市街地農地の評価方法

　評価通達40（市街地農地の評価）の定めでは，市街地農地の価額は，次の(1)に掲げる宅地比準方式又は(2)に掲げる倍率方式のいずれかの方法により評価するものとされている。なお，いずれの評価方式によるかは評価対象地を管轄する国税局長が財産評価基準書において明示するものとされている。

(1) 宅地比準方式による評価

　市街地農地の価額は，その農地が宅地であるとした場合の１㎡当たりの価額からその農地を宅地に転用する場合において通常必要と認められる１㎡当たりの造成費に相当する金額として，整地，土盛り又は土止めに要する費用の額がおおむね同一と認められる地域ごとに国税局長の定める金額を控除した金額に，その農地の地積を乗じて計算して金額によって評価するものと定められている。この取扱いを算式で示すと次のとおりとなる。

（算　式）

$$\left[\begin{array}{l}\text{その農地が宅地であるとし}\\\text{た場合の１㎡当たりの価額}\end{array} - \begin{array}{l}\text{１㎡当たりの造成費に}\\\text{相当する金額}\end{array}\right] \times \text{地積}$$

（注）その農地が宅地であるとした場合の１㎡当たりの価額は，その付近にある宅地について，評価通達11（評価の方式）に定める方式によって評価した１㎡当たりの価額を基とし，その宅地とその農地との位置，形状等の条件の差を考慮して評価するものとされている。

(2) 倍率方式による評価

　市街化区域内に存する市街地農地については，その農地の固定資産税評価額に地価事情の類似する地域ごとに，その地域にある農地の売買実例価額，精通者意見価格等を基として国税局長の定める倍率を乗じて計算した金額によって評価することができるものとし，その倍率が定められている地域にある市街地農地の価額は，その農地の固定資産税評価額にその倍率を乗じて計算した金額によって評価するものとされている。この取扱いを算式で示すと次のとおりとなる。

（算　式）

$$\text{その農地の固定資産税評価額} \times \text{国税局長の定める倍率}$$

　そうすると，本件各土地（地目：畑）は，いずれも都市計画法７条（区域区分）に規定する都市計画区域内の市街化区域に存するものの，農地に乗ずべき国税局長の定める倍率が定められていないことから上記(2)に掲げる倍率方式によることはできず，上記(1)に掲げ

る宅地比準方式によって評価することとなる。

❸ 建築基準法に規定する接道義務

建築基準法43条（敷地等と道路との関係）において，建築物の敷地と道路との関係について，次のとおりの原則的取扱いと特例的取扱いの２通りの規定が設けられている。

(1) 原則的取扱い

建築物の敷地は，道路^(注)に２ｍ以上接しなければならない。

（注）　この道路とは，いわゆる法律上の道路をいうものとされているがこの場合においても次に掲げるものは除くものと規定されている。

　① 　自動車のみの交通の用に供する道路
　② 　高架の道路その他の道路であって自動車の沿道への出入りができない構造のものとして一定の基準に該当するもの

(2) 特例的取扱い

建築物の敷地の周囲に広い空地を有する建築物その他の<u>一定の基準に適合する建築物</u>で，特定行政庁が交通上，安全上，防火上及び衛生上支障がないと認めて建築審査会の同意を得て許可したものについては，上記(1)の限りではない。

そして，この一定の基準（上記＿＿部分）につき，建築基準法施行規則10条の２の２（敷地と道路との関係の特例の基準）において，次に掲げるいずれかに該当する旨が定められている。

① 　建築物の敷地の周囲に公園，緑地，広場等広い空地を有すること（この例として，図表－７を参照）

② 　建築物の敷地が農道その他これに類する公共の用に供する道（幅員４ｍ以上のものに限る）に２ｍ以上接すること（この例として，図表－８を参照）

③ 　建築物の敷地が，その建築物の用途，規模，位置及び構造に応じ，避難及び通行の安全等の目的を達するために十分な幅員を有する通路^{筆者注}であって，道路に通ずるものに有効に接すること（この例として，

図表－７　周囲に広い空地を有する場合

図表－９　一定の通路で道路に通ずるものに有効に接する場合

（注）　協定道路に該当している。

図表－８　公共用道に２ｍ以上接する場合

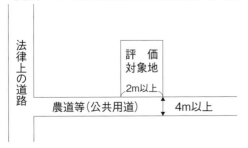

前頁図表－9を参照）

筆者注　このような通路は一般に，「協定道路」と呼称されている。

そうすると，本件各土地（地目：農地）は，前記❶❷(3)ないし(5)に掲げるとおり，いずれも幅員1.8mの未舗装である農道（法律上の道路には該当しない）に接道しているとの条件から次のことが確認される。

(イ)　農道は法律上の道路に該当しないことから，上記(1)の原則的な取扱いによる接道義務を充足することにはならない。

(ロ)　本件各土地の周囲に公園，緑地，広場等の広い空地は認められないことから，上記(2)①に掲げる特例的な取扱いの適用を想定することはできない。

(ハ)　本件各土地は農道（公共の用に供する道）に２ｍ以上接道（Ａ土地は約100m,Ｂ土地は約36m）するものの，当該農道の幅員は1.8mであり公共用道として必要とされる幅員基準（４ｍ以上）を充足していないことから，上記(2)②に掲げる特例的な取扱いの適用を想定することはできない。

(ニ)　本件各土地の前面接道（幅員1.8m）を建築物に応ずる避難及び通行の安全等の目的を達するために必要な十分な幅員を有する通路（協定道路）であると認定することはできないことから，上記(2)③に掲げる特例的な取扱いの適用を想定することはできない。

そうすると，本件各土地は建築基準法43条に規定する接道義務を充足しないこととなり，建物の建築は認められないこととなる。このような土地は，次の❹で確認するとおり，評価通達の定めでは無道路地に該当することになる。

❹　無道路地の意義

評価通達20－2（無道路地の評価）の(注)1において，無道路地とは，道路に接しない宅地（接道義務を満たしていない宅地を含む）をいう旨が定められている。この取扱いは，道路に接道していても接道義務を満たしていない宅地については建物の建築が制限されることから，無道路地としての価値効用は道路に接しない宅地と同一であると考えられることにあるものと思われる。

したがって，評価実務においては一見すると評価対象地が接道しているように見えても，当該接道の法律上の区分（道路法又は建築基準法に規定するいわゆる法律上の道路に該当するか否か），幅員（４ｍ以上存するか否か），評価対象地の間口距離（２ｍ以上接道し

図表－10　評価通達に定める無道路地の例示（接道義務未充足地である場合）

////// 部分について
(1) 農道で道路法又は建築基準法に規定するいわゆる法律上の道路には該当しない。
(2) 幅員は1.8mである。

ているか否か)等の諸条件次第では，当該評価対象地が評価通達20－2（無道路地の評価）に定める無道路地に該当する（接道義務未充足地として適用対象となる。上記＿＿＿部分）ことがあることに留意する必要がある。この取扱いの例として，前頁図表－10を参照されたい。

そうすると，本件各土地は，上記❸において確認したとおり接道義務を充足していないと認められることから，評価通達の定めを適用して財産評価基準制度内において評価するのであれば，評価通達20－2（無道路地の評価）に定める無道路地に該当することになる。

❺ 原処分庁評価額（財産評価基準制度）について

原処分庁評価額は，本件各土地がいずれも上記❹に掲げる無道路地に該当するものとして算定されており，その価額はA土地が1,754万6,016円，B土地が1,144万2,816円（計算過程については，前記図表－3を参照）とされている。次に，原処分庁評価額を算定するに当たっての財産評価基準制度上の評価留意点について検討を加えてみることにする。

(1) 特定路線価を付設しなかったことについて

評価通達14－3（特定路線価）の定めでは，路線価地域内において，相続税，贈与税又は地価税の課税上，路線価の設定されていない道路のみに接している宅地を評価する必要がある場合には，当該道路を路線とみなして当該宅地を評価するための路線価（以下「特定路線価」という）を納税義務者からの申出等に基づき設定することができるとされている。

そうすると，本件各土地は，前記図表－1に掲げる評価対象地等の状況図から路線価地域内に存する路線価の設定されていない道路のみに接している土地（宅地比準方式によって評価する市街地農地）に該当するとして，本件各土地の前面接道である幅員1.8mの各農道に特定路線価を付設して評価する方法を採用する余地がなかったのか検討してみたい。

評価通達において，路線価に関して，次に掲げる二つの取扱いが定められている。

① 評価通達13(路線価方式)では，路線価方式とは，その宅地の面する路線に付された(A)路線価を基とし，評価通達15（奥行価格補正）から同通達20－5（容積率の異なる2以上の地域にわたる宅地の評価）までの定めにより計算した金額によって評価する方式をいう旨が定められている。

② 評価通達14（路線価）では，前項の「路線価」（筆者注 上記①の(A)＿＿＿部分の路線価を指す）は，宅地の価額がおおむね同一と認められる一連の宅地が面している(B)路線（不特定多数の者の通行の用に供されている道路をいう。以下同じ）ごとに設定する旨が定められている。

すなわち，宅地の評価方式の一つである路線価方式における路線価の設定対象である路線の意義について，上記(B)＿＿＿部分のとおり，不特定多数の者の通行の用に供される道路をいうものと解することが明確に定められているが，その一方で，この道路の意義については評価通達において明確にされていない。もし仮に，この道路の意義を法律上の道路（道路法又は建築基準法に規定する道路）に限定すると，現実に各国税局長が毎年（近年ではその年7月1日が一般的となっている）公開する路線価図において，路線価の付設対

象とされた路線が法律上の道路に該当していないものも見受けられ，上記の仮定論の整合性を担保することが不可能とされる。

なお，近年の課税実務上の取扱いとして，評価通達14－3（特定路線価）に定める特定路線価は，原則として建物の建築が可能な道路（法律上の道路）に設定するという運用基準(注)も見受けられる。このような運用基準は，次のような思考過程から成立しているものと考えられる。

(イ)　上記①に掲げるとおり，評価通達13（路線価方式）の定めをもって評価する土地の地目は宅地を前提としていること

(ロ)　評価通達7（土地の評価上の区分）の前段において，土地の価額は地目の別に評価する旨を定めており，当該地目の判定は，原則として不動産登記事務取扱手続準則（平成17年2月25日付民二第456号法務省民事局長通達）（以下「準則」という）68条及び69条に準じて行う旨が定められている。そして，準則68条（地目）において，宅地とは，建物の敷地及びその維持若しくは効用を果すために必要な土地であると定められていること

(ハ)　上記(イ)及び(ロ)より，評価通達に定める路線価方式とは宅地，すなわち建物の敷地及びその維持効用を果すために必要な土地の評価に適用されるものであり，たとえ，所在的には建物の建築が可能な市街化区域内であったとしても，評価対象地が法律上の道路（道路法又は建築基準法に規定する道路）には該当しない接道に留まるため建築基準法43条（敷地等と道路との関係）に規定する接道義務を充足しない建物の建築が認められない当該接道路にまで路線価を設定することに矛盾が生じるとの考え方が提起されること

(注)　評価通達14－3（特定路線価）に定める特定路線価を申請する場合には，課税実務上では「平成＿＿年分　特定路線価設定申出書」（後記図表－11を参照）を用いるものとされている。そして，筆者が摘示した近年の特定路線価の設定傾向（特定路線価は，原則として建物の建築が可能な道路（法律上の道路）に設定する）を明確にするために，「特定路線価チェックシート」と題して，特定路線価設定申出書を提出する前に特定路線価の設定の可否について自己診断を促すための資料を公開している国税局も見受けられる（その例として，後記図表－12を参照）。

以上の検討した事項から総合的に判断すると，本件各土地の接道状況（A土地及びB土地ともに幅員1.8mの農道のみに接道）から，たとえ，本件各土地が市街化区域内に所在したとしても建築基準法43条（敷地等と道路との関係）の規定に照らすと，本件各土地に建物の建築は認められない。そうすると，近年の課税実務上の取扱いとして特定路線価の設定は，原則として建物の建築が可能な道路（法律上の道路）に設定するという運用基準を適用すると，これらの農道に特定路線価を設定することは相当でないことになる。本件裁決事例においても，原処分庁（課税庁）は，これらの農道に特定路線価を設定して評価することなく，付近の法律上の道路（＊＊＊＊号）に付された路線価（2万9,000円）を基礎に本件各土地を評価しており，上記の運用基準に依拠したものと推定される。

(2) 奥行価格補正率の適用

　上記(1)にも掲げるとおり，原処分庁評価額（計算過程については，前記図表－3を参照）は，本件各土地の評価につきその最寄りの法律上の道路である＊＊＊＊号線の路線価（2万9,000円）を正面路線価として，本件各土地は＊＊＊＊号線からおおむね250mから300m位離れた地点に位置しているとのことから，下記に掲げる奥行距離を求める算式に従って奥行距離を算出したものと推定される（当然に，当該数値は100m以上となる）。

（算　式）
① 評価対象地の地積÷評価対象地の間口距離(注)
　（注）評価対象地が無道路地である場合には，接道義務に基づく最低限の接道距離によることが合理的であると考えられる。
② 評価対象地に係る想定整形地の奥行距離
③ ①≧② ∴いずれか短い方

　そして，本件各土地は普通住宅地区に存在することから奥行価格補正率は「0.80」となる。その留意点は次のとおりである。

㈠　評価通達15（奥行価格補正）に定める奥行価格補正率は，地区区分が普通住宅地区に該当し，奥行距離が100m以上の場合，一律に「0.80」が適用される。

㈡　上記㈠の場合，この奥行価格補正率「0.80」が最下限の数値とされており，財産評価基準制度内における取扱いではこれ以上の対応は困難とされる。

　なお，本件各土地の奥行価格補正率をいずれも「0.80」としたことに関する検討は，後記❼(2)において述べることにする。

(3) 無道路地の評価の適用

　本件各土地は，前記❸に掲げるとおり建築基準法43条（敷地等と道路との関係）に規定する接道義務を充足しておらず，このことから評価通達の定めを適用して財産評価基準制度内において評価するのであれば前記❹に掲げるとおり評価通達20－2（無道路地の評価）に定める無道路地に該当することになる。原処分庁評価額（計算過程については，前記図表－3を参照）は，この取扱いに基づいて本件各土地を同通達に定める無道路地に該当するものとして評価している。

　評価通達20－2（無道路地の評価）では，無道路地の価額は，実際に利用している路線の路線価に基づいて，評価通達20（不整形地の評価）の定めによって計算した価額（不整形地補正後の価額）から，無道路地であることのしんしゃくとして，<u>その価額の100分の40の範囲内において相当と認められる金額を控除した価額により評価する</u>旨が定められている。

　この場合において，100分の40の範囲内において相当と認められる金額（上記____部分の無道路地であることのしんしゃく額）は，当該評価対象地である無道路地について，建築基準法その他の法令において規定されている建築物を建築するために必要な道路に接すべき最小限度の通路を開設する場合のその通路に相当する部分の価額（実際に利用している路線の路線価×通路に相当する部分の地積）によるものとされている。

図表-11 特定路線価設定申出書

整理簿 ※

平成____年分　特定路線価設定申出書

※印欄は記入しないでください。

_____税務署長　殿 平成___年___月___日	申　出　者　住所（所在地）〒_____ （納税義務者） 　　　　　　　氏名（名称）_____印 　　　　　　　職業（業種）_____電話番号_____
	相続税等の申告のため、路線価の設定されていない道路のみに接している土地等を評価する必要があるので、特定路線価の設定について、次のとおり申し出ます。
1　特定路線価の設定を必要とする理由	□　相続税申告のため　（相続開始日___年___月___日） 　　被相続人（住所_____ 　　　　　　　氏名_____ 　　　　　　　職業_____） □　贈与税申告のため（受贈日___年___月___日）
2　評価する土地等及び特定路線価を設定する道路の所在地、状況等	「別紙　特定路線価により評価する土地等及び特定路線価を設定する道路の所在地、状況等の明細書」のとおり
3　添付資料	(1)　物件案内図　（住宅地図の写し） (2)　地形図（公図、実測図の写し） (3)　写真　　撮影日___年___月___日 (4)　その他（　　　　　　　　　　　　　　　　）
4　連絡先	〒 住　所　_____ 氏　名　_____ 職　業　_____電話番号_____
5　送付先	□　申出者に送付 □　連絡先に送付
＊　□欄には、該当するものにレ点を付してください。	

（資9－29－A4統一）

別紙　特定路線価により評価する土地等及び特定路線価を設定する道路の所在地、状況等の明細書

土地等の所在地 （住居表示）	[　　　　　　　　　　]	[　　　　　　　　　　]
土地等の利用者名、 利用状況及び地積	（利用者名） （利用状況）　　　　　　　　　㎡	（利用者名） （利用状況）　　　　　　　　　㎡
道路の所在地		
道路の幅員及び奥行	（幅員）　　　m　（奥行）　　　m	（幅員）　　　m　（奥行）　　　m
舗装の状況	□舗装済　・　□未舗装	□舗装済　・　□未舗装
道路の連続性	□通抜け可能 　（□車の進入可能・□不可能） □行止まり 　（□車の進入可能・□不可能）	□通抜け可能 　（□車の進入可能・□不可能） □行止まり 　（□車の進入可能・□不可能）
道路のこう配	度	度
上　水　道	□有 □無（□引込み可能・□不可能）	□有 □無（□引込み可能・□不可能）
下　水　道	□有 □無（□引込み可能・□不可能）	□有 □無（□引込み可能・□不可能）
都　市　ガ　ス	□有 □無（□引込み可能・□不可能）	□有 □無（□引込み可能・□不可能）
用途地域等の制限	（　　　　　　　　　　）地域 建ぺい率（　　　　　　）　％ 容積率（　　　　　　　）　％	（　　　　　　　　　　）地域 建ぺい率（　　　　　　）　％ 容積率（　　　　　　　）　％
その他（参考事項）		

（資9－30－A4統一）

図表－12　特定路線価チェックシート

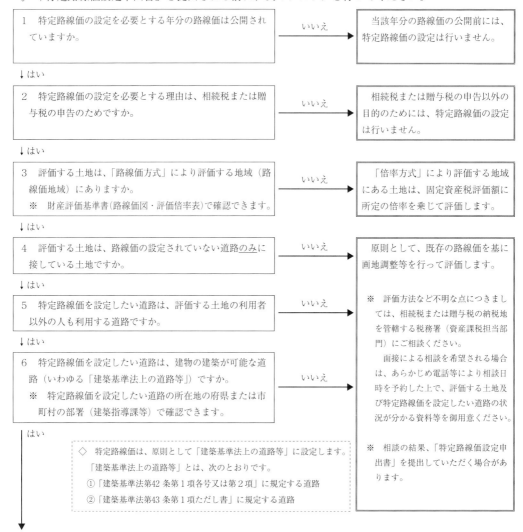

(算　式)

実際に利用してい
る路線の路線価 × 通路に相当する
部分の地積

(注) 奥行価格補正率，間口狭小補正率及び奥行長大補正率等の各種画地調整率の適用は不要とされている。

評価通達に定める無道路地の評価の過程を図解すると，図表－13のとおりとなる。

そうすると，評価通達の定めでは，無道路地であることのしんしゃくは最大でも不整形地補正後の価額（不整形地の評価については，次の(4)で検討する）の40％であるとされている。（前記部分）。このような取扱いが定められたのは，無道路地に係る通路開設費用は当該通路部分の延長距離が長くなると多額になり，計算上は無道路地の価額を超える（換言すれば，マイナス評価となる）ことも理論上では想定されるものの，接道義務が求められている市街化区域内の土地は一般的に市街地的形態を既に形成している場合が一般的であり，当該地域内においては道路（道路法又は建築基準法に規定する法律上の道路）が相応に整備されていることが想定されることから，その奥行距離にはある程度の限度が設けられることも相当であるとの考え方によるものである。

そして，本件各土地についても，無道路地であることについてのしんしゃく率は40％（最大値）とされている。その留意点は次のとおりである。

(イ) 評価通達20－2（無道路地の評価）に定める無道路地のしんしゃく率は不整形地補正後の価額40％が最大値とされ，この点は通路開設に必要な面積（間口距離×通路開設延長距離）が多大になったとしても一定の上限制が適用される。

(ロ) 上記(イ)の場合に，財産評価基準制度内における取扱いではこれ以上の対応（40％を超えるしんしゃく率）は困難とされる。

なお，本件各土地に係る無道路地であることのしんしゃく率をいずれも40％としたことに関する検討は，後記❼(2)において述べることにする。

(4) 不整形地の評価の適用

本件各土地は，上記(3)に掲げるとおり評価通達20－2（無道路地の評価）に定める無道

図表－13　評価通達に定める無道路地の評価過程

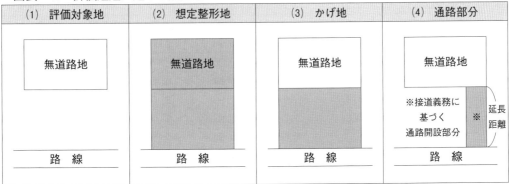

路地に該当している。本件各土地の原処分庁評価額（計算過程については，前記図表－3を参照）も同通達に定める無道路地の評価方法を適用して評価している。そして，同通達に定める無道路地の評価は，その計算過程において不整形地の評価方法を適用している。

評価通達20（不整形地の評価）では，要旨として，不整形地（三角地を含む）の価額は，一定の方法で計算した当該不整形地が整形地であるものとして評価した価額に，その不整形の程度等に応じて求めた不整形地補正率(注)を乗じて計算した価額により評価する旨が定められている。

(注) 不整形地補正率は，図表－14の「地積区分表」に掲げる地区区分及び地積区分に応じ，図表－15に掲げる「不整形地補正率表」に定める補正率とする。

図表－14　地積区分表（課税時期が平成18年12月31日までである場合に適用）

地区区分＼地積区分	A	B	C
ビ ル 街 地 区	4,000㎡未満	4,000㎡以上 6,000㎡未満	6,000㎡以上
高 度 商 業 地 区	1,000㎡未満	1,000㎡以上 1,500㎡未満	1,500㎡以上
繁 華 街 地 区	450㎡未満	450㎡以上 700㎡未満	700㎡以上
普通商業・併用住宅地区	650㎡未満	650㎡以上 1,000㎡未満	1,000㎡以上
普 通 住 宅 地 区	500㎡未満	500㎡以上 750㎡未満	750㎡以上
中 小 工 場 地 区	3,500㎡未満	3,500㎡以上 5,000㎡未満	5,000㎡以上

図表－15　不整形地補正率（課税時期が平成18年12月31日までである場合に適用）

地区区分＼地積区分＼かげ地割合	ビル街地区，高度商業地区，繁華街地区，普通商業・併用住宅地区，中小工場地区			普通住宅地区		
	A	B	C	A	B	C
10％以上	0.99	0.99	1.00	0.98	0.99	0.99
15％以上	0.98	0.99	0.99	0.96	0.98	0.99
20％以上	0.97	0.98	0.99	0.94	0.97	0.98
25％以上	0.96	0.98	0.99	0.92	0.95	0.97
30％以上	0.94	0.97	0.98	0.90	0.93	0.96
35％以上	0.92	0.95	0.98	0.88	0.91	0.94
40％以上	0.90	0.93	0.97	0.85	0.88	0.92
45％以上	0.87	0.91	0.95	0.82	0.85	0.90
50％以上	0.84	0.89	0.93	0.79	0.82	0.87
55％以上	0.80	0.87	0.90	0.75	0.78	0.83
60％以上	0.76	0.84	0.86	0.70	0.73	0.78
65％以上	0.70	0.75	0.80	0.60	0.65	0.70

本件各土地は，いずれも地区区分が普通住宅地区に所在し，地積区分Ｃ（普通住宅地区の場合750㎡以上，Ａ土地2,757㎡，Ｂ土地1,728㎡），かげ地割合は65％以上（Ａ土地が84.8％，Ｂ土地が80％）とされている（前記図表－3より）ことから，この数値を前述の前頁図表－14の地積区分表及び図表－15の不整形地補正率表に代入すると，本件各土地に適用されるべき不整形地補正率「0.70」が求められる。その留意点は次のとおりである。

(イ) 評価通達20（不整形地の評価）に定める不整形地補正率は，「地区区分（普通住宅地区），地積区分(C)」に該当し，かげ地割合が65％以上の場合，一律に「0.70」が適用される。

(ロ) 上記(イ)の場合，この不整形地補正率「0.70」が最大値のしんしゃく率の数値とされており，財産評価基準制度内における取扱いではこれ以上の対応は困難とされる。

なお，本件各土地の不整形地補正率をいずれも「0.70」としたことに関する検討は，後記❼(2)において述べることにする。

(5) 都市計画道路予定地の区域内にある宅地の評価の適用

① 評価方法

評価通達24－7（都市計画道路予定地の区域内にある宅地の評価）では，都市計画道路予定地の区域内（都市計画法4条（定義）6項に規定する都市計画施設のうち道路の予定地の区域内をいう）となる部分を有する宅地の価額は，その宅地のうち都市計画道路予定地の区域内となる部分が都市計画道路予定地の区域内となる部分でないものとした場合の価額に，図表－16に掲げる地区区分，容積率，地積割合の別に応じて定める補正率（以下「都市計画道路予定地補正率」という）を乗じて計算した価額によって評価する旨が定められている。この取扱いを算式で示すと次のとおりとなる。

（算　式）

1画地の宅地について都市計画道路予定地内に存することによる利用制限がないものとした場合の通常の評価額 × 都市計画道路予定地補正率

② 本件裁決事例への適用

都市計画法4条（定義）6項において，この法律において「都市計画施設」とは，都市

図表－16　都市計画道路予定地補正率

地区区分 容積率 地積割合	ビル街地区，高度商業地区			繁華街地区，普通商業・併用住宅地区			普通住宅地区，中小工場地区，大工場地区	
	600％未満	600％以上 700％未満	700％以上	300％未満	300％以上 400％未満	400％以上	200％未満	200％以上
30％未満	0.91	0.88	0.85	0.97	0.94	0.91	0.99	0.97
30％以上 60％未満	0.82	0.76	0.70	0.94	0.88	0.82	0.98	0.94
60％以上	0.70	0.60	0.50	0.90	0.80	0.70	0.97	0.90

（注）地積割合とは，その宅地の総地積に対する都市計画道路予定地の部分の割合をいう。

図表-17 都市計画事業の実施の流れ

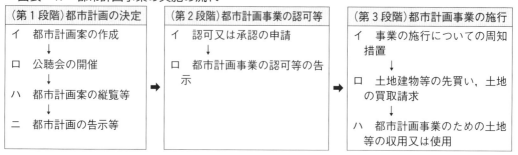

計画において定められた11条1項各号に掲げる施設をいうと規定している。そして，都市計画法11条（都市施設）1項1号において「道路，都市高速鉄道，駐車場，自動車ターミナルその他の交通施設」と規定されており，「道路」が都市施設に該当していることが理解される。

　上記に掲げる都市計画（上記____部分）は，おおむね，次に掲げる一連の三段階の過程（(イ)都市計画の決定，(ロ)都市計画の認可等，(ハ)都市計画事業の施行）を経て事業実施が図られることになる。この取扱いを示すと図表－17のとおりとなる。

　本件裁決事例では，基礎事実としてA土地を分断するように本件都市計画道路が計画されているとの記載が認められる。この本件都市計画道路の存在をA土地の価額を算定するに当たってどのように反映させるべきかにつき，双方の主張（請求人鑑定評価額・原処分庁評価額）及び国税不服審判所の判断（審判所鑑定評価額）をまとめると次頁図表－18のとおりとなる。

　そうすると，A土地の場合，本件相続開始日においては本件都市計画道路に関するところ，都市計画の決定（第1段階）及び都市計画事業の認可（第2段階）があったに過ぎないと認められるものであり，図表－17で確認できるとおりの都市計画事業の施行（第3段階）には未だ至っていないという環境下にあるものである。不動産鑑定評価の場合には，都市計画事業の進行状況を確認しこれを不動産鑑定評価額の決定に当たって反映させることは必須のものであると考えられる。

　一方，相続税等における財産評価は相続税法22条（評価の原則）の規定により課税時期における時価とされているところ，一般的には当該時価の解釈は評価通達に定めるところによるものとされている。そして，評価通達24－7（都市計画道路予定地の区域内にある宅地の評価）においては，「都市計画道路予定地の区域内となる部分を有する宅地」をその適用対象地とする旨を定めているのみで，当該都市計画事業の進捗状況を加味することは原則として特段の要件とはされていない。

　したがって，原処分庁評価額（計算過程については，前記図表－3を参照）は，評価通達の定めに従って算定されたものであることから，上記の取扱いに基づいてA土地を同通達に定める都市計画道路予定地の区域内にある宅地として評価している点に留意する必要がある。

図表-18　A土地を評価する場合における本件都市計画道路の存在

請求人鑑定評価額	原処分庁評価額	審判所鑑定評価額
「市街化区域内の宅地見込地の取引事例等に比準して求めた価格」として，A土地に係る宅地見込地の価格を求める場合におけるA土地の個別的要因の調整につき，市街化進行の程度（都市計画道路により，将来，街路整備される）＋20％である。 また，「市街化調整区域内の農地の取引事例に比準した価格に宅地となる期待性を加味した価格」として，A土地（農地）に係る宅地期待性を加味した価格を求める場合に，A土地は，市街化区域に存することから何十年後には地域一帯が整備される可能性はゼロとはいえず，また，都市計画道路（幅員16m）が予定されており，道路整備後にはインフラ等が整備される可能性もあることから，宅地となる可能性は＋100％である。	A土地の評価に当たっては，評価通達の定めに従って評価すべきである。A土地が本件都市計画道路予定地の区域内にある宅地であることのしんしゃく率は，評価通達24-7（都市計画道路予定地の区域内にある宅地の評価）の定め（筆者注）を適用して，下記の判断基準から，当該しんしゃく率（都市計画道路予定地補正率）を0.97とすべきである。 判断基準 ・地区区分……普通住宅地区 ・容積率　…………200％以上 ・地積割合…………30％未満 筆者注　都市計画道路予定地補正率の算定に当たっては，前記図表-16を参照	審判所鑑定評価（筆者注）は，本件都市計画道路の開通見込みがある事実を地域分析及び個別分析において考慮していないところ，本件都市計画道路は，＊＊＊＊（年月日）（筆者注　本件相続開始前）に計画決定され，＊＊＊＊（年月日）（筆者注　本件相続開始後）に事業認可がされたが本件相続開始日においては，一般にその事業認可の時期を知り得る状況にはなかったと認められることからすれば，この判断は相当と認められる。 筆者注　審判所鑑定評価の内容 本件相続開始日において，事業認可の時期は未定であったため，価格時点（平成18年＊＊月＊＊日）で知り得なかった後発事象として，その影響を考慮しない。

(6) 埋蔵文化財包蔵地の評価の適用

① 評価のあらまし

埋蔵文化財包蔵地である宅地の評価方法については，評価通達に明確な定めは設けられていない。しかしながらこの取扱いに関しては，国税不服審判所から公開された裁決事例（平20.9.25裁決，東裁（諸）平20-42，平成17年相続開始分）（本件裁決事例については，『難解事例から探る財産評価のキーポイント［第1集］』**CASE12**に収録済）において，その基本的な考え方が示され（下記(イ)を参照），一定要件を充足する場合（下記(ロ)を参照）には，当該埋蔵文化財に係る発掘調査費用を当該宅地の評価に際して控除すべきである旨の判断がされている。

(イ) 基本的な考え方

評価対象地が周知の埋蔵文化財包蔵地に該当すると認められる区域内に所存する場合において，宅地開発に係る土木工事等を行うときには，文化財保護法93条（土木工事等のための発掘に関する届出及び指示）の規定に基づき，埋蔵文化財の発掘調査を行うことが必要とされる。しかも，当該発掘調査費用は，当該評価対象地の所有者（開発事業者）が負担することになり，その金額も一定の基準により積算され，一般的に相当高額になることが想定される。

このような状況にある評価対象地を評価する場合には，評価通達等において発掘調査費用の負担に係る評価上のしんしゃくの定めも認められないことから，当該評価対

象地の評価上，一定要件を充足するときには当該事情について，所要の考慮（固有の事情）を検討することが相当であると考えられる。

(ロ) 一定要件

上記(イ)に掲げる一定要件については，次の@及び⑥のいずれにも該当することが必要であると考えられる。

@ 評価対象地に係る宅地開発における埋蔵文化財の発掘調査費用の負担が，<u>(X)一般的利用が宅地であることを前提として評価される当該評価対象地</u>において，<u>(Y)その価額（客観的な交換価値）に重大な影響を及ぼす当該評価対象地固有の客観的な事情に該当すると認められること</u>

⑥ 評価対象地に接面する路線に付されている路線価（路線価方式による場合）又は固定資産税評価額（倍率方式による場合）が，周知の埋蔵文化財包蔵地であることを考慮して評定されたものではないこと

② 評価方式

埋蔵文化財包蔵地である宅地で上記①(イ)に掲げる固有の事情があり，かつ，同(ロ)に掲げる一定要件を充足するものの価額は，その状況が土壌汚染地の評価と類似していることから，「土壌汚染地の評価等の考え方について（情報）」（平成16年7月5日付，国税庁課税部資産評価企画官情報第3号）に準じて計算した金額によって評価することが相当であると考えられる。この取扱いを算式で示すと次のとおりとなる。

（算　式）

評価対象地が埋蔵文化財　　　発掘調査費用
包蔵地でないものとした　－　に相当する金
場合の通常の評価額　　　　　額(注1)

（注1）発掘調査費用とは，独自に制定された「埋蔵文化財発掘調査基準」等に基づいて遺跡の面積・規模等から合理的に積算した当該遺跡の発掘調査を実施するための費用をいう。

（注2）上記（注1）の発掘調査費用については，埋蔵文化財包蔵地でないものとした場合の評価額（土地評価額）が地価公示価格レベルの80％相当水準額（相続税評価額）となることとの均衡から，控除すべき発掘調査費用に相当する金額についても見積額の80％相当額とするのが相当とされる。

③ 本件裁決事例への適用

本件裁決事例では，基礎事実として本件各土地は文化財保護法に規定する周知の埋蔵文化財包蔵地に該当する＊＊＊＊（文化財包蔵地名）の区域内に所在しているとの記載が認められる。当該記載事項を本件各土地の価額を算定するに当たってどのように反映させるべきかにつき，双方の主張（請求人鑑定評価額・原処分庁評価額）及び国税不服審判所の判断（審判所鑑定評価額）をまとめると，次頁図表－19のとおりとなる。

課税実務上の取扱いとして，一定の要件を充足した場合に適用が認められている埋蔵文化財に係る発掘調査費用の取扱い（宅地の価額算定に当たっての当該費用の控除）が，本

図表－19　本件各土地を評価する場合における埋蔵文化財包蔵地の存在

請求人鑑定評価額	原処分庁評価額	審判所鑑定評価額
原処分庁は、本件各土地が存する地域を周知の埋蔵文化財包蔵地ではないと誤った事実を前提にしている(注)旨主張するが、原処分庁評価額の算定過程においても発掘調査費用を控除していない以上、請求人鑑定評価額の算定において発掘調査費用を控除していない点で誤りはなく、上記前提の誤りをもって請求人鑑定評価額が合理性を欠く理由とはならない。 （注）請求人鑑定評価は、埋蔵文化財包蔵地の項目において、＊＊＊＊にて聴取し、本件各土地が存する地域は周知の埋蔵文化財包蔵地ではないことを確認したため、価格形成には影響はない旨の記載がされている。 ↓ （結論）請求人は、本件各土地の評価につき、埋蔵文化財包蔵地であることに係るしんしゃくの適用を主張していない。	請求人鑑定評価額は、本件各土地が存する地域を周知の埋蔵文化財包蔵地ではないとする誤った事実を前提になされており、相続税法22条（評価の原則）に規定する本件各土地の時価を示しているとは認められない。 ↓ （結論）原処分庁は、本件各土地の評価につき、埋蔵文化財包蔵地であることに係るしんしゃくの適用を主張していない。	審判所鑑定評価は、本件各土地は周知の埋蔵文化財包蔵地に所在するものの、そのことが価格形成に影響を与えないと判断しているところ、(A)本件各土地は、今後も農地として継続利用することが最有効使用であると認められ、また、埋蔵文化財の発掘調査費用については、土地の所有者が直ちにこれを負担することにはならない(注)ことからも、この点に関する判断は相当と認められる。 （注）国税不服審判所の認定事実として、(B)本件各土地所在地の地方自治体では、埋蔵文化財包蔵地に係る開発費用の予算確保がされており、直ちに当該発掘調査費用が土地所有者負担にはならない旨が示されている。 ↓ （結論）国税不服審判所は、本件各土地の評価につき、埋蔵文化財包蔵地であることに係るしんしゃくの適用を認めていない。

図表－20　埋蔵文化財発掘調査費用の控除要件と本件各土地への当てはめ

	埋蔵文化財発掘調査費用の控除要件	左の控除要件の本件各土地への当てはめ	控除の可否
①	埋蔵文化財の発掘調査費用の負担が、一般的利用が宅地であることを前提として評価される評価対象地に対して適用されるものであること（前記①ロⓐの(X)＿＿部分）	最有効使用からの判断 本件各土地は、今後も農地として継続利用することが最有効使用であると認められることから、これを前提とすると、埋蔵文化財を発掘するという必然性が生じない。	控除不可
②	埋蔵文化財の発掘調査費用の負担が、その価額（客観的な交換価値）に重大な影響を及ぼす当該評価対象地固有の客観的な事情に該当すると認められること（前記①ロⓐの(Y)＿＿部分）	費用負担者からの判断 本件各土地に宅地開発が行われるとしても、本件各土地所在地の地方自治体では埋蔵文化財包蔵地に係る開発費用の予算が確保されていることから、これを前提とすると、埋蔵文化財の発掘調査費用は本件各土地の価額形成に直接的な影響を与えない。	控除不可

件裁決事例における本件各土地の評価においては適用されていないことに留意する必要がある。その理由をまとめると要旨、次のとおりとなる。

　(イ)　本件各土地は、今後も農地として継続利用することが最有効使用であると認められる（図表－19の(A)＿＿部分）ことから、これを前提とすると、埋蔵文化財を発掘するという必然性が生じないこと

　(ロ)　仮に、本件各土地に宅地開発が行われるとしても、本件各土地所在地の地方自治体では埋蔵文化財包蔵地に係る開発費用の予算が確保されている（図表－19の(B)

部分)ことから,これを前提とすると,埋蔵文化財の発掘調査費用の負担という項目が本件各土地の価額形成に直接的な影響を与えないこと

なお,この課税実務上の取扱いが認められるための一定の要件として,前記①ⓛ@において定められており,当該要件を本件裁決事例における本件各土地に当てはめると,前頁の図表－20のとおりとなる。

以上より,宅地(市街地農地等の宅地予備地を含む)評価において,この課税実務上の取扱いを適用する場合には,評価対象地が単に文化財保護法に規定する周知の埋蔵文化財包蔵地内に存在することを確認するのみでは事足りず,前掲のとおり,発掘調査の必然性及び発掘調査費用の負担帰属等の総合的な観点から判断する必要性があることに留意すべきである。

❻ 不動産鑑定評価(請求人鑑定評価・審判所鑑定評価)について

(1) 取引事例比較法の適用

本件裁決事例では,請求人鑑定評価(A土地600万円,B土地350万円)と審判所鑑定評価(A土地802万円,B土地518万円)の二つの不動産鑑定評価書が存在する。これらの不動産鑑定書においては取引事例比較法の適用のあり方が主な論点とされており,この点に対する双方(請求人・原処分庁)の主張及び国税不服審判所の判断をまとめると,図表－21のとおりとなる。

図表－21 請求人鑑定評価・審判所鑑定評価(双方の主張・国税不服審判所の判断)

請求人の主張	原処分庁の主張	国税不服審判所の判断
原処分庁は,取引事例比較法において,同一需給圏外の市街化調整区域内の農地が含まれている旨主張する。しかしながら,本件各土地は,熟成度の低い宅地見込地であり,最有効使用は現況のまま農地として使用することであるから,市街化区域と市街化調整区域の差はあまりなく,また,本件各土地が市街化調整区域との境界付近に存在していることから,市街化調整区域の宅地見込地の売買実例を採用して比準させても,請求人鑑定評価額が合理性を欠く理由とはならない。	請求人鑑定評価額は,取引事例比較法において,同一需給圏外の市街化調整区域内の農地が含まれており,相続税法22条(評価の原則)に規定する本件各土地の時価を示しているとは認められない。	(1) 請求人鑑定評価について 請求人鑑定評価は,近隣地域又は同一需給圏内の類似地域に存する不動産の取引事例に限らず,近隣地域の周辺の地域に存する不動産として,用途的観点から市街化調整区域内の農地を取引事例として採用しているが,本件各土地が存する地域は,極めて稀な地域的な事情により取引事例が極度に少なく,(X)近隣地域又は同一需給圏内の類似地域において適切な取引事例を選択するのが極めて困難な地域であると認められることからすれば,この点をもって直ちに請求人鑑定評価の合理性を否定すべきものとは認められない。 しかしながら,(Y-1)本件各土地は,建物を建築できない土地ではあるものの,市街化区域内に存することから,その価額には宅地としての期待値の影響があることは否定できず,宅地化が抑制されている市街化調整区域内の農地と比較すれば,かなりの格差があることが想定されるところ,請求人鑑定評価における市街化調整区域内の農地の取引事例水準は,前記図表－2記載のとおり,おおむね1㎡当たり1,000円前後となっており,また,(Z-1)地域要因等の格差も極端に大きく,適切に各種の要因比較を行い得ているか,その合理性に疑義があることからすると,その規範性は劣るものと認められる。 (2) 審判所鑑定評価について 審判所鑑定評価における(Y-2)取引事例C及びD(筆

| | | 者注 前記図表－5を参照）は，市街化調整区域に存することから建物を建築することはできないが，地目は雑種地であることから，その価額は宅地としての期待値の影響を受けている土地であり，事実上建物を建築することができないものの市街化の影響を受けた農地である本件各土地と価格水準に類似性があると認められ，また，(Z-2)標準的画地の価格を算定する際の格差補正も小さいことからすれば，比較する取引事例として，適切な規範性を持つものと認められる。|

この図表－21から確認すべき取引事例比較法適用時における評価実務上の留意事項は，次に掲げるとおりである。

① 取引事例所在地の合理性

相続税等における土地の価額を算定する場合に，財産評価基準制度内にある評価通達の定めを適用するのではなく不動産鑑定士等による不動産鑑定評価によるものであるときに，課税庁側からの指摘項目（換言すれば，当該不動産鑑定評価額を容認することはできないとされる理由）として摘示されるのが，当該不動産鑑定評価の過程で採用された取引事例比較法適用時における取引事例所在地の選択の合理性である。

特に近年，わが国では，不況，人口減少等の諸要因から地方社会では不動産の取引事例が減少しており，評価対象地と同種同等な取引事例を検索することは極めて困難であり，これに代替するものとして少々の条件の差異を補正することにより治癒することにして取引事例の採用エリアを拡範することが試みられることが多い。

本件裁決事例においても，近隣地域又は同一需給圏内の類似地域に存する不動産の取引事例に限らず，近隣地域の周辺の地域に存する不動産として，<u>用途的観点</u>から市街化調整区域内の農地を取引事例として採用することの可否が争点とされている（再確認となるが，本件各土地は市街化区域内に存する農地である）。そして，請求人鑑定評価においてはその採用を可としており，一方，原処分庁においてはその採用を不可と主張している。

これに対して，国税不服審判所の判断では，一定条件（近隣地域又は同一需給圏内の類似地域において適切な取引事例を選択するのが極めて困難な地域であること）を充足するのであれば，その採用は認められるべきである（図表－21の(X)＿＿＿部分）として，請求人鑑定評価における考え方を支持している。本件裁決事例は，相続等に限らず，土地の価額を不動産鑑定士等による不動産鑑定評価に求める場合の取引事例比較法の考え方のなかで，重要な実務指針になるものと考えられる。

上記の国税不服審判所の判断は，不動産鑑定評価基準の総論第7章第1節Ⅲにおいて，取引事例比較法の適用について，取引事例は，原則として近隣地域又は同一需給圏内の類似地域に存する不動産に係るもののうちから選択するものとし，必要やむを得ない場合には近隣地域の周辺の地域に存する不動産に係るものから選択するものとする旨が定められていることを具現化したものであると考えられる。

なお，本項目（<u>用途的観点</u>から市街化調整区域内の農地を取引事例として採用すること

の可否）において使用されている「用途的観点」（上記＿＿＿部分）という用語に関しては，不動産鑑定評価において使用される「地域要因」という用語との関連において，次に掲げる事項を理解しておきたい。

(イ) 地域要因の概要

　不動産鑑定士による鑑定評価が行われる場合の指針とされる「不動産鑑定評価基準」では，不動産の価格形成要因には，図表－22に掲げる三つがあるものとされている。

(ロ) 用途的観点及び用途的地域の意義

　上記(イ)に掲げる地域要因を分析する場合に重視されるべき項目として，「用途的観点から区分される『用途的地域(注)』と同一需給圏の把握」が挙げられる。

（注）　この「用途的地域」の類似語に「用途地域」（都市計画法8条（地域地区）に規定する地域地区の一つの区分で，第一種低層住居専用地域から工業専用地域までに12区分（注）に分類され，都市計画において目的とされる土地利用を実現するために建築される建物の利用用途等に制限が加えられる）という用語が存在するが，両者は必ずしも同じ地域を示す（用途的地域＝用途地域）ものではないことに留意する必要がある。

　　注　平成30年4月1日に改正された都市計画法の施行により，「田園住居地域」が追加されたことにより，13区分となった。

図表－22　不動産鑑定評価基準に定める不動産の価格形成要因

(イ)	一般的要因	一般経済社会における不動産のあり方及びその価格の水準に影響を与える要因をいう。それは，自然的要因，社会的要因，経済的要因及び行政的要因に大別される。
(ロ)	地域要因	一般的要因の相関関係によって，規模，構成の内容，機能等にわたる各地域の特性を形成し，その地域に属する不動産の価格の形成に全般的な影響を与える要因をいう。
(ハ)	個別的要因	不動産に個別性を生じさせ，その価格を個別的に形成する要因をいう。個別的要因とは，土地，建物等の区分に応じその要因が細分される。

図表－23　用語の意義（近隣地域・類似地域・同一需給圏）

(イ)	近隣地域	対象不動産の属する用途的地域であって，より大きな規模と内容をもつ地域である都市あるいは農村等の内部にあって，居住，商業活動，工業生産活動等人の生活と活動とに関して，ある特定の用途に供されることを中心として地域的まとまりを示している地域をいい，対象不動産の価格の形成に関して直接に影響を与えるような特性を持つものである。 地域要因は，その地域の特性を形成する地域要因の推移，動向のいかんによって変化していくものである。
(ロ)	類似地域	近隣地域の地域の特性と類似する特性を有する地域であり，その地域に属する不動産は，特定の用途に供されることを中心として地域的にまとまりを持つものである。この地域のまとまりは，近隣地域の特性との類似性を前提として判定されるものである。
(ハ)	同一需給圏	一般に対象不動産と代替関係が成立して，その価格の形成について相互に影響を及ぼすような関係にある他の不動産の存する圏域をいう。それは，近隣地域を含んでより広域的であり，近隣地域と相関関係にある類似地域等の存する範囲を規定するものである。

この「用途的地域」には，「近隣地域」及び「類似地域」がある。また，近隣地域と相関関係にある類似地域等に存する範囲を規定するものとして，「同一需給圏」がある。これらの用語の意義は，前頁図表－23に掲げるとおりである。本件裁決においては，これらの用語が双方の主張及び国税不服審判所の判断において頻出であり，改めて相続税等における土地の評価であっても，不動産鑑定における基本的な用語の理解が不可欠であることが理解される。

なお，用途的地域（近隣地域及び類似地域からなる）と同一需給圏の関係を図示すると，図表－24のとおりとなる。

② 個別の取引事例の選択の合理性

請求人鑑定評価は，前記図表－2に掲げたとおり，市街化区域内の宅地見込地の取引事例（4事例）及び市街化調整区域内の農地の取引事例（4事例）を基に較差割合を比較考量して求めた比準価格をそれぞれ求めて，前者に60％，後者に40％の比重を与えて加重平均により図表－25のとおりに算定されている。

図表－24 用途的地域（近隣地域・類似地域）と同一需給圏の関係

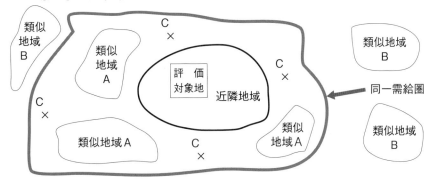

|用　語| A→同一需給圏にある類似地域
B→同一需給圏にない類似地域
C→同一需給圏にある類似しない地域

|解　説| 図表－24の事例では，評価対象地の価額を取引事例比較法により求める場合の取引事例は，原則として，近隣地域又は同一需給圏内の類似地域Aに存するもののうちから選択されるべきである。
　なお，類似地域Bは類似地域ではあるものの同一需給圏内に存しないこと，また，Cは同一需給圏内に存するものの類似地域には該当しないことから，一定条件下における必要やむを得ない事情が存する場合を除いては，原則として取引事例に採用されるべきものには該当しない。

図表－25 請求人鑑定評価（比準価格の調整）

区分	市街化区域内の宅(イ)地見込地からの比準価格	(ロ)加重割合	市街化調整区域内(ハ)の農地の取引事例からの比準価格	(ニ)加重割合	請求人鑑定評価額
A土地	6,700,000円	60％	5,000,000円	40％	(イ)×60％＋(ロ)×40％ ≒6,000,000円
B土地	4,200,000円	60％	2,550,000円	40％	(イ)×60％＋(ロ)×40％ ≒3,500,000円

前頁図表－25に掲げる請求人鑑定評価（比準価格の調整）においては，同表(イ)に掲げる市街化区域の宅地見込地から求めた比準価格と同(ロ)に掲げる市街化調整区域内の農地の取引事例から求めた比準価格の開差を求めると，A土地は約1.3倍（670万円÷500万円），B土地は約1.6倍（420万円÷255万円）であり，同表(イ)から求めた価額（建物建築が可能な土地であることを前提に取引された価額を基に算定した価額）と同表(ロ)から求めた価額（建物建築が不可能な土地であることを前提に取引された価額を基に算定した価額）としての均衡が担保されているのか，また，これらの開差がA土地（約1.3倍）とB土地（約1.6倍）とで大きく異なることについて合理的な理由が存在するのかという点において疑問が残るところである。

　この点につき，本件裁決事例では，国税不服審判所の判断として，本件各土地は，建物を建築できない土地ではある（筆者注　建築基準法に規定する接道義務を充足していない）ものの，市街化区域内に存することから，その価額には宅地としての期待値の影響があることは否定できず，宅地化が抑制されている市街化調整区域内の農地と比較すれば，かなりの較差があることが想定される（前記図表－21の(Y-1)部分）と指摘し，請求人が主張する市街化調整区域内の農地の取引事例を基に算定した比準価格を採用することを排除している。

　そして，審判所鑑定評価における取引事例C及びD(注)につき，これらの土地は，市街化調整区域に存することから建物を建築することはできないが，地目は雑種地であることから，その価額は宅地としての期待値の影響を受けている土地である（前記図表－21(Y-2)部分）と認定して，取引事例比較法を採用する場合の個別の取引事例の選択の合理性に関する判断を示している。

　（注）　審判所鑑定評価においては，取引事例C及びDは，市街化調整区域に存する資材置き場等のいわゆる雑種地の取引事例であるが，＊＊＊＊に存し，近隣地域の標準的な土地と同様に，周辺の宅地に係る地価水準の影響を受け，取引水準に類似性を有すると考えられる取引事例であり，一定の規範性を有していると記載されている。

③　適用する較差補正率の合理性

　不動産鑑定評価基準に定める取引事例比較法の適用に当たっては，上記②で確認したとおり，適切な取引事例の選択が行われ，これに必要に応じて事情補正及び時点修正を行い，かつ，地域要因の比較及び個別的要因の比較を行って求められた価格を比較考量して対象不動産の試算価格を求めることが必要とされる。

　そうすると，上記②で確認したような請求人鑑定評価に示される不適切な取引事例が選択された場合には，これに必要な補正を実施することは困難であると考えられる。

　すなわち，本件裁決事例における国税不服審判所の判断では，請求人鑑定評価について，地域要因等の格差も極端に大きく，適切に各種の要因比較を行い得ているか，その合理性に疑義があることからすると，その規範性は劣る（前記図表－21(Z-1)部分）とし，その一方で鑑定所鑑定評価について，標準的画地の価格を算定する際の格差補正も小さいことからすれば，比較する取引事例として，適切な規範性を持つ（前記図表－21(Z-2)部分）

との考え方を示している。

なお、上記に掲げる各種の要因比較に当たっては、「土地価格比準表」(国土庁(現：国土交通省所管。以下同じ)により作成されたもので、地価公示の標準地等から比準して、土地の価格を求める場合に必要な地域要因、個別的要因及びその格差率を示す標準的な表として、昭和50年に新設された後、これまで数次にわたり改善及び補強が加えられた。最新版は、平成28年2月16日付けの事務連絡による7訂版がこれに該当する)によることが、原則として求められる。なぜならば、この土地価格比準表は、不動産鑑定評価基準の理論を基礎に、不動産鑑定士等の鑑定評価の専門家の参画を得てその実践面における成果も十分に採り入れて国土庁が作成した合理的な比準方法を示すものであり、この比準表に定められている諸要因の項目や、その格差率等についても不動産鑑定士等による全国的な実地検証の結果を経て統一化されたものである(土地価格比準表〔第3 土地価格比準表・1 土地価格比準表とその役割〕より)と説明されている。

そうすると、この土地価格比準表から大幅に逸脱し、その適用に合理性が担保されているとは認め難い諸要因の項目や格差率等を適用することは、原則として認められないものと考えられる。したがって、税理士等の税務実務評価に従事する者であっても、不動産鑑定士等に不動産鑑定評価を依頼する機会が多い場合には、この土地価格比準表に記載されている諸要因の項目(名称)や適用される格差率等の範囲(特に、±の数値の上限及び下限)について、常日頃から慣れ親しんでおくことが望ましいと考えられる。

(2) 埋蔵文化財包蔵地の認識

本件裁決事例における基礎事実として、本件各土地は、文化財保護法に規定する周知の埋蔵文化財包蔵地に該当する「＊＊＊＊」(文化財包蔵地名)の区域内に所在しているとされている。

その一方で、請求人鑑定評価及び審判所鑑定評価における埋蔵文化財包蔵地に対する地域分析をまとめると、図表－26に掲げるとおりとなる。

そうすると、請求人鑑定評価に係る担当不動産鑑定士は、本件各土地に対する地域分析のうち埋蔵文化財包蔵地に係る要因について事実誤認を生じせしめたことになる。その一方で、国税不服審判所による認定事実として、＊＊＊＊(本件各土地所在地の地方自治体名)においては、埋蔵文化財包蔵地に係る開発費用の予算が確保されていることから、直ちに当該発掘調査費用を土地の所有者が負担することにはならない旨の記載も認められる。すなわち、結果として、本件各土地が埋蔵文化財包蔵地であることは、本件各土地の価格形成に当たって格別の減価要因とされるものではなく影響はないことになる。

この点につき、本件裁決事例における双方(請求人・原処分庁)の主張及び国税不服審判所の判断をまとめると、前記図表－19のとおりである。念のため要旨のみを再録すると、

図表－26 請求人鑑定評価・審判所鑑定評価(埋蔵文化財包蔵地に対する地域分析)

請求人鑑定評価	審判所鑑定評価
＊＊＊＊にて聴取し、本件各土地が存する地域は周知の埋蔵文化財包蔵地ではないことを確認したため、価格形成には影響はない。	耕作等における利用障害は特になく、特に減価要因とならない。

図表-27のとおりである。

　本件裁決事例では，国税不服審判所の判断において本件各土地が埋蔵文化財包蔵地であることがその価格形成に影響を与えないものと判断され，結果的には埋蔵文化財発掘調査費用を控除しないという計算過程の結論が支持されたことになる。これに対して，本件各土地に対する地域分析の誤認（本件各土地が存する地域を周知の埋蔵文化財包蔵地ではないと判断したこと。ただし，重複となるが，結果として埋蔵文化財発掘調査費用を控除しないことが正当とされた）という事実があったことをもって請求人鑑定の全般の信用性が直ちに否定されるべき旨の原処分庁（課税庁）側の主張は排除されることとなった。

　しかしながら，不動産鑑定士等の専門職が行う不動産鑑定評価において，評価対象地に係る地域要因及び個別要因を適確に把握することは必要不可欠な作業であり，本件裁決事例のような誤認は，事案によっては致命傷になり得ることも考えられる。

　不動産鑑定評価を行う場合に，バイブル的な位置付けにある「不動産鑑定評価基準」及びその運用上の細則を定めたものとされる「不動産鑑定評価基準運用上の留意事項」（以下「不動産鑑定評価基準等」という）において，埋蔵文化財に対する取扱い（主なもの）として，次頁図表-28に掲げるとおりの記述が認められる。

　次頁図表-28に掲げる不動産鑑定評価基準等の取扱いは，平成14年の改正後のものである。同年の改正によって，住宅地，商業地及び工業地については，新たに情報通信基盤の利用の難易，埋蔵文化財及び地下埋設物の有無並びにその状態及び土壌汚染の有無及びその状態（次頁図表-28の不動産鑑定評価基準欄の⑬ないし⑮）の個別的要因の欄が新設されている。

　すなわち，同年の改正後における新しい不動産鑑定評価基準等を適用して不動産鑑定士等が不動産鑑定評価を行う場合（ちなみに，本件裁決事例に係る相続開始年分は平成18年分であり，新しい不動産鑑定評価基準を適用すべき事例に該当する）には，本稿で論点とされた埋蔵文化財の有無及びその状態を確認することによって，発掘調査の必要性，現状変更行為の可否や費用負担，土地利用上の制約等による不動産の価格形成に与える影響を所轄の行政庁（地方自治体の場合は，教育委員会が一般的である）に出向いて調査すべきであったと考えられる。

図表-27　本件各土地を評価する場合における埋蔵文化財包蔵地の存在

請求人（納税者）の主張	原処分庁（課税庁）の主張	国税不服審判所の判断
原処分庁評価額の算定過程においても発掘調査費用を控除していない以上，請求人鑑定評価額の算定において発掘調査費用を控除していない点で誤りはなく，上記前提の誤りをもって請求人鑑定評価額が合理性を欠く理由とはならない。	請求人鑑定評価額は，本件各土地が存する地域を周知の埋蔵文化財包蔵地ではないとする誤った事実を前提になされており，相続税法22条（評価の原則）に規定する本件各土地の時価を示しているとは認められない。	審判所鑑定評価の判断（本件各土地は周知の埋蔵文化財包蔵地に所在するものの，そのことが価格形成に影響を与えないとしていること）は，次のことから相当と認められる。 ① 本件各土地は，今後も農地として継続利用することが最有効使用であると認められること ② 埋蔵文化財の発掘調査費用については，土地の所有者が直ちにこれを負担することにはならないこと

CASE5

図表-28 不動産鑑定評価基準等における埋蔵文化財に対する取扱い

区分	不動産鑑定評価基準	不動産鑑定評価基準運用上の留意事項
掲出部分	総論 第3章　不動産の価格を形成する要因 　第3節　個別的要因 　　Ⅰ　土地に関する個別的要因	Ⅰ　「総論　第3章　不動産の価格を形成する要因」について 　1．土地に対する個別的要因について
記載内容	1．宅地 　(1) 住宅地 　　　住宅地の個別的要因の主なものを例示すれば，次のとおりである。 　　① 地勢，地質，地盤等 　　② 日照，通風及び乾湿 　　③ 間口，奥行，地積，形状等 　　④ 高低，角地その他の接面街路との関係 　　⑤ 接面街路の幅員，構造等の状態 　　⑥ 接面街路の系統及び連続性 　　⑦ 交通施設との距離 　　⑧ 商業施設との接近の程度 　　⑨ 公共施設，公益的施設等との接近の程度 　　⑩ 汚水処理場等の嫌悪施設等との接近の程度 　　⑪ 隣接不動産等周囲の状態 　　⑫ 上下水道，ガス等の供給・処理施設の有無及びその利用の難易 　　⑬ 情報通信基盤の利用の難易 　　⑭ 埋蔵文化財及び地下埋蔵物の有無並びにその状態 　　⑮ 土壌汚染の有無及びその状態 　　⑯ 公法上及び私法上の規制，規約等 　(2) 商業地 　　（以下（略））	(1) 埋蔵文化財の有無及びその状態について 　　文化財保護法で規定された埋蔵文化財については，同法に基づく発掘調査，現状を変更することとなるような行為の停止又は禁止，設計変更に伴う費用負担，土地利用上の制約等により，価格形成に重大な影響を与える場合がある。 　　埋蔵文化財の有無及びその状態に関しては，対象不動産の状況と文化財保護法に基づく手続きに応じて次に掲げる事項に特に留意する必要がある。 　① 対象不動産が文化財保護法に規定する周知の埋蔵文化財包蔵地に含まれるか否か。 　② 埋蔵文化財の記録作成のための発掘調査，試掘調査等の措置が指示されているか否か。 　③ 埋蔵文化財が現に存することが既に判明しているか否か（過去に発掘調査等が行われている場合にはその履歴及び措置の状況）。 　④ 重要な遺跡が発見され，保護ための調査が行われる場合には，土木工事等の停止又は禁止の期間，設計変更の要否等

（注）　税理士等が行う税務評価においても，埋蔵文化財包蔵地に対する評価上のしんしゃくの有無（発掘調査費用を控除することの可否）を判定するために，上掲による確認調査は不可欠なものであると考えられる（なお，具体的な評価方法については，前述❺(6)（埋蔵文化財包蔵地の評価の適用）を参照されたい）。

❼　評価の原則（財産評価基準制度の趣旨）とその適用限界

(1)　評価の原則（財産評価基準制度の趣旨）

　相続税法22条（評価の原則）は，相続，遺贈又は贈与により取得した財産の価額は，特別の定めがあるものを除き，当該財産の取得の時における時価によって評価する旨が規定されているが，全ての財産の時価（客観的交換価値）は，必ずしも一義的に確定できるものではないから，課税実務上は，財産評価の一般的基準（評価方法）が評価通達により定められている。この評価通達の定めを適用することによって，機械的，形式的に一律に財

産の価額が算定されることになっている。

 したがって，評価通達に定められた評価方法を画一的に適用するという形式的な平等を貫くことによってかえって実質的な租税負担の平等を著しく害することが明らかであるといった(A)特別の事情がある場合を除き，評価通達に定められた評価方法によって当該財産の評価を行うことが，(B)納税者間の公平，納税者の便宜及び徴税費用の節減等の観点から一般的には相当性を有するものとされている。

 すなわち，相続税法22条に規定する財産の時価評価を行うに当たって，課税実務上は，原則として評価通達にその具体的な評価の定めを委任することも納税者間の公平，納税者の便宜及び徴税費用の節減等（上記(B)　　部分）から容認されるものであるとしつつ，当該評価通達の定めに従って評価対象財産の評価を行う場合に，その評価の基礎となる路線価や各種の画地調整率の算定に当たって，事例によっては，当該評価対象地に係る固有の事情が生じていることによる格別のしんしゃくの必要性がこれらの数値に適切に反映されていないことも想定される。このような特別の事情（上記(A)　　部分）がある場合には，財産評価基準制度の範囲内として定められた評価通達の枠を超えて評価する（例えば，不動産鑑定士等による客観的な交換価値を証すると容認される不動産鑑定評価額による）ことも考慮されるべきであろう。ただし，その場合でも，前掲の特別の事情の存在及び評価通達によらない価額が客観的な交換価値を有することに関する立証挙証責任は，主張者側である納税者において行われる必要（立証挙証責任配分の原則）があることに留意することになる。

 この点，本件裁決事例においても，国税不服審判所における法令解釈等として，「評価通達に定める評価方法は，個別の評価によることなく，画一的な評価方法が採られていることから，同通達に基づき算定された評価額が，取得財産の取得時における客観的な時価と一致しない場合が生ずることも当然に予定されているというべきであり，同通達に基づき算定された評価額が客観的な時価を超えていることが証明されれば(注)，当該評価方法によらないことはいうまでもない」と示している。

 （注） 国税不服審判所における法令解釈等においても，主張者側である納税者において立証挙証責任を果たす必要がある旨（上記　　部分）を示している。

(2) 財産評価基準制度の適用限界

① 本件各土地に評価通達の定めを適用して評価することについて

 本件裁決事例において，本件各土地に評価通達の定めを適用して評価することの可否につき，双方（請求人・原処分庁）の主張及び国税不服審判所の判断を示すと，次頁図表－29のとおりとなる。

 結論として，国税不服審判所の判断では，本件各土地の現況が特殊な土地であること（次頁図表－29の(Z)　　部分）をしんしゃくして，評価通達の定めによらないで本件各土地の価額を算定することが正当と是認される特別の事情を有するものとしている。この特別の事情を形成するものとして，具体的には，次に掲げる事項を掲げており，市街化区域内に存するものの開発困難な土地（特に，宅地見込地）の評価事例に対する応用が期待され

図表-29 本件各土地に評価通達の定めを適用して評価することの可否（双方の主張・国税不服審判所の判断）

請求人の主張	原処分庁の主張	国税不服審判所の判断
次の理由から，本件各土地の価額は，請求人鑑定評価額である。 理由 (イ) 相続税法22条（評価の原則）に規定する本件各土地の時価は，請求人鑑定評価額であるところ，原処分庁評価額は，請求人鑑定評価額すなわち時価を上回ることから，評価通達の一律適用という公平の原則よりも，個別的評価の合理性を尊重すべきであり，本件各土地は，評価通達6（この通達の定めにより難い場合の評価）に定める「この通達の定めによって評価することが著しく不適当と認められる財産」に当たる。 (ロ) 関東信越国税局長が定めた平成18年分財産評価基準書における「29F」と付された路線道路から本件各土地に至るまでの奥行距離は327mであり，(X)評価通達15（奥行価格補正）で定める奥行価格補正率の限度である100mを相当超えており，本件各土地は路線価による評価方法になじまない土地である。	次の理由から，本件各土地の価額は，原処分庁評価額である。 理由 評価通達は，奥行価格補正だけでなく，評価すべき土地の状況に応じて各種補正を行った上で評価する旨定めており，(Y)奥行距離が100m以上の土地について一律の奥行価格補正率を定めているからといって，直ちに本件各土地が路線価による評価方法になじまない土地であるということはできず，評価通達に基づき評価することに合理性がある。	原処分庁評価額は，本件各土地が市街地農地に該当することから，評価通達40（市街地農地の評価）の定めにより本件各土地の宅地としての価額を求め，宅地にするための造成費を控除して本件各土地の価額を算定しているが，(Z)本件各土地の現況が特殊な土地（本件各土地が，都市計画法上は市街化区域内に編入されており，将来的には宅地化されることが想定される土地ではあるものの，本件相続開始日における現況では宅地開発を行うことは事実上困難な土地であることをいう）であることからすれば，この点を加味していない原処分庁評価額については，直ちにこれを本件各土地の本件相続開始日における価額として採用することはできない。

るところである。

(イ) 本件各土地に面する道路は，幅員1.8mの農道であり，建築基準法に定める道路に該当せず，現況のままでは建物を建築することができない土地であること

(ロ) A土地については，路線価の付された幅員4.6mの＊＊＊＊号線の南方約250mから300m，B土地については，南方約255mから290mにそれぞれ位置していること

(ハ) 本件各土地に建物を建築しようとするならば，＊＊＊＊号線から本件各土地までの道路を整備しなければならないが，このような想定はおよそ現実的ではないこと

(ニ) ＊＊＊＊号線から本件各土地までの間は，未だ宅地開発はされておらず，電気・水道等のライフラインの整備もされていないこと

② 本件各土地に適用されるべき画地補正率

本件各土地の評価につき，国税不服審判所の判断では，上記①に掲げる項目を摘示して評価通達の定めを適用しないことが正当と是認される特別の事情があるものとしている。筆者が，この特別の事情の判断につき注視している事項があるので，本稿の最後にこれを確認してみたい。まず，再度の確認となるが，原処分庁が主張した財産評価基準制度の運用内である評価通達の定めを適用することにより求めるべきとした本件各土地の評価額（相続税評価額）の算定方法を略記すると，次頁図表-30のとおりとなる。

次頁図表-30に掲げる本件各土地の評価額（相続税評価額）の算定方法につき，次に掲

図表－30　原処分庁が主張する本件各土地の評価額（評価通達の定めによる評価）

区　　分		A土地	B土地
①	正面路線価	29,000円	29,000円
②	奥行価格補正率	0.8（普通住宅地区：奥行距離100m以上）	0.8（普通住宅地区：奥行距離100m以上）
③	不整形地補正率（(イ)×(ロ)） 　(イ)　不整形地補正率表に定める補正率…0.70 　(ロ)　間口狭小補正率…0.94	0.658	0.658
④	無道路地補正率	0.6	0.6
⑤	１㎡当たりの宅地造成費	2,598円	2,537円
⑥	地積	2,757㎡	1,728㎡
⑦	都市計画道路予定地補正率	0.97	－
⑧	評価額（評価通達の定めによる評価額）	17,546,016円	11,442,816円

げる三点を確認しておきたい。

(イ)　奥行価格補正率について

　図表－30の②欄の奥行価格補正率（0.80）について注目されたい。評価通達15（奥行価格補正）に定める奥行価格補正率は，地区区分が普通住宅地区に該当し，奥行距離が100m以上の場合，一律に「0.80」と定められており，本件各土地の評価についても，これに該当するものとして当該割合が採用されている。

　本件各土地は，その基礎事実として路線価の付された＊＊＊＊号線の南方約250mから300mに位置しているとのことであるが，そのような立地条件の場合でも上記の取扱い（奥行価格補正率の一律適用）を行うことの可否が問題とされる。この点につき，請求人側はこれを不当なものとして問題視し（前頁図表－29の(X)　　　部分），原処分庁側は直接の不当性は認められない（前頁図表－29(Y)　　　部分）としている。

　この奥行距離が100mを超える宅地に対する奥行価格補正率の適用に当たって，本件土地は，北側で県道に35m接面し，西側で市道に約175m接面する南北に長大な土地であり，奥行距離が100mを大幅に超えることなどから，評価通達の定める「奥行価格補正率表」により，適正な奥行価格補正を行うのは困難であり，本件土地を路線価方式で評価するのは，合理的ではないと国税不服審判所によって判断された参考とすべき裁決事例（平成15年６月30日裁決，熊裁（諸）平14第28号，平成９年分の贈与税）がある。当該裁決事例の概要をまとめると，次頁の 参考 のとおりとなる。

　本稿で取りあげた関東信越国税不服審判所の裁決事例及び上記の 参考 に示した熊本国税不服審判所の裁決事例のような土地（奥行距離が100mを相当に超えるものである土地）に対して，「奥行価格補正率（100m以上）」に該当する数値を一律に適用することは，事例次第では評価の簡便性等を一義とした財産評価基準制度内の運用である評価通達の適用上の一種の限界点にあると考えられる。そして，評価通達６（この通達の定めにより難い場合の評価）において，この通達の定めによって評価することが著しく不適当と認められる財産の価額は，国税庁長官の指示を受けて評価すると定められており，評価通達に定

CASE5

参考　国税不服審判所裁決事例（平成15年6月30日裁決，熊裁（諸）平14第28号）

(1) 基礎事実

① 評価対象地は，図表－31に掲げるA土地ないしJ土地（以下「本件土地」という）で，その合計地積は，9,888.5㎡である。

② 本件土地は，1評価単位として評価すべき宅地である。

③ 本件土地は，図表－31のとおり北側で県道に約35m接面し，西側で市道に約175m接面する南北に長大な土地である。

④ 本件土地の行政的条件は，非線引都市計画区域内であり，用途地域は県道沿いの両側50mの範囲内は近隣商業地域（建ぺい率80％，容積率200％）であり，50mを超える地域は第一種中高層住居専用地域（建ぺい率60％，容積率200％）である。

⑤ 熊本国税局長が定める平成9年分の路線価は，県道沿いは11万円，市道沿いは2万8,000円である。

⑥ 本件土地の評価区分
　(イ) A土地ないしE土地……自用地
　(ロ) F土地ないしJ土地……借地権

図表－31　本件土地の状況等

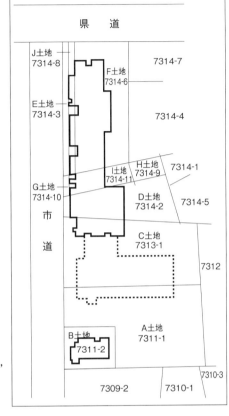

(2) 争　点

本件土地を評価通達の定めによって評価することは，相当であるか否か。

(3) 争点に関する双方（請求人・原処分庁）の主張

争点に関する請求人・原処分庁の主張は，図表－32のとおりである。

図表－32　争点に関する双方（請求人・原処分庁）の主張

争　点	請求人（納税者）の主張	原処分庁（課税庁）の主張
本件土地を評価通達により評価することの可否	本件土地は，次に掲げる理由から評価通達の定めによって評価するのは相当ではなく，請求人らが評価した鑑定評価額によるべきである。 理由 　本件土地は，北側で県道に短く接し，西側で市道に175mも接する長大なもので，用途地域も県道沿線は路線商業地域，県道から50mまでは近隣商業地域，その先は第一種中高層住居専用地域となっており，原処分庁が定める路線価も，平成9年分で県道沿いは11万円，市道沿いは2万8,000円と4倍の開きがあるにもかかわらず，県道からの奥行100mあたりから始まるA土地ないしD土地の評価に当たり，単純に県道沿線の商業地域の路線価を当てはめて画地計算を行い，1㎡当たりの価額＊＊＊＊円に面積を乗じて算定した評価額は，A土地ないしE土地（筆者注　本件土地のうち，自用地評価となる部分）の時価の形成に大きな影響を与える諸要因を軽視したものといわざるをえない。	本件土地を1画地として，路線価方式により算定した1㎡当たりの価額＊＊＊＊円を基に，本件土地を別紙（筆者注　評価計算明細書をいう。紹介は略）のとおり評価すべきである。

> (4) 国税不服審判所の判断
>   原処分庁は，本件土地を１画地として，路線価方式により算定した価額により評価すべき旨主張する。
>   しかしながら，路線価方式による宅地の評価方法は，同一用途地域における標準的な画地を想定して，ある程度の奥行を有するものについては，その範囲内で，定められた奥行補正率などを適用して画地修正する限りにおいては，合理的な算定方法であるが，本件土地の状況は，次に掲げる事項からすると，本件土地を１画地として，Ａ土地ないしＥ土地の価額を路線価方式により算定することは，路線価方式により評価することができる宅地の範囲を超えていることから，合理的であると認められない。
>   ① 北側で県道に約35m接面し，西側で市道に約175m接面する南北に長大な形状をしていること
>   ② 行政的条件として，本件土地の行政的条件は，用途地域は県道沿いの両側50mの範囲内は近隣商業地域で，50mを超える地域は第一種中高層住居専用地域であり，建ぺい率などの地価形成要因が県道沿いと市道沿いの南方の方面では異なること
>   したがって，原処分庁の主張は採用することができない。
>   結論　本件裁決事例では最終的に本件土地の価額は，国税不服審判所が作成を依頼した不動産鑑定士による鑑定評価評価額によることが相当であると判断された。

られた画一的な評価方法を適用することが逆に不合理になると認められる「特別な事情」を有する場合に該当するか否かの検討も必要とされ，慎重な対応が望まれることになる。

(ロ)　無道路地補正率について

前々頁図表－30の④欄の無道路地補正率（0.60）（換言すれば，無道路地であることの減額しんしゃく割合40％）に注目されたい。評価通達20－２（無道路地の評価）の定めでは，無道路地のしんしゃく率は不整形地補正後の価額の40％が最大値として一律に適用されることになり，本件各土地の評価についても，これに該当するものとして当該割合が採用されている。

このしんしゃく割合の計算の基礎とされるのは通路開設に必要な面積（間口距離×通路開設延長距離）であるところ，認定事実によれば，本件各土地はともに路線価の付設された＊＊＊＊号線からの延長距離が約250mから300mとされていることから，その所要面積を算定すると相当広大な面積(注)となり，本件各土地の地積（Ａ土地2,757㎡，Ｂ土地1,728㎡）から判断すると，物理的及び経済的な観点から宅地開発の実行に対しての疑問性が生じるところである。

(注)　通路開設に必要な面積の試算
　　　ⓐ　通路の間口距離を２ｍとした場合……500㎡（２ｍ×250m）～600㎡（２ｍ×300m）
　　　ⓑ　通路の間口距離を３ｍとした場合……750㎡（３ｍ×250m）～900㎡（３ｍ×300m）
　　　ⓒ　通路の間口距離を４ｍとした場合……1,000㎡（４ｍ×250m）～1,200㎡（４ｍ×300m）
　　なお，土地所在地の宅地開発条例等によっては，これほどに延長距離が長い場合にはそもそも，通路開設の方法では宅地開発を認めない地方自治体もあるものと考えられる。

このような状況にある無道路地に対する減額しんしゃく割合を一律に40％として適用することは，上記(イ)でも摘示したとおり，評価通達の適用上の一種の限界点ではないか

と考えられるところであり，評価通達に定められた画一的な評価方法を適用することが逆に不合理になると認められる「特別な事情」の有無を検討すべき事例に該当するものと考えられる。

(ハ) 不整形地補正率について

前記図表－30の③欄(イ)の不整形地補正率表に定める補正率（0.70）に注目されたい。評価通達20（不整形地の評価）に定める不整形地補正率は，「地区区分（普通住宅地区），地積区分（C）」に該当し，かげ地割合が65％以上の場合，一律に「0.70」と定められており，本件各土地の評価についても，これに該当するものとして当該割合が採用されている。

この不整形地補正率表に定める補正率の計算の基礎とされるのは想定整形地及びかげ地割合であるところ，認定事実によれば，本件各土地はともに路線価の付設された＊＊＊＊号線からの延長距離が約250mから300mとされていることから，それらの数値を算定(注)すると本件各土地の地積（A土地2,757㎡，B土地1,728㎡）との相対的な比較から相当大きなものとなり，数値自体に違和感を禁じえないことになる。

(注) 本件各土地に係る想定整形地の地積，かげ地割合

  ⓐ A土地

   想定整形地の地積……18,148.50㎡（55.5m×327m）

   かげ地割合　　……84.8％

  ⓑ B土地

   想定整形地の地積……8,640㎡（45m×192m）

   かげ地割合　　……80％

このような状況にある不整形地に対する不整形地補正率表に定める補正率を一律に0.70として適用することは，上記(イ)でも摘示したとおり，評価通達の適用上の一種の限界点ではないかと考えられるところであり，評価通達に定められた画一的な評価方法を適用することが逆に不合理になると認められる「特別な事情」の有無を検討すべき事例に該当するものと考えられる。

参考事項等

❶ 参考法令通達等

・相続税法22条（評価の原則）
・評価通達6（この通達の定めにより難い場合の評価）
・評価通達7（土地の評価上の区分）
・評価通達11（評価の方式）
・評価通達13（路線価方式）
・評価通達14（路線価）
・評価通達14－2（地区）

- 評価通達14－3（特定路線価）
- 評価通達15（奥行価格補正）
- 評価通達20（不整形地の評価）
- 評価通達20－2（無道路地の評価）（筆者注 平成30年1月1日以後は，評価通達20－3）
- 評価通達24－7（都市計画道路予定地の区域内にある宅地の評価）
- 評価通達36－4（市街地農地の範囲）
- 評価通達40（市街地農地の評価）
- 財産評価基準書
- 特定路線価申出書
- 特定路線価申出書（別紙　特定路線価により評価する土地等及び特定路線価を設定する道路の所在地，状況等の明細書）
- 特定路線価チェックシート
- 土壌汚染地の評価等の考え方について（情報）（平成16年7月5日付，国税庁課税部資産評価企画官情報第3号）
- 埋蔵文化財発掘調査基準
- 文化財保護法93条（土木工事等のための発掘に関する届出及び指示）
- 文化財保護法95条（埋蔵文化財包蔵地の周知）
- 土地価格比準表（平成28年2月16日付，事務連絡，7次改訂版）
- 不動産鑑定評価基準（総論　第3章　不動産の価格を形成する要因〔第3節　個別的要因〕）
- 不動産鑑定評価基準（総論　第7章　鑑定評価の方式〔第1節　価格を求める鑑定評価の手法〕）
- 不動産鑑定評価基準運用上の留意事項（総論　第3章　不動産の価格を形成する要因について〔1．土地に対する個別的要因について〕）
- 不動産登記事務取扱手続準則68条（地目）
- 不動産登記事務取扱手続準則69条（地目の認定）
- 都市計画法4条（定義）
- 都市計画法7条（区域区分）
- 都市計画法8条（地域地区）
- 都市計画法11条（都市施設）
- 都市計画法43条（敷地等と道路との関係）
- 農地法4条（農地の転用の制限）
- 農地法5条（農地又は採草放牧地の転用のための権利移動の制限）

❷　類似判例・裁決事例の確認

(1) 路線価の付設されていない農道のみに接道する市街地農地の評価方法が争点とされた裁決事例として，次のようなものがある。
- 平成14年6月27日裁決，東裁（諸）平13－281，平成9年相続開始分
本件農地（市街地農地）が面している農道には路線価は付設されておらず，本件農地か

ら約24m東にある町道及び本件農地から約21m西にある町道には，それぞれ13万3,000円の路線価が付設されている。

　本件農地が接している農道には路線価は付設されていないが，本件農地は南側で幅員3.18mの農道に面しているから，当該道路から0.82mセットバックさせ，当該セットバック部分を建築基準法43条（敷地等と道路との関係）1項ただし書きの規定により空地扱いとして建築確認申請を行えば，建築は許可される土地である。

　そうすると，宅地の価額がおおむね同一と認められる一連の宅地が面している近隣の道路に付設された路線価と状況は同じであることから，本件農地は，13万3,000円の路線価を基に評価通達の定めを適用して評価することが相当である。

(2) 本稿で確認した裁決事例について，下記のとおり再記しておく。

① 埋蔵文化財包蔵地であることの発掘調査費用の取扱いが争点とされた裁決事例（平成20年9月25日裁決，東裁（諸）平20-42，平成17年相続開始分）

　本件各土地（広大な市街地山林）は，周知の埋蔵文化財包蔵地に該当すると認められる＊＊＊＊貝塚の区域内に所在し，実際に本件各土地の一部に貝塚部分が存在していることから，宅地開発に係る土木工事等を行う場合には，文化財保護法93条（土木工事等のための発掘に関する届出及び指示）の規定に基づき，埋蔵文化財の発掘調査を行わなければならないことが明らかである。しかも，その発掘調査費用は，その所有者（負担者）が負担することになり，その金額も，埋蔵文化財発掘調査基準に基づき積算したところ約11億円もの高額になる。

　そうすると，上記の宅地開発における埋蔵文化財の発掘調査費用の負担は，一般的利用が宅地であることを前提として評価される本件各土地において，その価額（時価）に重大な影響を及ぼす本件各土地固有の客観的な事情に該当すると認められる。

　　結　論　国税不服審判所の判断では，本件各土地の評価に当たって発掘調査費用の控除（合理的な支出見積額×80％相当額）が認められることになった。

　なお，詳細については，『難解事例から探る財産評価のキーポイント[第1集]』**CASE12**に収録されているので併せて参照されたい。

② 奥行距離が100mを超える宅地に対する奥行価格補正率の適用の相当性が争点とされた裁決事例（平成15年6月30日裁決，熊裁（諸）平14-28，平成9年分の贈与税）

　本件土地（都市計画区域内の宅地）は，北側で県道に約35m接面し，西側で市道に約175m接面する南北に長大な土地であり，その用途地域も県道から南に50mまで（近隣商業地域）と，更にその南側（第一種中高層住居専用地域）とで異なっており，これを路線価方式で評価するとすれば，県道の路線価が正面路線となるが，この場合，奥行距離が100mを大幅に超えることから，評価通達の定める「奥行価格補正率表」をもってしては，適正な奥行価格補正を行うのは困難であることが認められる。

　上記認定事実によれば，本件土地を路線価方式で評価するのは，合理的でないことが明らかというべきである。

追補1 地積規模の大きな宅地の評価について

本件裁決事例に係る相続開始年分は,平成18年である。もし仮に,当該相続開始日が,平成30年1月1日以後である場合(評価通達20-2(地積規模の大きな宅地の評価)の新設等の改正が行われた。以下「新通達適用後」という)としたときの本件各土地(A土地・B土地)の価額(前記図表-3に掲げる原処分主張額を基に算定した相続税評価額)は,次のとおりとなる。

(1) 地積規模の大きな宅地の該当性

次に掲げる 判断基準 から,本件各土地(A土地・B土地)が三大都市圏に所在する場合又は三大都市圏以外に所在する場合のいずれにおいても,本件各土地(A土地・B土地)は,評価通達20-2(地積規模の大きな宅地の評価)に定める地積規模の大きな宅地に該当する。

判断基準

要件		A土地	B土地
① 地積要件(注)	三大都市圏に所在する場合	2,757㎡ ≧ 500㎡ (評価対象地の地積) (三大都市圏に所在する場合の地積要件) ∴地積要件を充足	1,728㎡ ≧ 500㎡ (評価対象地の地積) (三大都市圏に所在する場合の地積要件) ∴地積要件を充足
	三大都市圏以外に所在する場合	2,757㎡ ≧ 1,000㎡ (評価対象地の地積) (三大都市圏以外に所在する場合の地積要件) ∴地積要件を充足	1,728㎡ ≧ 1,000㎡ (評価対象地の地積) (三大都市圏以外に所在する場合の地積要件) ∴地積要件を充足
② 区域区分要件		本件各土地(A土地・B土地)は,基礎事実から市街化区域(市街化調整区域以外)に所在 ∴区域区分要件を充足	
③ 地域区分要件		本件各土地(A土地・B土地)は,基礎事実から第一種住居地域(工業専用地域以外)に所在 ∴地域区分要件を充足	
④ 容積率要件		本件各土地(A土地・B土地)に係る指定容積率は,基礎事実から200%(指定容積率が400%未満(東京都の特別区以外の場合)に該当) ∴容積率要件を充足	
⑤ 地区区分要件		本件各土地(A土地・B土地)は,基礎事実から路線価地域の普通住宅地区に所在 ∴地区区分要件を充足	
⑥ 判断とその理由	三大都市圏に所在する場合	該 当 (上記①ないし⑤の要件を充足)	該 当 (上記①ないし⑤の要件を充足)
	三大都市圏以外に所在する場合	該 当 (上記①ないし⑤の要件を充足)	該 当 (上記①ないし⑤の要件を充足)

(注) 本件土地(A土地・B土地)の所在地は不明である。

(2) 本件各土地の価額（相続税評価額）

新通達適用後の本件各土地の価額（相続税評価額）を算定すると，下表のとおりとなる。

区　　　分		A土地		B土地	
		三大都市圏に所在する場合	三大都市圏以外に所在する場合	三大都市圏に所在する場合	三大都市圏以外に所在する場合
正面路線価	①	29,000円	29,000円	29,000円	29,000円
奥行価格補正率	②	0.8	0.8	0.8	0.8
不整形地補正率	③	0.658	0.658	0.658	0.658
1㎡当たりの価額（①×②×③）	④	15,265円	15,265円	15,265円	15,265円
規模格差補正率(注1)	⑤	0.74	0.74	0.75	0.76
1㎡当たりの価額（④×⑤）	⑥	11,296円	11,296円	11,448円	11,601円
無道路地の割合（減価割合）	⑦	0.4	0.4	0.4	0.4
1㎡当たりの価額（⑥×（1－⑦））	⑧	6,777円	6,777円	6,868円	6,960円
1㎡当たりの宅地造成費(注2)	⑨	2,598円	2,598円	2,537円	2,537円
地積	⑩	2,757㎡	2,757㎡	1,728㎡	1,728㎡
（⑧－⑨）×⑩	⑪	11,521,503円	11,523,503円	7,483,968円	7,642,944円
都市計画道路予定地補正率	⑫	0.97	0.97	――	――
相続税評価額（⑪又は⑪×⑫）	⑬	<u>11,175,857円</u>	<u>11,175,857円</u>	<u>7,483,968円</u>	<u>7,642,944円</u>

(注1)　規模格差補正率
　(イ)　A土地
　　(イ)　三大都市圏に所在する場合
　　　$\dfrac{2,757㎡（評価対象地の地積）\times 0.90 + 75}{2,757㎡（評価対象地の地積）}\times 0.8 = 0.741\cdots \Rightarrow 0.74$（小数点以下第2位未満切捨て）
　　(ロ)　三大都市圏以外に所在する場合
　　　$\dfrac{2,757㎡（評価対象地の地積）\times 0.90 + 100}{2,757㎡（評価対象地の地積）}\times 0.8 = 0.749\cdots \Rightarrow 0.74$（小数点以下第2位未満切捨て）
　(ロ)　B土地
　　(イ)　三大都市圏に所在する場合
　　　$\dfrac{1,728㎡（評価対象地の地積）\times 0.90 + 75}{1,728㎡（評価対象地の地積）}\times 0.8 = 0.754\cdots \Rightarrow 0.75$（小数点以下第2位未満切捨て）
　　(ロ)　三大都市圏以外に所在する場合
　　　$\dfrac{1,728㎡（評価対象地の地積）\times 0.90 + 100}{1,728㎡（評価対象地の地積）}\times 0.8 = 0.766\cdots \Rightarrow 0.76$（小数点以下第2位未満切捨て）

(注2)　1㎡当たりの宅地造成費の金額は，平成18年分の財産評価基準書の数値資料をそのまま採用している。

追補2　無道路地のしんしゃく率に関する裁判例

評価通達20－2（無道路地の評価）の定めでは、無道路地であることのしんしゃく率（減価割合）は不整形地補正後の価額の40％が最大値として一律に適用されるものとなっている。

このしんしゃく割合の計算の基礎とされるのは通路開設に必要な面積（間口距離×通路開設延長距離）であるところ、本件裁決事例のように通路開設延長距離が相当に及ぶ場合（本件裁決事例では、約250mから300mになるとされる）には、当該評価方法の妥当性に疑問が生じるものであること及びこのような事例は評価通達適用上の一種の限界点であり、評価通達の定めによらないことが正当是認される「特別な事情」の有無を検討すべきと考えられることは、本稿で筆者が摘示したところである。

本件裁決事例を月刊税理で紹介した後、上記の筆者が摘示した論点を取り扱った裁判例が出現し、無道路地の評価実務上において非常に参考となる考え方が示されたので、次にこれを紹介しておきたい。

> 無道路地のしんしゃく率に関する裁判例（大阪地方裁判所、平成29年6月15日判決、平成24年（行ウ）第259号）（平成21年相続開始分）

(1) 争点

平成21年＊＊月＊＊日に相続開始があった被相続人に係る相続財産である甲土地、乙土地、丙土地、A土地、D土地、E土地及びFマンション（以下「本件各係争不動産」という）の各評価額（筆者注　評価通達の定めにより評価した価額）が相続開始時における時価を上回っているかどうか。

筆者注　本件各係争不動産のうち、丙土地が本稿で論点の対象としている無道路地に該当する。したがって、次の(2)以下では、丙土地に関する項目のみを取り上げるものとする。

(2) 争点に対する双方（原告・被告）の主張

争点に対する原告・被告の主張をまとめると、図表－1のとおりとなる。

図表－1　争点に対する原告・被告の主張

争点	原告（納税者）の主張	被告（国）の主張
(1) 丙土地の評価額が相続開始時の時価を上回っているか	① 本件各処分における丙土地の評価額は、評価通達の適用の誤りがあり、評価通達に従って決定された価額を上回っているし、丙土地には、評価通達によっては適正な時価を算定することができない特別の事情がある。 ② 原告が行った丙土地の鑑定によれば、本件各処分における丙土地の評価額は、いずれも客観的な交換価値を上回っている。 ③ 上記①及び②より、丙土地の評	① 税負担は、国民の間の担税力に即して公平に配分されなければならないところ（租税公平主義）、相続税は、人が相続により取得した財産を対象として、当該財産に担税力を認めて課税するものであるから、相続税法22条（評価の原則）にいう「時価」とは、客観的な交換価値、すなわち、不特定多数の当事者間で自由な取引が行われる場合に通常成立すると認められる価額をいうと解すべきである。 ② 対象財産の客観的な交換価値は必ずしも一義的に確定されるものではなく、これを個別に評価するとすれば、評価方法等により異なる評価

	価額は，適正な時価を上回っている。	額が生じ，課税庁の事務負担が重くなり，課税事務の迅速な処理が困難となるおそれがあるため，課税実務上は，財産評価の一般的な基準として評価通達が定められている。評価通達は路線価方式又は倍率方式を採用しているところ，路線価方式又は倍率方式は，土地の正常な取引価格を反映するものといえるから，評価通達による土地の評価をもって時価とすることには合理性が認められる。そうすると，評価通達の定めによることが明らかに対象財産の客観的な交換価値とはかい離した結果を導くことになり，そのため実質的な租税負担の公平を著しく害し，法の趣旨に反することになるなど，評価通達に定める評価方式によらないことが正当として是認されるような特別の事情がない限り，評価通達に基づいて評価すべきである。
		③　相続税の課税処分の取消訴訟においては，当該課税処分が評価通達等の定めに従って相続財産の価額を評価してしたものであることを国が主張立証した場合には，その相続財産の評価額は時価，すなわち客観的交換価値を適正に評価したものと事実上推認することができるというべきであり，この場合には，納税者において，評価通達を適用することが特に不合理であると認められる特別の事情を主張立証しなければならない。また，その立証の程度は，単に，評価通達に定める評価方式により算定した評価額を下回る不動産鑑定評価が存在するだけでは足りず，評価通達に定める方式によった評価額が客観的な交換価値を上回り，評価通達に基づいて相続財産の評価を行うことが納税者間の公平等の見地に照らしても著しく不適当であるというような特別の事情があることを主張立証することが必要である。
		④　丙土地を評価通達に従って評価した結果は，別紙（筆者注　略）のとおりである。そうすると，本件各処分における丙土地の評価額は，評価通達の定めに従って決定された丙土地の価額を上回らないから，原告において，評価通達を適用することが特に不合理である特別の事情を主張立証しなければならない。
		しかし，別紙「特別の事情に関する当事者の主張」の「被告の主張」欄（筆者注　略）のとおり，原告が丙土地について主張する事情は，評価通達に定める評価方式によらないことが正当として是認されるような特別の事情には当たらない。また，原告の行った鑑定評価には問題がある。
(2)　丙土地の価額	丙土地の価額は，原告の行った不動産鑑定評価による評価額2,200,000円とするのが相当である。	丙土地の価額は，評価通達の定めに従って算出した場合の評価額3,299,168円とするのが相当である。

263

(3) 裁判所の判断
① 法令解釈等
　(イ) 相続税法22条（評価の原則）は，相続等により取得した財産の価額を当該財産の取得の時における時価によるとしているが，ここにいう時価とは当該財産の客観的な交換価値をいうものと解される（最高裁判所平成22年7月16日第二小法廷判決）。

　　ところで，相続税法は，地上権等を除き，財産の評価の方法について直接定めてはいないが，これは，財産が多種多様であり，時価の評価が必ずしも容易なことではなく，評価に関与する者次第で個人差があり得るため，納税者間の公平の確保，納税者及び課税庁双方の便宜，経費の節減等の観点から，評価に関する通達により全国一律の統一的な評価の方法を定めることを予定し，これにより財産の評価がされることを前提とする趣旨であると解するのが相当である。そして，国税庁長官は，上記の趣旨を踏まえ，評価通達を定め，これに従って実際の評価が行われている。

　(ロ) 相続税法の上記(イ)の趣旨に鑑みれば，評価対象の不動産に適用される評価通達の定める評価方法が適正な時価を算定する方法として一般的な合理性を有するものであり，かつ，当該不動産の価額がその評価方法に従って決定された場合には，上記価額は，その評価方法によっては適正な時価を適切に算定することができない特別の事情の存しない限り，相続時における当該不動産の客観的な交換価値としての適正な時価を上回るものではないと推認するのが相当である。

　　なお，評価額が不動産鑑定評価額を上回るという事実は，上記特別の事情を推認させる一つの事情となり得るが，これをもって，直ちに上記特別の事情があるということはできない。また，上記特別の事情は，評価額を争う納税者において主張立証すべきものと解される。

② 当てはめ
　(イ) 証拠によれば，丙土地は，戸建住宅に囲まれた住宅街の中にある相当不整形な土地であり，建築基準法上の道路と接道していないことが認められる。

　　この点，被告は，評価通達に従い，丙土地が市街化区域内にあることから宅地に比準して評価することとした上で，不整形地補正及び無道路地補正をしており，上記の各事情は，これらの補正によって適正に評価されていると主張する。

　　このうち，丙土地が不整形地であることは，不整形地補正（評価通達20（不整形地の評価））によって適切に反映されていると認められるが，丙土地が無道路地であることは，無道路地補正（評価通達20-2（無道路地の評価））によっても十分に考慮できていないといわざるを得ない。すなわち，評価通達20-2によれば，無道路地補正は，実際に利用している路線の路線価に基づき，不整形地補正をした価額から100分の40の範囲内で，通路開設費用相当額を控除する方法で行うこととなっているところ，計算によれば丙土地の通路開設費用相当額は9,126,600円であり，これは丙土地の不整形地補正後の価格である5,498,612円すら上回る金額であり，その100分の40をはるかに超える金額となっている。

㈡　上記㈠のように，丙土地を実際に宅地として使用するためには，建築基準法等で定める接道義務を満たすために相当多額の費用を要し，現実的に雑種地として利用するしかないにもかかわらず，評価通達に定める無道路地補正では評価額を十分反映することができない。評価通達上は，丙土地が市街化区域内にある以上，宅地に比準して評価せざるを得ないから，宅地に比準して評価したことをもって評価通達の適用を誤ったとはいえないが，上記のとおり，評価通達では接道義務を満たしていないことを十分に反映することができず，これは評価通達によっては適正な時価を算定することができない特別の事情ということができる。

　㈢　上記㈠及び㈡より，丙土地につき，評価通達によっては適正な時価を算定することができない特別の事情があると認められる。そして，本件全証拠によっても，本件各処分における丙土地の評価額が，適正な時価を上回らないと認めるに足りる証拠はない。

③　丙土地の価額

　丙土地につき，評価通達に従って算出した場合の評価額は，3,299,168円であると認められる。

　そして，上記②で説示のとおり，丙土地については，評価通達によっては適正な時価を算定することができない特別の事情があると認められる。そこで，丙土地の適正な時価を検討するに，不動産鑑定評価（筆者注　原告が証拠提出したもの）による評価額は2,200,000円であり，本件全証拠を総合しても，丙土地の適正な時価が同額を下回ることをうかがわせる事情は認められない。他方，上記鑑定には，建物を建築できない土地として二重の減価をしていると推定されることなどの問題点があり，丙土地の適正な時価が同額であるとは認められないものの，同額を上回る時価を認めるに足りる証拠がない以上，丙土地を取得した原告の関係では丙土地の評価額を同原告が主張する2,200,000円と認めるのが相当である。

|ポイント|

　大阪地方裁判所の判断では，評価通達に定める無道路地の評価方法は一般的には合理性を有するものであるとしながらも，通路開設費用相当額が不整形地補正後の価格を相当に超えるような事実については，評価通達の定めによらないことが正当として是認される特別の事情があるものと認定している。今後の無道路地の評価実務に大きく影響を与える裁判例になるものと考えられる。

CASE6

評価単位・地目・地積	路線価方式	間口距離・奥行距離	側方加算・二方加算	不整形地・無道路地
倍率方式	私　道	土地区画整理事業	貸家・貸家建付地	借地権・貸宅地
農地・山林・原野	雑種地	不動産鑑定評価	利用価値の低下地・特別な事情	その他の評価項目

里道（道路法に規定する道路に非該当）に設定された路線価を基に市街地周辺農地として評価することの相当性が争点とされた事例

事 例

被相続人甲に相続の開始があった。同人の相続財産を確認したところ下記に掲げる状況にある土地（地目：田，地積489㎡）（以下，この土地を「本件農地」という）があることが判明した。

(1) 本件農地は，都市計画法8条（地域地区）に規定する用途地域の区分が第二種住居専用地域に所在する。また，農地転用許可基準に定める第三種農地に該当することから相続税等における財産評価上の区分は，評価通達36－3（市街地周辺農地の範囲）の定めより，市街地周辺農地(注1)として取り扱うことが相当とされる。

(2) 本件農地が接道する前面道路は幅員約3mのいわゆる里道（道路法又は建築基準法42条（道路の定義）に規定する道路（いわゆる「法律上の道路」）には該当しない）であるため，建築基準法43条（敷地等と道路の関係）に規定する接道義務(注2)を充足しておらず，地元の特定行政庁の建築指導課に確認したところ現況においては建物の建築は認められないとのことであった。

(3) 本件農地は，路線価地域の普通住宅地区に所在し，上記(2)に掲げる里道には課税時期の属する年分の路線価として1㎡当たり3万5,000円が付されている。なお，市街地周辺農地である本件農地を評価する場合には，宅地比準方式を採用することが相当とされる。

　(注1) 評価通達36－3（市街地周辺農地の範囲）の定めでは，市街地農地とは，次に掲げる農地のうち，そのいずれかに該当するものをいうものとされている。ただし，これに該当しても同通達36－4（市街地農地の範囲）に該当する農地は除くものとされている。

　　① 第三種農地に該当するもの

　　② 上記①に該当する農地以外の農地のうち，近傍農地の売買実例価額，精通者意見価格等に照らし，第三種農地に準ずる農地と認められるもの

また，評価通達39（市街地周辺農地の評価）の定めでは，市街地周辺農地の価額は，同通達40（市街地農地の評価）本文の定めにより評価したその農地が市街地農地であるとした場合の価額（この価額は，その付近にある宅地の価額を基とし，その宅地とその農地との位置，形状等の条件の差を考慮して，その農地が宅地であるとした場合の価額を求め，その価額からその農地を宅地に転用する場合に通常必要と認められる造成費に相当する金額を控除して求める）の100分の80に相当する金額によって評価するものとされている。市街地周辺農地の評価方法を算式で示すと，次のとおりとなる。

（算　式）

$$\left(\begin{array}{l}\text{その農地が宅地であるとし}\\\text{た場合の１㎡当たりの価額}\end{array} - １㎡当たりの宅地造成費\right) \times 地積 \times \frac{80}{100}$$

（注２）　建築基準法43条（敷地等と道路との関係）１項では，原則として，建築物の敷地は，道路（法律上の道路をいう。ただし，法律上の道路であっても自動車専用道路及び高架の道路等一定のものを除くものとされている）に２m以上接しなければならない旨規定している。

（注３）　本件裁決事例では，評価対象地の概要図及び周辺の状況図等の資料は公開されなかったが，入手した裁決事例から推定した評価対象地等の状況図を示すと，図表－１のとおりである。

図表－１　評価対象地等の状況図

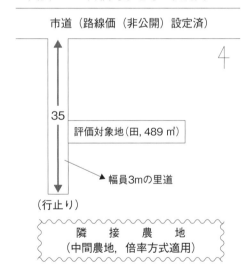

・評価対象地の属する用途地域は，第二種住居専用地域である。
・評価対象地は第三種農地に該当し，評価通達上の評価区分は市街地周辺農地とされ，宅地比準方式により評価されるべき農地である。
・市道は，道路法に規定する道路に該当し，路線価（非公開）が設定されている。
・評価対象地の前面接道は，幅員３mの行き止まりの里道（国有財産）であり，法律上の道路には該当しない。
・評価対象地の農地と隣接する農地も第三種農地に該当するものの，財産評価基準書の定めでは中間農地に区分されて倍率方式（固定資産税評価額×倍率）によって評価するものとされている。
・評価対象地の間口距離は約10m，奥行距離は約52mである。

　本件農地の評価を行うに当たって，評価担当者は次に掲げるような疑問点がありその対応に苦慮している。よって適切なるアドバイスをしていただきたい。

(1)　評価対象地の前面接道は行き止まりの里道（法律上の道路に非該当）であり，このような道に路線価を設定することに相当性が認められるのか。

(2)　上記(1)に関連して，評価対象地である市街地周辺農地を当該里道に設定された路

線価を基礎として評価することに相当性が認められるのか。
(3) 評価対象地は第三種農地（市街地周辺農地）に該当することから農地転用許可基準から検討すると，宅地転用可能性は比較的容易と考えられるものの同土地は，建築基準法に規定する接道義務を充足していないことから現況では建築物の建築は認められていない。そうすると，評価対象地を接道義務未充足地として，評価通達20－2（無道路地の評価）に定める無道路地として評価することは認められるのか。
(4) 財産評価基準書によると，評価対象地である市街地周辺農地の評価は宅地比準方式によって行うものとされている。一方，評価対象地に係る隣接農地（第三種農地に該当する）は，中間農地で倍率方式により評価するものとされている。そうすると，いずれも第三種農地に該当し，かつ，隣接することからほぼ同様の状況にあると考えられる農地の評価区分及び評価方式が異なる（結果として算定される両者の相続税評価額に差異が生じることが想定される）ことは許容されるのか。

（平11.12.22裁決，名裁（諸）平11－52，平成8年相続開始分）

基 礎 事 実

❶ 本件相続による本件農地の取得

＊＊＊＊（相続人の氏名）は，被相続人甲に係る相続（以下「本件相続」という）により，＊＊＊＊（所在地番）の田489㎡（以下「本件農地」という）を取得した。

❷ 本件農地について

(1) 本件農地は西側が道路に面しており（以下，この道路を「本件道路」という），本件道路には，評価通達に基づいて名古屋国税局長が定めた平成8年分の財産評価基準（以下「評価基準」という）による1㎡当たり3万5,000円の路線価（以下「本件路線価」という）が付されている。
(2) 評価基準において，本件農地の価額は，市街地周辺農地として付近の宅地の価額（本件路線価）に比準して評価することとされている（以下，路線価に基づき評価する方式を「路線価方式」という）。
(3) 本件農地は，本件相続の開始の日（以下「本件課税時期」という）において，都市計画法に規定する第二種住居専用地域（平成8年4月1日（筆者注 この日付は本件課税時期以後に該当する）以降においては第二種中高層住居専用地域）に所在する土地である。
(4) 本件農地は，評価通達36－3（市街地周辺農地の範囲）の定めにより市街地周辺農地として取り扱う農地転用許可基準（昭和34年10月27日付34農地第3353号（農）農林事務次官通達で定める農地転用許可基準。以下同じ）に定める第三種農地に該当する。

 争 点

❶ 本件農地が面する本件道路に路線価を設定することは認められるのか。
❷ 本件農地を本件路線価に基づいて評価することに合理性は認められるのか。
❸ 本件農地と本件農地に係る隣接農地との間に評価上の格差があることは許容されるべき事項であるのか。
❹ 本件農地の本件課税時期における具体的な相続税評価額はいくらになるのか。

Ⅲ 争点に関する双方（請求人・原処分庁）の主張

争点に関する請求人・原処分庁の主張は、図表－2のとおりである。

図表－2　争点に関する請求人・原処分庁の主張

争　点	請求人（納税者）の主張	原処分庁（課税庁）の主張
(1) 本件道路に路線価を設定することとの可否	本件農地が面する本件道路は、一方が行き止まりの農道で、両側の農地の所有者が通行するのみのものであり、評価通達14（路線価）で定める不特定多数の者の通行の用に供される道路ではないので、路線価を設定すべき路線に該当しない。	本件道路は、道路法による道路認定等はないものの、＊＊＊＊（本件道路所在地の地方自治体）が舗装工事を行うなど市の管理下にある公道に準ずる道路であり、路線価を付すことができる路線である。
(2) 本件農地を本件路線価を基に評価することの可否	本件農地と隣接する＊＊＊＊（所在地番）の農地（以下「隣接農地」という）をみると、本件農地と立地、利用形態、地勢等が類似しており、また、本件農地及び隣接農地のいずれも、都市計画法上の第二種住居専用地域に所在する農地であり、かつ、農地転用許可基準に定める第三種農地に該当している。 しかしながら、評価基準の定めに基づき、本件農地を市街地周辺農地として本件路線価により宅地に比準して算定した価額と隣接農地を中間農地として倍率方式により算定した価額を1㎡当たりで比較すると、本件農地の価額は隣接農地の価額の6倍強となっている。 したがって、本件農地の価額を上記のとおり本件路線価に基づき評価した金額は過大であるので、評価基準に定める隣接農地の評価方法に準じて中間農地として倍率方式により評価した金額とすべきである。	本件農地は、前記❶(3)及び(4)に掲げる基礎事実のとおり、市街地に近接する宅地化傾向の強い農地であり、かつ、付近の宅地価格の影響を受けやすい農地と認められるから、評価通達における市街地周辺農地として付近にある宅地の価額（本件路線価）を基とし、評価するのが相当である。
(3) 本件農地と隣接農地との間に評価上の格差があることの合理性	本件農地の価額と隣接農地の価額とに上記(2)のとおりの格差があることは、日本国憲法14条（法の下の平等）に規定する法の下の平等に反する。	本件農地の路線価に基づく評価額は、評価の原則及び評価通達（筆者注欄外を参照）のとおり、本件課税時期における時価と解するのが相当であり、仮に、請求人らの主張するように、本件農地の評価額と隣接農地の評価額の間に格差が存在していたとしても、そのことをもって原処分の取消理由となるものではない。 また、原処分は、相続税法、国税通則法及びこれらの関係法令に基づいて適法かつ正当に行ったものであって、

		何ら違法な点はない。
(4) 本件土地の具体的な相続税評価額	上記(1)ないし(3)から，本件農地の価額を評価すると，計算－1に掲げるとおり，2,589,720円となる。	上記(1)ないし(3)から，本件農地の価額は，その評価に当たっては，市街地周辺農地として本件路線価を基に評価することが相当であり，その価額は，計算－2に掲げるとおり，10,163,376円となる。

筆者注 評価の原則及び評価通達の解釈は，次に掲げるとおりである。

相続財産の価額は，相続税法22条（評価の原則）の規定により，財産の取得の時における時価によることとされている。

そして，その時価の具体的な評価方法については，評価通達を定め，さらに，土地の評価については，評価基準で路線価及び評価倍率を定め，これを公開することによって納税者の申告・納税の便に供し，なるべく簡易かつ的確に評価額が算定できるようにしている。

したがって，路線価及び評価倍率を適用して算定された評価額は，特段の事情がない限り，相続税の課税においてその時価と解するのが相当である。

計算－1　本件農地の評価額（請求人主張額）

（本件農地の固定資産税評価額）	（中間農地としての評価倍率）	（相続税評価額）
64,743円	× 40倍	＝ 2,589,720円

計算－2　本件農地の評価額（原処分庁主張額）

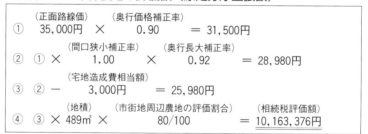

Ⅳ　国税不服審判所の判断

❶　法令解釈等

(1) 相続税法22条（評価の原則）は，相続により取得した財産の価額は，特別の定めのあるものを除き，当該財産の取得の時における時価による旨規定しているところ，この時価とは，相続により財産を取得した日において，それぞれの財産の現況に応じ，不特定多数の当事者間で自由な取引が行われる場合に通常成立すると認められる価額をいうものと解されている。

しかし，財産の客観的な交換価額は必ずしも一義的に確定されるのではないことから，課税実務上は，相続財産評価の一般的基準が評価通達によって定められ，さらに，評価通達の定めに基づき，土地や土地の上に存する権利の価額の具体的な評価方法が評価基準によって定められており，これらに定められた画一的な評価方式によって相続財産を評価することとされている。これは，相続財産の客観的な交換価額を個別に評価する方

法を採ると，その評価方式，基礎資料の選択の仕方等により異なった評価額が生じることは避け難く，また，課税庁の事務負担が重くなり，課税事務の迅速な処理が困難となるおそれがあることなどからして，あらかじめ定められた評価方式によりこれを画一的に評価する方が，納税者間の公平，納税者の便宜，徴税費用の節減という見地からみて合理的であるという理由に基づくものである。

他方，評価通達に定められた評価方式によるべきであるとする趣旨がこのようなものであることからすれば，評価通達に定められた評価方式を画一的に適用するという形式的な平等を貫くことによって，富の再分配機能を通じて経済的平等を実現するという相続税の目的に反し，かえって実質的な租税負担の公平を著しく害することが明らかであるなどの特段の事情がある場合には，例外的に相続税法22条の規定する時価を算定する他の合理的な方式によることが許されるものと解すべきであり，このことは，評価通達6（この通達の定めにより難い場合の評価）において「この通達の定めによって評価することが著しく不適当と認められる財産の価額は，国税庁長官の指示を受けて評価する」と定められていることからも明らかである。

(2) 評価通達では，土地の具体的な評価方法として，路線価方式及び倍率方式を定め，さらに，評価通達14（路線価）は，路線価は宅地の価額がおおむね同一と認められる一連の宅地が面している路線（不特定多数の者の通行の用に供されている道路をいう）ごとに設定し，国税局長は売買実例価額，地価公示価格，精通者意見価格等を基として路線価を評定する旨定められている。

また，評価通達39（市街地周辺農地の評価）は，市街地周辺農地の価額は，その農地が宅地であるとした場合の１m^2当たりの価額から，その農地を宅地に転用する場合において，通常必要と認められる１m^2当たりの造成費相当額を控除した価額にその農地の地積を乗じ，さらに，市街地周辺農地であることの100分の80の割合を乗じて評価する旨定めている。

❷ 当てはめ
(1) 路線価設定の適否

請求人は，本件農地が面する本件道路は，評価通達14（路線価）に定める不特定多数の者の通行の用に供されている道路でないので，路線価を設定すべき道路でない旨主張するので，以下審理する。

① 本件道路について，審判所が調査したところによれば，次の事実が認められる。
  (イ) 本件道路は，東西に走る市道と接続し南方向に延びた幅員約３ｍの道路でその端は行き止まりとなっている（筆者注 前記図表－１を参照）。
  (ロ) 本件道路の公図によれば，本件道路はいわゆる里道といわれるもので，国有財産である。
  (ハ) 里道とは，道路法による道路（高速自動車道，一般国道，都道府県道及び市町村道）に認定されていない道路，すなわち認定外道路である。
  (ニ) 里道の財産上の管理（筆界，所有界，占有界等）は都道府県知事へ機関委任されて

おり，さらに，里道の維持及び補修は市町村長が行っているのが通例である。本件道路は，＊＊＊＊（本件道路所在地の地方自治体）により簡易舗装が行われているなど，同市が管理している道路であることが認められる。
② 上記①に掲げる事実から，本件道路は，道路法による道路ではなく，里道であるが，＊＊＊＊（本件道路所在地の地方自治体）が舗装工事を行うなど同市の管理下にある道路であり，一般の通行を規制するものではなく，自由な通行の用に供されている道路であることが認められる。

したがって，評価通達14（路線価）の定めに照らし，本件道路に路線価を設定したことは相当であると認められ，請求人らの主張には理由がない。

なお，請求人が主張する本件道路の一方が行き止まりであることは，本件道路が路線価を設定することができる路線であるか否かの認定に影響を及ぼすものではない。

(2) 本件農地の評価方法
① 請求人は，本件農地と状況等が類似する隣接農地の評価額と比較すると相当の格差があるので，本件農地の価額を評価基準の定めに基づき市街地周辺農地として本件路線価により宅地に比準して評価した金額は時価に比べて過大であり，隣接農地の評価方法に準じて中間農地として倍率方式により評価すべき旨主張するので，以下審理する。

(イ) 原処分関係資料及び審判所が調査したところによれば，本件農地は，前記❶❷の(3)及び(4)に掲げるとおり，都市計画法において規定する第二種住居専用地域に所在し，また，農地転用許可基準に定める第三種農地であり，この第三種農地は，都市的環境の整備された地域内の農地などすでに農業的な環境が薄れ，農地として維持保全することが困難な農地をいい，第一種農地，第二種農地に優先して原則として転用が認められる農地とされていることが認められる。

(ロ) 相続により取得した財産の価額については，課税実務上，評価通達及び評価基準の定めに基づき，評価することは合理的であり，それ以外の評価方法により行うことは特段の事情がある場合を除き原則として許されないことと解される。

(ハ) 上記(イ)及び(ロ)から，本件農地は，市街地に近接する宅地化傾向の強い農地であり，かつ，付近の宅地価格の影響を受けやすい農地と認められるので，原処分庁が，評価基準を適用して本件農地を市街地周辺農地として付近にある宅地の価額（本件路線価）を基として，評価したことは相当であると認められ，他にこれを不相当とする特段の事情も認められない。

したがって，本件農地の評価に当たり，隣接農地の評価額との格差があることをもって，隣接農地の評価方法に準じて評価すべきとの請求人の主張には理由がない。

② 請求人は，本件農地を評価基準の定めるところにより評価した金額は，時価に比べて過大である旨主張するので，時価が当該金額を下回る事情があるかどうかについて，以下審理する。

そこで，本件農地の本件課税時期における価額について，本件農地の近隣の取引事例を基に土地価格比準表（昭和50年1月20日付国土地第4号国土庁土地局地価調査課長通

達「国土利用計画法の施行に伴う土地価格の評価等について」。以下同じ）の個別的要因及び地域要因の格差率を適用してその補正を行い，本件農地の価額を算定する。

なお，本件農地の近隣地域及び同一需給圏内の類似地域内の取引事例の中から適切な事例として認められる＊＊＊＊（地名）地内の農地（平成6年12月21日売買，1㎡当たりの取引価格49,910円。以下「X事例地」という）及び同市＊＊＊＊（地名）地内の農地（同年12月24日売買，1㎡当たりの取引価格40,500円。以下「Y事例地」という）の2件の事例を抽出した

(イ) 原処分関係資料及び審判所が調査したところによれば，次の事実が認められる。

　イ　本件農地は，西側が幅員約3mの道路（里道）に面し，間口約10m，奥行約52mの画地で（筆者注 前記図表－1を参照），都市計画法に規定する第二種住居専用地域にあり，また，農地転用許可基準に定める第三種農地であること

　ロ　X事例地は，東側が幅員約3mの道路（里道）に面し，間口約10m，奥行約52mの画地で，都市計画法に規定する第二種住居専用地域にあり，また，農地転用許可

図表－3　取引事例比較法に基づく比準価格

区分＼項目	取引価格	事情補正率	時点修正率	個別的要因の標準化補正率	地域要因格差率	算定価格
	円/㎡			100/100	100/100	円/㎡
X事例地	49,910	95/100	98.32/100	画地条件　±0　1.00 行政的条件　±0　1.00 相乗積　1.00	交通・接近条件　±0　1.00 環境条件　±0　1.00 宅地造成条件　±0　1.00 行政的条件　±0　1.00 相乗積　1.00	46,617
Y事例地	40,500	100/100	98.34/100	100/100 画地条件　±0　1.00 行政的条件　±0　1.00 相乗積　1.00	100/100 交通・接近条件　±0　1.00 環境条件　±0　1.00 宅地造成条件　±0　1.00 行政的条件　±0　1.00 相乗積　1.00	39,827

（注1）　X事例地の事情補正率は，取引状況における買い進み割合を5ポイントとした。
（注2）　時点修正率の算定方法は，下記資料に記載のとおりである。

資料　時点修正率算定表

X事例地	
$\{1-(1-②91,000/①93,000)×192日/365日\}×\{1-(1-③90,000/②91,000)×184日/366日\}=0.9832$	
Y事例地	
$\{1-(1-②91,000/①93,000)×189日/365日\}×\{1-(1-③90,000/②91,000)×184日/366日\}=0.9834$	

（注1）　①ないし③は，本件農地の近傍に所在する地価調査基準地（＊＊＊＊所在の土地。以下「基準地」という）に係る基準地価格（円）であり，①は平成6年，②は平成7年，③は平成8年である。
（注2）　X事例地の192日は，平成6年12月21日から平成7年7月1日（基準地の地価調査基準日）までの日数で，184日は，平成7年7月1日から平成8年1月1日（平成8年分土地の相続税評価額の評定期日）までの日数である。
　　　　Y事例地の189日は，平成6年12月24日から平成7年7月1日までの日数で，184日は，X事例地の場合と同じである。
（注3）　時点修正率は，小数点以下第5位を四捨五入して算定した。

図表－4　審判所が取引事例に基づき算定した本件農地の価額

区分＼項目	標準的画地価格	個別的要因の格差率		地積	土地の価額（1,000円未満端数切捨て）
本件農地	円/㎡ 43,222	74.4/100 画地条件 行政的条件－20.00 相乗積	0.93 0.80 0.744	㎡ 489	円 15,724,000

　　　　　基準に定める第三種農地であること
　　　(ハ)　Y事例地は，東側が幅員約3mの道路（里道）に面し，間口約9m，奥行約52mの画地で，都市計画法に規定する第二種住居専用地域にあり，また，農地転用許可基準に定める第三種農地であり，農地転用許可済みの農地であること
　(ロ)　X事例地及びY事例地の取引価格を基に，必要に応じて土地価格比準表に照らしてその事情補正，時点修正，個別的要因の標準化補正及び地域要因格差を施して比準した価格は，前頁図表－3のとおり，X事例地は46,617円，Y事例地は39,827円となり，これらの平均値は，1㎡当たり43,222円となる。
　　　よって，この取引事例比較法に基づく比準価格43,222円をもって，本件農地の標準的画地価格とした。
　(ハ)　本件農地の標準的画地と本件農地とを比較した個別的要因の格差率は，図表－4の「個別的要因の格差率」欄に記載のとおりであり，当該格差率を上記(ロ)の本件農地の標準的画地価格に乗じて算定した価格に，本件農地の地積を乗じた価額は，約15,724,000円となる。
　(ニ)　上記(イ)ないし(ハ)に掲げるとおり，審判所が取引事例に基づき算定した本件農地の価額は，約15,724,000円であるところ，本件更正処分 筆者注1 における本件農地の価額は10,163,376円 筆者注2 であり，審判所が算定した評価額を下回ることから，本件更正処分に違法は認められない。
　　　したがって，請求人の主張には理由がない。
　 筆者注1 　請求人は，被相続人甲に係る相続税の期限内申告において本件農地の価額を中間農地として倍率方式によって評価する旨主張していたところ，原処分庁から市街地周辺農地として評価する必要があるとして，相続税の更正処分を受けたものである。
　 筆者注2 　この金額は，原処分庁の主張する本件農地の価額と一致している（前記計算－2を参照）。
(3)　隣接農地との評価額の格差があることの違憲性
　請求人は，本件農地と立地状況等が類似する隣接農地の評価額を比較すると6倍強の格差があり，不平等であるから憲法違反となる旨主張するが，原処分は，相続税法，国税通則及びこれらの関係法令に基づいて適法かつ正当になされていることが認められるところ，法律が憲法に違反するか否かの審理は審判所の権限外のことであり，判断の限りではない。
(4)　まとめ（本件農地の価額）

上記(1)ないし(3)に掲げるとおり，本件農地の価額を評価通達における市街地周辺農地として，評価基準に示されている本件路線価に基づいて評価した原処分庁の価額10,163,376円（筆者注 前記計算－2を参照）には合理性があり，かつ，その算定過程も適正である。
（注）　結果として，本件裁決事例における本件農地の価額（相続税評価額）は原処分庁（課税庁）の主張額どおりであるとされ，請求人（納税者）の主張は認められなかった。

V 本件裁決事例のキーポイント

❶ 路線価方式と路線価の意義

(1) 路線価方式による評価

評価通達13（路線価方式）の定めでは，路線価方式による評価とは，その宅地の面する路線に付された路線価を基として，次に掲げる評価通達に定める各種の補正割合の定めを適用して計算した金額によって評価する方式をいうものとされている。

① 評価通達15（奥行価格補正）
② 評価通達16（側方路線影響加算）
③ 評価通達17（二方路線影響加算）
④ 評価通達18（三方又は四方路線影響加算）
⑤ 評価通達20（不整形地の評価）
⑥ 評価通達20－2（無道路地の評価）
⑦ 評価通達20－3（間口が狭小な宅地等の評価）
⑧ 評価通達20－4（がけ地等を有する宅地の評価）
⑨ 評価通達20－5（容積率の異なる2以上の地域にわたる宅地の評価）

そうすると，上記①ないし⑨に掲げる各種の補正割合は路線価方式に専ら適用される（換言すれば，倍率方式によって評価する場合には適用されない）ものであることに留意する必要がある。

(2) 路線価の意義

上記(1)に定める路線価の意義は，評価通達14（路線価）において定められており，宅地の価額がおおむね同一と認められる一連の宅地が面している路線（(X)不特定多数の者の通行の用に供されている道路をいう）ごとに設定するものとされ，(Y)路線に接する宅地で次の①から④に掲げる全ての事項に該当するものについて，売買実例価額，公示価額(注1)，不動産鑑定士等による鑑定評価額(注2)，精通者意見価格等を基として国税局長がその路線ごとに評定した1㎡当たりの価額をいうものとされている。

① その路線のほぼ中央部にあること
② その一連の宅地に共通している地勢にあること
③ その路線だけに接していること
④ その路線に面している宅地の標準的な間口距離及び奥行距離(注3)を有するく形又は正方形のものであること

(注1) 公示価額とは,地価公示法6条(標準地の価格等の公示)の規定により公示された標準地の価格をいう。

(注2) 不動産鑑定士等による鑑定評価額とは,不動産鑑定士又は不動産鑑定士補が国税局長の委嘱により鑑定評価した価額をいう。

(注3) 標準的な間口距離及び奥行距離とは,評価通達に定める奥行価格補正率及び間口狭小補正率がいずれも1.00であり,かつ,奥行長大補正率の適用を必要としないものをいう。

❷ 路線価の設定基準と本件道路に本件路線価を設定することの可否

(1) 路線価の設定基準(路線価の設定対象とされる道路)

前記❶(2)で確認したとおり,評価通達14(路線価)の定めでは,路線価の設定対象とされる道路の要件として,「不特定多数の者の通行の用に供されている道路」であることを掲げている(前記❶(2)の(X)＿＿＿部分)のみであり,これに該当しない他の要件については何らその充足を求めるものではない。

したがって,次に掲げるような区分については,評価通達上における路線価の設定対象とされるか否かの判定に当たっては考慮外であるとして取り扱われることが相当とされる(少なくとも,評価通達上の読み方としては,そのように解しないと正当性を逸することになる。この点に関する論点として,次の❸で検証を加えることにする)。

① 当該道路が公道であるか私道であるかの区分
② 当該道路が法律上の道路(注)に該当するか否かの区分

(注) 法律上の道路に該当するものとして,評価実務上において留意すべき主な道路には下記に掲げるものがある。

(イ) 道路法に規定する道路(道路法2条(用語の定義),同3条(道路の種類))
(ロ) 建築基準法に規定する道路(建築基準法42条(道路の定義))

③ 当該道路の幅員(例えば,車輌通行の可否の区分),舗装されているか否かの区分

したがって,評価通達上においてはその取扱いとして,法律上の道路に該当しない道路であっても次に掲げるような状況にあるため,当該道路を不特定多数の者の通行の用に供しているものと認められる場合には,当該道路は評価通達14(路線価)の定めによって,路線価の設定対象とされることになる。

① 公図上の青線(水路)に蓋を付設して暗渠とし,道路として通行可能な状況にある場合
② 公図上の赤線(農道,里道)で通行可能な状況にある場合
③ 私有地内を不特定多数の者が通行することを黙認していたために,道路として正式に整備したものではないが,事実上の通路として存在する場合

実際に,評価実務の現場においては,上記①ないし③に掲げる状況にある道路(重ねての確認となるが,法律上の道路には該当しない)に路線価が付設されている事例は,筆者の実務経験や税理士仲間よりの側聞等で数多く見聞するところである。本件裁決事例においても,本件道路(幅員3mの里道で認定外道路(法律上の道路に当たらない))に該当

図表－5　争点（本件道路に本件路線価を設定することの可否）に関する双方（請求人・原処分庁）の主張及び国税不服審判所の判断

請求人（納税者）の主張	原処分庁（課税庁）の主張	国税不服審判所の判断
本件農地が面する本件道路は，一方が行き止まりの農道で，両側の農地の所有者が通行するのみのものであり，評価通達14（路線価）で定める不特定多数の者の通行の用に供される道路ではないので，路線価を設定すべき路線に該当しない。	本件道路は，道路法による道路認定等はないものの，＊＊＊＊（本件道路地在地の地方自治体）が舗装工事を行うなど市の管理下にある公道に準ずる道路であり，路線価を付すことができる路線である。	本件道路は，道路法による道路ではなく，里道であるが，(A)＊＊＊＊（本件道路所在地の地方自治体）が舗装工事を行うなど同市の管理下にある道路であり，(B)一般の通行を規制するものではなく，自由な通行の用に供されている道路であることが認められる。 したがって，評価通達14（路線価）の定めに照らし，本件道路に路線価を設定したことは相当であると認められ，請求人らの主張には理由がない。 なお，請求人らが主張する(C)本件道路の一方が行き止まりであることは，本件道路が路線価を設定することができる路線であるか否かの認定に影響を及ぼすものではない。

する）に本件路線価（3万5,000円）が付されたのは，上記②の例示に該当するものとして取り扱われたものと考えられる。

(2) 本件道路に本件路線価を設定することの可否

　本件裁決事例は，評価対象地である本件農地（市街地周辺農地に該当するため宅地比準方式によって評価する農地に該当する）の評価に当たって，本件道路（法律上の道路に該当しないため，建築基準法43条（敷地等と道路の関係）に規定する接道義務を充足しておらず，本件道路に接道していても建物の建築は認められない）に付設された本件路線価を基礎に評価することの是非が争点とされたものである。この争点に対する双方（請求人・原処分庁）の主張及び国税不服審判所の判断をまとめると，図表－5のとおりとなる。

　そうすると，国税不服審判所の判断では，本件道路に本件路線価を付すことを次に掲げる理由により相当と認めていることが理解される。

① 本件道路につき，本件道路所在地の地方自治体が舗装工事を行うなど同市の管理下にあること（図表－5の(A)_____部分）

② 本件道路つき，一般の通行を規制するものではなく，自由な通行の用に供されているものであること（図表－5の(B)_____部分）

　しかしながら，上記(1)で摘示したとおり，路線価の設定基準（路線価の設定対象とされる道路の要件）として，評価通達14（路線価）の定めでは，「不特定多数の者の通行の用に供されている道路」であることが必要とされている。そうすると，国税不服審判所の判断において示されている上記①に掲げる本件道路の管理者が本件道路所在地の地方自治体であることは路線価の設定要件とはされていない。また，本件道路につき，上記②に掲げるとおり一般の通行を規制することなく自由な通行が可能であったとしても，当該道路を通行する者が不特定多数の者であることが必要とされており，両者の意義合いは異なるも

のであることが理解されよう。

本件裁決事例では，本件道路につき，認定事実として，東西に走る市道（法律上の道路）と接続し南方向に延びた幅員約3mの道路でその端は行き止まりとなっているとされているのみで，本件道路の総延長距離は明示されていないが，仮に，当該総延長距離が比較的短距離であり，本件道路沿いに公共的施設（例えば，路線バスの停留所）等が存在しないのであれば，そのような状況にある本件道路が不特定多数の者の通行の用に供されている道路に該当すると判断されることに著しい疑問を覚えるものである。

本件道路が不特定多数の者の通行の用に供されている道路に該当するか否かの判断に当たっては，本件道路の系統連続性（行き止り又は通抜け可能の別），総延長距離等を基に総合勘案して判定されるべきものであると考えられるところ，この点，国税不服審判所の判断では，本件道路の一方が行き止まりであることは，本件道路が路線価を設定することができる路線であるか否かの認定に影響を及ぼすものではないとして，一顧だにしていないが，その相当性について再検討されるべきものであると考えられる。

❸ 平成11年裁決と平成22年裁決との比較

本件裁決事例（平成11.12.22裁決，名裁（諸）平11−52，平成8年相続開始分，以下「平成11年裁決」という）は，評価対象地である本件農地（市街地周辺農地）の評価を本件道路（法律上の道路に該当しない里道）に付された本件路線価（3万5,000円）に基づいて評価することの可否が争点とされたもので，国税不服審判所の判断では，たとえ本件道路が法律上の道路に該当しないものであっても，不特定多数の者の通行の用に供されている道路に該当するのであれば，本件道路に本件路線価を付設することは合理性を有するものであるとして，原処分庁（課税庁）の主張を容認するものとした。

確かに，上記の国税不服審判所の判断は，評価通達14（路線価）に定める路線価の設定基準からすると相当なもの（もうこれ以降は，本件道路が不特定多数の者の通行の用に供されている道路に該当するのか否かについて論ずることはしないものとする）であると考えられる。

しかしながら，近時の課税実務上の取扱いから筆者が痛感するところは，たとえ，不特定多数の者の通行の用に供されている道路に該当すると認められるものであっても，当該道路が法律上の道路に該当しないとされるものである場合には，当該道路に路線価が付設されないという事象が目立つということである。その例として，前問の **CASE5** で検討した裁決事例（平22.5.19裁決，関裁（諸）平21−109，平成18年相続開始分，以下「平成22年裁決」という）が挙げられる。この平成22年裁決では，原処分庁（課税庁）は評価対象地である農地（路線価地域に所在し，評価上の区分は市街地農地に該当）の価額の算定につき，当該農地が接面する前面道路（法律上の道路に該当しない農道であり，路線価は付されていない）に特定路線価を付設することなく（特定路線価の近時の付設基準については，**CASE5**のⓋ本件裁決事例のキーポイントを参照されたい），当該農道が接道する＊＊＊＊号線（法律上の道路に該当する）に付された路線価（2万9,000円）を基礎に無道路地に該当するものとして評価している。

すなわち，平成11年裁決と平成22年裁決とでは，評価条件が非常に近似した土地（宅地比準方式で評価すべき農地）を評価しているにもかかわらず，その評価に当たっての基礎的指針に大きな差異が認識されるものであり，この間において，評価通達14（路線価）の定めに改正は認められないことから，この認識の差異が如何なるところから生ずるものであるかについて真摯な説明がなされるべきものであると考えられる。本稿のまとめとして，平成11年裁決と平成22年裁決との比較をしておくことにする。この点につき，次頁図表－6を参照されたい。

Ⅵ 参考事項等

❶ 参考法令通達等

・相続税法22条（評価の原則）
・評価通達6（この通達の定めにより難い場合の評価）
・評価通達11（評価の方式）
・評価通達13（路線価方式）
・評価通達14（路線価）
・評価通達14－3（特定路線価）
・評価通達20－2（無道路地の評価）　筆者注 平成30年1月1日以後は，評価通達20－3）
・評価通達36－3（市街地周辺農地の範囲）
・評価通達36－4（市街地農地の範囲）
・評価通達39（市街地周辺農地の評価）
・評価通達40（市街地農地の評価）
・都市計画法8条（地域地区）
・建築基準法42条（道路の定義）
・建築基準法43条（敷地等と道路の関係）
・道路法2条（用語の定義）
・道路法3条（道路の種類）
・地価公示法6条（標準地の価格等の公示）
・日本国憲法14条（法の下の平等）
・農地転用許可基準（昭和34年10月27日付34農地第3353号（農）農林事務次官通達）
・土地価格比準表（昭和50年1月20日付国土地第4号国土庁土地局地価調査課長通達「国土利用計画法の施行に伴う土地価格の評価等について」）

❷ 類似判決・裁決事例の確認

　農道や里道のような一般的に法律上の道路に該当しない道路のみに接道する農地（市街地農地）で宅地比準方式によって評価すべきものについて，その評価方法が争点とされた裁決事例として，次のようなものがある。

(1) 評価対象地の接道道路に接続する道路（法律上の道路）に付設された路線価を基にし

図表－6　平成11年裁決と平成22年裁決の比較

項目	平成11年裁決	平成22年裁決
評価対象地の状況等 注 状況図はいずれも推定である。	（状況図） 市道（路線価（非公開）設定済） 35 評価対象地（田，489㎡） 幅員3mの里道 （行止り） ・評価対象地は第三種農地に該当することから，市街地周辺農地に該当する。 ・市道は，道路法に規定する道路に該当し，路線価（非公開）が設定されている。 ・評価対象地の前面接続は，幅員3mの行き止まり里道（国有財産）であり，法律上の道路には該当しない。 ・評価対象地の市道からの離隔距離は，裁決事例において明記されていないため，不明である。	（状況図） ←29→（＊＊＊＊号線） B土地（畑 1,728㎡）　約12m 約36m 約49m　　　　A土地（畑 2,757㎡） 約100m 約41m いずれも幅員1.8mの農道 ・A土地及びB土地は市街化区域内に所在することから，市街地農地に該当する。 ・＊＊＊＊号線（法律上の道路に該当し，路線価は2万9,000円である）の幅員は4.6mである。 ・幅員1.8mの農道は，法律上の道路に該当していない。 ・A土地は，＊＊＊＊号線の南方約250mから300mに位置している。 ・B土地は，＊＊＊＊号線の南方約255mから290mに位置している。
両裁決の類似事項	平成11年裁決と平成22年裁決（以下，これら2つの裁決を「両裁決」という）は，次の点で類似していることが確認できる。 ① 両裁決において評価対象地とされているのは，いずれも宅地比準方式によって評価されるべき農地（平成11年裁決の農地は市街地周辺農地，平成22年裁決の農地は市街地農地）であること ② 両裁決において評価対象地は，いずれも評価通達11（評価の方式）に定める路線価地域に所在していること ③ 両裁決において評価対象地の前面接続道路は，いずれも法律上の道路に該当していない（平成11年裁決の場合は里道，平成22年裁決の場合は農道）ことから，建築基準法43条（敷地等と道路との関係）の規定により，それぞれの評価対象地上に建築物を建築することは原則として禁止されていること ④ 両裁決において評価対象地の前面接続道路（いずれも法律上の道路に該当しない）が接続する法律上の道路には，路線価（平成11年裁決の場合は非公開，平成22年裁決の場合は2万9,000円）が付されていること	
両裁決の異なる事項	両裁決は，次の点で異なっていることが確認できる。 ・両裁決において評価対象地の前面接続道路はいずれも法律上の道路に該当しないにもかかわらず，平成11年裁決の場合には当該道路に路線価3万5,000円が付設され，平成22年裁決の場合には当該道路に路線価は付設されておらず，また，財産評価基準制度内の取扱いとして評価通達14－3（特定路線価）に定める特定路線価を付設して対応しようとした様子も窺えなかったこと	
両裁決で異同が不明な事項	両裁決において，裁決文のみでは次に掲げる事項についてはその異同が確認できなかった。 ① 平成11年裁決における評価対象地の前面接続道路は行き止まりであるとされている。一方，平成22年裁決における評価対象地の前面接続道路については，通り抜けの可否が明記されていない。 ② 平成22年裁決における評価対象地であるA土地及びB土地は，いずれもその所在位置が＊＊＊＊号線（法律上の道路に該当する）から約250mから300m離れた地点に位置していると明記されている。一方，平成11年裁決における評価対象地である本件農地については，その所在位置が市道（法律上の道路に該当する）からどれくらい離れた位置に所在しているのかについて明記されていない。	

CASE6

原処分庁（課税庁）が主張する評価対象地の価額

$$
\begin{aligned}
&\text{（正面路線価）（奥行価格補正率）}\\
&① \quad 35,000円 \times 0.90 = 31,500円\\
&\text{（間口狭小補正率）（奥行長大補正率）}\\
&② \quad ① \times 1.00 \times 0.92 = 28,980円\\
&\text{（宅地造成費相当額）}\\
&③ \quad ② - 3,000円 = 25,980円\\
&\text{（地積）（市街地周辺農地の評価割合）（本件農地の相続税評価額）}\\
&④ \quad ③ \times 489㎡ \times 80/100 = \underline{10,163,376円}
\end{aligned}
$$

評価上のポイント

(イ) 本件農地の評価に当たって評価対象地に係る接面道路（法律上の道路に該当しない）に付された路線価（3万5,000円）を基に算定している。

(ロ) 本件農地の評価に当たって、評価通達20－2（無道路地の評価）に定める無道路地としての評価上の取扱いは適用されていない。
（注）　本件農地のような接道義務未充足地を無道路地として取り扱う旨の評価通達の改正が行われたのは平成11年であり、本件農地に係る評価年分は当該改正前の平成8年である。

(ハ) 本件農地は市街地周辺農地として建築物の建築が可能であることを前提に評価されるものの、現状では建築物の建築は不可能とされる。そして、上記(ロ)のとおり、無道路地としての評価も認められていないことから、前面接面道路（法律上の道路に該当しない）の路線価（3万5,000円）がこれらの諸要因を織り込んで付設されたものでない限り、評価額の算出過程に合理性のある疑問が残る。

区　分		A土地	B土地
正面路線価	①	29,000円	29,000円
奥行価格補正率	②	0.8	0.8
想定整形地の地積	A	18,148.5㎡（55.5m×327m）	8,640㎡（45m×192m）
地積	B	2,757㎡	1,728㎡
かげ地割合 (A－B)／A	C	84.8%	80%
不整形地補正率表に定める補正率	D	0.70	0.70
奥行長大補正率	E	0.9（普通住宅地区、奥行距離327m）	0.9（普通住宅地区、奥行距離192m）
間口狭小補正率	F	0.94（普通住宅地区、間口距離4m）	0.94（普通住宅地区、間口距離4m）
D×F	G	0.658	0.658
E×F	H	0.846	0.846
不整形地補正率 (G<H)	③	0.658	0.658
1㎡当たりの価額	④	15,265円	15,265円
(①×②×③)			
1㎡当たりの無道路地としての価額	⑤	9,159円（評価通達20－2 100分の40を適用）	9,159円（評価通達20－2 100分の40を適用）

費目		適用面積等	単価	造成費	適用面積等	単価	造成費
整地費	I	2,757㎡	400	1,102,800	1,728㎡	400	691,200
土盛費	J	2,757×0.3	3,600	2,977,560	1,728×0.3	3,600	1,866,240
土止費	K	268.5×0.3	38,300	3,085,065	159×0.3	38,300	1,826,910
宅地造成費 (I+J+K)	L			7,165,425円			4,384,350円

		A土地	B土地
1㎡当たりの宅地造成費	⑥	2,598円	2,537円
1㎡当たりの評価額 (⑤－⑥)	⑦	6,561円	6,622円
地積	⑧	2,757㎡	1,728㎡
⑦×⑧	⑨	18,088,677円	11,442,816円
都市計画道路予定地の区域内にある宅地の評価をするに当たっての補正率	⑩	0.97（評価通達24－7 普通住宅地区、容積率200%以上、地積割合30%未満）	／
財産評価額	⑪	17,546,016円（⑨×⑩）	11,442,816円

（注）　整地費、土盛費、土止費の金額は、平成18年分の財産評価基準書に記載されている金額である。

評価上のポイント

(イ) A土地及びB土地の評価に当たって使用されている正面路線価に、次のとおりの事項が確認される。
　㋑　各評価対象地に係る各接面道路（いずれも法律上の道路には該当しない）に、特定路線価を付設していないこと
　㋺　各評価対象地に係る各接面道路が接続する＊＊＊＊号線（法律上の道路に該当する）に付された路線価（2万9,000円）を採用していること

(ロ) A土地及びB土地の評価に当たって、評価通達20－2（無道路地の評価）に定める無道路地としての評価上の取扱いが適用されている。

て評価することが相当であると判断された事例
・平成14年6月27日裁決,東裁(諸)平13-281,平成9年相続開始分

　本件農地(市街地農地)が面している農道には路線価は付設されてなく,本件農地から約24m東にある町道及び本件農地から約21m西にある町道には,それぞれ13万3,000円の路線価が付設されている。

　本件農地が接している農道には路線価は付設されていないが,本件農地は南側で幅員3.18mの農道に面しているから,当該道路から0.82mセットバックさせ,当該セットバック部分を建築基準法43条(敷地等と道路との関係)1項ただし書きの規定により空地扱いとして建築確認申請を行えば,建築は許可される土地である。

　そうすると,宅地の価額がおおむね同一と認められる一連の宅地が面している近隣の道路に付設された路線価と状況は同じであることから,本件農地は,13万3,000円の路線価を基に評価通達の定めを適用して評価することが相当である。

(2) 評価対象地の接道道路に接続する道路(法律上の道路)に付設された路線価を基にして評価することが相当であると原処分庁(課税庁)が主張した事例
・平成22年5月19日裁決,関裁(諸)平21-109,平成18年相続開始分

　本稿のⅤ❸において,平成22年裁決として紹介したものである。当該裁決事例については,その詳細を**CASE5**で検討しているので,該当部分を参照されたい。

CASE6

追補 地積規模の大きな宅地の評価について

本件裁決事例に係る相続開始年分は，平成8年である。もし仮に，当該相続開始日が，平成30年1月1日以後である場合（評価通達20—2（地積規模の大きな宅地の評価）の新設等の改正が行われた。以下「新通達適用後」という）としたときの本件各土地の価額（前記図表—2の計算—2に掲げる原処分庁の主張額（国税不服審判所が判断した価額と同額）を基に算定した相続税評価額）は，次のとおりとなる。

(1) 地積規模の大きな宅地の該当性

次に掲げる 判断基準 から，本件農地が三大都市圏に所在する場合又は三大都市圏以外に所在する場合のいずれにおいても，本件農地は，評価通達20—2（地積規模の大きな宅地の評価）に定める地積規模の大きな宅地に該当しない。

判断基準

要件	本件農地			
① 地積要件(注)	三大都市圏に所在する場合	489㎡ ＜ 500㎡ （評価対象地の地積）（三大都市圏に所在する場合の地積要件） ∴地積要件を未充足	三大都市圏以外に所在する場合	489㎡ ＜ 1,000㎡ （評価対象地の地積）（三大都市圏以外に所在する場合の地積要件） ∴地積要件を未充足
② 区域区分要件	基礎事実及び認定事実の範囲内では，本件農地が市街化調整区域以外に所在していることを明確にはできない。しかしながら，次に掲げる理由から，本件農地は市街化調整区域以外に所在しているものと強く推認される。 理由　本件農地は，下記③に掲げるとおり，用途地域を第二種住居専用地域と定めており，都市計画法13条（都市計画基準）1項7号の規定では，市街化調整区域については，原則として用途地域を定めないものとされているため			
③ 地域区分要件	本件農地は，基礎事実から第二種住居専用地域（工業専用地域以外）に所在 ∴地域区分要件を充足			
④ 容積率要件	本件農地に係る指定容積率は明示されていないが，基礎事実及び認定事実からすると，指定容積率400％未満（東京都の特別区以外の場合）に該当するものと強く推認される。 ∴容積率要件を充足			
⑤ 地区区分要件	本件農地は，基礎事実から路線価地域の普通住宅地区に所在 ∴地区区分要件を充足			
⑥ 判断とその理由	三大都市圏に所在する場合	非該当 （上記①の要件を未充足）	三大都市圏以外に所在する場合	非該当 （上記①の要件を未充足）

（注）　本件農地の所在地は不明である。

(2) 本件農地の価額（相続税評価額）

新通達適用後の本件農地の価額（相続税評価額）を算定すると，下記のとおりとなる。

　　　　（正面路線価）　　（奥行価格補正率）
① 35,000円 × 0.89(注) = 31,150円

　　　　　　（間口狭小補正率）　（奥行長大補正率）
② ① × 1.00 × 0.92 = 28,658円

　　　　　　（宅地造成費相当額）
③ ② － 3,000円 = 25,658円

　　　　　　　　　　　（市街地周辺農地の評価割合）
　　　　（地積）　　　　　　　　　　　　　　　（相続税評価額）
④ ③ × 489㎡ × 80% = <u>10,037,409円</u>

（注）　平成30年1月1日以後は，奥行価格補正率が改正されています。

CASE 7

評価単位・地目・地積	路線価方式	間口距離・奥行距離	側方加算・二方加算	不整形地・無道路地
倍率方式	私　道	土地区画整理事業	貸家・貸家建付地	借地権・貸宅地
農地・山林・原野	雑種地	不動産鑑定評価	**利用価値の低下地・特別な事情**	その他の評価項目

宅地開発が可能な地域に存するものの急傾斜地で間口が狭小なため宅地化率が低い土地（畑・山林）の評価方法が争点とされた事例

事例

被相続人の相続財産を確認したところ，都市計画法等の法的規制が第一種低層住居専用地域に存し，建ぺい率50％及び容積率が100％である甲土地（登記簿上の地積2,769㎡，甲土地の境界確定手続に使用された地積図等に記載された地積2,430.04㎡）が存在することが判明した。

この甲土地の概要及びその周辺の状況を掲げると，次のとおりである。

(1) 甲土地は，宅地開発分譲業者が造成を行った分譲地の外れに位置しており，課税時期におけるその利用状況（登記簿上の地目は山林である）は次に掲げるとおりである。

① 不特定多数の者が通行の用に供する私道部分

当該私道（課税時期の属する年分の路線価：13万8,000円）部分は，幅員約4ｍ，長さ約21ｍ，地積85.02㎡である。

② 上記①の私道脇の下り傾斜地部分

当該下り傾斜地部分は，奥行約2ｍから約5ｍ，間口約20ｍ，地積73.74㎡である。

③ 上記①の私道に接道する畑として利用している上り傾斜地部分

(イ) 当該上り傾斜地部分は，地積2,271.28㎡，間口約21ｍ，私道からの平均奥行距離は約95ｍ，高低差約24ｍで北斜面となっている。

(ロ) 私道の間口中央地点より当該畑部分の傾斜を測ると最深部の傾斜度は約14度となっている。

(ハ) 上記(ロ)の方法により傾斜を測ると，私道付近は急傾斜であり，私道から約28ｍ地点で高低差は約15ｍ，傾斜度は約28度となっている。

（注） 上記①ないし③に掲げる部分の地積を合計すると2,430.04㎡となり，当該数値は，上掲に示した甲土地の境界確定手続に使用された地積図等に記載された地積に一致する。

(2) 甲土地は分譲地の外れに位置していることから、地域の主要道路（公道である町道）に出るためには、他者が所有する私道（A私道）を介することが必要となる。

(3) 甲土地の所有者である被相続人と上記(2)に掲げるA私道の所有者である他者との関係は良好とは認められず、仮に、被相続人が甲土地の開発行為（都市計画法29条（開発行為の許可）に規定する開発行為をいう）を行うとしても、当該A私道の所有者の同意を得ることは非常に困難であると考えられる。

そうすると、上記のような状況にある甲土地を評価通達の定めに従って評価（宅地比準方式に準じて評価）することには疑問があり、甲土地は急傾斜な土地で、仮に宅地造成を行ったとしても有効宅地化率が著しく低く、宅地造成費（擁壁費及び堀削費等）も相当に高額になることが想定されることから、開発後の甲土地に宅地としての客観的な交換価値が存在しているとは考え難いものと思われる。

このような状況にある甲土地の評価について、適切な対応を図るためのアドバイスをお願いしたい。

(注) 本件裁決事例では、評価対象地の概要図及び周辺の状況図等の資料は公開されなかった。そこで、参考のため、入手した裁決事例から推定した評価対象地等の状況図を示すと、図表－1のとおりである。

図表－1　評価対象地等の状況図

(その1) 位置関係図

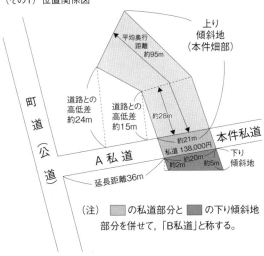

① ▨部分……私道部分（85.02㎡）
② ▨部分……下り傾斜地部分（73.74㎡）
③ ▨部分……畑である上り傾斜地部分（2,271.28㎡）
④ 本件私道（被相続人の所有ではない）の奥には、他の宅地が存しており本件私道を唯一の通路として利用している。
⑤ ▨（本件畑部）の-----は、上り傾斜角度に著しい差異が認められる部分を示す。

(その2) 評価対象地に係る勾配状況図

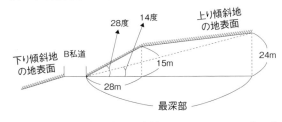

（平14.6.27裁決、東裁（諸）平13－281、平成9年相続開始分）

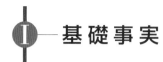基礎事実

❶ 請求人は、平成9年6月13日に死亡した被相続人の共同相続人の1人である（この相続を以下、「本件相続」という）。

❷ 請求人が、本件相続について、遺言により取得した遺産のうちに、次に掲げる土地（以下「甲土地」という）があった（以下の表記は、登記簿謄本によるものである）。

　　所在地番……＊＊県＊＊郡＊＊町
　　　　　　　　＊＊丁目＊＊番＊＊
　　地　　目……山林
　　地　　積……2,769㎡

争　　点

❶ 甲土地の地積は、登記簿上の地積（2,769㎡）によるべきか。それとも、甲土地の境界確定手続に使用された地積図等に記載された地積（2,430.04㎡）によることになるのか。

❷ 甲土地は都市計画法29条（開発行為の許可）が受けられない土地、又は仮に開発行為の許可が受けられたとしても、同土地は急傾斜地であること及び開発費用が多額になること等が想定されることから、開発後の甲土地に宅地としての客観的な交換価値は認められないとして、評価通達の定めによらないで評価することを正当として是認する特別の事情は認められるのか。

❸ 甲土地の具体的な相続税評価額はいくらになるのか。

争点に関する双方（請求人・原処分庁）の主張

争点に関する請求人・原処分庁の主張は、図表－2のとおりである。

図表－2　争点に関する請求人・原処分庁の主張

争　点	請求人（納税者）の主張	原処分庁（課税庁）の主張
(1) 甲土地の地積の取扱い	原処分庁は、甲土地の実際の地積は2,430.04㎡であるにもかかわらず、登記簿上の地積2,769㎡を基として当該土地の価額を過大に算出している。	請求人は、甲土地の実際の地積は2,430.04㎡である旨主張する。 しかしながら、請求人は、異議審理担当者に対して、甲土地に係る実際の地積を示す測量図を提出しないため、原処分庁は、公簿上の地積2,769㎡を基に甲土地の価額を算出したのであり、この点に関する請求人の主張には理由がない。
(2) 甲土地に宅地開発を困難として	原処分庁は、甲土地の価額を宅地であるとした場合の価額を基として評価通達の各定めにより算出	(1) 請求人は、甲土地は都市計画法に規定する宅地開発のできない農地である旨主張する。 しかしながら、下記に掲げる事項からすると、

評価通達の定めによらないことを正当とする特別の事情は認められるのか	している。 　しかしながら，甲土地は同土地と町道を結ぶ私道（以下「Ａ私道」という）（筆者注　前記図表－１（その１）を参照）の地権者から開発の同意を得られないため，都市計画法29条（開発行為の許可）に規定する＊＊県の宅地開発の許可が得られず，宅地としては利用ができない土地であり，耕作の用にしか利用できない農地である。	請求人は甲土地について開発許可の申請を行っていないこと及び当該申請ができない理由は請求人の個人的な事情によるものと認められる。 事項 　＊＊県＊＊土木事務所＊＊部＊＊課の担当者は，異議審理担当者に対し，要旨次のとおり答述している。 ① 　＊＊県としては，請求人が，Ａ私道の地権者が作成した都市計画法32条（公共施設の管理者の同意等）の規定に基づく同意協議書等を添付して開発許可の申請を行えば，当該土地に係る開発許可書をいつでも発行できる。 ② 　請求人の場合，Ａ私道の地権者との個人的事情から上記①の同意協議書等が提出できないようであり，同人からは開発許可の申請は行われていない。 (2) 　上記(1)からすると，相続税法22条（評価の原則）に規定する時価とは，それぞれの財産の現況に応じた当該財産の客観的な交換価値であるところ，請求人の個人的な事情は，当該財産の算定において，しんしゃくする要因とはならないこと及び甲土地については，開発許可を受ける可能性が全くないとは認められないことから，この点に関する請求人の主張には理由がない。
(3) 甲土地の具体的な相続税評価額	① 　上記(1)及び(2)より，甲土地の価額は農地として個別に評価すべきであり，その農地の価額は，固定資産税評価額の15倍が相当である。 ② 　上記①の価額は，計算－１によって求めた価額である<u>4,098,960円</u>である。	① 　評価通達に基づく甲土地の価額 　評価通達の各定めを基に算出した甲土地の価額は，次頁計算－２の⑬欄のとおり，81,056,701円である。 ② 　標準地の価格を基に試算した甲土地の価額 　(イ) 　甲土地の価額は，次頁計算－３のとおり，標準地「＊＊－７」（＊＊県＊＊郡＊＊丁目＊＊番＊＊。以下「＊＊標準地」という）と甲土地との個別的要因の比較を行うと，甲土地の１㎡当たりの価額は，次頁計算－３の④欄のとおり，41,700円である。 　(ロ) 　上記(イ)の１㎡当たりの価格41,700円に，甲土地の地積2,769㎡から地役権が設定された部分の地積341㎡ 筆者注 を差し引いた地積2,428㎡を乗じて試算した甲土地の価額は，次頁計算－３の⑦欄のとおり，101,247,600円である。 　筆者注　甲土地のうち341㎡には，特別高圧の架空電線の架設を目的とする地役権（以下「本件地役権」という）が設定されている。 ③ 　上記①及び②から，評価通達の各定めを基に算出した甲土地の価額は，標準地の価格を基に試算した甲土地の価額を下回っているから，同通達に基づき算出した甲土地の価額<u>81,056,701円</u>は相当と認められる。

計算－１　請求人が主張する甲土地の価額（相続税評価額）

（甲土地の固定資産税評価額）		（甲土地の評価倍率）		（相続税評価額）
273,264円	×	15倍	＝	4,098,960円

（注）　請求人が採用した甲土地の評価倍率は，具体的な算定根拠が示されていない。

計算－2　原処分庁が主張する甲土地の価額（相続税評価額）

①	正面路線価	円 138,000	⑧	総額（⑥×⑦）	円 114,636,600
②	広大地補正率	0.60	⑨	道路用地買収見込額	円 25,254,000
③	１㎡当たりの価格（①×②）	円 82,800	⑩	現況道路部分の価額	円 5,216,400
④	道路部分の地積	㎡ 1,089	⑪	総額（⑧－⑨－⑩）	円 84,166,200
⑤	宅地造成費（③×0.5）	円 41,400	⑫	本件地役権の地積	㎡ 341
⑥	１㎡当たりの価格（③－⑤）	円 41,400	⑬	丙土地の価額 ⑪×（１－0.3×⑫／⑦）	円 81,056,701
⑦	地積	㎡ 2,769			

（注１）「広大地補正率②」欄は，次の算式による。

$$\frac{(⑦の地積)\ 2,769.00㎡ - (注２の地積)\ 1,089㎡}{2,769.00㎡} ≒ 0.60$$

（注２）「道路部分の地積④」欄は，次の算式による。

（奥行距離）　（宅地開発に必要な道路の幅員）　　　　（間口距離）
（　115m　－　　　4.5m　　　＋　21m　－　4.5m　＋　115m）×　4.5m　＝　1,089㎡

（注３）「宅地造成費⑤」欄は，「③」欄に係る宅地造成費の最高限度額である。
（注４）「道路用地買収見込額⑨」欄は，次のとおり算定した。
　　イ　道路用地は，＊＊県＊＊郡＊＊町＊＊丁目＊＊番＊＊，同番＊＊及び同番＊＊に所在する各土地の地積合計183㎡である。
　　ロ　「正面路線価①」138,000円×上記イの地積183㎡＝25,254,000円
（注５）「現況道路部分の価額⑩」欄は，次のとおり算定した。
　　イ　現況道路部分の地積　幅員６ｍ×間口距離21m＝126㎡
　　ロ　「１㎡当たりの価額⑥」41,400円×上記イの地積126㎡＝5,216,400円

計算－3　原処分庁が主張する標準地の価格を基に試算した甲土地の価額

＊＊標準地（＊＊－7）の価格に基づく甲土地の価額					
①	＊＊標準地の１㎡当たりの価格	円 187,000	③	個別的要因の格差率相乗積	22.3／100
②	個別的要因（画地条件）	街路条件等　　－10.0	④	１㎡当たりの価格	円 41,700
		地積大　　　　－10.0	⑤	地積	㎡ 2769.00
		奥行逓減　　　－20.0			
		奥行長大　　　－10.0	⑥	本件地役権の地積	㎡ 341.00
		不整形地　　　－15.0			
		高低　　　　　－10.0	⑦	甲土地の価額 ④×（⑤－⑥）	円 101,247,600
		崖地等　　　　－50.0			

Ⅳ 国税不服審判所の判断

❶ 認定事実

(1) 甲土地の都市計画法等の法的規制等は，第一種低層住居専用地域，高度制限10m，建ぺい率50％，容積率100％である。

(2) 甲土地は，＊＊株式会社が開発し分譲した通称＊＊団地の外れに位置し，畑として利用している北斜面の上り傾斜地部分（以下「本件畑部」という）並びに幅員4mの私道及び私道脇の下り傾斜地部分（以下，私道と併せて「B私道」という）から構成されている土地である。

なお，甲土地の登記簿上の地目は山林であるが，請求人は畑として利用している。

(3) 本件畑部の頂上部分は，比較的なだらかであるが，当該畑の中に，＊＊株式会社が，66,000ボルトの高圧電線用鉄塔用地を所有している。

なお，請求人は，＊＊株式会社との間で，送電線路空間使用に関する契約を結び，甲土地の頂上部分の355.47㎡について，本件地役権を設定している。

(4) B私道の下り傾斜地部分は，奥行が2mから5mまでしかなく，宅地化は困難なことから私道と一体の土地である（筆者注 前記図表－1の（その1）を参照されたい）。

なお，甲土地と町道を結ぶA私道及びB私道とそれに連続する私道全体（以下「本件私道」という）について，昭和50年に，甲土地の元所有者であった請求人の父＊＊が，本件私道の全地権者との間で，無償で本件私道を公衆用道路として使用する旨の契約書を取り交わしており，本件私道の奥には本件私道を唯一の通路とする宅地が存している。

(5) 甲土地の境界確定手続を行った＊＊株式会社所有の甲土地に係る地積図及び境界確定図には，要旨次のとおり記載されている。

① 本件畑部は，地積2,271.28㎡，間口約21m，B私道からの奥行の平均は約95m，高低差約24mの上り傾斜地である。

B私道間口中央地点より本件畑部の傾斜を見ると最深部の傾斜度は約14度で，私道付近は急傾斜であり，私道から約28m地点で，高低差は約15m，傾斜度は約28度である。

② B私道の私道部分は，幅員約4m，長さ約21m，地積85.02㎡の土地である。

③ B私道の下り傾斜地部分は，奥行約2mから約5m，間口約20m，地積73.74㎡の土地である。

(6) B私道の平成9年分の路線価は，138,000円である。

(7) ＊＊土木事務所＊＊部＊＊課及び同部＊＊課の各担当職員は，審判所に対し，要旨次のとおり答述している。

① A私道の地権者から，甲土地の開発同意を得て，申請を行えば都市計画法による開発許可は下りる。

② A私道の幅員は4.5mしかなく，町道入口付近には住宅が建ち並んでいるため拡幅

は事実上不可能なので，下記資料に掲げる宅地開発に関する法規制を受けるため，取付道路の長さを含めて設置できる道路の長さは70mである。

資料　都市計画法及び開発指導要綱

(イ)　都市計画法は，開発指導要綱により，500㎡以上の宅地開発に適用される。
(ロ)　開発指導要綱によれば，宅地開発予定地と公道を結ぶ取付道路の幅員の長さにより，取付道路と開発予定地内に設置する道路の合計の長さ（以下「道路の延長」という）に規制があり，その内容は図表－3のとおりである。

図表－3　取付道路の幅員と道路の延長

取付道路の幅員	6m以上	5m	4.5m	4m
道路の延長	無制限	100m以下	70m以下	35m以下

(ハ)　幅員6m未満の道路を袋路状に設置する場合，道路の延長が35mを超えるとき，終端及び適当な区間ごとに回転広場を設けなければならない。

したがって，A私道は長さが既に36mあるから，甲土地内に設置できる道路の長さは，回転広場の長さを含めて34mであるところ，既に存在するB私道の長さは21mであるので，本件畑部への新たな道路設置は入口部分にわずかしか行えない。

③　B私道の幅員は4mであるから，建築基準法43条（敷地等と道路の関係）1項ただし書きの規定により，B私道を空地扱いとして建築確認の申請を行えば，建築は許可になる。

したがって，都市計画法による開発でも新たな道路は設置できないに等しいから，当該土地を開発するには，B私道に，開発宅地が各々2m接地するように区画割りを行い，500㎡未満の開発を繰り返す方法が最善の方法である。

④　5m以上の高さの擁壁を設ける場合，鉄筋コンクリート造りでないと許可にならない。その場合，その高さに対して，下端の厚みが約4割必要である。

⑤　甲土地は，間口が狭く，道路付近の傾斜が急なため擁壁を設ける必要があるから，宅地化率が低く，擁壁設置費及び堀削費がかさむ土地である。したがって，採算が取れないため，開発にはなじまない土地である。

(8)　請求人は，B私道から約34mまでの本件畑部の開発計画を立て，平成8年9月（筆者注　被相続人に係る相続開始前）に株式会社＊＊に費用を見積もらせているが，その額は125,333,523円である。

❷　当てはめ

請求人は，甲土地は開発許可が得られず，宅地としては利用ができず，耕作の用にしか利用できない農地であるから，個別に評価すべきである旨主張するが，評価通達は，相続財産の客観的な交換価値について，評価通達を適用して評価することは，当該通達を適用することが特に不都合と認められる特設の事情がない限り合理性があると認められるので

あるから，甲土地に当該通達の各定めを適用して評価することに特に不都合と認められる特段の事情があるか否かについて，以下検討する。

そうすると，甲土地は，間口約21m，私道から約28m地点では，高低差は約15m，傾斜度は約28度である上，私道付近が急傾斜の土地なので，この土地を宅地として開発するには，間口が狭く，道路付近の傾斜が急なため擁壁を設ける必要があるから，宅地化率が低く，擁壁設置費及び堀削費がかさむので，宅地に転用したとしても，当該費用に見合う宅地の確保は困難であることから，開発後の甲土地に宅地としての客観的な交換価値があると認めることはできない。

ところで，甲土地を評価通達の各定めを適用して評価する場合には，宅地比準方式によることになるのであるが，開発後の甲土地に宅地としての客観的な交換価値を見いだせない限り，この方式により甲土地を評価することは，その結果において，甲土地の適正な客観的な交換価値とかい離した価額を導くことになるから，甲土地には，当該通達の各定めを適用して評価することには特に不都合と認められる特段の事情があると解するべきである。

❸ 甲土地の価額（相続税の課税価格算入額）

請求人は，甲土地の価額は固定資産税評価額の15倍であると主張するがその根拠の提示はない。

甲土地の価額については，甲土地と状況が類似する土地で本件相続開始日に近い時点において売買された土地の正常価額が，その客観的な交換価値を正しく示すものと解すべきところ，審判所において，畑の売買の取引事例の価格を基に土地価格比準表の地域格差及び個別格差に補正率を適用してその補正を行い，甲土地の客観的な交換価値と認められる価額を算定したところ，次のとおりである。

(1) 甲土地の地積

甲土地の地積については，前記❶(5)に掲げるとおり，請求人が主張する2,430.04㎡である。

> （筆者注）　甲土地の地積について，国税不服審判所は登記簿上の地積よりも，甲土地の境界確定手続を行った＊＊株式会社所有の甲土地に係る地積図及び境界確定図に基づく地積によることが相当と判断した。

(2) B私道の価額

B私道の価額は，前記❶(4)に掲げるとおり，現状のまま道路として使用するしかない土地なので，その価額は零円と判断した。

(3) 本件畑部の価額

本件畑部の価額は，次頁図表－4に掲げる取引事例を基に，次頁図表－5及び後記図表－6に掲げるとおり算定したところ，後記図表－6の④欄のとおり，37,362,556円である。

(4) 甲土地の価額（相続税の課税価格算入額）

上記(1)ないし(3)より，甲土地の価額は，上記(2)と(3)の価額の合計額37,362,556円と認めるのが相当である。

図表－4　取引事例等

項目 \ 区分	取引事例1		取引事例2		本件畑部	
物件の種類	土地（畑）		土地（畑）		土地（畑）	
地積	188.00 ㎡		1876.00 ㎡		2271.28 ㎡	
取引等年月日	平10年10月15日		平成10年11月16日		平成9年6月13日	
取引価格（円／㎡）	26,555円		18,123円		―	
形状	間口	約　10m	間口	約　33m	間口	約　21m
	奥行	約　17m	奥行	約　57m	奥行	約　95m
傾斜	平坦地		平坦地		傾斜地	
所在位置	＊＊駅約2,100m		＊＊駅約2,500m		＊＊駅約2,100m	
主な行政上の制限	第一種低層住居専用地域		市街化調整区域		第一種低層住居専用地域	

図表－5　取引事例地の比準価格等算定表

項目 \ 区分	取引事例1	取引事例2
① 取引価格等（円／㎡）	26,555円	18,123円
② 時点修正等	100.00／100.00	100.00／100.00
③ 時点修正後の価格（①×②）	26,555円	18,123円
④ 個別的要因の標準化補正率	100.0／83.3	100.0／100.0
⑤ 比準価格（③×④）	a　31,878円	b　18,123円
⑥ 1㎡当たりの標準的画地の価格〔(a＋b)×1／2〕	25,000円	

（注1）「事情補正」については，補正すべき事情はない。
（注2）「②時点補正率」については，下落率が僅少と見込まれたため，調整率を100％とした。
（注3）「④個別的要因の標準化補正率」は，次表のとおり算定したものである。
　　　なお，①～④の相乗積は，小数点以下4位を四捨五入した。

区分 \ 項目	①交通接近条件	②自然条件	③画地条件	④行政的条件	⑤個別的要因の標準化補正率（①～④の相乗積の逆数）
取引事例1	0.895　接近－5　農道－5.5	0.96　日照－4	0.970　地積0.96　形状1.01	1.00　±0	100.0／83.3
取引事例2	1.00　±0	1.00　±0	1.00　±0	1.00　±0	100.0／100.0

図表－6　本件畑部の価額

①標準的画地の1㎡当たりの価格	②個別要因の格差率	③地積	④本件畑部の価額 (①×②×③)
25,000円	$\frac{65.8}{100.0}$	㎡ 2,271.28	37,362,556円

(注)　「②個別要因の格差率」欄は，次表のとおりである（小数点以下4位を四捨五入）。
　　　なお，畑として利用する上では，本件地役権の設定による制約はないと認められるため，しんしゃくしていない。

区分＼項目	①交通接近条件	②自然条件	③画地条件	④行政的条件	⑤個別的要因の格差率（①～④の相乗積）
甲土地	0.895　接近－5　農道－5.5	0.79　日照－8　傾斜－6　排水－3　災害－4	0.931　傾斜角0.94　形状0.99	1.00　±0	$\frac{65.8}{100.0}$

まとめ　本件裁決事例における甲土地の価額は，請求人（納税者）の主張が4,098,960円，原処分庁（課税庁）の主張が81,056,701円とされていることから，結果として，原処分庁（課税庁）が行った相続税の更正処分の一部が取り消されることとなった。

V 本件裁決事例のキーポイント

❶ 相続税法22条の規定と評価通達の定めの関係

　相続税法22条（評価の原則）において，相続により取得した財産の価額は，特別の定めのあるものを除き，当該財産の取得の時における時価による旨を規定している。この場合における時価とは，当該財産の取得の時において，それぞれの財産の現況に応じ，不特定多数の当事者間で自由な取引が行われる場合に通常成立すると認められる価額，すなわち客観的な交換価値をいうものと理論的には解されている。

　そして，相続税の課税対象とされる財産は多種多様であることから，国税庁は，相続財産の評価の一般的な基準を評価通達によって定め，各種財産の評価方法に共通する原則や各種の財産の評価単位ごとの評価方法を具体的に定めて，課税の公平，公正の観点からその取扱いを統一するとともにこれを公開して，納税者の申告及び納税の利便のために資するものとしているところである。

　しかしながら，評価通達に定める評価方法は，個別の評価によることなく画一的な評価方法が採用されていることから，同通達に基づき算定された評価額が取得財産の取得時における客観的な時価（客観的交換価値）と一致しない場合が生ずることも当然に予定されているものと解される。そうすると，評価通達に基づいて算定された額（これを相続税評価額と一般的には称しており，例として100とする）が，客観的な時価（例として80とする）を超えていること（例示の場合には，「相続税評価額100＞客観的な時価80」として超えていることになる）が証明されれば，当該評価通達に定める評価方法によらない評価を

行うことは言を待つまでもないことになる。このことは，評価通達6（この通達の定めにより難い場合の評価）において，「この通達の定めによって評価することが著しく不適当と認められる財産の価額は，国税庁長官の指示を受けて評価する」旨の定めを設けていることからも確認されよう。

ただし，「評価通達の定めによる評価額（相続税評価額）＞客観的な時価」であることの証明（これを「立証挙証責任」という）は，納税者側に求められている（これを「立証挙証責任配分の原則」という）ことに留意する必要がある。

❷ 宅地への転用が見込めないと認められる市街地山林等に対する評価上の特例

(1) 市街地山林に対する評価上の特例

① 概要

平成16年6月4日付の評価通達の改正によって，宅地比準方式(注1)又は倍率方式(注2)によって評価すべき市街地山林につき，<u>その市街地山林について宅地への転用が見込めないと認められる場合</u>には，その山林の価額は，近隣の純山林(注3)の価額に比準して評価するものとされている。

(注1) 宅地比準方式による市街地山林の価額は，その山林が宅地であるとした場合の1㎡当たりの価額から，その山林を宅地に転用する場合において通常必要と認められる1㎡当たりの造成費に相当する金額として，整地，土盛り又は土止めに要する費用の額がおおむね同一と認められる地域ごとに国税局長の定める金額を控除した金額に，その山林の地積を乗じて計算した金額（下記の算式を参照）によって評価するものとされている。

（算 式）

（その山林が宅地であるとした場合の1㎡当たりの価額－1㎡当たりの造成費）×地積

(注2) 倍率方式による市街地山林の価額は，その市街地山林の固定資産税評価額に，地価事情の類似する地域ごとに，その地域にある山林の売買実例価額，精通者意見価格等を基として国税局長が定める倍率が明示されている場合があり，その場合には，当該市街地山林の評価は上記（注1）の宅地比準方式によらず，当該山林の固定資産税評価額にその倍率を乗じて計算した金額（下記の算式を参照）によって評価するものとされている。

（算 式）

市街地山林の固定資産税評価額×倍率

(注3) 比準すべき具体的な純山林は，評価対象地の近隣の純山林（評価対象地からみて距離的に最も近い場所に所在する純山林）によるものとされている。

なお，上記に掲げる取扱いは平成16年1月1日以降に相続，遺贈又は贈与により取得した財産の評価について適用するものとして，評価通達49（市街地山林の評価）において新設された項目である。そうすると，この取扱いと本件裁決事例（評価対象地の主な地目が畑であり，相続開始年分は平成9年となっている）との関係について，下記に掲げる事項を摘示してその無関係性を主張される向きもあろうが，その点については，それぞれに示す該当部分で検証してみることにする。

(イ) 本件裁決事例における評価対象地の主な評価地目は畑であり，評価通達49において

新設された取扱いの適用対象地の地目は山林であることから，評価地目が異なるのではないか。→次の(2)で検討
 (ロ)　本件裁決事例における相続開始年分は平成9年分であり，評価通達49において新設された取扱いの適用開始日は平成16年1月1日であることから，適用時期に差異が認められるのではないか。→次々の(3)で検討
② 市街地山林について宅地への転用が見込めないと認められる場合の意義
　上記①において，「その市街地山林について宅地への転用が見込めないと認められる場合」（上記①の＿＿部分）とは，評価対象地である市街地山林を宅地比準方式によって評価した価額（Ⓐ）が，近隣の純山林の価額（Ⓑ）を下回る場合（すなわち，「Ⓐ＜Ⓑ」という状況にあるため，宅地転用に経済合理性が認められない場合）又はその山林が急傾斜地等であるために宅地造成ができないと認められる場合（宅地転用が物理的に不可能であると認められる場合）をいうものと解されている。

　なお，上記に掲げる解釈に関して，平成16年の通達改正当時に課税庁から公開されていた情報（『「財産評価基本通達の一部改正について」通達のあらましについて（情報）』（平成16年6月29日，資産評価企画官情報2号））において，宅地への転用が見込めない市街地山林に該当するか否かの判断に関して，次に掲げる考え方が示されており評価実務上の参考となる。

> 経済合理性から判断する場合
> 　市街地山林について，宅地造成費に相当する金額を控除して評価する場合，宅地としての価額より宅地造成費に相当する金額の方が大きいため（多額の造成費がかかる場合），その評価額がマイナスとなることも予想される。評価額がマイナスであるということは，その市街地山林が負の資産であることを意味することとなるが，合理的な経済人であれば，宅地として100の価値しかない土地へ，その価値を超える造成費（例えば120）を投下することはあり得ず（120を投下しても100でしか売却（回収）できない），通常，その市街地山林は現況のまま放置されることになる。
> 　また，経済合理性からみて宅地化への転用が見込めない場合であっても，土地の所有権を持っていれば，通常，その土地本来の現況地目（市街地山林であれば山林）としての利用が最低限可能であることから，その土地の価額は，その対象地本来の現況地目である山林の価額（宅地化期待益を含まない林業経営のための純山林の価額）を下回ることはないと考えられる。
> 　以上のことから，宅地比準方式により評価した市街地山林の価額が純山林としての価額を下回る場合には，経済合理性の観点から宅地への転用が見込めない市街地山林に該当すると考えられ，その市街地山林の価額は，純山林としての価額により評価することとした。
>
> 形状から判断する場合
> 　市街地山林を宅地比準方式により評価する方法は，評価対象地の価格形成が宅地価

額を基に形成されることを前提としている。したがって、宅地造成が不可能（宅地化が見込まれない）と認められるような形状の市街地山林については、経済合理性について検討するまでもなく、宅地比準方式を適用する前提を欠いていると考えられる。

　このような宅地造成が不可能と認められるような形状としては、急傾斜地（分譲残地等）が考えられる。宅地造成が不可能な急傾斜地等に該当するか否かの判定に当たっては、急傾斜地の崩壊による災害の防止に関する法律が「急傾斜地」の定義を「傾斜度が30度以上である土地」としていることから、急傾斜地の目安として傾斜度30度以上とすることも一案であると考えられる。しかし、同じ傾斜度の土地でも、土質（関東ローム層、砂利、硬質粘土、風化の著しい岩、軟岩等）等により宅地造成の可否に差が生じることから、むしろ一律の基準を定めずに、地域の実情に即して判断するのが相当と考えられる。

　以上のことから、急傾斜地等の宅地への転用が見込めない市街地山林の価額についても純山林としての価額により評価することとした。

　（注）　この通達は、「宅地への転用が見込めないと認められる場合」に限定して適用があることに留意する。

　したがって、宅地の形状から宅地造成が不可能と判断できない場合には、宅地比準方式により評価することになる。

③　まとめ

　上記①及び②より、宅地への転用が見込めないと認められる市街地山林に対する評価上の特例の取扱いをまとめると、図表－7のとおりとなる。

(2)　市街地山林に対する評価特例の市街地農地等への準用

　上記(1)に掲げるとおり、平成16年の評価通達の改正によって「その市街地山林について宅地への転用が見込めないと認められる場合には、その山林の価額は、近隣の純山林の価額に比準して評価する」旨の定めが評価通達49（市街地山林の評価）に新設された。

　そうすると、この市街地山林に対する評価上の特例を宅地比準方式によって評価する市街地農地又は市街地周辺農地いついて準用することの可否について疑義が生じるところであるが、評価通達にはこの点に関する定めは明記されていない。

　しかしながら、例えば、市街化区域内に存しながらも都市集積度が低い（換言すれば、宅地としての価額はあまり高くはない）地域で蓮田（ハスダ）として利用されているため、

図表－7　宅地への転用が見込めないと認められる市街地山林に対する評価上の特例

（評価態様）	（評価方式）
市街地山林について宅地転用が下記に掲げる事由により見込めないと認められる場合	近隣の純山林の価額に比準して評価

　事由　(イ)　宅地転用に経済合理性が認められない場合
　　　　(ロ)　宅地転用が物理的に不可能（例えば、急傾斜地等）と認められる場合

整地費，土質改良費，土盛費及び土止費として多額の宅地造成費が必要と見込まれることから宅地造成後の販売想定価額からこれらの宅地造成費の価額を控除すると何も残らないと考えられる農地（市街地農地）については，たとえ，その所在が法令上は宅地転用可能地にあったとしても，その特性（宅地造成後の販売想定価額＜宅地造成費の価額）から判断した場合には，もはや，宅地転用への経済合理性は喪失しているものと考えられる。そうすると，今後も農地（例の場合は，蓮田）としての利用価値を前提にその評価額が決定されるべきものと考えられ，その評価態様は，上記に掲げる市街地山林に対する評価上の特例の取扱いに極めて酷似しているものと考えられる。

したがって，このような状況にある農地（例の場合は市街地農地であるが，市街地周辺農地である場合も同様）については，近隣の純農地（評価対象地からみて距離的最も近い場所に所在する純農地）の価額によって評価することが相当であると考えられる。

なお，この考え方に関連して，上記(1)②において紹介した課税庁から公開されていた情報（平成16年6月29日，資産評価企画官情報2号）において，評価通達49（市街地山林の評価）において定められた新設項目（宅地転用が見込めない市街地山林を近隣の純山林の価額に比準して評価する定めの創設）を市街地農地及び市街地周辺農地へ準用することについて，次に掲げる考え方が示されている。

---

① 現行の評価通達上，市街地農地及び市街地周辺農地については，原則として，宅地比準方式により評価することとしている。これらの農地等についても，市街地山林と同様，経済合理性の観点から宅地への転用が見込めない場合，例えば，蓮田等で多額な造成費が見込まれ宅地比準方式により評価額を算出するとマイナスとなるような場合が予想される。このような場合には，宅地への転用が見込めない市街地山林の評価方法に準じて，その価額は，純農地の価額により評価することになる。

② 市街地周辺農地については，「市街地農地であるとした場合の価額の100分の80に相当する金額によって評価する」（評価通達39（市街地周辺農地の評価））ことになっているが，80％相当額に減額することにしているのは，宅地転用が許可される地域の農地であるが，まだ現実に許可を受けていないことを考慮したものであることから，純農地の価額に比準して評価する場合には，80％相当額に減額する必要はないことに留意する。

また，宅地転用が見込めない市街地山林を近隣の純山林に比準して評価する旨の定めを市街地農地及び市街地周辺農地に対して準用することについては上掲のとおりであるが，この取扱いの準用対象とされる地目については，他に，市街地原野及び宅地開発を前提とする地域に存する一定の雑種地も含まれるものと解される。すなわち，宅地化を前提とする地域に存する宅地以外の地目と認定される土地（いわゆる宅地見込地）について，経済合理性又は急傾斜地等であるという物理的要因から宅地転用が見込めないと認められる場合には，この取扱いの適用可能性を慎重に検討する必要性がある。

(3) 本件裁決事例の場合

　上記(1)及び(2)に掲げるとおり，評価通達49（市街地山林の評価）に宅地転用が見込めない市街地山林に係る評価上の特例（当該特例を市街地農地及び市街地周辺農地の評価に準用する取扱いを含む）の定めが設けられたのは平成16年の評価通達の改正によるものであり，その一方で本件裁決事例における課税時期（被相続人に係る相続開始年分）は平成9年とされている。

　そうすると，表面上では本件裁決事例における評価対象地である農地（甲土地）の評価に関して，上掲の評価通達の改正による新しい定めは無関係であるかのように見える。現に，国税不服審判所の判断においても，甲土地（農地）につき宅地転用が見込めないことを認定しつつも純農地として評価するとの取扱いではなく，甲土地と状況類似地である畑の売買事例価格を基に適切な補正を行って求めた価額（37,362,556円）で評価すべきとしている。次にこれらの判断について検討を加えてみたい。

① 宅地転用が見込めないことについて

　前記 Ⅳ ❷ に掲げるとおり，国税不服審判所は甲土地について「この土地を宅地として開発するには間口が狭く，道路付近の傾斜が急なため擁壁を設ける必要があるから，宅地化率が低く，擁壁設置費及び堀削費がかさむので，宅地に転用したとしても，当該費用に見合う宅地の確保は困難であるから，開発後の甲土地に宅地としての客観的な交換価値があると認めることはできない」としている。

　この当てはめは，平成16年の通達改正によって新設された宅地転用が見込めない市街地山林（地目が市街地農地及び市街地周辺農地である場合も同様）の評価の特例に示されている宅地転用が見込めない事由が，前記 ❷(1)② に掲げる当該宅地転用に経済合理性から判断してその有効性が認められない場合と同一のものであると考えられる。

② 国税不服審判所が判断した甲土地の価額（思考過程）

　再度の指摘となるが本件裁決事例における課税年分は平成9年分とされていることから，評価対象地（農地である甲土地）の価額を平成16年の通達改正による新設項目に準用して純農地の価額として評価することは外形上は認められない（平成9年当時では，このような状況にある甲土地についても評価通達の各定めを適用するのであれば，宅地比準方式によって評価することが求められる）。

　その一方で，国税不服審判所では甲土地を経済合理性から判断して宅地転用が見込めない土地であるとの当てはめを行って，次に掲げる思考過程によって甲土地の価額を求めることが相当であると判断している。

　(イ) 特段の事情の存在

　　宅地開発後の甲土地に宅地としての客観的な交換価値を見い出せない限り，この方式により甲土地を評価することは，その結果において，甲土地の適正な客観的な交換価値とかい離した価額を導くことになるから，甲土地には当該通達の各定めを適用して評価することには特に不都合と認められる特段の事情があると解するべきである。

　(ロ) 取引事例比較法に基づく甲土地の価額

㋑　甲土地の価額については，甲土地と状況が類似する土地で本件相続開始日に近い時点において売買された土地の正常価額が，その客観的な交換価値を正しく示すものと解するべきである。

㋺　上記㋑より，審判所において，畑の売買の取引事例の価格を基に土地価格比準表の地域格差及び個別格差の補正率を適用してその補正を行い，甲土地の客観的な交換価値と認められる価額を算定すべきである。

上記に掲げる甲土地の価額を求める国税不服審判所の思考過程は，評価通達6（この通達の定めにより難い場合の評価）の定め（下記 資料 を参照）に基づいたものであると考えられる。

資料　評価通達6（この通達の定めにより難い場合の評価）

> この通達の定めによって評価することが著しく不適当と認められる財産の価額は，国税庁長官の指示を受けて評価する。

③　国税不服審判所が算定した甲土地の価額の相当性

国税不服審判所が算定した甲土地の価額は，前記 Ⅳ (4)に掲げるとおり37,362,556円である。この価額は次に掲げる計算より，1 ㎡当たりの価額は16,450円とされる。

（計算）　37,362,556円÷2,271.28㎡（注）＝16,450円

（注）　甲土地の地積は2,430.04㎡であるが，評価額が0円と認定されたB私道部分の地積を除外した本件畑部の地積を用いて算定している。

そうすると，仮に開発行為を行って宅地転用を図ったとしても開発後の土地に宅地としての客観的な交換価値があるとは認めることができない甲土地に1 ㎡当たり16,450円の価値が真に見いだせるのであろうか。この点に関しては，下記に摘示した事項も含めて，再度慎重な検討が加えられるべきものであると筆者は考えるところである。

㋑　甲土地は宅地転用に経済合理性が認められないことから今後も農地（畑）としての利用に留まるところ，農地としての利用（しかも急傾斜地であり，農地としての利便性も低いと考えられる）を前提とする土地の価額が1 ㎡当たり16,450円という高額なものになっていること

㋺　甲土地が接道するB私道に付設された平成9年分の路線価（路線価は宅地評価の基礎として用いられるものである）が138,000円／㎡であるところ，上記㋑で示した状況にある甲土地の1 ㎡当たりの価額16,450円は路線価の約12％（16,450円÷138,000円）相当額にもなり，農地としての継続的利用を前提とする価額としては非常に高額なものであると考えざるを得ないこと

㋩　国税不服審判所は甲土地の価額を算定するに当たり，前記図表－4及び図表－5より畑の取引事例2例を基礎に1 ㎡当たりの標準的画地の価格（25,000円）を算定し，これに前記図表－6のとおり甲土地に帰属する特有の個別要因の格差率(65.8／100)を乗じて甲土地の1 ㎡当たりの価額16,450円を算定しているが，当該計算過程におい

てそれぞれに摘示する点の立証挙証がなされておらず，その正当性について検証ができないこと
- ㋑ 前記図表－4及び図表－5に掲げる取引事例1の土地（畑）は，下記に掲げる点から極めて強く宅地化を前提とした取引ではないかと推認されること
  - ⒜ 地積が188㎡と農地としての利用を前提とした取引としては地積が狭小であると考えられること
  - ⒝ 傾斜について，平坦地とされていること
  - ⒞ 用途地域が第一種低層住居専用地域とされており，建物の建築に関する容易性が推認されること
- ㋺ 前記図表－4及び図表－5に掲げる取引事例2の土地（畑）は市街化調整区域内に存することから，原則として建築物の建築は認められないものと考えられるが，当該事項を断定するに当たっては，次に掲げる事項の確認が必要と考えられること
  - ⒜ 今後も継続して農地（畑）として利用することを前提とする土地の価額が1㎡当たり18,123円という高額なものになっていること→なぜ，このような価額が成立したのか。
  - ⒝ 傾斜について，平坦地とされていること→物理的な面から宅地化は可能ではないか。
  - ⒞ 市街化調整区域であっても，いわゆる既存宅地制度（平成9年当時）等，一定の場合には建物の建築が認められる場合もあること→建物の建築可能性について詳細な確認が行われたのか。
- ㋩ 上記㋑及び㋺より，もし仮に，取引事例1又は同2の土地（畑）が建物建築可能地の取引事例であると確認されたならば，このような土地の価額を基礎とした標準的画地の価格に一定の比準を施して，宅地転用に経済合理性が認められない甲土地の価額を求めることは，下記に掲げる点からその合理性は担保されていないと考えられること
  - ⒜ そもそも，建物建築可能地と建物建築不可能地（宅地転用に経済合理性が認められない土地）では根本的にその地価形成要因に差異があり，所定の比準数値によって補正可能とは考え難いこと
  - ⒝ 予備的検討として，仮に，上記⒜につき所定の比準数値によって補正可能であるとしても，前記図表－6において甲土地（本件畑部）の価額の算定に当たって，当該補正を行ったとされる形跡は確認されないこと

❸ 私見（検討されるべき甲土地の価額）

前記 **Ⅳ** ❶⑻において，請求人は，B私道から約34mまでの本件畑部の開発計画を立て，平成8年9月に株式会社＊＊に費用を見積らせているが，その額は125,333,523円である旨の認定事実が示されている。基礎事実によると甲土地の本件畑部の奥行距離はB私道からの平均奥行距離によった場合には約95mとされている。そうすると，B私道から約34mまでの開発費用だけでも約125百万円必要とのことであるから，本件畑部全体の開発

費用は，単純に考えても約350百万円（125,333,523円×$\frac{約95m}{約34m}$）となり，本件畑部の宅地造成後の最良地の価額（相続税評価額）として想定される金額「138,000円（B私道の平成9年分の路線価）×2,271.28㎡（本件畑部の地積）≒約310百万円」を超えることも想定される。そうであるならば，今後も甲土地は永長く，畑（農地）としての利用が継続するものと考えられる。

したがって，たとえ，評価通達の改正が平成16年であったとしても，このような状況にある農地は農地としての基礎的価値のみを保有するという価額形成理論には何らの変更も認められないのであるから，本件裁決事例においても評価対象地である甲土地を純農地として評価することの相当性についての議論がより深くなされるべきものであると筆者は考えるところである。

参考事項等

❶ 参考法令通達等

・相続税法22条（評価の原則）
・評価通達6（この通達の定めにより難い場合の評価）
・評価通達49（市街地山林の評価）
・「財産評価基本通達の一部改正について」通達のあらましについて（情報）（平成16年6月29日，資産評価企画官情報2号）
・都市計画法29条（開発行為の許可）
・都市計画法32条（公共施設の管理者の同意等）
・建築基準法43条（敷地等と道路の関係）
・土地価格比準表

❷ 類似判例・裁決事例の確認

市街地農地・市街地山林について種々の理由から評価通達に定める宅地比準方式によることは相当ではないと判断された裁決事例として，次のようなものがある。

(1) 平成22年5月19日裁決，関裁（諸）平21－109（相続開始年分：平成18年）

本件各土地（本件1土地，本件2土地からなる）に面する道路は，幅員1.8mの農道であり，建築基準法に定める道路に該当せず，現況のままでは建物を建築することができない土地であると認められるところ，本件1土地については，路線価の付された道路（A道路）の南方約250mから300m，本件2土地については，南方約255mから290mにそれぞれ位置している。

そして，本件各土地に建物を建築しようとするならば，A道路から本件各土地までの道路を整備しなければならないが，このような想定はおおよそ現実的ではなく，また，A道路から本件各土地までの間は，未だ宅地開発がされておらず，電気・水道等のライフラインの整備もされていないことからすれば，本件各土地は，都市計画法上は市街化区域内に編入されており，将来的には宅地化されることが想定される土地ではあるものの，本件相

続開始日における現況では宅地開発を行うことは事実上困難な土地であると認められる。

原処分庁評価額は，本件各土地が市街地農地に該当することから，評価通達40（市街地農地の評価）の定めにより本件各土地の宅地としての価額を求め，宅地するための造成費を控除して本件各土地の価額を算定しているが，本件各土地の現況が上記のような特殊な土地であることからすれば，この点を加味していない原処分庁評価額については，直ちにこれを本件各土地の本件相続開始日における価額として採用することはできない。

審判所鑑定評価における各取引事例は，市街化調整区域内に存することから建物を建築することはできないが，地目は雑種地であることから，その価額は宅地としての期待値の影響を受けている土地であり，事実上建物を建築することができないものの市街化の影響を受けた農地である本件各土地と価格水準に類似性が認められ，また，標準的画地の価格を算定する際の格差補正も小さいことからすれば，比較する取引事例として，適切な規範性を持つものと認められる。

筆者注　なお，詳細については，CASE5で取り扱われているので該当部分を参照されたい。

(2) 平成14年3月27日裁決，東裁（諸）平13－203（相続開始年分：平成10年）

請求人は，甲土地（市街地山林，地積124㎡）については，傾斜度が30度を超える土地であることから評価通達に定める方式ではなく個別評価が相当であり，評価額はゼロである旨主張する。

しかしながら，甲土地はその形状等により，宅地開発する場合には多額の造成費を要すると見込まれ，仮に宅地に転用したとしても十分な地積を確保することができず，宅地としての客観的交換価値があると認めることはできない。そうすると宅地比準方式により甲土地を評価することは，その結果において適正な客観的交換価値と乖離する価額を導くことになるから，評価通達を適用して評価することには特に不都合と認められる特段の事情があると解するべきである。

そうすると，甲土地の価額は，甲土地とその状況が類似する土地で本件相続開始日に近い時点において売買された土地の正常価格がその客観的な交換価値を正しく示すものと解すべきところ，本件譲渡土地の1㎡当たりの価額（近傍類似地の正常価格）983円に甲土地の地積124㎡を乗じた価額である121,892円とするのが相当である。

参考　上記の裁決事例における原処分庁の甲土地の主張額は，11,742,800円であった。

筆者注　なお，詳細については，『難解事例から探る財産評価のキーポイント［第1集］』CASE29に収録済みであるので併せて参照されたい。

追補 地積規模の大きな宅地の評価について

本件裁決事例に係る相続開始年分は，平成9年である。もし仮に，当該相続開始日が，平成30年1月1日以後である場合（評価通達20―2（地積規模の大きな宅地の評価）の新設等の改正が行われた。以下「新通達適用後」という）としたときに，本件畑部が地積規模の大きな宅地に該当するか否かを判定すると，次のとおりとなる。

(1) 地積規模の大きな宅地の該当性

次に掲げる 判断基準 から，本件畑部が三大都市圏に所在する場合又は三大都市圏以外に所在する場合のいずれにおいても，本件畑部は，評価通達20―2（地裁規模の大きな宅地の評価）に定める地積規模の大きな宅地に該当する。

判断基準

要件	本件畑部			
① 地積要件(注)	三大都市圏に所在する場合	2,271.28㎡（評価対象地の地積） ≧ 500㎡（三大都市圏に所在する場合の地積要件） ∴地積要件を充足	三大都市圏以外に所在する場合	2,271.28㎡（評価対象地の地積） ≧ 1,000㎡（三大都市圏以外に所在する場合の地積要件） ∴地積要件を充足
② 区域区分要件	基礎事実及び認定事実の範囲内では，本件畑部が市街化調整区域以外に所在していることを明確にはできない。しかしながら，次に掲げる理由から，本件畑部は市街化調整区域以外に所在しているものと推認される。 理由　本件畑部は，下記③に掲げるとおり，用途地域を第一種低層住居専用地域と定めており，都市計画法13条（都市計画基準）1項7号の規定では，市街化調整区域については，原則として用途地域を定めないものとされているため			
③ 地域区分要件	本件畑部は，基礎事実から第一種低層住居専用地域（工業専用地域以外）に所在 ∴地域区分要件を充足			
④ 容積率要件	本件畑部に係る指定容積率は，認定事実から100％（指定容積率が400％未満（東京都の特別区以外の場合）に該当） ∴容積率要件を充足			
⑤ 地区区分要件	基礎事実及び認定事実の範囲内では明確にはされていないが，本件畑部は路線価地域の普通住宅地区に所在するものと推認される。 ∴地区区分要件を充足			
⑥ 判断とその理由	三大都市圏に所在する場合	該当（上記①ないし⑤の要件を充足）	三大都市圏以外に所在する場合	該当（上記①ないし⑤の要件を充足）

（注）　本件畑部の所在地は不明である。

(2) 本件畑部の価額（相続税評価額）

本件裁決事例では，国税不服審判所が判断した独自の方法で算定した価額をもって本件畑部の価額としているので，新通達適用後の本件畑部の価額（相続税評価額）を算定することに意味はない。そこで，参考までに，本件畑部に係る規模格差補正率を掲げると，次のとおりとなる。

① 本件畑部が三大都市圏に所在する場合

$$\frac{2{,}271.28㎡（評価対象地の地積）\times 0.90+75}{2{,}271.28㎡（評価対象地の地積）}\times 0.8=0.746\cdots \Rightarrow 0.74 \left(\begin{array}{l}\text{小数点以下第2}\\ \text{位未満切捨て}\end{array}\right)$$

② 本件畑部が三大都市圏以外に所在する場合

$$\frac{2{,}271.28㎡（評価対象地の地積）\times 0.90+100}{2{,}271.28㎡（評価対象地の地積）}\times 0.8=0.755\cdots \Rightarrow 0.75 \left(\begin{array}{l}\text{小数点以下第2}\\ \text{位未満切捨て}\end{array}\right)$$

CASE 8

評価単位・地目・地積 | 路線価方式 | 間口距離・奥行距離 | 側方加算・二方加算 | 不整形地・無道路地
倍率方式 | 私 道 | 土地区画整理事業 | 貸家・貸家建付地 | 借地権・貸宅地
農地・山林・原野 | 雑種地 | 不動産鑑定評価 | 利用価値の低下地・特別な事情 | **その他の評価項目**

評価通達24－4（広大地の評価）に定める「その地域」の範囲及び「標準的な宅地の地積」の求め方が争点とされた事例

事 例

　被相続人の相続財産を調査したところ、A市所在の土地（現況地目：雑種地、地積645.78㎡）が存在することが判明した。この評価対象地が所在するA市のまちづくり条例によると、開発区域の面積が500㎡以上の開発行為は特定開発事業に該当するものとされており、都市計画法29条（開発行為の許可）に規定する開発許可を得ることを必要としない開発行為を実施する場合であっても、このまちづくり条例が適用されるものとなっている。

　また、評価通達24－4（広大地の評価）の定めで、(A)その地域における(B)標準的な宅地の地積に比して著しく地積が広大な宅地で都市計画法4条（定義）に規定する開発行為を行うとした場合に公共公益的施設用地の負担が必要と認められるもの(注)を「広大地」と定義して、その価額については、原則として当該広大地が路線価地域に所在する場合には、当該広大地の面する路線の路線価に、評価通達15（奥行価格補正）から20－5（容積率の異なる2以上の地域にわたる宅地の評価）までの定めに代わるものとして、広大地補正率（$0.6-0.05\times\dfrac{広大地の地積}{1,000㎡}$）を乗じて計算した金額に当該広大地の地積を乗じて計算した金額によって評価するものとされている。

　（注）　中高層の集合住宅の敷地用地に適しているもの（経済的に最も合理的であると認められる開発行為が中高層の集合住宅等を建築することを目的とするものであると認められるものをいう）等である場合を除くものとされている。

　そうすると、この評価対象地の地積（645.78㎡）が500㎡以上であることから、その評価に当たっては当該評価対象地が上掲の評価通達24－4（広大地の評価）に定める広大地に該当するか否かの判断が求められることになる。

　そこで、この判断を相続税等の財産評価に精通しているとされる何人かの者に求めたところ、下記に掲げる事項に関してその見解が分かれており意見集約に苦慮している。よって、適切なるアドバイスをお願いしたい。

図表-1　評価対象地に係る評価通達に定める「その地域」

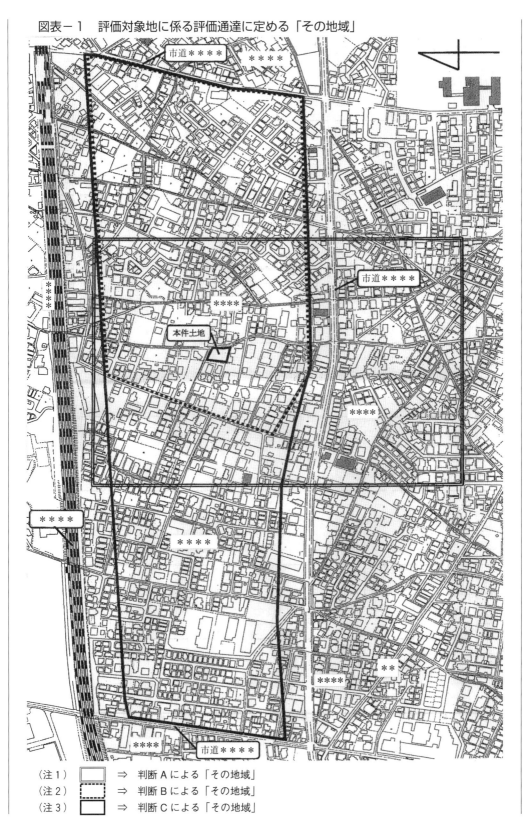

(注1) ☐ ⇒ 判断Aによる「その地域」
(注2) ⌇ ⇒ 判断Bによる「その地域」
(注3) ☐ ⇒ 判断Cによる「その地域」

(1) 評価通達に定める「その地域」（上記(A)＿＿＿部分）の範囲をどのように解釈するのか。

具体的論点　評価対象地（本件土地）が属する「その地域」の範囲について，前頁図表－1に示すとおり，判断Aないし判断Cの3とおりの考え方が示されている。

(2) 評価通達に定める「標準的な宅地の地積」（上記(B)＿＿＿部分）はどのように求めるのか。また，その具体的な地積はいくらになるのか。

具体的論点　標準的な宅地の地積をおおむね100㎡ないし120㎡とする見解と，おおむね150㎡ないし200㎡とする見解（100㎡と200㎡とでは，2倍の開差が生じていることになる）の2とおりの考え方が示されている。

（平25.2.27裁決，東裁（諸）平24－163，平成21年相続開始分）

筆者注　評価通達24－4（広大地の評価）に定める広大地の評価は，平成29年12月31日までに開始した相続，遺贈又は贈与により取得した財産の評価について適用するものとされていた。

I　基礎事実

❶　本件相続について

請求人は，平成21年＊＊月＊＊日（以下「本件相続開始日」という）に死亡した＊＊＊＊（以下「本件被相続人」という）の相続人であり，この相続（以下「本件相続」という）に係る相続税について，相続税の申告書を法定申告期限までに原処分庁へ提出して，相続税の期限内申告をした。

❷　本件土地について

(1) 本件被相続人の相続財産のなかには，＊＊＊＊の土地（地積641㎡（実測645.78㎡），地目山林（本件相続開始日の現況は雑種地））（以下「本件土地」という）があった。

(2) 本件被相続人は，遺言公正証書により，全ての財産を請求人に相続させる旨の遺言をしており，本件土地については請求人が取得した。

(3) 本件被相続人は，平成20年4月1日，A市との間で本件土地について，A市青少年広場用地として使用することを目的として，使用貸借期間を平成20年4月1日から平成23年3月31日までとする土地使用貸借契約を締結しており，本件土地は，本件相続開始日においてA市青少年広場として利用されていた。

(4) 請求人は，平成23年6月28日，本件土地を代金1億2,080万円で＊＊＊＊（以下「購入業者」という）に譲渡した。

❸　まちづくり条件について

(1) ＊＊＊＊条例（筆者注：A市が制定したまちづくりのための条例を指す。以下「まちづくり条例」という）2条（定義）1項2号は，特定開発事業の一つとして，開発区域

の面積が500㎡以上の開発行為を掲げている。
(2) まちづくり条例＊＊条2項は，特定開発事業者は，規則で定める基準により，特定開発事業区域内の道路を設置しなければならない旨規定し，まちづくり条例施行規則＊＊条＊＊項1号は，道路延長が35m以下の道路の場合，道路幅員を4m以上としなければならない旨規定している。
(3) まちづくり条例＊＊条は，特定開発事業区域の面積が500㎡以上で，住宅を建築する目的で行う特定開発事業にあっては，予定建築物の敷地面積の最低限度は，市街化区域における特定開発事業に限り，100㎡とする旨規定している。

II 争　　点

本件裁決事例の争点は，本件土地が評価通達24－4（広大地の評価）（以下「本件通達」という）に定める広大地に該当するか否かである。具体的には，次に掲げる事項がその論点とされる。

❶ 本件土地が広大地に該当するか否かを判定するに当たって，本件通達に定める「その地域」の範囲は具体的にどのように認定するのか。
❷ 本件土地が広大地に該当するか否かを判定するに当たって，本件通達に定める「標準的な宅地の地積」は具体的にいくらに設定されるべきか。
❸ 本件土地が広大地に該当するか否かを判定するに当たって，本件通達に定める「公共公益的施設用地」の負担は必要とされるのか。
❹ 本件土地につき，本件相続の開始後に路地状開発が行われたことは広大地評価の可否判断にどのように影響するのか。
❺ 本件土地の具体的な相続税評価額はいくらになるのか。

III 争点に関する双方（請求人・原処分庁）の主張

争点に関する請求人・原処分庁の主張は，図表－2のとおりである。

図表－2　争点に関する請求人・原処分庁の主張

争　点	請求人（納税者）の主張	原処分庁（課税庁）の主張
(1) 本件通達に定める「その地域」について	「その地域」とは，本件土地の周囲の住宅地の地域（本件土地の北方約150m及び南方約310mに位置する東西のラインと本件土地の西方約180m及び東方約210mに位置する南北のラインとで囲まれる範囲をいい，前記図表－1の（注1）に掲げる判断Aによる「その地域」として示した地域をいう）である。	「その地域」とは，用途地域と行政地域が同一で，主として戸建住宅が建ち並ぶ地域と認められる地域として，＊＊＊＊（筆者注 行政地域の名称と推定される）のうち，本件土地が属する第一種中高層住居専用の地域（前記図表－1の（注2）に掲げる判断Bによる「その地域」として示した地域をいう）である。
(2) 本件通達に定める	次のことから，上記(1)の地域における標準的な宅地の地積は，おおむね150㎡ない	次のことから，上記(1)の地域における標準的な宅地の地積は，100㎡ないし120㎡と

「標準的な宅地の地積」について	し200㎡である。 ① 平成23年（筆者注 本件相続開始の日の属する年分は平成21年である）地価公示によると、本件土地の近隣に所在する公示地の地積が198㎡であること ② Ａ市の住宅地に所在する公示地20地点の地積が最大で264㎡、最小で107㎡、平均で185㎡であること	認めるのが相当である。 ① 上記(1)の地域において、Ａ市では、まちづくり条例により、開発区域の面積が500㎡以上の開発行為を行う場合は、各戸の敷地面積の最低限度は100㎡とされていること ② 上記(1)の地域において、本件土地の南方約70ｍに位置する平成16年（筆者注 本件相続開始日の属する年分以前の年）に路地状部分を有する宅地（以下「路地状敷地」という）を組み合わせた開発（以下「路地状開発」という）を行った事例では、１区画当たりの敷地面積は約100㎡ないし約120㎡で、平均が約105㎡であること
(3) 本件通達に定める「公共公益的施設用地」の負担の必要性について	① 次のことから、次頁図表－３の開発想定図で概要を示すとおり、本件土地の東方で接する道路沿いに３ないし４画地を確保し、本件土地の北方で接する道路に通じるための道路（４ｍ×26.4ｍ＝約105㎡）を設け、その道路沿いに３ないし４区画を確保する方法が合理的であり、標準的な地積いかんに関わらず、このような道路の開設なくしては戸建住宅の分譲は行えないことから、公共公益的施設用地の負担は必要である。 (イ) 上記(1)の地域では、路地状開発が行われることは一般的ではないこと (ロ) 上記(1)の地域において路地状開発が合理的と認められるか否かの判断は、周囲の状況等から慎重に判断されなければならないところ、原処分庁は、その合理性について近隣の路地状開発の１事例のみで判断していること (ハ) 本件土地を開発するには開発許可の申請が必要となること (ニ) 路地状開発を行う場合には、路地状部分の用途が制限されること (ホ) 路地状敷地であることによる建築規制や不整形な画地になることによる減価を生み出すことになるから、路地状開発は道路を開設する開発と同様に、本件土地の評価額を低下させる要因となること ② 原処分庁は、請求人が作成していない宅地開発が不可能な開発想定図（異議決定書に記載されたもの）を前提として、公共公益的施設用地の負担は不要であると判断しており、公共公益的施設用地の負担の要否の判断は誤っている。	① 本件土地は、道路を開設する開設及び路地状開発のいずれも可能であるところ、次のとおり、路地状開発の方が経済的に合理性があると認められ、次頁図表－４の開発想定図のとおり、路地状開発により６区画の戸建住宅の分譲が想定され、公共公益的施設用地の負担は必要ではない。 (イ) 上記(1)の地域においては、近年、開発許可を受けて道路を開設する開発事例が存しないのに対し、路地状開発の事例は１事例存していること (ロ) 路地状開発を行う方が道路を開設する開発を行うより広い延床面積及び建築面積の建築物を建てることが可能であること (ハ) 路地状部分を駐車場として利用することができること (ニ) 道路に面する区画と路地状敷地の区画があれば、購買力に応じて物件を提供することができること ② 公共公益的施設用地の負担を要しないとしたのは、路地状開発を行うことが経済的に合理性があると認められたためであり、請求人の主張するように、異議決定書に記載された開発想定図を根拠としたものではない。
(4) 本件相続の開始後に	原処分庁は、本件相続の開始後に本件土地を買い受けた分譲業者が行った路地状開	原処分庁は、本件相続開始日における上記(1)の地域の状況及び本件土地に関する複

本件土地が路地状開発されたことについて	発による宅地分譲の結果を根拠として、本件土地を広大地として評価することはできない旨主張する。 しかしながら、本件相続の開始後の財産の現況をもって評価方法の適否を判断することは誤りである。	数の事実を総合的にみて、本件土地を開発する場合には路地状開発の方が経済的に合理的であると認定した上で、本件土地を広大地として評価することができないと判断したものであって、本件相続の開始後に本件土地について路地状開発が行われたことのみをもって、広大地評価の適否を判断したものではない。
(5) 本件土地の具体的な相続税評価額	本件土地の評価額は、計算-1のとおり、65,990,953円となる。	本件土地の評価額は、次頁計算-2の(5)欄のとおり、107,577,119円となる。

図表-3 請求人が主張する開発想定図

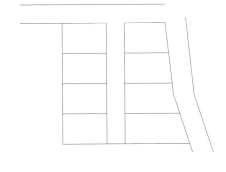

図表-4 原処分庁が主張する開発想定図

計算-1　請求人が主張する本件土地の価額（相続税評価額）

$$180,000円 \times \left(0.6 - 0.05 \times \frac{645.78 m^2}{1,000 m^2}\right) \times 645.78 m^2 = \underline{65,990,953円}$$
（正面路線価）　　（広大地補正率）　　（地積）

（筆者注）　本件裁決事例では、請求人の主張額は明示されなかった。
　　　　　しかしながら、請求人は本件土地を広大地に該当する旨主張しているので、当該主張に基づく評価額を推算すると上記のとおりとなる。

計算－2　原処分庁が主張する本件土地の価額（相続税評価額）

(1) 奥行価格補正後の1㎡当たりの価額
　　（正面路線価）　　（奥行価格補正率）(注1)
　　180,000円　×　1.00　＝180,000円

(2) 側方路線影響加算後の1㎡当たりの価額
　　（(1)）　　　　（側方路線価）（奥行価格補正率）(注1)（側方路線影響加算率）
　　180,000円　＋（175,000円　×　0.98　×　0.03）＝185,145円

(3) 不整形地補正後の1㎡あたりの価額
　　（(2)）　　　　（不整形地補正率）(注2)
　　185,145円　×　0.93　＝172,184円

(4) 自用地としての評価額
　　（(3)）
　　172,184円　×645.78㎡＝111,192,983円

(5) セットバックを必要とする宅地の評価額
　　（(4)）
　　111,192,983円－（111,192,983円×30.00㎡／645.78㎡×0.7）＝107,577,119円

(注1) 普通住宅地区，間口距離29.30m，奥行距離22.04m，
　　　正面路線の奥行価格補正率1.00,側方路線の奥行価格補正率0.98
(注2) 37.31m（想定間口距離）×26.12m（想定奥行距離）＝974.54㎡
　　　かげ地割合（974.54㎡－645.78㎡）÷974.54㎡＝33.73%
　　　地積区分B，不整形地補正率表の補正率0.93
　　　① 不整形地補正率表の補正率0.93×間口狭小補正率1.00＝0.93
　　　② 奥行長大補正率1.00×間口狭小補正率1.00＝1.00
　　　不整形地補正率（①，②のいずれか低い率）0.93

国税不服審判所の判断

❶ 認定事実

(1) 本件土地の状況

① 本件土地は，東側で幅員約2.7mないし約3.4mの道路に約29.30m接面し，北側で幅員約2.6mの道路に約18.66m接面するやや不整形の角地であり，評価通達に基づき東京国税局長が定めた平成21年分財産評価基準によれば，評価通達14－2（地区）に定める路線価地域の普通住宅地区に存し，路線価は東側道路が180,000円,北側道路が175,000円とされている。

② 本件土地は，都市計画法上の区域区分及び用途地域が市街化区域及び第一種中高層住居専用地域で，建築基準法上の容積率及び建ぺい率が200％及び60％である。

(2) 本件土地の周辺地域の状況等

① 本件土地の存する＊＊＊＊及び同町と隣接する＊＊＊＊の地域は，南北側については南側の市道＊＊＊＊及び北側の＊＊＊＊に，東西側については東側の市道＊＊＊＊及び西側の市道＊＊＊＊にそれぞれ隣接しており，比較的交通量の多いこれら各市道及び＊＊＊＊により周囲の地域と分断されている。

また，この地域の都市計画法上の用途地域は，市道＊＊＊＊沿いの第二種中高層住居専用地域及び＊＊＊＊沿いの第一種住居地域を除き，第一種中高層住居専用地域である。

上記各市道及び＊＊＊＊で囲まれた地域のうち，第一種中高層住居専用地域である地域（前記図表－1の（注3）に掲げる判断Cによる「その地域」として示した地域をいい，以下「本件地域」という）は，＊＊＊＊の南側で＊＊＊＊と＊＊＊＊の中間に位置し，農地及び駐車場が散見されるものの，主として戸建住宅が建ち並ぶ地域である。

② 本件地域は，古くに宅地化された土地の敷地面積は規模が大きく，本件地域内に所在する平成21年地価公示地（＊＊＊＊（筆者注 地価公示番号））に係る地価公示法6条（標準地の価格等の公示）の規定により公示された所在地，地積，周辺の土地の利用の現況は，それぞれ，＊＊＊＊（筆者注 所在地番）外，198㎡，一般住宅等が建ち並ぶ閑静な住宅地域である。

③ 本件地域において，平成11年以降に，開発許可を受けて行われた開発行為のうち，戸建住宅用地の開発の実例は3件あり，その内訳は，路地状開発の事例が1件，既存の道路の拡幅のみにより開発された事例が1件，新たに道路を開設して開発された事例が1件である。各開発事例の概要は，次のとおりである。

　㈠ 開発事例1

　　　開発区域は，東側道路に約40m，南側道路に約30m，北側道路に約19mそれぞれ接面する約974㎡の土地であり，道路を開設せず路地状敷地を組み合わせて開発したもので戸建住宅用地は8区画（1区画当たりの敷地面積は約100㎡ないし約122㎡，平均で約106㎡である）であり，うち2区画が路地状敷地である。

　㈡ 開発事例2

　　　開発区域は，西側道路に約33m，南側道路に約40m，北側道路に約13mそれぞれ接面する約945㎡の土地であり，西側道路及び南側道路の拡幅のみを行って開発したもので戸建住宅用地は8区画（1区画当たりの敷地面積は約111㎡ないし約126㎡，平均で約114㎡である）であり，路地状敷地はない。

　㈢ 開発事例3

　　　開発区域は，道路に約30m接面する奥行距離約30mの約827㎡の土地であり，そこに幅員4.5mの道路を既存の道路から奥行方向に約22m開設して開発したもので，戸建住宅用地は6区画（1区画当たりの敷地面積は約104㎡ないし約139㎡，平均で約121㎡である）であり，路地状敷地はない。なお，当該開発事例は，既存の道路から奥行方向に両側各3区画ずつ，戸建住宅用地の開発を行っている。

④ 本件地域において，上記③の開発事例以外に当該開発事例の区画と同程度の地積の宅地は多数あり，路地状敷地に区画された戸建住宅用地も複数存在する。

(3) 購入業者による本件土地の開発状況

　購入業者は，本件土地を次のとおりに開発した。

① 本件土地のうち，その一部（開発許可を有しない地積500㎡未満の部分）を6区画（うち2区画が路地状敷地）に分割して平成23年10月に住宅を建築した。

② 上記①の後，残りを2区画に分割して平成24年2月に住宅を建築した。

③ 上記①及び②に掲げるこれら8区画（1区画当たりの敷地面積は約61㎡ないし約101

m²である）を平成23年11月から平成24年6月にかけて分譲した。

④　上記①及び②に掲げる本件土地の分割に当たっては，道路の開設はしていない。

❷　法令解釈等

(1)　本件通達は，その地域における標準的な宅地の地積に比して著しく地積が広大な宅地で，開発行為を行うとした場合に公共公益的施設用地の負担が必要と認められるものについては，減額の補正を行う旨定めている。

　これは評価の対象となる宅地の地積が，当該宅地の所在する地域の標準的な宅地の地積に比して著しく広大で，評価時点において，当該宅地を当該地域において経済的に最も合理的な用途に供するために，道路，公園等の公共公益的施設用地の負担が必要な開発行為を行わなければならない土地である場合には，当該開発行為により土地の区画形質の変更をした際に公共公益的施設用地としてかなりの潰れ地が生じ，評価通達15（奥行価格補正）ないし同20－5（容積率の異なる2以上の地域にわたる宅地の評価）の定めによる減額の補正では十分といえない場合があることから，このような土地の評価に当たっては，潰れ地が生じることを当該宅地の価額に影響を及ぼすべき客観的事情として，価値が減少していると認められる範囲で減額の補正を行うとしたものである。

　そうすると，本件通達は，経済的に最も合理的であると認められる開発行為を行うとした場合に公共公益的施設用地の負担が生じると認められる土地について適用があることを前提としていると考えられ，その土地の形状，道路との接続状況及びその地域における経済的に最も合理的と認められる戸建住宅用地としての開発などの形態からみて，公共公益的施設用地の負担がほとんど生じないと認められる土地は，広大地に該当しないとみるのが相当である。

　また，本件通達でいう「その地域」とは，不動産鑑定評価基準における近隣地域と同様，①河川や山などの自然的状況，②行政区域，③都市計画法による土地利用の規制など公法上の規制等，④道路，鉄道及び公園など，土地の利用状況の連続性及び地域の一体性を分断する場合がある客観的な状況等を総合勘案し，利用状況，環境等がおおむね同一と認められる，ある特定の用途に供されることを中心としたひとまとまりの地域を指すものと解するのが相当である。

(2)　まちづくり条例2条（定義）1項2号に定める特定開発事業に該当する場合には，都市計画法29条（開発行為の許可）に規定する開発許可（以下「開発許可」という）を要さない開発行為（適用除外の開発行為や単なる形式的な区画の分割又は統合によって建築物を建築する開発行為の場合など）であっても，まちづくり条例が適用されることとなる。

❸　当てはめ

(1)　本件通達に定める「その地域」について

　本件通達に定める「その地域」とは，土地の利用状況の連続性及び地域の一体性を分断する場合がある客観的な状況等を総合勘案し，利用状況，環境等がおおむね同一と認められる，ある特定の用途に供されることを中心としたひとまとまりの地域を指すものと解さ

れるところ，本件土地が存する本件地域は，北側を＊＊＊＊，西側を市道＊＊＊＊，南側を市道＊＊＊＊，東側を市道＊＊＊＊で囲まれた地域のうち，都市計画法上の用途地域が第一種中高層住居専用地域である地域であり，＊＊＊＊の南側で＊＊＊＊と＊＊＊＊の中間に位置し，農地及び駐車場が散見されるものの，主として戸建住宅が建ち並ぶといった土地の利用状況，環境等がおおむね同一と認められることから，本件通達に定める「その地域」は本件地域（筆者注 前記図表－1の(注3)に掲げる判断Cによる「その地域」と示された地域）であると認めることが相当である。

(2) 本件通達に定める「標準的な宅地の地積」について

下記に掲げる事項からすると，本件地域における「標準的な宅地の地積」は，おおむね100㎡ないし140㎡程度であると認めるのが相当である。

① 本件地域において開発許可を受けて行われた戸建住宅用地の開発事例の1区画当たりの敷地面積は約100㎡ないし約139㎡であること（上記❶(2)③より）

② 本件地域には，上記開発事例以外に，当該開発事例の区画と同程度の地積の宅地が多数あること（上記❶(2)④より）

③ まちづくり条例に定める本件地域の特定開発事業における予定建築物の敷地面積の最低限度が100㎡であること（上記❶❸(3)より）

そうすると，本件土地（地積645.78㎡）は，上記の標準的な宅地の地積に比して著しく地積が広大であると認められる。

(3) 本件通達に定める「公共公益的施設用地」の負担の要否について

① 公共公益的施設用地の負担の要否については，上記❷(1)のとおり，経済的に最も合理的であると認められる開発行為を行うとした場合にその負担が必要になるか否かによって判断するのが相当である。

② 上記①を基に，本件地域における上記❶(2)③の開発の実例をみると，新たに道路を開発し又は既存の道路を拡幅して開発した事例及び路地状開発の事例のいずれもあるところ，道路を開設して開発した事例は，開発区域と接する既存の道路が一つのみであり，かつ，その既存の道路から奥に戸建住宅用地を3区画以上分割することが可能である程度の奥行距離がある場合であり，それ以外の2事例は，道路を開設せずに開発がされている事例であった。

このような開発の実例に基づいて，請求人及び原処分庁の想定する各開発行為の合理性を検討する。

(イ) 請求人の開発想定図について

請求人の開発想定図（前記図表－3）においては，本件土地の中央に道路を開設する方法での開発が想定されている。

しかしながら，上記のとおり，本件地域において開発行為を行う際に新しく道路を開設している事例は，開発区域と接する既存の道路が一つのみであり，かつ，その既存の道路から奥に戸建住宅用地を3区画以上分割することが可能である程度の奥行距離がある場合であるところ，本件土地は，その接する既存の道路が二つあり，これら

の既存の道路からの奥行距離は戸建住宅用地を2区画分割することが可能である程度の距離であることから，上記事例とは事情を異にするといえる。

　また，一般に道路を開設する開発は，道路部分の面積に相当する潰れ地を生じさせることとなり，容積率及び建ぺい率の算定上不利になるのが通常である。

　さらに，土地の開発及び分譲を業とする者は，経済的に合理的な判断に基づき，当該土地の価値を最大限に高められるような方法によって開発を行うのが通常であるところ，本件相続の開始後に請求人から本件土地の譲渡を受けた開発業者が，本件土地について道路を開設することなく路地状開発を行ったことからみても，本件土地については，道路を開設しない開発を行うことが経済的に最も合理的な開発であるといえる。

　したがって，本件土地において，請求人が想定する道路を開設する開発は，経済的に最も合理的なものということはできない。

　(ロ)　原処分庁の開発想定図について

　　原処分庁の開発想定図（前記図表－4）においては，道路を開設しない路地状開発が想定されており，それは本件地域における開発の実例とかけ離れたものではなく，都市計画法等の法令に反した開発でもない。

　　また，路地状開発は，潰れ地を生じさせないことから，容積率及び建ぺい率の算定上有利であり，また，開発業者は本件土地について，道路を開設せずに開発を行っている。

　　このような点からすると，本件土地において，原処分庁が想定する路地状開発は，経済的に最も合理的なものの一つということができる。

③　上記①及び②によれば，本件土地においては，原処分庁の開発想定図（前記図表－4）のように，道路を開設せずに路地状開発を行うことが，経済的に最も合理的な開発行為であると認められ，本件土地は，公共公益的施設用地の負担が必要な土地であるとは認められない。

(4)　まとめ

　上記(1)ないし(3)のとおりであるから，本件土地は，本件通達に定める広大地には該当しない。

❹　請求人の主張について

(1)　本件図面について

　請求人は，請求人作成による開発想定図であるとして異議決定書に記載された図表（以下「本件図面」という）は請求人が作成したものではないことから，本件図面を前提に公共公益的施設用地の負担は不要であるとした原処分庁の判断は誤りであり，原処分は違法であると主張する。

　しかしながら，原処分庁は，公共公益的施設用地の負担の要否については，本件土地の位置及び形状，本件土地周辺の開発の実例の状況，本件相続の開始後の本件土地の開発の状況などを基に判断しており，本件図面に記載された道路の位置関係や区画割りなどの状況を基に判断したものではなく，本件図面が請求人が作成したものではないからといって，

そのことが公共公益的施設用地の負担の要否の判断に関する結論に影響を及ぼすものではない。

したがって、この点に関する請求人の主張には理由がない。

(2) 本件相続の開始後における本件土地の路地状開発について

請求人は、原処分が本件相続の開始後における開発業者による路地状開発の事実を根拠として本件土地について広大地の評価の適用がないとするものであることを前提とした上で、かかる前提に立つことは、本件相続の開始後の財産の現況により評価方法の適否を判断することになり、誤りであると主張する。

しかしながら、本件相続の開始後において開発業者が路地状開発をした事実は、本件土地における経済的における最も合理的であると認められる開発行為の検討に当たり、本件地域における開発の実態を表す開発事例の一つとして取り上げたものであり、当該事実のみをもって評価方法の適否を判断したものではない。

したがって、この点に関する請求人の主張には理由がない。

❺ まとめ

上記❶ないし❹より、本件土地は、本件通達に定める広大地には該当しないものであるから、審判所において本件土地の価額を本件通達の適用のないところで評価通達の定めに基づき評価すると、前記計算-2のとおりの価額（107,577,119円）となり、この価額は本件更正処分における本件土地の価額と同額となる。

（注） 結果として、本件裁決事例における本件土地の価額（相続税評価額）は原処分庁（課税庁）の主張額どおりであるとされ、請求人（納税者）の主張は認められなかった。

Ⅴ 本件裁決事例のキーポイント

❶ 広大地評価を争点とするトラブル

筆者注 評価通達24-4（広大地の評価）の定めは、平成29年12月31日をもって廃止された。

最近の土地評価を巡る裁決事例を分析すると、評価通達24-4（広大地の評価）に定める広大地の評価の適用可否を争点とするものが目立つ気がする。これはあくまでも筆者の独断にすぎないが、その原因を考えると、その評価方法（下記算式を参照）にあるのではと思われる。

（算式）

　路線価地域に所在する広大地の評価方法

　　その広大地の面する路線の路線価 (注1) × 下記 (注2) により求めた広大地補正率 × 地積

（注1） その広大地の面する路線の路線価とは、評価対象地である広大地が接面する路線が2以上ある場合には、原則として、その広大地が面する路線の路線価のうち最も高いものをいうものとされている。

（注2） 広大地補正率 $=0.6-0.05\times\dfrac{広大地の地積}{1,000\text{m}^2}$ （注 端数処理はない）

すなわち，評価対象地が評価通達24－4（広大地の評価）に定める広大地に該当すれば，上掲の算式の（注2）に掲げるとおり，広大地補正率の適用により例えば，評価対象地の地積が2,000㎡であるならば当該広大地補正率は0.50となり，その広大地の面する路線の路線価の半値で評価されることになる。評価通達に定める各種の画地補正率のなかで，単独で適用してこれ程に大きく減額される補正率は広大地補正率以外にはない(注)ものと思われる。そうすると，その適用の可否を巡っては，納税者と課税庁との間においてトラブルが多発することも十分に考えられるところである。

　（注）　広大地補正率は，0.35（換言すれば，減額割合0.65）を限度（適用面積5,000㎡の場合）としているが，この補正割合は評価通達20－2（無道路地の評価）に定める無道路地の補正割合0.60（換言すれば，最大減額割合0.40）よりも，しんしゃくされていることになる。

❷ 広大地の定義

　評価通達24－4（広大地の評価）に定める広大地とは，次に掲げる(1)から(3)までの要件全てを充足している宅地をいうものとされている。

(1)　その地域における標準的な宅地の地積に比して，著しく地積が広大な宅地であること
(2)　都市計画法4条（定義）12項に規定する開発行為（以下「開発行為」という）を行うとした場合に公共公益的施設用地の負担が必要と認められること

|参考|　都市計画法4条（定義）12項

> 　この法律において「開発行為」とは，主として建築物の建築又は特定工作物の建設の用に供する目的で行う土地の区画形質の変更をいう。

(3)　下記①又は②に掲げる広大地に該当しない適用除外地以外のものであること
①　評価通達22－2（大規模工場用地）に定める大規模工場用地に該当するもの
　（注）　評価通達に定める大規模工場用地とは，一団の工場用地の地積が5万㎡以上のものをいう。ただし，路線価地域においては，評価通達に定める地区区分が大工場地区として定められた地域に所在するものに限られる。
②　中高層の集合住宅等の敷地用地に適しているもの（その宅地について，経済的に最も合理的であると認められる開発行為が中高層の集合住宅等を建築することを目的とするものであると認められるものをいう）

　そうすると，評価対象地が評価通達24－4（広大地の評価）に定める広大地に該当するか否かの判定をフローチャートで示すと，次頁図表－5のとおりとなる。

　次頁図表－5のフローチャートに現行の広大地の評価に係る論点が集約されているものと考えられる。近年の広大地の評価に係る国税不服審判所の裁決事例や裁判例をその争点を区分して検証すると，当該論点は次の4点にほぼ集約されていることが理解される。

|論点1|　マンション適地であるか否かの判断（次頁図表－5の(2)）
|論点2|　評価対象地内に道路を新設するか又は路地状開発を行うのかの判断（次頁図表

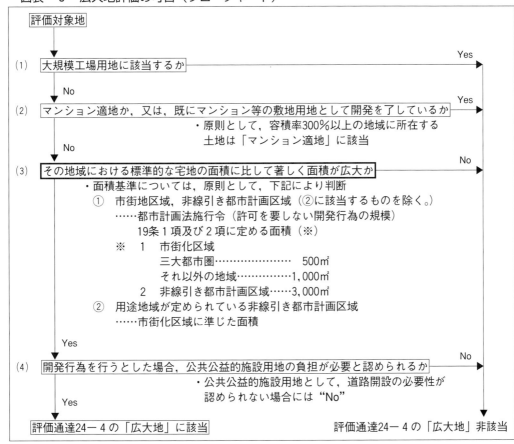

図表－5 広大地評価の可否（フローチャート）

－5の(4)）

|論点3| 評価対象地の相対的な広大性の判定に当たって，下記に掲げる項目に関する判断（図表－5の(3)）
・「その地域」の範囲
・「標準的な宅地の面積」の大きさ

|論点4| 評価対象地たる宅地が評価通達に定める広大地に該当するか否かの判定単位と当該宅地の評価単位との関係（両者を一致させる必要性があるのか否かの判断）

本件裁決事例は，上記の|論点3|（図表－5の(3)部分）を取り扱った典型的な事例である。

❸ 「その地域」の判断基準

上記❷の|論点3|（図表－5の(3)部分）に示すとおり，現行における広大地の評価実務では，「その地域」及び「標準的な宅地の面積」を認識することの重要性が理解されるが，これらの点につき，評価通達又は個別通達による定めとして明確化されたものはない。その一方で，課税実務上の取扱いとして国税庁から公開されている質疑応答事例のなかに，「広大地の評価における『その地域』の判断」（|資料|を参照）があり，当該項目に対す

る課税庁の考え方を理解する一助となる。

[資料] 質疑応答事例に定める「広大地評価における『その地域』の判断」

> 【照会要旨】
> 広大地の評価において，「その地域における標準的な宅地の地積に比して……」と定めている「その地域」とは，具体的にどの範囲をいうのでしょうか。
> また，「標準的な宅地の地積」はどのように判断するのでしょうか。
>
> 【回答要旨】
> 広大地とは，「その地域における標準的な宅地の地積に比して著しく地積が広大な宅地で開発行為を行うとした場合に公共公益的施設用地の負担が必要と認められるもの」をいいます。
> この場合の「その地域」とは，原則として，評価対象地周辺の
> ① 河川や山などの自然的状況
> ② 土地の利用状況の連続性や地域の一体性を分断する道路，鉄道及び公園などの状況
> ③ 行政区域
> ④ 都市計画法による土地利用の規制等の公法上の規制など，土地利用上の利便性や利用形態に影響を及ぼすもの
>
> などを総合勘案し，利用状況，環境等が概ね同一と認められる，住宅，商業，工業など特定の用途に供されることを中心としたひとまとまりの地域を指すものをいいます。
> また，「標準的な宅地の地積」は，評価対象地の付近で状況の類似する地価公示の標準地又は都道府県地価調査の基準地の地積，評価対象地の付近の標準的使用に基づく宅地の平均的な地積などを総合勘案して判断します。
> なお，標準的使用とは，「その地域」で一般的な宅地の使用方法をいいます。

❹ 「標準的な宅地の地積」の求め方

上記❷に掲げるとおり，広大地に該当するか否かの判断に当たってはその地域における「標準的な宅地の地積」の確認が不可欠とされる。当該部分についても評価通達又は個別通達に明確な定めは設けられていないが，上記❸で紹介した質疑応答事例（広大地の評価における「その地域」の判断）のなかで，次に掲げるとおりの判断基準が示されている。

(1) 「標準的な宅地の地積」は，評価対象地の付近で状況の類似する地価公示の標準地又は都道府県地価調査の基準地の地積，評価対象地の付近の<u>標準的使用</u>に基づく宅地の平均的な地積などを総合勘案して判断する。

(2) 標準的使用（上記(1)の＿＿部分）とは，「その地域」（上記❸を参照）で一般的な宅地の使用方法をいう。

このような判断基準が定められたのは，地価公示地（資料として，次頁図表-6を参照）

図表-6 地価公示の例

①標準地番号	②標準地の所在及び地番並びに住居表示	③標準地の1平方メートル当たりの価格（円）	④標準地の地積(㎡)	⑤標準地の形状	⑥標準地の利用の現況	⑦標準地の土地の利用の現況	⑧標準地の前面道路の状況	⑨標準地についての水道，ガス供給施設及び下水道の整備の状況	⑩標準地の鉄道その他の主要な交通施設との接近の状況	⑪標準地に係る都市計画法その他法令の制限で主要なもの
杉並58	堀ノ内1丁目412番31 外「堀ノ内1-27-5」	380,000	230	1：2.5	住宅W2	中小規模一般住宅が多い住宅地域	東4m私道	水道，ガス，下水	方南町1.2km	1 低専(40, 80)準防
59	和田3丁目92番55「和田3-36-3」	454,000	214	1：1.2	住宅RC2	中小規模一般住宅，マンションが混在する住宅地域	南5.3m区道	水道，ガス，下水	東高円寺390m	1 中専(60, 200)防火

①所在地
②住居表示
③1月1日時点の1㎡当たりの価格
④『その地域における標準的な宅地の地積』を判断するに際して参考とすべき資料
⑤間口と奥行の割合　間口1に対し，奥行が1.2の長方形の土地であること
⑥現在この土地には鉄筋コンクリート造2階建の住宅が建っていること
⑧この土地は南側にある5.3mの区道に接していること
⑩この土地の最寄り駅は東高円寺でこの駅から道なりに390mのところにあること
⑪この土地は第一種中高層住居専用地域にあり，建ぺい率60％容積率200％であることまた，防火地域の指定がなされていること

及び都道府県基準地は，近隣地域（地価公示地等を含む区域で，住宅地，商業地等の地価公示地等の用途と土地の用途が同質と認められるまとまりのある地域）内において，土地の利用状況，環境，地積，形状等が中庸である画地が選定されていること（「標準地の選定要領」の第3　標準地の選定の原則（昭和57年6月16日土地鑑定委員会決定））によるものと考えられる。

参考事項等

❶ 参考法令通達等

・評価通達20-2（無道路地の評価）（筆者注 平成30年1月1日以後は，評価通達20-3）

- 評価通達24－4（広大地の評価）（筆者注 平成29年12月31日をもって廃止）
- 国税庁質疑応答事例（広大地評価における「その地域」の判断）
- 都市計画法4条（定義）12項
- 都市計画法施行令19条（許可を要しない開発行為の規模）
- 地価公示法6条（標準地の価格等の公示）
- 「標準地の選定要領」の第3　標準地の選定の原則（昭和57年6月16日土地鑑定委員会決定）
- 不動産鑑定評価基準
- A市まちづくり条例

❷　類似判例・裁決事例の確認

「その地域における標準的な宅地の地積」の求め方が争点とされた代表的な裁決事例として，次のものがある。

- 平成18年12月8日裁決，大裁（諸）平18－39，平成14年相続開始分

評価通達24－4（広大地の評価）（以下「本件通達」という）を定めた趣旨等にかんがみれば，本件通達でいう評価宅地（甲土地（800.85㎡），乙土地（852.80㎡）（以下，これらを併せて「本件各土地」という）からなり，いずれも路線価地域に所在し，地区区分は中小工場地区に該当する）の属する「その地域」とは，下記に掲げる事項など，土地の利用状況の連続性及び地域の一体性を分断する場合がある客観的な状況を総合勘案し，利用状況，環境等がおおむね同一と認められるある特定の用途に供されることを中心としたひとまとまりの地域を指すものと解するのが相当である。

  (1)　河川や山などの自然的状況
  (2)　行政区域
  (3)　都市計画法による土地利用の規制など公法上の規制等
  (4)　道路
  (5)　鉄道及び公園

本件における道路，行政区域，都市計画法の規定による用途地域及び本件各土地周辺の宅地の利用状況を踏まえ総合勘案すれば，本件各土地が属する「その地域」とは，市道A線，市道B線，市道C線及び県道D号線に囲まれた地域（以下「本件地域」という）をいうものと認めるのが相当である。

そして，本件地域における宅地の利用状況は，一部は住宅地として使用されているものの，大部分は，倉庫敷地，事務所敷地及び駐車場に使用されており，それらの地積の平均は，約1,970㎡程度であると認められるから，本件における「その地域における標準的な宅地の地積」は，約1,970㎡程度であると認めるのが相当である。

そうすると，本件各土地（甲土地（800.85㎡），乙土地（852.80㎡））は，本件地域の標準的な宅地の地積に比して著しく広大な宅地であるとはいえず，本件通達を適用することはできないから，本件通達を適用せず，本件各土地の価額を甲土地72,076,500円，乙土地72,914,400円とした本件更正処分は適法である。

追補 地積規模の大きな宅地の評価について

本件裁決事例に係る相続開始年分は，平成21年である。もし仮に，当該相続開始日が，平成30年1月1日以後である場合（評価通達20－2（地積規模の大きな宅地の評価）の新設等の改正が行われた。以下「新通達適用後」という）としたときの本件土地の価額（前記図表－2の計算－2に掲げる原処分庁の主張額（国税不服審判所が判断した価額と同額）を基に算定した相続税評価額）は，次のとおりとなる。

(1) 地積規模の大きな宅地の該当性

次に掲げる 判断基準 から，本件土地が三大都市圏に所在する場合には，本件土地は評価通達20－2（地積規模の大きな宅地の評価）に定める地積規模の大きな宅地に該当する。しかしながら，本件土地が三大都市圏以外に所在するとした場合には，同通達に定める地積規模の大きな宅地に該当しない。

判断基準

	要件		本 件 土 地			
①	地積要件(注)	三大都市圏に所在する場合	645.78㎡（評価対象地の地積） ≧ 500㎡（三大都市圏に所在する場合の地積要件） ∴地積要件を充足	三大都市圏以外に所在する場合	645.78㎡（評価対象地の地積） < 1,000㎡（三大都市圏以外に所在する場合の地積要件） ∴地積要件を未充足	
②	区域区分要件	本件土地は，認定事実から市街化区域（市街化調整区域以外）に所在 ∴区域区分要件を充足				
③	地域区分要件	本件土地は，認定事実から第一種中高層住居専用地域（工業専用地域以外）に所在 ∴地域区分要件を充足				
④	容積率要件	本件土地に係る指定容積率は，認定事実から200％（指定容積率が400％未満（東京都の特別区以外の場合）に該当） ∴容積率要件を充足				
⑤	地区区分要件	本件土地は，認定事実から路線価地域の普通住宅地区に所在 ∴地区区分要件を充足				
⑥	判断とその理由	三大都市圏に所在する場合	該当 （上記①ないし⑤の要件を充足）	三大都市圏以外に所在する場合	非該当 （上記①の要件を未充足）	

（注） 本件土地の所在地は不明である。

(2) 本件土地の価額（相続税評価額）

新通達適用後の本件土地の価額（相続税評価額）を算定すると，下表のとおりとなる。

区　　分		本　件　土　地	
		三大都市圏に所在する場合	三大都市圏以外に所在する場合
正面路線価	①	180,000円	180,000円
奥行価格補正率	②	1.00	1.00
側方路線価	③	175,000円	175,000円
奥行価格補正率	④	0.95(注1)	0.95(注1)
側方路線影響加算率	⑤	0.03	0.03
①×②＋③×④×⑤	⑥	184,987円	184,987円
不整形地補正率	⑦	0.93	0.93
⑥×⑦	⑧	172,037円	172,037円
規模格差補正率	⑨	0.79(注2)	――
⑧×⑨	⑩	135,909円	172,037円
地積	⑪	645.78㎡	645.78㎡
自用地の価額(セットバック適用前)(⑩×⑪)	⑫	87,767,314円	111,098,053円
セットバックを必要とする部分のしんしゃく額	⑬	2,854,088円(注3)	3,612,776円(注3)
相続税評価額（⑫－⑬）	⑭	84,913,226円	104,485,277円

（注1）　奥行価格補正率
　　平成30年1月1日以後は，奥行価格補正率が改正されています。
（注2）　規模格差補正率
$$\frac{645.78㎡（評価対象地の地積）\times 0.95 + 25}{645.78㎡（評価対象地の地積）} \times 0.8 = 0.790\cdots \Rightarrow 0.79 \begin{pmatrix} 小数点以下第2 \\ 位未満切捨て \end{pmatrix}$$
（注3）　セットバックを必要とする部分のしんしゃく額
　　(イ)　三大都市圏に所在する場合
$$87,767,314円 \times \frac{30.00㎡}{645.78㎡} \times 70\% = 2,854,088円$$
　　(ロ)　三大都市圏以外に所在する場合
$$111,098,053円 \times \frac{30.00㎡}{645.78㎡} \times 70\% = 3,612,776円$$

CASE 9

評価単位・地目・地積　路線価方式　間口距離・奥行距離　側方加算・二方加算　不整形地・無道路地
倍率方式　私道　土地区画整理事業　貸家・貸家建付地　**借地権・貸宅地**
農地・山林・原野　雑種地　不動産鑑定評価　利用価値の低下地・特別な事情　その他の評価項目

建物が滅失し課税時期に存在していない貸地（賃貸借による）の評価につき，借地権割合を控除して評価することの可否が争点とされた事例

事例

　受贈者Ａは，本年８月にその母である贈与者乙から土地（以下「本件土地」という）の贈与を受けた。本件土地について，今回の贈与にいたる過去の経緯を調査したところ，次に掲げる事項が判明した。

(1) 今から32年前の状況では，本件土地は，贈与者乙の夫である甲が更地の状態で所有していたものである。

(2) 今から32年前に本件土地の当時の所有者であった甲は，本件土地を甲㈱（甲及びその一族が株式を所有し経営する非上場の同族会社に該当する）に建物の所有を目的として貸し付けることとした。

(3) 上記(2)の借受後，甲㈱は直ちに本件土地上に建物を建築し，甲㈱の事業の用に供用した。なお，甲と甲㈱との間の本件土地の貸借に当たっては資料が散逸したため貸借開始当時の地代の収授状況（賃貸借と認められるのか，それとも使用貸借契約の範囲内に留まるのか）を確認することはできないが，遅くとも，今から21年前から今回の贈与時までは継続して賃貸借と認められる地代の収授がなされていることが確認できた。

(4) 今から11年前に，上記(3)に基づいて甲㈱が本件土地上に建築した建物につき，甲㈱の事情（建物が不要となった）により取り壊された（甲㈱による人工的滅失があった）。

(5) 甲㈱は，上記(4)による建物取り壊し後においても本件土地所有者に対して継続して地代を支払っている。なお，甲㈱は，本件土地上に自己の費用負担によってアスファルト舗装等の設備を施して，自社の駐車場及び一般向けの時間極駐車場として利用している。

(6) 今から10年前に，本件土地の当初の所有者であった甲に相続開始があった。本件土地は，甲の相続人である乙（甲の妻）が相続により取得し，上記(5)に掲げるとお

り継続して甲㈱に貸し付けている。
(7) 上記(1)ないし(6)の状況を踏まえて，本年8月に本件土地が贈与者乙から受贈者Aに贈与された（併せて，図表－1を参照されたい）。

図表－1 本件土地の利用状況等に関する経過図

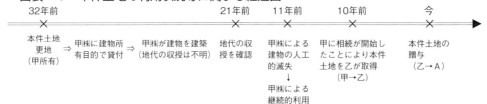

上記のような状況で行われた本件土地の贈与について，受贈者Aの贈与税の課税価格に算入すべき本件土地の価額を算定しようとしたところ，土地評価に詳しいとされる複数の者から下記に掲げるA～Cの3通りの評価方法が示されており，これにどのように対応すべきかで頭を悩ませている。よって，適切なアドバイスをお願いしたい。

A案　本件土地は，自用地の価額によって評価すべきである。
　（理由）　本件土地の贈与時（以下「課税時期」という）において，すでに本件土地上には甲㈱の建物は存在しておらず，このような状況にある本件土地に甲㈱の借地権の存在が認められることはないので，結果として，本件土地は自用地として評価されるべきと考えられることによる。

B案　本件土地は，雑種地の賃借権の価額（最低でも自用地としての価額の2.5％相当額となる）を控除した貸し付けられている雑種地の価額によって評価すべきである。
　（理由）　課税時期において本件土地上に甲㈱の借地権の存在が認められないのは上記 A案 に掲げるとおりであるが，その一方で，上記(5)及び(6)に示すとおり，甲㈱は本件土地の所有者たる乙（当初の所有者たる甲より相続により取得）より本件土地を賃借し，甲㈱の費用負担によってアスファルト舗装等の設備を施していることから，本件土地は貸し付けられている雑種地として賃借権割合を控除して評価することが相当であると考えられることによる。

C案　本件土地は，甲㈱が設定した借地権の目的とされた貸宅地（いわゆる底地）としての価額（自用地の価額×（1－借地権割合））によって評価すべきである。
　（理由）　課税時期において本件土地上に甲㈱所有の建物が存在していないものの，その理由は当該建物が人工的に滅失したことによるものであって，引き続き，甲㈱には本件土地に建物の所有を目的とする土地の賃借権が存在しており，本件土地は，借地権の価額を控除した貸宅地として評価されるべきと考えられることによる。
　　　（注）　借地権の範囲として，建物の所有を目的とする（上記＿＿部分）土地の賃借権が挙げられており，必ずしも，課税時期において建物が存在していることを必要要件としているものではないことに留意すべきである。

（平26.5.9裁決，沖裁（諸）平25－4，平成21年贈与分）

I 基 礎 事 実

❶ 本件土地について

(1) 請求人（筆者注 上記の 事例 の受贈者Aに該当する）は，平成21年（昭和84年 筆者注）8月21日，母乙から＊＊市＊＊町所在の土地（面積275.63㎡，以下「本件土地」という）の贈与（以下「本件贈与」という）を受けた。

　筆者注　本件裁決事例においては，年号が昭和と平成にまたがるため，理解を平易にすることを目的として年号に平成が使用される場合には，後書きとして昭和換算の年数を表記する。

　また，母乙は，本件土地を亡甲（請求人の父であり，平成11年（昭和74年）6月＊＊日死亡。以下「亡父」という）から相続により取得した。

　なお，本件土地は道路に接していない土地である。

(2) 甲㈱は，昭和34年8月＊＊日に設立され，設立時の代表者は亡父であり，現代表者は平成14年（昭和77年）7月10日に就任した請求人であるところ，本件贈与時の出資者は請求人，請求人の妻及び請求人の子である。

(3) 本件土地とe線の間には＊＊市＊＊町所在の土地（面積780.43㎡，昭和34年11月4日，亡父が＊＊から売買により取得し，平成11年（昭和74年）6月＊＊日，母乙が亡父から相続により取得した土地である。以下「本件前面土地」という）及び＊＊市＊＊町所在の土地（面積172㎡，＊＊市が所有していた公有地で，平成21年（昭和84年）1月7日に甲㈱が＊＊市から売買により取得した土地である。以下「本件旧公有地」という）が存在する。

　なお，当該各土地の位置関係については，図表－2のとおりである。

　また，本件土地と本件前面土地は，平成21年（昭和84年）1月7日に甲㈱が本件旧公有地を取得したことにより，公有地で

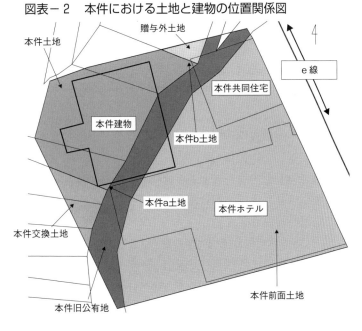

図表－2　本件における土地と建物の位置関係図

はなく甲㈱が所有する本件旧公有地により分断されることになった。

(4) 甲㈱は，昭和52年8月18日，本件土地，本件前面土地及び本件旧公有地上に建物（家屋番号＊＊番，鉄骨造陸屋根平屋建，延床面積1,783.33㎡の駐車場である。以下「本件建物」という）を建築した。

本件建物の内部には，1基当たり34台の自動車が収納可能な吊上式自動車駐車場設備（以下「本件駐車場設備」という）が計3基設置されていたが，本件駐車場設備内の事故の発生により本件駐車場設備が撤去されたのを機に，平成10年（昭和73年）7月に本件建物は取り壊された。

(5) 本件旧公有地は，公有地であったが，亡父又は甲㈱は，甲㈱が本件旧公有地を取得する前の期間において使用料等を支払わずに使用していた。

(6) 甲㈱と亡父又は母乙との間において，本件土地及び本件前面土地に係る賃貸借契約書はいずれも作成されていないが，甲㈱は本件土地及び本件前面土地の地代について，遅くとも昭和63年から本件贈与時まで，亡父死亡前は亡父に，亡父死亡後は母乙に対し支払っていた。

(7) 甲㈱は，本件土地，本件前面土地及び本件旧公有地上に昭和59年6月25日に鉄骨鉄筋コンクリート造陸屋根6階建，延床面積598.61㎡の共同住宅（未登記である。以下「本件共同住宅」という）を，また，平成5年（昭和68年）8月22日に家屋番号＊＊＊＊，鉄骨鉄筋コンクリート造陸屋根10階建，延床面積2,879.76㎡のホテル兼店舗（以下「本件ホテル」という）をそれぞれ建築した。

(8) 本件共同住宅及び本件ホテル（以下，併せて「甲㈱ビル等」という）は，その大部分が本件前面土地及び本件旧公有地上に位置するが，それぞれ本件土地のうち＊＊市＊＊町＊＊所在の土地の一部（面積0.006㎡をいう。以下「本件a土地」という）及び＊＊市＊＊町＊＊所在の土地の一部（面積1.18㎡をいう。以下「本件b土地」という）に入り込んでいる（本件建物及び甲㈱ビル等の位置関係については，前頁図表－2のとおり）。

(9) 平成10年（昭和73年）7月に本件建物が取り壊された後の跡地は，アスファルトが敷かれ，甲㈱等の駐車場及び一般向けの時間貸駐車場として現在まで継続して使用されている。

❷ 請求人の贈与税の申告について

請求人は，不動産鑑定評価額（評価の条件としては，使用収益を制約する所有権以外の権利が付着していない「更地」としている）を基に，本件土地には借地権があるとして，借地権相当額（更地価額の60％）(注)を控除して，本件土地の価額を＊＊＊＊円として評価し，相続時精算課税を適用した平成21年（昭和84年）分の贈与税の申告を行った。

（注） 請求人の借地権相当額の算定に係る借地権割合の採用について，下記❸(1)を参照

❸ 原処分庁による贈与税の更正処分について

(1) 評価通達に基づき沖縄国税事務所長が定めた平成21年（昭和84年）分の財産評価基準（以下，評価通達と併せて「評価通達等」という）によれば，本件土地は，路線価方式

により評価する地域内の土地であり，本件前面土地に接する路線に付された路線価は＊＊＊＊円であり，同路線の借地権割合は60％である。

(2) 原処分庁は，上記❷に掲げる平成21年（昭和84年）分の贈与税の申告に係る更正処分（以下「本件更正処分」という）において，本件土地について，同土地に適用される路線価＊＊＊＊円を基に所要の補正を行って，借地権に相当する価額の控除をしないまま，相続税評価額を＊＊＊＊円と算定した。

 争　　点

❶ 本件土地の評価は，評価通達等により評価すべきか否か。
❷ 本件土地の価額は，借地権の価額を控除して評価すべきか否か。
❸ 本件土地の具体的な相続税評価額はいくらになるのか。

（筆者注）　争点のうち，上記❶については本稿のメインテーマではないので詳細（双方の主張，国税不服審判所の判断の過程等）は割愛する。結論としては，評価通達により算定される価額が時価を上回るなど，評価通達の定めによらないことが正当と認められる特別の事情がある場合を除き，財産の評価は，評価通達に定められた評価方法に基づいて行うのが相当と解されるところ，請求人による不動産鑑定評価額は，本件土地の時価を適切に示しているものとは認められず，評価通達の定めによらないことが正当と認められる特別の事情は認められないとの法令解釈等及び当てはめを示し，最終的に，本件土地の価額は，評価通達等により評価した価額によることが相当であるとして，当該争点部分については請求人の主張を棄却している。

争点に対する双方（請求人・原処分庁）の主張

争点❷及び❸に関する請求人・原処分庁の主張は，図表－3のとおりである。

図表－3　争点に関する請求人・原処分庁の主張

争　点	請求人（納税者）の主張	原処分庁（課税庁）の主張
(1) 本件土地の価額は，借地権の価額を控除して評価すべきか否か	本件土地の価額は，次のとおり，借地権の価額を控除して評価すべきである。 ① 借地法上の借地権について (イ) 借地法2条（借地権の存続期間）1項は，建物が朽廃した場合を除き，借地上の建物が取壊しなどにより滅失しても借地権は消滅しないと解されている。 (ロ) 甲㈱が，亡父から賃借した本件土地，本件前面土地及び本件旧公有地を敷地として昭和52年8月18日に建築した本件建物は，借地法2条1項に規定する堅固な建物に該当し，同項によると借地権の存続期間は60年となり，本件建	本件土地の価額は，次のとおり，借地権の価額を控除して評価すべきではない。 ① 借地法上の借地権について (イ) 本件建物は，借地法2条（借地権の存続期間）1項に規定する非堅固な建物で借地権の存続期間は30年であることからすれば，本件贈与時（筆者注　平成21年（昭和84年））は建築（筆者注　昭和52年）から32年経過しており，借地権は消滅している。 (ロ) 上記(イ)によらないとしても，本件建物の滅失後本件贈与時まで，建物は建築されず，再築ないし改築の具体的計画も一切確認できないこと及び本件土

物が取壊しにより滅失した以降においても，借地権の終了及び合意による契約解除の事実はないことからすれば，本件贈与時に本件土地には，借地権はある。
(ハ) 甲㈱は，建物の再築を断念しておらず，高度利用な建物の建設を目指し，模索中である。

② 使用状況等について
借地権の及ぶ範囲は，建築面積（庇を含む）のみに限定されるものではなく，契約内容，土地の使用制限等の事実関係に基づき判定されることから，仮に，上記①の主張が認められないとしても，本件土地，本件前面土地及び本件旧公有地などの使用状況等が次のとおりであることから，本件贈与時に本件土地には，借地権は存する。

(イ) 甲㈱は，本件前面土地及び本件旧公有地の上に甲㈱ビル等を建築した。
甲㈱ビル等は，それぞれ本件旧公有地を越え，本件土地に入り込んで建てられており，本件土地は，甲㈱ビル等の敷地又は甲㈱及び甲㈱ビル等の関係者の駐車場並びに一般向けの時間貸駐車場として甲㈱が管理・使用していた。

(ロ) 本件土地は，平成14年（昭和77年）の本件ホテルの増設工事建築確認申請上，甲㈱ビル等の容積率の計算に入っていること，また，本件贈与時の甲㈱ビル等の容積率の計算に必要な土地の面積は，本件前面土地の面積を超えていることから，本件土地は甲㈱ビル等の容積率の計算上，必要な土地である。

(ハ) ＊＊市の＊＊に関する条例（昭和＊＊年＊＊月＊＊日条例第＊＊号をいう。以下「駐車施設条例」という）8条1項に基づく甲㈱ビル等の敷地内駐車施設の規模について，本件土地の近場に所在し甲㈱が所有・経営する別ホテル（＊＊ホテル）に必要な駐車施設も併せて考慮すると，本件土地は，＊＊市の条例上も甲㈱ビル等及び駐車施設の敷地として必要である。

(ニ) 平成11年（昭和74年）6月＊＊日に死亡した亡父を被相続人とする原処分庁に対して行った相続税申告において，本件土地の評価は借地権相当額を控除した価額で，甲㈱の出資金の純資産価

地の前所有者が母乙で請求人が甲㈱の代表者であることを踏まえると，借地権の設定において，請求人の意のままに母乙を通じて本件土地の賃貸借契約の内容を容易に変更することができたことから，本件贈与時に本件土地には，借地法1条（借地権の定義）に規定する建物の所有を目的とする利用権はない。

② 使用状況等について
次のとおり，本件贈与時の本件土地（本件a土地及び本件b土地を除く）の使用状況等からしても，本件贈与時に本件土地には，借地権は存しない。
また，請求人の左記の各主張は，誤った事実関係及び法令解釈等に基づくものである。

(イ) 本件土地は，本件建物の取壊し後，アスファルトが敷かれ甲㈱及び甲㈱ビル等の関係者の駐車場並びに一般向けの時間貸駐車場として使用され，本件前面土地は，北側部分は本件共同住宅の敷地として，南側部分は本件ホテル建築前は平面駐車場，建築後は本件ホテルの敷地として使用されており，本件贈与時の本件土地と本件前面土地とでは，土地上の設置物（構築物か建物か）及び用途（駐車場か商業用ビルか）の点で使用状況が異なる。

(ロ) 甲㈱ビル等の敷地である本件前面土地と本件旧公有地の合計面積は，甲㈱ビル等の容積率に必要な面積を上回る。

(ハ) 甲㈱ビル等のための一定規模の駐車施設を甲㈱ビル等の敷地内に附置する必要があることを前提とした請求人の主張は，＊＊市における駐車施設条例8条1項の理解を誤ったものである。

(ニ) 平成11年（昭和74年）6月＊＊日に死亡した亡父を被相続人とする相続税申告関係書類は，既に行政文書の保存期間を徒過しており確認できないが，仮に原処分庁が当該相続税申告の内容

	額は借地権評価額を計上した価額で計算したが，税務調査でも是正されなかった。	を是正しなかったとしても本件土地の評価を認めたことにはならない。
(2) 本件土地の具体的な相続税評価額	本件土地の評価額は，＊＊＊＊円となる。 筆者注　本件裁決事例では，具体的な金額は公開されなかったが，次に掲げる算式に基づいて算定されたものと推測される。 （算式） 本件土地の1㎡当たりの鑑定評価額 × 275.63㎡（本件土地の面積）× [1 − 60%（借地権割合）]	本件土地の評価額は，計算－1の5欄のとおり，＊＊＊＊円となる。 筆者注　本件裁決事例では，具体的な金額は公開されなかったが，計算－1に掲げるとおり，本件土地の評価額に係る算定根拠は公開されている。

計算－1　原処分庁が主張する本件土地の評価額（本件a土地及び本件b土地を除いて算定）

1　奥行価格補正
 (1)　想定整形地の奥行価格補正後の価額
　　イ　地積：19m（間口距離）×36m（奥行距離）＝684.00㎡
　　ロ　1㎡当たりの価額：＊＊＊＊×0.94（奥行価格補正率）＝＊＊＊＊
　　ハ　価額：＊＊＊＊×684.00㎡＝＊＊＊＊
 (2)　かげ地部分の奥行価格補正後の価額
　　イ　地積：684.00㎡－274.444㎡（本件a土地及び本件b土地を除く本件土地の地積）＝409.556㎡
　　ロ　奥行：（684.00㎡－274.444㎡）÷19m＝21.5m
　　ハ　1㎡当たりの価額：＊＊＊＊×1.00（奥行価格補正率）＝＊＊＊＊
　　ニ　価額：＊＊＊＊×409.556㎡＝＊＊＊＊
 (3)　本件土地（本件a土地及び本件b土地を除く。）の奥行価格補正後の価額
　　イ　価額：＊＊＊＊(1)－＊＊＊＊(2)＝＊＊＊＊
　　ロ　1㎡当たりの価額：＊＊＊＊÷274.444㎡＝＊＊＊＊
2　不整形地補正
 (1)　かげ地割合：（684.00㎡－274.444㎡）÷684.00㎡＝59.88％
　　　　　　　　　かげ地割合59.88％の不整形補正率：0.80（地区区分：繁華街地区）
 (2)　間口狭小補正率：0.90（通路部分の間口：2m）
 (3)　奥行長大補正率：0.90
 (4)　不整形地補正率：0.72
　　　　（①，②のいずれか低い率，0.6を限度とする。）
　　　　①0.80（不整形地補正率）×0.90（間口狭小補正率）＝0.72
　　　　②0.90（奥行長大補正率）×0.90（間口狭小補正率）＝0.81
 (5)　1㎡当たりの価額：＊＊＊＊×0.72＝＊＊＊＊
3　無道路地補正
 (1)　補正率：（＊＊＊＊×21.80㎡（通路部分の地積）÷＊＊＊＊×274.444㎡）≒0.12972
 (2)　1㎡当たりの価額：＊＊＊＊×（1－0.12972）＝＊＊＊＊
4　評価額（賃借権価額控除前）
　　＊＊＊＊×274.444㎡＝＊＊＊＊
5　評価額（賃借権価額控除後）
　　＊＊＊＊×（1－0.025（賃借権割合））＝＊＊＊＊
　　筆者注　①　上記4に掲げる面積　　274.44㎡
　　　　　　②　本件a土地の面積　　　　0.006㎡
　　　　　　③　本件b土地の面積　　　　1.18㎡
　　　　　　（合計）①＋②＋③　　　　275.63㎡（本件土地の面積に一致）

Ⅳ 国税不服審判所の判断

❶ 認定事実

(1) 甲㈱は，昭和52年8月18日，本件土地，本件前面土地及び本件旧公有地を敷地として本件建物を建築していることからすると，同時期には，亡父と甲㈱の間において，建物所有を目的として本件土地を貸借することについての合意が存在していた。

　そして，甲㈱と亡父又は母乙との間において借地法2条（借地権の存続期間）2項による借地権の存続期間に関する約定があったとは認められない。

(2) 請求人が審判所に提出した平成25年（昭和88年）7月8日付の母乙作成の書面によると，本件土地の相続時（平成11年（昭和74年）6月＊＊日）から本件贈与時（平成21年（昭和84年）8月21日までの間において，甲㈱が本件土地の使用を継続することについて，当時の本件土地の所有者であった母乙は甲㈱に対して，何ら異議を述べておらず，一方，借主である甲㈱は，その間，地代を支払った上で本件土地を継続して使用していた。

　したがって，本件土地の相続時から本件贈与時までの間，甲㈱による本件土地に係る建物所有を目的とする賃借権は存続していた。

(3) 本件土地に係る建物再築計画は，本件建物滅失後，甲㈱が依頼した＊＊より甲㈱へ複数案が提示され，現在の案は遅くとも平成21年（昭和84年）3月13日までには策定・提示されている。

❷ 法令解釈等

(1) 借地権とは，建物の所有を目的とした地上権又は賃借権をいい，賃貸借とは，賃貸人と賃借人との意思の合致により成立する。

(2) 借地借家法施行後もその効力を有することになる借地法2条（借地権の存続期間）[筆者注]は，借地権存続期間満了前に借地権が消滅するのは，建物が朽廃したときだけで，この場合の朽廃というのは，建物が自然に腐蝕して，建物としての使用に耐えなくなった状態になることで，朽廃したかどうかは，建物全体を観察して決めなければならず，建物を構成する各部分の材料は腐っても，建物として使用できる状態であれば，まだ朽廃したとはいえないとされている。

[筆者注] 借地法と借地借家法の適用関係

> 借地借家法は平成4年8月1日に施行され，同日をもって借地法は廃止されることになった（借地借家法附則2条（建物保護に関する法律等の廃止））が，同附則4条（経過措置の原則）ないし6条（借地契約の更新に関する経過措置）において，次のとおりの取扱いを規定している
> ① 借地借家法が施行されても，廃止前の借地法の規定により生じた効力を妨げないこと
> ② 借地借家法施行前に設定された借地権について，その借地権の目的である土地の上の

> 建物の朽廃による消滅に関すること及び借地権に係る契約の更新に関しては，なお，従前の例によること

そして，朽廃と滅失とは区分され，建物が滅失しても借地権は消滅せず，この場合の滅失というのは，人工的滅失（建物取壊し），自然的滅失を問わず，滅失して建物としての存在がなくなることをさしていると解されている。

また，建物が滅失した後，借地権者が行う新建物の再築は借地権が存続している間になされればよく，滅失から再築までの時間的間隔に制限はないとされている。

❸ 当てはめ

(1) 本件建物は，昭和52年8月18日に本件土地上に建築されたものの，その当時の本件土地に係る地代支払の事実が確認できないため，本件土地の貸借関係が賃貸借であったのかあるいは使用貸借であったのかは不明であるが，本件土地に借地権が発生したのは，早ければ昭和52年8月18日である。

そして，昭和52年8月18日には，亡父と甲㈱の間では本件土地に係る本件建物の所有を目的として貸借する旨の合意が存在していたことが認められ，甲㈱は，本件土地の地代を遅くとも昭和63年から本件贈与時まで，亡父又は母乙に支払っていたことを併せて考慮すると，甲㈱と亡父との間には，遅くとも地代の支払が認められる昭和63年までに，本件土地に係る本件建物の所有を目的とする賃貸借契約が成立していたと認められる。

したがって，昭和63年以降，甲㈱は当該契約に基づく本件土地に係る借地権（以下「本件借地権」という）を有していたと認められる。

(2) 上記❷(2)のとおり，建物が借地権存続期間満了前に朽廃したときは，借地権はこれにより消滅するが，建物が滅失しても借地権は消滅しないとされているところ，本件建物は，本件駐車場設備内の事故を原因として取り壊されたものであり朽廃を原因として滅失したものではないから，平成10年（昭和73年）7月に本件建物が滅失したことは，その時点での本件借地権の存続に影響しない。

(3) 下記に掲げる事項からすれば，甲㈱としては，本件建物の滅失後も本件借地権を返還することなく，本件土地を引き続き使用及び収益することを予定していたと認められる。
① 甲㈱は本件建物が滅失した後も，本件土地の使用を継続していること
② 甲㈱は本件土地の地代について，遅くとも昭和63年から本件贈与時まで，亡父死亡前は亡父に，亡父死亡後は母乙に対し継続して支払っていること
③ 甲㈱は建物を再築すべく＊＊社に本件土地の利用計画の策定を依頼していること

(4) 借地法2条（借地権の存続期間）1項 [筆者注1] の規定のとおり，建物が堅固か非堅固かにより借地権の存続期間は異なるところ，本件建物がすでに滅失していることから，それがいずれであったのかは不明というほかない。

そこで，本件建物が堅固な建物に該当していた場合又は非堅固な建物に該当していた場合のそれぞれについて，本件借地権についての存続期間に関する当事者の約定がないことを前提に，借地法2条1項及び同6条（法定更新）1項 [筆者注2] に基づいて以下検討

する。
① 本件建物が堅固な建物に該当していた場合

　本件建物が堅固な建物に該当していた場合は，本件借地権の存続期間は60年となることから，本件建物が建築された昭和52年8月18日に本件借地権が発生したとしても，本件贈与時である平成21年（昭和84年）8月21日は本件借地権の存続期間満了前であること，甲㈱は本件借地権を返還していないことから，本件贈与時に本件借地権は消滅していない。

② 本件建物が非堅固な建物に該当していた場合

　本件建物が非堅固な建物に該当していた場合は，本件借地権の存続期間は30年となるから，仮に昭和63年に本件借地権が発生したとすれば，同時点から本件贈与時までの期間は30年に満たないこと，甲㈱は借地権を返還していないことから，本件贈与時に本件借地権は消滅していない。

　しかしながら，仮に，昭和52年8月18日に本件借地権が発生していたとすれば，同日から30年経過した平成19年（昭和82年）8月18日には本件借地権は，一旦消滅していたことになるが，甲㈱は本件借地権を返還していないこと，甲㈱は本件建物が取り壊された後も現在に至るまで継続して使用しており，また，本件建物が非堅固の建物であった場合の借地権の存続期間の満了日である平成19年（昭和82年）8月18日当時，本件土地の所有者であった母乙が借主である甲㈱に対して，何ら異議を述べていないことが認められることからすれば，仮に，平成19年（昭和82年）8月18日（本件贈与時前）に本件借地権が一旦消滅したとしても，その時点において，甲㈱と母乙において借地法6条（法定更新）に規定する法定更新がなされ，前契約と同一の条件でさらに借地権を設定したと認められる。

③ 検討の結果

　上記①及び②に加えて，本件借地権が，その発生時から本件贈与時までの間に消滅したとするその他の事由も認められないことからすれば，本件建物が堅固な建物か否か，また，その発生の日が昭和52年8月18日であったのか，あるいは昭和63年であったのかにかかわらず，本件贈与時には本件借地権が存在した。

> 筆者注1　借地法2条（借地権の存続期間）1項は，借地権の存続期間は，石造，土造，煉瓦造又はこれに類する堅固の建物の所有を目的とするものについては60年，その他の建物の所有を目的とするものについては30年とし，ただし，建物がその期間満了前に朽廃したときは，借地権はこれにより消滅する旨を規定している。

> 筆者注2　借地法6条（法定更新）1項は，借地権者の有する借地権が消滅した後，土地の使用を継続する場合をおいて，土地所有者が遅滞なく異議を述べないときは，前契約と同一の条件をもって，更に借地権を設定したものとみなすこととし，この再度の借地権の設定期間については，借地法5条（更新の場合の借地権の存続期間）1項 筆者注3 の規定を準用する旨を規定している。

> 筆者注3　借地法5条（更新の場合の借地権の存続期間）1項は，当事者が契約を更新す

る場合においては，借地権の存続期間は更新の時より起算し堅固の建物については30年，その他の建物については20年とし，この場合においては同法2条（借地権の存続期間）1項のただし書きの規定を準用する旨を規定している。

❹ 原処分庁の主張について

原処分庁は，上記❸の図表－3に掲げる「原処分庁（課税庁）の主張」欄のとおり，本件土地に対する借地権は本件贈与時には消滅していること及び本件土地は課税時期には更地であったことなどを理由として，本件土地には甲㈱の借地権がないものとして評価すべきである旨主張する。

しかしながら，早ければ昭和52年8月18日，遅くとも昭和63年に発生した本件借地権が，本件贈与時まで存続しており，また，賃貸人である亡父又は母乙と賃借人である甲㈱の間で，本件土地に係る賃貸借契約の内容が変更された事実も認められないことから，本件贈与時に本件土地上に甲㈱の借地権が存続することは明らかである。

したがって，原処分庁の主張には理由がない。

❺ まとめ

上記❶ないし❹のとおり，本件贈与時に本件土地上には，甲㈱の借地権が存在することは明らかであるから，評価通達25（貸宅地の評価）の定めに従い，本件土地の価額は自用地としての価額から借地権の価額を控除して評価するのが相当である。

❻ 本件土地の価額

本件においては，本件土地の価額を評価通達等に基づき評価するのが相当であるところ，原処分庁は，本件土地のうち本件a土地及び本件b土地についてのみ借地権があることを前提として，本件土地を3画地に区分して評価しているが，上記❺のとおり，本件土地の全体に借地権が存在するから，本件土地の価額は，1画地として評価するのが相当である。

そうすると，評価通達等に基づく本件土地の価額は，次頁計算－2のとおりとなる。

計算-2　国税不服審判所が認定した本件土地の評価額（本件a土地及び本件b土地を含んで算定）

1　奥行価格補正
　(1)　想定整形地の奥行価格補正後の価額
　　　イ　地積：19m（間口距離）×36m（奥行距離）＝684.00㎡
　　　ロ　1㎡当たりの価額：＊＊＊＊×0.94（奥行価格補正率）＝＊＊＊＊
　　　ハ　価額：＊＊＊＊×684.00㎡＝＊＊＊＊
　(2)　かげ地部分の奥行価格補正後の価額
　　　イ　地積：684.00㎡－275.63㎡（本件土地の地積）＝408.37㎡
　　　ロ　奥行：（684.00㎡－275.63㎡）÷19m＝21.5m（小数点以下第2位四捨五入）
　　　ハ　1㎡当たりの価額：＊＊＊＊×1.00（奥行価格補正率）＝＊＊＊＊
　　　ニ　価額：＊＊＊＊×408.37㎡＝＊＊＊＊
　(3)　本件土地の奥行価格補正後の価額
　　　イ　価額：＊＊＊＊(1)－＊＊＊＊(2)＝＊＊＊＊
　　　ロ　1㎡当たりの価額：＊＊＊＊÷275.63㎡＝＊＊＊＊
2　不整形地補正
　(1)　かげ地割合：（684.00㎡－275.63㎡）÷684.00㎡＝59.70％
　　　　　　　　　かげ地割合59.70％の不整形地補正率：0.80（地区区分：繁華街地区）
　(2)　間口狭小補正率：0.90（通路部分の間口：2m）
　(3)　奥行長大補正率：0.90
　(4)　不整形地補正率：0.72
　　　　　（①，②のいずれか低い率，0.6を限度とする。）
　　　　　①0.80（不整形地補正率）×0.90（間口狭小補正率）＝0.72
　　　　　②0.90（奥行長大補正率）×0.90（間口狭小補正率）＝0.81
　(5)　1㎡当たりの価額：＊＊＊＊×0.72＝＊＊＊＊
3　無道路地補正
　(1)　補正率：（＊＊＊＊×20.00㎡（通路部分の地積））÷（＊＊＊＊×275.63㎡）＝0.11841
　(2)　1㎡当たりの価額：＊＊＊＊×（1－0.11841）＝＊＊＊＊
4　評価額（借地権価額控除前）
　　＊＊＊＊×275.63㎡＝＊＊＊＊
5　評価額（借地権価額控除後）
　　＊＊＊＊×（1－0.6（借地権割合））＝＊＊＊＊

資 料

1 親族図等

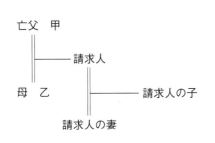
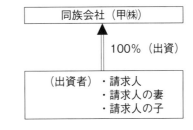

2 本件贈与に至る経緯等

(1) 当初の状況（昭和52年8月18日前）

当初は，更地

```
（本件土地）
亡父 甲 が所有
```

(2) 甲㈱（同族会社）による建物の建築（昭和52年8月18日）

・甲㈱は，本件建物内で駐車場事業を行っている。

・地代払いがあったか否かは当時の資料が存在しないために不明

↓

ただし，基礎事実として，『昭和63年から本件贈与（平成21年〔昭和84年〕8月）』までは賃貸借と認められる。

(3) 甲㈱（同族会社）の建物が『滅失』（駐車場内での事故発生に伴う建物の取壊し）（平成10年〔昭和73年〕7月）

・ ××→滅失
・ 当時は地代が支払われていた。

↓

基礎事実として，『昭和63年から本件贈与（平成21年〔昭和84年〕8月）』までは賃貸借と認められる。

↓〔建物の『滅失』による取壊後の状況〕

- アスファルト舗装は甲㈱が実施
- 当時は地代が支払われていた。
  ↓
  基礎事実として，『昭和63年から本件贈与（平成21年〔昭和84年〕8月）』までは賃貸借と認められる。

(4) 『亡父　甲』に係る相続開始（平成11年〔昭和74年〕6月）

- アスファルト舗装は甲㈱が実施
- 当時は地代が支払われていた。
  ↓
  基礎事実として，『昭和63年から本件贈与（平成21年〔昭和84年〕8月）』までは賃貸借と認められる。

(5) 『母乙』から請求人（受贈者）に対する本件土地の贈与（平成21年〔昭和84年〕8月）

- アスファルト舗装は甲㈱が実施
- 当時は地代が支払われていた。
  ↓
  基礎事実として，『昭和63年から本件贈与（平成21年〔昭和84年〕8月）』までは賃貸借と認められる。

——**本件裁決事例のキーポイント**

❶ 借地法に規定する借地権（借地借家法に規定する借地権との比較）
(1) 借地法を確認することの必要性

　　前記 Ⅳ ❷(2)に掲げる国税不服審判所による法令解釈等（要旨を次に再掲しておく）のとおり，廃止された借地法（平成 3 年10月 4 日廃止，平成 4 年 8 月 1 日施行）が，平成 4 年 8 月 1 日（借地法の廃止日，換言すれば，借地借家法の施行日）前から存続する借地権（建物の所有を目的とする地上権及び賃借権をいう）については，継続して適用されるものとなっている。われわれ税理士等が財産の評価実務で対応する借地権は，通常，平成 4 年 8 月 1 日前に設定された借地権に対してであり，借地法が適用される事案が多いものと考えられる。

　　なぜならば，平成 4 年 8 月 1 日以降に新規に設定された借地権はその大部分が定期借地権であり，法定更新等を想定した普通借地権が設定されるという事例は非常に珍しいものとされるからである。

要旨
(イ) 借地借家法（平成 3 年10月 4 日制定）は，平成 4 年 8 月 1 日に施行されることになり，同日をもって借地法は廃止されることになった。
(ロ) 新設された借地借家法と廃止された借地法の適用関係について，借地借家法附則 4 条（経過措置の原則）ないし 6 条（借地契約の更新に関する経過措置）において，次のとおりの取扱いが規定されている。
　㋐ 借地借家法が施行されても，廃止前の借地法の規定により生じた効力を妨げない。
　㋺ 借地借家法施行前に設定された借地権について，その借地権の目的である土地の上の建物の朽廃による消滅に関すること及び借地権に係る契約の更新に関しては，なお，従前の例による。

　　そうすると，本件裁決事例における本件土地は，前記 ❶ ❶(6)のとおり，基礎事実として，遅くとも昭和63年（平成 4 年 8 月 1 日前に該当する）から本件贈与時（平成21年（昭和84年） 8 月21日）まで，借主である甲㈱によって貸主たる亡父又は母乙に対して地代が支払われていたとのことであるから，本件贈与時においても借地法の適用対象とされる借地権の設定事例であることが理解される（この点につき，請求人及び原処分庁の双方に特段の異論は認められない）。

　　したがって，税理士等の実務家が借地権（建物の所有を目的とする地上権，賃借権）を評価する場合に，留意すべき民法の特別法としての立場にあるものは，平成 4 年 8 月 1 日前に設定された借地権に対して，なお有効とされる借地法（上記＿＿部分の記述を参照）であるといえよう（なお，筆者の指摘は，決して新法である借地借家法の学習は無用であるというものではないことに留意されたい）。

　　次に，借地権（ここでは，借地借家法で新たに制定された定期借地権ではなく，合意更

新又は法定更新を前提とする借地権(借地借家法に規定する普通借地権)を想定している)に対する種々の態様につき,借地法と借地借家法との差異を確認してみることとする。

(2) 法律別(借地法・借地借家法)による借地権の比較
① 借地権の定義
　(イ) 条文の確認
　　㋑ 借地法
　　　本法において借地権と称するは建物の所有を目的とする地上権及び賃借権をいう(借地法1)
　　㋺ 借地借家法
　　　この法律において,次の各号に掲げる用語の意義は,当該各号に定めるところによる(借地借家法2)
　　　一　借地権　建物の所有を目的とする地上権又は土地の賃借権をいう
　　　二　以下(略)
　(ロ) 比較
　　借地権の定義については,借地法と借地借家法とではその範囲は一致している。
② 借地権の存続期間
　(イ) 条文の確認
　　㋑ 借地法
　　　(A) 借地権の存続期間は石造,土造,煉瓦造又はこれに類する堅固の建物の所有を目的とするものについては60年,その他の建物の所有を目的とするものについては30年とす。ただし建物がこの期間満了前朽廃したるときは借地権はこれによりて消滅す(借地法2①)。
　　　(B) 契約をもって堅固の建物につき30年以上,その他の建物につき20年以上の存続期間を定めたるときは借地権は前項(筆者注 上記(A)をいう)の規定にかかわらずその期間の満了によりて消滅す(借地法2②)。
　　㋺ 借地借家法
　　　借地権の存続期間は,30年とする。ただし,契約でこれより長い期間を定めたときは,その期間とする。
　(ロ) 比較
　　上記(イ)の規定をまとめると,次頁図表－4のとおりとなる。
　　借地権の存続期間に関する留意点をまとめると,次のとおりとなる。
　　(A) 本件裁決事例における重要留意項目として確認したとおり,借地法では借地権の法定存続期間(堅固建物所有目的60年,非堅固建物所有目的30年)満了前に建物が朽廃した場合には当該朽廃を理由に借地権は消滅するものと規定されているが,一方,建物が滅失(上記____部分の朽廃ではないことに留意)しても,これを理由に借地権は消滅するとの規定は設けられていないこと
　　　(注)　この建物の朽廃と滅失との差異については,後記(3)で確認することにする。

図表－4　借地権の存続期間（借地法と借地借家法の比較）

区　分	借　地　法	借地借家法
法定存続期間	㋑　堅固の建物（石造，土造，煉瓦造又はこれに類するもの）の所有を目的とするもの……60年 ㋺　上記㋑以外の建物の所有を目的とするもの……30年 （注）　上記㋑又は㋺の場合においても，建物がそれぞれに掲げる期間の満了前に朽廃したときには，当該朽廃を理由に借地権は消滅するものとされている。	30年
契約で存続期間を定めた場合	㋑　堅固の建物の所有を目的とするもの……30年以上 ㋺　上記㋑以外の建物の所有を目的とするもの……20年以上	30年超

(B)　借地法では，法定存続期間又は契約で存続期間を定めた場合のいずれにおいても建物の構造区分の別（堅固・非堅固）によって借地権の存続期間が異なるものとされていること

(C)　借地借家法では，法定存続期間又は契約で存続期間を定めた場合のいずれにおいても，借地法で規定されているような建物の構造区分の別に応じて借地権の存続期間が異なるという取扱いではなく，一律に借地権の存続期間が規定されていること

③　借地権の更新による存続期間（その1：合意更新の場合）

㈦　条文の確認

㋑　借地法

(A)　当事者が契約を更新する場合においては借地権の存続期間は更新の時より起算し堅固の建物については30年，その他の建物については20年とす。この場合においては第2条第1項ただし書（筆者注　上記②㈦㋑(A)のただし書きをいう）の規定を準用す（借地法5①）。

(B)　当事者が前項に規定する期間より長き期間を定めたるときはその定めに従う（借地法5②）

㋺　借地借家法

当事者が借地契約を更新する場合においては，その期間は，更新の日から10年（借

図表－5　借地権の合意更新による存続期間（借地法と借地借家法の比較）

区　分	借　地　法	借　地　借　家　法
原則的な取扱い	㋑　堅固の建物である場合……更新の時より起算して30年 ㋺　上記㋑以外の建物である場合……更新の時より起算して20年 （注）　上記㋑又は㋺の場合においても，建物がそれぞれに掲げる期間の満了前に朽廃したときには，当該朽廃を理由に借地権は消滅するものとされている。	㋑　下記㋺以外の更新である場合……更新の日から10年 ㋺　借地権の設定後の最初の更新である場合……更新の日から20年
特例的な取扱い	当事者間の合意によって，上記の原則的な取扱いに規定する期間よりも長い期間を定めた場合には，当該期間となる。	当事者間の合意によって，上記の原則的な取扱いに規定する期間よりも長い期間を定めた場合には，当該期間となる。

地権の設定後の最初の更新にあっては，20年）とする。ただし，当事者がこれより長い期間を定めたときは，その期間とする（借地借家法4）。

(ロ) 比較

上記(イ)の規定をまとめると，前頁図表－5のとおりとなる。

借地権の合意更新による更新及びその存続期間に関する留意点をまとめると，次のとおりとなる。

(A) 借地法では借地権の合意更新による存続期間（堅固の建物30年，非堅固の建物20年）満了前に建物が朽廃した場合には当該朽廃を理由に借地権は消滅するものと規定されているが，一方，建物が滅失（上記＿＿部分の朽廃ではないことに留意）しても，これを理由に借地権が消滅するとの規定は設けられていないこと

(注) この建物の朽廃と滅失との差異については，後記(3)で確認することにする。

(B) 借地法では，合意更新による存続期間につき，原則的な取扱い（最短期間による合意更新）による場合には，建物の構造区分の別（堅固・非堅固）によって借地権の存続期間が異なるものとされていること

(C) 借地借家法では，合意更新による存続期間につき，原則的な取扱い（最短期間による合意更新）による場合には，借地法で規定されているような建物の構造区分の別に応じて借地権の存続期間が異なるという取扱いではなく，一律に合意更新後の借地権の存続期間が規定されていること

④ 借地権の更新による存続期間（その2：法定更新の場合）

(イ) 条文の確認

㋐ 借地法

(A) 借地権の消滅時に借地権者が契約の更新を請求した場合（借地法4）

Ⓐ 借地権の消滅の場合において借地権者が契約の更新を請求するときは建物ある場合に限り前契約と同一の条件をもって更に借地権を設定したるものとみなす。ただし土地所有者が自ら土地を使用することを必要とする場合その他正当の事由ある場合において遅滞なく異議を述べたるときはこの限りにあらず（同条①）。

Ⓑ 借地権者は契約の更新なき場合においては時価をもって建物その他借地権者が権原によりて土地に附属せしめたる物を買取るべきことを請求することを得（同条②）。

Ⓒ 第5条第1項（筆者注 上記③(イ)㋐(A)を参照）の規定は第1項の場合にこれを準用す。

(B) 借地権の消滅後に借地権者が土地の使用を継続する場合（借地法6）

Ⓐ <u>(X)借地権者借地権の消滅後土地の使用を継続する場合において土地所有者が遅滞なく異議を述べざりしときは前契約と同一の条件をもって更に借地権を設定したるものとみなす。</u>この場合においては前条第1項（筆者注 上記③(イ)㋐(A)を参照）の規定を準用す（同条①）。

Ⓑ　前項の場合において建物あるときは土地所有者は第4条第1項（筆者注　上記㈠Ⓐを参照）ただし書に規定する事由あるにあらざれば異議を述べることを得ず（同条②）。
　㋺　借地借家法
　　⒜　借地契約の更新請求等（借地借家法5）
　　　Ⓐ　借地権の存続期間が満了する場合において，借地権者が契約の更新を請求したときは，建物がある場合に限り，前条（筆者注　上記③㋑㋺を参照）の規定によるもののほか，従前の契約と同一の条件で契約を更新したものとみなす。ただし，借地権設定者が遅滞なく異議を述べたときは，この限りでない（同条①）。
　　　Ⓑ　<u>(Y)借地権の存続期間が満了した後，借地権者が土地の使用を継続するときも，建物がある限り，前項と同様とする（同条②）。</u>
　　　　筆者注　同条3項は，本稿と無関係なので（略）
　　⒝　借地契約の更新拒絶の要件（借地借家法6）
　　　前条（筆者注　上記⒜を参照）の異議は，借地権設定者及び借地権者（転借地権者を含む。以下この条において同じ）が土地の使用を必要とする事情のほか，借地に関する従前の経過及び土地の利用状況並びに借地権設定者が土地の明渡しの条件として又は土地の明渡しと引換えに借地権者に対して財産上の給付をする旨の申出をした場合におけるその申出を考慮して，正当の事由があると認められる場合でなければ，述べることができない。
　㋺　比較
　上記㋑の規定をまとめると，次頁図表－6のとおりとなる。
　借地権の法定更新による更新及びその存続期間に関する留意点をまとめると，次のとおりとなる。
　⒜　借地法では借地権の消滅時に借地権者が契約の更新を請求（借地法4条の適用）する場合には，当該借地上に建物があることを要件としているが，その一方で，借地権の消滅後に借地権者が土地の使用を継続（借地法6条の適用）する場合には，当該借地上の建物の存在の有無によって法定更新を可能とする要件に差異（正当の事由等の存在の必要性の有無）が設けられてはいるものの，一定要件下において建物が存在しない場合においても法定更新を容認する規定（上記㋑㋑Ⓑのⓧ部分）となっている。
　⒝　借地借家法では借地権の存続期間が満了する場合に借地権者が契約の更新を請求（借地借家法5条1項の適用）する場合及び借地権の存続期間が満了した後に借地権者が土地の使用を継続（借地借家法5条2項の適用）する場合のいずれにおいても，当該借地上に建物が存在することを要件としている。
　⒞　上記⒜及び⒝より，借地法と借地借家法では借地権の消滅（借地権の存続期間満了）後に借地権者が土地の使用を継続するときの取扱い（法定更新の可否）が異なることとなり，借地借家法の適用では一切，法定更新が認められない規定（上記㋑

図表－6　借地権の法定更新とその存続期間（借地法と借地借家法の比較）

区　分	借　地　法	借　地　借　家　法
(1) 借地権者が契約の更新の請求をした場合	法定更新が認められる要件 ① 建物が存在すること ② 土地所有者が自ら土地を使用することを必要とする場合その他正当の事由がある場合に該当しないこと ③ 仮に、上記②の必要性その他正当の事由があっても、土地所有者が遅滞なく異議を述べなかったこと 法定更新後の借地権の存続期間 ① 堅固の建物である場合……30年 ② 上記①以外の建物である場合……20年 （注）上記①又は②の場合においても、建物がそれぞれに掲げる期間の満了前に朽廃したときには、当該朽廃を理由に借地権は消滅するものとされている。	法定更新が認められる要件 ① 建物が存在すること ② 借地権設定者が遅滞なく異議を述べたものでないこと （注）上記②の異議は、下記に掲げる事項を考慮して、正当の事由があると認められる場合でなければ述べられない。 (イ) 借地権設定者等が土地の使用を必要とする事情 (ロ) 借地に関する従前の経過 (ハ) 土地の利用状況 (ニ) 借地権設定者が土地の明渡しの条件として又は土地の明渡しと引換えに借地権者に対して財産上の給付をする旨の申出をした場合におけるその申出 法定更新後の借地権の存続期間 ① 下記②以外の更新である場合……10年 ② 借地権の設定後の最初の更新である場合……20年
(2) 借地権者が土地の使用を継続する場合	法定更新が認められる要件 ① 建物が存在する場合 　(イ) 土地所有者が自ら土地を使用することを必要とする場合その他正当の事由がある場合に該当しないこと 　(ロ) 仮に、上記(イ)の必要性その他正当の事由があっても、土地所有者が遅滞なく異議を述べなかったこと ② 建物が存在しない場合 　土地所有者が遅滞なく異議を述べなかったこと 法定更新後の借地権の存続期間 上記(1)に掲げる借地権者が契約の更新の請求をした場合における法定更新後の借地権の存続期間欄と同じ。	法定更新が認められる要件 上記(1)に掲げる借地権者が契約の更新の請求をした場合における法定更新が認められる要件欄と同じ。 法定更新後の借地権の存続期間 上記(1)に掲げる借地権者が契約の更新の請求をした場合における法定更新後の借地権の存続期間欄と同じ。 （注）借地借家法では、借地権の存続期間の満了後には、建物がある場合に限り、一定要件下で法定更新が認められる。

図表－7　借地権の存続期間

<table>
<tr><th colspan="2">区　分</th><th>借　地　法</th><th>借　地　借　家　法</th></tr>
<tr><td rowspan="2">当初の存続期間</td><td>法定存続期間</td><td>Ⓐ　堅固建物である場合……60年
Ⓑ　上記Ⓐ以外の建物である場合……30年
(注)　上記Ⓐ及びⒷにつき，期間満了前における朽廃による借地権の消滅の規定がある。</td><td>30年
(注)　堅固な建物であるか否かを問わず，借地権の存続期間は一律として規定されている。</td></tr>
<tr><td>契約で存続期間を定めた場合</td><td>Ⓐ　堅固建物である場合……30年以上
Ⓑ　上記Ⓐ以外の建物である場合……20年以上</td><td>30年超
(注)　堅固な建物であるか否かを問わず，借地権の存続期間は一律として規定されている。</td></tr>
<tr><td rowspan="4">更新による存続期間</td><td rowspan="2">合意更新</td><td>原則的な取扱い
Ⓐ　堅固建物である場合……30年
Ⓑ　上記Ⓐ以外の建物である場合……20年
(注)　上記Ⓐ及びⒷにつき，期間満了前における朽廃による借地権の消滅の規定がある。</td><td>Ⓐ　下記のⒷ以外の更新である場合……10年
Ⓑ　借地権の設定後の最初の更新である場合……20年</td></tr>
<tr><td>特別的な取扱い
当事者間の合意により，上記の原則的な取扱いよりも長い期間を定めた場合……当該期間</td><td>当事者間の合意により，上記の原則的な取扱いよりも長い期間を定めた場合……当該期間</td></tr>
<tr><td rowspan="2">法定更新</td><td>借地権者が契約の更新を請求した場合
Ⓐ　堅固建物である場合……30年
Ⓑ　上記Ⓐ以外の建物である場合……20年
(注)　上記Ⓐ及びⒷにつき，期間満了前における朽廃による借地権の消滅の規定がある</td><td rowspan="2">Ⓐ　下記Ⓑ以外の更新である場合……10年
Ⓑ　借地権の設定後の最初の更新である場合……20年</td></tr>
<tr><td>借地権者が土地の使用を継続する場合</td></tr>
</table>

　　　㊁ⒶⒷの(Y)＿＿＿部分）となっている。
　(D)　借地法及び借地借家法ともに，法定更新が認められた場合の法定更新後の借地権の存続期間はいずれも各法に規定する法定存続期間よりも短期間とされている。この取扱いをまとめると，図表－7のとおりとなる。

(3)　朽廃と滅失の差異

① 用語の意義

　上記(2)で確認したとおり，借地法の規定では借地上の建物につき借地権の存続期間満了前に朽廃した場合には，借地権は消滅するものと規定されている。この趣旨は，借地法は借地人保護の観点から建物所有を目的とする借地権の存続を強く保護しているが，当該借地権の存続期間満了前に建物が朽廃した場合にはそれにより，当該賃貸借契約の目的となった建物が建物としての効用を失ったことにより借地人保護の要請が失われたことになるとの考え方によるものと思われる。

　一方，借地法の規定では借地上の建物が滅失しても借地権は消滅しない（借地契約の終了事由に該当しない）とされていることから，借地法の適用実務においてはこの「朽廃」と「滅失」という用語の理解が不可欠とされる。これらの用語を整理すると次のとおりである。

(イ)　朽廃とは，自然の推移による腐廃した状態をいい，外形的・物理的には一応の建物の態様を認めることはできても，全体的に観察してもはや建物としての社会的・経済的価値効用を失っていると認められる状態をいう。

　(ロ)　滅失とは，外形的・物理的に建物が存在していない状態をいう。この場合において建物が存在していない（滅失した）理由が人為（例えば，取り壊す等の人工的な行動をいう）によるものであるのか，又は，天為（例えば，落雷等の自然現象をいう）によるものであるのかは問わないものとされている。

② 　「朽廃」の認定（裁判例の確認）

　借地権を巡る諸実務で最も問題深いものの1つが借地上の建物が朽廃したと認定されるくらいに腐廃が進行し，社会的・経済的価値効用を失ったと判断できるか否かの認定にある。この認定に当たっては王道はなく，数多くの事例検証を重ねることによりその判断基準を習得するしかないと考えられる。次に，この判断基準に関する標準的な裁判例（この裁判例では，建物は朽廃したと認定された）を示しておくので確認されたい。

　●借地権の消滅（建物の朽廃認定）が争点とされた裁判例（東京地方裁判所，平成2年（ワ）第4298号，建物収去土地明渡請求事件）

　旧建物は，もともと中級以下の建物であって，昭和44年ないし45年の段階において，倒壊の恐れはないものの，柱が細く歪んでおり，柱と建具の間が少なくとも2ないし3cm開いているうえ，外側は薄板で打ち付けているのみであって，下見板等もかなり傷んでいる状態であった。

　そして，昭和44年に提起された甲（当時の本件土地賃貸人）と被告間の訴訟の鑑定においては，昭和44年当時のその耐用年数は3年から5年と評価された。平成2年5月の取り壊し直前には，旧建物には壁も床面もなく，屋根も雨を凌げる状態ではなく，建物全体が傾いていて，一見して，人が居住できる状態ではなかった。被告も10年程前から旧建物には居住していない。また，被告は，警察から，旧建物は危険であるから取り壊すようにとの勧告を受けていた。

　以上の事実等によれば，旧建物は，被告がその建替えを原告に申入れた平成2年3月には，時の経過により既に建物としての効用を完全に失っていたというべきであるか，遅くともその時期には朽廃していたものと認められる。

　そして，原告は被告からの旧建物の建替えの申し入れ後直ちに本件訴訟を提起しているから，原告は被告の土地使用の継続に対し遅滞なく異議を述べたと認められる。したがって，被告の本件土地に対する借地権は，その目的となっていた旧建物の朽廃により消滅したものというべきである。

(4)　本件裁決事例の場合（本件裁決事例の本件土地に対する借地法の適用）

　本件裁決事例に掲げる本件土地に対する借地法の適用（本件土地に借地法が適用されることについては前記❶(1)に掲げるとおりであり，この点につき，請求人と原処分庁との間に争いはない）につき，請求人及び原処分庁の主張をまとめると，次頁図表-8のとおりとなる。

図表－8　本件土地に対する借地法の適用に関する請求人・原処分庁の主張

①　請求人（納税者）の主張	②　原処分庁（課税庁）の主張
本件贈与時（平成21年（昭和84年）8月21日）に，本件土地には，次のとおり，借地法上の借地権が存在する。 ㋑　借地法2条（借地権の存続期間）1項は，建物が朽廃した場合を除き，借地上の建物が取壊しなどにより滅失しても借地権は消滅しないと解されていること ㋺　甲㈱が，亡父から賃借した本件土地，本件前面土地及び本件旧公有地を敷地として昭和52年8月18日に建築した本件建物は，借地法2条1項に規定する堅固な建物に該当し，同項によると借地権の存続期間は60年となり，本件建物が取壊しにより滅失した以降においても，借地権の終了及び合意による契約解除の事実はないこと	本件贈与時（平成21年（昭和84年）8月21日）に，本件土地には，次のとおり，借地法上の借地権は存在しない。 ㋑　本件建物は，借地法2条（借地権の存続期間）1項に規定する非堅固な建物で借地権の存続期間は30年であることからすれば，本件贈与時（平成21年（昭和84年）8月21日）は建築（昭和52年）から32年経過しており，借地権は消滅していること ㋺　本件建物の滅失後本件贈与時まで，建物は再築されず，再築ないし改築の具体的計画も一切確認できないこと ㋩　本件土地の前所有者が母乙で請求人が甲㈱の代表者であることを踏まえると，借地権の設定において，請求人の意のままに母乙を通じて本件土地の賃貸借契約の内容を容易に変更することができたこと

　図表－8に掲げる双方（請求人及び原処分庁）の主張に対する国税不服審判所の判断（法令解釈等，事案に対する当てはめ）のうち，借地法を理解する上で実務上重要と考えられる項目及び本件裁決事例から学ぶべき教訓を掲げると次のとおりである。

(A)　法令解釈等

　Ⓐ　借地法2条（借地権の存続期間）は，借地権存続期間満了前に借地権が消滅するのは，建物が朽廃したときだけで，この場合の朽廃というのは，建物が自然に腐蝕して，建物としての使用に耐えなくなった状態になることをいう。

　Ⓑ　上記Ⓐに掲げる朽廃に該当するかどうかは，建物全体を観察して決めなければならず，建物を構成する各部分の材料は腐っても，建物として使用できる状態であれば，まだ朽廃したとはいえないとされている。

　　筆者注　上記Ⓑの例示として，建物の柱が腐蝕していた場合に，当該柱がいわゆる飾り柱（建物の強度，構造計算に影響を与えない柱）であり，建物としての使用に問題が生じるものではないと認定される事例が挙げられる。

　Ⓒ　朽廃と滅失とは区分され，建物が滅失しても借地権は消滅せず，この場合の滅失というのは，人工的滅失（建物取壊し），自然的滅失を問わず，滅失して建物としての存在がなくなることをさしていると解されている。

　Ⓓ　建物が滅失した後，借地権者が行う新建物の再築は借地権が存続している間になされればよく，滅失から再築までの時間的間隔に制限はないとされている。

(B)　当てはめ

　本件建物は，本件駐車場設備内の事故を原因として取り壊されたものであり朽廃を原因として滅失したものではないから，平成10年（昭和73年）7月に本件建物が滅失したことは，その時点での本件借地権の存続に影響しない。

(C) 学ぶべき教訓

本件裁決事例では，最終的に国税不服審判所の認定事実においても下記の2点については明確な事項は判明しなかった。

Ⓐ 本件建物が堅固な建物であるのか，又は非堅固な建物であるのか。

Ⓑ 本件建物の所有を目的とする土地の賃貸借契約の開始時期がいつであるのか。具体的には，地代の支払事実が明確である昭和63年からとするのか，それとも本件建物が建築された昭和52年8月18日までさかのぼると考えるのか。

> 筆者注　借地法の規定では，借地権を建物の所有を目的とする地上権及び賃借権をいうとしているところ，地上権を設定する事例は実務上少数であり一般的には賃借権契約による設定とされる。そして，賃借権契約が地代の支払（有償契約）を前提としていることから，その支払開始時期の確定が求められることになる。

図表－9　本件裁決事例で不明とされた事項に対する理論的な考え方

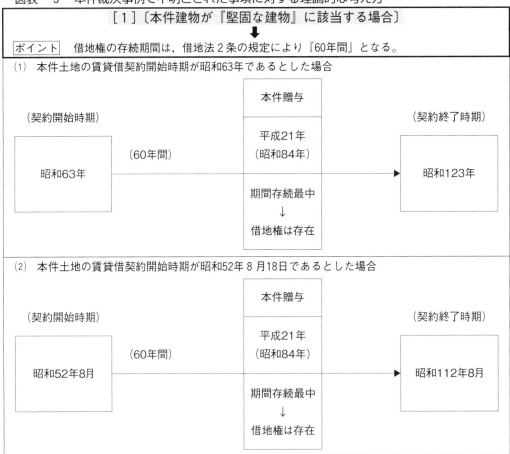

　そこで，国税不服審判所では上記Ⓐ（本件建物の堅固，非堅固の別）及びⒷ（土地の賃貸借契約の開始時期の別）に応じて，理論的に考えられる4つの組み合わせに分類して検討し，最終的な結論として，上記Ⓐ及びⒷの不明点のいかんを問わず，本件借地権がその発生時（早ければ昭和52年8月18日以降，遅くとも昭和63年）から本件贈与時（平成21年（昭和84年）8月21日）までの間に消滅したとするその他の事由（例地代の支払停止等が考えられる）も認められないことから，本件贈与時には本件借地権が存在していたとの判断を示している。この取扱いを図示すると，前頁図表－9のとおりとなる。

前々頁図表－9では，特に，本件建物が非堅固な建物に該当する場合（この場合の法定存続期間30年間）で，かつ，本件借地権の発生（賃貸借契約の開始の時期）が昭和52年8月18日であるときの取扱いに注目されたい。

　このパターンでは，次に掲げる事項を摘示して，平成19年（昭和82年）8月18日（本件贈与時前）に本件借地権が一旦，借地期間満了により消滅したとしてもその時点において，借地権者（甲㈱）と土地所有者（母乙）において借地法6条（法定更新）に規定する法定更新がなされ，前契約と同一の条件でさらに借地権を設定したと認められると判断している。

　⑴　昭和52年8月18日から30年経過した平成19年（昭和82年）8月18日（借地権の存続期間満了日）に本件借地権は一旦消滅していたことになるが，借地権者（甲㈱）は本件借地権を返還していないこと
　⑵　借地権者（甲㈱）は，本件建物が取り壊された後も現在に至るまで継続して使用していること
　⑶　上記⑴に掲げる借地権の存続期間満了日当時，本件土地の所有者であった母乙が借主である甲㈱に対して，何ら異議を述べていないこと

　一般論として，借地法の規定を承知していなければ，「借地上の建物の滅失→借地権の消滅」という流れで考えがちであるが，法律論として借地権の要件事実を確認しておくことの重要性を認識させる裁決事例であるといえよう。

❷ 本件借地権の税法上の本質

　本件裁決事例において争点とされたのは，本件土地の価額を求めるに当たって本件土地に借地法上の借地権（建物の所有を目的とする地上権及び賃借権をいう）が存在するか否かであり，結論として，請求人の主張を国税不服審判所の判断として容認し，本件土地に借地法上の借地権の存在が認められるものとされた。ここまでの論点及び結論は純粋に，本件土地に借地法上の借地権を認めるに留まるものにすぎない。

　そして，さらに本件裁決事例では，国税不服審判所の判断（これも，請求人の主張を容認したものとなっている）として，本件土地の価額を算定するにつき，借地権の<u>価額</u>を控除して評価すべきであるとしている。ここで注視しておきたいのは，上述のその存在が容認された借地法上の借地権は金銭に換算することを可能とする経済的価値を有するものとして認識されている（上記___部分の「価額」という用語に注目すべきである）という点である。

　すなわち，本件裁決事例における本件土地上の借地権は，前記❶で検討したとおりで借地法上の借地権（借地法上の借地権は，一般的に弱者とされる借地人の保護を目的の一つにしているといわれている）が認められ，かつ，当該借地権に価額が付与されているのであるから税法上の借地権（税法上の借地権は，借地人に帰属している借地権の財産（金銭に見積ることができる経済的なもの）としての価値であるといわれている）も認められる場合に該当するものである。

　それでは，次に，税法上の借地権について評価実務上において重要と考えられる事項を

中心にまとめ，そして，これを本件裁決事例に当てはめてその具体的な取扱いについて検討してみると，次のとおりとなる。

(1) 税法上の借地権の設定態様（権利金方式・相当の地代方式・無償返還の届出書方式・使用貸借方式）

他者の所有する土地に対して，建物の所有を目的とする貸借権（ここでは，「貸借権」という用語を使用しており，賃貸借契約であるのか使用貸借契約であるのかが問われていないことに留意されたい）を設定する場合における税法上の設定態様について，本件裁決事例における区分（貸主：個人，借主：法人）に特化(注)して，考えられるべきその取扱いをまとめると，次のとおりとなる。

　(注) 借地権の評価税務を理解することの困難性について

　　　借地権の評価税務では，土地所有者及び借地人の別，そして，当該土地所有者及び借地人がそれぞれ個人又は法人の人格の別の態様区分に応じて，異なる取扱いが定められていることも多数ある。したがって，本件裁決事例の区分（貸主：個人，借主：法人）と異なる事例の場合には，以下の解説のとおりではないことも当然に想定されるので留意されたい。これが借地権の評価税務は難解であると言われる所以の一つであろう。

① 権利金方式

他者の所有する土地に対して，建物の所有を目的とする地上権又は土地の賃借権（借地権）の設定があった場合において，当該借地権の設定対象地が，借地権の設定に際しその設定の対価として通常権利金その他の一時金を支払う取引上の慣行がある地域であるときは，借地権者に対する借地権の保護配慮の手厚さを考慮して貸主たる土地所有者は，その借地期間にわたる逸失利益（例えば，借賃増減請求権を土地所有者側から行使する場合における現実的な困難性がその一つとして摘示されよう）を確保するために，当該権利金の支払を要求することも想定される。

この権利金の価額は，当該借地権の設定対象地の価額（通常の取引価額）に，その地域の借地権割合を乗じて計算した金額とされる。これを算式及び図解で示すと，図表－10のとおりとなる。

② 相当の地代方式

上記①の権利金方式に代えて，相当の地代方式を採用することも考えられる。

相当の地代方式とは，昭和37年度の法人税法の改正によって創設された制度で，借地権の設定に際し，その設定の対価として通常権利金その他の一時金を支払う取引上の慣行がある地域において，当該権利金の収受に代えて，当該土地の使用の対価とし

図表－10　権利金方式

（算式）

借地権の設定対象地の価額（通常の取引価額） × その地域の借地権割合 ＝ 収受されるべき権利金の価額

（概念図）

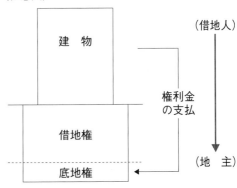

図表−11 通常の地代方式と相当の地代方式（概念図）

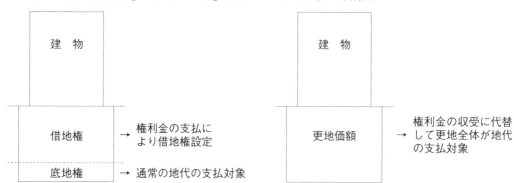

て相当な地代を収受している場合には，当該借地取引は正常な取引条件でなされたものとすることとされているものである。

すなわち，相当の地代と権利金とは代替関係にあることになる。通常，権利金を収受した場合に土地所有者が今なお留保していると考えられるべき土地の所有権（底地権）に対する使用の対価として地代を支払うことが求められる（この地代を税務上「通常の地代」という。図表−11の(1)を参照）が，相当の地代方式の場合には，当該権利金を一切収受することなく，土地全体（所有権（底地権）と利用権（上地権）の全部，換言すれば更地）

図表−12 相当の地代の額（年額）の計算方法

(イ)	通常の取引価額を基礎とする方法 その年における当該土地の通常の取引価額 × 6％
(ロ)	近傍類似地の公示価格等を基礎とする方法 その年における当該土地につきその近傍類似地の公示価格や標準価格から合理的に算定した価額 × 6％
(ハ)	相続税評価額（課税年分）を基礎とする方法 その年における当該土地につき評価通達の定めにより計算した価額（相続税評価額） × 6％
(ニ)	相続税評価額（課税年分以前3年間平均額）を基礎とする方法 〔その年における当該土地の相続税評価額 ＋ その年の前年における当該土地の相続税評価額 ＋ その年の前々年における当該土地の相続税評価額〕× $\frac{1}{3}$ × 6％

（注1） 昭和37年度の法人税法の改正によって相当の地代方式が新設された時点においては，運用利回りを乗ずべき対象である土地の価額は，上記(イ)に掲げる通常の取引価額のみとされていた。上記(ロ)ないし(ニ)に掲げる方法が容認されることとなった通達改正を示すと，それぞれ次のとおりとなる。
　　　・上記(ロ)に掲げる近傍類似地の公示価格等を基礎とする方法
　　　・上記(ハ)に掲げる相続税評価額（課税年分）を基礎とする方法
　　　　⇒ いずれも，昭和55年直法2−15 法人税基本通達改正により適用開始
　　　・上記(ニ)に掲げる相続税評価額（課税年分以前3年間平均額）を基礎とする方法
　　　　⇒ 平成元年3月30日付け 個別通達により適用開始
（注2） 昭和37年度に相当の地代制度が新設された時点における運用利回りは年8％とされていた。この利回りが現行の年6％に改訂されたのは平成元年4月1日以降に課税時期が到来するものからとなっている。

を地代の支払対象として，土地の更地価額に対して十分な運用利回りを確保するような地代（この地代を税務上「相当の地代」という。前頁図表－11の(2)を参照）を収受することにより，その代替にしようとするものである。

なお，現行の課税実務上の取扱いでは，相当の地代の額（年額）の計算は，前頁図表－12に掲げる4通りの方法が定められており，そのなかから選択するものとされている。

③ 無償返還の届出書方式

上記①の権利金方式及び②の相当の地代方式に代替して，無償返還の届出書方式を採用することも考えられる。

無償返還の届出書方式は，昭和55年度の法人税基本通達の改正によって創設された制度である。

旧来においては貸借取引の当事者の一方が少なくとも法人である場合（本件裁決事例で示すと，貸主：個人，借主：法人でこれに該当する）には，土地の貸借（借地権の取引慣行がある地域であることを前提とする）に際して権利金を収受せず，また，相当の地代方式にもよらないときには，当該法人に課税上の問題が生じるもの（図表－13を参照）とされていた。これは，法人は個人と異なり利益を追求するのが第一義であるので，これに適合しないような経済的活動が仮に行われた場合には，これを本来なされるべき形態に転換してその課税関係が構築されるべきであると考えられるからである。

上記に掲げるような借地権の価額に相当する経済的な利益に対する課税（借地権の認定課税）は，法人税法上の理論的な概念からすれば相当性を有することは認められるものの，借地権の認定課税を受けた者の担税力等を考慮した場合には硬直的な実務取扱いであるとして問題視されることも少なくはなかった。

図表－13 貸主：個人，借主：法人である場合の課税上の問題点

事 例	個人（同族会社のオーナー）所有の土地に法人（同族会社）が建物の所有を目的として貸借を開始
問題点	経済的に高い価値を有すると認められる借地権を当該法人（同族会社）は，権利金等を支払うことなく取得したものとして，当該法人に次に掲げる区分に応じてそれぞれに掲げる算式に基づいて計算した借地権の価額に相当する受贈益の認定課税が行われる。 （借）借地権　＊＊　　（貸）受贈益　＊＊ (イ) 収受する地代の額が通常の地代の額以下（使用貸借であると認められる場合を含む）である場合 　（算式）　当該土地の通常の取引価額×借地権割合 (ロ) 収受する地代の額が通常の地代の額を超えるものの相当の地代の額に満たない場合 　（算式） 　$$当該土地の通常の取引価額 \times \left\{ 1 - \frac{実際に収受している地代の年額}{法人税基本通達13-1-2（使用の対価としての相当の地代）に定める相当の地代の年額} \right\}$$ （注）上記により計算した金額が，通常収受すべき権利金の額（上記(イ)の算式に基づいて計算した金額）を超えることとなる場合には，当該権利金の額に留めるものと定められている。

図表-14 土地の無償返還に関する届出書

土地の無償返還に関する届出書

※整理事項	1	土地所有者	整理簿	
	2	借地人等	番　号	
			確　認	

受付印

平成　　年　　月　　日

　　　国　税　局　長
　　　税　務　署　長殿

　土地所有者＿＿＿＿＿＿＿は，〔借地権の設定等／使用貸借契約〕により下記の土地を平成＿＿年＿＿月＿＿日から＿＿＿＿＿＿＿に使用させることとしましたが，その契約に基づき将来借地人等から無償で土地の返還を受けることになっていますので，その旨を届け出ます。

　なお，下記の土地の所有又は使用に関する権利等に変動が生じた場合には，速やかにその旨を届け出ることとします。

記

土地の表示
　所　在　地　＿＿＿＿＿＿＿＿＿＿＿＿＿＿＿＿＿＿＿＿＿＿＿＿＿＿＿＿
　地目及び面積　＿＿＿＿＿＿＿＿＿＿＿＿＿＿＿＿＿＿＿＿＿＿＿＿　㎡

	（土地所有者）	（借地人等）
住所又は所在地	〒　　　　　　　　　　　電話（　　）　－	〒　　　　　　　　　　　電話（　　）　－
氏名又は名称	＿＿＿＿＿＿＿＿＿＿＿＿㊞	＿＿＿＿＿＿＿＿＿＿＿＿㊞
代表者氏名	＿＿＿＿＿＿＿＿＿＿＿＿㊞	＿＿＿＿＿＿＿＿＿＿＿＿㊞
	（土地所有者が連結申告法人の場合）	（借地人等が連結申告法人の場合）
連結親法人の納税地	〒　　　　　　　　　　　電話（　　）　－	〒　　　　　　　　　　　電話（　　）　－
連結親法人名等		
連結親法人等の代表者氏名		
	借地人等と土地所有者との関係	借地人等又はその連結親法人の所轄税務署又は所轄国税局
	＿＿＿＿＿＿＿＿	＿＿＿＿＿＿＿＿

20.06改正

（契約の概要等）

1　契約の種類　＿＿＿＿＿＿＿＿＿＿＿＿＿＿＿＿＿＿＿＿＿＿＿＿
2　土地の使用目的　＿＿＿＿＿＿＿＿＿＿＿＿＿＿＿＿＿＿＿＿＿＿
3　契約期間　　平成　　年　　月　～　平成　　年　　月
4　建物等の状況
　(1)　種　　　類　＿＿＿＿＿＿＿＿＿＿＿＿＿＿＿＿＿＿＿＿＿
　(2)　構造及び用途　＿＿＿＿＿＿＿＿＿＿＿＿＿＿＿＿＿＿＿＿
　(3)　建築面積等　＿＿＿＿＿＿＿＿＿＿＿＿＿＿＿＿＿＿＿＿＿
5　土地の価額等
　(1)　土地の価額　　　　　　　　　　　　　円　（財産評価額　　　　　　　円）
　(2)　地代の年額　　　　　　　　　　　　　円
6　特約事項　＿＿＿＿＿＿＿＿＿＿＿＿＿＿＿＿＿＿＿＿＿＿＿＿
　　　　　　　＿＿＿＿＿＿＿＿＿＿＿＿＿＿＿＿＿＿＿＿＿＿＿＿

7　土地の形状及び使用状況等を示す略図

8　添付書類　　　(1)　契約書の写し　　(2)　＿＿＿＿＿＿＿＿＿

　そこで，昭和55年度に行われた法人税基本通達の見直しの際に，法人が少なくとも当事者の一方となっている土地の貸借取引が行われた場合において，上記①の権利金方式，②の相当の地代方式のいずれにもよらないとき（例えば，その代表的な事例として使用貸借（地代なし）が挙げられる）であっても，当該契約形態を容認する取扱いが導入されることになった。これが，法人税基本通達13－1－7（権利金の認定見合せ）に定める土地の無償返還制度である。

　ただし，個人間における土地の使用貸借契約が無条件（課税庁に対して何らかの手続を経る必要は全くない）で容認されるのに対し，法人が関与して同通達の定めの適用を受ける場合には，課税庁に対して土地の貸主及び借主の双方の連名で「土地の無償返還に関する届出書」（前頁図表－14を参照）を提出することが必要とされている。

　そうすると，この「土地の無償返還に関する届出書」を提出している場合には，当該土

図表-15　昭和55年12月25日前に行われた借地権の設定等に対する土地の無償返還の取扱い

区　分	土地の無償返還の取扱い
原則的取扱い	従前の例による（借地権利金の認定課税が行われる。したがって，借地人に借地権が帰属しているものとして今後の課税関係が処理される）。よって，土地の無償返還は認められないことになる。
特例的取扱い	下記に掲げる要件を充足する場合には，新通達（法人税基本通達13－1－7（権利金の認定見合せ））の適用が認められる（借地権利金の認定課税は行われず，借地人に帰属する借地権はないものとして今後の課税関係が処理される）。 (イ)　既応に行った借地権の設定等について，いまだに借地権利金の認定課税が行われていないこと（借地権利金の認定課税が行われずに除斥期間を経過しているものを含む） (ロ)　法人が新通達の適用を受けることにつき遅滞なく（改正通達の日付の日以後おおむね3年以内に）その旨の届出をすること

地の貸借契約の形態が使用貸借契約であるのか賃貸借契約であるのかの如何を問わず，土地の借主に財産的価値としての借地権（税法上の借地権）の価額の認識はないものとして，借地権の価額に相当する経済的な利益に対する課税（借地権の認定課税）はされないことになる。

以上から，無償返還の届出書方式とは，土地の貸借取引の一方又はその双方が法人である場合において，当該取引の当事者間において財産的価値としての借地権（税法上の借地権）認識を有しないときに，当該貸借取引において使用貸借契約や通常の権利金（又は使用の代価としての相当の地代）を収受しない賃貸借契約を締結したことにより通常においては問題点とされるいわゆる借地権の認定課税を回避するための方策であるといえよう。

なお，この「土地の無償返還に関する届出書」の提出に基づく権利金の認定見合せを定めた法人税基本通達13－1－7（権利金の認定見合せ）は，昭和55年12月25日付けの法人税基本通達の改正時に新設されたものであり，原則として同日（昭和55年12月25日）以降に行われる借地権の認定等について適用されることになるが，同日前に行われた借地権の設定等については図表-15に掲げる一定の経過的取扱いが定められていた。

④　借地権の認定課税

建物の所有を目的とする土地の貸借取引が行われた場合において，当該貸借取引の当事者の少なくとも一方が法人であるときには，上記①の権利金方式，②の相当の地代方式又は③の無償返還の届出書方式のいずれかの方式を採用する必要がある。上記①ないし③に掲げる各方式のいずれを採用しない場合で例えば，貸主：個人，借主：法人であるときには，前記図表-13の「問題点」に掲げるとおり，借主である法人に対して一定の方法で算定した借地権の価額に相当する受贈益の認定課税が行われるものとされている。

⑤　除斥期間経過済み（いわゆる「時効取得」）の借地権

上記④に掲げる借地権の認定課税が行われるべきものとされている場合でも，課税実務上では実際に認定課税が行われることなく相当の期間が経過済みである事例を見聞することは珍しくはない。このような事例においては借主である法人に対する財産権としての借

地権の帰属（法人税法上の借地権）の有無に関心が集まることになろう。このような事例に対する考え方を示すと次のとおりであり，結論として借主である法人に借地相当額としての利用権（税法上の借地権）が帰属しているとして取り扱うことが相当であり，この場合の借地権は原始発生的な借地権であることに留意する必要があろう。

(イ) 法人税法22条（各事業年度の所得の金額の計算）の規定では，内国法人の各事業年度の所得の金額の計算において益金の額に算入すべき金額は，原則として資産の販売，有償又は無償による資産の譲渡又は役務の提供，<u>無償による資産の譲受け</u>その他の取引で資本等取引以外のものに係る当該各事業年度の収益の額とする旨を定めている。

(ロ) 貸主：個人と借主：法人との間で建物の所有を目的とするものその賃料を無償とする取引が行われた事例では，土地の貸借に当たって権利金や地代の収受を必要としない私法上における土地の使用貸借契約が締結されているものと考えられるが，法人税法の取扱いでは，上記(イ)のとおり「無償による資産の譲受け」（上記(イ)の____部分）が当該法人の各事業年度の所得の金額の計算上，その事業年度の益金の額に算入されるものと規定されている。そうすると，当該事例では，当該土地の貸借が私法上の使用貸借であることを承知して借主たる法人が貸主たる個人より借地した土地上に建物を建築した場合でも，当該土地の借地権に相当する金額の認定課税が行われるべきものであったと考えられる。

(ハ) 上記(ロ)に関して，当該土地の借地権に相当する金額の認定課税が結果として実際には課税されず，かつ，当該認定課税に係る除斥期間を経過した後において課税することもできなくなった場合も含んで，借主たる法人に借地権相当額の利用権（税法上の借地権）が帰属したとして取り扱うことが相当であると考えられる。

⑥ 使用貸借方式

土地の貸借取引の一方が法人である場合（本件裁決事例の場合は，貸主：個人，借主：法人でこれに該当する）又はその双方が法人である場合で当該土地の貸借取引の形態が使用貸借であれば，個人間における使用貸借の取扱い(注)とは異なり，次に掲げる区分に従って，それぞれに掲げるとおりの取扱いが求められることになる。

(イ) 「土地の無償返還に関する届出書」が提出されている場合

借主に対する借地権の認定課税等の税務問題は生じない。この場合，土地の使用貸借につき民法上の使用借権に係る保護配慮はなく，かつ，当該使用借権につき財産権としての借地権（税法上の借地権）も認められないことになる。

(ロ) 「土地の無償返還に関する届出書」が提出されていない場合

借主に対する借地権の認定課税（認定課税に係る除斥期間経過済みとされた場合の取扱いも含む）等の税務問題が生じることになる。この場合，土地の使用貸借につき民法上の使用借権に係る保護配慮はないものの，当該使用借権につき，税法上は財産権としての借地権相当額の価額認識（税法上の借地権）を有することが必要となる。

図表－16　貸主（土地所有者）：個人，借主（借地人）：法人である場合の税務上の取扱い

契約の態様			借地権設定時（入口課税）		借地契約期間中（中途課税）		底地又は借地権の評価時（出口課税）	
			土地所有者（個人）	借地人（法人）	土地所有者（個人）	借地人（法人）	土地所有者（個人）	借地人（法人）
賃貸借契約	通常の権利金を収受する場合		●権利金収入 ㋑ 時価$\frac{1}{2}$超 ⇒譲渡所得 ㋺ ㋑以外 ⇒不動産所得	●権利金支出 借地権取得価額（非償却性資産）	●通常の地代収入 不動産所得課税	●通常の地代支出 損金算入	●底地価額課税 自用地評価×（1－借地権割合）	（同族会社の株式評価） ●借地権額課税 自用地評価×借地権割合
	通常の権利金を収受しない場合	相当の地代方式による場合						
		地代を据置く（固定型）	●課税関係なし	●課税関係なし	●相当の地代（固定型）収入 不動産所得課税	●相当の地代（固定型）支出 損金算入	●底地価額課税 自用地評価－算式Ⓐの借地権価額	（同族会社の株式評価） ●借地権額課税 原則として算式Ⓐにより計算した借地権価額
		地代を改訂する（改訂型）	●課税関係なし	●課税関係なし	●相当の地代（改訂型）収入 不動産所得課税	●相当の地代（改訂型）支出損金算入	●底地課税価額 自用地評価×80％	（同族会社の株式評価） ●借地権額課税 自用地評価×20％
		相当の地代方式によらない場合						
		無償返還の届出書を提出	●課税関係なし	●課税関係なし	●実際の地代収入 不動産所得課税	●実際の地代支出 損金算入	●底地価額課税 自用地評価×80％	（同族会社の株式評価） ●借地権額課税 自用地評価×20％
		無償返還の届出書を未提出	●課税関係なし	●借地権の認定課税 算式Ⓑにより計算した借地権価額	●実際の地代収入 不動産所得課税	●実際の地代支出 損金算入	●底地価額課税 自用地評価－算式Ⓐの借地権価額	（同族会社の株式評価） ●借地権額課税 原則として算式Ⓐにより計算した借地権価額
使用貸借契約	無償返還の届出書を提出		●課税関係なし	●課税関係なし	●課税関係なし	●課税関係なし	●底地価額課税 自用地評価	（同族会社の株式評価） ●借地権額課税 借地権価額は0
	無償返還の届出書を未提出		●課税関係なし	●借地権の認定課税 自用地評価×借地権割合による認定借地権	●課税関係なし	●課税関係なし	●底地価額課税 自用地評価×（1－借地権割合）	（同族会社の株式評価） ●借地権額課税 自用地評価×借地権割合

（注）　出口課税の地主（個人）欄の「自用地評価－算式Ⓐの借地権価額」が，「自用地評価×80％」を上回る場合には「自用地評価×80％」によります。

（図表－16で使用している算式）

（算式Ⓐ） 自用地としての価額 × 借地権割合 × $\left(1 - \dfrac{実際の地代の年額 - 通常の地代の年額}{相当の地代の年額^{(注)} - 通常の地代の年額}\right)$

（注） この場合の相当の地代の年額は，昭和60年6月5日付けの「相当の地代を支払っている場合等の借地権等についての相続税及び贈与税の取扱いについて」（個別通達）の定めに基づいて算定するものとされており，この取扱いを算式で示すと次のとおりとなる。

算式

$\left[\begin{array}{c}\text{その年における自}\\ \text{用地としての相続}\\ \text{税評価額}\end{array} + \begin{array}{c}\text{その年の前年における}\\ \text{自用地としての相続税}\\ \text{評価額}\end{array} + \begin{array}{c}\text{その年の前々年におけ}\\ \text{る自用地としての相続}\\ \text{税評価額}\end{array}\right] \times \dfrac{1}{3} \times 6\%$

（算式Ⓑ） $\begin{array}{c}\text{土地の更地価額}\\ \text{（通常の取引価額）}\end{array} \times \left(1 - \dfrac{実際の地代の年額}{法人税基本通達13-1-2に定める相当の地代の年額}\right)$

（注） 個人間の土地の使用貸借

　貸主及び借主の双方が個人である場合における個人間の土地貸借取引については，当該土地の契約形態が使用貸借であれば，直ちに税務上もこれを容認して使用貸借として取り扱うものとされている。この場合，当該土地の使用貸借につき，民法上の使用借権に係る保護配慮はなく，かつ，当該使用借権につき財産権としての借地権（税法上の借地権）も認められないことになる。

⑦　まとめ

　本件裁決事例のように貸主（土地所有者）：個人，借主（借地人）：法人である場合において，上記①ないし⑥に掲げるとおりの態様で，貸主の所有する土地に対して建物の所有を目的とする貸借権が設定されたときにおける当該設定時（入口課税）から当該土地等の評価時（出口課税）までの税務上の取扱い（主要な項目のみの抜粋）をまとめると，前頁図表－16のとおりとなる。

(2) **本件裁決事例における具体的な検証（本件裁決事例における税法上の借地権）**

　上記(1)で確認した税法上の借地権の認定態様（権利金方式・相当の地代方式・無償返還の届出書方式・使用貸借方式）と本件裁決事例における本件借地権の税法上の取扱い（認識・測定）について検討を加えてみることにする。

① 前提事項の整理

　検討を加えるに当たって，本件裁決事例における本件基礎事実及び認定事実等から明確とされている事項及び国税不服審判所の判断の段階においても不明確のままであった事項についてまとめると，次のとおりとなる。

（イ）明確とされている事項

　㋑　甲㈱（本件土地の借主で本件土地所有者一族の主宰同族会社）は，昭和52年8月18日，本件土地の当時の所有者である亡父から本件土地を貸借し，本件土地上に本件建物（駐車場用の建物）を建築した。

　㋺　平成10年（昭和73年）7月に本件建物は，駐車場内で発生した事故に基因して取り壊された（滅失に該当する）。

㈧　平成10年（昭和73年）７月に本件建物が取り壊された後の跡地は，アスファルトが敷かれ，甲㈱等の駐車場及び一般向けの時間貸駐車場として現在まで継続して使用されている。

㊁　平成11年（昭和74年）６月＊＊日に亡父に相続開始があり，本件土地は，母乙が相続により取得した。

㊅　平成21年（昭和84年）８月21日に，母乙から請求人（母乙の子）は，本件土地の贈与を受けた。

㊂　甲㈱と亡父又は母乙との間において，本件土地に係る賃貸借契約書は作成されていないが，甲㈱は本件土地の地代(注)について，遅くとも昭和63年から上記㊅の贈与時まで，亡父死亡前は亡父に，亡父死亡後は母乙に対して支払っていた。

（注）この地代の支払水準について，本件裁決事例では何らの言及もされていないが，前記図表－11の⑴に掲げるいわゆる「通常の地代」程度であるものと推定する。

㈺　不明確のままであった事項

本件裁決事例では，国税不服審判所の判断においても下記に掲げる事項については不明確のままであった。

㋑　本件建物が「堅固な建物」に該当するのか「非堅固な建物」に該当するのか。

㋺　本件土地の賃貸借契約開始時期が昭和52年８月18日であるのか，それとも同日以後（そして，遅くとも昭和63年）であるのか。

②　本件借地権の税務上の取扱い（論点の整理）

上記①に掲げる前提事項を基礎にして，本件裁決事例における本件借地権の税法上の取扱い（認識及び測定）について次に検討する。

まず，上記①㈺㋑に掲げる本件建物の分類（堅固又は非堅固の別）を検討することについては，前記図表－９に掲げるとおり，上記①㈺㋺に掲げる本件土地の賃貸借契約開始時期の如何を問わず本件贈与時点（平成21年（昭和84年）８月）において借地法上の借地権（借地人に対する一定の保護配慮がある状況をいう）の存在が容認されている（この判断過程のなかには，借地法６条（法定更新）に規定する法定更新の考え方が採用されていることに留意する必要がある）や，税法上の借地権（借地人に帰属する財産価値としての借地権）の認識及び測定は，借地権上の建物の分類（堅固又は非堅固の別）の如何を問わないものとされていることからすると，格段の重要性を見い出すものではない。

次に，本件土地に係る賃貸借契約開始の時期（本件裁決事例で明確にされているのは遅くとも昭和63年以降は賃貸借契約と認定できること）と貸主（個人）と借主（法人）との間において収受される地代の水準について，下記に掲げる仮定例１ないし仮定例４の仮説を想定して，当該各仮定例によった場合の税法上の借地権について，以下順次，検討を加えてみたい。

㈡　仮定例１

甲㈱が本件土地上に本件建物を建築した当初の昭和52年８月18日から昭和63年まで，本件土地の所有者（亡父）に地代を支払っていなかった場合（以下「使用貸借事例」

という）

　(ロ)　仮定例2

　　甲㈱が本件土地上に本件建物を建築した当初の昭和52年8月18日から継続して現在まで，本件土地の所有者（亡父又は母乙）に対して地代が支払われており（土地の賃貸借契約締結時に権利金その他の一時金の支払いはなかったものとする。以下，(ハ)及び(ニ)において同じ。），その地代率 $\left(\dfrac{支払年地代}{土地の価額}\right)$ は年1.5％であり，いわゆる通常の地代（前記図表-11の(1)を参照）と認められる場合（以下「通常の地代事例」という）

　(ハ)　仮定例3

　　上記(ロ)に掲げるのと同じ地代の支払開始時期であり，その地代率が年4％（この地代率は，通常の地代を超え相当の地代に満たない水準と認められる）である場合（以下「年4％地代事例」という）

　(ニ)　仮定例4

　　上記(ロ)に掲げるのと同じ地代の支払開始時期であり，その地代率が年8％（この地代率は，当該地代の支払開始時期においては，相当の地代に該当すると認められる（前記図表-12の（注2）を参照））もので，その後も当該相当の地代水準が維持されているものと認められる場合（以下「相当の地代継続事例」という）

③　仮定例1（使用貸借事例）の場合

　仮定例1は，貸主（個人）と借主（法人）との土地の貸借関係が使用貸借契約であることから，前記(1)①の権利金方式及び(1)②の相当の地代方式に該当しないことは明確である。そして，前記(1)③に掲げる無償返還の届出書方式については，当該定めが昭和52年8月18日における本件土地の使用貸借開始時には当時にその適用はないものとされる。

　そうすると，仮定例1（使用貸借事例）の場合には，本件土地の借主（法人）である甲㈱に対して前記(1)④に掲げる借地権の認定課税（(借)借地権，(貸)受益益）が行われることが理論的な取扱いとされる。なお，このような理論的な取扱いである認定課税が行われるべきものとされる場合であっても実際には認定課税が行われることなく相当の期間が経過済みとなっている事例もあり，当該事例については，前記(1)⑤に掲げる除斥期間経過済み（いわゆる「時効取得」）の借地権が借主たる法人に帰属しているものと考えられる。

　なお，昭和55年12月25日付けの法人税基本通達の改正により新設された「土地の無償返還に関する届出書」の提出を条件とする税法上の借地権の認定課税の合理的な回避策（税法上の借地権の不存在の確認）に係る経過措置として設けられた特例的取扱い（前記図表-15を参照）を受けたことを合理的に推認させる記述（例えば，改正通達の日付以後おおむね3年以内に課税庁に対して，「土地の無償返還に関する届出書」を提出した）が本件裁決事例には認められないことから，仮定例1（使用貸借事例）でも，当該経過措置の適用は受けていないものとする。

　以上より，仮定例1（使用貸借事例）の場合には，前記(1)④の借地権の認定課税又は(1)⑤の除斥期間経過済み（いわゆる「時効取得」）の借地権のいずれかの区分による税法上の借地権（財産権としての借地権）が借主たる法人（甲㈱）に，昭和52年8月18日を取得

日として原始発生的に帰属しているものと判断される。

そして，本件裁決事例では明確な事実として，遅くとも昭和63年からは本件土地について賃貸借契約が開始された旨が確認されているが，当該事項はその支払地代水準が通常の地代と認定される範囲内で設定されている限りにおいては，上記で示した借主たる法人（甲㈱）に原始発生的に帰属していると認められる税法上の借地権（財産権としての借地権）の認識及び測定に何らの影響を及ぼすものではないことに留意する必要がある。

仮定例1（使用貸借事例）の取扱いを設例で示すと，次のとおりとなる。

設 例

（事 例）(イ) 昭和52年8月18日における本件土地の価額（通常の取引価額）……100百万円
　　　　 (ロ) 借地権割合……60％
　　　　 (ハ) 当事者間で収受されている地代の年額……0円

（取扱い）　次の算式により計算された60百万円が，借地権の認定課税又は除斥期間経過済みの借地権として原始発生的に借地人たる法人に帰属しているものとされる。

　　　算式　100百万円×60％＝60百万円
　　　　　　（上記(イ)）（上記(ロ)）

（留意点）　昭和52年8月18日における本件土地の貸借開始時点では，仮定例1（使用貸借事例）は使用貸借契約とされているので，本件土地の貸借には借地法に基づく借地人に対する借地権に対する保護配慮の各規定の適用はないことに留意する必要がある。

④　仮定例2（通常の地代事例）の場合

仮定例2は，貸主（個人）と借主（法人）との土地の貸借関係が賃貸借契約であると認められるものの，両者間で収受される地代の年利回りが1.5％であることから前記(1)②に掲げる相当の地代方式には該当しないし，また，本件裁決事例では明確な事実として両者間における借地権の設定による権利金その他の一時金の収受に関する記述も認められないことから，前記(1)①に掲げる権利金方式にも該当しないものと推認される。そして，上記③において確認したとおり，無償返還の届出書方式を昭和52年8月18日における本件土地の賃貸借開始時において適用することは当然に不可能とされる。

そうすると，仮定例2（通常の地代事例）の場合にも，上記③の仮定例1（使用貸借事例）の場合と全く同様に，本件土地の借主（法人）である甲㈱に対して前記(1)④に掲げる借地権の認定課税が行われることを理論的な取扱いとするともに，これに該当せず相当の期間が経過済みとされる場合には，前記(1)⑤に掲げる除斥期間経過済み（いわゆる「時効取得」）の借地権が借主たる法人に帰属しているものと考えられる。

なお，昭和55年12月25日付けの法人税基本通達の改正により新設された「土地の無償返還に関する届出書」の提出を条件とする経過措置として設けられた特例的な取扱い（前記図表－15を参照）は，上記③と同様に，その適用を受けていないものとする。

以上より，仮定例2（通常の地代事例）の場合には，前記(1)④の借地権の認定課税又は(1)⑤の除斥期間経過済み（いわゆる「時効取得」）の借地権のいずれかの区分による税法上の借地権（財産権としての借地権）が借主たる法人（甲㈱）に，昭和52年8月18日を取

得日として原始発生的に帰属しているものと判断される。また，本件裁決事例では明確な事実として，遅くとも昭和63年からは本件土地について賃貸借契約が開始された旨が確認されているが，仮定例2（通常の地代事例）の場合には，昭和52年8月18日における土地賃貸借の開始時点における支払地代水準が通常の地代とされていることから，当該昭和63年において確認された賃貸借契約における支払地代水準も通常の地代と認定される範囲内で設定されていることが必要となる。

仮定例2（通常の地代事例）の取扱いを設例で示すと，次のとおりとなる。

設例

(事　例)(イ)　昭和52年8月18日における本件土地の価額（通常の取引価額）……100百万円
　　　　(ロ)　借地権割合……60％
　　　　(ハ)　当事者間で収受されている地代の年額（(イ)×1.5％）……1.5百万円（通常の地代）

(取扱い)　次の算式により計算された60百万円が，借地権の認定課税又は除斥期間経過済みの借地権として原始発生的に借地人たる法人に帰属しているものとされる。

　　算式　100百万円×60％＝60百万円
　　　　　（上記(イ)）（上記(ロ)）

(留意点)(イ)　昭和52年8月18日における本件土地の貸借開始時点から，仮定例2（通常の地代事例）は賃貸借契約であったと認められるので，本件土地の貸借には借地法に基づく借地人に対する保護配慮の各規定の適用があることに留意する必要がある。
　　　　(ロ)　上記③の仮定例1（使用貸借事例）とこの仮定例2（通常の地代事例）は，上述のとおり，借地法による借地権の保護配慮の有無という点で異なる取扱いがなされるものの，貸主（個人），借主（法人）の形態においては，いずれの仮定例においても税法上の借地権（財産権としての借地権）の存在が認められることに留意する必要がある。

⑤　仮定例3（年4％地代事例）の場合

仮定例3は，貸主（個人）と借主（法人）との土地の貸借関係が賃貸借契約であると認められるものの，両者間で収受される地代の年利回りが4％であることから前記(1)②に掲げる相当の地代方式には該当しないし，また，その前提条件から前記(1)①の掲げる権利金方式にも該当しないものと推認される。そして，上記③で示したとおり，無償返還の届出書方式を昭和52年8月18日おける本件土地の賃貸借開始時において適用することは当然に不可能とされる。

そうすると，仮定例3（年4％地代事例）の場合においても，上記③の仮定例1（使用貸借事例）及び④の仮定例2（通常の地代事例）の場合と同様の考え方により，本件土地の借主（法人）である甲㈱に対して前記(1)④に掲げる借地権の認定課税が行われることが理論的な取扱いとして想定される。

もし，これに該当せず，相当の期間が経過済みとされる場合には，前記(1)⑤に掲げる除斥期間経過済み（いわゆる「時効取得」）の借地権が借主たる法人に帰属しているものと考えられる。

ただし，仮定例1（使用貸借事例）及び仮定例2（通常の地代事例）の各事例の場合において借主（法人）である甲㈱に対してその帰属が認識される借地権の価額（測定額）が，上記③及び④のそれぞれに掲げる 設例 において示されている算式のとおり，「本件土地の価額×借地権割合」として，その地域における通常の借地権割合に該当する数値そのものを本件土地の価額に乗じて算定している。これに対し，仮定例3（年4％地代事例）の場合には，収受する地代の額（年利回り4％相当額）が通常の地代の額を超えるものの相当の地代の額（年利回り8％（昭和52年8月18日当時））に満たないため，当該事例において借主（法人）に帰属する借地権の価額は，前記図表－13の(ロ)に掲げるとおり，次に示す算式によって算定されることになる。

（算　式）

当該土地の通常の取引価額 × $\left(1 - \dfrac{\text{実際に収受している地代の年額（仮定例3の場合：年4％の地代）}}{\text{相当の地代の年額（仮定例3の場合：年8％の地代）}}\right) = \boxed{P}$

（注）　上記により，計算した金額$\boxed{P}$が，通常収受すべき権利金の額を超えることとなる場合には，当該権利金の額に留めるものとされている。

なお，昭和55年12月25日付けの法人税基本通達の改正により新設された「土地の無償返還に関する届出書」の提出を条件とする経過措置として設けられた特例的な取扱い（前記図表－15を参照）は，前記③と同様に，その適用を受けていないものとする。

以上より，仮定例3（年4％地代事例）の場合には，前記(1)④の借地権の認定課税又は(1)⑤の除斥期間経過済み（いわゆる「時効取得」）の借地権のいずれかの区分による税法上の借地権（財産権としての借地権）が借主たる法人（甲㈱）に，昭和52年8月18日を取得日として原始発生的に帰属（ただし，帰属する借地権の価額については上掲の算式によって計算した金額とされる。具体的には下記の設例を参照）しているものと判断される。

また，本件裁決事例では明確な事実として，遅くとも昭和63年からは本件土地について賃貸借契約が開始された旨が確認されているが，仮定例3（年4％地代事例）の場合には，昭和52年8月18日における土地賃貸借の開始時点における支払地代水準が通常の地代の額を超えるものの相当の地代の額に満たないと認められる年利回り4％の地代とされていることから，当該昭和63年において確認された賃貸借契約における支払地代水準も当該年利回り4％の地代水準を維持しているものとして設定される必要がある。

仮定例3（年4％地代水準）の取扱いを設例で示すと，次のとおりとなる。

設　例

（事　例）(イ)　昭和52年8月18日における本件土地の価額（通常の取引価額）……100百万円

　　　　　(ロ)　借地権割合……60％

　　　　　(ハ)　当事者間で収受されている地代の年額（(イ)×4％）……4百万円

（取扱い）　次の算式により計算された50百万円が，借地権の認定課税又は除斥期間経過済みの借地権として原始発生的に借地人たる法人に帰属しているものとされる。

CASE9

[算式]

(A) 100百万円（上記(イ)）$\times \left(1 - \dfrac{4\text{百万円（上記(ハ))}}{\begin{array}{c}8\text{百万円}\\ \text{(相当の地代の年額)}\\ (100\text{百万円}\times 8\%)\end{array}}\right) = 50$百万円

(B) $\underset{\text{(上記(イ))}}{100\text{百万円}} \times \underset{\text{(上記(ロ))}}{60\%} = 60$百万円

(C) (A)＜(B)

∴いずれか低い方(A)（50百万円）

（留意点）　仮定例3（年4％地代事例）の場合では，借主たる法人に帰属していると認められる原始発生的な借地権は借地権割合に換算すると50％

$\left(\dfrac{50\text{百万円（借地権の価額）}}{100\text{百万円（本件土地の価額）}}\right)$とされ，その地域における通常の借地権割合（60％）と異なることに留意する必要がある。

⑥　仮定例4（相当の地代継続事例）の場合

　仮定例4は，貸主（個人）と借主（法人）との土地の貸借関係が賃貸借契約であり，かつ，両者間で収受される地代の年利回りが8％であることから前記(1)②に掲げる相当の地代方式に該当する。そして，土地の価額に8％を乗じて相当の地代の年額を算出したというのであるから当該地代は完全に借地権の設定に当たっての権利金その他の一時金の代替関係にあると認められ，前記(1)①に掲げる権利金方式にも該当しないものとなる。また，上記③で示したとおり，無償返還の届出書方式を昭和52年8月18日における本件土地の賃貸借開始時において適用することは当然に不可能とされる。

　そうすると，仮定例4（相当の地代継続事例）の場合には，本件土地の借主（法人）である甲㈱に差額地代（新規地代(注1)の額から継続地代(注2)の額を控除したものをいう）の額を資本還元率で除して算定した借地人に帰属する借地権の価額（これも税法上の財産権としての借地権が認識されるべきものの一つである）が認識されないことになる（なぜならば，「新規地代の額＝継続地代の額」となるからである）。

（注1）　新規地代とは，新たに貸主と借主との間において借地契約を締結するとした場合に収受されるべき理論的な地代をいう。

（注2）　継続地代とは，旧来よりの借地契約の関係を前提として貸主と借主との間において実際に収受されている地代をいう。

　なお，昭和55年12月25日付けの法人税基本通達の改正により新設された「土地の無償返還に関する届出書」の提出を条件とする経過措置として設けられた特例的な取扱い（前記図表－15を参照）は，前記③と同様に，その適用を受けていないものとする（なお，仮定例4のように相当の地代が維持されている限りにおいては，この特例的な取扱いの適用を受けるか否かを選択する実務上の有益性は存しないことも付言しておきたい）。

　以上より，仮定例4（相当の地代継続事例）の場合には，税法上の借地権（財産権としての借地権）が借主たる法人（甲㈱）には帰属していないものと判断される。

また，本件裁決事例では明確な事実として，遅くとも昭和63年からは本件土地について賃貸借契約が開始された旨が確認されているが，仮定例 4（相当の地代継続事例）の場合には，昭和52年 8 月18日における土地賃貸借の開始時点における支払地代水準が年利回り 8 ％の相当の地代とされていることから，当該昭和63年において確認された賃貸借契約における支払地代水準も相当の地代水準（昭和63年当時も年利回り 8 ％）を維持しているものとして設定される必要がある。

　仮定例 4（相当の地代継続事例）の取扱いを設例で示すと，次のとおりとなる。

設例

　　（事　例）(イ)　昭和52年 8 月18日における本件土地の価額（通常の取引価額）……100百万円
　　　　　　　(ロ)　借地権割合……60％
　　　　　　　(ハ)　当事者間で収受されている地代の年額（(イ)× 8 ％）……8百万円（相当の地代）
　　（取扱い）　借地人（法人）である甲㈱に帰属する税法上の借地権（財産権としての借地権）は，相当の地代が継続されている場合には認識されない。
　　（留意点）　上記の仮定例 4（相当の地代継続事例）は，上述のとおり税法上の借地権（財産権としての借地権）は認識されないが，建物の所有を目的とする土地の賃貸借契約に該当するため，借地法に基づく借地権の保護配慮の対象とされている（換言すれば，借地法上の借地権が認められている）ことに留意する必要がある。

❸　本件裁決事例における論点

　前記❶で借地法に規定する借地権，そして，上記❷で税法上の借地権について，それぞれの本質について確認してみた。その結果，借地人に対する保護配慮面に重点が置かれる借地法上の借地権，借地権の財産性（経済的な価値）の有無からその認識の有無を行おうとする税法上の借地権という，借地権の二面性が確認できた。

　一方，本件裁決事例における国税不服審判所の判断の要旨は次の(1)及び(2)に掲げるとおりで，その結果として，本件土地に税法上の借地権の存在を認め，本件土地の価額につき，いわゆる貸宅地の価額によって評価することを容認している。

　　(1)　早ければ昭和52年 8 月18日，遅くとも昭和63年に発生した本件借地権（筆者注 本件借地権は，借地法上の借地権（借地人に対する保護配慮面の借地権）に過ぎないものである）が本件贈与時まで存続しており，また，賃貸人である亡父又は母乙と賃借人である甲㈱の間で，本件土地に係る賃貸借契約の内容が変更された事実も認められないから，本件贈与時に本件土地上に甲㈱の借地権が存続することは明らかである。

　　(2)　本件贈与時に本件土地上には，甲㈱の借地権が存在することは明らかであるから，評価通達25（貸宅地の評価）の定めに従い，本件土地の価額は自用地としての価額から借地権の価額を控除して評価するのが相当である。

　しかしながら，上記(1)の判断は本件土地の借主たる甲㈱に借地法上の借地権の存在が認められることを判断したのみに過ぎないと解されるにもかかわらず，これを基因として上記(2)に掲げるような税法上の借地権（財産権としての借地権）を認識し，かつ測定（当該借地権の価額を本件土地所在地の通常の借地権割合である60％を用いて算定したことをい

う）したこととの因果関係の説明が十分に行われたものであるとは言い難いと筆者は考えるものである。

もし仮に，本件裁決事例における貸主（個人）と借主（法人）との土地の貸借関係が上記❷(2)⑥の仮定例4（相当の地代継続事例）に該当していたならば，どのような結末になっていたかを想定していただきたい（この場合は，借地法上の借地権は存在するが，税法上の借地権（財産権としての借地権）は存在しない）。

したがって，本件裁決事例では，本件土地の価額の算定（換言すれば，借地権価額の控除の可否）に当たっては，次に掲げる3点の確認がされない限り，正解は不明ということになろう。

(イ) 本件土地の貸借開始時期における貸借の態様（権利金の支払の有無，賃貸借又は使用貸借の区分）
(ロ) 上記(イ)において賃貸借契約であったとした場合における当事者における支払地代の水準（通常の地代，通常の地代を超えて相当の地代未満，相当の地代（固定型，改訂型の選択を含む）の別）
(ハ) 法人税基本通達13-1-7（権利金の認定見合せ）に定める「土地の無償返還の届出書」につき，当該通達の制定時に定められていた経過措置の適用の有無

すなわち，税法上の借地権（財産権としての借地権）の有無を判断するためには，税法及び借地法（借地借家法）の両面からの総合的な検証が不可欠とされる点に留意する必要があろう。

VI 参考事項等

❶ 参考法令通達等

・評価通達25（貸宅地の評価）
・個別通達（昭和60年6月5日付，相当の地代を支払っている場合等の借地権等についての相続税及び贈与税の取扱いについて）
・法人税法22条（各事業年度の所得の金額の計算）
・法人税基本通達13-1-2（使用の対価としての相当の地代）
・法人税基本通達13-1-7（権利金の認定見合せ）
・借地法1条（借地権の定義）
・借地法2条（借地権の存続期間）
・借地法5条（更新の場合の借地権の存続期間）
・借地法6条（法定更新）
・借地借家法2条（定義）
・借地借家法4条（借地権の更新後の期間）
・借地借家法5条（借地契約の更新請求等）
・借地借家法6条（借地契約の更新拒絶の要件）

・借地借家法附則2条（建物保護に関する法律等の廃止）
・借地借家法附則4条（経過措置の原則）
・借地借家法附則5条（借地上の建物の朽廃に関する経過措置）
・借地借家法附則6条（借地契約の更新に関する経過措置）
・東京地方裁判所，平成2年(ワ)第4298号，建物収去土地明渡請求事件

❷ 類似判例・裁決事例の確認

借地権上の建物が老朽化のために取り壊されたことに伴って当該借地権が借地人（個人）から土地所有者（個人）に無償で返還されたものであり，これに伴って借地権は消滅したと解することの相当性が争点された裁決事例として，次に掲げるものがある。

● 平成18年12月12日裁決，東裁（諸）平18－119（相続開始年分：平成15年分）

　請求人らは，被相続人の借地権が存する土地の所有権を請求人Xが取得したことに伴い，借地権者の地位に変更がない旨の申出書（以下「本件申出書」という）を提出した土地（以下「本件土地」という）について，被相続人がその土地上に所有していた建物A及びBを老朽化のため取り壊した後の土地は，請求人Xが自由に使用収益してよいとする合意の下で，当該建物が取り壊されたことに伴い，本件借地権が被相続人から請求人Xに無償で返還されたものであるから，本件借地権は存在しない旨等主張する。

　しかしながら，本件借地権が返還されたとする請求人らの主張は，請求人Xが被相続人から建物取壊し後の土地を自由に使用するよう言われたことに基づくもののみであって，具体的に明らかでなく，上記発言の内容からは，被相続人が本件土地の使用権利者（借地権者）であることを前提として，請求人Xに本件借地権を自由に利用してよいとも解されるから，被相続人は請求人Xに本件借地権を使用貸借により転貸する趣旨で発言したとも認めることができる。

　また，本件申出書を提出していることから，その当時，被相続人及び請求人Xは，本件土地に係る借地権を移転する意思はなかったものと認められる上，<u>建物が朽廃していない本件において</u>，借地上の建物を親族間で所有名義を変えて建て替えた場合には，従前の借地権を維持するならばこの借地権を使用貸借により転貸したとみるのが一般的であるし，転貸が使用貸借である場合には，使用貸借通達2によって贈与税の課税も生じないのであるから，このように被相続人が請求人Xに本件借地権を使用貸借により転貸する行為は，親族である貸借当事者間での合理的な行為といえる。さらに被相続人及び請求人Xは，本件土地上の建物Dを平成12年に取壊した後の土地の一部を譲渡したことによる譲渡所得の申告において，被相続人に借地権が存在していたとしている。

　そうすると，被相続人が，請求人Xに対して本件借地権を返還するという意思があったとは認められず，また，本件借地権が返還されずに存在していたことを推認させる事実はあるが，本件借地権を返還したとみるべき事実は見当たらない。

　そして，被相続人及び請求人Xは，連署で本件申出書を提出しているから，賃借当事者間で借地権が土地所有者に返還されたなどその借地権が存在しないとの主張が認められるのは，贈与税の申告又は借地権の消滅の対価を土地所有者が借地権者に支払った事実が

存するなど，当該借地権が存在しないことを外形上明確に示す特段の行為の存在が立証されることが必要であると解すべきであるところ，請求人Xは建物A及びBの取壊し又は建物Cの建築を理由とした贈与税の申告をしておらず，その他本件借地権が存在しないことを外形上明確に示す特段の行為の存在を認定できる証拠もない。

　以上のことからすると，本件相続開始日において，被相続人に係る相続財産として本件借地権が存在していたと認めるのが相当である。

追補 地積規模の大きな宅地の評価について

　本件裁決事例に係る贈与年分は，平成21年である。もし仮に，当該贈与日が，平成30年1月1日以後である場合（評価通達20-2（地積規模の大きな宅地の評価）の新設等の改正が行われた）としたときにおける本件土地に対する同通達の適用は，下記に掲げる判断基準から少なくとも次の2点の要件を充足しておらず，ないものとされる。

判断基準
(1) 地積要件(注)

$$275.63\text{m}^2 \underset{\substack{\text{(評価対象)}\\\text{地の地積}}}{} < \underset{\substack{\text{(三大都市圏以外)}\\\text{に所在する場合}\\\text{の地積要件}}}{1,000\text{m}^2}$$

　　∴地積要件を未充足

　（注）　本件土地は，沖縄県（三大都市圏以外に該当）に所在することが確認されている。

(2) 地区区分要件

　本件土地は，前記計算-1及び計算-2から路線価地域の繁華街地区（普通商業・併用住宅地区又は普通住宅地区以外）に所在

　　∴地区区分要件を未充足

CASE10

評価通達に定める広大地の要件たる「開発行為を行うとした場合に公共公益的施設用地(道路等)の負担が必要と認められるもの」に該当するか否かの判断基準が争点とされた事例(財産評価に影響を及ぼすべき客観的事情の認定)

事例

被相続人の相続財産である宅地(地積613.37㎡)(以下「本件土地」という)は,都市計画法に規定する市街化区域内(同法に規定する用途地域は第一種中高層住居専用地域に指定された地域内)に所在(評価通達14-2(地区)に定める地区区分は普通住宅地区とされている)し,建築基準法に規定する容積率は200%,建ぺい率が60%であり,課税時期におけるその形状等は図表-1のとおりである。

図表-1 本件土地の課税時期における形状等

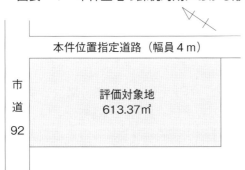

(A) 本件位置指定道路(行き止まりで,通り抜けすることはできない)は,建築基準法42条(道路の定義)1項5号に規定する道路に該当し,幅員4m,延長距離38.55mとしての位置指定を受けている。
(B) 本件位置指定道路は,4名の者(当該4名の者の中に被相続人は含まれていない)の共有であり,これらの者と被相続人(その同族関係者を含む)との間には,何らの特殊関係も認められない。

評価通達24-4(広大地の評価)の定めでは,広大地の定義要件として次の(1)ないし(3)の事項の充足を求めている。
(1) その地域における標準的な宅地の地積に比して著しく地積が広大な宅地であること
(2) 都市計画法4条(定義)12項に規定する開発行為(以下,本項において「開発行為」という)を行うとした場合に公共公益的施設用地の負担が必要と認められるものであること
(3) 次の①又は②に掲げる広大地に該当しない適用除外地以外のものであること

① 評価通達22－2（大規模工場用地）に定める大規模工場用地に該当するもの
② 中高層の集合住宅等の敷地用地に適しているもの（その宅地について，経済的に最も合理的であると認められる開発行為が中高層の集合住宅等を建築することを目的とするものであると認められるものをいう）

　本件土地の所在する地域は，主として1画地の敷地面積が120㎡前後くらいの戸建住宅用地としての利用方法が一般的とされており，マンション等は散在する程度に留まっている。

　そうすると，本件土地は，その地積（613.37㎡），所在地区区分（普通住宅地区）及び周辺地の利用状況（マンションは散在する程度）から考察すると，上記(1)及び(3)に掲げる要件は充足しているものと考えられるが，その一方で，上記(2)に掲げる要件（都市計画法に規定する開発行為を行うとした場合における公共公益的施設用地（道路）の負担の必要性）については，次に掲げるとおりの2つの見解が示されており，土地評価に精通している者の間でも当該要件の充足の可否について明確に判断をすることが困難な状況にある。よって，適切なアドバイスをお願いしたい。

見解1　本件土地に新たな道路を開設する方法
　考え方 (A) 前頁図表－1に掲げる本件位置指定道路の利用を本件土地の所有者が行うに当たっては，本件位置指定道路所有者（被相続人及び相続人とは何らの特殊関係を有しない4名）全員の同意が必要なところ，課税時期現在において当該同意を得られる見込みはない。
　　　(B) 上記(A)より，本件土地に建築基準法42条（道路の定義）1項2号に規定するいわゆる開発道路を新設して開発行為を行うのが経済的に合理的である。
　開発想定図　上記に掲げる 考え方 に基づいて，本件土地の開発想定図を示すと，次頁図表－2のとおりとなる。
　広大地判定　 見解1 に基づいて判定すると，本件土地には都市計画法に規定する開発行為によって公共公益的施設用地（道路）の負担が必要と判断されることから，評価通達24－4（広大地の評価）に定める広大地に該当することになる。

見解2　本件位置指定道路を拡幅利用する方法
　考え方 (A) 本件土地の最有効使用（いわゆる潰れ地の面積を最小限度とする方法）を考えるのであれば，本件位置指定道路に係る本件私道所有者ら全員（被相続人及び相続人とは何らの特殊関係を有しない4名）の同意を得て，かつ，本件位置指定道路の幅員を4mから6mに拡幅（この場合の2m部分の拡幅は，本件土地を道路敷きとして無償提供することによって行われる）することが合理的である。
　　　(B) 上記 見解1 に掲げる 考え方 (A)に掲げる本件私道所有者らの同意を得られるか否かという事情は，本件土地の所有者と本件私道所

有者らの主観的な事情であり，評価通達の適用において考慮されるべき客観的事情ではないので，考慮の対象にはならない。

開発想定図　上記に掲げる考え方に基づいて，本件土地の開発想定図を示すと，図表－3のとおりとなる。

広大地判定　見解2に基づいて判定すると，開発行為を行う場合に道路敷きを提供しなければならない土地部分については，開発区域内（評価対象地である本件土地内）の新規の道路開設に当たらないことから，評価通達24－4（広大地の評価）に定める広大地には該当しない(注)ことになる。

(注)　広大地の評価は，戸建住宅分譲用地として開発した場合に相当規模の「公共公益的施設用地」の負担が生じる土地を前提としていることから，公共公益的施設用地の負担の必要性は，経済的に最も合理的に戸建住宅の分譲を行った場合の当該開発区域内に開設される道路の開設（新規の道路開設の意である）の必要性により判定することが相当である旨を定めた課税実務上の取扱いがある。

図表－2　本件土地に新たな道路を開設する方法によった場合の開発想定図

図表－3　本件位置指定道路を拡幅利用する方法によった場合の開発想定図

（平28.2.9裁決，東裁（諸）平27－29，平成25年相続開始分）

筆者注　評価通達24－4（広大地の評価）に定める広大地の評価は，平成29年12月31日までに開始した相続，遺贈又は贈与により取得した財産の評価について適用するものとされていた。

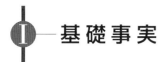基礎事実

❶ 被相続人に係る相続
(1) 被相続人は，平成25年＊＊月＊＊日に死亡した。
(2) 被相続人に係る遺産分割協議が成立し，請求人が本件土地を相続により取得した。

❷ 本件土地の状況等
(1) 本件土地は，その北西側で市道に，その北東側で建築基準法42条（道路の定義）1項5号に規定する道路（以下「本件位置指定道路」という）にそれぞれ接している地積が613.37㎡の宅地である。
(2) 関東信越国税局長が定めた平成25年分の財産評価基準書によれば，上記(1)の市道には，1㎡当たり，9万2,000円の路線価（普通住宅地区所在）が付されている。

❸ 本件位置指定道路の状況等
本件位置指定道路は，幅員4.0m，延長38.55mとして位置の指定を受け，4名の第三者が共有（以下，本件位置指定道路の所有者らを「本件私道所有者ら」という）する道路であるが，その一端が，本件土地がその北西側で接する上記❷(1)の市道に接続し，もう一端の先は行き止まりとなっており，通り抜けることができない。

争　点

❶ 本件土地は，評価通達24－4（広大地の評価）に定める広大地に該当するか否か。
❷ 本件土地の具体的な相続額評価額はいくらになるのか。

争点に関する双方（請求人・原処分庁）の主張

争点に関する請求人・原処分庁の主張は，図表－4のとおりである。

図表－4　争点に関する請求人・原処分庁の主張

争　点	請求人（納税者）の主張	原処分庁（課税庁）の主張
(1) 本件土地は評価通達に定める広大地に該当するか	① 前記図表－3のような本件位置指定道路を利用した開発行為は，本件私道所有者らの同意がなければできない旨が法令で規定され，本件私道所有者らのうち1人でも同意を得られなければ，このような開発行為は不可能である。 ② 本件においては，現に，本件私道所有者らが本件位置指定道路の利用を拒絶する旨の回答をしており，同意を得ることは現実的に困難であるし，本件相続の開始時においても本件私道所有者らの同意を得られることが確実ではない以上，本	① 本件土地で開発行為を行うとした場合，前記図表－3のとおり，本件位置指定道路を利用して開発行為を行うのが経済的に最も合理的である。 ② 上記①の場合，本件私道所有者ら全員の同意を要し，かつ本件位置指定道路の幅員を4mから6mに拡幅するか，自動車転回広場を設置する必要がある。しかしながら，時価とは客観的な交換価値を示す価額であるから，財産の評価にあ

	件位置指定道路は利用できないものとして，前記図表－2のとおり，本件土地に新たな道路を開設して開発行為を行うのが経済的に最も合理的である。 ③ 上記①及び②より，本件土地で開発行為を行うとした場合に，評価通達24－4（広大地の評価）に定める公共公益的施設用地の負担が必要と認められるから，本件土地は，広大地に該当する。	たり考慮される個別事情は客観的に認められるものに限定される。そうすると，本件私道所有者らの同意を得られるか否かといった事情は，所有者等の意思，行為等によって変更することのできる事情であり，本件土地自体に起因する客観的な事情ではないから，財産の評価に当たっては考慮されない。 ③ 道路の拡幅又は自動車転回広場の設置による土地の提供は，開発区域内に新たな道路を開設する場合と異なり，評価通達15（奥行価格補正）から20－5（容積率の異なる2以上の地域にわたる宅地の評価）までに定める減額補正では十分とはいえないほどの規模の潰れ地が生じたとは認められない。 ④ 上記①ないし③より，本件土地で開発行為を行うとした場合に，評価通達24－4（広大地の評価）に定める公共公益的施設用地の負担が必要と認められないから，本件土地は，広大地に該当しない。
(2) 本件土地の具体的な相続税評価額	本件土地の評価額は，計算－1のとおり，<u>32,127,399円</u>となる。	本件土地の評価額は，計算－2のとおり，<u>53,044,237円</u>となる。

計算－1　請求人が主張する本件土地の相続税評価額

（正面路線価）　（広大地補正率）　（地積）　（相続税評価額）
92,000円　×　0.5693315^{（注）}　×　613.37㎡　＝　<u>32,127,399円</u>

（注）　広大地補正率……$0.6 - 0.05 \times \frac{613.37㎡}{1,000㎡} = 0.5693315$

計算－2　原処分庁が主張する本件土地の相続税評価額

（正面路線価）　（奥行価格補正率）　（地積）　（相続税評価額）
92,000円　×　0.94　×　613.37㎡　＝　<u>53,044,237円</u>

Ⅳ 国税不服審判所の判断

❶ 認定事実

(1) 本件土地は，＊＊＊＊及び＊＊＊＊において，都市計画法7条（区域区分）に規定する区域区分が市街化区域内で，同法8条（地域地区）1項1号に規定する用途地域が第一種中高層住居専用地域に指定された地域内に所在している（以下，この地域を「本件地域」という）。本件地域内においては，建築基準法52条（容積率）に規定する容積率は200％であり，同法53条（建ぺい率）に規定する建ぺい率は60％である。

(2) 本件地域は，集合住宅や駐車場が散在するものの，主として戸建住宅用地として利用

されており，本件地域の存する＊＊市においては，500㎡以上の規模の開発行為をする事業のうち，開発面積が2,000㎡未満の宅地で戸建分譲するものの必要宅地面積は原則として110㎡以上である。

　なお，本件地域の近隣（＊＊＊＊ほか）においては，平成22年に開発許可を受けて6区画の戸建分譲が行われ，その1区画当たりの地積は108.05㎡から127.44㎡までであった。

(3) 本件土地は，原処分庁が主張する本件位置指定道路を利用した開発行為（前記図表－3），請求人が主張する新たに道路を開発して行う開発行為（前記図表－2）のいずれにおいても，開発行為を行う際には，都市計画法29条（開発行為の許可）の許可を受ける必要がある。

(4) 本件土地で開発行為を行う場合，都市計画法施行令25条（開発許可の基準を適用するについて必要な技術的細目）2号により，幅員4m以上の道路が区画割後の各敷地に接するように配置される必要がある。

(5) 本件位置指定道路は，本件土地と約36.49m接しており，また通り抜けることができないため，区画割後の各敷地に接する道路として本件位置指定道路を利用する場合には，都市計画法施行規則20条（道路の幅員）及び同規則24条（道路に関する技術的細目）5号により，本件位置指定道路の幅員を6mに拡幅するか，本件土地の奥行終端部分を含む合計2か所に自動車転回広場を設ける必要がある。

(6) 前記図表－2のとおり新たに道路を開設して行う開発行為を行った場合には，本件土地のうち約117㎡が新たに道路用地として充てられる。

(7) 前記図表－3のとおり本件位置指定道路を利用した開発行為を行った場合には，本件土地のうち約87㎡が本件位置指定道路の拡幅部分に充てられる。

❷ 法令解釈等

(1) 「その地域」の意義

　評価通達24－4（広大地の評価）にいう「その地域」とは，次に掲げるような事項を総合勘案し，各土地の利用状況，環境等がおおむね同一と認められる，ある特定の用途に供されることを中心としたひとまとまりとみるのが相当な地域を指するものと解される。

　① 河川や山などの自然的状況
　② 行政区域
　③ 都市計画法による土地利用の規制などの公法上の規制等
　④ 道路，鉄道及び公園など土地の利用状況の連続性や地域としての一体性を分断することがあると一般的に考えられる客観的な状況

(2) 「開発行為を行うとした場合に公共公益的施設用地の負担が必要と認められるもの」の意義

　評価通達24－4（広大地の評価）にいう「開発行為を行うとした場合に公共公益的施設用地の負担が必要と認められるもの」とは，その土地を経済的に最も合理的に利用するために都市計画法に規定する開発行為を行うことが必要であり，その開発行為を行うとした場合に公共公益的施設用地の負担が必要と認められる場合を意味するものと解す

るのが相当である。

❸ 当てはめ

(1) 評価通達24－4（広大地の評価）にいう「その地域」が本件地域であること，本件地域における標準的な宅地の地積が110㎡程度であること，地積が613.37㎡である本件土地が本件地域における「標準的な宅地の地積に比して著しく地積が広大な宅地」であることについて，いずれも当事者間に争いがないところ，上記❶(1)及び(2)で認定した事実に照らせば，本件地域は公法上の規制等が同一で，主として戸建住宅用地として利用されている地域であって，土地の利用状況，環境等がおおむね同一と認められることからすると，本件土地が広大地に該当するかの判断に当たっての基礎となる「その地域」とは，本件地域であると認めるのが相当である。

また，上記❶(2)によれば，本件地域における標準的な宅地の地積は110㎡程度であると認めるのが相当である。

そして，上記❶❷(1)のとおり，本件土地の地積は613.37㎡であるから，本件土地が「その地域における標準的な宅地の地積に比して著しく地積が広大な宅地」であると認められる。

(2) 上記❶(2)によれば，本件地域は，主として戸建住宅用地として利用されていることが認められるから，戸建住宅分譲用地として分割利用することを前提とした開発を行うことが，本件地域における土地の経済的に最も合理的な利用であると認められる。

そして，請求人が主張する開発想定図（前記図表－2）は，本件地域における標準的な宅地の地積（110㎡程度）を踏まえて，同地積に近似した面積によって整形に区画割する方法によるものであり，開発方法として十分な合理性を有するものであると認められる。

そうすると，本件土地は，評価通達24－4（広大地の評価）にいうその地域における標準的な宅地の地積に比して著しく地積が広大な宅地に当たり，開発行為を行うとした場合に公共公益的施設用地の負担が必要と認められることから，本件土地は広大地として評価するのが相当である。

❹ 原処分庁の主張について

原処分庁は，本件土地の開発想定図は前記図表－3によるべきであり，この場合には，本件位置指定道路の拡幅などが必要ではあるものの，評価通達24－4（広大地の評価）にいう公共公益的施設用地の負担は生じない旨主張する。

確かに，上記❶(6)及び(7)によれば，本件位置指定道路を利用して行う戸建住宅の分譲は，本件土地の敷地内に新たな道路を開設して行う戸建住宅の分譲と比較して，より広い建築面積及び延床面積の建物等を建築することができることになるから，このような開発方法を想定すること自体の合理性が肯定されれば，原処分庁が主張する開発方法のほうが，経済的合理性に優れているといえる。

しかしながら，本件位置指定道路は，本件私道所有者らが所有するもので，被相続人及び請求人は本件位置指定道路に係る権利を何ら有していない。そのため，本件位置指定道

路を利用した開発の可否は，本件私道所有者らの意向に左右されるものであるところ，本件土地については，本件土地の敷地内に新たな道路を開設して行う開設方法（請求人主張の開発方法）が想定でき，上記❸(2)のとおり，十分合理性を有するものである以上，このような場合にまで，第三者の所有に係る土地を利用しての開発行為を想定することに合理性があるとはいえない。

したがって，原処分庁の上記主張には理由がない。

❺ まとめ（本件土地の価額）

本件土地について評価通達24－4（広大地の評価）に従って評価すると，上記Ⅲの計算－1の「請求人が主張する本件土地の相続税評価額」と同額（<u>32,127,399円</u>）となる。

（注） 本件裁決事例は，結果的に本件土地の価額（相続税評価額）の算定につき，評価通達に定める広大地の評価方法を採用した（換言すれば，本件土地は，<u>開発行為を行うとした場合に公共公益的施設用地（道路等）の負担が必要と認められるものに該当すると判断された</u>）ことに大いに注目が集まる。

また，上記＿＿部分に該当するか否かの判断に当たって，考慮すべき客観的事情，排除されるべき主観的事情の峻別につき，貴重な認定基準を示した裁決事例であるとも言える。

本件裁決事例のキーポイント

本項では，上記Ⅳ❺（注）において摘示したとおり，本件裁決事例によって初めて示されたと考えられる次に掲げる論点を中心に検討を加えてみることにしたい。

・「開発行為を行うとした場合に公共公益的施設用地（道路等）の負担が必要と認められるもの」の判断基準
・財産の評価に当たって考慮すべき客観的事情，排除されるべき主観的事情の峻別

❶ 「開発行為を行うとした場合に公共公益的施設用地（道路等）の負担が必要と認められるもの」の判断基準

(1) 概要（考え方）

評価通達24－4（広大地の評価）に定める広大地に該当するための要件の一つとして，都市計画法4条（定義）12項に規定する開発行為（以下，本項において「開発行為」という）を行うとした場合に公共公益的施設用地の負担が必要と認められるものが挙げられている。

そして，同通達の(注)1において，本項本文に定める「公共公益的施設用地」とは，都市計画法4条（定義）14項（筆者注 資料1 を参照）に規定する道路，公園等の(X)<u>公共施設の用に供される土地</u>及び都市計画法施行令27条（筆者注 資料2 を参照）に掲げる教育施設，医療施設等の(Y)<u>公益的施設の用に供される土地</u>（その他これらに準ずる施設で，開発行為の許可を受けるために必要とされる施設の用に供される土地を含む）をいうものとする旨が定められている。

CASE10

資料1　都市計画法4条（定義）14項

> この法律において「公共施設」とは，道路，公園，その他政令で定める公共の用に供する施設をいう。

資料2　都市計画法施行令27条

> 主として住宅の建築の用に供する目的で行う20ヘクタール以上の開発行為にあっては，当該開発行為の規模に応じ必要な教育施設，医療施設，交通施設，購買施設その他の公益的施設が，それぞれの機能に応じ居住者の有効な利用が確保されるような位置及び規模で配置されていなければならない。ただし，周辺の状況により必要がないと認められるときは，この限りでない。

ただし，同通達の(注)1において定められている「公共施設の用に供される土地」（上記(X)____部分）又は「公益的施設の用に供される土地」（上記(Y)____部分）に該当するか否かの具体的な解釈については，これ以上の明確な指針は同通達中に示されることはなかった。

上記の点に関して，評価通達に定める広大地に該当するか否かを判定するに当たっての考え方の統一性を図る観点から，平成17年6月17日付で「広大地の判定に当たり留意すべき事項（情報）」（資産評価企画官情報第1号）が公開された。このなかで「公共公益的施設用地の負担」の意義について，次に掲げるとおりの解釈基準が示されている。

資料3　資産評価企画官情報第1号（平成17年6月17日）に定める公共公益的施設用地の負担

> 評価通達において，「公共公益的施設用地」とは，「都市計画法4条第14項に規定する道路，公園等の公共施設の用に供される土地及び都市計画法施行令第27条に掲げる教育施設，医療施設等の公益的施設の用に供される土地（その他これらに準ずる施設で，開発行為の許可を受けるために必要とされる施設の用に供される土地を含む。）」をいうこととしている。したがって，具体的には，教育施設のような大規模なものからごみ集積所のような小規模なものまでが「公共公益的施設」に該当することとなる。
> しかし，広大地の評価は，戸建住宅分譲用地として開発した場合に相当規模の「公共公益的施設用地」の負担が生じる土地を前提としていることから，(A)公共公益的施設用地の負担の必要性は，経済的に最も合理的に戸建住宅の分譲を行った場合の，当該開発区域内に開設される道路の開設の必要性により判定することが相当である。
> なお，ごみ集積所などの小規模な施設のみの開設が必要な土地は，「公共公益的施設用地の負担がほとんど生じないと認められる土地」に該当するため，広大地に該当しない。

また，例えば，(B)建築基準法第42条第２項の規定によるセットバックを必要とする場合の当該土地部分や，下図のように，(C)セットバックを必要とする土地ではないが，開発行為を行う場合に道路敷きを提供しなければならない土地部分については，開発区域内の道路開設に当たらないことから，広大地に該当しない。

【図】　開発指導等により，道路敷きとして一部土地を提供しなければならない場合

筆者注　上記＿＿部分は，筆者が付設したものである。

　上記の資産評価企画官情報では，「公共公益的施設用地の負担の必要性は，経済的に最も合理的に戸建住宅の分譲を行った場合の，当該開発区域内に開設される道路の開設の必要性により判定することが相当である」（資料3の(A)＿＿部分）と定められており，都市計画法に規定する開発行為によるものであり，かつ，当該開発区域内（評価対象地）における新規道路の開設の必要性が認められることが評価通達に定める広大地の該当要件として求められていることになる。

(2)　具体的な検討

①　既存道路の拡幅に伴う道路敷きとしての土地の提供部分

　単なる既存道路の拡幅に伴う道路敷きとしての土地の提供部分（その例として，原処分庁が主張する本件土地に対する開発想定図が挙げられる。前記図表－３を参照）は，上記(1)の資産評価企画官情報に掲げる「当該開発区域内に開設される道路」（資料3の(A)＿＿部分の一部で，新設道路(注)を意味する）には該当しないこととなり，評価通達24－２（広大地の評価）の定義要件たる「開発行為を行うとした場合に公共公益的施設用地の負担が必要と認められるもの」を充足せず，評価通達上の広大地には該当しないものとされる。

　（注）　新設道路の意義

　　　　都市計画法29条（開発行為の許可）に規定する開発許可に基づいた開発行為によって設置された道路をいい，その法律上の帰属は，次に掲げる二区分に分類される。

　　　①　道路法に規定する道路

　　　　道路設置工事完了後における工事完了公告がなされた後に，原則として，市町村道となり，当該市町村に所有権が移管されて管理されることになる。

　　　②　建築基準法に規定する道路

　　　　上記①の取扱いによらず，道路設置工事完了後における道路を開発行為を行った当該開発事業者（デベロッパー等）が自ら管理する場合がある（この場合には，該当市町村との事前協議が必要となる）。当道路は，建築基準法42条（道路の定義）１項２号に規定する「都市計画法による道路」に該当し，建築基準法上の道路として取り扱

われる。

このことは，上掲の資産評価企画官情報において，「セットバックを必要とする土地ではないが，開発行為を行う場合に道路敷きを提供しなければならない土地部分については，開発区域内の道路開設に当たらないことから，広大地に該当しない」（ 資料3 の(B)____部分）と定められていることからも理解される。

資産評価企画官情報においてこのような定めが設けられた趣旨は，開発行為（土地の区画形質の変更）に伴って既存道路の拡幅に伴う道路敷きとして土地の提供を伴う（面積の減少を来たす）ものの，道路拡幅に伴う価値増加（㎡当たりの単価の増加を来たす）によって，その全体価値（単価×数量）は既存道路の拡幅の前後を通じて全体的に均衡が保たれていると考えられていることによるものと思われる。

② 建築基準法に規定するセットバックに伴う道路敷きとしての土地の提供部分

本件裁決事例の場合には該当しないが，次に掲げる図表-5の事例のように建築基準法29条（開発行為の許可）に規定する開発行為（土地の区画形質の変更）を行うとしたときに，同法42条（道路の定義）2項に規定するいわゆるセットバックを必要とする事例も想定される。

図表-5の事例の場合，道路敷きとして提供した土地は，上記に掲げるとおり建築基準法の規定に基づくいわゆるセットバック部分として提供されるものであり，都市計画法4条（定義）14項に規定する公共施設の用に供される土地には該当しないことから，評価通達24-4（広大地の評価）の定義要件たる「開発行為を行うとした場合に公共公益的施設用地の負担が必要と認められるもの」を充足せず，評価通達上の広大地には該当しないものとなる。

このことは，上掲の資産評価企画官情報において，「建築基準法42条第2項の規定によるセットバックを必要とする場合の当該土地部分については，開発区域内の道路開設に当たらないことから，広大地に該当しない」（ 資料3 の(C)____部分）と定められていること

図表-5 開発行為を行うに当たってセットバックを必要とする事例

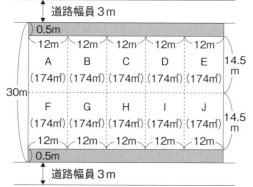

参考　セットバック部分（▨部分）の地積

$(4m - 3m) \times \frac{1}{2} \times 60m \times 2 = 60㎡$

とからも理解される。

　資産評価企画官情報においてこのような定めが設けられた趣旨は，開発行為（土地の区画形質の変更）に伴ってセットバックが必要とされ道路敷きとして土地の提供を伴う（面積の減少を来たす）ものの，道路拡幅に伴う価値増加（㎡当たりの単価の増加を来たす）によって，その全体価値（単価×数量）はセットバックの前後を通じて全体的に均衡が保たれていると考えられていることによるものと思われる。

③　新たな道路の開設に伴う道路敷きとしての土地提供部分

　本件裁決事例における本件土地に，新たな道路を開設する方法によった場合の開発行為を行った（その例として，請求人が主張する本件土地に対する開発想定図が挙げられる。前記図表－2を参照）ならば，当該新たな道路敷きとしての土地の提供部分は，上記(1)の資産評価企画官情報に掲げる「当該開発区域内に開設される道路（ 資料3 (A)　　　部分の一部で，新設道路を意味する）に該当することとなり，評価通達24－4（広大地の評価）の定義要件たる「開発行為を行うとした場合に公共公益的施設用地の負担が必要と認められるもの」を充足することになり，評価通達上の広大地に該当する。

　資産評価企画官情報において，広大地に該当するためには前記図表－2に掲げるような開発区域内に開設される道路（新設道路）の必要性を要件としたのは，たとえ，開発区域内（評価対象地）に新設道路を開設したとしても，当該評価対象地の前面接道道路が拡幅されたわけではなく，既述の上記①（既存道路の拡幅に伴う道路敷きとしての土地の提供部分）又は②（建築基準法に規定するセットバックに伴う道路敷きとしての土地の提供部分）のようにそれぞれの理由に基づく道路敷きとしての土地の提供に伴う面積の減少と道路拡幅後の土地単価の増加による総合的な価額（数量×単価）均衡論によって説明することはできず，単に開発区域内に新設道路を開設したことによって有効宅地化面積部分が減少したものとして，純粋に評価対象地の価額の低下要因として考慮されるべきものと考えられていることによるものと思われる。

(3)　本件裁決事例の場合

　本件裁決事例では，国税不服審判所の認定事実として，前記図表－2のとおりの新たな道路を開設して行う開発行為（請求人が主張する開発行為で，この場合には本件土地のうち約117㎡が新たな道路用地に充当される）及び前記図表－3のとおりの本件位置指定道路を利用した開発行為（原処分庁が主張する開発行為で，この場合には本件土地のうち約87㎡が本件位置指定道路の拡幅部分に充当される）のいずれの開発行為によることも可能としている。

　そして，本件裁決事例において筆者が大いに注目しているのが，国税不服審判所による「開発行為を行うとした場合に公共公益的施設用地の負担が必要と認められるもの」という文言に関する法令解釈である。すなわち，国税不服審判所では，次に掲げる考慮事項を前提として，一定の解釈基準を示しており広大地の評価実務上において重要な先例解釈になるものと考えられる。

 考慮事項 　①　土地は，通常，その土地に係る法規制の下において，経済的に最も合理

的であると認められる利用を想定して価格が形成されて取引されていること

② 評価通達24－4（広大地の評価）の趣旨

解釈基準　評価通達24－4（広大地の評価）にいう「開発行為を行うとした場合に公共公益的施設用地の負担が必要と認められるもの」とは，その土地を(X)経済的に最も合理的に利用するために都市計画法に規定する開発行為を行うことが必要であり，その開発行為を行うとした場合に公共公益的施設用地の負担が必要と認められる場合を意味するものと解するのが相当である。

　上記の解釈基準中の「経済的に最も合理的に利用する」（上記(X)＿＿＿部分）という用語の意義について，評価通達等においてこれを明確化したものは存在しないが，筆者はこれを『不動産鑑定評価基準』（不動産鑑定評価制度の健全な発達を期するために，不動産鑑定士等が不動産鑑定評価を行うに当たってよるべき統一的な基準を整備確立する必要があるものとして制定された基準）のなかの『総論，第4章（不動産の価格に関する諸原則），Ⅳ最有効使用の原則』（資料4を参照）に掲げる『最有効使用の原則』の考え方に準ずるものとして取り扱われるべきものであると考えている。

資料4　最有効使用の原則

> 　不動産の価格は，(Y)その不動産の効用が最高度に発揮される可能性に最も富む使用（最有効使用）を前提として把握される価格を標準として形成される。この場合の(Z)最有効使用は，現実の社会経済情勢の下で客観的にみて，良識と通常の使用能力を持つ人による合理的かつ合法的な最高最善の使用方法に基づくものである。
>
> 　なお，ある不動産についての現実の使用方法は，必ずしも最有効使用に基づいているものではなく，不合理な又は個人的な事情による使用方法のために，当該不動産が十分な効用を発揮していない場合があることに留意すべきである。

　そうすると，上記の解釈基準に掲げる「経済的に最も合理的に利用する」（上記(X)＿＿＿部分）という用語は，不動産鑑定評価基準に定める最有効使用の原則のなかで用いられている「その不動産の効用が最高度に発揮される可能性に最も富む使用（最有効使用）」（上記(Y)＿＿＿部分）と事実上，同義語であると考えられる。

　そして，本件裁決事例では前示のとおり，新たな道路を開設して行う開発行為（新設道路への用地提供部分約117㎡，請求人主張の開発行為）と本件位置指定道路を利用した開発行為（本件位置指定道路の拡幅部分約87㎡，原処分庁主張の開発行為）のいずれの開発行為によることも可能とされていることから，ここに求められるべき判断は，おおむね，次の2点にあるものと考えられる。

① 双方の開発行為のうち，いずれの方法がより一層の合理性（経済的な観点，最有効使用の観点）を担保していると考えられるのか。

② 上記①に掲げる「より一層の合理性」をいう用語の解釈に当たって，合理性の射程範

囲はどのように理解されるべきか。すなわち，合理性の解釈を「普遍的合理性」又は「100％の確実性を有する合理性」に限定すべきであるか否か。また，仮にこれらの合理性に関して，その確定性を阻害している要因が客観的なものではなく，主観的事情にすぎないと認められる場合には当該主観的事情をしんしゃくの対象とすることの可否（さらに，分別すれば，当該事項の考慮に当たっての全般的な判断（原則的な取扱い）以外に個別性をしんしゃくした別異の判断（例外的な取扱い）が認められるのか）はどのようになっているのか。

上掲の財産評価に当たって考慮すべき主観的事情のしんしゃくについての詳細は次の❷で検討してみたい。

❷ 財産の評価に当たって考慮すべき客観的事情，排除されるべき主観的事情の峻別

(1) 評価通達の定め

評価通達1（評価の原則）（資料5 を参照）において，次のとおりの定めが設けられている。

資料5　評価通達1（評価の原則）

> 財産の評価については，次による。
> (1) 評価単位
> 　　財産の価額は，第2章以下に定める評価単位ごとに評価する。
> (2) 時価の意義
> 　　(A)財産の価額は，時価によるものとし，時価とは，課税時期（相続，遺贈若しくは贈与により財産を取得した日若しくは相続税法の規定により相続，遺贈若しくは贈与により取得したものとみなされた財産のその取得の日又は地価税法第2条（定義）第4号に規定する課税時期をいう。以下同じ。）において，(B)それぞれの財産の現況に応じ，不特定多数の当事者間で自由な取引が行われる場合に通常成立すると認められる価額をいい，その価額は，この通達の定めによって評価した価額による。
> (3) 財産の評価
> 　　(C)財産の評価に当たっては，その財産の価額に影響を及ぼすべきすべての事情を考慮する。
>
> 筆者注　上記＿＿部分は，筆者が付設したものである。

すなわち，評価通達1（評価の原則）の(2)（時価の意義）において，(甲)財産の価額は時価による（上記(A)　部分）ことを明言し，当該時価につき，それぞれの財産の現況に応じ不特定多数の当事者間で自由な取引が行われる場合に通常成立すると認められる価額（上記(B)　部分），すなわち，買い進み（これが認められると，高額取引となる）も売り急ぎ（これが認められると低額取引となる）もないことが認められる価額，換言すれば，(乙)「客観的な交換価値」を示す価額である旨が示されている。

そして，同通達の(3)(財産の評価)において，財産の評価に当たってはその(丙)財産の価額に影響を及ぼすべきすべての事情を考慮する（上記(C)　　　部分）旨定められている。

しかしながら，その一方で，財産の価額に影響を及ぼすべきすべての事情（換言すれば，個別的な事情）に関する解釈（しんしゃくの範囲等）について，これを明確化した評価通達等の定めは存在しない。

ただし，評価実務上の取扱いでは，上記に掲げる財産の価額に影響を及ぼすべきすべての事情（個別的な事情）とは，客観的な事情を指し，その一方で主観的な事情はその範囲に含まれないと解されている。その理由を評価通達1（評価の原則）の定めをもとに推察すると，次に掲げる事項に基因するものと考えられる。

① 同通達の(2)(時価の意義)では，財産の価額（上記(甲)　　　部分）は時価，換言すれば，「客観的な交換価値」を示す価額（上記(乙)　　　部分）とされている。

② 同通達の(3)(財産の評価)では，財産の評価に当たってはその財産の価額（上記(丙)　　　部分）に影響を及ぼすべきすべての事情を考慮するものとされている。

③ 上記①及び②において使用されている「財産の価額」（上記(甲)　　　部分及び上記(丙)　　　部分）という用語は同一であることからすると，上記②に掲げる財産の価額に影響を及ぼすべきすべての事情とは，客観的な交換価値を示す価額を算定する過程のなかで考慮されるべき事情，すなわち客観的な事情に限定されるべきであり，逆言すれば，主観的な事情は排除されるべきである。

評価通達1（評価の原則）の(3)(財産の評価)に係る法令解釈等として上掲の考え方（客観的な事情のみをしんしゃくし，主観的な事情を排除）が採用されるのは，所有者等の意思又は行為等の主観的な要因が用いられることによって課税の公平性が担保されなくなること防止するためであると考えられる。

例えば，正面路線と側方路線を有する宅地について，正面路線以外に路線を有することによって通行の利便性，通風及び採光の期待等の価値増加が認められることによるプラス要因は客観的事情に該当し評価通達に定める宅地の評価においても同通達16（側方路線影響加算）において側方路線影響加算率として定量化されている。その一方で，通行の利便性が高まることを嫌悪する（静かな環境を期待する）者にとってはこれをマイナス要因と考えられるかもしれないが，当該思考はその者に係る固有の主観的な事情に留まるものとしてしんしゃくの対象にはならないことになる。

(2) 基本的な裁決事例（平成14年裁決）の確認

上記(1)に掲げる評価通達1（評価の原則）の(3)(財産の評価)に係る通説的な法令解釈等（財産の評価に影響を及ぼす事情のしんしゃくについて，客観的な事情は考慮するが主観的な事情は考慮外とすることが相当）に従うことを相当とした国税不服審判所の裁決事例を確認することにする。

採りあげる裁決事例は，平成14年6月27日裁決（東裁（諸）平13-281，平成9年相続開始分）である。当該裁決事例（以下「平成14年裁決」という）は，**CASE7**において紹介済みであるので詳細は**CASE7**を参照されたい。**CASE10**では，平成14年裁決のうち

図表-6 評価対象地（甲土地）等の状況図
（その1）　位置関係図

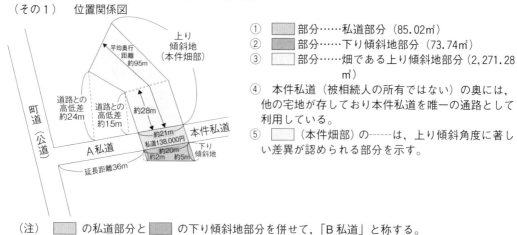

① ▨ 部分……私道部分（85.02㎡）
② ▨ 部分……下り傾斜地部分（73.74㎡）
③ ▨ 部分……畑である上り傾斜地部分（2,271.28㎡）
④ 本件私道（被相続人の所有ではない）の奥には，他の宅地が存しており本件私道を唯一の通路として利用している。
⑤ ▨（本件畑部）の------は，上り傾斜角度に著しい差異が認められる部分を示す。

（注）▨の私道部分と▨の下り傾斜地部分を併せて，「B私道」と称する。

（その2）　評価対象地に係る勾配状況図

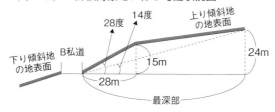

CASE10に関係する項目（財産の評価と主観的な事情のしんしゃくの必要性の有無）に絞って確認してみたい。

① 前提となる事実
　(イ) 評価対象地である甲土地（地積2,430.04㎡，状況図として図表-6を参照）は，都市計画法等の法的規制が第一種低層住居専用地域に存し，建ぺい率50％，容積率100％とされている。
　(ロ) 甲土地は分譲地の外れに位置していることから，地域の主要道路（公道である町道）に出るためには，他者が所有する私道（図表-6のA私道）を介することが必要となる。
　(ハ) 甲土地の所有者である被相続人と上記(ロ)に掲げるA私道の所有者である他者との関係は良好とは認められず，仮に，被相続人が甲土地の開発行為（都市計画法29条（開発行為の許可）に規定する開発行為をいう）を行うとしても，当該A私道の所有者の同意を得ることは非常に困難であると考えられる。

② 争点
　甲土地に宅地開発を困難として評価通達の定めによらないことを正当とする特別の事情は認められるのか。

③ 争点に関する双方（請求人・原処分庁）の主張
　争点に関する請求人・原処分庁の主張は，次頁図表-7のとおりである。

図表－7　争点に関する請求人・原処分庁の主張

請求人（納税者）の主張	原処分庁（課税庁）の主張
原処分庁は、甲土地の価額を宅地であるとした場合の価額を基として評価通達の各定めにより算出している。 　しかしながら、甲土地は同土地と町道を結ぶ私道（A私道）の地権者から開発の同意を得られないため、都市計画法29条（開発行為の許可）に規定する＊＊県の宅地開発の許可が得られず、宅地としては利用ができない土地であり、耕作の用にしか利用できない農地である。	(1)　請求人は、甲土地は都市計画法に規定する宅地開発のできない農地である旨主張する。 　しかしながら、下記に掲げる事項からすると、請求人は甲土地について開発許可の申請を行っていないこと及び当該申請ができない理由は請求人の個人的な事情によるものと認められる。 事　項 　＊＊県＊＊土木事務所＊＊部＊＊課の担当者は、異議審理担当者に対して、要旨次のとおり答述している。 ①　＊＊県としては、請求人が、A私道の地権者が作成した都市計画法32条（公共施設の管理者の同意等）の規定に基づく同意協議書等を添付して開発許可の申請を行えば、当該土地に係る開発許可書をいつでも発行できる。 ②　請求人の場合、A私道の地権者との個人的事情から上記①の同意協議書等が提出できないようであり、同人からは開発許可の申請は行われていない。 (2)　上記(1)からすると、相続税法22条（評価の原則）に規定する時価とは、それぞれの財産の現況に応じた当該財産の客観的な交換価値であるところ、請求人の個人的な事情は、当該財産の算定において、しんしゃくする要因とはならないこと及び甲土地については、開発許可を受ける可能性が全くないとは認められないことから、この点に関する請求人の主張には理由がない。

④　国税不服審判所の判断（要点のみ）

　(イ)　A私道の地権者から、甲土地の開発同意を得て、申請を行えば都市計画法による開発許可は下りると認められるところ、<u>請求人が主張するA私道の地権者から開発の同意が得られないとの主張は、請求人とA私道の地権者との個人的な事情に過ぎず、当該個人的な事情（主観的な事情）は、財産の価額に影響を及ぼす客観的な事情を構成しない。</u>

　(ロ)　甲土地は、宅地比率が低く、擁壁設置及び堀削費がかさむので、開発後の甲土地に宅地としての客観的な交換価値を見い出せず、甲土地は評価通達の各定め（宅地比準方式による評価）を適用して評価することには特に不都合と認められる特段の事情があると解するべきである。

　(ハ)　甲土地の価額は、本件相続開始日に近い時点に甲土地と状況が類似する畑の売買取引事例の価格を基に土地価格比準表の地域格差及び個別格差の補正率を適用してその補正を行って求められた客観的な交換価値によるべきである。

　参考　・請求人（納税者）が主張する甲土地の価額（独自の見解による価額）……
　　　　　4,098,960円
　　　・原処分庁（課税庁）が主張する甲土地の価額（評価通達による価額）……
　　　　　81,056,701円
　　　・国税不服審判所が判断した甲土地の価額（取引事例比較法による価額）……
　　　　　37,362,556円

(3) 本件裁決事例の場合

　上記(2)④(イ)の＿＿部分に掲げるとおり，平成14年裁決では評価対象地の接続道路の所有者から開発同意が得られないことによる評価対象地の開発困難性を主張することは，当該主張者の個人的な事情（主観的な事情）に過ぎず，財産の価額に影響を及ぼす客観的な事情ではないと判断されている。

　そうすると，本件裁決事例の場合に，「本件位置指定道路を利用して開発行為を行うとしたならば，本件私道所有者全員の同意を必要とするところ，当該同意の可否は主観的な事情に過ぎず財産の価額に影響を与えるべきではないと判断されなければならない。そうでなければ，平成14年裁決と本件裁決事例との間の均衡がとれない」と考える向きもあろう。

　本件裁決事例における本件位置指定道路を利用して開発行為を行うことに対する経済的合理性についての請求人及び原処分庁の主張並びにこれに対する国税不服審判所の判断を掲記すると，図表－8のとおりとなる。

　確かに，平成14年裁決も本件裁決事例も双方ともに，被相続人の所有に係る評価対象地に接道する私道の所有者は第三者（被相続人及びその親族等とは特別の関係を有しない者）である点は共通している。しかしながら，次頁図表－9を参照されたい。

　次頁図表－9の(1)の平成14年裁決の場合では，評価対象地は直接，町道（公道）には接しておらず，当該町道（公道）に出るためにはA私道（評価対象地の所有者とは特別の

図表－8　本件位置指定道路を利用して開発行為を行うことに対する経済的合理性

請求人（納税者の主張）	原処分庁（課税庁）の主張	国税不服審判所の判断
本件位置指定道路を利用した開発行為（前記図表－3を参照）は，本件私道所有者らの同意がなければできない旨が法令で規定され，本件私道所有者らのうち一人でも同意を得られなければ，このような開発行為は不可能である。 　本件においては，現に，本件私道所有者らが本件位置指定道路の利用を拒絶する旨の回答をしており，同意を得ることは現実的に困難であるし，本件相続の開始時においても本件私道所有者らの同意を得られることが確実ではない以上，本件位置指定道路は利用できないものとして，本件土地に新たな道路を開設して開発行為を行う（前記図表－2を参照）のが経済的に最も合理的である。	本件土地で開発行為を行うとした場合，本件位置指定道路を利用して開発行為を行う（前記図表－3を参照）のが経済的に最も合理的である。 　この場合，本件私道所有者ら全員の同意を要する。しかしながら，時価とは客観的な交換価値を示す価額であるから，財産の評価に当たり考慮される個別事情は客観的に認められるものに限定される。 　そうすると，本件私道所有者らの同意を得られるか否かといった事情は，所有者等の意思，行為等によって変更することのできる事情であり，本件土地自体に起因する客観的な事情ではないから，財産の評価に当たって考慮されない。	本件位置指定道路は，本件私道所有者らが所有するもので，被相続人及び請求人らは本件位置指定道路に係る権利を何ら有していない。 　そのため，本件位置指定道路を利用した開発の可否は，本件私道所有者らの意向に左右されるものであるところ，<u>本件土地については，本件土地の敷地内に新たな道路を開設して行う開発方法（請求人主張の開発方法，前記図表－2を参照）が想定でき，当該開発方法が十分合理性を有するものである以上，このような場合にまで，第三者所有に係る土地を利用しての開発行為を想定する（前記図表－3を参照）ことに合理性があるとはいえない。</u> 　したがって，原処分庁の主張には理由がない。

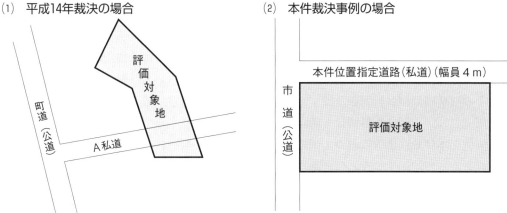

図表−9　平成14年裁決と本件裁決事例における各評価対象地の接道状況図
(1) 平成14年裁決の場合
(2) 本件裁決事例の場合

関係を有しない者の所有）を通行せざるを得ないという特徴を有している。そうすると，評価対象地に対する開発行為を実行するための要件としては，いかにＡ私道の所有者との近隣関係が不良であったとしても，原則的には，Ａ私道の所有者から開発の同意を得ることが必要とされる。

一方，図表−9の(2)の本件裁決事例の場合には，評価対象地は本件位置指定道路（私道）に接続するとともに直接的に市道（公道）にも接道しており，前記図表−2に掲げるとおりに当該市道（公道）に接続する形態で本件土地内に開発道路を新設する開発行為が合理性を有するものとして想定可能であり，そのような事例にまで，あえて本件位置指定道路（本件土地の所有者とは特別の関係を有しない者の所有で，本件位置指定道路の利用同意が得られない状況にあると認められる）を利用して開発行為を行わなければならないと認定することには相当性は認められないと考えられ，国税不服審判所においても同様の判断を行っており，（この点につき，前頁図表−8の国税不服審判所の判断の＿＿部分を参照），今後の評価実務においてきわめて貴重な先例になるものと考えられる。

(4) 本件裁決事例から学ぶもの

本件裁決事例は，本件位置指定道路を活用して開発行為を行う方法（前記図表−3を参照）又は本件土地内に新たな開発道路を開設して行う方法（前記図表−2を参照）のいずれも可能であるところ，そのいずれの選択がなされるべきかについて，次の2点を示して後者を選択することが合理性を担保していると国税不服審判所は判断した。

① いずれの開発方法も，社会・経済・法令的な総合的観点から容認されるものであるとしたならば，課税時期においてより確実性を担保した合理性を有する開発行為が選択されるべきである。

② 本件位置指定道路を利用する開発行為の方が，本件土地内に新たな開発道路を開設する開発行為よりも有効宅地化率が高く経済的な合理性を担保していると認定される場合であっても，その方法（本件位置指定道路を利用する方法）を採用することに困難性（当該困難性が評価対象地を所有する者にとっての主観的事情に基づくものである場合も含

む）が認められ，これに代替する他の方法（新たな開発道路を開設する方法）が存在するのであれば，当該代替する方法がより優先的に採用されるべき開発方法として選択されるべきである。

　そうすると，従来からの一般的な評価実務上の取扱いとしては，前記❷(1)で確認したとおり，評価通達1（評価の原則）の「(3) 財産の評価」に定める「財産の評価に当たっては，その財産の価額に影響を及ぼすべきすべての事情を考慮する」との文言は客観的な事情に限定され，主観的な事情は一切排除されるべきと解釈されてきたが，事情に応じては当該解釈を本件裁決事例において国税不服審判所がその判断において示したとおり，柔軟な解釈をもって対応すべきとの認識に立つ必要性が今後は生じることになろう。

Ⅵ　参考事項等

❶　参考法令通達等

・評価通達1（評価の原則）
・評価通達24－4（広大地の評価）（筆者注　平成29年12月31日をもって廃止）
・平成17年6月17日付「広大地の判定に当たり留意すべき事項（情報）」（資産評価企画官情報第1号）
・平成14年6月27日裁決（東裁（諸）平13－281，平成9年相続開始分）
・不動産鑑定評価基準（総論，第4章（不動産の価格に関する諸原則），Ⅳ最有効使用の原則）
・建築基準法42条（道路の定義）
・都市計画法4条（定義）
・都市計画法29条（開発行為の許可）
・都市計画法施行令25条（開発許可の基準を適用するについて必要な技術的細目）
・都市計画法施行規則20条（道路の幅員）
・都市計画法施行規則24条（道路に関する技術的細目）

❷　類似判例・裁決事例の確認

　評価対象地の評価に当たって，接道する私道の所有者との近隣関係が良好でないこと（評価対象地の所有者にとっての主観的な事情）を反映させるべきか否かを巡って，前記Ⅴ❷(2)で確認した裁決事例（平成14年6月27日裁決（東裁（諸）平13－281，平成9年分相続開始分）（詳細は，**CASE7**に収録済みである）を参照されたい。

CASE10

追補 地積規模の大きな宅地の評価について

　本件裁決事例に係る相続開始年分は，平成25年である。もし仮に，当該相続開始日が，平成30年1月1日以後である場合（評価通達20-2（地積規模の大きな宅地の評価）の新設等の改正が行われた。以下「新通達適用後」という）としたときの本件土地の価額（前記図表-4の計算-1に掲げる請求人の主張額（国税不服審判所が判断した価額と同額）を基に算定した相続税評価額）は，次のとおりとなる。

(1) 地積規模の大きな宅地の該当性

　次に掲げる 判断基準 から，本件土地が三大都市圏に所在するとした場合には，本件土地は評価通達20-2（地積規模の大きな宅地の評価）に定める地積規模の大きな宅地に該当する。しかしながら，本件土地が三大都市圏以外に所在するとした場合には，同通達に定める地積規模の大きな宅地に該当しない。

判断基準

要　件		本　件　土　地			
①	地積要件（注）	三大都市圏に所在する場合	613.37㎡（評価対象地の地積） ≧ 500㎡（三大都市圏に所在する場合の地積要件） ∴地積要件を充足	三大都市圏以外に所在する場合	613.37㎡（評価対象地の地積） < 1,000㎡（三大都市圏以外に所在する場合の地積要件） ∴地積要件を未充足
②	区域区分要件	本件土地は，認定事実から市街化区域（市街化調整区域以外）に所在 ∴区域区分要件を充足			
③	地域区分要件	本件土地は，認定事実から第一種中高層住居専用地域（工業専用地域以外）に所在 ∴地域区分要件を充足			
④	容積率要件	本件土地に係る指定容積率は，認定事実から200%（指定容積率400%未満（東京都の特別区以外の場合）に該当） ∴容積率要件を充足			
⑤	地区区分要件	本件土地は，基礎事実から路線価地域の普通住宅地区に所在 ∴地区区分要件を充足			
⑥	判断とその理由	三大都市圏に所在する場合	該当（上記①ないし⑤の要件を充足）	三大都市圏以外に所在する場合	非該当（上記①の要件を未充足）

（注）　本件土地の所在地は不明である。

(2) 本件土地の価額（相続税評価額）

　新通達適用後の本件土地の価額（相続税評価額）を算定すると，下表のとおりとなる。

区　分		本　件　土　地	
		三大都市圏に所在する場合	三大都市圏以外に所在する場合
正面路線価	①	92,000円	92,000円
奥行価格補正率（注1）	②	0.92	0.92
①×②	③	84,640円	84,640円
規模格差補正率	④	0.79（注2）	──
③×④	⑤	66,865円	──
地積	⑥	613.37㎡	613.37㎡
相続税評価額（（③×⑥）又は（⑤×⑥））	⑦	41,012,985円	51,915,636円

（注1）　奥行価格補正率
　　　平成30年1月1日以後は，奥行価格補正率が改正されています。
（注2）　規模格差補正率
$$\frac{613.37㎡（評価対象地の地積）\times 0.95 + 25}{613.37㎡（評価対象地の地積）} \times 0.8 = 0.792\cdots \Rightarrow 0.79 \begin{pmatrix}\text{小数点以下第2}\\\text{位未満切捨て}\end{pmatrix}$$

CASE11

評価単位・地目・地積	路線価方式	間口距離・奥行距離	側方加算・二方加算	不整形地・無道路地
倍率方式	私道	**土地区画整理事業**	貸家・貸家建付地	借地権・貸宅地
農地・山林・原野	雑種地	不動産鑑定評価	利用価値の低下地・特別な事情	その他の評価項目

土地区画整理事業の施行地区内に所在し，かつ，仮換地は未指定であり具体的な指定時期も不明確であることから著しい利用制限があると認められる市街地山林の評価方法が争点とされた事例

事例

　被相続人の相続財産のなかに，市街化区域内に所在するいずれも課税時期における現況地目が山林である土地1（地積1,047.59㎡）及び土地2（地積633.13㎡）（以下，土地1と土地2と併せた場合に「本件各土地」という）が存在することが判明した。

　（注）　土地1及び土地2の地積は，次頁図表－1に掲げる図に基づいて建築設計事務所が求積したものである。

　本件各土地の概要及びその評価に関する資料等を示すと，次のとおりである。

(1)　本件各土地の形状等

　①　土地1の形状等は，不整形地で，西側で幅員約8mの道路（以下「本件西側道路」という）から約7.5m奥に行った無道路地であり，高低差が最大で約7m，平均斜度が約8度の傾斜地である。

　②　土地2の形状等は，不整形地で，東側で幅員約1.8mの道路（以下「本件東側道路」という）に接し，高低差が最大で約2m，平均斜度が3度以下の傾斜地である。

(2)　本件各土地と本件土地区画整理事業

　①　本件各土地は，＊＊＊＊（筆者注　年月日）付で事業計画決定の公告がされた＊＊＊＊（筆者注　事業主名）が施行する＊＊＊＊（以下「本件土地区画整理事業」という）の施行地区内に所在している。

　②　本件各土地は，平成＊＊年＊＊月＊＊日（以下「本件相続開始日」という）において，本件土地区画整理事業に係る土地区画整理法98条（仮換地の指定）1項の規定による仮換地の指定を受けていない。

　③　本件各土地の換地計画（予定）では，土地1と土地2については，土地2の所在地付近に一括して換地が予定されており，土地1は仮換地予定地と全く重複せず，土地2は仮換地予定地とその一部のみが重複している。この状況を図示する

図表－1 本件仮換地重ね図における仮換地予定地の状況

（注）⬛ ⇒仮換地予定地と土地2の所在が重複している部分（地積266.64㎡）を示している。

と，図表－1に掲げるとおり（以下，この図表－1に掲げる本件各土地と仮換地予定地の位置等の状況を示した図を「本件仮換地重ね図」という）である。

上記のような状況にある本件各土地（本件各土地は，評価通達13（路線価方式）に定める路線価方式により評価するものであり，評価通達14（地区）に定める地区区分は普通住宅地区に該当する）を評価通達の各定めを適用して評価すると概算額で，土地1につき7,500万円，土地2につき4,300万円になるとの報告を相続税に詳しい専門家から受けた。この報告を同じく相続税に精通しているという別の専門家にしたところ，本件各土地は広大な市街地山林であり，本件土地区画整理事業の施行地区内に所在していることから土地区画整理法により長期間に及ぶ利用上の制限を受け，かつ，仮換地の指定を受ける具体的な時期も不明であるので相当な減価要因が想定され，上掲の評価通達の各定めを適用した評価額にはこれらの事項が充分に反映されているとは言い難く，結果として本件各土地の客観的な交換価値（時価）を示したものにはならないとの指摘があった。そして，本件各土地の価額は，これらの減価要因を反映させた不動産鑑定士による不動産鑑定評価額によるべきであるとし，その価額は概算額で，土地1につき3,600万円，土地2につき1,800万円（おおむね，評価通達に定める評価額の40％ないし50％相当額）位が想定されるとのことであった。

このような状況にある本件各土地の評価について，どのように対応すればよいのか

適切なアドバイスをお願いしたい。
（平20.5.29裁決，東裁（諸）平19－189，平成17年相続開始分）

基礎事実

❶ 請求人は，被相続人に係る相続により取得した本件各土地について，その価額は次の❷に掲げる不動産鑑定士の鑑定評価に基づく価額によることが相当であるとして相続税の申告を行ったところ，原処分庁が，本件各土地の相続税評価額が時価を上回るような特別な事情はないから，本件各土地の価額は相続税評価額によるべきであるとして相続税の更正処分等（以下「本件各更正処分」という）を行った。

❷ 不動産鑑定士甲及び同乙の両名による不動産鑑定評価に基づき＊＊＊＊（筆者注 不動産鑑定評価書の発行機関名と推定される）が作成した平成17年9月27日付の本件各土地に係る各不動産鑑定評価書（以下「本件各鑑定書」という）には，要旨次の記載がある。

（イ）　土地1に係る不動産鑑定評価書
　　㋑　対象不動産の所在地　＊＊＊＊（市街化区域内）
　　㋺　類型　宅地見込地
　　㋩　数量　1,047.59㎡（本件仮換地重ね図における対象面積）
　　㊁　鑑定評価額　35,800,000円
　　㊣　価格時点　平成17年＊＊月＊＊日
　　㊱　鑑定方式　対象不動産の宅地見込地としての比準価格及び戸建分譲を想定した開発法による価格をそれぞれ求め，調整の上，鑑定評価額を決定する。

（ロ）　土地2に係る不動産鑑定評価書
　　㋑　対象不動産の所在地　＊＊＊＊（市街化区域内）
　　㋺　類型　宅地見込地
　　㋩　数量　633.13㎡（本件仮換地重ね図における対象面積）
　　㊁　鑑定評価額　18,200,000円（以下，土地1の鑑定評価額と併せて「本件各鑑定評価額」という）
　　㊣　価格時点　平成17年＊＊月＊＊日
　　㊱　鑑定方式　対象不動産の宅地見込地としての比準価格及び戸建分譲を想定した開発法による価格をそれぞれ求め，調整の上，鑑定評価額を決定する。

❸ 本件各鑑定書に添付された開発法の区画割図によれば，開発区域内に新設する道路については，土地1は道路延長が33.5m，幅員が5mと，土地2は道路延長が35m，幅員4.5mと想定している。

❹ 本件各土地は，評価通達に基づき東京国税局長が定めた平成17年分財産評価基準（以下「平成17年分財産評価基準」という）によれば，同通達14－2（地区）に定める路線

価地域(普通住宅地区)に所在するが,本件各土地の接する路線又は最も近い路線に路線価(同通達14(路線価)に定める路線価をいう。以下同じ)が付されていないことから,原処分庁は,本件各更正処分を行うに当たり,特定路線価を本件西側道路に1㎡当たり130,000円,本件東側道路に1㎡当たり120,000円と設定した。

II 争　　点

❶ 本件各土地に評価通達の定めによらないで評価することを正当とする特別な事情が存在するのか。
❷ 本件各土地の具体的な相続税評価額(相続税の課税価格算入額)はいくらになるのか。

III 争点に対する双方(請求人・原処分庁)の主張

争点に関する請求人・原処分庁の主張は,図表-2のとおりである。

図表-2　争点に関する請求人・原処分庁の主張

争　点	請求人(納税者)の主張	原処分庁(課税庁)の主張
(1) 本件各土地の評価に当たっての特別な事情の有無	原処分庁が取引事例に基づき算定した本件各土地の時価は,本件各土地が傾斜地,無道路地及び不整形地であること並びに土地区画整理事業の施行地区内にあること等の特殊事情を考慮しておらず,時価として適切ではないから,本件各土地の評価通達に基づく評価額(相続税評価額)と原処分庁が算定した時価との比較をもって,本件各土地の相続税評価額が時価を上回っていないとしていることは合理性に欠ける。	納税者間の課税の適正,公平の確保という見地からすると,評価通達に定める評価方式を適用して,相続により取得した財産を画一的に評価することには合理性がある。相続により取得した財産の価額は,相続税評価額が課税時点における当該財産の時価を上回っているときのように,評価通達に定める評価方法によらないことが正当として是認されるような特別な事情がある場合を除き,評価通達に基づき評価するのが相当である。
(2) 本件各土地の具体的な相続税評価額(相続税の課税価格算入額)	本件各土地の時価は,本件各鑑定評価額であり,本件各土地の相続税評価額はいずれも本件各鑑定評価額すなわち時価を上回るものであるから,本件相続に係る相続税の計算上,課税価格に算入すべき本件各土地の価額は,本件各鑑定評価額とすべきである。 参考　本件各土地の鑑定評価額 　土地1……<u>35,800,000円</u> 　土地2……<u>18,200,000円</u>	本件各土地の相続税評価額は,土地1が次頁計算-1のとおり74,578,628円,土地2が次頁計算-2のとおり43,180,238円であり,本件各土地の時価は,土地1が103,569,985円,土地2が59,980,836円(筆者注 計算明細は略)であるので,いずれも相続税評価額が時価を下回っていることから,本件相続に係る相続税の課税価格に算入すべき価額は相続税評価額(土地1:<u>74,578,628円</u>,土地2:<u>43,180,238円</u>)によるのが相当である。

計算－1　原処分庁が算定した土地1の相続税評価額

相続税評価額	算　定　根　拠
74,578,628円	(1)　宅地比準方式による価額 　　130,000円(注1)×0.91(注2)×0.78(注3)＝92,274円 　　92,274円×（1－0.016138(注4)）≒90,784円 　　90,784円－＊＊＊＊(注5)＝＊＊＊＊ 　　＊＊＊＊×1,047.59㎡（本件土地1の地積）≒＊＊＊＊ (2)　広大地補正率を適用した価額 　　130,000円(注1)×0.5476205(注6)×1,047.59㎡（土地1の地積）≒74,578,628円 (1)＞(2)⇒土地1の相続税評価額　74,578,628円

(注1)　正面路線価　本件西側道路に付設された特定路線価である。
(注2)　奥行価格補正率　地区部分が普通住宅地区で奥行距離46mの場合0.91
(注3)　不整形地補正率
　　　　想定整形地　49m（想定間口距離）×46m（想定奥行距離）＝2,254㎡
　　　　かげ地割合　（2,254㎡－1,047.59㎡）÷2,254㎡＝53.52％
　　　　普通住宅地区　地積区分C　0.87
　　　　間口距離2m，奥行距離46m　間口狭小補正率0.9，奥行長大補正率0.9
　　イ　0.87（不整形地補正率）×0.9（間口狭小補正率）＝0.78
　　ロ　0.9（奥行長大補正率）×0.9（間口狭小補正率）＝0.81
　　　　イ＜ロのため，不整形地補正率は，0.78
(注4)　無道路地
　　　　間口距離2m，奥行距離6mの通路の開設を想定　通路部分の地積12㎡
　　　　｛130,000円（正面路線）×12㎡（通路部分の地積）｝÷｛92,274円×1,047.59㎡（土地1の地積）｝≒0.016138
(注5)　傾斜地の宅地造成費
　　　　土地1の傾斜度8度　傾斜度　5度超～10度未満の宅地造成費　1㎡当たり＊＊＊＊
(注6)　広大地補正率
　　　　広大地補正率＝0.6－0.05×1,047.59㎡（土地1の地積）／1,000㎡＝0.5476205

計算－2　原処分庁が算定した土地2の相続税評価額

相続税評価額	算　定　根　拠
43,180,238円	(1)　宅地比準方式による価額 　　120,000円(注1)×0.92(注2)×0.78(注3)＝86,112円 　　86,112円－＊＊＊＊(注4)＝＊＊＊＊ 　　＊＊＊＊×633.13㎡（土地2の地積）＝＊＊＊＊ (2)　広大地補正率を適用した価額 　　120,000円(注1)×0.5683435(注5)×633.13㎡（土地2の地積）≒43,180,238円 (1)＞(2)⇒土地2の相続税評価額　43,180,238円

(注1)　正面路線価　本件東側道路に付設された特定路線価である。
(注2)　奥行価格補正率　地区部分が普通住宅地区で奥行距離41.5mの場合0.92
(注3)　不整形地補正率
　　　　想定整形地　36m（想定間口距離）×41.5m（想定奥行距離）＝1,494㎡
　　　　かげ地割合　（1,494㎡－633.13㎡）÷1,494㎡＝57.62％
　　　　普通住宅地区　地積区分C　0.78
　　　　間口距離10.5m，奥行距離41.5m　間口狭小補正率1.0，奥行長大補正率0.96
　　イ　0.78（不整形地補正率）×1.0（間口狭小補正率）＝0.78
　　ロ　0.96（奥行長大補正率）×1.0（間口狭小補正率）＝0.96
　　　　イ＜ロのため，不整形地補正率は，0.78
(注4)　傾斜地の宅地造成費
　　　　土地2の傾斜度3度以下　傾斜度　3度以下の宅地造成費　1㎡当たり＊＊＊＊
(注5)　広大地補正率は，次のとおり算出した。
　　　　広大地補正率＝0.6－0.05×633.13㎡（土地2の地積）／1,000㎡＝0.5683435

Ⅳ 国税不服審判所の判断

❶ 認定事実

(1) 本件各土地の地積は，付近の標準的な宅地の地積に比して著しく大きく，開発行為を行うとした場合に，道路等の公共公益的施設用地の負担が必要な土地である。

(2) 平成17年分財産評価基準書によれば，本件土地区画整理事業の施行地区内にある土地と施行地区外にある土地の両方に接する路線に設定されている路線価は，これらの土地を区別せず，同一の価格が設定されている。

(3) 平成17年分財産評価基準書の倍率表には，次の各地域の宅地の評価方法について，それぞれ要旨次のとおり記載されている。

① ＊＊＊＊，＊＊＊＊地域の一部は個別に評価する地域であり，それ以外の全域は評価通達11（評価の方式）の(1)に定める路線価方式により評価する地域（以下「路線価地域」という）である。

② ＊＊＊＊ 全域が路線価地域である。

③ ＊＊＊＊ 市街化調整区域と市街化区域とに区分されており，市街化調整区域は評価通達11の(2)に定める倍率方式により評価する地域（以下「倍率地域」という），市街化区域は一部が路線価地域，＊＊＊＊地域内は個別に評価する地域，その他の市街化区域は倍率地域である。

④ ＊＊＊＊ 市街化調整区域と市街化区域とに区分されており，市街化調整区域は倍率地域，市街化区域は一部が路線価地域，その他の市街化区域は倍率地域である。

⑤ ＊＊＊＊ 市街化調整区域と市街化区域とに区分されており，いずれも全域が倍率地域である。

⑥ ＊＊＊＊ 市街化調整区域と市街化区域とに区分されており，市街化調整区域は倍率地域，市街化区域は＊＊＊＊地域は個別に評価する地域，その他の市街化区域は倍率地域である。

(4) 本件仮換地重ね図によれば，前記図表－1のとおり，土地1と土地2の仮換地予定地は，土地2の所在地付近に一括して配置されている。また，土地1は，仮換地予定地と重複する部分が全くなく，土地2は，その一部が仮換地予定地と重複している。この重複部分の土地の面積を本件仮換地重ね図に基づき求めると266.64㎡である。

(5) 請求人が，本件各鑑定評価額の合理性を裏付ける証拠として，審査請求書に添付して審判所に提出した，＊＊＊＊（筆者注 不動産業者名と推定される）が作成した平成19年1月20日付の「査定書」と題する書面には，本件各土地は，投資目的で購入を希望するユーザーがいると思われるが，売却額は非常に低くなり，土地1（545.45㎡ 筆者注）土地2（633.13㎡）を併せた査定額は1,800万円前後（坪単価5万円前後）である旨の記載がある。

　筆者注　土地1の登記簿上の地積は，545.45㎡となっている。以下，次の(6)において同じ。

(6) 請求人が，本件各鑑定評価額の合理性を裏付ける証拠として，平成19年8月29日に審判所に提出した不動産業者3社が作成した書面には，それぞれ要旨次の記載がある。
① ＊＊＊＊の平成19年8月23日付の「物件査定書」と題する書面
　本件各土地を現状で売却するには，将来的な投資目的として購入を希望するユーザー以外にはないと思われる。何年後に土地区画整理事業が完了するか見えない状態なので，投資目的として評価を考えるとかなり厳しい評価になる。
　査定額は，土地1（545.45㎡）が800万円～1,000万円（坪単価5万円～6万円前後），土地2（633.13㎡）が950万円～1,150万円（坪単価5万円～6万円前後）となる。
② ＊＊＊＊の平成19年8月24日付の「売却についてのご提案～Market Price～」と題する書面
　本件各土地は，前面道路が未接道で再建築不可であり，法地も含んでいること及び区画整理の進行状況等を踏まえると，一般のお客様への売却は厳しい。面積が大きく，宅地造成等の規制も考えると購入者は一部の法人に限定されてしまう。
　土地1（545.45㎡）の売出提案価格は800万円～900万円，マーケットプライス（実際に売却される場合の成約予想価格。以下同じ）は863万円～943万円であり，土地2（633.13㎡）の売出提案価格は900万円～1,000万円，マーケットプライスは，1,002万円～1,096万円である。
③ ＊＊＊＊の平成19年8月25日付の「査定書」と題する書面
　本件各土地は，＊＊＊＊までの区画整理に組み込まれておらず，区画整理が完了するまでは，接道がないので建築不可能である。区画整理完了まで投資目的にて所有する買主以外は，購入の見込みはないと考えられるので，投資対象としての売却価額を算出すると，土地1（545.45㎡）と土地2（633.13㎡）と併せて1,500万円～2,000万円（坪単価4.5万円～5.5万円前後）である。

❷ 関係者の答述
(1) ＊＊＊＊（筆者注 本件土地区画整理事業の事業主体名と推定される）の職員は，平成19年11月27日及び同年12月7日，審判所に対し，要旨次のとおり答述した。
① 土地区画整理事業の施行地区内で土地区画整理法76条（建築行為等の制限）1項に規定する建築物の建築等が許可されるのは，従前の土地と仮換地予定地が重複しており，その重複部分に建築物の建築等を行う場合などである。
② 本件各土地については，土地1はその全部が，土地2はその一部が，いずれも仮換地予定地と重複していないため，この重複していない部分での建築物の建築等は，土地区画整理事業に支障を来すと認められることから，土地区画整理法76条1項に規定する許可を得ることは相当難しいと思われる。
③ 本件土地区画整理事業の＊＊＊＊（筆者注 本件土地区画整理事業の施行地域名と推定される）における仮換地全体の面積に対する仮換地指定済の面積の割合は3.78％である。
④ 本件土地区画整理事業の施行期間は＊＊＊＊までとなっているが，現在の進ちょく

状況からすると，施行期間が延伸される見込みである。
⑤　本件各土地の街区周辺の街路は，＊＊＊＊までに整備される予定はないので，本件各土地の仮換地の指定は早くても＊＊＊＊以降となる見込みである。
(2)　不動産鑑定士甲は，平成19年12月19日，審判所に対し，要旨次のとおり答述した。
①　土地1の面積1,047.59㎡及び土地2の面積633.13㎡は，造成工事費の査定を依頼した建築設計事務所が，本件仮換地重ね図に基づいて求積した。
②　本件各鑑定書において＊＊＊＊の取引事例AからDを採用したのは，＊＊＊＊（筆者注　本件土地区画整理事業の施行地域名と推定される）には宅地見込地の公示地や基準地がないことから，周辺の宅地見込地の取引事例を収集したところ，＊＊＊＊に事例があったためである。宅地となった際の価額は，＊＊＊＊の取引事例と＊＊＊＊の本件各土地が同一となるよう地域格差を考慮している。
③　本件各鑑定書における地域格差の環境条件のうち，社会的環境とはその土地の居住環境のことであり，周辺の利用状況とは土地の周辺の現況のことである。これらの減価割合はこれまでの実務経験に基づき決定した。
④　本件各鑑定書においては，従前地として鑑定評価を行っているので，土地区画整理法76条（建築行為等の制限）1項の規定による建築制限は特に考慮していない。
(3)　＊＊＊＊（筆者注　本件土地区画整理事業の施行地の地方自治体の開発課と推定される）の職員は，平成20年3月13日，審判所に対し，＊＊＊＊（筆者注　本件土地区画整理事業の施行地の地方自治体名と推定される）において開発行為を行う際に，開発区域内に新設する行き止まり道路の幅員は，開発面積にかかわらず，道路延長が35m以下の場合は4.5mである旨答述した。

❸　**相続税法22条の法令解釈について**
(1)　相続税法22条（評価の原則）は，相続により取得した財産の価額は当該財産の取得の時における時価による旨規定し，この時価とは，当該財産を取得した時において，それぞれの財産の現況に応じ，不特定多数の当事者間で自由な取引が行われる場合に通常成立すると認められる価額，すなわち，当該財産の客観的な交換価値を意味するものと解される。

しかしながら，相続税の課税の対象とする財産は多種多様であることから，国税庁は，課税の公平，公正の観点から，財産評価の一般的基準である各種財産の時価に関する原則及びその具体的評価方法等を評価通達に定め，その取扱いを統一するとともに，これを公開し，納税者の申告，納税の便に供している。

このような画一的な評価方法が採られているのは，各種の財産の客観的な交換価値を適正に把握することは必ずしも容易なことではなく，これを個別に評価する方法を採ると，その評価方法，基礎資料の選択の仕方等により評価額に格差が生じることを避け難く，また，課税庁の事務負担が重くなり，課税事務の迅速な処理が困難となるおそれがあることなどから，あらかじめ定められた評価方法により画一的に評価する方が，納税者間の公平，納税者の便宜，徴収費用の節減という見地から見て合理的であるという理

由によるものであり，一般的には，これを形式的にすべての納税者に適用して財産の評価を行うことは，租税負担の実務的公平をも実現することができることから，租税平等主義にかなうものであると解される。

したがって，相続税評価額が相続開始時におけるその財産の時価を上回っているような特別な事情がない限り，評価通達に基づき評価する方法には合理性があると認められる。

(2) 土地の適正な時価，すなわち客観的交換価値というものは，その土地の地積，形状，地域的要因等の各個別の事情や需要と供給のバランスなど様々な要素により変動するものであるから，理論的には一義的に観念できるとしても，実際問題としてこれを一義的に把握することは困難であり，不動産鑑定士による不動産鑑定評価額も，それが公正妥当な不動産鑑定理論に従っていたとしても，なお不動産鑑定士の主観的な判断や資料の裁量的な選択過程の介在が免れないのであって，不動産鑑定士が異なれば，同一の土地であっても，異なる評価額が算出されることは避けられないことである。土地の客観的交換価値には，この意味である程度幅があると見なければならない。

このような観点からすれば，相続税評価額が，時価とみなし得る合理的な範囲内にあれば，相続税法22条違反の問題は生じないと解するのが相当である。そして，相続税評価額が客観的交換価値を超えているといえるためには，当該評価額を下回る鑑定評価が存在し，その鑑定評価が一応公正妥当な不動産鑑定理論に従っているというのみでは足りず，同一の土地についての他の不動産鑑定評価があればそれとの比較において，また，周辺の地価公示価格や都道府県地価調査に係る基準地の標準価格の状況，近隣における取引事例等の諸事情に照らして，相続税評価額が客観的な交換価値を上回ることが明らかであると認められることを要するものというべきである。

❹ 本件各土地の相続税評価額

(1) 評価通達に定める市街地山林の評価方法

本件各土地は，現況地目が山林であるところ，評価通達45（評価の方式）によれば，山林の評価は，①純山林及び中間山林と②市街地山林とに区分して評価することとされている。このうち，市街地山林とは，宅地のうちに介在する山林，市街化区域内にある山林などをいうものとされており，本件各土地は市街化区域内に所在することから市街地山林に該当する。そして，市街地山林の評価方法は，原則として評価通達49（市街地山林の評価）の定めにより宅地比準方式により評価することとされている。

また，その市街地山林が宅地であるとした場合において，評価通達24－4（広大地の評価）に定める広大地に該当するときは，同通達49の定めにかかわらず，同通達24－4の定めに準じて評価する旨定められ，ただし，その価額が宅地比準方式により算定した価額を上回る場合には，宅地比準方式により評価するものとされている（同通達49－2（広大な市街地山林の評価））。

市街地山林は，市街地に近接する宅地化傾向の強い山林であるため，付近の宅地の価格の影響により，山林としての価額よりむしろ宅地の価額に類似する価額で取引されて

いるのが実情であること，また，当該市街地山林が広大地に該当する場合には，その土地の開発に当たり，宅地の場合と同様に，道路，公園等の公共施設等の用地の負担を要することからすると，これらの取扱いは審判所においても相当と認められる。

筆者注　評価通達24－4（広大地の評価）及び評価通達49－2（広大な市街地山林の評価）の各定めは，平成29年12月31日をもって廃止された。

(2)　本件各土地における土地区画整理法に基づく利用上の制限

　　土地区画整理法76条（建築行為等の制限）1項は，市町村が施行する土地区画整理事業の事業計画の決定の公告があった日後，換地処分があった旨の公告がある日までは，施行地区内において土地区画整理事業の施行の障害となるおそれがある建築物の建築等を行おうとする者は，都道府県知事の許可を得なければならない旨規定しており，事業計画の決定の公告のあった日後，施行地区内にある土地には，同項の規定による建築物の建築等に係る規制が働くことになる。

　　また，土地区画整理法99条（仮換地の指定の効果）1項は，仮換地が指定された場合，仮換地指定の効力発生の日から換地処分があった旨の公告がある日までは，仮換地を従前の土地について有する権利の内容である使用又は収益と同じ内容での使用又は収益をすることができるものとし，従前の土地は，使用又は収益をすることができない旨規定していることからすると，仮換地の指定がされるまでは，従前の土地を当該土地の権原に基づき使用又は収益することとなる。そして，本件各土地は，本件土地区画整理事業の施行地区内に所在し，本件相続開始日において仮換地の指定を受けていないことから，従前の土地について使用又は収益をすることとなる。

　　ところで，上記❷(1)の＊＊＊＊（筆者注 本件土地区画整理事業の事業主体名と推定される）の職員の答述内容からすると，本件土地区画整理事業の施行地区内における建築物の建築等について土地区画整理法76条1項の規定による許可がされるのは，仮換地予定地が従前の土地と重複している場合で，当該重複している部分において建築物の建築等を行うときであるが，本件各土地についてみると，本件各土地の換地計画では，土地1と土地2については，土地2の所在地付近に一括して換地が予定されており，土地1は仮換地予定地と全く重複せず，土地2は仮換地予定地とその一部のみが重複している。そうすると，土地1の全部及び土地2の仮換地予定地と重複していない部分での建築物の建築等は，本件土地区画整理事業の施行に支障があると判断され，土地区画整理法76条1項に規定する許可を得ることができないという制限を受けるものと認められる。また，土地2と仮換地予定地が重複する部分については，建築物の建築等の許可がされる可能性があり，その部分の面積は266.64㎡であるものの，当該部分は，前記図表－1のとおりほぼ三角形の不整形地であり，かつ，造成を要する傾斜地であるから，建築物の建築は現実的ではないものと認められ，しかもこれらの制限は最短でも＊＊＊＊までは解消されないものと認められる。

(3)　相続税評価額の算定について

①　原処分庁算定による相続税評価額

(イ) 原処分庁は、評価通達49－2（広大な市街地山林の評価）の定めにより、前記図表－2の「原処分庁（課税庁）の主張」欄の(2)に掲げる計算－1及び計算－2のとおり、特定路線価に本件各土地の地積に基づき算定した広大地補正率を乗じて算定した価額と宅地比準方式により算定した価額とを比較して、本件各土地の相続税評価額を土地1については74,578,628円、土地2については43,180,238円としている。

(ロ) 本件各土地は、本件土地区画整理事業の施行地区内に所在するが、仮換地の指定を受けるまでは、従前の土地を使用又は収益することからすると、従前の土地をもって評価するのが相当である。

　そして、本件各土地は、評価通達24－4（広大地の評価）に定める広大地に該当する市街地山林であり、本件相続開始日において仮換地の指定を受けていないことから、原処分庁が、従前の土地に同通達24－4を適用して本件各土地の相続税評価額を算定したことは相当と認められる。

(ハ) 土地区画整理事業の施行中の宅地について、仮換地の指定がされている場合には、評価通達24－2（土地区画整理事業施行中の宅地の評価）により仮換地の価額に相当する価額により評価するが、その仮換地の造成工事が施行中で、当該工事が完了するまでの期間が1年を超えると見込まれる場合の仮換地の価額に相当する価額は、同通達24－2ただし書において、その仮換地について造成工事が完了したものとして評価した価額の100分の95に相当する金額によって評価する旨定められている。

　この評価通達24－2ただし書の取扱いは、仮換地の指定が行われている場合であっても、造成工事が施行中である場合には、宅地としての効用は現実に果たし得ないことから、仮換地の指定の効力の発生した日から造成工事の完了の日までの間に課税時期が到来した場合で、造成工事の完了の日まである程度の期間を要すると認められるときは、その利用上の制限を考慮して評価する必要があるとの趣旨であると解され、この取扱いは相当と認められる。

(ニ) 本件各土地については、仮換地の指定を受けるまでは従前の土地を使用又は収益することになるが、本件土地区画整理事業は、＊＊＊＊（筆者注 年月日と推定される）の事業計画決定の公告の日から本件相続開始日まで既に＊＊＊＊（筆者注 経過年数と推定される）が経過しているにもかかわらず、最短でも＊＊＊＊までは使用又は収益について制限を受けると認められるものである。しかし、本件各土地の場合には、仮換地の指定がされていないため、評価通達24－2ただし書の適用はないこととなる。

(ホ) 本件土地区画整理事業の施行地区内における路線価は、土地区画整理法76条（建築行為等の制限）1項の建築物の建築等に係る制限を考慮しておらず、本件各土地の相続税評価額の算定に当たり設定された路線価も既存の路線価を基準として算定されており、同項の建築物の建築等に係る制限を考慮していない。

(ヘ) 評価通達1（評価の原則）の(3)（財産の評価）は、財産の評価に当たっては、その財産の価額に影響を及ぼすべきすべての事情を考慮する旨定めている。これは、

財産の時価は、それぞれの財産の現況に応じ、不特定多数の当事者間で自由な取引が行われる場合に成立すると認められる客観的な交換価値を示す価額であることからすると、その財産に影響を及ぼすべきすべての客観的な事情を考慮する必要があるという趣旨と解される。

そして、本件各土地に係る利用上の制限は、本件各土地の価額に影響を及ぼすべき客観的な事情であると認められるが、本件各土地に係る特定路線価は、このような制限を考慮しておらず、かつ、前記図表－2の「原処分庁（課税庁）の主張」欄の(2)に掲げる計算－1及び計算－2のとおり、原処分庁の相続税評価額の算定の過程においても当該制限に基づく減価は考慮されていない。

② 審判所算定による相続税評価額

(イ) 本件各土地が、広大地に該当する市街地山林であることから、原処分庁の相続税評価額の算定内容は、前記(2)の本件各土地に係る土地区画整理法に基づく利用制限を考慮していない点を除けば、相当と認められる。したがって、本件各土地の相続税評価額の算定は、原処分庁の算定方法を基礎としつつ、当該利用上の制限に起因する減価を考慮して行うこととなる。

(ロ) 課税実務上、付近にある他の宅地の利用状況から見て、著しく利用価値が低下していると認められる部分がある宅地の価額は、路線価がその状況を考慮して付されている場合を除き、その利用価値が低下していると認められる部分の面積に対応する価額から10％を減額して評価することができる旨取り扱われており、この取扱いは、利用価値が著しく低下している宅地とそうでない宅地を比較すると、利用価値が著しく低下している宅地には減価が生じることを考慮する趣旨によるものであり、審判所においても相当と認められる。

仮換地の指定を受けた宅地等は、評価通達24－2（土地区画整理事業施行中の宅地の評価）ただし書により、その仮換地の造成工事が完了するまでの期間が1年を超えると見込まれる場合は、造成工事により実際の利用が制限されることから、その利用上の制限を考慮して当該制限がないものとした場合の価額から5％減額して評価される。これに対し、本件各土地には、前記①(ニ)のとおり、同ただし書の適用がないが、前記(2)のとおり、最短でも＊＊＊＊までは仮換地の指定を受ける見込みがなく、同年度以後においても、仮換地の指定を受ける具体的な時期は明らかでないことからすると、その利用上の制限を受ける期間は、同ただし書が定める期間より長期間になるものと認められる。したがって、本件各土地に係る前記(2)の利用上の制限は、同ただし書が定める利用上の制限より強く、その減価も大きいものと認められる。

そうすると、本件各土地は、上記の課税実務上の取扱いが適用される利用上の制限により利用価値が著しく低下している土地に相当するものと認められ、当該取扱いに準じて10％の減額をすることが、評価通達24－2ただし書の適用を受ける土地との均衡から見ても相当であると認められる。

計算-3 国税不服審判所が算定した土地1の相続税評価額

相続税評価額	算定根拠
67,120,765円	(1) 宅地比準方式による価額 　130,000円(注1)×0.91(注2)×0.78(注3)＝92,274円 　92,274円×（1－0.016138(注4)）≒90,784円 　90,784円－＊＊＊＊(注5)＝＊＊＊＊ 　＊＊＊＊×1,047.59㎡（土地1の地積）≒＊＊＊＊ 　＊＊＊＊×（1－0.1（著しい利用価値の低下））＝＊＊＊＊ (2) 広大地補正率を適用した価額 　130,000円(注1)×0.5476205(注6)×1,047.59㎡（土地1の地積）≒74,578,628円 　74,578,628円×（1－0.1（著しい利用価値の低下））≒67,120,765円 　(1)＞(2)⇒土地1の相続税評価額　67,120,765円

〔注〕 計算-3における（注1）ないし（注6）は，前記計算-1（原処分庁が算定した土地1の相続税評価額）に掲げられている（注1）ないし（注6）と同じである。

計算-4 国税不服審判所が算定した土地2の相続税評価額

相続税評価額	算定根拠
38,862,214円	(1) 宅地比準方式による価額 　120,000円(注1)×0.92(注2)×0.78(注3)＝86,112円 　86,112円－＊＊＊＊(注4)＝＊＊＊＊ 　＊＊＊＊×633.13㎡（土地2の地積）≒＊＊＊＊ 　＊＊＊＊×（1－0.1（著しい利用価値の低下））≒＊＊＊＊ (2) 広大地補正率を適用した価額 　120,000円(注1)×0.5683435(注5)×633.13㎡（土地2の地積）　≒43,180,238円 　43,180,238円×（1－0.1（著しい利用価値の低下））≒38,862,214円 　(1)＞(2)⇒土地2の相続税評価額　38,862,214円

〔注〕 計算-4における（注1）ないし（注6）は，前記計算-2（原処分庁が算定した土地2の相続税評価額）に掲げられている（注1）ないし（注6）と同じである。

　(ハ) 上記(ロ)の場合の利用価値が低下していると認められる部分の面積であるが，土地2については，仮換地予定地と従前の土地が一部重複しているため当該部分について建築物の建築等の許可を受けることは可能である。しかしながら，本件仮換地重ね図によれば，その重複部分の土地の面積は266.64㎡あるものの，その形状は，前記図表-1のとおり，ほぼ三角形の不整形な傾斜地で，造成工事も必要であることからすると，仮換地予定地が土地2と重複する部分に建築物の建築等を行うことは現実的ではないものと認められるため，本件各土地全体において利用価値が著しく低下していると判断される。

　(ニ) 上記(イ)ないし(ハ)より，本件各土地の相続税評価額を算定すると，計算-3のとおり，土地1は67,120,765円となり，計算-4のとおり，土地2は38,862,214円となる。

❺ 本件各土地の時価について
(1) 本件各鑑定評価額について
　① 請求人は，本件各土地の時価は本件各鑑定評価額であり，本件各土地の相続税評価額は，いずれも時価を上回る旨主張する。

ところで，本件各鑑定書においては，本件各土地の宅地見込地としての比準価格及び戸建分譲を想定した開発法による価格をそれぞれ求め，それらの価格の中庸値により鑑定評価額を決定している。

② 　開発法は，本件各土地のように評価対象地の面積が近隣地域の標準的な面積に比して大きい場合に用いられる手法である。すなわち，不動産鑑定評価基準においては，比準価格及び収益価格や積算価格を関連付けて決定するものとし，当該更地の面積が近隣地域の標準的な土地の面積に比べて大きい場合等において当該更地を分割利用することが合理的と認められるときは，価格時点において，当該更地を区画割りして，標準的な宅地とすることを想定し，販売総額から通常の造成費相当額及び発注者が直接負担すべき通常の付帯費用を控除して得た開発法による価格を比較考慮して決定するものとされている。そして，不動産鑑定評価基準運用上の留意事項では，開発法によって求める価格は，細区分した宅地の販売総額を価格時点に割り戻した額から土地の造成費及び発注者が直接負担すべき通常の付帯費用を価格時点に割り戻した価格をそれぞれ控除して求めるものとされている。

　このように，開発法においては，将来販売されるべき販売総額及び予想される土地造成費等を適切に算定し，価格時点に割り戻す必要があるが，本件各土地は，最短でも＊＊＊＊までは仮換地として指定される見込みはなく，その後の土地区画整理事業の進捗の見通しも不透明であることからすれば，現実に開発し，販売できる時期を想定することは困難である。そうすると，このように特殊な事情を有する本件各土地の時価の算定においては，開発法による価格を比較考慮する方法は相当ではないと言わざるを得ない。

③ 　取引事例比較法は，まずは多数の取引事例を収集して適切な事例の選択を行い，これらの価格について必要に応じて事情補正，時点修正を行い，かつ，地域要因の比較及び個別的要因の比較を行って求められた価格を比較考慮して，対象不動産の価格算定の基礎となる比準価格を求める手法である。

　そして，その際選択された取引事例は，取引事例比較法を適用して比準価格を求める場合の基礎資料となるものであり，収集された取引事例の信頼度は比準価格の精度を左右するものである。

　したがって，不動産鑑定評価の実務においても，比準価格の算定に当たって採用する取引事例について，評価対象地との地域格差の著しい事例は，事例としての規範性に欠ける場合が多いので選択しないことが望ましいと解されている。

　本件各鑑定書の比準価格は，＊＊＊＊の宅地見込地の取引事例4事例に，事情補正，時点修正，地域格差等の補正を行って算定している。これらの取引事例の具体的な地点を本件各鑑定書から特定することは困難であるが，各取引事例と本件各土地について，平成17年分財産評価基準の倍率表からこれらの各土地の所在する地域の状況を比較してみると，前記❶(3)の①及び②のとおり，本件各土地が所在する地域は，個別に評価する＊＊＊＊地域の一部以外は全体が路線価地域であるのに対し，前記❶(3)の③

から⑥までのとおり，各取引事例地が所在する地域は，いずれも市街化区域及び市街化調整区域が並存しており，かつ，市街化区域内の宅地であってもすべて倍率地域が含まれている。そして，評価通達11（評価の方式）によれば，宅地の評価の方式は，市街地的形態を形成する地域においては路線価方式により，それ以外の地域については倍率方式によることとされていることからすると，本件各土地と各取引事例が所在する地域とでは，地域要因が著しく異なっていると認められる。このため，本件各鑑定書においては，地域格差として，各取引事例の地域は，土地1に対して42％から80％，土地2に対して35％から72％劣っているとして大幅な補正を行っており，このうち環境条件に係る減価についても，社会的環境として30％から50％，周辺の利用状況として5％から20％としている。

さらに，審判所において，本件各土地の近隣で，本件各土地の存する地域と状況が類似する地域に存し，地積，形状等の画地条件の格差が最小限となるような宅地見込地の取引事例を調査したところ，本件土地区画整理事業の施行地区内において，取引事例X，Y及びZの各取引事例が認められたことを考え併せると，本件各鑑定書の比準価格の算定に当たり採用された取引事例は，本件各土地と地域格差が著しく，規範性に欠ける事例であると認められる。

加えて，不動産鑑定士甲の答述によれば，本件各鑑定書においては，地域格差を考慮しているものの，その補正内容は専ら同鑑定士の経験的判断に依拠したものと認められ，実証性，客観性に欠けており，地域格差に基づく減価の内容及び算定根拠も上記取引事例を用いる場合に比べ具体性に乏しいと認められる。

④ 上記①ないし③によれば，本件各鑑定書の時価の算定方法は合理性を欠いており，本件各鑑定評価額は，本件各土地の本件相続開始日における適正な時価を示しているとは認められない。

したがって，本件各土地に係る相続税評価額が本件各鑑定時価を上回ることをもって，本件各土地について，相続税評価額が相続開始日における時価を上回っているような特別な事情があると判断することはできない。

(2) 審判所算定による時価

上記(1)のとおり，本件各鑑定評価額は，本件相続開始日における本件各土地の適正な時価を示しているとは認められないことから，審判所において本件各土地の時価を算定すると，以下のとおりである。

① 土地の時価（客観的な交換価値）を認定する方法としては，不動産鑑定士による鑑定評価等によるほか，評価対象地に関して時間的，場所的，物件的及び用途的同一性等の点で可能な限り類似する物件の取引事例に依拠し，それを比準して価格を算定する取引事例比較法があり，取引事例比較法は，市場を反映した価格が算定されることから合理性があり，また相当な方法であると解されている。

そして取引事例比較法により価格を認定するに当たり，依拠する取引事例については，評価対象地と取引事例の土地との間における位置，形状，地積，地勢，接面道路，

供給処理施設，公法規制等の諸条件及び取引時点の相違に係る修正や補正の幅を狭め，恣意的要素を排除するため，当該事案に即したところで可能な限り，評価対象地に諸条件が合致し，取引時点が近接し，かつ，個別的事情が価格決定に寄与した度合いの小さいものとすることが相当であると解される。

② 上記①に基づき，審判所において，本件各土地の近隣で，本件各土地の存する地域と状況が類似する地域に存し，地積，形状等の画地条件の格差が最小限となるような宅地見込地の取引事例を調査したところ，取引事例X，Y及びZの各取引事例が認められた。

これらの各取引事例の価格時点，地積，交通接近条件，街路条件，環境条件，形状等の個別的要因及び行政的条件等は，本件各土地と地域要因等が近似している。また，これらの取引事例には，譲渡人と譲受人との間に縁故関係がある等の特殊事情は認められない。

そこで，各取引事例の１㎡当たりの取引価格を基に，審判所においても相当と認められる土地価格比準表（昭和50年１月20日付国土庁土地局地価調査課長通達「国土利用計画法の施行に伴う土地価格の評価等について」）に準じて，それぞれ時点修正，標準化補正，地域格差及び法令による建築規制等の個別格差の補正を行って，本件相続開始日における本件各土地の時価を算定すると（筆者注 計算明細は略），土地１は72,768,744円，土地２は50,032,465円となる。

❻ 課税価格に算入すべき本件各土地の価額

(1) 審判所が算定した本件各土地の相続税評価額は，前記❹(3)②(ニ)の計算－３及び計算－４に掲げるとおり，土地１は67,120,765円であり，土地２は38,862,214円であるところ，本件各土地の時価は，前記❺(2)②に掲げるとおり，土地１は72,768,744円，土地２は50,032,465円であることから，本件各土地の相続税評価額が本件相続開始日における本件各土地の時価を上回るような特別な事情があるとは認められない。

(2) 請求人は，前記❶の(5)及び(6)に掲げるとおり，本件各鑑定評価額の合理性を裏付ける証拠として，不動産業者４社による本件各土地の査定額に関する書面を提出している。

しかしながら，これらの査定額は，価格時点が明確でなく，価格査定の過程等も具体性に乏しいこと，主として土地区画整理完了までの不動産投資のための価格を算定していること及びいずれも土地１の面積を公簿面積である545.45㎡（筆者注 本件仮換地重ね図による土地１の面積は1,047.59㎡）として査定しており，評価対象地の前提が異なっていることからすれば，請求人が仮に何らの事情で売り急いだ場合の参考価格とはいえるとしても，本件相続開始日における本件各土地の客観的な交換価値を示すものとは認められないので採用することはできない。

(3) 上記(1)及び(2)によれば，原処分庁算定による本件各土地の時価について判断するまでもなく，本件各土地の価額を評価通達に基づき評価する方法には合理性があると認められるので，本件相続税の課税価格に算入すべき本件土地の価額は，前記❹(3)②(ニ)の計算－３及び計算－４の審判所が算定した相続税評価額のとおり，土地１は67,120,765円と，

土地2は38,862,214円とするのが相当である。

まとめ　本件裁決事例における本件各土地の価額は，請求人（納税者）の主張が土地1につき35,800,000円，土地2につき18,200,000円（いずれも，請求人が選任した不動産鑑定士による不動産鑑定評価額による），原処分庁（課税庁）の主張が土地1につき74,578,628円，土地2につき43,180,238円（いずれも，原処分庁の算定による相続税評価額による）とされていることから，結果として，原処分庁（課税庁）が行った相続税の更正処分の一部が取り消されることとなった。

Ⅴ　本件裁決事例のキーポイント

❶　土地区画整理事業の意義

　土地区画整理事業とは，都市計画区域内の土地について，公共施設の整備改善及び宅地の利用の増進を図るため，都道府県，市町村，土地区画整理組合などが，土地区画整理法に定めるところに従って施行する土地の区画形質の変更(注)及び公共施設の新設又は変更に関する事業をいう。

　（注）　土地の区画形質の変更

　　　　土地の区画形質の変更は，次に掲げる三区分（(1)区画の変更，(2)形の変更，(3)質の変更）に細分化される。その概要を掲げると下記のとおりとなる。

(1)　区画の変更

　区画の変更とは，道路や水路などを新設，変更又は廃止する行為をいう。この区画の変更の概念図として，図表－3を参照されたい。

(2)　形（形状）の変更

　形（形状）の変更とは，造成（一定の切土，盛土又は一体の切盛土）を行うことにより土地の形状を変える行為をいう。この形（形状）の変更の概念図として，次頁図表－4を参照されたい。

(3)　質（性質）の変更

　質（性質）の変更とは，農地，山林等の宅地以外の土地を宅地にする行為をいう。この質（性質）の変更の概念図として，次頁図表－5を参照されたい。

　この土地区画整理事業を概念図にすると，次頁図表－6のとおりとなる。

❷　土地区画整理事業と評価対象財産

　土地区画整理事業の一連の進行過程（(1)事業開始，(2)仮換地指定，(3)換地計画決定等，(4)関係者等承諾，(5)換地処分公告）と

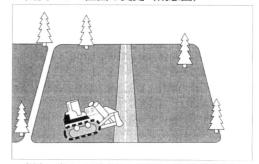

図表－3　区画の変更（概念図）

（注）　単なる形式的な区画の分割（分筆）又は統合（合筆）は，区画の変更には含まれないものとされている。

図表－4　形（形状）の変更（概念図）

① 切土をする行為であって，当該切土の高さが2mを超えるもの

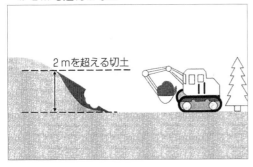

② 盛土をする行為であって，当該盛土の高さが1mを超えるもの

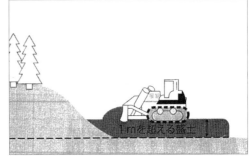

③ 切盛土をする行為であって，当該切盛土の高さが2mを超えるもの

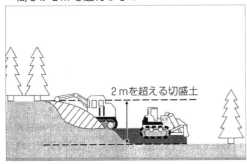

図表－5　質（性質）の変更（概念図）

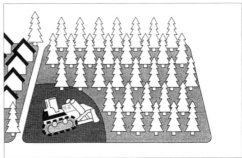

図表－6　土地区画整理事業の概念図

● 土地区画整理事業施行前

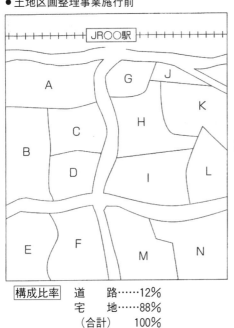

構成比率	道　路……12%
	宅　地……88%
	（合計）　100%

● 土地区画整理事業施行後

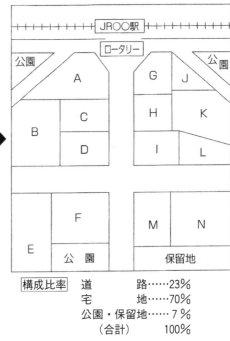

構成比率	道　路……23%
	宅　地……70%
	公園・保留地……7%
	（合計）　100%

図表－7 土地区画整理事業の進展と評価対象財産

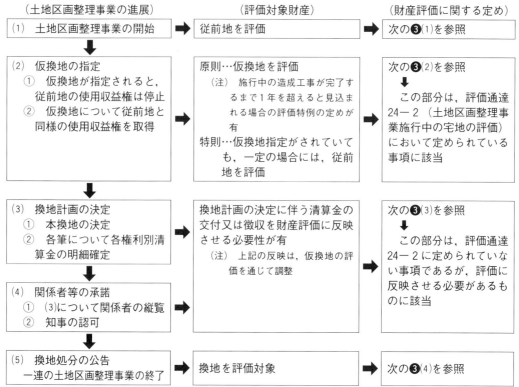

相続税等における評価対象財産の対応関係をまとめると，図表－7のとおりとなる。

❸ 土地区画整理事業施行中の宅地の評価

土地区画整理事業施行中の宅地の評価は，課税時期における当該土地区画整理事業の進ちょく状況に応じて，評価通達24－2（土地区画整理事業施行中の宅地の評価）の定め又は課税実務上の取扱いを適用して求めるものとされている。具体的には，次の(1)から(5)に掲げる区分に応じて，それぞれに掲げる方法によって評価するものとされている。

(1) 課税時期が土地区画整理事業開始以後で仮換地が指定されていない場合（図表－7の(1)に該当）

土地区画整理事業（土地区画整理法2条（定義）1項又は2項に規定する土地区画整理事業をいう。以下同じ）開始以後の初期段階（例えば，土地区画整理組合の設立認可・公告，換地計画の縦覧・認可等の段階）で，課税時期において仮換地が指定されていない場合における当該施行地区内にある宅地の評価方法については，現行の評価通達等の定めには何らの明記もされていない。

このような宅地の評価については，従前地を評価対象とすることが相当であると考えられ，当該従前地について，評価通達11（評価の方式）から同21－2（倍率方式による評価）まで及び同24（私道の用に供されている宅地の評価）の定めにより計算した価額によることが相当であると考えられる。

上記の考え方は，当該宅地の現況及び下記(2)②に掲げる評価方法（仮換地が指定されている場合であっても，一定の状況にあるときには従前地を評価対象とする）との均衡によるものと思われる。

(2) 課税時期が仮換地の指定を受けた以後である場合（下記(3)に該当する場合を除く）（図表－7の(2)に該当）

① 原則的な評価方法（下記②に該当しない場合）

土地区画整理事業の施行地区内にある宅地について，課税時期において土地区画整理法98条（仮換地の指定）の規定に基づき仮換地が指定されている場合におけるその宅地の価額は，評価通達11（評価の方式）から同21－2（倍率方式による評価）まで及び同24（私道の用に供されている宅地の評価）の定めにより計算したその仮換地の価額に相当する価額（Ⓐ）によって評価する。

ただし，その仮換地の造成工事が施行中で，当該工事が完了するまでの期間が1年を超えると見込まれる場合の仮換地の価額に相当する価額は，その仮換地について造成工事が完了したものとして，上記の定めにより評価した価額（Ⓐ）の100分の95に相当する金額によって評価する。

② 特例的な評価方法

仮換地が指定されている場合であっても，次に掲げる事項のいずれにも該当するときには，上記①に掲げる取扱いにかかわらず，従前の宅地の価額により評価する。

(ｲ) 土地区画整理法99条（仮換地の指定の効果）2項の規定により，仮換地について使用又は収益を開始する日を別に定めるとされているため，当該仮換地について使用又は収益を開始することができないこと

(ﾛ) 仮換地の造成工事が行われていないこと

(3) 課税時期が換地処分の公告直前で清算金の交付等が明確である場合（図表－7の(3)・(4)に該当）

土地区画整理事業の最終段階（換地処分の公告直前の段階）では，従前地と換地（本換地）との価額差を調整するために，その価額差の過不足を清算金(注)の交付又は徴収により処理することが土地区画整理法86条（換地計画の決定及び認可）及び同法87条（換地計画）において規定されている。

（注）この清算金は，土地区画整理法87条（換地計画）1項3号に規定する「各筆各権利別清算金明細」によって確認できる。

したがって，上記に掲げる交付を受けるべき清算金（一種の潜在的な債権）又は徴収されるべき清算金（一種の潜在的な債務）につき，課税時期において確実と認められるものがあるときは，その取扱いに関して現行の評価通達等の定めには明記されていないものの，課税実務上の取扱いとして，次に掲げる区分に従って，それぞれに示すとおり，当該清算金の額を当該仮換地の価額に加算又は減算して所定の調整を行って当該宅地（土地区画整理事業施行中の宅地）の評価をおこなう必要があるものと考えられる。

① 交付を受ける清算金の額がある場合

仮換地の価額＋交付を受ける清算金の額
② 徴収される清算金の額がある場合
仮換地の価額－徴収される清算金の額
（注） 上記の取扱いは，土地区画整理事業法に規定する清算金の交付（債権）又は徴収（債務）が確定していない場合でも，課税時期において事実上確実と認められるものがあるときは，評価における適正（課税の公平）を担保するために，当該清算金を仮換地の価額に加算又は減算することにより反映させることにしたものと考えられる。
　　　したがって，これらの清算金は，当該土地区画整理事業施行中の宅地の評価を通じて調整されるべきものであり，独立して民法上の債権又は債務を構成するものではないことに留意する必要がある。

(4) 課税時期が換地処分の公告を受けた以後である場合（図表－7の(5)に該当）

土地区画整理事業に係る換地処分の公告が行われると当該土地区画整理事業に係るすべての財産債務が確定し，仮換地に対する権利関係は本換地上へ移行することになり，一連の事業が終結することになる。

このような状況にある宅地については，本換地を評価対象として，評価通達11（評価の方式）から同21－2（倍率方式による評価）まで及び同24（私道の用に供されている宅地の評価）の定めにより計算した当該本換地の価額により評価することが相当であると考えられる。

なお，換地処分の公告により法的に確定した交付を受ける清算金の額又は徴収される清算金の額で課税時期において未収又は未払であるものがある場合においては，当該未収入金又は未払金は民法上の債権又は債務として取り扱うことになる。

（注） 上記に掲げるとおり，これらの債権（未収入金）又は債務（未払金）は1個の独立した財産又は債務として取り扱われることになり，上記(3)に示すような土地の価額に加算又は減算する処理は行われないことに留意する必要がある。

(5) その他の評価方法による場合

土地区画整理事業の進捗度合いによっては，上記(1)ないし(4)に掲げる評価方式を一律に適用することが相当ではないと考えられる状況も考えられる。このような状況にある土地区画整理事業の施行地内にある宅地については，課税庁に対して個別評価申請を行うものとされている。

具体的には，上記に掲げる個別評価申請の対象とされる地域については，課税庁より，路線価図（路線価地域に所在する場合）又は財産評価基準書（倍率地域に所在する場合）をもって，対象となる地域が明示されている。路線価図における個別評価申請の対象とされる地域の例示を示すと，次頁図表－8のとおりとなる。

上記に掲げる土地区画整理事業試行中の宅地の評価方法を一覧表にまとめると，次々頁図表－9のとおりとなる。

❹ 土地区画整理法の条文理解とその運用

本件裁決事例は，土地区画整理事業施行中（仮換地は未指定）の宅地の評価方法が争点

図表－8 土地区画整理事業施行中の宅地（路線価地域内で個別評価申請を必要とする場合）の評価事例

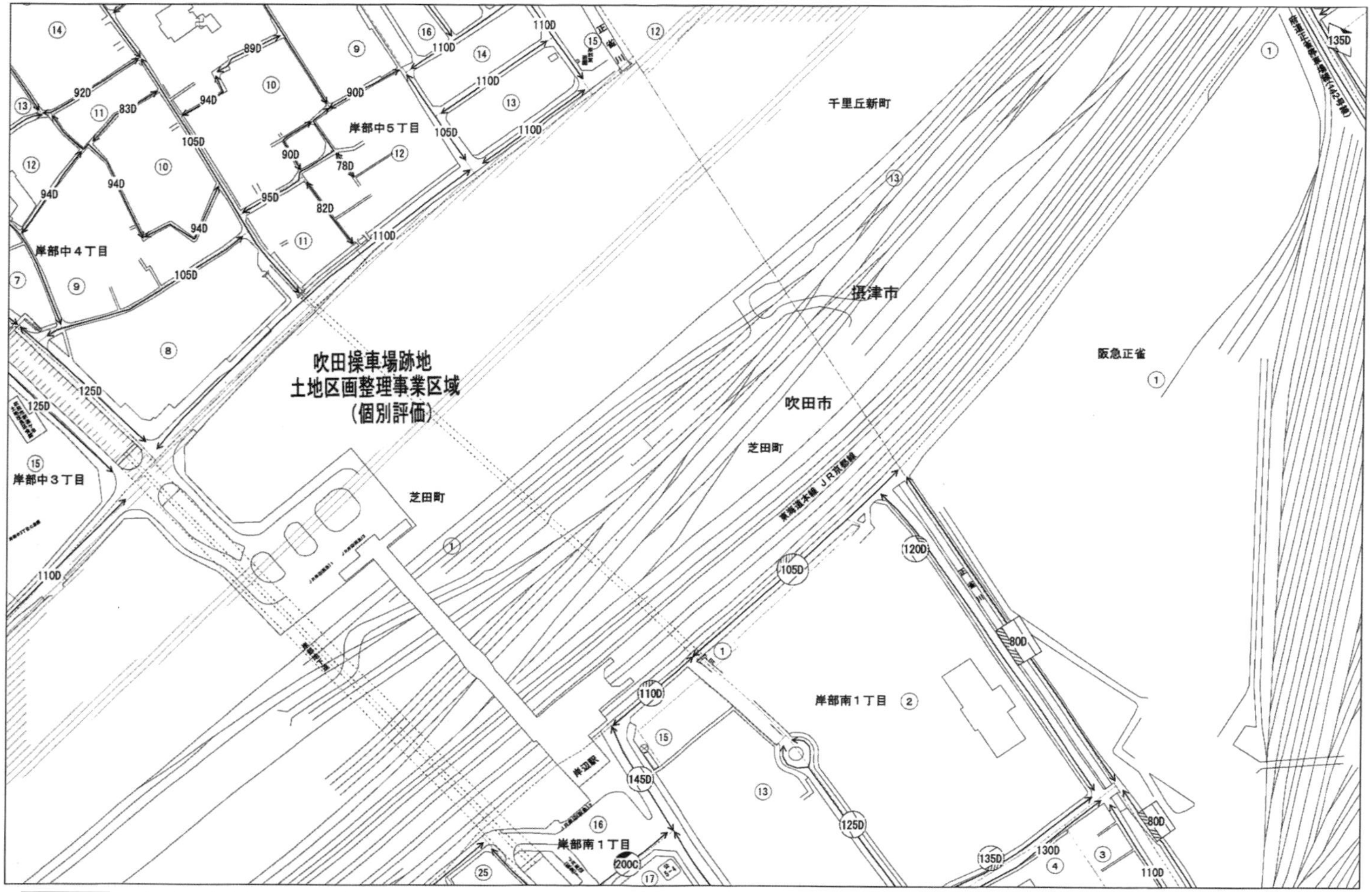

吹田操車場跡地
土地区画整理事業区域
（個別評価）

ポイント 上記の路線価図では、「吹田操車場跡地土地区画整理事業区域」内の土地を評価する場合には、個別評価を行う旨示されている。

図表－9　土地区画整理事業施行中の宅地の評価方法（まとめ）

区分	土地区画整理法上の進捗状況	（第1段階）土地区画整理事業の開始（組合の設立等）	（第2段階）仮換地の指定			（第3段階）① 換地計画の決定（本換地の決定）② 各筆について各権利別清算金の確定 ③ ①、②について関係者の縦覧（知事の認可）			（第4段階）換地処分の公告	
	財産評価上の区分		仮換地の造成工事に未着手	仮換地の造成工事が施行中		清算金の収受が不確実の状況	清算金の収受が確実の状況		その他	
				仮換地の造成工事が完了するまでの期間が課税時期から1年以内	仮換地の造成工事が完了するまでの期間が課税時期から1年超		公付される清算金がある場合	徴収される清算金がある場合		
評価		従前地の価額	従前地の価額	仮換地の価額に相当する価額	仮換地について造成工事が完了したものとして評価した価額×95%	仮換地の価額に相当する価額	仮換地の価額＋交付される清算金の額	仮換地の価額－徴収される清算金の額	本換地の価額 ※未交付又は未徴収の清算金がある場合には、別に債権又は債務として処理する	左の区分により難い場合等、一定の場合には、課税庁による個別評価による処理が行われる場合がある

とされた裁決事例であり、その検討に当たっては、当該事業の根拠法たる土地区画整理法について、その条文理解と実務上の運用を確認しておくことが重要となる。次に、同法のうち、本件裁決事例の検討に当たり不可欠と考えられるものを簡記する形で摘示しておく。

(1) 土地区画整理法76条（建築行為等の制限）1項

　同条同項は、市町村、都道府県又は国土交通大臣が施行する土地区画整理事業にあっては、事業計画の決定の公告又は事業計画の変更の公告があった日後、換地処分があった旨の公告がある日までは、施行地区内において、土地区画整理事業の施行の障害となるおそれがある土地の形質の変更若しくは建築物その他の工作物の新築、改築若しくは増築（建築物の建築等）を行い、又は移動の容易でない物件の設置若しくは堆積を行おうとする者は、国土交通大臣が施行する土地区画整理事業にあっては国土交通大臣の、その他の者が施行する土地区画整理事業にあっては都道府県知事の許可を受けなければならない旨を規定している。

　そして、その具体的な運用として、本件裁決事例では、＊＊＊＊（本件土地区画整理事業の施行者である市町村名と推定される）においては、「本件土地区画整理事業の施行地区内における建築物の建築等について土地区画整理法76条（建築行為等の制限）1項の規定による許可がされるのは、仮換地予定地が従前の土地と重複している場合で、当該重複

している部分において建築物の建築を行うときである」とされており，その検討に当たっては，前記図表－1に掲げるいわゆる仮換地重ね図を入手しての確認が不可欠となる。

(2) 土地区画整理法98条（仮換地の指定）1項及び5項

同条1項は，施行者は，換地処分を行う前において，土地の区画形質の変更若しくは公共施設の新設若しくは変更に係る工事のため必要がある場合又は換地計画に基づき換地処分を行う必要がある場合においては，施行地区内の宅地について仮換地を指定することができる旨を規定している。

また，同条5項は，1項の規定による仮換地の指定は，その仮換地となるべき土地の所有者及び従前の宅地の所有者に対し，仮換地の位置及び地積並びに仮換地の指定の効力発生の日を通知してするものとする旨を規定している。

(3) 土地区画整理法99条（仮換地の指定の効果）1項ないし3項

同条1項は，同法98条（仮換地の指定）1項の規定により仮換地が指定された場合においては，従前の宅地について権原に基づき使用し，又は収益することができる者は，仮換地の指定の効力発生の日から換地処分があった旨の公告がある日まで，仮換地又は仮換地について仮に使用し，若しくは収益することができる権利の目的となるべき宅地若しくはその部分について，従前の宅地について有する権利の内容である使用又は収益と同じ使用又は収益をすることができるものとし，従前の宅地については，使用し，又は収益することができないものとする旨を規定している。

また，同条2項は，同法98条（仮換地の指定）1項の規定により仮換地を指定した場合において，その仮換地に使用又は収益の障害となる物件が存するときその他特別の事情があるときは，その仮換地について使用又は収益を開始することができる日を同法98条5項に規定する日と別に定めることができる旨を規定し，併せて，この場合には，同法98条5項の規定による通知に併せてその旨を通知しなければならない旨を規定している。

さらに，同条3項は，同条1項及び2項の場合において，仮換地について権原に基づき使用し，又は収益することができる者は，同法98条（仮換地の指定）5項に規定する日（2項の規定によりその仮換地について使用又は収益を開始することができる日を別に定めた場合においては，その日）から換地処分があった旨の公告がある日まで当該仮換地を使用し，又は収益することができない旨を規定している。

❺ 本件各土地に対する評価上のしんしゃく

(1) 本件各土地の課税時期における状況

本件各土地は，本件相続開始日において，本件土地区画整理事業の施行地区内に所在しているものの，上記❹(2)に掲げる土地区画整理法98条（仮換地の指定）1項に規定する仮換地の指定を受けていないことから，本件各土地の所有者である被相続人は，仮換地の指定がなされるまでは，従前の土地を当該土地の権原に基づき使用又は収益することが認められることになる。そうすると，評価通達の定めに従って本件各土地を評価する場合には，従前の土地を評価対象とすることになる（前記図表－6の（第1段階）部分に該当）。

しかしながら，本件裁決事例における本件各土地は，被相続人に係る相続開始時におい

て次に掲げる状況にあることが認められ，本件各土地の評価に当たって，当該状況に対する一定のしんしゃく配慮の必要性の有無を検証することが求められる。

① 本件土地区画整理事業の進捗率（仮換地全体の面積に対する仮換地指定済の面積の割合によって算定）は3.78％であり，この進捗率からすると，本件土地区画整理事業の施行期間は延伸される見込みで，本件各土地に係る仮換地の指定は，当初の予定に比べて相当な遅延が想定されること

② 土地区画整理事業の施行地区内で土地区画整理法に規定する建築物の建築等が許可されるのは，いわゆる重ね地（従前の土地と仮換地予定地が重複している部分）部分に対してであるが，本件各土地については，当該重ね地部分に建築物の建築等を行うことは次に掲げる事由により，現実的ではないと考えられること

　(イ) 重ね地部分の形状が，ほぼ三角形の不整形地であること（前記図表－1を参照）
　(ロ) 重ね地部分は，造成を要する傾斜地であること

③ 財産評価基準書によれば，本件土地区画整理事業の施行地区内にある土地と施行地区外にある土地の両方に接する路線の路線価は，これらの土地を区別せずに同一の価格が設定されている（換言すれば，本件各土地が本件土地区画整理事業の施行地区内にあることに対するしんしゃく配慮は未だ一切されていない）こと

図表－10　本件各土地の評価に当たってのしんしゃく配慮（原処分庁の主張・国税不服審判所の判断）

項　目	原処分庁（課税庁）の主張	国税不服審判所の判断
① 土地1の相続税評価額	（正面路線価）（広大地補正率）（地　積） 130,000円 × 0.5476205 ×1,047.59㎡ （相続税評価額） ＝74,578,628円	(イ)（正面路線価）（広大地補正率）（地　積） 130,000円 × 0.5476205 ×1,047.59㎡ ＝74,578,628円 (ロ) (イ)×（1－10％（著しい利用価値の低下）） （相続税評価額） ＝67,120,765円
② 土地2の相続税評価額	（正面路線価）（広大地補正率）（地　積） 120,000円 × 0.5683435 ×633.13㎡ （相続税評価額） ＝43,180,238円	(イ)（正面路線価）（広大地補正率）（地　積） 120,000円 × 0.5683435 ×633.13㎡ ＝43,180,238円 (ロ) (イ)×（1－10％（著しい利用価値の低下）） （相続税評価額） ＝38,862,214円
③ 本件各土地の評価上の留意点	本件各土地の評価に当たって，原処分庁は，上記(1)に掲げる状況に対して，格別のしんしゃく配慮（減額要因）を行うことなく，評価通達24－4（広大地の評価）の定めを適用して算定した金額によって評価している。	本件各土地の評価に当たって，国税不服審判所は，評価通達24－4（広大地の評価）の定めに基づき評価した金額に，次に掲げる事項をしんしゃくして算定した金額によって評価している。 (イ) 評価通達24－2ただし書（いわゆる5％減額）の定めは適用できない（次の❻(1)で検討する）。 (ロ) 課税実務上の取扱いである利用価値の著しく低下している宅地の取扱い（いわゆる10％減額）を適用する（次の❻(3)で検討する）。

(2) 本件各土地の評価に当たってのしんしゃく配慮

本件各土地の評価（評価通達に定める財産評価基準制度による評価額の算定）に当たって，上記(1)に掲げる状況に対するしんしゃく配慮の必要性につき，原処分庁の主張及び国税不服審判所の判断を示すと，前頁図表－10のとおりとなる。

❻ 本件裁決事例における減額要因のしんしゃく（思考過程）

(1) 評価通達24－2ただし書の適用について

評価通達24－2（土地区画整理事業施行中の宅地の評価）のただし書の取扱いでは，仮換地の造成工事が施行中で，当該工事が完了するまでの期間が１年を超えると見込まれる場合には，その仮換地について造成工事が完了したものとして評価した価額の95％相当額で評価（換言すれば，５％減により評価）する旨が定められている（前記❸(2)①及び図表－６の（第２段階）部分を参照）。この定めは，仮換地の指定が行われ，造成工事が施行中である場合（上記____部分）で，かつ，当該工事期間が課税時期において１年を超えると見込まれるときには，宅地としての現実的な効用に相当の減価が生じているものと考えられることに由来している。

そうすると，本件裁決事例において上記❺(1)に掲げる減額要因のしんしゃくを上掲の評価通達24－2のただし書（５％減額）に求めることは，課税時期において本件各土地に対する仮換地の指定も行われていないことから，国税不服審判所の判断において示されているとおり認められない。

(2) 国税不服審判所が示したしんしゃくの必要性

本件裁決事例における減額要因に対するしんしゃくの必要性について，国税不服審判所の判断では，次に掲げる項目を摘示し，その必要性を認めている。事例に対する詳細な検討が行われたものであり，実務において求められるべき技術的水準として注目しておきたいものである。

① 本件土地区画整理事業の施行地区内における路線価は，土地区画整理法76条（建築行為等の制限）１項の建築物の建築等に係る制限を考慮していないこと

② 本件各土地の相続税評価額の算定に当たり認定された路線価（原処分庁（課税庁）が本件各更正処分を行うに当たり設定した特定路線価）は，既存の路線価（筆者注　既存の路線価は上記①の状況にあることに留意）を基準として算定されており，上記①と同様に建築物の建築等に係る制限を考慮していないこと

③ 評価通達１（評価の原則）の(3)（財産の評価）は，財産の評価に当たっては，その財産の価額に影響を及ぼすべきすべての事情を考慮する旨を定めていること

(3) 国税不服審判所が示したしんしゃくの方法

国税不服審判所が上記(2)で示した本件各土地に対する減額要因の必要性につき，具体的な方法として適用したのが課税実務上の取扱いとして一般的に認知されている「利用価値が著しく低下している宅地の評価」の定めである（資料を参照。なお，この取扱いは評価通達には明記されておらず，国税庁HP（タックスアンサー）等に示されているものである）。

[資料] 利用価値が著しく低下している宅地の評価

> 次のようにその利用価値が付近にある他の宅地の利用状況からみて，著しく低下していると認められるものの価額は，その宅地について利用価値が低下していないものとして評価した場合の価額から，利用価値が低下していると認められる部分の面積に対応する価額に10％を乗じて計算した金額を控除した価額によって評価することができます。
> 1 道路より高い位置にある宅地又は低い位置にある宅地で，その付近にある宅地に比べて著しく高低差のあるもの
> 2 地盤に甚だしい凹凸のある宅地
> 3 震動の甚だしい宅地
> 4 1から3までの宅地以外の宅地で，騒音，日照阻害（建築基準法56条の2に定める日影時間を超える時間の日照阻害のあるものとします。），臭気，忌み等により，その取引金額に影響を受けると認められるもの
> また，宅地比準方式によって評価する農地又は山林について，その農地又は山林を宅地に転用する場合において，造成費用を投下してもなお宅地としての利用価値が著しく低下していると認められる部分を有するものについても同様です。
> ただし，路線価又は倍率が，利用価値の著しく低下している状況を考慮して付されている場合にはしんしゃくしません。

　国税不服審判所では，本件裁決事例における本件各土地に対する上記の定め（利用価値が著しく低下している宅地の評価）の適用（いわゆる10％減額）につき，次に掲げる考え方に基づいてこれを容認している。

① 上記(1)に定めるとおり，評価通達24－2（土地区画整理事業施行中の宅地の評価）のただし書の取扱い（仮換地の造成工事が施行中で，かつ，当該工事が完了するまでの期間が1年を超えると見込まれる場合が適用要件とされる）である5％減額は，本件各土地には認められないこと

② 上記①にかかわらず，本件各土地につき，その利用上の制限を受ける期間は，上記通達のただし書が定める期間より長い期間になることを理由として，そのしんしゃく割合は5％を超えて認定することが相当であること

(4) 私見

　本件裁決事例では，国税不服審判所の判断として，一定の状況下にある土地区画整理事業の施行地区内に存する土地につき，課税実務上の取扱いである「利用価値が著しく低下している宅地の評価」の適用対象になるものとした。この結論に対して，評価通達や実務問答集にない先例である（しかも，10％の評価減額を可能とするのであるから納税者有利となるもの）として，これを歓迎する向きもあろう。

　しかしながら，筆者には，この国税不服審判所の判断に疑問が残るのである。具体的には，次に掲げるとおりである。

① 上記(3)の [資料] に掲げるとおり，この課税実務上の取扱いである「利用価値が著しく低下している宅地の評価」の適用事例（例示）は，(イ)道路との高低差，(ロ)地盤の凹凸，(ハ)震動，騒音，日照阻害，臭気，忌み等であり，その特徴として，いずれも，物理的要因，視聴覚的要因（ただし，奥行距離が相当認められるとか，地形が不整形地であるとかという形状に基因するものである場合を除く）によるものとなっているこ

② 本件裁決事例において本件各土地に対して求められるしんしゃくは、土地区画整理法76条（建築行為等の制限）1項に規定する建築物の建築等に係る制限に由来するものであり、上記①に掲げる各要因とは明らかに異なる法令的要因に基因するものとなっていること

③ 評価通達24－2（土地区画整理事業施行中の宅地の評価）という土地区画整理事業に係る土地に対する個別の評価の定めが設けられているならば、これに関連し附帯的に発生する諸々の評価項目についても、本来的には同通達において逐次、その定めを追加して新設すべきものであると考えられること

それにもかかわらず、そのしんしゃくを上記の課税実務上の取扱いに求めようとするのであれば、更には、次に掲げる論点にも派及することになろう。

(イ) 評価通達24－2（土地区画整理事業施行中の宅地の評価）の通達の適宜の見直し（時代の変化等に対応するための通達の現代化）を怠ったことによる不作為の有無の検討が求められよう。

(ロ) 上記の課税実務上の取扱い（再度の指摘ではあるが、この取扱いは評価通達ではない）を広範的なものとして解釈すること（拡張解釈）になり、評価の安定性が担保されているか否かの検討が求められよう。

❼ 本件各土地の評価と評価通達24－4の適用

この項目で確認する事項は、本稿の主要論点（土地区画整理事業施行地域内に存する一定の状況下にある宅地の評価方法）ではないが、評価実務上において非常に重要であると考えられるので摘示しておきたい。

前記❺の図表－10を参照されたい。土地1及び土地2の相続税評価額の算定につき、原処分庁（課税庁）の主張及び国税不服審判所の判断のそのいずれにおいても評価通達24－4（広大地の評価）に定める広大地の評価手法が採用されている。

本件各土地は、基礎事実及び認定事実からすると、被相続人に係る相続開始時点において仮換地の指定は行われておらず、本件土地区画整理事業の施行地域における仮換地指定済面積割合は3.78％に過ぎず、本件土地区画整理事業の施行期間は相当の延伸が想定されるものとなっている。そして、本件裁決事例において請求人は本件各土地の時価は本件各鑑定評価額（鑑定評価額の決定に当たっては、開発法も採用されている）である旨の主張に対して、開発法による価格を比較考慮することは、本件各土地の仮換地の指定は相当の延伸が予想され、その後の土地区画整理事業の進捗の見通しも不透明であることからすれば、現実に開発し、販売できる時期を想定することは困難である点を摘示し、このような特殊な事情を有する本件各土地の時価の算定においては相当ではないとして、これを排斥している。

上述のとおり、本件各土地の不動産鑑定評価額の算定につき本件各土地の開発を想定した開発法を採用することは認められていないとされているにもかかわらず、評価通達の定めによる評価では、広大地の評価方法（評価対象地に係る開発行為を前提としている）が

採用されており，この点における両者の均衡を確認しておく必要がある。

評価通達24－4（広大地の評価）の定めでは，広大地とは，次に掲げる要件のすべてを充足している宅地をいうものとされている。

(1) その地域における標準的な宅地の地積に比して，著しく地積が広大な宅地であること
(2) 都市計画法4条（定義）12項（参考を参照）に規定する開発行為（以下「開発行為」という）を行うとした場合に公共公益的施設用地の負担が必要と認められること

参考 都市計画法4条（定義）12項

> この法律において「開発行為」とは，主として建築物の建築又は特定工作物の建設の用に供する目的で行う土地の区画形質の変更をいう。

(3) 次の①又は②に掲げる広大地に該当しない適用除外地以外のものであること
   ① 評価通達22－2（大規模工場用地）に定める大規模工場用地に該当するもの。
   ② 中高層の集合住宅等の敷地用地に適しているもの（その宅地について，経済的に最も合理的であると認められる開発行為が中高層の集合住宅等を建築することを目的とするものであると認められるものをいう）。

そうすると，同通達の定めでは，評価対象地に開発行為を行うとした場合に（上記(2)部分）に公共公益的施設用地の負担が必要とされることを要件として掲げているものの，当該開発行為が課税時期において直ちに実施可能であることは要件とはされておらず，評価対象地に係る客観的かつ固有的な事由によって課税時期現在においては実施不能であっても，当該事由を形成する障害が解消されたならば同通達に定める広大地に該当するものであれば，当該評価対象地は，同通達に定める広大地に該当することになる。

本件裁決事例における本件各土地は，本件土地区画整理事業の施行地域に存しており一定の状況にあることから現実的な開発（土地の有効利用）は困難であると認定され，このことは本件各鑑定評価額の決定に当たって開発法の適用を不可とする理由に該当するものの，一方，相続税等の財産評価における評価通達24－4（広大地の評価）の定めの適用の可否に当たっては，その判断を左右する要因とはされていないことに留意する必要がある。この点，相続税等の財産評価理論と不動産鑑定における不動産鑑定評価理論（不動産鑑定評価基準）との間には，差異が認められることになる。

筆者注 評価通達24－4（広大地の評価）の定めは，平成29年12月31日をもって廃止された。

参考事項等

❶ 参考法令通達等

・相続税法22条（評価の原則）
・評価通達1（評価の原則）
・評価通達24－2（土地区画整理事業施行中の宅地の評価）
・評価通達24－4（広大地の評価）（筆者注 平成29年12月31日をもって廃止）

418

- 評価通達45（評価の方式）
- 評価通達49（市街地山林の評価）
- 評価通達49－2（広大な市街地山林の評価）（筆者注 平成29年12月31日をもって廃止）
- 課税実務上の取扱い（利用価値が著しく低下している宅地の評価）
- 土地区画整理法76条（建築行為等の制限）
- 土地区画整理法86条（換地計画の決定及び認可）
- 土地区画整理法87条（換地計画）
- 土地区画整理法98条（仮換地の指定）
- 土地区画整理法99条（仮換地の指定の効果）
- 土地価格比準表（昭和50年1月20日付国土庁土地局地価調査課長通達「国土利用計画法の施行に伴う土地価格の評価等について」）

❷ 類似判例・裁決事例の確認

土地区画整理事業施行中の宅地を評価する場合のしんしゃく率の考え方を争点とした裁決事例として、次のようなものがある。

(1) 平成23年7月4日裁決，東裁（諸）平23－3

請求人らは、従前の宅地について、本件仮換地が指定されているものの、本件相続開始日においても、本件仮換地の使用収益開始の目処が立たない状況にあり、その大部分が公衆用道路である従前の宅地をそのまま使用収益しなければならず、従前の宅地は、長期間にわたり宅地としての効用を享受できない土地であるから、その取引価額は利用上の制約のない宅地に比べて大幅に低い価額となるのであって、これらのことは評価通達により難い特別の事情に該当する旨主張する。

しかしながら、本件仮換地は、法的には相続開始日の約13年程前から使用収益できることとなっており、実際に長期間にわたり使用収益できないのは、区画整理事業が協議移転の方法により進められ、従前の使用者の移転が完了しないことによるものであるところ、評価通達24－2（土地区画整理事業施行中の宅地の評価）ただし書に定められている100分の95相当額の減額評価は、仮換地が造成工事中であり、かつ、その工事完了までの期間が1年を超える長期間になると見込まれることによって当該仮換地の使用収益が物理的に大幅に制限されることを考慮した上での減価であるから、本件仮換地の利用の制約については、上記の100分の95という減額により考慮されているというべきである。

また、本件仮換地が指定された日以後においても、それまでと同様に従前の宅地を道路用地として使用させる代償として損失補償を受領していることにより代償措置がとられていることからすれば、従前の宅地の大部分が公衆用道路であることをもって、評価通達により難い特別の事情であるとすることはできない。

(2) 平成24年2月20日裁決，東裁（諸）平23－166

請求人は、評価通達による評価額が時価と乖離する場合は、同通達によらないことが正当と認められる特別の事情があると解すべきであるところ、本件土地は、宅地開発の範囲が特別に広大な土地区画整理事業地内に存する個別性の極めて強い土地であること及び同

通達に定める無道路地に係る補正では適正な評価が行えない土地であることなどからすると，本件土地の時価は，これらの事情を考慮して算出された請求人らの主張する本件鑑定評価額によるのが相当であり，本件鑑定評価額は，本件土地を同通達により評価した価額と乖離するから，同通達によらないことが正当と認められる特別の事情がある旨主張する。

しかしながら，本件鑑定評価額は，取引事例比較法に基づく試算価格の算定に際し，採用する事例の選択を誤っていること並びに開発法に基づく試算価格の算定に際し，開発工事期間，有効宅地化率及び熟成度期間の各補正が不合理であるなどのことからすると，本件土地の時価を適切に示しているものとは認められない。

また，評価通達による無道路地の補正は合理的なものであると認められるから，同補正を適用して評価した本件土地の価額が時価と乖離するとは認められない。

したがって，本件土地の価額の評価に当たり，評価通達によらないことが正当と認められる特別の事情があるとは認められない。

(3) 平成25年3月26日裁決，東裁（諸）平24-181（相続開始年分：平成21年）

請求人らは，相続により取得した本件土地は，土地区画整理事業の施行区域内に存しており，当該区域内に存する土地は都市計画法による建築制限（本件建築制限）を受けることから，本件土地を路線価方式で評価するに当たり，評価通達24-7（都市計画道路予定地の区域内にある宅地の評価）に定める補正率及び利用価値が著しく低下している宅地としてのしんしゃく割合（10％減）を併用して適用すべきである旨，又は同通達27-5（区分地上権に準ずる地役権の評価）の定めを準用して30％の評価減をすべきである旨主張する。

しかしながら，路線価方式により宅地を評価する場合，路線価を設定する地域に共通する事情については，路線価の評定の前提とされてその価格に織り込まれているのが通常であるのに対して，宅地ごとの客観的な個別事情については，評価通達に定められた個別の定めを適用することにより，その事情がしんしゃくされることになるところ，本件建築制限は，路線価を設定する地域に共通する事情として，本件土地に適用される路線価（本件路線価）の評定の前提とされているものの，本件路線価の具体的な評定においては，影響を与える要因ではないと判断されており，その判断も相当であると認められることから，本件建築制限は，本件土地の価額に影響を与えるほどの要因とは認められない。

また，請求人らの主張する評価通達等の各定めは，評価する宅地の一部又は都市計画道路予定地の区域内である場合の評価方法，又は個別の設定契約により区分地上権に準ずる地役権が設定されている場合の評価方法であって，本件建築制限のように当該事業の施行区域に共通した事情を考慮する場合に適用できるものではないし，本件建築制限は，本件土地の価額に影響を与えるほどの要因とは認められないものであるから，請求人らの主張する利用価値が著しく低下している宅地としてのしんしゃく割合を適用する必要性も認められない。

したがって，本件土地の評価に当たり，本件建築制限を個別にしんしゃくすることはできない。

（注）　次の**CASE12**では，上記の裁決事例を検討しているので確認されたい。

追補 地積規模の大きな宅地の評価について

　本件裁決事例に係る相続開始年分は，平成17年である。もし仮に，当該相続開始日が，平成30年1月1日以後である場合（評価通達20－2（地積規模の大きな宅地の評価）の新設等の改正が行われた。以下「新通達適用後」という）としたときの本件各土地（土地1・土地2）の価額（前記計算－3及び計算－4に掲げる国税不服審判所が算定した価額を基にした相続税評価額）は，次のとおりとなる。

(1) 地積規模の大きな宅地の該当性

　次に掲げる 判断基準 から，本件土地（土地1・土地2）が三大都市圏に所在する場合にはそのすべてが，また，本件各土地（土地1・土地2）が三大都市圏以外に所在する場合には土地1のみが，評価通達20－2（地積規模の大きな宅地の評価）に定める地積規模の大きな宅地に該当する。

判断基準

要件		土地1	土地2
① 地積要件（注）	三大都市圏に所在する場合	1,047.59㎡（評価対象地の地積） ≧ 500㎡（三大都市圏に所在する場合の地積要件） ∴地積要件を充足	633.13㎡（評価対象地の地積） ≧ 500㎡（三大都市圏に所在する場合の地積要件） ∴地積要件を充足
	三大都市圏以外に所在する場合	1,047.59㎡（評価対象地の地積） ≧ 1,000㎡（三大都市圏以外に所在する場合の地積要件） ∴地積要件を充足	633.13㎡（評価対象地の地積） ＜ 1,000㎡（三大都市圏以外に所在する場合の地積要件） ∴地積要件を未充足
② 区域区分要件		本件各土地（土地1・土地2）は，基礎事実から市街化区域（市街化調整区域以外）に所在 ∴区域区分要件を充足	
③ 地域区分要件		本件各土地（土地1・土地2）に係る所在地域区分は，基礎事実及び認定事実において明示されていないが，工業専用地域以外に所在することは明確 ∴地域区分要件を充足	
④ 容積率要件		本件各土地（土地1・土地2）に係る指定容積率は，明示されていないが，基礎事実及び認定事実からすると，指定容積率400％未満（東京都の特別区以外の場合）に該当するものと強く推認される。 ∴容積率要件を充足	
⑤ 地区区分要件		本件各土地（土地1・土地2）は，基礎事実から路線価地域の普通住宅地区に所在 ∴地区区分要件を充足	
⑥ 判断とその理由	三大都市圏に所在する場合	該　当 （上記①ないし⑤の要件を充足）	該　当 （上記①ないし⑤の要件を充足）
	三大都市圏以外に所在する場合	該　当 （上記①ないし⑤の要件を充足）	非　該　当 （上記①の要件を未充足）

(注) 本件各土地（土地1・土地2）の所在地は不明である。

(2) 本件土地の価額（相続税評価額）

新通達適用後の本件各土地の価額（相続税評価額）を算定すると，下表のとおりとなる。

区　分		土地 1		土地 2	
		三大都市圏に所在する場合	三大都市圏以外に所在する場合	三大都市圏に所在する場合	三大都市圏以外に所在する場合
正面路線価	①	130,000円	130,000円	120,000円	120,000円
奥行価格補正率(注1)	②	0.90	0.90	0.91	0.91
①×②	③	117,000円	117,000円	109,200円	109,200円
不整形地補正率	④	0.78	0.78	0.78	0.78
③×④	⑤	91,260円	91,260円	85,176円	85,176円
規模格差補正率(注2)	⑥	0.77	0.79	0.79	―
⑤×⑥	⑦	70,270円	72,095円	67,289円	―
無道路地の割合（減価割合）	⑧	0.016138	0.016138	―	―
1㎡当たりの価額（⑤又は⑦×（1－⑧））	⑨	69,135円	70,931円	―	―
1㎡当たりの宅地造成費(注3)	⑩	11,000円	11,000円	4,000円	4,000円
地積	⑪	1,047.59㎡	1,047.59㎡	633.13㎡	633.13㎡
（⑤，⑦又は⑨－⑩）×⑪	⑫	60,901,644円	62,783,116円	40,070,164円	51,394,960円
著しい利用価値の低下	⑬	0.10	0.10	0.10	0.10
相続税評価額（⑫×（1－⑬））	⑭	54,811,479円	56,504,804円	36,063,147円	46,255,464円

(注1) 奥行価格補正率
　　　平成30年1月1日以後は，奥行価格補正率が改正されています。
(注2) 規模格差補正率
　(イ) 土地1
　　(イ) 三大都市圏に所在する場合
　　　$\frac{1,047.59㎡（評価対象地の地積）\times 0.90+75}{1,047.59㎡（評価対象地の地積）}\times 0.8=0.777\cdots \Rightarrow 0.77$（小数点以下第2位未満切捨て）
　　(ロ) 三大都市圏以外に所在する場合
　　　$\frac{1,047.59㎡（評価対象地の地積）\times 0.90+100}{1,047.59㎡（評価対象地の地積）}\times 0.8=0.796\cdots \Rightarrow 0.79$（小数点以下第2位未満切捨て）
　(ロ) 土地2（三大都市圏に所在する場合）
　　　$\frac{633.13㎡（評価対象地の地積）\times 0.95+25}{633.13㎡（評価対象地の地積）}\times 0.8=0.791\cdots \Rightarrow 0.79$（小数点以下第2位未満切捨て）
(注3) 1㎡当たりの宅地造成費
　　本件裁決事例では，1㎡当たりの宅地造成費（傾斜地の宅地造成費）の金額は非公開とされたので，傾斜度別造成費を採用するものとして，下記のとおりに推算した。
　(イ) 土地1
　　　土地1の傾斜度8度 ➡ 傾斜度5度超〜10度未満の宅地造成費　11,000円/㎡
　(ロ) 土地2
　　　土地2の傾斜度3度以下 ➡ 傾斜度3度以下の宅地造成費　4,000円/㎡

CASE 12

土地区画整理事業の施行区域（都市計画事業の認可が告示されていない地区）に存する評価対象地の評価につき，都市計画法上の建築制限をどのように反映させることが相当とされるのかが争点とされた事例

事 例

被相続人に相続の開始があり，同人の相続財産を確認したところ，図表－1及び図表－2に掲げる各土地（以下「本件各土地」という）があることが判明し，遺産分割協議の結果，被相続人に係る2名の共同相続人が，それぞれ図表－1に掲げるとおりに相続した。

本件各土地の存する地域は，＊＊＊＊土地区画整理事業の施行区域（施行面積は約

図表－1　本件各土地の明細

順号	所在（＊＊＊＊）				利用の単位		相続による取得者
	地番	地目	地積(㎡)	共有持分	略称	地積(㎡)	
1	＊＊＊＊	畑	1,192	持分10分の5	A土地	768.75	請求人B
					B土地	292.80	
2	＊＊＊＊	宅地	315.61	持分10分の5	C土地	446.06	請求人B
3	＊＊＊＊	宅地	116.85	－	D土地	116.85	請求人A
4	＊＊＊＊	畑	128	－	E土地	75.50	請求人B
5	＊＊＊＊	畑	1,121	－	F土地	1,353.50	請求人B
6	＊＊＊＊	宅地	296.04	－			請求人B
7	＊＊＊＊	宅地	37.03	－	G土地	153.07	請求人B
8	＊＊＊＊	山林	709	－	H土地	211.14	請求人A……$\frac{9}{10}$
					I土地	497.86	請求人B……$\frac{1}{10}$
9	＊＊＊＊	宅地	89.09	持分12分の1	J土地	89.09	請求人A

（注）「共有持分」欄は，共有の土地に係る被相続人の共有持分である。

図表－2　A土地ないしJ土地の位置関係（略図）

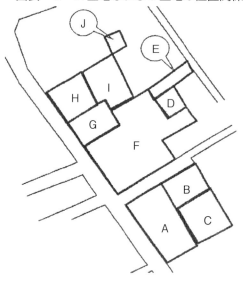

29ha）内に存するものの，当該事業の進行は諸事情により相当遅延しており，被相続人に係る相続開始日現在において，都市計画事業の認可が告示されていない地区（以下「本件事業地区」という）であった。

この土地区画整理事業は，都市計画法53条（建築の許可）に規定する市街地開発事業に該当することから，本件事業地区内において建築物の建築をしようとする者は同条の規定に基づき都道府県知事等の許可を受けなければならないとされている。また，建築基準法54条（許可の基準）の規定では，同法53条の規定に基づいて建築物の建築の許可を受けるためには，当該建築物につき一定の要件（①建築物の階数，②主要構造部の構造，③移転又は除却の容易性）を充足するものであることが必要とされている。

そうすると，このような状況にある本件各土地の相続税評価額の算定につき，土地評価に精通しているという知人の間で，上記に掲げる建築物の制限が土地の価額形成に与える影響を考慮する必要があるとの考え方が示されている。そして，その具体的な対応として，次に掲げる2点のいずれかの評価方法が採用されるべきであるとのアドバイスを受けている。

その1　本件各土地の評価につき，評価通達27－5（区分地上権に準ずる地役権の評価）の(2)（家屋の構造，用途等に制限を受ける場合）の定めを準用して，そのしんしゃく減額割合を30％とする方法

その2　本件各土地の評価につき，評価通達24－7（都市計画道路予定地の区域内にある宅地の評価）に定める補正率（地区区分，容積率及び地積割合の別に応じて定められるいわゆる都市計画道路予定地補正率）を準用し，これに課税実務上の取扱いである利用価値が著しく低下している宅地のしんしゃく（いわゆる10％減額）を併用適用して，そのしんしゃく減額割合を算定する方法

CASE12

そこで，上記に掲げる各アドバイスの相当性，その他本件各土地の評価につき，留意すべき事項について説明されたい。

（平25.3.26裁決，東裁（諸）平24−181，平成21年相続開始分）

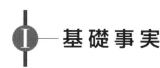

❶ 本件相続について

(1) 平成21年＊＊月＊＊日（以下「本件相続開始日」という）に死亡した被相続人の相続（以下，「本件相続」という）に係る共同相続人は，被相続人の長男である請求人A及び同二男である請求人B（以下，請求人A及請求人Bを併せて「請求人ら」という）の2名である。

(2) 本件相続に係る相続財産の中には本件各土地があったところ，請求人らは，平成22年7月7日付で本件相続に係る遺産分割協議を成立させ，前々頁図表−1記載の順号3及び順号9の各土地並びに順号8の土地の持分10分の9を請求人Aが，順号1，順号2，順号4ないし7の各土地並びに順号8の土地の持分10分の1を請求人Bが，それぞれ取得した。

(3) 請求人らは，本件相続に係る相続税について，相続税の申告書を法定申告期限までに共同で原処分庁へ提出し，相続税の期限内申告をした。
なお，請求人らは，上記申告において，請求人らが本件相続により取得した前々頁図表−1記載の本件各土地について，それぞれ評価通達24−7（都市計画道路の予定地の区域内にある宅地の評価）の定めを準用して評価していた。

(4) 請求人らは，平成23年4月11日，本件各土地の価額は，上記(3)に掲げる評価通達24−7の定めによるのではなく，都市計画法上の建築制限に基づく利用制限があることにより本件各土地の価額の30％に相当する額を減じて評価した価額によるべきであるとして，相続税の各更正の請求書を，それぞれ原処分庁へ提出し，更正の請求（以下「本件各更正の請求」という）をした。

(5) 原処分庁は，平成23年10月28日付で，本件各土地に係る都市計画法上の建築制限は，個別の評価においてしんしゃくをする必要はないとして，更正をすべき理由がない旨の各通知処分（以下「本件各通知処分」という）をした。

(6) 原処分庁は，平成23年10月31日付で，本件各土地の評価において評価通達24−7の定めを準用した評価方法は誤りである等として，相続税の各更正処分及び過少申告加算税の各賦課決定処分をした（以下，それぞれ「本件各更正処分」及び「本件各賦課決定処分」といい，これらの各処分を併せて「本件各更正処分等」という）。

❷ 本件各土地の利用の単位等について

本件各土地は，本件相続開始日において，次の(1)ないし(10)に述べる利用の状況により，前々頁図表−1の「利用の単位」欄のとおり，10の利用の単位に区分されていた（以下，

区分された各土地を同図表記載の順に,「A土地」,「B土地」,「C土地」,「D土地」,「E土地」,「F土地」,「G土地」,「H土地」,「I土地」及び「J土地」という)。

(1) A土地は,被相続人による花きの栽培場として利用されていた。
(2) B土地は,被相続人が管理する月極駐車場として第三者へ賃貸の用に供されていた。
(3) C土地上には,被相続人の相続財産の1つである建物(家屋番号＊＊＊＊,共同住宅,軽量鉄骨造スレート葺2階建)が存し,当該建物は第三者への賃貸の用に供されていた。
(4) D土地上には,被相続人の相続財産の1つである建物(家屋番号＊＊＊＊,共同住宅,軽量鉄骨造スレート葺2階建)が存し,当該建物は第三者への賃貸の用に供されていた。
(5) E土地は,被相続人から＊＊＊＊に対して無償で貸し渡されていたが,空閑地であった。
(6) F土地は,被相続人から請求人Bが代表取締役となっている＊＊＊＊(以下「本件会社」という)に対して賃貸され,花きの栽培場等として使用されていた。

　　なお,当該賃貸は,被相続人と本件会社が平成15年7月31日付で,F土地について,被相続人を賃貸人,本件会社を賃借人とし,賃貸借期間を契約締結日から2年間,賃料を月額215,000円(ただし,店舗用建物の使用料等も含む金額である)とした賃貸借契約を締結し,以後,本件相続開始に至るまで当該契約の条項に基づき自動更新をしたものであった〔なお,F土地上に存する賃借権(評価通達9(土地の上に存する権利の評価上の区分)(9)に定める賃借権をいう。以下同じ)の設定に際し権利金等の授受はなく,登記もされていない〕。

(7) G土地は,被相続人から請求人Bに対して無償で貸し渡され,G土地上には,請求人B所有の建物(家屋番号＊＊＊＊,居宅・店舗,木造瓦葺2階建)が存していた。
(8) H土地上には,被相続人の相続財産の1つである建物(家屋番号＊＊＊＊,店舗・居宅,軽量鉄骨造スレート葺2階建)が存し,当該建物は1階部分が事務所として本件会社に賃貸されていた。
(9) I土地は,被相続人による花きの栽培場として利用されていた。
(10) J土地は,被相続人から＊＊＊＊に対して無償で貸し渡され,同人の自宅の庭として利用されていた。

❸ 本件各土地及び本件各土地が存する地域の状況等

(1) 評価通達に基づき東京国税局長が定めた平成21年分財産評価基準によると,本件各土地は,評価通達14-2(地区)に定める路線価地域の普通住宅地区に存し,本件各土地の一部(A土地,F土地,G土地及びH土地)が南西側で面する路線に付された路線価は145,000円,借地権割合は60％であった(以下,当該路線を「本件路線」といい,本件路線に付された路線価を「本件路線価」という)。

(2) 本件各土地は,都市計画により,市街化区域で用途地域が第一種低層住居専用地域に指定された地域に存していた。

　　当該地域は,＊＊＊＊(筆者注 地域の名称)のうち,＊＊＊＊(筆者注 道路名と推定される)から25m以内の範囲を除く地域に広がっており(次頁図表-3を参照),

図表-3 本件各土地，最寄の公示地及び本件事業地区について

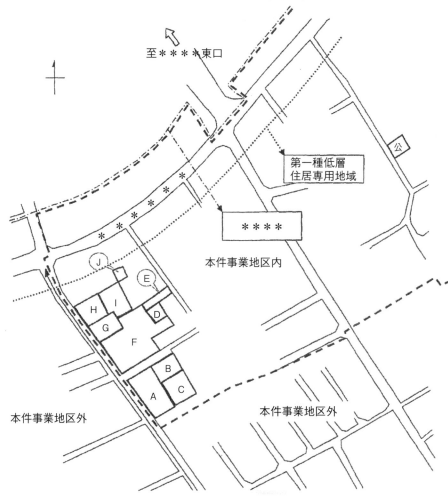

注1： AないしJは本件各土地を，公は公示地（＊＊＊＊）をそれぞれ示す。
注2： ⟵ は，本件路線を示す。
注3： ---- は本件事業地区の境界を示す。
注4： ……… は本件各土地が存する第一種低層住居専用地域の北側の境界を示す。
注5： —・—・— は本件各土地が存する＊＊＊＊＊＊の北側の境界を示す。

都市計画により建築物の高さの限度は10mとされ，建築基準法上の建ぺい率は50％，容積率は100％とされていた。

(3) 本件各土地の存する地域は，＊＊＊＊土地区画整理事業の施行地区（面積約29ha）のうち，平成8年2月23日に分割施行地区として都市計画事業の認可がされた約6.9haの地区（＊＊＊＊駅東口に面する部分を含む地区）を除く地区であり，本件相続開始日現在において，都市計画事業の認可が告示されていない地区（以下「本件事業地区」という）であった（図表-3を参照）。

上記土地区画整理事業は，都市計画法53条（建築の許可）の市街地開発事業に該当し，本件事業地区内においては，建築物の建築をしようとする場合には，同条の規定に基づ

き都道府県知事等の許可を受けなければならず，当該許可を受けるためには，当該建築物が同法54条（許可の基準）に規定する建築物の階数及び主要構造部の構造に係る条件を満たし，かつ，容易に移転し又は除却することができるものであることが必要であった（以下，これらの建築物の建築に係る規制を「本件建築制限」という）。

❹ 本件各土地の周辺の公示地の状況

(1) 本件各土地の周辺の公示地である＊＊＊＊（地積290㎡）は，本件各土地の北東方向の＊＊＊＊に所在し，その概要は，次のとおりであった（以下，当該公示地を「本件公示地」という）。

① 平成21年の公示価格は153,000円／㎡である。
② 都市計画法上の用途地域は第一種低層住居専用地域である。
③ 建築基準法上の建ぺい率は50％，容積率は100％である。
④ 周辺の地域は中小規模一般住宅が見られる駅に近い住宅地域である。

(2) 本件公示地は，昭和58年に設置された後平成24年に至るまでその所在地は同じであり，本件各土地と同じ本件事業地区内に存していた。

争 点

❶ 本件各土地の価額の評価に当たり，評価通達27－5（区分地上権に準ずる地役権の評価）の(2)（家屋の構造，用途等に制限を受ける場合）の定めを準用して，本件各土地の価額の100分の30に相当する金額を控除できるか。

❷ 仮に上記❶が認められない場合であっても，本件各土地の価額の評価に当たり，評価通達24－7（都市計画道路予定地の区域内にある宅地の評価）に定める補正率（地区区分が普通住宅地区，容積率が200％未満で地積割合が60％以上の場合における補正率の0.97）を準用し，これに利用価値が著しく低下している宅地としてのしんしゃく割合（10％）を併用し，本件各土地の価額の100分の13に相当する金額を控除できるか。

 争点に関する双方（請求人・原処分庁）の主張

争点に関する請求人・原処分庁の主張は，図表－4のとおりである。

図表－4 争点に関する請求人・原処分庁の主張

争　点	請求人（納税者）の主張	原処分庁（課税庁）の主張
(1) 本件各土地の評価につき評価通達27－5の定めを準用することの可否	① 本件事業地区に存する本件各土地には，本件建築制限がある。本件各土地を含む周辺一帯が第一種低層住居専用地域に指定され，建ぺい率50％，容積率100％，建築物の高さが10m以下とされているとしても，次に掲げる制約が存することとなる。	① 本件事業地区に存する本件各土地は，本件建築制限の影響を受けることとなるものの，本件各土地を含む周辺一帯は第一種低層住居専用地域に指定されていることから，次に掲げる制約が存することとなる。

		(イ) 本件事業地区以外の第一種低層住居専用地域では建築できる建築物（3階建，地階を有するもの，鉄筋コンクリート造のもの）が本件各土地では建築できないこと (ロ) 本件各土地において土地区画整理事業の事業決定が行われた場合には建築物の移転又は除却が求められること 　したがって，本件各土地の価額の評価に当たっては，本件建築制限のしんしゃくをする必要がある。	(イ) その建ぺい率及び容積率がそれぞれ50％及び100％である旨が定められていること (ロ) 建築物の高さが10mを超えてはならない旨が定められていること (ハ) 上記(イ)及び(ロ)より，宅地の用途は主として2階建て程度の戸建住宅及び共同住宅の敷地に限定されること 　そのため，本件建築制限による建築物の構造（木造，鉄骨造，コンクリートブロック造その他これらに類する構造）は，当該地域における通常の2階建て程度の建築物の構造と比較して格別の差が生じるものとは認められない。 　したがって，本件各土地の価額の評価に当たっては，本件建築制限のしんしゃくをする必要はない。
		② 次のとおり，本件各土地の価額の評価に当たっては，評価通達27－5（区分地上権に準ずる地役権の評価）の(2)（家屋の構造，用途等に制限を受ける場合）の定めを準用して，本件各土地の価額の100分の30に相当する金額を控除すべきである。 (イ) 評価通達1（評価の原則）の(3)（財産の評価）は，財産の評価に当たっては，その財産の価額に影響を及ぼすべき全ての事情を考慮する旨定めており，本件各土地の価額の評価については本件建築制限のしんしゃくをする必要があるところ，これは，路線価の評定に織り込まれるべき一般的要因ではなく，本件各土地に係る個別的要因であるから，個別にしんしゃくすべきであること (ロ) 本件建築制限の内容は，区分地上権に準ずる地役権の設定による建築制限の内容（家屋の構造，用途等に制限がある）とほぼ同様であるが，次に掲げることから，地役権の設定以上に強い規制がかかるものであること 　① 建築物が容易に移転若しくは除却することができるものでなければならないとされていること 　② 民間における任意の設定契約とは異なる法令による制限であること (ハ) 市街化調整区域内の雑種地の評価の取扱いにおけるしんしゃく割合の基本的な考え方も，評価通達27－5をよりどころとしていること	② 次のとおり，本件各土地の価額の評価に当たっては，評価通達27－5（区分地上権に準ずる地役権の評価）の(2)（家屋の構造，用途等に制限を受ける場合）の定めを準用して，本件各土地の価額の100分の30に相当する金額を控除することはできない。 (イ) 本件各土地の価額の評価については，上記①のとおり，本件建築制限のしんしゃくをする必要はないこと (ロ) 評価通達27－5の(2)の定めは，区分地上権に準ずる地役権の設定に伴う制限がある場合を前提としているところ，本件建築制限について直ちに同通達を準用して100分の30の割合を控除すべき理由も見当たらないこと (ハ) 市街化調整区域内にある雑種地の評価の取扱いにおけるしんしゃく割合の基本的な考え方は，市街化調整区域内にある雑種地に係るしんしゃく割合の判定の仕方を示したものであり，市街化区域の第一種低層住居専用地域に存する本件各土地とは，その前提が異なること
(2)	本件各土地の評価に	評価通達27－5（区分地上権に準ずる地役権の評価）の定めの準用が認められない	上記(1)の①のとおり，本件各土地の評価に当たって，本件建築制限のしんしゃくを

つき評価通達24－7の定め等を準用することの可否	場合でも，上記(1)①のとおり，本件各土地の価額の評価に当たっては，本件建築制限のしんしゃくをする必要があるから，次のとおり，評価通達24－7（都市計画道路の予定地の区域内にある宅地の評価）に定める補正率を準用し，これに利用価値が著しく低下している宅地としてのしんしゃく割合(10%)を併用し，本件土地の価額の100分の13に相当する金額を控除すべきである。 ① 評価通達1（評価の原則）の(3)（財産の評価）は，財産の評価に当たっては，その財産の価額に影響を及ぼすべき全ての事情を考慮する旨定めており，本件各土地の価額の評価については本件建築制限のしんしゃくをする必要があるところ，これは，路線価の評定に織り込まれるべき一般的要因ではなく，本件各土地に係る個別的要因であるから，個別にしんしゃくすべきであること ② 評価通達24－7の定めは，本件建築制限と同じ都市計画法による制限に関するものであること ③ 本件各土地は，利用制限を受けない付近の宅地の利用状況に比較して全ての点で劣り，その取引金額に影響を受けるものと認められ，利用価値の著しく低下している宅地に該当すること ④ 評価通達24－7の定めによるしんしゃくと利用価値の著しく低下している宅地であることによるしんしゃくの減価要因は別のものであり，本件各土地はこれらのいずれにも該当すること	する必要はないため，評価通達24－7に定める補正率の準用及び利用価値が著しく低下している宅地としてのしんしゃくをすることはできない。

　国税不服審判所の判断

❶　認定事実

(1) 地価公示を所轄する国土交通省土地・建設産業局地価調査課に所属する担当職員及び＊＊＊＊税務署（筆者注 本件路線の路線価の評定を担当する評価専門官が配置された税務署）に配置された担当職員等に対する審判所の調査の結果によれば，本件路線価の評定の具体的な状況については，次のことが認められる。

① 本件路線価の基となった公示価格は，本件公示地の平成21年の公示価格であり，当該公示価格は，本件公示地の存する地域に本件建築制限があることを前提としている。

　しかしながら，＊＊＊＊（筆者注 地域の名称）においては，本件事業地区の内外を問わず，その建物の多くが2階建ての戸建住宅であることから，本件建築制限は本件公示地の価格に影響を与える要因ではないとの判断に基づき，公示価格が決定され

ている。
② 本件路線価の基となった精通者意見価格は、＊＊＊＊（筆者注 地域の名称）の地域一帯が第一種低層住居専用地域に指定されていることを考慮し、本件建築制限はしんしゃくするほどの制限ではないとの判断に基づいたものである。
③ 本件路線の設定に当たっては、本件建築制限はしんしゃくするほどの制限ではないとの判断に基づき、本件事業地区の内外で格差を生じさせる必要が認められないことから、本件事業地区内と本件事業地区外との境に位置する本件路線を１本とし、本件路線の両側に接する宅地は同じ路線価が適用されることとしたものである。

(2) 本件各土地の存する＊＊＊＊（筆者注 地域の名称）の地域において、本件相続の開始直前の10年間に建築工事が完了した新築の建築物は172件あり、そのうち３階以上若しくは地階を有する建築物又は主要構造部が鉄筋コンクリート造などの建築物（すなわち、本件事業地区内では本件建築制限により建築の許可がされない建築物）は、本件事業地区外に９件存するが、本件事業地区内には存しない。

(3) ＊＊＊＊（筆者注 本件各土地が所在する地方自治体）に対する審判所の調査の結果によれば、本件各土地については、都市計画道路予定地に指定されたことはない。

❷ 法令解釈等

(1) 路線価

評価通達14（路線価）によれば、路線価は、宅地の価額がおおむね同一と認められる一連の宅地が面している路線ごとに、売買実例価額、公示価格、不動産鑑定士等による鑑定評価額、精通者意見価格等を基として評定するとしており、路線価を設定する地域に共通する事情が存し、その事情が当該地域の宅地の価額に影響するものである場合に、その事情が存することに伴う宅地の価額への影響は売買実例価額に反映され、また、この売買実例価額を比準して又は参考等として算出される鑑定評価額及び精通者意見価格にも反映されるのが通常である。

そうすると、路線価方式により宅地を評価する場合、路線価を設定する地域に共通する事情については、路線価の評定の前提とされてその価格に織り込まれるのが通常であるのに対して、宅地ごとの客観的な個別事情については、評価通達に定められた個別の定めを適用することにより、その事情がしんしゃくされることとなるものと考える。

(2) 評価通達27－5（区分地上権に準ずる地役権の評価）

評価通達27－5（区分地上権に準ずる地役権の評価）は、区分地上権に準ずる地役権の設定契約に基づいて設定された個別の地役権の価額の評価方法を定めたものであり、当該地役権の目的となっている承役地である宅地の価額は、評価通達25（貸宅地の評価）の(5)（区分地上権に準ずる地役権の目的となっている承役地である宅地の価額）の定めにより、その宅地の自用地としての価額（当該地役権が設定されていない場合の価額）から当該地役権の価額を控除した金額により評価することとなる。

したがって、これらの定めは、評価する土地が個別の設定契約により権利が設定されたものである場合の評価方法を定めているものというべきである。

(3) 評価通達24－7（都市計画道路予定地の区域内にある宅地の評価）

評価通達24－7（都市計画道路予定地の区域内にある宅地の評価）は，都市計画道路予定地の区域内となる部分を有する宅地の価額については，地区区分，容積率，地積割合の別に応じて定める補正率を乗じて計算した価額によって評価する旨定めている。

これは，都市計画道路予定地については，いずれは道路用地として時価で買収されるとしても，都市計画の決定後道路用地として買収されるまでの期間は相当長期間となるのが通常であり，その土地の利用が高層化されているなど立体的利用が進んでいる地域に存するものほど都市計画事業により土地の効用を阻害される割合が大きくなるという実態を踏まえて定められたものである。

したがって，この定めは，評価する宅地の一部又は全部が都市計画道路予定地の区域内である場合の評価方法を定めているものというべきである。

(4) 課税実務上の取扱い

①及び②に掲げる土地の評価は，課税実務上，次のとおり取り扱われているところ，いずれも，実質的な租税負担の平等の観点からみて，合理的な取扱いであると考える。

① 利用価値が著しく低下している宅地の評価

<u>普通住宅地区にある宅地</u>で（筆者注），道路より高い位置にある宅地又は低い位置にある宅地で，その付近にある宅地に比べて著しく高低差のあるものなど，その利用価値が付近にある他の宅地の利用状況からみて，著しく低下していると認められるものの価額は，路線価がその利用価値の著しく低下している状況を考慮して付されている場合を除き，その宅地について利用価値が低下していないものとして評価した場合の価額から，利用価値が低下していると認められる部分の面積に対応する価額に10％を乗じて計算した金額を控除した価額によって評価することができる旨取り扱われている（国税庁ホームページのタックスアンサーの「利用価値が著しく低下している宅地の評価」。以下，この取扱いを「本件取扱い」という）。

本件取扱いは，評価する宅地の利用価値が，付近にある他の宅地の利用状況からみて，著しく低下していると認められる場合の評価方法を示したものというべきである。

筆者注　現行の課税実務上の取扱い（タックスアンサーNO.4617　利用価値が著しく低下している宅地の評価）では，上記＿＿部分について，評価対象地の所在地区区分を普通住宅地区に限定するという定めは設けられていない。

② 市街化調整区域内の雑種地の評価

市街化調整区域内の雑種地について付近の宅地の価額を基として評価する場合における法的規制等に係るしんしゃく割合は，市街化の影響度と雑種地の利用状況によって個別に判定することとなるが，店舗等の建築が可能な幹線道路沿いや市街化区域との境界付近の地域で，宅地価格と同等の取引実態が認められる地域を除く地域の雑種地については30％により，当該地域と純農地等の地域との中間の状況にある雑種地については50％により，それぞれ評価して差し支えない旨取り扱われている（国税庁ホームページのタックスアンサーの「市街化調整区域内の雑種地の評価」）。

❸ 当てはめ
(1) 本件各土地の評価につき評価通達27－5の定めを準用することの可否について
① 本件路線価の評定について

　路線価方式により宅地を評価する場合，路線価を設定する地域に共通する事情については，路線価の評定の前提とされてその価格に織り込まれるのが通常であるのに対して，宅地ごとの客観的な個別事情については，評価通達に定められた個別の定めを適用することにより，その事情がしんしゃくされることとなるものと考えられる。

　しかるに，本件建築制限は，本件事業地区に共通した事情であることから，本件路線価の評定の前提とされてその価格に織り込まれるのが通常であると考えられる。

　そこで，本件路線価の評定の具体的な状況についてみると，本件路線価の基となった公示価格及び精通者意見価格は，本件事業地区に本件建築制限があることを前提として，本件建築制限はこれらの価格に影響を与えるほどの要因ではなく，しんしゃくするほどの制限ではないとの判断に基づいた価格であり，また，本件路線は，本件建築制限はしんしゃくするほどの制限ではないとの判断に基づき，本件路線に接する本件事業地区内の宅地と本件事業地区外の宅地の両方に適用されるように設定されたことが認められる。

　要するに，本件建築制限は，路線価を設定する地域に共通する事情として本件路線価の評定の前提とされているものの，本件路線価の具体的な評定においては，影響を与える要因ではないと判断されたことが認められる。

② 本件建築制限の本件各土地の価額への影響について

　本件路線価の具体的な評定に当たり，本件建築制限は本件各土地の価額に影響を与えるほどの要因ではないと判断されたことの適否について検討する。

　本件各土地は，本件事業地区のうち第一種低層住居専用地域に指定された地域に存している。そうすると，本件事業地区に係る本件建築制限がないものとしても，本件事業地区に隣接する本件事業地区外の地区で第一種低層住居専用地域に指定された地域の土地と同様に，現実に建築できる建物の高さの上限が10mに制限されていることからして，本件事業地区であることによる実質的な制約は，本件事業地区においては3階以上若しくは地階を有する建築物又は主要構造部が鉄筋コンクリート造等の建築物を建築することができないことである。

　ところで，本件各土地の存する＊＊＊＊（筆者注 地域の名称）においては，本件相続の開始直前の10年間における新築の建築物172件のうち，3階以上若しくは地階を有する建築物又は主要構造物が鉄筋コンクリート造等の建築物は9件のみであることからすると，当該地域は，本件事業地区の内外を問わず，本件建築制限を満たす建築物が建ち並ぶ地域であり，当該建築物の敷地としての使用が本件事業地区を含めた当該地域の宅地の最有効使用であると認められる。

　そうすると，本件建築制限は本件各土地の価額に影響を与えるほどの要因ではないというべきである。

③ 評価通達27－5の(2)の定めの準用の可否について

本件建築制限は，本件事業地区に共通する事情として本件路線価の評定の前提とされているものの，本件各土地の価額に影響を与えるほどの要因ではないと認められるから，そもそも，本件各土地の評価において，本件建築制限を個別にしんしゃくする必要は認められない。

　また，評価通達27－5（区分地上権に準ずる地役権の評価）は，個別の設定契約により区分地上権に準ずる地役権が設定されている場合の評価方法を定めているものであるから，本件建築制限のように本件事業地区に共通した事情を考慮する場合に適用できるものではない。

④　請求人らの主張について

(イ)　請求人らは，市街化調整区域内の雑種地の評価についての基本的な考え方において評価通達27－5（区分地上権に準ずる地役権の評価）が基礎となっているから，本件各土地についても評価通達27－5を準用すべきである旨主張する。

　　しかしながら，上記の市街化調整区域内の雑種地の評価は，飽くまで市街化調整区域内に存する雑種地の評価についての取扱いであって，市街化区域内に存する本件各土地とはその前提が異なるものであるから，その取扱いの考え方を本件各土地の評価にそのまま用いることはできず，請求人らの主張を採用することはできない。

(ロ)　請求人らは，原処分庁が，本件事業地区内外において建築できる建築物に格別の差はない旨を主張するのに対し，評価通達27－5（区分地上権に準ずる地役権の評価）の(2)（家屋の構造，用途等に制限を受ける場合）を準用すべきか否かは，本件建築制限の有無により判断すべきである旨主張する。

　　しかしながら，次に掲げる事情を踏まえると，当該事情を考慮せず，本件建築制限の有無のみによって，評価通達27－5の(2)を準用すべきか否かを判断することは相当ではなく，本件建築制限の有無だけでなく，現実にその他の公約規制が存することも踏まえて本件建築制限による影響を判断することには，合理性があるというべきである。

　　㋑　本件各土地を含む＊＊＊＊（筆者注　地域の名称）の地域一帯は，＊＊＊＊（筆者注　道路名と推定される）から25m以内の範囲を除き，本件事業地区内外の地域が現に第一種低層住居専用地域に指定されていて（前記図表－3を参照），本件建築制限の有無に関わらず建築できる建築物には一定の制限があること

　　㋺　用途地域の指定に伴う建ぺい率等の制限は，一時的なものではなく，将来にわたり相当長期的に存続するのが通常であること

⑤　結論

　上記①ないし④に掲げるとおり，本件各土地の価額の評価に当たり，評価通達27－5（区分地上権に準ずる地役権の評価）の(2)（家屋の構造，用途等に制限を受ける場合）の定めを準用して，本件各土地の価額の100分の30に相当する金額を控除することはできない。

(2)　本件各土地の評価につき評価通達24－7の定め等を準用することの可否について

① 評価通達24－7の定めの準用の可否について

本件各土地が都市計画道路予定地に指定されたことはないと認められるところ，本件建築制限は，本件事業地区に共通した事情として本件路線価の評定の前提とされているものの，本件各土地の価額に影響を与えるほどの要因ではないと認められるから，そもそも，本件各土地の評価において，本件建築制限を個別にしんしゃくする必要は認められない。

また，評価通達24－7（都市計画道路予定地の区域内にある宅地の評価）は，評価する宅地の一部又は全部が都市計画道路の予定地の区域内である場合の評価方法を定めているものであるから，本件建築制限のように本件事業地区に共通した事情を考慮する場合に適用できるものではない。

② 利用価値が著しく低下している宅地であるとして10％の減価をしんしゃくすることができるか否かについて請求人らは，本件各土地について，利用価値が著しく低下している宅地に係る本件取扱いにより10％の減価が認められるべきである旨主張する。

しかしながら，本件建築制限は，本件事業地区に共通した事情として本件路線価の評定の前提とされているが，本件各土地の価額に影響を与えるほどの要因ではないと認められ，このことを踏まえると，本件各土地の評価において，本件取扱いにより本件建築制限を個別にしんしゃくする必要は認められない。

したがって，請求人らの主張を採用することはできない。

③ 結論

上記①及び②に掲げるとおり，本件各土地の評価に当たり，評価通達24－7（都市計画道路予定地の区域内にある宅地の評価）の定めを準用し，さらに利用価値が著しく低下している宅地に係る本件取扱いを併用して，本件各土地の価額の100分の13に相当する金額を控除することはできない。

まとめ　国税不服審判所の判断では，本件各土地の価額の評価に当たり，評価通達27－5（区分地上権に準ずる地役権の評価）の(2)（家屋の構造，用途等に制限を受ける場合）の定めを準用して，本件各土地の価額の100分の30に相当する金額を控除することは認められないとして，本件各更正の請求に対して更正をすべき理由がないとした本件各通知処分はいずれも適法であるとした。

また，本件各土地の価額の評価に当たり，評価通達24－7（都市計画道路予定地の区域内にある宅地の評価）の定めを準用することは認められないとして，原処分庁が行った請求人らに対する本件各更正処分等はいずれも適法であるとした。

　本件裁決事例のポイント

❶　土地区画整理事業（土地区画整理法）の理解

本件裁決事例を理解するに当たって，前記❶❸(3)に掲げる「＊＊＊＊土地区画整理事業は，都市計画法53条（建築の許可）の市街地開発事業に該当し，本件事業地区内におい

ては，同条の規定に基づき都道府県知事等の許可を受けなければならず，（以下略）」部分の理解が不可欠である。以下，これについて解説する。

(1) 土地区画整理事業の施行者

土地区画整理法3条（土地区画整理事業の施行），同法3条の2（独立行政法人都市再生機構の施行する土地区画整理事業）及び同法3条の3（地方住宅供給公社の施行する土地区画整理事業）の規定によれば，土地区画整理事業の施行者（土地区画整理事業を施行する者をいう。以下同じ）となれる者は，次の①ないし⑦に掲げる者に限定されている。

① 個人
② 土地区画整理組合
③ 区画整理会社
④ 都道府県又は市町村（地方公共団体）
⑤ 国土交通大臣
⑥ 独立行政法人都市再生機構
⑦ 地方住宅供給公社

(2) 土地区画整理事業の施行者と都市計画法に規定する市街地開発事業

上記(1)の④ないし⑦に掲げる者が土地区画整理事業の施行者となる場合には，当該土地区画整理事業は土地区画整理法2条（定義）8項（資料1を参照）に規定する「施行区域」の土地について施行することができるもの（施行対象地が限定）とされている。

資料1 土地区画整理法2条（定義）8項

> この法律において「施行区域」とは，都市計画法12条（市街地開発事業）2項の規定により土地区画整理事業について都市計画に定められた施行区域をいう。

そして，都市計画法12条（市街地開発事業）2項は，次の資料2のとおりに規定している。

資料2 都市計画法12条（市街地開発事業）2項

> 市街地開発事業については，都市計画に，市街地開発事業の種類，名称及び施行区域を定めるものとするとともに，施行区域の面積その他の政令で定める事項を定めるよう努めるものとする。

また，都市計画法12条2項において用いられている「市街地開発事業」の定義については，同法4条（定義）7項（資料3を参照）において，次のとおりに規定している。

資料3 都市計画法4条（定義）7項

> この法律において「市街地開発事業」とは，12条（市街地開発事業）1項各号に掲げる事業をいう。

そして，都市計画法12条（市街地開発事業）1項（資料4を参照）は，7つの事業を定めており，この中に土地区画整理法による土地区画整理事業が含まれている。

資料4　都市計画法12条（市街地開発事業）1項

> 都市計画区域については，都市計画に，次に掲げる事業を定めることができる。
> 一　土地区画整理法による土地区画整理事業
> 二　新住宅市街地開発法による新住宅市街地開発事業
> 三　首都圏の近郊整備地帯及び都市開発区域の整備に関する法律による工業用団地造成事業又は近畿圏の近郊整備区域及び都市開発区域の整備及び開発に関する法律による工業団地造成事業
> 四　都市再開発法による市街地再開発事業
> 五　新都市基盤整備法による新都市基盤整備事業
> 六　大都市地域における住宅及び住宅地の供給の促進に関する特別措置法による住宅街区整備事業
> 七　密集市街地整備法による防災街区整備事業

そうすると，資料1ないし資料4より，本件裁決事例における＊＊＊＊土地区画整理事業が都市計画法に規定する「市街地開発事業」に該当することが理解され，同法に規定する一定の制約（次の❷で検討する）が加えられることになる。

❷　都市計画事業（都市計画法）の理解

(1)　都市計画法に規定する都市計画事業

都市計画法4条（定義）15項（資料5を参照）は，次のとおりに規定されている。

資料5　都市計画法4条（定義）15項

> この法律において「都市計画事業」とは，この法律で定めるところにより59条（施行者）の規定による認可又は承認を受けて行なわれる都市計画施設の整備に関する事業及び市街地開発事業をいう。

上記の都市計画法4条（定義）15項において用いられている「市街地開発事業」の定義については，上記❶で検討したとおりであり，本件裁決事例における＊＊＊＊土地区画整理事業がこの市街地開発事業（換言すれば，都市計画事業に該当することが理解される。この点は，土地区画整理法3条の4（都市計画事業として施行する土地区画整理事業）1項（資料6を参照）の規定からも確認される。

資料6　土地区画整理法3条の4（都市計画事業として施行する土地区画整理事業）1項

> 施行区域の土地についての土地区画整理事業は，都市計画事業として施行する。

図表－5　都市計画事業の過程

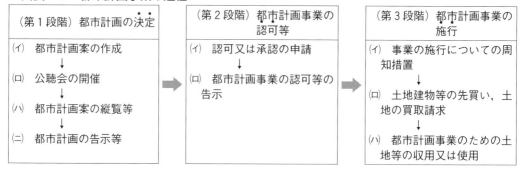

そして、この都市計画法に規定する都市計画事業は、おおむね、図表－5に掲げる一連の過程（①都市計画の決定、②都市計画事業の認可等、③都市計画事業の施行の三段階）を経て実施される。

本件裁決事例における本件各土地は、＊＊＊＊土地区画整理事業の施行区域内に存するものの、被相続人に係る相続開始日現在において、都市計画事業の認可が告示されていない地区（本件事業地区）に所在するとのことであるため、本件各土地の状況は、図表－5の「（第2段階）都市計画事業の認可等」には至っていない段階にあることが理解される。

(2) 都市計画法に規定する建築の規制等

前述までのとおり、＊＊＊＊土地区画整理事業は、都市計画法53条（建築の許可）に掲げる市街地開発事業に該当し、当該許可を受けるためには、当該建築物が同法54条（許可の基準）に規定する一定の条件を充足する必要がある。次に上記の2つの条文を示しておく（資料7 及び 資料8 を参照）。

資料7　都市計画法53条（許可の基準）

> 都市計画施設の区域又は市街地開発事業の施行区域内において建築物の建築をしようとする者は、国土交通省令で定めるところにより、都道府県知事等の許可を受けなければならない。ただし、次に掲げる行為については、この限りでない。
> 一　政令で定める軽易な行為
> 二　非常災害のため必要な応急措置として行う行為
> 三　都市計画事業の施行として行う行為又はこれに準ずる行為として政令で定める行為
> 四　11条（都市施設）3項後段の規定により離隔距離の最小限度及び載荷重の最大限度が定められている都市計画施設の区域内において行う行為であって、当該離隔距離の最小限度及び載荷重の最大限度に適合するもの
> 五　12条の11（道路の上空又は路面下において建築物等の建築又は建設を行うための地区整備計画）に規定する道路（都市計画施設であるものに限る）の区域のうち建築物等の敷地として併せて利用すべき区域内において行う行為であって、当該道路を整備する上で著しい支障を及ぼすおそれがないものとして政令で定める

もの
② 52条の2（建築等の制限）2項の規定は，前項の規定による許可について準用する。
③ 1項の規定は，65条（建築等の制限）1項に規定する告示（筆者注　上記(1)の図表－5の（第2段階）都市計画事業の認可等の(ロ)に掲げる都市計画事業の認可等の告示をいう）があった後は，当該告示に係る土地の区域内においては，適用しない。

資料8　都市計画法54条（許可の基準）

　都道府県知事等は，前条第1項の規定による許可の申請があった場合において，当該申請が次の各号のいずれかに該当するときは，その許可をしなければならない。
　一　当該建築が，都市計画施設又は市街地開発事業に関する都市計画のうち建築物について定めるものに適合するものであること。
　二　当該建築が，11条（都市施設）3項の規定により都市計画施設の区域について都市施設を整備する立体的な範囲が定められている場合において，当該立体的な範囲外において行われ，かつ，当該都市計画施設を整備する上で著しい支障を及ぼすおそれがないと認められること。ただし，当該立体的な範囲が道路である都市施設を整備するものとして空間について定められているときは，安全上，防災上及び衛生上支障がないものとして政令で定める場合に限る。
　三　当該建築物が次に掲げる要件に該当し，かつ，容易に移転し，又は除却することができるものであると認められること。
　　イ　階数が二以上で，かつ，地階を有しないこと。
　　ロ　主要構造部（建築基準法2条（用語の定義）5号に定める主要構造部をいう）が木造，鉄骨造，コンクリートブロック造その他これらに類する構造であること。

　そうすると，本件各土地については，上記の都市計画法54条（許可の基準）三号に規定する建築の規制が存在することが理解される。

❸　本件裁決事例を理解するために必要な評価通達及び課税実務上の取扱いの理解

　本件裁決事例において，請求人は本件各土地の価額の評価につき，次のいずれかの評価方法を採用することを主張している。

その1　評価通達27－5（区分地上権に準ずる地役権の評価）の(2)（家屋の構造，用途等に制限を受ける場合）の定めを準用して，そのしんしゃく減額割合を30％とする方法
　　（注）　国税庁ホームページのタックスアンサーの市街化調整区域内の雑種地の評価の取扱いにおけるしんしゃく割合の基本的な考え方も，上記の通達の定めをよりどころとしていることも参考とされる。

> その2　評価通達24－7（都市計画道路の予定地の区域内にある宅地の評価）に定める
> 　　　　補正率を準用し，これに利用価値が著しく低下している宅地としてのしんしゃく
> 　　　　割合（10％）を併用して，そのしんしゃく減額割合を13％とする方法

　そうすると，本件裁決事例を十分に習得するためには，上記 その1 及び その2 で示された各種の評価通達の定め及び課税実務上の取扱いの理解が不可欠となる。次に，順次，これらの内容を確認しておく。

(1) 評価通達27－5（区分地上権に準ずる地役権の評価）の定め

① 意義

　区分地上権に準ずる地役権は，特別高圧架空電線の架設等を目的として地下又は空間について上下の範囲を定めて設定された地役権で，建造物の設置を制限するものとされている。このような地役権は，本来，区分地上権とほぼ同一の法律効果を有するものであり，その設定に際して収受される補償金も区分地上権の計算に準じて算定されることとなっている。そこで，区分地上権に準ずる地役権の評価についても，区分地上権の評価に準じて次の②に掲げるところにより評価するものと定められている。

② 評価方法

　評価通達27－5（区分地上権に準ずる地役権の評価）の定めでは，区分地上権に準ずる地役権の価額は，次に掲げるとおりに計算した金額によって評価するものとされている。

(イ) 区分地上権に準ずる地役権の目的となっている承役地である宅地の自用地としての価額に，その区分地上権に準ずる地役権の設定契約の内容に応じた土地利用制限率を基とした割合（以下「区分地上権に準ずる地役権の割合」という）を乗じる。この取扱いを算式で示すと，次のとおりとなる。

（算　式）

　　自用地の価額 × 区分地上権に準ずる地役権の割合

(ロ) 上記(イ)に掲げる区分地上権に準ずる地役権の割合については，その承役地に対する権利の制限の内容に応じて，図表－6に掲げるそれぞれの割合とすることができる。
　　なお，図表－6の(A)に掲げる「家屋の建築が全くできない場合」のしんしゃくは，その土地の所有者からみた場合には，当該土地について他者が借地権を設定しているのと同様の利用制限であること及び「損失補償基準細則（昭和38年3月7日用地対策連絡協議会理事会決定）」に規定する高圧線下地の減価割合等を参考に，最低でも50％

図表－6　区分地上権に準ずる地役権の割合

	権利の制限の内容	区分地上権に準ずる地役権の割合
(A)	家屋の建築が全くできない場合	次に掲げる㋑又は㋺のうち，いずれか高い方の割合 ㋑　100分の50 ㋺　その区分地上権に準ずる地役権が借地権であるとした場合のその承役地に適用される借地権割合
(B)	家屋の構造，用途等に制限を受ける場合	100分の30

の減価割合を定めたものと考えられる。

また、同表の(B)に掲げる「家屋の構造、用途等に制限を受ける場合」のしんしゃくは、地下鉄等のトンネルの所有を目的とする民法269条の2（地下又は空間を目的とする地上権）に規定する区分地上権の割合を30％としていることとの均衡に配慮して、同一の減価割合（30％）を定めたものと考えられる。

③ 留意点

上記①及び②より、評価通達27-5（区分地上権に準ずる地役権の評価）の定めは、評価対象地である承役地たる宅地に対して設定された個別の契約内容（承役地に対する個別の権利制限の内容）に応じて、当該宅地の価額の評価に与える影響をしんしゃくするものであるといえる。すなわち、同通達は、評価対象地である承役地たる宅地が有する個有の事情（しんしゃくすべき客観的な事情であることは言うまでもない）に対する個別的対処を図るための取扱いであるといえる。

(2) 市街化調整区域内の雑種地の評価（課税実務上の取扱い）

① 概要

評価通達7（土地の評価上の区分）の定めによれば、土地の価額は、原則として地目の別（宅地、田、畑、山林、原野、牧場、池沼、鉱泉地及び雑種地の9区分）に評価するものとされており、当該地目は、課税時期の現況によって判定する。なお、同通達の定めによれば、雑種地とは、宅地、農地、（田及び畑）、山林、原野、牧場、池沼及び鉱泉地以外の土地をいう。

評価通達7-2（評価単位）において、雑種地は、原則として利用の単位となっている一団の雑種地（同一の目的に供されている雑種地をいう。（注1）及び（注2）を参照）を評価単位とする旨が定められている（ただし、市街化調整区域以外の都市計画区域に存する一定の雑種地については、評価単位に関する特例の定めが設けられている）。

（注1） いずれの用にも供されていない一団の雑種地については、その全体を「利用の単位となっている一団の雑種地」として取り扱うものとされている。

（注2） 「一団の雑種地」の解釈につき、下記に掲げる点に留意する必要がある。

　(イ) 一団の雑種地と筆の関係

　　一団の雑種地は、必ずしも1筆の雑種地からなるとは限らず、2筆以上の雑種地からなる場合もあり、また、1筆の雑種地が2団地以上の雑種地として利用されている場合もある。

　(ロ) 一団の雑種地の判定

　　一団の雑種地の判定は、物理的に一体として利用されているか否かで判定することになる。したがって、評価対象である雑種地が不特定多数の者の通行の用に供されている道路、河川等により物理的に分離されている部分ごとに一団の雑種地として取り扱われる。

雑種地の価額は、当該評価対象である雑種地に対して、雑種地としての評価倍率が定められている地域における倍率方式（雑種地の固定資産税評価額×雑種地の評価倍率）が適

用される場合（注）を除いて，原則として近傍地比準価額方式により評価するものとされている。

(注) 現行の評価実務上の取扱いとして，倍率方式が適用される地域はあまり多くは存在しない。国税局によっては該当地が存在しない場合もある。

したがって，市街化調整区域内に存する雑種地であっても，倍率方式によって評価する事例は少例であり，その大部分は近傍地比準価額方式（評価方法については，次の②を参照）によって評価する場合が大部分であることに留意する必要がある。

② 評価方法

評価通達82（雑種地の評価）の定めでは，上記①に掲げる近傍地比準価額方式により評価する雑種地の価額は，その雑種地と状況が類似する付近の土地について評価通達の定めにより評価した1㎡当たりの価額を基とし，その土地と雑種地の位置，形状等の条件の差を考慮して評定した価額に，その雑種地の地積を乗じて計算した金額によって評価するものとされている。この取扱いを算式で示すと，次のとおりとなる。

（算　式）

$$\left[\begin{array}{l}\text{評価対象地である雑種地に係る状況類似}\\\text{土地（近傍比準地）について，評価通達}\\\text{の定めにより評価した1㎡当たりの価額}\end{array}\times\begin{array}{l}\text{近傍比準地と}\\\text{評価対象地と}\\\text{の較差割合}\end{array}-\begin{array}{l}\text{1㎡当たりの}\\\text{宅地造成費}\end{array}\right]\times\begin{array}{l}\text{評価対象}\\\text{地の地積}\end{array}$$

一般的に，都市計画法に規定する市街化調整区域内に存する雑種地については，同法に規定する市街化区域内に存する雑種地の取扱いとは対象的に，次に掲げる目的で行うものを除いては，同法29条（開発行為の許可）に規定する開発許可は認められないものとされている。

(イ) 農業，林業又は漁業の用に供する一定の建築物

(ロ) 上記(イ)に掲げるこれらの業務を営む者の居住の用に供する建築物

(ハ) 主として当該開発区域の周辺の地域において居住している者の利用に供する公益上必要な建築物又はこれらの者の日常生活のため必要な物品の販売，加工若しくは修理その他の業務を営む店舗，事業場その他これらに類する建築物

そうすると，市街化調整区域内（建物の建築を目的として行う開発許可は原則として禁止）に存する雑種地を近傍地比準価額方式により評価する場合において，当該近傍比準地目を宅地（不動産登記事務取扱手続準則68条（地目）の定めでは，宅地とは，建物の敷地及びその維持若しくは効用を果すために必要な土地としている）としたときには，次に掲げる評価上の論点が生じることになる。

(イ) 近傍比準地として選定された宅地については，当該宅地がたとえ市街化調整区域内に所在していたとしても，建物の敷地の用に供される土地として建物の建築が可能であることを前提に1㎡当たりの比準価額（固定資産税評価額）が付されているものと考えられる。

(ロ) 評価対象地である雑種地は，建物の建築が原則として禁止されている。

(ハ) 上記(イ)及び(ロ)から，上記(イ)に掲げる1㎡当たりの比準価額（固定資産税評価額）を

そのまま何等の補正（しんしゃく）をすることなく使用して，評価対象地である雑種地の1m²当たりの価額（画地に係る較差補正前及び造成費控除前）とすることは不合理であると考えられる。

そこで，上記(ハ)に掲げるしんしゃくとして，前記**Ⅳ❷**(4)②に掲げるとおり，課税実務上の取扱いとして国税庁のホームページのタックスアンサーにおいて，「市街化調整区域内の雑種地の評価」の定めが設けられている。このタックスアンサーの原典は，次の**資料9**に掲げる平成16年7月5日付の資産評価企画官情報に基礎を置いたものと考えられる。

資料9　「土壌汚染地の評価等の考え方について（情報）」（平成16年7月5日，資産評価企画官情報第3号）に定める「市街化調整区域内の雑種地の評価」について

市街化調整区域内の雑種地の評価

> 市街化調整区域内の雑種地を評価する場合における①比準する地目の判定及び②宅地の価額を基として評価する際に考慮する法的規制等に係るしんしゃく割合について，基本的な考え方を取りまとめることとした。（評価通達82関係）

雑種地（ゴルフ場用地，遊園地等用地，鉄軌道用地を除く。）の価額は，評価通達82（雑種地の評価）の定めにより，評価対象地と状況が類似する付近の土地について評価通達の定めるところにより評価した1m²当たりの価額を基とし，その土地とその雑種地との位置，形状等の条件の差を考慮して評定した価額に，その雑種地の地積を乗じて評価することとしているが，市街化調整区域内の雑種地については，
① 状況が類似する付近の土地（地目）の判定が難しい
② 宅地の価額を基として評価する場合，法的規制等（開発行為の可否，建築制限の程度，位置等）に係る格差（しんしゃく割合）について個別に判定している。
という状況にある。

このため，その取扱いの明確化等の観点から，上記の地目判定としんしゃく割合を中心に基本的な考え方を取りまとめることとした。

1　比準土地（地目）の判定

土地の価額は，一般的に，その土地の最有効使用を前提として形成されるものと考えられ，また，その土地の最有効使用は，周辺の標準的な使用（地目）の影響を受けることから，評価対象地である雑種地と状況が類似する付近の土地（地目）を判定するに当たっては，評価対象地の周囲の状況を考慮して判定するのが相当と考えられる。

例えば，評価対象地である雑種地の周囲が純農地，純山林，純原野である場合には，これらの土地は各々宅地化の期待益を含まない土地であるため，その雑種地を評価するに当たっては，付近の宅地の価額を基とするのではなく，付近の純農地，純山林又は純原野の価額を基として評価するのが相当と考えられる（**3の概要表①**

の地域。なお，この場合における評価方法については**3の概要表**（注）1参照）。

他方，評価対象地である雑種地が幹線道路沿いや市街化区域との境界付近に所在する場合には，その付近に宅地が存在していることも多く，用途制限等があるにしても宅地化の可能性があることから，その雑種地を評価するに当たっては，付近の宅地の価額を基として評価するのが相当と考えられる（**3の概要表③の地域**）。

なお，これら以外の地域については，雑種地の所在する場所により周囲の状況が様々であると考えられることから，一律に比準地目を定めることは難しく，また，実態に即した対応を阻害するという弊害が生ずることも考慮すれば，どの地目の価額を基として評価するかは定めず，周囲の状況により個別に判定するのが相当と考えられる（**3の概要表②の地域**）。

2 しんしゃく割合の判定

市街化調整区域内の雑種地を付近の宅地の価額を基として評価する場合，そのしんしゃく割合（減価率）については，「市街化の影響度」と「雑種地の利用状況」が関係するとの専門家の意見がある。

これによれば，①「市街化の影響」からみた減価率は，市街化の影響を強く受けている地域の方がその影響を強く受けていない地域よりも低くなり，②「雑種地の利用状況」からみた減価率は，駐車場，資材置場又はテニスコートなど様々な利用が可能な有効利用度が高い雑種地ほど低くなるということである。なお，これら2つの要素は，互いに独立したものというわけではなく重なり合っている。

ところで，評価通達27－5（区分地上権に準ずる地役権の評価）及び同25（貸宅地の評価）の(5)においては，建築等の制限による減価率を定めており，①家屋の建築が全くできない場合の減価率は50％又は借地権割合のいずれか高い割合とし，②家屋の構造，用途等に制限を受ける場合の減価率は30％としている。

以上のことを踏まえると，市街化調整区域内の雑種地を付近の宅地の価額を基として評価する場合の「しんしゃく割合」については，次のとおりとするのが相当である。

(1) **3の概要表②の地域（しんしゃく割合50％）**

市街化調整区域の雑種地について付近の宅地の価額を基として評価する場合の「しんしゃく割合」を判定する場合には，上記のとおり，個別に「市街化の影響度」と「雑種地の利用状況」によって判定すればよいことになるが，これらを的確に判定することは困難である。

「3の概要表②の地域」は，いわば一般的な市街化調整区域内の雑種地が存する地域であり，原則として，建物の建築が禁止されている区域であることなどを考慮すると，上記の家屋の建築が全くできない場合の減価率を「しんしゃく割合」とするのが相当と考えられる。

なお，「しんしゃく割合を50％又は借地権割合のいずれか高い割合」とした場合には，一般に借地権割合が高い地域は，市街化の影響度が強く，有効利用度が高い

（さらに宅地への転用可能性も高い）と考えられることから，「しんしゃく割合」を引き下げる方向にしなければならないにもかかわらず，「しんしゃく割合」を引き上げる方向になってしまうことから，一律に50％の減価率を「しんしゃく割合」とするのが相当と判断した。

(2) 3の概要表③の地域（しんしゃく割合30％又は0％）

「3の概要表③の地域」は，幹線道路沿いや市街化区域との境界付近であるが，市街化の影響度が強く，有効利用度が高い雑種地の占める割合が高いと考えられる。

言い換えれば，市街化調整区域内ではあるが，法的規制が比較的緩やかであり，店舗等の建築であれば可能なケースも多い地域ということになる。

したがって，「3の概要表③の地域」は，原則として，家屋の構造，用途等に制限を受ける場合の減価率30％を「しんしゃく割合」とするのが相当と考えられる。

ただし，この地域のうち，例えば，周囲に郊外型店舗等が建ち並び，雑種地であっても宅地価格と同等の取引が行われている実態があると認められる場合には，しんしゃく割合0％とするのが相当と考えられる。

(注) 1 位置，形状等の条件差については，資産税関係質疑応答事例集（平成13年3月）問253を準用して，普通住宅地区の画地調整率を参考に計算して差し支えない。

2 比準元となる宅地は，既存宅地又は線引き前からの宅地その他法的規制の程度がこれらと概ね同等程度の宅地（（参考）参照）とするのが相当と考えられる。

3　概　　要

以上の基本的な考え方を取りまとめると，次のとおりである。

〈概要表〉

周囲（地域）の状況		比準地目	しんしゃく割合
市街化の影響度　弱↑↓強	① 純農地，純山林，純原野	農地比準，山林比準，原野比準(注1)	
	② ①と③の地域の中間（周囲の状況により判定）	宅地比準	しんしゃく割合50％
	③ 店舗等の建築が可能な幹線道路沿いや市街化区域との境界付近(注2)		しんしゃく割合30％
		宅地価格と同等の取引実態が認められる地域（郊外型店舗が建ち並ぶ地域等）	しんしゃく割合0％

(注) 1　農地等の価額を基として評価する場合で，評価対象地が資材置場，駐車場等として利用されているときは，その土地の価額は，原則として，評価通達24－5（農業施設用地の評価）に準じて農地等の価額に造成費相当額を加算した価額により評価するのが相当と考えられる。（ただし，その価額は宅地の価額を基として評価した価額を上回らない）。

2　③の地域は，線引き後に沿道サービス施設が建設される可能性のある土地（都計法34十ロ，43②，令36①三ホ）や，線引き後に日常生活に必要な物品の小売業

等の店舗として開発又は建築される可能性のある土地（都計法34一，43②，令36①三イ）の存する地域をいう。

3　平成12年の都市計画法の改正により，新たに設けられた同法第34条第八の三号に規定する区域内については，すべての土地について都市計画法上の規制は一律となることから，雑種地であっても宅地と同一の法的規制を受けることになる。したがって，同じ区域内の宅地の価額を基とすれば，法的規制によるしんしゃくは考慮する必要がなくなると考えられるが，経過措置が設けられているなど，過渡期にあることから，上記概要表によらず，個別に判定するのが相当と考えられる。

（参考）　市街化調整区域内における主な宅地の分類及び法的規制の違い

宅地の分類	法的規制の違い
・既存宅地	・用途変更可能
・線引き前からの宅地 ・市街化調整区域内団地の宅地 ・ドライブイン等の沿道サービス施設の敷地 ・集落サービス店舗の敷地	同一用途の建替えは認められる
・分家住宅の敷地 ・農林漁業に従事する者の居住用宅地	同一用途の建替えでも，特定承継人による場合は，やむを得ない事情がある場合に認められる

（注）1　「線引き前からの宅地」とは，特に法令上の規定はないが，線引き前から存する建築物の敷地で既存宅地以外の宅地をいう。

2　「市街化調整区域内団地の宅地」とは，線引き後に市街化調整区域内に開発された中・大規模団地の宅地をいう（都計法34十イ）

3　「ドライブイン等の沿道サービス施設の敷地」とは，線引き後に市街化調整区域内の適切な位置に建設される沿道サービス施設の敷地をいう（都計法34十ロ，43②，令36①三ホ）。

4　「集落サービス店舗の敷地」とは，線引き後に開発又は建築された日常生活に必要な物品の小売業等の店舗の敷地をいう（都計法34一，43②，令36①三イ）。

5　「分家住宅の敷地」とは，市街化調整区域内において，継続して生活の本拠を有する世帯の二男，三男等が分家する場合の線引き後の宅地をいう（都計法34十ロ，43②，令36①三ホ）。

6　「農林漁業に従事する者の居住用宅地」とは，線引き後に建築した当該業務に従事する者の居住の用に供する建築物の敷地をいう（都計法29①二）。

7　「特定承継人」とは，売買等により他人の権利を取得した者をいう。

③　留意点

上記①及び②より，課税実務上の取扱いである市街化調整区域内の雑種地の評価の定めは，「所在地：市街化調整区域，評価地目：雑種地」である土地を宅地（近傍地目として認定した地目）の価額を基として評価する際に考慮する建築物の建築制限に対する法的規

制等に係るしんしゃく割合に配慮するためのものであるといえる。

(3) 評価通達24－7（都市計画道路予定地の区域内にある宅地の評価）の定め
① 意義
　都市計画道路予定地内に存する宅地については，一般に，課税時期において，直ちに道路予定地部分に係る土地の買収請求が実施されるものではなく，現行の宅地所有者が有する宅地の所有権は確保されている。
　しかしながら，その一方で，前記❷に掲げるとおり，都市計画法53条（建築の許可）及び同法54条（許可の基準）に規定する建物の建築に制限（建物の階数（容積率），主要構造部）を受ける等，その地域における宅地としての通常の用途から判断した場合に利用上の制限（宅地の使用収益に係る制限）が課せられている。
　そこで，このような状況にある宅地については，法令上の制限により宅地としての通常の用途に供することができないことによる宅地の価額に対する減額要因に配慮して，相続税等の財産評価において，次の②に掲げるところにより評価するものと定められている。

② 評価方法
　評価通達24－7（都市計画道路予定地の区域内にある宅地の評価）の定めでは，都市計画道路予定地の区域内（都市計画法4条（定義）6項に規定する都市計画施設のうちの道路の予定地の区域内をいう）となる部分を有する宅地の価額は，その宅地のうちの都市計画道路予定地の区域内となる部分が都市計画道路予定地の区域内となる部分ではないものとした場合の価額に，図表－7に掲げる地区区分(注1)，容積率(注2)，地積割合(注3)の別に応じて定める補正率（以下「都市計画道路予定地補正率」という）を乗じて計算した価額によって評価するものとされている。
　この取扱いを算式で示すと，次のとおりとなる。

（算式）

1画地の宅地（Ⓐ）について都市計画道路予定地内に存することによる利用制限がないものとした場合の通常の評価額 × Ⓐについて，その地区区分，容積率，地積割合の別に応じて定める補正率（都市計画道路予定地補正率）

（注1）　地区区分
　　地区区分は，評価通達14－2（地区）に定める地区区分による。

図表－7　都市計画道路予定地補正率

地区区分	ビル街地区，高度商業地区			繁華街地区，普通商業・併用住宅地区			普通住宅地区，中小工場地区，大工場地区	
容積率 地積割合	600％未満	600％以上 700％未満	700％以上	300％未満	300％以上 400％未満	400％以上	200％未満	200％以上
30％未満	0.91	0.88	0.85	0.97	0.94	0.91	0.99	0.97
30％以上60％未満	0.82	0.76	0.70	0.94	0.88	0.82	0.98	0.94
60％以上	0.70	0.60	0.50	0.90	0.80	0.70	0.97	0.90

(注2) 容積率

容積率は，建築基準法に規定する下記に掲げる2つの異なる定義に基づく容積率のうち，いずれか低い方の容積率が適用される。

(イ) 指定容積率（建築基準法52条（容積率）1項に規定する都市計画に基づいて指定される用途地域別の容積率）

(ロ) 基準容積率（建築基準法52条（容積率）2項に規定する前面道路の幅員制限によって計算される容積率）

(注3) 地積割合

地積割合は，その宅地の総地積に対する都市計画道路予定地の部分の地積の割合をいう。

(注4) 評価対象地が倍率地域内に所在する場合

評価対象地が倍率地域内に所在する場合であっても，当該評価対象地である宅地の固定資産税評価額が既に都市計画道路予定地であることを考慮して付されている場合又は当該固定資産税評価額に乗ずべき評価倍率が都市計画道路予定地であることを考慮して付されている場合等のように，既にしんしゃく済みであると認められるものを除き，評価通達24－7（都市計画道路予定地の区域内にある宅地の評価）の定めを適用することは可能と考えられる。

なお，この場合には，同通達に定める都市計画道路予定地補正率の算定に当たり，地区区分を普通住宅地区に該当するものとして取り扱うことが相当と考えられる。

③ 留意点

上記①及び②より，評価通達24－7（都市計画道路予定地の区域内にある宅地の評価）の定めは，評価対象地である宅地のなかに，都市計画道路予定地の区域内となる部分を有することにより，当該宅地の価額の評価に与える影響をしんしゃくするものであるといえる。換言すれば，同通達は，評価対象地である宅地が有する固有の事情（しんしゃくすべき客観的な事情であることは言うまでもない）に対する個別的対処を図るための取扱いであるといえる。

(4) 利用価値が著しく低下している宅地の評価（課税実務上の取扱い）

① 概要

相続税法22条（評価の原則）において，相続，遺贈又は贈与により取得した財産の価額は，特別の定めのある場合を除き，当該財産の取得の時における時価（客観的な交換価値）による旨が規定されているが，当該規定を文理どおりに適用すると相続税等の課税対象財産は多種多様であり，財産の時価を客観的，かつ，適正に把握することは必ずしも容易ではなく，納税者間で，その評価方法，基礎資料の選択の仕方，評価者の判断等により評価額が区々となることも想定される。

そこで，課税庁（国税庁）では，納税者間における課税の公平，納税者に対する便宜，徴税費用の節減に資するものとして，相続税等の課税対象財産を評価するための一般的基準として評価通達を定め，各種財産の時価に関する原則及び具体的な評価方法を示し，これを公開することによって財産評価の実務の便に供しているところである。

しかしながら，上述のとおり相続税等の課税対象財産は多種多様であり，特に土地等の価額を評価する場合には，その個別多様性が際立つところである。このような個別多様性と認められる評価上の事情についても，当該事情が当該評価対象地の時価（客観的な交換価値）に影響を与えるものと認められる場合には，一定のしんしゃく配慮が必要とされる。

そこで，この一定のしんしゃく配慮の一例として，前記 Ⅳ ❷(4)① に掲げるとおり，課税実務上の取扱いとして国税庁のホームページのタックスアンサーにおいて，「利用価値が著しく低下している宅地の評価」の定め（資料10 を参照）が設けられている。

資料10 利用価値が著しく低下している宅地の評価（国税庁HP，タックスアンサー No.4617）

> 次のようにその利用価値が付近にある他の宅地の利用状況からみて，著しく低下していると認められるものの価額は，その宅地について利用価値が低下していないものとして評価した場合の価額から，利用価値が低下していると認められる部分の面積に対応する価額に10％を乗じて計算した金額を控除した価額によって評価することができます。
>   1　道路より高い位置にある宅地又は低い位置にある宅地で，その付近にある宅地に比べて著しく高低差のあるもの
>   2　地盤に甚だしい凹凸のある宅地
>   3　震動の甚だしい宅地
>   4　1から3までの宅地以外の宅地で，騒音，日照阻害（建築基準法第56条の2に定める日影時間を超える時間の日照阻害のあるものとします。），臭気，忌み等により，その取引金額に影響を受けると認められるもの
>
> また，宅地比準方式によって評価する農地又は山林について，その農地又は山林を宅地に転用する場合において，造成費用を投下してもなお宅地としての利用価値が著しく低下していると認められる部分を有するものについても同様です。
> ただし，路線価又は倍率が，利用価値の著しく低下している状況を考慮して付されている場合にはしんしゃくしません。

② 評価方法

上記①に掲げる利用価値が著しく低下している宅地の評価の取扱いを算式で示すと，次のとおりとなる。

（算　式）

評価対象地について利用価値の低下がないものとした場合の価額（Ⓐ） － Ⓐ × $\dfrac{\text{分母のうち，利用価値が低下していると認められる部分の面積}}{\text{評価対象地の面積}}$ × 10％

上記の定めに基づいて，利用価値が著しく低下している宅地の評価を行う場合のポイントを掲げると，次のとおりである。

(イ) 利用価値の低下要因の例示

評価対象地である宅地の利用価値の低下要因として示されている上記①の 資料10 に掲げる1から4までの状況の記載は，あくまでも単なる例示であって，これらの要因以外であっても，評価対象地の利用価値が付近の宅地の利用状況に比較して著しく低下していると認められる場合には，このタックスアンサーの定めを適用することが可能であると考えられる。したがって，利用価値の低下要因の判定には十分に留意する必要がある。

(ロ) 利用価値の低下の程度

評価対象地に係る利用価値の低下が，付近の宅地の利用価値の低下と等質等量（同程度）である場合には，このタックスアンサーの定めの適用はない。すなわち，評価対象地の利用価値の低下が付近の宅地の利用状況に比較して，著しいものであることを確認する必要がある。（著しいものと考えられる例示として，図表－8を参照されたい）。

(ハ) 利用価値の著しい低下がしんしゃく済みである場合

利用価値が著しく低下していると認められる宅地であっても，上記①の 資料10 のただし書きにあるとおり，路線価又は倍率が，利用価値の著しく低下している状況を考慮して付されている場合には，このタックスアンサーの定めの適用はない。

例えば，鉄道沿線沿いの宅地等に付される路線価には，当該鉄道路線から影響を受けると認められる震動や騒音等による宅地としての利用価値の低下が通常は織り込み済みであると考えられる（これを示すものとして，図表－9を参照）。

(ニ) 宅地比準方式によって評価する農地等への準用

図表－8　評価対象地に係る利用価値の低下が著しいものと認められる場合（例示）

評価対象地は，国道沿いの宅地であるが，その所在地の近隣は高架の高速道路も存在し，その騒音及び震動は国道のみに接道する地域に所在する他の宅地と比べて著しく大きなものであると認められる。

図表－9　利用価値の著しい低下がしんしゃく済みである場合（例示）

評価対象地は，運行本数の多いJR線と車の通行量の多い国道との間に存する宅地で，騒音及び震動は著しく大きなものであると認められるが，その状況は評価対象地の付近一帯と同様の状況にあるものと認められる。

図表－10　宅地比準方式によって評価する農地等への準用が認められる場合（例示）

　評価対象地は，国道沿いの農地（市街地農地）である。宅地比準方式によって評価するため宅地造成費の控除を行うことになるが，当該宅地造成費の控除を行っても，その所在地の近隣は高架の高速道路も存在し，その騒音及び震動は国道のみに接道する地域に所在する他の宅地と比べて著しく大きなものであると認められる。

　上記①の 資料10 のまた書きにあるとおり，宅地比準方式によって評価する農地（市街地農地，市街地周辺農地）又は山林（市街地山林）について，その農地又は山林を宅地に転用する場合において，造成費用を投下してもなお宅地としての利用価値が著しく低下していると認められる部分を有するものについても，このタックスアンサーの定めを適用することが認められる。この取扱いの適用例として，図表－10を参照されたい。

③　留意点

　上記①及び②により，課税実務上の取扱いである利用価値が著しく低下している宅地の評価の定めは，評価対象地である宅地の利用価値が付近にある他の宅地の利用状況と比較して著しく低下していると認められることにより，当該宅地の価額の評価に与える影響をしんしゃくするものであるといえる。換言すれば，この課税実務上の取扱いは，評価対象地である宅地が有する固有の事情（しんしゃくすべき客観的な事情であることはいうまでもない）に対する個別的対処を図るための取扱いであるといえる。

❹　路線価の意義とその考慮事項

　本件裁決事例は，本件各土地の評価につき，本件各土地が本件事業地区（土地区画整理事業の施行区域内に存するものの，都市計画事業の認可が告示されていない地区である）に存することから本件各土地の開発（有効利用）に当たっては，都市計画法53条（建築の許可）及び同法54条（許可の基準）の規定に基づき種々の建築物の建築に係る制限を受けることが，本件路線価に既に織り込み済みであるのか，又は織り込まれていないとして別途の個別事情であるとしてしんしゃくの対象とされるべきものであるのかが争点のポイントの1つである。そこで，その論点の基礎として，路線価の意義について検証してみたい。

(1)　路線価の意義

　評価通達14（路線価）の定めでは，路線価とは，宅地の価額がおおむね同一と認められる一連の宅地が面している路線（不特定多数の者の通行の用に供されている道路をいう）ごとに設定し，路線に接する宅地で次に掲げるすべての事項に該当するものについて，売買実例価額，公示価格（地価公示法6条（標準地の価格の公示等）の規定により公示された標準地の価格をいう），不動産鑑定士等による鑑定評価額（不動産鑑定士等が国税局長の委嘱により鑑定評価した価額をいう），精通者意見価格等を基として，国税局長がその路線ごとに評定した1㎡当たりの価額をいうものとされている。

①　その路線のほぼ中央部にあること

② その一連の宅地に共通している地勢にあること
③ その路線だけに接していること
④ その路線に面している宅地の標準的な間口距離及び奥行距離（奥行価格補正率及び間口狭小補正率がいずれも1.00であり，かつ，奥行長大補正率の適用を要しないものをいう）を有するく形又は正方形のものであること

そうすると，路線価とは，当該路線に接する宅地の標準的（この標準的という用語は最高水準という意味である）な1㎡当たりの価額を示すものといえる。

(2) **路線価方式による宅地の評価と路線価評定上のしんしゃく**

前記 **Ⅳ** ❷(1)に掲げるとおり，路線価方式により宅地を評価する場合に当該評価方式とその基礎とされる路線価を評定するに当たってのしんしゃく事項との間には，次に掲げる関係があることに留意する必要がある。

① 路線価方式により宅地を評価する場合，<u>路線価を設定する地域に共通する事情</u>については，路線価の評定の前提とされるその価格に織り込まれるのが通常であること
② <u>宅地ごとの客観的な個別事情</u>については，評価通達に定められた個別の定めを適用することにより，その事情がしんしゃくされること

そうすると，路線価方式による宅地の評価に当たって，しんしゃくすべき事情（主観的な事情は対象とされない）が存在したとしても，当該事情が路線価を設定する地域に共通する事情（上記①の＿＿部分）に該当するのか，又は宅地ごとの客観的な個別事情（上記②＿＿部分）に該当するのか判断が必要とされる（本件裁決事例における具体的な検討については，❺を参照）。

❺ 本件路線価と本件建築制限によるしんしゃくの必要性

本件裁決事例では，本件各土地及び本件各土地の周辺の公示地の状況等として，次頁図表－11に掲げる事実が認められる。

上記❹(2)①に掲げるとおり，路線価方式により宅地を評価する場合，路線価を設定する地域に共通する事情については，路線価の評定の前提とされるその価格に織り込まれるのが通常であるところ，次頁図表－11に示すとおり，本件各土地と本件各土地の周辺の公示地の状況は極めて酷似しており，本件建築制限の影響（減額要因）を本件路線価の決定に当たってしんしゃく対象とするか否かにつき，次のとおりに判断することが相当であると考えられる。

(1) 本件建築制限は，路線価を設定する地域に共通する事情として本件路線価の評定の前提にはなる。
(2) 上記(1)とされるものの，本件路線価の具体的な評定においては，影響を与える要因ではない。

したがって，評価実務においては，路線価の設定に当たって織り込まれるのが通常であると考えられる当該路線価設定地域に共通する事情であるのか，奥行価格補正率を例とするような評価通達に定められている個別の定めをもって対処すべき宅地ごとの客観的な個別事情であるのかを十分に見極めることが重要である。

図表-11 本件各土地及び本件各土地の周辺の公示地の状況

項目		本件各土地	本件各土地の周辺の公示地
(1) 都市計画法・建築基準法上に起因する項目		① 区域区分………市街化区域 ② 用途地域………第一種低層住居専用地域 ③ 建ぺい率………50％ ④ 容積率　………100％ ⑤ 高度制限………10m	① 区域区分………市街化区域 ② 用途地域………第一種低層住居専用地域 ③ 建ぺい率………50％ ④ 容積率　………100％ (注) 高度制限に対する記述は見当たらない。
(2) 土地区画整理事業に関する項目	共通事項	① ＊＊＊＊土地区画整理事業の施行地区のうち，本件相続開始日現在において，都市計画事業の認可等が告示されていない地区（本件事業地区）に該当 ② 上記①の土地区画整理事業は，都市計画法53条（建築の許可）の市街地開発事業に該当し，本件事業地区内においては，建築物の建築をしようとする場合には，同条の規定に基づき都道府県知事等の許可が必要 ③ 上記②の許可を受けるためには，当該建築物が建築基準法54条（許可の基準）に規定する建築物の階数及び主要構造部の構造に係る条件を満たし，かつ，容易に移転又は除却ができるものであること（本件建築制限）が必要	
(3) 利用状況		A土地………花きの栽培場 B土地………月極駐車場 C土地………2階建ての共同住宅の敷地 D土地………2階建ての共同住宅の敷地 E土地………空閑地 F土地………花きの栽培場等 G土地………2階建ての居宅・店舗の敷地 H土地………2階建ての店舗・居宅の敷地 I土地………花きの栽培場 J土地………＊＊＊＊氏の自宅の庭	公示地の周辺の地域は，中小規模一般住宅が見られる駅に近い住宅地域

❻ 本件各土地の評価と評価通達及び課税実務上の取扱いに定めるしんしゃくを適用することの可否

　本件裁決事例は，本件各土地（＊＊＊＊土地区画整理事業の施行区域内に存するものの，被相続人に係る相続開始日現在において，都市計画事業の認可が告示されていない地区に所在）の評価に当たって，いかなる評価通達及び課税実務上の取扱いが適用されるべきかが争点とされた事例である。この点に関する請求人及び原処分庁の主張並びにこれらに対する国税不服審判所の判断をまとめると，次頁図表-12のとおりとなる。

　そうすると，本件裁決事例における本件各土地につき，土地区画整理事業の施行区域内に存し（ただし，相続開始日現在において，都市計画事業の認可の告示はされていない），都市計画法53条（建築の許可）及び同法54条（許可の基準）の規定の適用を受けるとの前提から，直ちに，評価通達24-7（都市計画道路予定地の区域内にある宅地の評価）等の定めを適用するという短絡的な判断をするのではなく，宅地の価額に与えるある任意の事情が路線価を設定する地域に共通する事情であるのか，又は宅地ごとの客観的な個別事情であるのかを十分に検討する必要があることが理解される。

図表－12　本件各土地の評価と各種しんしゃく項目の適用可否

しんしゃく項目	請求人（納税者）の主張	原処分庁（課税庁）の主張	国税不服審判所の判断
(1) 評価通達27－5の定めの準用	本件各土地の価額の評価に当たっては、評価通達27－5（区分地上権に準ずる地役権の評価）の(2)（家屋の構造、用途等に制限を受ける場合）の定めを準用して、本件各土地の価額の100分の30に相当する金額を控除すべきである。	本件各土地の価額の評価に当たっては、評価通達27－5（区分地上権に準ずる地役権の評価）の(2)（家屋の構造、用途等に制限を受ける場合）の定めを準用し、本件各土地の価額の100分の30に相当する金額を控除することはできない。	評価通達27－5（区分地上権に準ずる地役権の評価）は、個別の設定契約により区分地上権に準ずる地役権が設定されている場合の評価方法を定めているものであるから、本件建築制限のように本件事業地区に共通した事情を考慮する場合に適用できるものではない。
(2) 市街化調整区域内の雑種地の評価の定めの準用	市街化調整区域内の雑種地の評価の取扱いにおけるしんしゃく割合の基本的な考え方も、評価通達27－5（区分地上権に準ずる地役権の評価）をよりどころとしている。	市街化調整区域内にある雑種地の評価の取扱いにおけるしんしゃく割合の基本的な考え方は、市街化調整区域内にある雑種地に係るしんしゃく割合の判定の仕方を示したものであり、市街化区域の第一種低層住居専用地域に存する本件各土地とは、その前提が異なる。	市街化調整区域内の雑種地の評価は、飽くまで市街化調整区域内に存する雑種地の評価についての取扱いであって、市街化区域内に存する本件各土地とはその前提が異なるものであるから、その取扱いの考え方を本件各土地の評価にそのまま用いることはできない。
(3) 評価通達24－7の準用及び利用価値が著しく低下している宅地の定めの適用	本件各土地の価額の評価に当たっては、評価通達24－7（都市計画道路予定地の区域内にある宅地の評価）に定める補正率（0.97）を準用し、これに利用価値が著しく低下している宅地としてのしんしゃく割合（10%）を併用し、本件土地の価額の100分の13に相当する金額を控除すべきである。	本件各土地の価額の評価に当たって、本件建築制限のしんしゃくをする必要はないため、評価通達24－7（都市計画道路の予定地の区域内にある宅地の評価）に定める補正率の準用及び利用価値が著しく低下している宅地としてのしんしゃくをすることはできない。	評価通達24－7（都市計画道路予定地の区域内にある宅地の評価）は、評価する宅地の一部又は全部が都市計画道路の予定地の区域内である場合の評価方法を定めているものであるから、本件建築制限のように本件事業地区に共通した事情を考慮する場合に適用できるものではない。また、本件建築制限は、本件事業地区に共通した事情として本件路線価の評定の前提とされているが、本件各土地の価額に影響を与えるほどの要因ではないと認められることから、本件各土地の評価において、利用価値が著しく低下している宅地の評価の取扱いにより本件建築制限を個別にしんしゃくする必要は認められない。

（注）　国税不服審判所の判断欄の＿＿＿部分は、重要部分であるとして筆者が付線したものである。

　したがって、本件裁決事例における本件各土地の評価に当たってのしんしゃく配慮すべきとして検討した4つの評価通達及び課税実務上の取扱いは、それぞれ次に示すとおりの理由で、いずれもその適用が認められないものとされる。

・評価通達27－5（区分地上権に準ずる地役権の評価）
　評価対象地に区分地上権に準ずる地役権が設定されているという客観的な個別事情に対応する定めであるため、本件事業地区に共通した事情についてはその適用はなじまない。
・市街化調整区域内の雑種地の評価（課税実務上の取扱い）
　市街化調整区域内に存する雑種地の評価についての取扱いであるため、本件各土地（市街化区域内に所在）の評価にそのまま用いることはできない。
・評価通達24－7（都市計画道路の予定地の区域内にある宅地の評価）
　評価対象地が都市計画道路の予定地の区域内にあるという客観的な個別事情に対応する定めであるため、本件事業地区に共通した事情についてはその適用はなじまない。
・利用価値が著しく低下している宅地の評価（課税実務上の取扱い）
　この課税実務上の取扱いは、評価対象地の利用価値が付近にある他の宅地の利用状況からみて著しく低下していると認められる場合に適用されるものであり、本件建築制限が利用価値の低下に該当したとしても、本件事業地区に共通した事情でありその適用はなじまない。

Ⅵ 参考事項等

❶ 参考法令通達等
・相続税法22条（評価の原則）
・評価通達7（土地の評価上の区分）
・評価通達7-2（評価単位）
・評価通達14（路線価）
・評価通達24-7（都市計画道路の予定地の区域内にある宅地の評価）
・評価通達27-5（区分地上権に準ずる地役権の評価）
・評価通達82（雑種地の評価）
・平成16年7月5日付，資産評価企画官情報第3号（市街化調整区域内の雑種地の評価）
・国税庁のHPのタックスアンサー（市街化調整区域内の雑種地の評価）
・国税庁のHPのタックスアンサー（利用価値が著しく低下している宅地の評価）
・土地区画整理法2条（定義）
・土地区画整理法3条（土地区画整理事業の施行）
・土地区画整理法3条の2（独立行政法人都市再生機構の施行する土地区画整理事業）
・土地区画整理法3条の3（地方住宅供給公社の施行する土地区画整理事業）
・土地区画整理法3条の4（都市計画事業として施行する土地区画整理事業）
・都市計画法4条（定義）
・都市計画法12条（市街地開発事業）
・都市計画法29条（開発行為の許可）
・都市計画法53条（建築の許可）
・都市計画法54条（許可の基準）

❷ 類似判例・裁決事例の確認
(1) 平成10年5月28日裁決，大裁（諸）平9-110（相続開始年分：平成5年分）

　請求人らは，本件土地は，土地区画整理法に基づき甲土地との交換により取得したものであるから，甲土地に存していた借地権は，同法の規定により本件土地に移行存続する旨主張し，本件土地の価額を評価通達25（貸宅地の評価）の(1)の定めにより評価すべきである旨主張する。

　しかしながら，本件土地と甲土地の交換は同法に基づく換地処分としてされたものではなく，土地区画整理事業における換地処分前に当事者間で任意にされたものである。

　したがって，本件土地と甲土地の交換が土地区画整理法に規定する換地処分でない以上，甲土地に存していた借地権が本件土地に移行存続することはないから，本件土地の価額は，その土地の課税時期における使用の現況，すなわち駐車場の敷地として賃貸していることに基づき評価通達86（貸し付けられている雑種地の評価）の(1)の定めにより評価するのが相当である。

(2) 平成13年10月25日裁決，沖裁（諸）13－5

　請求人は，土地区画整理事業施行中の宅地の評価について，仮換地について造成工事が完了したものとしての価額5％程度の評価減のしんしゃくでは，評価額に反映しているとはいえないと主張する。

　しかしながら，相続によって取得した財産が当該取得の時において取引の対象となっていることは極めてまれであり，当該財産の時価を的確に把握することは必ずしも容易でないこと，他方，相続税の課税においては統一的な方法によって財産の価額を算定する必要があることから，評価通達及び財産評価基準において，特定の財産を除きその時価の具体的な評価方法が定められているところ，一般的には，相続等により取得した財産の評価は，評価通達及び，財産評価基準に定める評価方法によって行われていることが認められ，当該評価方法によって評価した財産の価額は，特段の事情のない限り相続税の課税の時における財産の時価と認めるのが相当と解されている。

　そうすると，評価通達24－2（土地区画整理事業施行中の宅地の評価）によらないことが正当として是認されるような特別の事情もなく，また，仮換地について造成工事が完了したものとしての価額の5％を超えて更に評価減をしなければならないと認められる合理的理由及び算定資料の提出もないので，同通達を適用して評価することになり，請求人の主張は採用できない。

追補　地積規模の大きな宅地の評価について

CASE12

　本件裁決事例に係る相続開始年分は、平成21年である。もし仮に、当該相続開始日が、平成30年1月1日以後である場合（評価通達20―2（地積規模の大きな宅地の評価）の新設等の改正が行われた。以下「新通達適用後」という）としたときの本件各土地（A土地ないしJ土地）に対する同通達の適用は、次のとおりとなる。

(1)　地積規模の大きな宅地の該当性

　次に掲げる 判断基準 から、本件各土地（A土地ないしJ土地）が三大都市圏に所在する場合には、A土地及びF土地が評価通達20―2（地積規模の大きな宅地の評価）に定める地積規模の大きな宅地に該当する。なお、本件各土地が三大都市圏に所在しない場合には、同通達に定める地積規模の大きな宅地に該当するものはF土地のみとなる。

判断基準

要件			本件各土地
①	地積要件（注）	三大都市圏に所在する場合	A土地　768.75㎡（地積）≧500㎡（三大都市圏に所在する場合の地積要件）　∴地積要件を充足
			B土地　292.80㎡（地積）＜500㎡（三大都市圏に所在する場合の地積要件）　∴地積要件を未充足
			C土地　446.06㎡（地積）＜500㎡（三大都市圏に所在する場合の地積要件）　∴地積要件を未充足
			D土地　116.85㎡（地積）＜500㎡（三大都市圏に所在する場合の地積要件）　∴地積要件を未充足
			E土地　75.50㎡（地積）＜500㎡（三大都市圏に所在する場合の地積要件）　∴地積要件を未充足
			F土地　1,353.50㎡（地積）≧500㎡（三大都市圏に所在する場合の地積要件）　∴地積要件を充足
			G土地　153.07㎡（地積）＜500㎡（三大都市圏に所在する場合の地積要件）　∴地積要件を未充足
			H土地　211.14㎡（地積）＜500㎡（三大都市圏に所在する場合の地積要件）　∴地積要件を未充足
			I土地　497.86㎡（地積）＜500㎡（三大都市圏に所在する場合の地積要件）　∴地積要件を未充足
			J土地　89.09㎡（地積）＜500㎡（三大都市圏に所在する場合の地積要件）　∴地積要件を未充足
		三大都市圏以外に所在する場合	A土地　768.75㎡（地積）＜1,000㎡（三大都市圏以外に所在する場合の地積要件） ∴地積要件を未充足
			B土地　292.80㎡（地積）＜1,000㎡（三大都市圏以外に所在する場合の地積要件） ∴地積要件を未充足
			C土地　446.06㎡（地積）＜1,000㎡（三大都市圏以外に所在する場合の地積要件） ∴地積要件を未充足
			D土地　116.85㎡（地積）＜1,000㎡（三大都市圏以外に所在する場合の地積要件） ∴地積要件を未充足
			E土地　75.50㎡（地積）＜1,000㎡（三大都市圏以外に所在する場合の地積要件） ∴地積要件を未充足
			F土地　1,353.50㎡（地積）≧1,000㎡（三大都市圏以外に所在する場合の地積要件） ∴地積要件を充足
			G土地　153.07㎡（地積）＜1,000㎡（三大都市圏以外に所在する場合の地積要件） ∴地積要件を未充足
			H土地　211.14㎡（地積）＜1,000㎡（三大都市圏以外に所在する場合の地積要件） ∴地積要件を未充足
			I土地　497.86㎡（地積）＜1,000㎡（三大都市圏以外に所在する場合の地積要件） ∴地積要件を未充足
			J土地　89.90㎡（地積）＜1,000㎡（三大都市圏以外に所在する場合の地積要件） ∴地積要件を未充足
②	区域区分要件		本件各土地（A土地ないしJ土地）は、基礎事実から市街化区域（市街化調整区域以外）に所在 ∴区域区分要件を充足

③	地域区分要件	本件各土地（A土地ないしJ土地）は、基礎事実から第一種低層住居専用地域（工業専用地域以外）に所在 ∴地域区分要件を充足	
④	容積率要件	本件各土地（A土地ないしJ土地）に係る指定容積率は、基礎事実から100％（指定容積率400％未満（東京都の特別区以外の場合））に該当 ∴容積率要件を充足	
⑤	地区区分要件	本件各土地（A土地ないしJ土地）は、基礎事実から路線価地域の普通住宅地区に所在 ∴地区区分要件を充足	
⑥	判断とその理由	土地の名称	三大都市圏に所在する場合	三大都市圏以外に所在する場合
		A土地	該当 （上記①ないし⑤の要件を充足）	非該当 （上記①の要件を未充足）
		B土地	非該当 （上記①の要件を未充足）	非該当 （上記①の要件を未充足）
		C土地	非該当 （上記①の要件を未充足）	非該当 （上記①の要件を未充足）
		D土地	非該当 （上記①の要件を未充足）	非該当 （上記①の要件を未充足）
		E土地	非該当 （上記①の要件を未充足）	非該当 （上記①の要件を未充足）
		F土地	該当 （上記①ないし⑤の要件を充足）	該当 （上記①ないし⑤の要件を充足）
		G土地	非該当 （上記①の要件を未充足）	非該当 （上記①の要件を未充足）
		H土地	非該当 （上記①の要件を未充足）	非該当 （上記①の要件を未充足）
		I土地	非該当 （上記①の要件を未充足）	非該当 （上記①の要件を未充足）
		J土地	非該当 （上記①の要件を未充足）	非該当 （上記①の要件を未充足）

（注）本件各土地（A土地ないしJ土地）の所在地は不明である。

(2) 規模格差補正率の算定

　本件裁決事例では、本件各土地の価額の計算に必要な奥行価格補正率等の数値資料が不明であるため、新通達適用後の本件土地の価額（相続税評価額）を算定することはできない。そこで、参考までに新通達適用後にその適用対象とされる「A土地」及び「F土地」に係る規模格差補正率を掲げると、それぞれ、下記のとおりとなる。

① A土地に係る規模格差補正率（三大都市圏に所在する場合）

$$\frac{768.75\text{m}^2\text{（評価対象地の地積）}\times 0.95 + 25}{768.75\text{m}^2\text{（評価対象地の地積）}} \times 0.8 = 0.786\cdots \Rightarrow 0.78 \left(\begin{array}{l}\text{小数点以下第2}\\\text{位未満切捨て}\end{array}\right)$$

② F土地に係る規模格差補正率

　(イ) 三大都市圏に所在する場合

$$\frac{1,353.50\text{m}^2\text{（評価対象地の地積）}\times 0.90 + 75}{1,353.50\text{m}^2\text{（評価対象地の地積）}} \times 0.8 = 0.764\cdots \Rightarrow 0.76 \left(\begin{array}{l}\text{小数点以下第2}\\\text{位未満切捨て}\end{array}\right)$$

　(ロ) 三大都市圏以外に所在する場合

$$\frac{1,353.50\text{m}^2\text{（評価対象地の地積）}\times 0.90 + 100}{1,353.50\text{m}^2\text{（評価対象地の地積）}} \times 0.8 = 0.779\cdots \Rightarrow 0.77 \left(\begin{array}{l}\text{小数点以下第2}\\\text{位未満切捨て}\end{array}\right)$$

CASE13

評価単位・地目・地積	路線価方式	間口距離・奥行距離	側方加算・二方加算	不整形地・無道路地
倍率方式	私　道	土地区画整理事業	貸家・貸家建付地	借地権・貸宅地
農地・山林・原野	雑種地	不動産鑑定評価	利用価値の低下地・特別な事情	その他の評価項目

課税時期において土地区画整理法に規定する仮換地の指定を受けたものの使用又は収益をすることができず，また，当該仮換地に係る造成工事も行われていない宅地の評価方法が争点とされた事例

事例

　被相続人は，本年7月に相続開始があった。同人の相続財産のうちには，＊＊＊＊土地区画整理事業の施行地区内に所在する従前地（以下「本件従前地」という）たる宅地（地積829.47㎡）があった。この従前地に係る仮換地（以下「本件仮換地」という）として＊＊＊＊（所在地）の土地（地積658㎡）が指定されていた（本件従前地と本件仮換地の関係について，図表－1を参照）が，当該仮換地につき，使用又は収益を開始することができる日の通知は，被相続人に係る相続開始日（以下「本件相続開始日」という）現在においてはなされていない。

図表－1　本件従前地及び本件仮換地

本件従前地			本件仮換地	
地番等	地目	地積	地番等	地積
＊＊＊＊	宅地	85.95㎡	＊＊＊＊街区＊＊＊＊	9㎡
＊＊＊＊	宅地	386.77㎡	＊＊＊＊街区＊＊＊＊	320㎡
＊＊＊＊	宅地	356.75㎡	＊＊＊＊街区＊＊＊＊	329㎡
（合計）		829.47㎡	（合計）	658㎡

　なお，本件従前地は，本件相続開始日現在において土地区画整理事業に基づく区画整理工事の施行により道路が築造されており，従前の形状を示すものは何ら確認できない。一方，仮換地については事情により具体的な造成工事は開始されていない。

　被相続人は，本件相続開始日現在において上述のとおりの状況下にあり，本件従前地及び本件仮換地のいずれについても使用収益が不可能とされていることから＊＊＊＊市（＊＊＊＊土地区画整理事業の施行者）から土地区画整理法101条（仮換地の指定等に伴う補償）1項の規定(注1)による本件従前地に対する損失補償金の交付を受けていた。

（注1）　土地区画整理法101条（仮換地の指定等に伴う補償）1項においては，従前の宅地の所有者及びその宅地について地上権，永小作権，賃借権その他の宅地を使用

し，又は収益することができる権利を有する者が，同法99条（仮換地の指定の効果）2項の規定^(注2)によりその仮換地について使用又は収益を開始することができる日を別に定められたため，従前の宅地について使用し，又は収益することができなくなったことにより損失を受けた場合においては，施行者は，その損失を受けたものに対して，通常生ずべき損失を補償しなければならない旨を規定している。

(注2) 土地区画整理法99条（仮換地の指定の効果）2項においては，土地区画整理事業の施行者は，同法98条（仮換地の指定）1項の規定^(注3)により仮換地を指定した場合において，その仮換地に使用又は収益の障害となる物件が存するときその他特別の事情があるときは，その仮換地について使用又は収益を開始することができる日を仮換地の指定の効力発生の日と別に定めることができる旨を規定している。

(注3) 土地区画整理法98条（仮換地の指定）1項においては，次に掲げる2つの旨を規定している。
  (1) 土地区画整理事業の施行者は，換地処分を行う前において，土地の区画形質の変更若しくは公共施設の新設若しくは変更に係る工事のため必要がある場合又は換地計画に基づき換地処分を行うため必要がある場合においては，施行地区内の宅地について仮換地を指定することができる。
  (2) 上記(1)の場合において，従前の宅地について地上権，永小作権，賃借権その他の宅地を使用し又は収益することができる権利を有する者があるときは，その仮換地について仮にそれらの権利の目的となるべき宅地又はその部分を指定しなければならない。

上記に掲げる状況にある相続財産である宅地の評価につき，評価担当者は次に掲げる2つの疑問点を有している。
(1) 評価対象とすべき宅地は，本件従前地（地積829.47㎡）とすべきか。又は，本件仮換地（地積658㎡）とすべきか。
(2) 仮に，本件従前地を評価するにしても本件相続開始日現在において，本件従前地は道路が築造されており被相続人が事実上使用収益できる状況にあるとは認めがたいこと，また，仮に，本件仮換地を評価するにしても本件相続開始日現在において使用収益開始日の通知が行われていないことから，評価対象とすべき宅地については，相当の制約が存在するものと認められ，当該しんしゃくをいかに行うべきか。
そこで，上記に掲げる疑問点につき適切なアドバイスをお願いしたい。

（平13.6.29裁決，東裁（諸）平12－202，平成10年相続開始分）

(注) 本件裁決事例で，その適用の可否を検証する評価通達24－2（土地区画整理事業施行中の宅地の評価）の定めは，平成14年6月4日付の評価通達の改正により見直し（取扱いの追加）が行われているが，本件裁決事例における本件相続開始日の属する年分は平

成10年であり，当該見直しが行われる前の定めが適用されていることに留意されたい。

I 基礎事実

❶ 本件相続について

請求人は，平成10年＊＊月＊＊日（以下「本件相続開始日」という）に死亡した請求人らの母＊＊＊＊（以下「被相続人」という）の共同相続人の1人である。

❷ 本件従前地及び本件仮換地の状況

(1) 請求人は，本件相続により＊＊＊＊都市計画事業＊＊＊＊土地区画整理事業(以下「本件区画整理事業」という)の施行区域内に所在する＊＊＊＊市＊＊＊＊字＊＊＊＊番＊＊＊＊ほか2筆の宅地829.47㎡（以下「本件従前地」という）ほかを相続した。

(2) 本件区画整理事業の施行者である＊＊＊＊市（以下「本件事業施行者」という）は，昭和63年8月29日付で被相続人に対して，土地区画整理法98条（仮換地の指定）1項の規定により仮換地指定の効力発生の日を昭和63年9月1日，本件従前地に係る仮換地を前々頁図表－1のとおり＊＊＊＊街区符号＊＊＊＊，＊＊＊＊及び＊＊＊の土地658㎡（以下「本件仮換地」という）と指定し，また，同法99条（仮換地の指定の効果）2項の規定により本件仮換地の使用又は収益を開始することができる日は別に定めることとし，後日通知する旨した。

なお，上記使用又は収益を開始することができる日の通知は，本件相続開始日現在においてもなされていない。

II 争点

(1) 請求人が被相続人より相続で取得した土地につき，評価通達24－2（土地区画整理事業施行中の宅地の評価）（以下「本件通達」という）の定めに基づいて評価することは相当とされるのか。

(2) 評価対象地の具体的な相続税評価額はいくらになるのか。

III 争点に対する双方（請求人・原処分庁）の主張

争点に関する請求人・原処分庁の主張は，図表－2のとおりである。

図表－2　争点に関する請求人・原処分庁の主張

争　点	請求人（納税者）の主張	原処分庁（課税庁）の主張
(1) 評価対象地を本件通達の定めに基づいて評	① 本件相続開始日における本件仮換地の現況は，いまだ借地人の建物が建っており，本件仮換地の従前の所有者，借地人，借家人の権利等が入り組み，利害が対立	① 請求人が行った本件鑑定額の算定に当たっては，次に掲げる事項が認められることから，本件鑑定額は，本件仮換地の最有効使用の状況における適正な収益を

価することの相当性	していたため、区画整理事業が遅延し、仮換地指定の効力発生の日から10年以上が経過した現在もいまだに使用収益を開始するめどが立っておらず、今後も相当長期間その権利を行使できない状況にある。 　こういった状況にもかかわらず、原処分庁は、本件通達に基づき、路線価によって本件仮換地の価額を評価（欄外の筆者注を参照）し、本件更正処分（筆者注 相続税の更正処分）を行っているが、この価額は、既に仮換地の使用又は収益を開始している場合の価額であって、使用又は収益を開始できない場合の宅地の事情を評価していないのであるから、納税者間の公平という見地から見て、著しく租税負担の公平を欠くものであり、到底納得できるものではない。 ② 本件通達の定めは、土地区画整理法99条（仮換地の指定の効果）1項の規定に照らし、仮換地については使用又は収益ができる場合を前提としているものと考えるべきであり、本件仮換地のように仮換地の使用又は収益に制限があるような極めてまれなケースの場合は、評価通達6（この通達の定めによりがたい場合の評価）の定めによって評価すべきである。	基礎として算定した価額とは認められない。 (イ) 本件仮換地の最有効使用は、共同住宅の敷地と判定しているが、純収益165,894円は、本件仮換地の地積658.00㎡を基に1㎡当たりの金額を算出してみると約252円にすぎず、当該金額が本件仮換地を共同住宅の敷地の用に供した場合に想定される収益に比べて明らかに少額であること (ロ) この純収益165,894円を本件従前地に対する損失補償（以下「本件損失補償」という）の額から求めているが、本件仮換地を最有効使用した場合に想定される収益に相当する金額と認めることは困難であること 　したがって、本件鑑定額は、本件相続開始日における本件仮換地の時価を正しく表したものということはできない。 ② 本件仮換地上に複雑な権利関係が存在し、本件仮換地を使用収益することができないとしても、そのことは、土地区画整理法が予定しないケースとは認められない。 ③ 上記①及び②より、本件鑑定額は、本件相続開始日における本件仮換地の時価を正しく表したものということはできないから、本件従前地の価額は、本件通達の定めに基づいて算定するのが相当である。
(2) 評価対象地の具体的な相続税評価額	① 本件仮換地の時価は、まず、対象地の最有効使用を共同住宅の敷地と判定した上で、鑑定評価方式には、収益還元法の一手法である有期還元式を適用して求めるのが相当である。 ② 上記①の適用に当たっては、純収益は対象不動産が利用できないことを考慮し本件従前地に対して支払われている土地区画整理法101条（仮換地の指定等に伴う補償）1項に基づく補償金の額から求め、その収益期間は本件仮換地の使用収益の復帰する期間（15年間）とし、収益期間満了後の更地の復帰価格を加えたものとする。 ③ 上記①及び②によって求めた鑑定評価額は、39,400,000円（鑑定額の算定要旨を資料に記載。以下「本件鑑定額」という）となる。	本件従前地は、本件相続開始日以前において、土地区画整理法98条（仮換地の指定）1項の規定による仮換地指定が行われていることから、その価額は、本件通達の定めに基づき本件仮換地の相続税評価額を算定（欄外の筆者注を参照）すると、次の計算1のとおり67,708,200円となる。 計算1 　　　（正面路線価）　（奥行価格補正率）（1㎡当たりの価額） ① 　105,000円 × 0.98 ＝ 102,900円 　　（1㎡当たりの価額）　（地積）　（本件仮換地の価額） ② 　102,900円 × 658.00㎡ ＝ 67,708,200円

筆者注　本件裁決事例に係る本件相続開始の属する年分は平成10年であるため、請求人（納税者）及び原処分庁（課税庁）はともに、評価対象地を本件仮換地としている。しかしながら、現行（平成14年の評価通達改正後）の本件通達の取扱いを形式的に適用すると、評価対象地は本件従前地となる。この点については、後記Ⅴ❶において確認する。

資料 本件鑑定額の算定要旨

本件従前地は，土地区画整理事業の施行地区内にあり，すでに，仮換地の指定がなされているが，別に定めるとされている仮換地の使用収益の日がいまだ定められていない（価格時点現在，鑑定評価を行った日現在とも）土地である。

したがって，本件仮換地の評価額の算定に当たって，本件仮換地が価格時点において利用できないことにつき，本件従前地に対して支払われている補償金の額に着目し，収益還元法の一手法である有期還元法を採用し評価額を求める。

なお，有期還元法で評価額を求める場合の有期還元法はインウッド方式を適用する。

1 本件仮換地の更地価格
 (1) 標準的画地の価格
  イ 取引事例比較法による比準価格　　　　　1㎡当たり134,000円
  ロ 公示価格を基準とする価格（＊＊＊＊－40）1㎡当たり124,000円
                （＊＊＊＊－50）1㎡当たり123,000円
 (2) 更地価格の決定
  1㎡当たりの標準価格を125,000円とし，これに個別格差，評価数量を乗じて更地の価格を次のとおり算定した。

  （標準価格）　（個別格差）　（評価数量）　　（119,000円／㎡）
  125,000円／㎡ × 0.95 × 658.00㎡ ＝ 78,100,000円

2 インウッド方式の採用
 (1) 純収益（インウッド方式のaの値）
  本件仮換地は，価格時点において利用に制限があることから，本件従前地について損失補償がなされている。これは，本件仮換地直接のものではないが，土地区画整理法の趣旨に照らし，これを本件仮換地についてのものとみなし，当該保証額を総収益，公租公課の額を総費用として次のとおり純収益を求めた。
  イ 総収益の額　　　　　409,343円
  ロ 総費用の額　　　　　243,449円
  ハ 純収益（イ－ロ）　　165,894円
 (2) n年後の更地価格（インウッド方式のPln）
  土地区画整理事業開始から現在に至る経緯並びに今後の事業の見通しから総合的に勘案して，本件仮換地の使用収益の復帰する期間（収益期間）を15年とし，かつ，15年度の更地価格は現在の更地価格と同じと判断して，価格時点現在の更地価格78,100,000円をもって15年後の更地価格とした。
 (3) インウッド方式による評価額
  純収益の収益期間nを15年，土地の還元利回りrを5％と判断し，上記(1)及び(2)により，次のとおり算定した。

$$P（収益価格）= a \times \left[1 + \frac{(1+r)^{n-1} - 1}{r(1+r)^{n-1}} \right] + \frac{P_{ln}}{(1+r)^n}$$

$$= 165,894円 \times \left[1 + \frac{(1+0.05)^{15-1} - 1}{0.05 \times (1+0.05)^{15-1}} \right] + \frac{78,100,000円}{(1+0.05)^{15}}$$

$$\fallingdotseq 39,400,000円（59,900円／㎡）$$

　国税不服審判所の判断

❶ 認定事実

(1) 本件事業施行者は，本件相続開始日までに，本件仮換地の使用又は収益を開始することができる日の通知をしていない。

(2) 本件従前地は，本件相続開始日において，本件区画整理事業に基づく区画整理工事が

図表－3　本件損失補償の額

平成10年3月31日付損失補償契約書（対象期間 H9.4.1～H10.3.31）

土地及び損失補償の表示				算定根拠		
地番	地目	補償面積	補償額	固定資産税	都市計画税	所得補償
		㎡	円	円	円	円
＊＊＊＊	公衆道	85.95	17,190	0	0	17,190
＊＊＊＊	宅地	386.77	188,645	91,652	19,639	77,354
＊＊＊＊	宅地	356.75	186,522	94,848	20,324	71,350
	合計		392,357	186,500	39,963	165,894

平成11年3月31日付損失補償契約書（対象期間 H10.4.1～H11.3.31）

土地及び損失補償の表示				算定根拠		
地番	地目	補償面積	補償額	固定資産税	都市計画税	所得補償
		㎡	円	円	円	円
＊＊＊＊	公衆道	85.95	17,190	0	0	17,190
＊＊＊＊	宅地	386.77	196,992	98,526	21,112	77,354
＊＊＊＊	宅地	356.75	195,161	101,962	21,849	71,350
	合計		409,343	200,488	42,961	165,894

進行中で，道路が築造され従前の形骸をとどめていない。
(3) 本件仮換地として指定された土地上には，本件相続開始日において，第三者が居住する家屋が存在している。
(4) 被相続人及び請求人は，本件相続開始日において，本件従前地及び本件仮換地をいずれについても使用収益できないことから，土地区画整理法101条（仮換地の指定に伴う補償等）1項の規定により本件事業施行者から図表－3のとおり本件損失補償を受けているところ，当該補償の算定根拠は，同図表の「算定根拠」欄のとおり，固定資産税，都市計画税及び所得補償の合計額となっている。
(5) 本件事業施行者の職員は，審判所の質問に対し要旨次のとおり答述している。
① 本件区画整理事業は，土地区画整理法に基づく事業認可を昭和58年9月22日に受け，過去3回の事業計画の変更を経て，現在は平成13年3月31日までが事業施行期間で，仮換地指定率，建物移転率及び事業費ベースの進捗率は約85％に達したが，期間内の事業完了は困難なため，施行期間を延伸させるべく計画の変更作業を行っている。

　施行に当たっての基本は，工事予定区域を定め，順次仮換地指定を行い，計画に基づいて仮換地先に建物等を移転することであるが，本件区画整理事業においては，権利者から理解が得られない場合にやむなくその場所を後回しにして別の場所から整地を行っているので，そのためにいわゆる虫食いの状態になっている。本件仮換地については，その土地上の権利者の理解が得られていないため整地がなされていないが，他の残箇所も含めて工事が終われば換地処分をすることは可能であるので現在4回目の事業計画の変更を考えているところである。
② 本件仮換地の現況は，約550㎡は更地であるが，残りの約110㎡については，従前地の所有者，従前地の借地権者及び居住者の権利が入り組み，お互いの利害の対立が解

決されておらず，家屋を撤去していないため造成工事ができず，そのため本件仮換地の使用又は収益ができる旨の通知が出せないでいる。
③ 本件仮換地は，近接する幹線道路の高さに比べ，場所によっては1m程度低く，大掛かりな盛土工事等が必要であるため，上記約550㎡の更地部分についてのみ部分的な造成工事をすることは困難である。
④ 本件従前地及び本件仮換地のいずれの宅地も使用収益できないことから，本件事業施行者は土地区画整理法101条（仮換地の指定に伴う補償等）の規定に基づき，毎年，被相続人（本件相続の開始後は＊＊＊＊）と取り交わした損失補償契約書に基づいて本件損失補償をしている。その算定基準は本件従前地に課税されている固定資産税及び都市計画税の額に，所得補償として本件従前地の地積に200円を乗じた金額を加算した金額である。

❷ **法令解釈等**

(1) 相続税法22条（評価の原則）は，相続により取得した財産の価額は，特別の定めのあるものを除き，当該財産の取得の時における時価による旨規定しており，この時価とは，相続による財産の取得の時において，それぞれの財産の現況に応じ，不特定多数の当事者間で自由な取引が行われる場合に通常成立すると認められる価額，すなわち，客観的な交換価値を示す価額をいうものと解される。

しかし，相続税の課税対象となる財産は多種多様であることから，課税庁たる国税庁は，相続財産の評価の一般的な基準として評価通達を定め，各種財産の時価に関する原則及びその具体的評価方法を明らかにし，さらに，土地の価額については国税局長が路線価を定めて，部内職員に示達するとともに，これを公開することによって，納税者の申告・納税の便に供しており，このような取扱いは，次に掲げる事項に照らし，合理的なものということができる。

① 各種財産の時価を客観的かつ適正に把握することが必ずしも容易ではないこと
② 納税者間で財産の評価が区々になることは課税の公平の観点から見て好ましいことではないこと

もっとも，通達等は，上級行政庁の下級行政庁に対する命令であって，それ自体，納税者を拘束するものではなく，納税者は通達等に示されている行政庁の解釈に当然に従わなければならないものではないから，評価通達及び路線価に基づいて算出された評価額が，相続開始時におけるその土地の価額を上回っているような特別な事情があるときには，その評価方法等を採用しなくてもよいことはいうまでもない。

(2) 土地区画整理法98条（仮換地の指定）1項は，換地処分を行う前において，土地の区画形質の変更又は公共施設の新設若しくは変更に係る工事のため必要がある場合等においては，仮換地の指定ができる旨規定し，同法99条（仮換地の指定の効果）1項は，従前の宅地について使用又は収益することができる者が，仮換地を指定された場合，仮換地の指定の効力発生の日から換地処分の公告がある日まで仮換地について使用又は収益をすることができるものとされ，その場合従前の宅地について，使用又は収益をするこ

とができない旨規定している。

　また，仮換地の指定は，土地区画整理法103条（換地処分）に規定する換地処分（筆者注）に規定する換地処分に先立って行われ，原則的に，仮換地の指定を受けた部分が将来そのまま換地として指定されることになる。

筆者注　土地区画整理法103条（換地処分）2項においては，換地処分は，換地計画に係る区域の全部について土地区画整理事業の工事が完了した後において，遅滞なく，しなければならない旨及びただし書きにおいて，規準，規約，定款又は施行規定に別段の定めがある場合においては，換地計画に係る区域の全部について工事が完了する以前においても換地処分をすることができる旨を規定している。

(3) 上記(2)に掲げる換地処分の性格に照らし，本件通達は，土地区画整理事業の施行区域内にある宅地に仮換地の指定がなされている場合について，当該宅地の評価は，仮換地の価額に相当する価額により評価する旨，本件通達ただし書は，その仮換地の造成工事が施工中で，当該工事が完了するまでの期間が1年を超えると見込まれる場合の仮換地の価額に相当する価額は，その仮換地について造成工事が完了したものとして，本文の定めにより評価した価額の100分の95に相当する価額によって評価する旨，それぞれ定めている。

　上記(2)に掲げる土地区画整理法の各規定については，次に掲げる事項が認められることから，土地区画整理事業施行中の宅地について，仮換地の指定があった後の宅地についての客観的な交換価値を仮換地の価額に相当する価額によって評価する旨の本件通達の定めは合理性を有するものということができる。

① 仮換地指定直後であればともかく，区画整理事業が進捗すると，従前の土地は，その形骸をとどめないような場合も生じてきて，結局従前の宅地を評価することは物理的にも困難であること

② 仮換地指定を受けた宅地を譲渡する場合，法律上は従前の宅地の譲渡であるとしても，当該譲渡を受けた者は，仮換地についてのみ使用又は収益をすることができるものであること

③ 換地処分により取得するのは仮換地であるから，当該譲渡に係る取引価額は仮換地の現況を基に決定されるものと考えるのが相当であること

　また，土地区画整理法99条（仮換地の指定の効果）2項の規定により，仮換地を使用又は収益できる日までに相当の期間がある場合には，いずれ仮換地の使用又は収益の開始及び最終的な換地処分が予定されているとはいえ，宅地としての効用は現実に果たし得ないのであるから，その利用上の制約を考慮すべきであることからすると，本件通達ただし書きの定めについても合理性を有するものということができる。

❸ 当てはめ

(1) 本件仮換地を本件通達の定めによらない評価方法により評価することの可否

① 請求人は，本件仮換地について仮換地指定以後相当長期間使用又は収益をすることができないことから，本件通達に定める方法によらずに評価すべきである旨主張する。

しかしながら，本件相続開始日において，本件仮換地として指定された土地上には，第三者が居住する建物が存在し，事実上使用又は収益を開始することができない状況にあること及び本件事業施行者から使用又は収益を開始することができる日の通知を受けていないことは認められるものの，土地区画整理法の規定及び上記❶(5)の①及び④の本件事業施行者の職員の答述等から判断すると，本件仮換地の使用又は収益の開始は遅れてはいても，その指定の効力が無効となるものであったり，仮換地の指定の場所が変更されるという事実を認めることはできない以上，本件従前地の評価に当たっては，やはり本件通達の定めを適用して本件仮換地の価額に相当する価額とすることが合理的なものと考えることができる。

　そして，本件仮換地に指定された土地の従前の所有者らが本件仮換地を従前どおり占有し，造成工事の着手ができないことによって本件仮換地を使用又は収益することが遅れているという本件の事情は，次に掲げる事項からして，本件仮換地の価額に影響を及ぼすような本質的な事情であるとは認められない。

(イ)　土地区画整理法99条（仮換地の指定の効果）1項の規定上，当該従前の所有者らは，本件仮換地を使用又は収益することはできないのであり，一方，請求人は本件仮換地を使用又は収益することができるのであるから，区画整理事業の施行者である本件事業施行者と当該従前の所有者らとの間，又は，本件事業施行者と仮換地の指定を受けた被相続人及びその相続人たる請求人との間で解決することが十分可能であること

(ロ)　今後，解決に際して費用が支出されたとしても，当該費用の支払義務は，その費用を支払うことが確定した時点で生ずるものにすぎないものであること

　　したがって，この点に関する請求人の主張には理由がない。

②　請求人は，本件仮換地は，区画整理事業においても極めてまれなケースであるから評価通達6（この通達の定めにより難い場合の評価）の定めによって評価すべきである旨主張する。

　しかしながら，上記①で述べたとおり，本件従前地は，本件通達の定めによって評価すべきであるから，請求人の主張を採用することはできない。

(2)　本件仮換地の価額を本件鑑定額とすることの可否

　請求人は，本件仮換地の時価は，本件鑑定額とすべきである旨主張するので，本件鑑定額を検討したところ，次のとおりである。

①　純収益の額について，本件従前地の損失補償を本件仮換地直接のものではないことを認めておりながら，土地区画整理法の趣旨に照らし，本件従前地の損失補償を本件仮換地についてのものとみなすとしているが，本件従前地についての損失補償の額である1㎡当たり200円に本件従前地の地積を乗じて算出しているものものであって，本件仮換地の時価の選定であるのに本件従前地の損失補償と本件従前地の地積を適用しているもので，その算定には合理性がない。

②　収益期間を15年としているが，その15年の根拠は，土地区画整理事業の開始から現在に至る経緯並びに今後の事業の見通しから総合的に勘案してというもので，具体的な事

実の裏付けを欠き漠然としていて，合理的な根拠に欠ける。

③ 価格時点現在の更地価格を，15年後の更地価格と同額と判断することについても上記②と同様合理的な根拠は見いだせない。

そうすると，本件鑑定額は，その算定に種々不合理な点があり当該方法によって算定された価額を本件仮換地の時価とすることはできない。

(3) まとめ

上記(1)及び(2)で述べたとおり，請求人の主張にはいずれも理由がなく，本件仮換地の価額に相当する価額は評価通達に基づく評価方法によって評価すべきであるところ，本件仮換地の接する路線に付された路線価について，審判所が，近隣地域に所在する売買事例，基準地及び公示地を，土地価格比準表（昭和50年1月20日付国土地第4号，国土庁土地局

図表－4 本件仮換地の価格

	番号等	所在地等	取引時点等	取引価格等
取引事例等	取引事例	本件区画整理事業地内	10.12.11	円/㎡ 146,067円
	基準地＊＊＊＊－7	＊＊＊＊市＊＊＊＊字＊＊＊＊	10. 7. 1	114,000
	公示地＊＊＊＊－44	＊＊＊＊市＊＊＊＊字＊＊＊＊	10. 1. 1	136,000

	取引価格等	事情補正	時点修正	個別的要因の標準化補正	地域要因の格差率	比準価格又は規準価格
比準価格等	円/㎡ 146,067	100/100	105.5/100	100/103 角地 ＋3.0 1.03	100/100	円/㎡ 149,612
	114,000	100/100	100/100	100/100	100/81.3 （注1）	140,221
	136,000	100/100	93.4/100	100/100	100/90.3 （注2）	140,669

事情補正	補正すべき事情はない。	時点補正	公示地＊＊＊＊－44の年間下落率（13.2％）を勘案して算出した。平成10年1月1日 136,000円 平成11年1月1日 118,000円

標準的画地の比準価格149,612円並びに基準地及び公示地を規準とした価格140,221円及び140,669円の平均値140,445円に，対象不動産の個別格差95/100（地積過大）を乗じたそれぞれの価額142,131円及び133,422円から，1㎡当たりの価額を137,700円と算定する。

（注1） 街路条件　　－9.0　0.91
　　　　交通接近条件　－5.0　0.95
　　　　環境条件　　－2.0　0.98
　　　　行政的条件　－4.0　0.96
　　　　総乗積……………0.813

（注2） 街路条件　　－6.0　0.94
　　　　交通接近条件　－2.0　0.98
　　　　行政的条件　－2.0　0.98
　　　　総乗積……………0.903

地価調査課長通達「国土利用計画法の施行に伴う土地価格の評定等について」により定められたもの）に準じ，それぞれ時点修正及び地域要因等の格差補正を行い，取引事例比較法による比準価格並びに基準地及び公示地の価格を規準とした価格を算定し，これらの価格を基に本件仮換地の価格を算定すると，これは前頁図表－4のとおり1㎡当たり137,700円となり，この価格は，本件仮換地の接する路線の路線価105,000円を上回ることが認められる。したがって，路線価が相続開始時におけるその土地の価額を上回っているような特別な事情があるものとすることはできないから，当該路線価に基づいて評価することが相当なものということができる。

❹ 本件仮換地の価額

本件従前地の評価額の算定に当たり，本件通達の定めによって本件仮換地の価額に相当する価額として評価すべきであることは上述のとおりであるところ，本件仮換地については，上記❶(3)の本件仮換地の現状（筆者注 本件相続開始日において，第三者が居住する家屋が存在していること）並びに上記❶(5)の②及び③の本件事業施行者の職員の答述によれば，今後造成工事が必要であるにもかかわらず，本件相続開始日において当該造成工事に着手されていないものと認めることができるから，本件通達ただし書の定めを適用しない理由はない。

したがって，本件仮換地の価額に相当する価額を本件通達の本文及びただし書に基づいて算定すると，次の 計算2 のとおり，64,322,790円となる。

計算2

① （正面路線価）   （奥行価格補正率）   （1㎡当たりの価額）
   105,000円 × 0.98 = 102,900円

② （1㎡当たりの価額） （地積）   （本件通達の本文の定めによる価額）
   102,900円 × 658.00㎡ = 67,708,200円

③ （本件通達の本文の定めによる価額） （ただし書の割合） （本件仮換地の価額）
   67,708,200円 × 95/100 = 64,322,790円

 国税不服審判所の判断では，本件評価対象地の価額につき，請求人が主張する本件鑑定額（39,400,000円）にはその算定に合理性が認められないとして排斥されたものの，評価通達24－2（土地区画整理事業施行中の宅地の評価）の本文及びただし書（95％評価）の定めの適用を容認した価額（64,322,790円）が支持され，同通達の本文の定めのみを適用して算定した原処分庁の更正処分額（67,708,200円）の一部が取り消されることとなった。

Ⅴ 本件裁決事例のキーポイント

❶ 本件裁決事例に適用される本件通達の定め

本件裁決事例においてその適用の可否が争点とされている本件通達（評価通達24－2（土地区画整理事業施行中の宅地の評価））の定めは，平成14年6月4日付の「財産評価基本

通達の一部改正について（法令解釈通達）」においてその取扱いが改正されたものである。そうすると，本件裁決事例での被相続人に係る相続開始年分（平成10年）からすると，本件裁決事例における本件通達の適用は改正前の定めに基づくものとなる。この改正前後における本件通達の定めを示すと，資料のとおりとなる。

資料　平成14年6月4日付の改正前後における本件通達

改正前の取扱い	改正後の取扱い
（土地区画整理事業施行中の宅地の評価）	（土地区画整理事業施行中の宅地の評価）
24－2　土地区画整理事業（土地区画整理法（昭和29年法律第119号）第2条《定義》第1項又は第2項に規定する土地区画整理事業をいう。）の施行地区内にある宅地について同法第98条《仮換地の指定》の規定に基づき仮換地が指定されている場合におけるその宅地の価額は，11（評価の方式）から21－2《倍率方式による評価》まで及び前項の定めにより計算したその仮換地の価額に相当する価額によって評価する。 　　ただし，その仮換地の造成工事が施工中で，当該工事が完了するまでの期間が1年を超えると見込まれる場合の仮換地の価額に相当する価額は，その仮換地について造成工事が完了したものとして，本文の定めにより評価した価額の100分の95に相当する金額によって評価する。	24－2　土地区画整理事業（土地区画整理法（昭和29年法律第119号）第2条《定義》第1項又は第2項に規定する土地区画整理事業をいう。）の施行地区内にある宅地について同法第98条《仮換地の指定》の規定に基づき仮換地が指定されている場合におけるその宅地の価額は，11（評価の方式）から21－2《倍率方式による評価》まで及び前項の定めにより計算したその仮換地の価額に相当する価額によって評価する。 　　ただし，その仮換地の造成工事が施工中で，当該工事が完了するまでの期間が1年を超えると見込まれる場合の仮換地の価額に相当する価額は，その仮換地について造成工事が完了したものとして，本文の定めにより評価した価額の100分の95に相当する金額によって評価する。 （注）　仮換地が指定されている場合であっても，次の事項のいずれにも該当するときには，従前の宅地の価額により評価する。 　　1　土地区画整理法第99条《仮換地の指定の効果》第2項の規定により，仮換地について使用又は収益を開始する日を別に定めるとされているため，当該仮換地について使用又は収益を開始することができないこと。 　　2　仮換地の造成工事が行われていないこと。

筆者注　上記□は，筆者が付設したものである。

（注）　□部分が評価通達の改正による変更点（追加部分）である。

　上記に掲げる改正前後における本件通達に定める取扱いを示すと，次頁図表－5のとおりとなる。

　平成14年6月4日付の本件通達の改正の前の取扱い及び改正の趣旨及び考え方を示すと次のとおりである。

図表−5　評価通達に定める土地区画整理事業施行中の宅地の評価方法（改正前後の取扱い）

土地区画整理事業の状況		仮換地の造成工事に未着手	仮換地の造成工事が施工中	
		仮換地について使用又は収益を開始する日を別に定めるとされているため，当該仮換地について使用又は収益を開始することができない場合	仮換地の造成工事が完了するまでの期間が1年以内であると見込まれる場合	仮換地の造成工事が完了するまでの期間が1年を超えると見込まれる場合
評価方法	改正前	仮換地である宅地の価額により評価	仮換地の価額に相当する価額で評価	仮換地について造成工事が完了したものとして評価した価額 ×95％
	改正後	従前地である宅地の価額により評価		

（注）　▨部分が評価通達の改正による変更点である。

(1)　改正前の取扱い

　本件通達の改正前においては仮換地が指定されている場合には，その他の状況（使用収益の開始の有無，造成工事の着手の有無）にかかわらず，一律的に仮換地の価額に相当する価額によって評価するものとされていた。その理由は，次のとおりであるとされている。

①　仮換地の指定があった場合には，その指定を受けた者は，その所有する従前の宅地を使用収益することができず，その代わりに，仮換地を，従前の宅地について使用収益していた内容と同じ内容で，使用収益することができることとなること

②　仮換地の指定直後であればともかく，区画整理工事が進捗すると，従前の宅地は，その形骸をとどめないような場合も生じてきて，従前の宅地そのものを評価することは，物理的に不可能となること

(2)　改正の趣旨及び考え方

　本件通達の改正時の状況（いわゆるバブル崩壊後の長期化する不況が継続している状況）下においては，土地価額の下落（近年では，土地区画整理事業を実施しても，必ずしも減歩分以上の土地価額の単価上昇が実現するとは限らなくなっている）や施行費用の調達が容易ではないことを理由として事業計画（仮換地の指定）は明確であっても，実際に土地区画整理事業が施行されない事例が多数生じてきていた。

　すなわち，土地区画整理事業の施行地区内にある宅地で仮換地が指定されているにもかかわらず，使用開始の日が定められず，造成工事等の着工時期も未定のまま，事実上，従前の宅地を使用継続している事例が見受けられるようになってきた。このような地域に存する土地については，次に掲げる事項が摘示される。

①　仮換地が指定されても，事実上の権利として従前の宅地をそのまま使用収益していること

②　道路状況が仮換地指定の前後で変更がなく，従前の道路に路線価を付すことにより，従前の宅地の価額を評価することが可能であること

③　仮換地に指定された土地の現況に応じて，清算金の額，換地処分までの期間等の諸事情を総合勘案して仮換地の価額に相当する価額を算定することが困難であること

　上記に掲げる事項からすると，あえて仮換地の価額に相当する価額で評価する必要はな

く，従前の道路に基づいて路線価を評定し，これに基づき従前の宅地の価額を評価することが相当であるとの考え方に基づいて，本件通達の改正が行われたとされている。

❷ 本件裁決事例における国税不服審判所の判断について

本件裁決事例における本件相続開始日の属する年分は平成10年であることから，本件裁決事例において適用される本件通達は，上記❶の資料の左欄に掲げる平成14年6月4日付の改正前のものとされ，この場合には，相続財産たる評価対象地を仮換地の価額に相当する価額によって評価するものとされている（国税不服審判所の判断もこれを相当と支持している）。

そして，国税不服審判所の判断では，本件事業施行者の職員の答述を基に，「今後造成工事が必要であるにもかかわらず，本件相続開始日において当該造成工事に着手されていないものと認めることができるから，本件通達ただし書の定めを適用しない理由はない」として，本件通達ただし書（95％評価）の定めを容認している。

しかしながら，本件通達においてただし書（95％評価）の定めの適用を受けることができる要件として，次の2点を摘示している。

(1) その仮換地の造成工事が施工中であること
(2) 上記(1)に掲げる工事が完了するまでの期間が1年を超えると見込まれること

そうすると，本件裁決事例における被相続人の相続財産たる本件仮換地は，上記＿＿部分のとおり，本件相続開始日において造成工事に未着手の状況にあるものと認められ，上記(1)に掲げるその仮換地の造成工事が施工中であるという本件通達ただし書（95％評価）の定めを受けるための要件を充足していない。結果的には請求人（納税者）に有利な判断がされたことになるが，国民間の課税の公平の見地から特別の事情が立証挙証されない限り適用されるべきとされる財産評価基準制度内の取扱いから逸脱した判断が行われたことに異和感を覚えるものである。ただし，国税不服審判所における裁決事例として，このような判断が行われた先例として記憶に留めておくべきものにはなる。

❸ 本件通達改正後における取扱い

この議論は，相続開始年分が平成10年である本件裁決事例とは全く無関係であるが，もし仮に本件裁決事例における本件相続開始日が，平成14年6月4日付の本件通達の改正後の定めを受けるものであった（以下「仮定論」という）としてみる。すなわち，改正後の取扱いでは仮換地が指定されていても，次の2点を充足する場合には，従前地の価額により評価するものと定められている（上記❶の資料の右欄に掲げる平成14年6月4日付の改正後の（注）参照）。

(1) 土地区画整理法の規定により，仮換地について使用又は収益を開始する日を別に定めるとされているため，当該仮換地について使用又は収益を開始することができないこと
(2) 仮換地の造成工事が行われていないこと

そうすると，本件裁決事例における相続財産たる評価対象地は，その基礎事実及び認定事実から上記(1)及び(2)の要件を充足しており，仮定論に基づいて評価するのであれば（換言すれば，現行の財産評価基準制度内の取扱いに基づいて評価するのであれば），本件従

前地が評価対象とされる。

　しかしながら，上記Ⅳ❶(2)に掲げるとおり，本件従前地は，本件相続開始日において本件区画整理事業に基づく区画整理工事が進行中で，道路が築造され従前の形骸をとどめていないとのことであるから，本件従前地を評価することは不相当であると思慮する。すなわち，上記❶(2)で示したとおり，平成14年6月4日付の本件通達の改正後の取扱い（一定の要件下における従前地評価の定め）は評価時点（課税時期）において従前地の使用収益が可能な状況にあり，従前地の道路に路線価を付すことにより，従前地の安定した相続税評価額が算定可能とされていることが，その適用に当たっての基礎的要件とされているものと考える。

　したがって，本件裁決事例における相続財産たる評価対象地が仮定論（換言すれば，現行）下に存在したならば，その評価に相当な苦慮を伴うことが想定されよう。

❹　土地区画整理事業施行中の宅地の評価（評価通達によらない評価）

　土地区画整理事業施行中の宅地の価額の評価につき，本件通達の定めを適用せずに，不動産鑑定士等の専門職による不動産鑑定評価額を時価として主張する事例（本件裁決事例における請求人の場合）や近隣地域に所在する土地の売買実例価額を適切な指標に基づいて補正した価額を時価として主張する事例（本件裁決事例における原処分庁の場合）のように，評価通達の定めによらない評価方法に基づいて，算定すべきである旨が争点とされる事案が目立つ。

　本件裁決事例では，国税不服審判所は請求人が主張する本件鑑定額につき，その各種の算定過程（(1)純収益の額の算定方法，(2)収益期間の算定根拠，(3)価格時点現在の更地価格の判断根拠）につき，不合理性が認められるとしてこれを支持していない（土地区画整理事業施行中の宅地の評価を不動産鑑定士等による不動産鑑定評価額に求めることの相当性が争点とされた事案については，別途，稿を改めて確認することにする）。

　そして，国税不服審判所の判断では，上記Ⅳ❸(3)に掲げるとおり，国税不服審判所が近隣地域に所在する売買実例価額等を基にして取引事例比較法等を適用して求めた本件仮換地の価額（時価基準）を算定すると1㎡当たり137,700円が，本件仮換地の接する当該路線価による価額（路線価基準）105,000円を上回っていることから，本件仮換地を当該路線価に基づいて評価することは相当であるとしている。しかしながら，上記の判断が相当であるのか否かについては，次に掲げる点が不明確であり，更なる検討が加えられるべきものと思慮される。

(1)　上記Ⅳ❸(3)の図表－4に掲げる本件仮換地の価格（137,700円／㎡）は，評価対象地が土地区画整理事業の施行中の宅地であることのしんしゃくが適切に行われているのか（㋐基準地，公示地を基に算定した規準価格における地域要因の格差率の相当性）につき，検証されていないこと

(2)　本件仮換地の接する路線の路線価（105,000円）の算定基準（算定方法）について，検証されていないこと

(3)　仮に，上記(1)に掲げる時価基準による価格及び(2)に掲げる路線価基準による価格が共

に，本件仮換地につき，仮換地であることの各種しんしゃくがなされていないとしたならば，当該評価対象地が仮換地であることのしんしゃく配慮による調整率は，上記の両基準（時価基準及び路線価基準）により異なることが想定され，この点につき検証されていないこと

Ⅵ 参考事項等

❶ 参考法令通達等

・相続税法22条（評価の原則）
・評価通達6（この通達の定めにより難い場合の評価）
・評価通達24－2（土地区画整理事業施行中の宅地の評価）
・土地区画整理法98条（仮換地の指定）
・土地区画整理法99条（仮換地の指定の効果）
・土地区画整理法101条（仮換地の指定等に伴う補償）
・土地区画整理法103条（換地処分）

❷ 類似判例・裁決事例の確認

　土地区画整理事業施行中の宅地の評価につき，評価通達の定めによることなく，不動産鑑定士等による不動産鑑定評価額によることを請求人及び原処分庁の双方が主張（請求人鑑定評価額41,500,000円，原処分庁鑑定評価額81,000,000円）したものの，審判所の判断において当該双方の鑑定評価額は共に合理性を欠く点が認められるから本件土地の時価を適切に示しているものとは認められず，本件土地に評価通達の定めを適用して評価した価額88,408,975円は，審判所が依頼した不動産鑑定評価額（審判所鑑定評価額）122,000,000円を下回っていることから，本件土地の価額は，評価通達の定めを適用して評価した価額（88,408,975円）とすることが相当であるとされた国税不服審判所の裁決事例（平成24年3月6日採決，東裁（諸）平23－176（推定相続開始年分：平成20年分））がある。

　（注）　次の **CASE14** では，上記の裁決事例を検討しているので確認されたい。

CASE 14

評価単位・地目・地積	路線価方式	間口距離・奥行距離	側方加算・二方加算	不整形地・無道路地
倍率方式	私　　道	土地区画整理事業	貸家・貸家建付地	借地権・貸宅地
農地・山林・原野	雑種地	不動産鑑定評価	利用価値の低下地・特別な事情	その他の評価項目

課税時期において事業認可された土地区画整理事業の施行地内に存するものの仮換地指定を受けていない土地（市街地山林）の価額を不動産鑑定評価額によることの可否が争点とされた事例

事例

　被相続人に相続開始があった。同人の相続財産のうちには，事業認可がされた土地区画整理事業の施行地内に所在するものの，相続開始時において，仮換地の指定を受けていない市街地山林（地積2,680㎡）があった。当該市街地山林は建築基準法に規定する接道義務を充足しておらず（最寄りの道路は，当該市街地山林の北東部分から約15m北東方向に位置する市道である），また，次に掲げるような状況にあることが確認された。

(1) 当該市街地山林の存する地域において，宅地造成等の土地区画整理事業が実施されるのは，被相続人に係る相続開始後，10年ないし15年の期間に及ぶという長期の予定であること

(2) 当該市街地山林につき，その南東部分の193.72㎡が275,000ボルトの特別高圧線下に存し，送電事業者（＊＊＊＊電力㈱）との間で，契約に基づいて建造物の築造等が禁止され，著しくその利用に制約があると認められること

　上記に掲げる市街地山林を取得した相続人は，当該市街地山林を評価通達の定めに基づいて評価（相続税評価額92,417,120円）し，相続税の期限内申告書を納税地の所轄税務署長に提出した。

　その後，相続税等における財産評価に詳しいとされる知人から，上記(1)及び(2)に掲げる特殊な要因を抱える土地の価額を評価通達に求めると実勢時価と大きく差異が生じた高額なものとなり不相当であること，そして，これに対応するためには不動産鑑定による不動産鑑定評価額によって行ういわゆる時価申告が相当であるとの助言があった。

　そして，この知人が紹介した不動産鑑定士が示した不動産鑑定評価額は41,500,000円になるとのことで，当該金額を評価対象地である市街地山林の価額であるとして，相続税の更正の請求の手続き（この手続きが認められれば，市街地山林の価額は約51

百万円の減額となる)を行うことを勧められている。

　また，参考までに他の不動産鑑定士（2人）に当該市街地山林の価額を鑑定してもらったところ，A不動産鑑定士は81,000,000円（この価額で更正の請求を行えば，市街地山林の価額は約11百万円の減額となる），B不動産鑑定士は122,000,000円（この価額は評価通達の定めにより評価した価額以上であるため，この価額が相当であれば，更正の請求は認められない）との見解を表明してきている。結果のみの比較ではあるが，同一資格を保有する不動産鑑定士でも，受託者次第では不動産鑑定評価額に約3倍の開差が生じていることになる。

　このような状況において，どのように対応すべきであるのか，適切なアドバイスを願いたい。

　（平24.3.6裁決，東裁（諸）平23-176，平成20年相続開始分（推定））

基礎事実

❶ 本件相続について

(1) 被相続人は，次に掲げる物件目録の土地（以下「本件土地」という）を所有していた。

物件目録　　所在：＊＊＊＊
　　　　　　地番：＊＊＊＊
　　　　　　地目：山林
　　　　　　地積：2,680m²

(2) 平成＊＊年（筆者注 平成20年と推定される）＊＊月＊＊日（以下「本件相続開始日」という）に死亡した被相続人に係る相続（以下「本件相続」という）については，平成21年10月6日，共同相続人間で請求人が本件土地を取得する旨の遺産分割協議が成立した。

❷ 本件相続開始日における本件土地の状況等について

(1) 本件土地は，台形状のほぼ平坦な林地であり，＊＊＊＊の南西約1,300mに所在する。

(2) 本件土地は無道路地であり，最寄りの道路は，本件土地の北東部分から約15m北東方向に位置する幅員約4メートルの舗装された市道（以下「本件市道」という）である。

(3) 本件市道の評価通達14（路線価）に定める路線価は74,000円（普通住宅地区所在）であり，本件土地の存する地域の評価通達27（借地権の評価）に定める借地権割合は60％である。

(4) 本件土地の北東方向に隣接し，本件土地と本件市道との間に所在する＊＊＊＊の山林（以下「本件隣接地」という）は，＊＊＊＊が管理する275,000ボルトの特別高圧線下である。

(5) 本件土地は，＊＊＊＊（年月日）に事業認可され，＊＊＊＊（事業施行者の名称）が施行する＊＊＊＊（以下「本件土地区画整理事業」という）の施行地内に所在する。

図表－1　評価対象地等の状況図

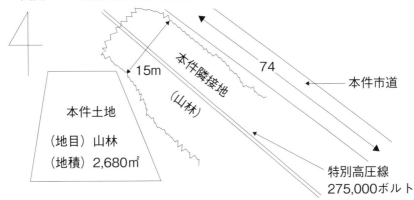

(注) 本件裁決事例では，本件土地の概要図及び周辺の状況図等の資料は公開されなかった。そこで，参考のため，上記❶及び❷に掲げる基礎事実に基づいて推定した評価対象地等の状況図を示すと，図表－1のとおりである。

❸　審査請求に至る経緯

(1) 請求人は，本件相続に係る相続税について，相続税の申告書を法定申告期限までに原処分庁に提出した（提出日：平成21年10月9日）。

(注) 請求人が評価通達の定めに基づき評価した金額に関する計算過程については，公開されていない。

(2) 請求人は，平成21年10月14日，本件土地には評価通達によらないことが相当と認められる特別の事情があるとして，本件土地の価額を要旨図表－2とする不動産鑑定評価書（以下「請求人鑑定書」という）による不動産鑑定評価額（以下「請求人鑑定評価額」という）41,500,000円により評価した上で，本件相続に係る相続税について更正の請求をした。

(3) 上記(2)に対し，原処分庁は，本件土地の価額は，要旨後記図表－3の不動産鑑定評価書（以下「原処分庁鑑定書」という）による不動産鑑定評価額（以下「原処分庁鑑定評価額」という）81,000,000円により評価すべきであるとして，請求人に対し，平成22年10月27日付で，更正処分（以下「本件更正処分」という）をした。

(4) 請求人は，平成22年12月1日，本件更正処分を不服として異議申立てをしたところ，異議審理庁は，平成23年2月28日付で棄却の異議決定をした。

(5) 請求人は，異議決定を経た後の本件更正処分に不服があるとして，平成23年3月22日に審査請求をした。

図表－2　請求人鑑定書の要旨

1　鑑定評価方式の適用 　　本件土地は，市街化区域内に存する規模の大きい土地であるため，取引事例比較法及び戸建分譲を想定した開発法の2手法を適用した。 2　最有効使用

本件市道に対して接続する道路用地を買収した上で，宅地造成し，建売住宅用地として分譲する。
3　依頼条件
　　本件土地は本件土地区画整理事業の施行地内に存し，開発等による宅地分譲は原則不可であるが，宅地開発が可能であることを前提として評価する。
4　取引事例比較法による試算価格
(1) 本件土地の近隣地域における標準的画地の価格を，取引事例比較法による価格及び地価公示価格等による規準価格から求め，その後，本件土地の個別要因に係る補正を行い，本件土地の取引事例比較法による価格を試算する。なお，標準的画地として，幅員4mの道路に接する間口，奥行の均衡がとれた面積1,000㎡程度の長方形状の画地を想定した。
(2) 標準的画地の価格は，実証的価格である取引事例比較法による価格44,000円／㎡を重視し，公示価格等による規準価格40,100円／㎡との均衡に留意の上，44,000円／㎡とした。
(3) 本件土地の取引事例比較法による試算価格
　　　本件土地の取引事例比較法による試算価格は，上記(2)の標準的画地の価格に，次のイの本件土地の個別的要件に係る補正を行い，さらに次のロの道路用地の買収費用を控除して，次のとおり算定した。
　　44,000円／㎡×（1－0.412(イ)）×2,680㎡（地積）－29,200,000円(ロ)≒40,100,000円（15,000円／㎡）
　　イ　本件土地の個別的要因の補正
　　　　個別要因の補正については，利用効率の劣る程度▲8.7％，供給処理施設等の整備に係る造成費用の増加▲19.5％，嫌悪施設（高圧線鉄塔）の隣接による需要の減退▲5.0％及び土地区画整理事業の進捗率に係る需要の減退▲8.0％の計41.2％とした。
　　ロ　道路用地の買収費用
　　　　開発については通り抜け型開発を想定し，道路用地223.78㎡の買収を必要とした。
　　　　また，買収する道路用地の現況は山林であるが，当該道路用地の確保は本件土地の開発に係る絶対条件であること等を考慮し，造成後の宅地としての価格の50％割増の価格とした。
　　　　87,000円／㎡（造成後の宅地価格）×1.5倍×223.78㎡（地積）≒29,200,000円
5　開発法による試算価格
　　本件土地を区画割して標準的な宅地とすることを想定し，その販売総額から開発に係る宅地造成費等の開発費用の額を控除する等して求める。
　　なお，開発については通り抜け型開発を想定し，道路用地223.78㎡の買収を必要とした。
(1) 開発計画の概要

利用区分	面　積	面積割合
①有効宅地（注）	2,109.33㎡	72.64％（有効宅地化率）
②道路（幅員5.5m）	567.67㎡	19.55％
③道路用地取得	223.78㎡	7.71％
④ごみ集積所	3.00㎡	0.10％
合　　計	2,903.78㎡	100.00％（③を含む）

（注）　分譲画地数17（1画地平均面積約124㎡）
(2) 事業収支計画
　　イ　販売総額
　　　　取引事例比較法等により，標準的な分譲画地の単価87,000円／㎡を求め，各分譲画地の個別的要因を考慮し，販売総額を186,600,000円とした。
　　ロ　開発費用等
　　　(イ) 道路用地の買収費用は，上記4の(3)のロのとおり，29,200,000円とした。
　　　(ロ) 宅地造成工事費は，83,000,000円（28,600円／㎡）とした。
　　　(ハ) 販売費及び一般管理費は，販売価額の5％である9,300,000円とした。
　　　(ニ) 投下資本収益率は，借入金利率3％，開発利潤率5％，危険負担率5％の計13％に土地区画整理事業の進捗率等の事業リスク5％を加味して18％とした。
(3) 本件土地の開発法による試算価格
　　上記(2)のイの販売総額を投下資本収益率を用いて本件相続開始日現在に割り引いた額から，

上記(2)のロの(イ)ないし(ハ)の開発費用の額等を投下資本収益率を用いて本件相続開始日現在に割り引いた額を控除して、開発法による試算価格を41,500,000円（15,500円／㎡）とした。
6 鑑定評価額の決定
開発法による試算価格41,500,000円を標準とし、取引事例比較法による試算価格40,100,000円を比較考量の上、41,500,000円と決定した。

●図表－3　原処分庁鑑定書の要旨

1　鑑定評価方式の適用
　取引事例比較法による試算価格及び開発法による試算価格に加えて、本件土地に係る仮換地予定案が土地区画整理事業の施行者側から提示されていることから、土地区画整理事業に基づく試算価格も採用し、3つの試算価格を用いて評価した。

2　取引事例比較法による試算価格
　本件土地の近隣地域の標準的画地の価格を求め、その後、本件土地の個別要因に係る補正を行い、取引事例比較法による価格を試算した。なお、当該標準的画地は、幅員3.1mの市道にほぼ等高に接面する間口25m、奥行40mの1,000㎡程度の画地を想定した。
(1) 取引事例の概要等

区分 項目	取引事例1	取引事例2	取引事例3	取引事例4	取引事例5	公示地 ＊＊＊＊
所在地	＊＊＊＊	＊＊＊＊	＊＊＊＊	＊＊＊＊	＊＊＊＊	＊＊＊＊
地目	宅地見込地	宅地見込地	宅地見込地	宅地見込地	工場用地	畑
地積	2,775㎡	1,132㎡	3,163㎡	1,106㎡	1,976㎡	1,519㎡
取引時点	平成19年8月	平成19年8月	平成21年1月	平成20年9月	平成19年10月	平成20年1月
取引価格①	36,036円／㎡	40,548円／㎡	25,712円／㎡	33,436円／㎡	30,318円／㎡	44,200円／㎡
接面道路幅員等	南東5m	北西7.2m	西9m・南5m	無道路地	無道路地	───
形状	ほぼ長方形	長方形	台形	ほぼ長方形	長方形	不整形
最寄り駅	＊＊＊＊ 1,500m	＊＊＊＊ 2,400m	＊＊＊＊ 2,100m	＊＊＊＊ 800m	＊＊＊＊ 1,800m	＊＊＊＊ 1,300m
事情補正②	100／100	100／100	100／90	100／100	100／100	100／100
時点補正③	97.2／100	97.2／100	100／99.7	99／100	96.7／100	100／99.7
標準化補正④	100／95	100／85	100／101.7	100／87.8	100／78	100／65
地域要因　街路条件	100／102	100／104	100／105	100／100	100／95	100／101
地域要因　交通接近	100／99	100／92	100／93	100／112	100／95	100／102
地域要因　環境条件	100／100	100／100	100／100	100／100	100／100	100／100
地域要因　行政的条件	市街化区域 第1種低層住居専用地域 100／100	市街化区域 準工業地域 100／110	市街化調整区域 100／70	市街化調整区域 100／70	市街化区域 工業専用地域 100／100	市街化区域 第1種住居地域 100／105
地域要因　その他	───	───	100／110	───	───	100／150
地域要因　相乗積⑤	100／101	100／105.2	100／75.2	100／78.4	100／90.3	100／162.2
試算価格 (①×②×③×④×⑤)	36,500円／㎡	44,100円／㎡	37,500円／㎡	48,100円／㎡	41,600円／㎡	42,000円／㎡

(2) 標準的画地の価格は、上記(1)の取引事例比較法による価格及び地価公示価格による規準価格から41,600円／㎡とした。
(3) 本件土地の個別要因

個別要因の内訳	増減価率
①画地道路条件（無道路▲40、伐根▲5、無道路開設の可能性▲10）	51.3／100
②環境条件（高圧線に近隣▲2）	98／100
計（①×②）	50.3／100

(4) 本件土地の取引事例比較法による試算価格

本件土地の取引事例比較法による試算価格は，上記(2)の標準的画地の価格に，上記(3)の本件土地の個別要因に係る補正を行い次のとおり算定した。

41,600円／㎡×50.3／100×2,680㎡（地積）≒56,012,000円（20,900円／㎡）

3 開発法による試算価格

本件土地を分譲住宅用地とすることを想定し，その販売総額から開発に係る宅地造成費等の開発費用の額を控除する等して求めた。

なお，開発については，行き止まり型開発を想定し，道路用地90.83㎡の買収を必要とした。

(1) 開発計画の概要

利用区分	面 積	面積割合
①有効宅地（注）	2,130.40㎡	76.89%（有効宅地化率）
②道路（幅員6ｍ）	546.60㎡	19.72%（行き止まり道路）
③道路用地取得	90.83㎡	3.28%
④ごみ集積所	3.00㎡	0.11%
合　計	2,770.83㎡	100.00%（③を含む）

（注） 分譲画地数17（1画地平均面積125㎡）

(2) 販売総額及び開発費用

イ 販売総額

取引事例比較法等により，標準的な分譲画地の価格90,000円／㎡を求め，各分譲画地の個別的要因を考慮し，販売総額を178,865,000円とした。

ロ 開発費用等

(イ) 道路用地の買収費用は，当該道路用地の買収が本件土地の開発に必要不可欠であるから，次のとおり，当該道路用地の現況である山林としての価格の60％増の6,046,000円とした。

41,600円／㎡（山林としての価格）×1.6倍×90.83㎡（道路用地）≒6,046,000円

(ロ) 造成工事費は，宅地造成，水道排水及び道路築造等の直接工事費36,021,000円（13,000円×2,770.83㎡）に間接工事費3,602,000円（直接工事費36,021,000円×10％）を加えた39,623,000円とした。

(ハ) 販売費及び一般管理費は，販売総額の7％である12,521,000円とした。

(ニ) 投下資本収益率は，一般的な年利12％を採用した。

(3) 本件土地の開発法による試算価格

上記(2)のイの販売総額を投下資本収益率を用いて本件相続開始日現在に割り引いた額から，上記(2)のロの(イ)ないし(ハ)の開発費用の額等を投下資本収益率を用いて本件相続開始日現在に割り引いた額を控除して，開発法による試算価格を99,077,000円（36,969円／㎡）とした。

4 土地区画整理事業に基づく価格

本件相続開始日から8年後の平成28年前後には，本件土地区画整理事業の進捗により本件土地等の宅地化が完了するものとして，本件土地に係る仮換地（面積1,529㎡）について，宅地化が完了した場合の価格140,242,000円を求め，次のとおり，当該価格を年利6％，期間8年の複利現価（0.627412）で割り引いて，土地区画整理事業に基づく価格を87,990,000円（32,832円／㎡）とした。

140,242,000円×0.627412≒87,990,000円（32,832円／㎡）

5 鑑定評価額の決定

取引事例比較法による試算価格56,012,000円，開発法による試算価格99,077,000円及び土地区画整理事業に基づく価格87,990,000円の3つの価格はいずれも一長一短があるものの，それぞれ特徴を生かした価格を査定していることから，ほぼ中庸値の81,000,000円（30,224円／㎡）と決定した。

CASE14

Ⅱ 争点

(1) 原処分庁鑑定評価額による本件土地の価額が，相続税法22条（評価の原則）に規定する時価を超えるものとして，当該価額に基づく本件更正処分が違法となるか否か。
(2) 本件土地の具体的な相続税評価額はいくらになるのか。

Ⅲ 争点に関する双方（請求人・原処分庁）の主張

争点に関する請求人・原処分庁の主張は，図表－4のとおりである。

図表－4　争点に関する請求人・原処分庁の主張

争　　点	請求人（納税者）の主張	原処分庁（課税庁）の主張
(1) 原処分庁鑑定評価額による評価は相続税法22条に規定する時価を超えるか	① 評価通達により評価した価額が時価を乖離した場合は，評価通達によらないことが相当と認められる特別の事情があると解すべきである。 　そして，本件土地の時価は，請求人鑑定評価額であり，評価通達による価額は時価と乖離した高額なものであることは明らかであるから，本件土地には評価通達によらないことが相当と認められる特別の事情が存在する。 ② 原処分庁が本件土地の時価である旨主張する原処分庁鑑定評価額は，以下のとおり合理性がない。 　(イ) 取引事例比較法について 　　本件土地は戸建住宅用地として開発することが最有効使用であるが，前記図表3－2の(1)の原処分庁鑑定書の取引事例3及び取引事例4は開発が禁止されている市街化調整区域に所在し，また，同取引事例5は住宅の建築が禁止されている工業専用地域に所在するから，採用する取引事例が適切でない。 　(ロ) 開発法について 　　㋐　無道路地である本件土地の開発については，売れ残りリスクを考慮すると，本件市道から本件土地に対して道路を2本開設し，当該開設する道路が袋地状の行き止まりとならないようにする通り抜け型開発（以下「通り抜け型開発」という）が現実に即しているが，原処分庁鑑定書の開発法は道路を1本しか開設しない行き止まり型開発（以下「行き止まり型開発」という）を想定している。	① 本件土地の時価は，原処分庁鑑定評価額であり，請求人が本件土地の時価である旨主張する請求人鑑定評価額は，以下のとおり合理性がない。 　(イ) 鑑定評価の手法 　　本件土地は，仮換地指定が行われていない土地であるとしても，本件土地区画整理事業の施行地内に所在する土地であるから，本件土地の価額については，本件土地区画整理事業に基づく価格も加味して鑑定評価額を決定すべきところ，請求人鑑定書は，本件土地を一般の土地と同様に，取引事例比較法及び開発法による試算価格のみを用いて鑑定評価額を決定しており，本件土地に関する事情を考慮していない。 　(ロ) 開発法による価格 　　開発法に係る宅地造成費を1㎡当たり28,600円としているが，＊＊＊＊（場所名）で実際に行われた宅地造成工事の1㎡当たりの工事費用が約10,000円ないし約15,000円であることに比して明らかに高額であり合理性がない。 ② 請求人が，不動産取引業者に打診した3,000万円で，本件土地の購入見込者が見つからなかったとしても，これは売却活動を打診したにとどまるものであり，請求人の主張する3,000万円という価額が売り急ぎ等の事情がない客観的交換価値を適切に反映しているとは認められない。

(ロ) 本件土地を開発するためには、上記(イ)のとおり、本件市道に対して開設する道路用地の買収が必要であるところ、当該道路用地の所有者は買収に応じる義務がないことなどからすると、当該道路用地の買収価格は、宅地造成後の価格の1.5倍とするのが相当であるにも関わらず、原処分庁鑑定書では宅地造成前の素地（山林）の価格の1.6倍という低い買収価格を想定している。

(ハ) 開発に係る宅地造成費は、対象となる土地について個々に算定すべきものであるところ、原処分庁鑑定書が前提とした宅地造成費（13,000円・㎡）は、本件土地の周辺の宅地造成工事の実例の価額を、工事の難易の比較もせずに、そのまま用いたものであると認められ不合理である。

(ニ) 開発法における投下資本収益率について、一般的な数値（年利12％）を用いているが、開設する道路用地の買収や本件土地区画整理事業の進捗等に係る不確定要素が加味されていない不合理なものである。

(ハ) 土地区画整理事業に基づく価格について

(イ) 原処分庁鑑定書は、上記(イ)及び(ロ)の手法により算定した試算価格のほか、将来、本件土地区画整理事業の施行により本件土地を含む近隣の地域の宅地化が完了して本件土地に係る仮換地が指定された時点の価格を想定し、当該仮換地の価格を本件相続開始日現在の価格に割り引く手法による試算価格（以下「土地区画整理事業に基づく価格」という）を算定しているが、将来時点の鑑定評価は、対象不動産の確定や価格形成要因の把握等が不確実とならざるを得ないので、原則としてこのような手法による鑑定評価は行うべきではないとしている不動産鑑定評価基準に反する。

(ロ) 仮に、土地区画整理事業に基づく価格を用いるとしても、原処分庁鑑定書は平成28年前後には本件土地を含む近隣の地域の宅地化が完了するとしても、割引期間を8年とした上で、年利6％で割り引いているが、本件土地に係る仮換地の存する街区の土地区画整理事業の開始は平成29年度からの予定であるから、本件土

| | | 地区画整理事業に関する期間についての認識には誤りがある。
㈦ また，上記㊁の割引率の年利6％は，地価公示価格を求める際の収益価格の利回りが年利5.2％であることと比較すれば，不当に低い数値である。
㈡ 各鑑定評価手法による試算価格の調整
　原処分庁鑑定書における取引事例比較法による試算価格と開発法による試算価格に約1.8倍もの開差があることからすれば，いずれかが客観性を有する価格とは認められない。また，本件土地が無道路地であり，市場性が劣ることからすれば，保守的に取引事例比較法による試算価格を重視して鑑定評価額を決定すべきであり，当該両価格及び土地区画整理事業に基づく価格の中庸値を鑑定評価額とする原処分庁鑑定書は判断を誤っている。
㈣ 本件土地には，本件土地区画整理事業に係る今後の長期間かつ不確定な整備計画とともに，その過大な造成費負担を前提としたリスクがあり，このため，請求人が，＊＊＊＊（筆者注 不動産売買に係る仲介業者名と推測される）に対し，本件土地の売却を3,000万円で打診したものの，購入見込者が見つからなかった。このように，本件土地は3,000万円ですら売却が実現しなかったものであるから，原処分庁の鑑定評価額が時価と乖離していることは明らかである。 | |
| (2) 本件土地の具体的な相続税評価額 | 上記(1)より，本件土地の時価は，請求人鑑定評価額であり，その価額は，前記図表－2の6のとおり，<u>41,500,000円</u>となる。 | 上記(1)より，本件土地の時価は，原処分庁鑑定評価額であり，その価額は，前記図表－3の5のとおり，<u>81,000,000円</u>となる。 |

Ⅳ 国税不服審判所の判断

❶ 認定事実

(1) 本件土地の法的規制等は次のとおりである。

① 本件土地は，市街化区域に所在し，建ぺい率50％，容積率100％である。

② 本件土地は，その南東部分193.72㎡が275,000ボルトの特別高圧線下である。

③ 本件土地のうち，上記②の193.72㎡を対象として，＊＊＊＊（電力事業者名）との間で上記②の特別高圧線に係る送電線下補償契約が締結されており，当該契約により，

建造物の築造，工作物の設置及び竹木の植栽等が禁止されている。
(2) 本件土地区画整理事業の施行期間，仮換地の指定状況等は次のとおりである。
① 本件土地区画整理事業の施行期間は，＊＊＊＊から同＊＊＊＊（いずれも年月日）までである。
② 本件土地の存する地域については，平成29年から同35年までの期間で，宅地造成等の土地区画整理事業が実施される予定である。
③ 本件相続開始日において，本件土地に係る仮換地の指定は行われていない。
(3) 本件隣接地について，本件隣接地の所有者と＊＊＊＊（電力事業者名）との間で上記(1)②の特別高圧線に係る送電線下補償契約が締結されており，当該契約により建造物の築造，工作物の設置及び竹木の植栽等が禁止されている。
(4) ＊＊＊＊（本件土地の所在地の地方自治体）において宅地造成等の開発を行う場合の基準である＊＊＊＊（筆者注 宅地開発指導要綱と推定される）によれば，本件土地については，通り抜け型開発及び行き止り型開発のいずれも認められている。

❷ 法令解釈等

相続税法22条（評価の原則）は，相続，遺贈又は贈与により取得した財産の価額は，特別の定めがあるものを除き，当該財産の取得の時における時価による旨規定しているが，全ての財産の時価（客観的交換価値）は，必ずしも容易に把握できるものではないから，課税の実務上は，財産評価の一般的基準が評価通達によって定められ，評価通達により算定される評価額が時価を上回るなど，評価通達に定められた評価方式を画一的に適用するという形式的な平等を貫くことによって，かえって実質的な租税負担の平等を著しく害することが明らかであるという特別の事情がある場合を除き，評価通達に定められた画一的な評価方法によって，当該財産の評価をすることとされている。

審判所も，この取扱いは，税負担の公平，効率的な租税行政の実現等の観点から，相当であると解する。

❸ 請求人鑑定評価額について

(1) 請求人鑑定書の概要

前記図表－2の1及び6のとおり，取引事例比較法及び開発法を適用して両手法による試算価格を求めた上で，開発法による試算価格を標準とし，取引事例比較法による試算価格を比較考量して鑑定評価額を決定している。

(2) 請求人鑑定書における取引事例比較法

① 請求人鑑定書においては，前記図表－2の4のとおり，本件土地の所在する近隣地域に，面積1,000㎡程度の道路に接する標準的画地が存することを想定し，当該標準的画地の価格を求めた上で，本件土地が無道路地であること等による本件土地と当該標準的画地との条件差を考慮して本件土地の取引事例比較法による価格を試算しており，本件土地が無道路地であることの条件差については，本件土地を戸建住宅の敷地として利用するため，本件市道に対して本件土地から2本の道路を開設する通り抜け型開発を想定した上で，本件隣接地の一部を当該道路用地として買収する必要がある

こと及びその買収費用について，本件隣接地の現況である山林（素地）としての価格でなく，本件隣接地が宅地に造成された場合の1.5倍を要すること等を考慮している。
② しかしながら，本件土地について通り抜け型開発を採用すべき合理的な理由が示されていない上，上記❶(4)のとおり，＊＊＊＊（筆者注 宅地開発指導要綱と推定される）では，開設する道路が１本の行き止まり型開発も認められていること及び２本の道路を開設する通り抜け型開発に比して，１本の道路を開設する行き止まり型開発の方が，開設する道路用地の買収の実現可能性が高く，かつ，買収費用が低くなることからすると，本件土地について，通り抜け型開発を想定している請求人鑑定書における取引事例比較法はその合理性を欠いているといわざるを得ない。
③ 請求人鑑定書は，開設する道路用地の買収費用の算定において，当該道路用地の現況が山林（素地）であるにも関わらず，当該道路用地が宅地に造成された場合の価格の1.5倍を要することを見込んでいるが，上記❶(3)のとおり，当該道路用地として取得する本件隣接地は，建物の建築等が禁止され，宅地とすることができない土地であることからすると，宅地としての価格を基に当該買収費用を算定することには合理性はない。

(3) 請求人鑑定書における開発法
① 本件土地は，本件土地区画整理事業地内に所在することにより開発等の制限があるが，請求人鑑定書においては，当該制限のないことを前提として，前記図表－２の５のとおり，本件土地区画整理事業における開発とは別に，本件土地を戸建住宅の敷地に分譲することを目的とした開発を行うことを想定し，他方，分譲総額等を本件相続開始日現在の金額に割り引く際に用いる投下資本収益率については，本件土地が本件土地区画整理事業地内に所在する土地であることを考慮し，本件土地区画整理事業の進捗等に係る事業リスクの５％を加味した18％としている。
しかしながら，本件土地区画整理事業地内に所在することによる制限がないことを前提として開発を行うことを想定するのであれば，投下資本収益率の査定において本件土地区画整理事業に係る進捗等に係る事業リスクを加味することには合理性がない。
② 請求人鑑定書は開発法による評価に際しても，通り抜け型開発を想定し，開設する道路用地の買収価格については宅地価格を基に算定しているが，本件土地につき通り抜け型開発を想定すること，道路用地の買収価格について宅地価格を基に算定することに，いずれも合理性がないことは上記(2)②及び③のとおりである。

(4) 小括
上記(1)ないし(3)のとおり，請求人鑑定書は合理性を欠く点が認められるから，請求人鑑定評価額は，本件土地の時価を適切に示しているものとは認められない。

(5) 請求人の主張
請求人は，不動産売買仲介業者に3,000万円で本件土地の売却を依頼したが，購入見込者が見つからなかったことは，本件土地の時価の算定に当たり看過できない旨主張する。
しかしながら，請求人から依頼を受けた特定の不動産業者による販売活動で，購入希望

の申込みがなかったことのみをもって，直ちに，本件土地の時価が3,000万円を下回ると認めることはできない。

❹ 原処分庁鑑定評価額について

(1) 原処分庁鑑定評価書の概要

前記図表－3の1及び5のとおり，取引事例比較法及び開発法による試算価格のほか，土地区画整理事業に基づく価格を求め，これらの価格の中庸値により鑑定評価額を決定している。

(2) 原処分庁鑑定書における取引事例比較法

① 審判所にて調査したところ，原処分庁鑑定書の採用した取引事例比較法における取引事例地には次の事情が認められる。

(イ) 取引事例3及び取引事例4について

当該各事例地は，建物の建築を目的とする土地の区画形質の変更等の開発行為が原則として禁止される市街化調整区域に所在する。

(ロ) 取引事例5

当該事例地は，原則として住宅の建築が禁止されている工業専用地域に所在する。

② 取引事例比較法の適用については，本件土地と状況の類似する土地の取引事例を採用する必要があるところ，上記①のとおり，取引事例3及び取引事例4の2事例は，宅地化が原則として禁止されている市街化調整区域内に存すること，取引事例5は，住宅の建築が禁止されている工業専用地域に所在することからすると，原処分庁鑑定書が採用した取引事例1ないし5の5事例のうち3事例は，戸建住宅用地として開発することが最有効使用である本件土地と状況の類似する土地の取引事例として相当でない。

(3) 原処分庁鑑定書における土地区画整理事業に基づく価格

① 原処分庁鑑定書においては，平成28年には，本件土地を含む近隣の宅地化が完了し，仮換地指定がされるとして，本件土地に係る仮換地の価格を相続開始日現在の価格に，割引期間8年，年利6％で割り引いて評価している。

② しかしながら，上記❶(2)②のとおり，本件土地の仮換地の存する地域の土地区画整理事業の開始は平成29年度からの予定であるから，根拠となる期間の認識に誤りがある。

(4) 小括

上記(1)ないし(3)のとおり，原処分庁鑑定書は合理性を欠く点が認められるから，原処分庁鑑定評価額は，本件土地の時価を適切に示しているものとは認められない。

❺ 審判所が認定した時価

(1) 審判所において，＊＊＊＊（不動産鑑定を行う事業者の名称）に対して本件土地に係る鑑定評価を依頼した結果は，要旨次頁図表－5の不動産鑑定評価書（以下「審判所鑑定書」という）のとおりであり，その不動産鑑定評価額（以下「審判所鑑定評価額」という）は122,000,000円であった。

図表－5　審判所鑑定書の要旨

1　鑑定評価方式の適用
本件市道に対して道路を開設した上で，戸建住宅用地として利用することが最有効使用の宅地見込地であるから，取引事例比較法及び戸建分譲を想定した開発法の2手法を適用した。

2　取引事例比較法による試算価格
本件土地の近隣地域の標準的画地の価格を求め，その後，本件土地の個別要因に係る補正を行い，取引事例比較法による価格を試算する。なお，当該標準的画地として，幅員4m道路に接する間口35m，奥行70mの2,500㎡程度の画地を想定した。

(1) 取引事例及び地価公示地の概要

区分　項目	基準となる土地	取引事例1	取引事例2	取引事例3	地価公示地＊＊＊＊
所在地	＊＊＊＊	＊＊＊＊	＊＊＊＊	＊＊＊＊	＊＊＊＊
地目	―	雑種地	畑	雑種地	畑，その他
地積	2,500㎡	1,075㎡	1,636㎡	1,751㎡	1,519㎡
取引時点	―	平成20年7月	平成19年5月	平成20年3月	平成20年1月
画地条件	長方形 おおむね平坦	不整形 緩傾斜 三方路地	ほぼ長方形 平坦	不整形 平坦 三方路地	不整形 平坦
交通接近条件	＊＊＊＊ 約1,300m	＊＊＊＊ 約1,200m	＊＊＊＊ 約1,800m	＊＊＊＊ 約3,000m	＊＊＊＊ 約1,300m
接面道路幅員等	4m	6m	7m	6m	無道路地
環境条件	戸建住宅，倉庫，林地や農地等が広がる地域 上水道引込可 特別高圧線有り	戸建住宅，共同住宅を中心に空地も残る住宅地域 上下水道有り 都市ガス有り 嫌悪施設等なし	戸建住宅を中心とした＊＊＊＊勢圏の住宅地域 上下水道有り 都市ガス有り 嫌悪施設等なし	戸建住宅が立ち並ぶ区画整然とした住宅地域 上下水道有り 都市ガス有り 嫌悪施設等なし	農家住宅，一般住宅，畑，倉庫等が混在する地域 上水道引込可 嫌悪施設等なし
宅地造成条件	造成難易度普通 有効宅地化率普通	造成難易度普通 有効宅地化率優る	造成難易度普通 有効宅地化率普通	造成難易度普通 有効宅地化率優る	造成難易度普通 有効宅地化率普通
行政的条件 （建ぺい率・容積率）	市街化区域 第1種低層住居専用地域 （50%・100%）	市街化区域 第1種低層住居専用地域 （50%・100%）	市街化区域 第1種低層住居専用地域 （50%・100%）	市街化区域 第1種低層住居専用地域 （60%・150%）	市街化区域 第1種住居地域 （60%・200%）

(2) 算定表

区分　項目	取引事例1	取引事例2	取引事例3	地価公示地＊＊＊＊
取引価格 ①	69,450円／㎡	91,076円／㎡	82,237円／㎡	44,200円／㎡
事情補正 ②	100／100	100／100	100／100	―
時点補正 ③	98／100	94／100	96／100	95／100
標準化補正 ④	不整形地▲5 三方路地＋3 100／98	100／100	不整形地▲10 三方路地＋3 100／93	不整形地▲5 無道路地▲20 100／76
地域　交通・接近条件	路線・駅の性格▲8 周辺街路等の状態＋10 100／102	駅の接近性▲3 駅の性格＋10 周辺街路等の状態＋10 100／117	駅の接近性▲8 路線・駅の性格▲8 周辺街路等の状態＋10 100／94	路線・駅の性格▲8 100／92

要因	環境条件	嫌悪施設＋3 100／103	住環境＋15 嫌悪施設＋3 100／118	住環境＋20 嫌悪施設＋3 100／123	嫌悪施設＋3 100／103
	宅地造成条件	有効宅地化率＋15 100／115	100／100	有効宅地化率＋15 100／115	100／100
	行政的条件	――――	――――	――――	――――
	相乗積 ⑤	100／121	100／138	100／133	100／95
試算価格 (①×②×③×④×⑤)		57,400円／㎡	62,000円／㎡	63,800円／㎡	58,200円／㎡

(3) 標準的画地の価格は，取引事例比較法により求めた価格を基に，地価公示価格による規準価格との均衡を考慮して61,000円／㎡とした。

(4) 本件土地の取引事例比較法による試算価格は，上記(3)の標準的画地の価格に，次のとおり本件土地の個別要因に係る補正を行い123,000,000円とした。

61,000円／㎡×（1－0.25（注））×2,680㎡≒123,000,000円（45,800円／㎡）

（注） 本件土地の個別要因（▲25％）

本件土地は，宅地の利用効率が劣る無道路地であるから，区画割を前提とする場合の有効宅地化率，単独での開発が困難であることによる利用効率及び市場性が劣る程度を考量した。

3 開発法による価格

本件土地は無道路地であるから，本件市道に対して道路を開設した上で，戸建住宅用地として分譲することを想定し，その販売総額から開発に係る宅地造成費等の開発費用の額を控除する等して求める。

なお，開発については行き止まり型開発を想定し，道路用地88.5㎡の買収を必要とした。

(1) 開発計画の概要

利用区分	面積	面積割合
有効宅地（注）	2,151.10㎡	77.7％（有効宅地化率）
道路（幅員6m）	610.40㎡	22.0％（うち取得道路分88.5㎡）
ごみ集積所	7.00㎡	0.3％
合計	2,768.50㎡	100.00％

（注） 分譲画地数14（1画地平均面積約150㎡）

(2) 事業収支計画

イ 販売総額

本件土地の開発後の幅員6mの行き止まり道路に沿う150㎡程度の戸建住宅用地14画地の基準となる価格を取引事例等の価格を基に，次の(イ)及び(ロ)から107,000円／㎡と査定し，これに平均格差率99％を考慮して，次のとおり，本件土地の開発による戸建住宅用地の平均販売価格を106,000円／㎡（総額228,016,600円）と査定した。

106,000円／㎡×2,151.10㎡（上記(1)の有効宅地面積）＝228,016,600円

(イ) 取引事例等の概要

区分 項目	基準となる土地	取引事例1	取引事例2	取引事例3	取引事例4	基準地＊＊＊＊
所在地	＊＊＊＊	＊＊＊＊	＊＊＊＊	＊＊＊＊	＊＊＊＊	＊＊＊＊
地目	宅地	宅地	宅地	宅地	宅地	宅地
地積	150㎡	139㎡	158㎡	120㎡	138㎡	148㎡
取引時点	――――	平成20年4月	平成20年4月	平成20年2月	平成20年1月	平成20年7月
形状	ほぼ正方形 平坦	長方形 平坦	長方形 平坦	長方形 平坦	ほぼ台形 平坦	長方形 平坦
交通接近条件	＊＊＊＊ 約1,300m	＊＊＊＊ 約1,600m	＊＊＊＊ 約1,100m	＊＊＊＊ 約2,300m	＊＊＊＊ 約1,400m	＊＊＊＊ 約1,400m
接面道路幅員等	北東6m 行き止まり	北東5m	北東5.5m 行き止まり	北5m	南西5m 行き止まり	北4m

環境条件	上下水道・都市ガス有り 特別高圧線有り 戸建住宅，倉庫，林地や農地等が広がる地域	上下水道・都市ガス有り 嫌悪施設なし 戸建住宅の中に，農地，営業所，小規模工場，資材置場等も見られる住宅地域	上下水道・都市ガス有り 嫌悪施設なし 戸建住宅，共同住宅等が混在する行き止まり路線の多い住宅地域	上下水道・都市ガス有り 嫌悪施設なし 戸建住宅，共同住宅に，駐車場，農地等が混在する住宅地域	上下水道・都市ガス有り 高圧線下地を含む 戸建住宅，宿舎の中に農地，水道水源地，駐車場等も見られ，工業団地に近い地域	上下水道・都市ガス有り 嫌悪施設なし 戸建住宅のほか，アパートも混在する住宅地域
行政的条件（建ぺい率・容積率）	第1種低層住居専用地域（50%・100%）	第1種低層住居専用地域（60%・150%）	第1種住居地域（60%・200%）	第1種低層住居専用地域（50%・100%）	第1種中高層住居専用地域（60%・200%）	第1種住居地域（60%・200%）

(ロ) 算定表

項目＼区分	取引事例1	取引事例2	取引事例3	取引事例4	基準地＊＊＊＊
取引価格①	107,181円／㎡	101,266円／㎡	118,710円／㎡	87,464円／㎡	112,000円／㎡
事情補正②	100／100	100／100	100／100	100／100	
時点補正③	96／100	96／100	95／100	95／100	98／100
標準化補正④	100／100	100／100	接面方位▲2 100／98	接面方位＋2 間口狭小▲10 100／92	接面方位▲2 100／98
地域格差 街路条件	道路の幅員▲1 道路の系統・連続性＋3 100／102	道路の幅員▲1 道路の系統・連続性＋3 100／99	道路の幅員▲1 道路の系統・連続性＋3 100／102	道路の幅員▲1 道路の種別▲2 100／97	道路の幅員▲2 道路の系統・連続性＋3 100／101
地域格差 交通接近条件	駅の接近性▲1 100／99	駅の接近性＋1 100／101	駅の接近性▲3 100／97	100／100	100／100
地域格差 環境条件	住環境▲5 嫌悪施設＋3 100／98	住環境▲10 嫌悪施設＋3 100／93	嫌悪施設＋3 100／103	住環境▲15 100／85	住環境＋3 嫌悪施設＋3 100／106
地域格差 行政的条件	───	───	───	───	───
相乗積⑤	100／99	100／93	100／102	100／82	100／107
試算価格（①×②×③×④×⑤）	104,000円／㎡	105,000円／㎡	113,000円／㎡	110,000円／㎡	105,000円／㎡

ロ 開発費用
  (イ) 宅地造成工事費は，土工事，道路敷設工事，供給処理施設工事等を想定し，類似の工事実例を基に38,759,000円と査定した。
  (ロ) 道路用地の買収費用は，上記2の(3)の価格を基に，50%程度の買い進みとなることを想定し，次のとおり8,100,000円とした。
  61,000円×1.5倍×88.5㎡（道路用地の面積）≒8,100,000円
  (ハ) 給水申込納付金は3,000,000円とした。
  (ニ) 販売費及び一般管理費は，上記イの販売総額の12%である27,361,992円とした。
  (ホ) 投下資本収益率は一般的な年利12%に，本件土地が無道路地であることによるリスク等を1%加味して年利13%とした。
(3) 本件土地の開発法による試算価格
　次表のとおり，投下資本収益率を用いて上記(2)のイの販売総額及び上記(2)のロの(イ)ないし(ニ)の開発費用の金額を本件相続開始日における金額に割り引き，その差額122,000,000円を開発法による試算価格とした。

		配分	金　　額	期間(月)	複利現価率	複利現価
収入	販 売 総 額	100%	228,016,600円	17	0.841	191,761,961円
	合　　　計	100%	228,016,600円	───	───	191,761,961円①
支出	造 成 工 事 費	100%	38,759,000円	12	0.885	34,301,715円
	通 路 取 得 費 用	───	8,100,000円	6	0.9407	7,619,670円
	給水申込納付金	───	3,000,000円	10	0.9032	2,709,600円
	販 売 費 及 び 一般管理費（注）	100%	27,361,992円	10	0.9032	24,713,351円
	合　　　計	───	77,220,992円	───	───	69,344,336円②

①191,761,961円 － ②69,344,336円 ≒ 122,000,000円（45,500円／㎡）

（注）　仲介手数料及び不動産取得税等の支出は販売費及び一般管理費に含む。

4　鑑定評価額の決定

以上の鑑定評価の手順の各段階について，客観的，批判的に再吟味した上で，開発法による試算価格122,000,000円を中心に，取引事例比較法による試算価格123,000,000円を比較考量して，本件土地の鑑定評価額を122,000,000円（45,500円／㎡）と決定した。

(2)　審判所鑑定書の概要

審判所鑑定書は，前記図表－5の1のとおり，取引事例比較法及び開発法による2手法を適用している。

(3)　審判所鑑定書における取引事例比較法による試算価格

取引事例比較法の適用については，本件土地の存する地域と状況が類似する地域において，本件土地と状況が類似する土地の取引事例等を採用する必要があるところ，前記図表－5の2の(1)のとおり，採用された各取引事例等は，いずれの条件も満たす土地であり，また，同(2)ないし(4)のとおり，当該各取引事例等に係る取引価格について地域要因，個別要因等の諸条件の格差の補正を行って取引事例比較法による価格が算定されており，審判所鑑定書における判断過程を不合理とすべき事由はない。

(4)　審判所鑑定書における開発法による試算価格

①　前記図表－5の3のとおり，開発法の適用については，本件土地を戸建分譲用地に開発した場合における各分譲用地の価格を近隣の状況の類似する宅地の取引価格等から算定した上で，当該各分譲用地の更地価額の合計額から開発に係る宅地造成費，販売費及び一般管理費等の通常の附帯費用のほか，本件土地から本件市道に対して開設する道路用地の買収費用を控除して算定されており，審判所鑑定書における判断過程を不合理とすべき事由はない。

②　また，上記①の本件市道に対して開設する道路用地の現況は，山林であるから，山林としての価格を前提とすべきこと，行き止まり型開発の方が，開設する道路用地の買収の実現可能性が高く，かつ，買収費用が低くなることから，通り抜け型開発よりも合理性があることは，上記❸(2)②及び③のとおりであるところ，審判所鑑定書においては，当該道路用地の買収費用について，行き止まり型開発を想定した上で，当該道路用地の現況である山林としての価格に買い進みを考慮した金額としており，この

図表-6　審判所鑑定書の造成費

審判所鑑定書の宅地造成工事費は，次表に掲げる本件土地と位置及び地勢等の状況の類似する土地の工事実例等を基に，本件土地及び開設する道路に係る宅地造成等の工事費用27,685,000円（1㎡当たり10,000円）を求めた上で，本件市道に上下水道等の施設が埋設されていないことから，最寄りの上下水道等の既存施設からの延長費用11,074,000円を加算して算定している。

所在	造成時期	造成規模	地勢	1㎡当たりの単価
＊＊＊＊	平成20年	約26,000㎡	平坦	10,900円
＊＊＊＊	平成19年	約11,000㎡	平坦	8,700円

点でも合理性がある。

③　また，本件土地の開発に係る宅地造成費については，図表-6のとおり，本件土地と位置及び地勢等の状況の類似する工事実例等を基に求めた本件土地等に係る宅地造成費に，本件市道に上下水道等の施設が埋設されていないことによる当該施設の延長工事費用を加算して算定しており，合理性があるものと認められる。

(5) 審判所鑑定評価額の決定

審判所鑑定評価額は，取引事例比較法及び開発法による試算価格を再吟味した上で，開発法による試算価格を中心とし，取引事例比較法による試算価格を比較考量して決定しており，その過程を検討しても，その合理性を疑わせる点は認められないから，審判所鑑定評価額122,000,000円は本件土地の時価として適正なものと認められる。

(6) 本件土地の評価通達に基づく価額について

①　請求人の申告における本件土地の評価通達に基づく価額は，本件土地の一部が特別高圧線下の土地であることについての補正がされていないが，上記❶(1)③のとおり，本件土地の一部は特別高圧線下地であることにより，建物等の建築が禁止されているから，評価通達25（貸宅地の評価）の(5)の定めにより，自用地としての価額から評価通達27-5（区分地上権に準ずる地役権の評価）に定める区分地上権に準ずる地役権の価額を控除して評価することが相当である。

②　そして，上記①を前提に審判所において算定した本件土地の評価通達に基づく価額は計算-1のとおり，<u>88,408,975円</u>となる。

● 計算-1　本件土地の評価通達に基づく価額

1　自用地価額の計算

$$\underset{\text{(路線価)}}{74{,}000\text{円}} \times \underset{\text{(広大地補正率)}}{\left(0.6 - 0.05 \times \frac{2{,}680\text{㎡}}{1{,}000\text{㎡}}\right)} \times \underset{\text{(本件土地の地積)}}{2{,}680\text{㎡}} = \underset{\text{(自用地価額)}}{92{,}417{,}120\text{円}} \quad (①)$$

2　区分地上権に準ずる地役権の価額

$$\underset{\text{(自用地価額)}}{92{,}417{,}120\text{円}} \times \underset{\substack{\text{(区分地上権に準ず}\\\text{る地役権の割合)}}}{60\%} \times \underset{\substack{\text{(地役権の設定され}\\\text{ている部分の地積)}}}{\frac{193.72\text{㎡}}{2{,}680\text{㎡}}} = \underset{\substack{\text{(区分地上権に準ず}\\\text{る地役権の価額)}}}{4{,}008{,}145\text{円}} \quad (②)$$

3　区分地上権に準ずる地役権の目的となっている本件土地の価額

　　　①　　　　　　　　②　　　　　（相続税評価額）
　92,417,120円 － 4,008,145円 ＝ 88,408,975円

③　そうすると，本件土地については，時価を上回る等の評価通達によらないことが相当と認められる特別の事情がないから，本件土地の価額は評価通達により評価することが相当である。

まとめ　本件裁決事例では，本件土地の価額につき，国税不服審判所の判断では請求人鑑定評価額及び原処分庁鑑定評価額（原処分庁においても，評価通達の定めによることを主張していないことが注目される）のいずれについても相当性がないとしてこれを排除して，国税不服審判所選任の不動産鑑定士による審判所鑑定評価額Ⓐを算定し，これが審判所算定による評価通達の定めによる評価額（Ⓑ）を上回る（すなわちⒶ＞Ⓑ）ことから，請求人の主張には理由がないとして請求は棄却されることになった。

　本件裁決事例は，請求人鑑定評価額（41,500,000円），原処分庁鑑定評価額（81,000,000円）及び審判所鑑定評価額（122,000,000円）の3つの不動産鑑定書の相当性を検証する事案であり，また，土地区画整理事業施行中の土地の価額概念の広範性（3つの不動産鑑定評価額には，最高額と最低額で約3倍の開差が認められる）を認識させられる注目すべき事例である。

本件裁決事例のキーポイント

❶　評価通達の定めによる評価の位置付け

　相続，遺贈又は贈与により取得した財産の価額は，相続税法22条（評価の原則）の規定により，同法に特別の規定（例えば，相続税法の3章のなかに23条（地上権及び永小作権の評価）の規定が設けられている）があるものを除き，当該財産の取得の時における時価による旨が設けられているが，非常に抽象的な規定であり，かつ，評価対象とすべき全ての財産の時価（客観的な交換価値）を容易に把握することは困難であるといえる。そこで，評価実務においては，財産評価の一般的基準が評価通達によって定められ，当該評価通達に定められた画一的な評価方法によって，当該財産の評価を行うことが原則的な取扱いとされている。

　しかしながら，上述のとおり，評価通達に定める評価方法は個別の評価によることなく画一的な評価方法が採用されていることから，同通達に基づき算定された評価額が取得財産の取得時における客観的な時価（客観的な交換価値）と一致しない場合が生ずることも当然に予定されているものと解される。すなわち，評価通達により算定される評価額が時価を上回るなど，評価通達に定められた評価方法を画一的に適用するという形式的な平等

を貫くことによって，かえって実質的な租税負担の平等を著しく害することが明らかであるという特別の事情の存在が明確にされれば，当該評価通達に定める評価方法によらない評価を行うことは言を待つまでもないことになる。このことは，評価通達6（この通達の定めにより難い場合の評価）において，「この通達の定めによって評価することが著しく不適当と認められる財産の価額は，国税庁長官の指示(注)を受けて評価する」旨の定めを設けていることからも確認されよう。

（注）　なお，国税庁長官の指示は，国税庁内部における処理の準則を定めたものにすぎず，同指示の有無が，効力要件となっているものではないと解するのが通説とされている。

❷　評価通達の定めによらない評価と立証挙証責任

上記❶の＿＿部分に掲げる「特別の事情」の存在の一例として，評価通達に基づいて算定された価額（これを相続税評価額と一般的には称しており，例として100とする）が客観的な交換価値（これを時価と一般的には称しており，例として80とする）を超えていること（例示の場合には，「相続税評価額（100）＞時価（80）」となり，超えていることになる）が客観的に証明されるような状況にある場合が考えられる。

ただし，上記❶で摘示したとおり，財産評価の一般的基準が評価通達によって定められ，当該評価通達に定められた画一的な評価方法によって当該財産の評価を行うことの原則的な合理性が判例等によって支持されている（通説）ことから，評価通達に定める画一的な取扱いによって評価することに合理性を見い出すことは困難であること（換言すれば，「評価通達の定めによる評価額（相続性評価額）＞客観的な交換価値（時価）」の状況にあること）の証明（これを「立証挙証責任」という）は，納税者側に求められている（これを「立証挙証責任配分の原則」という）ことに留意する必要がある。

すなわち，納税者側が上記の立証挙証責任に基づいて，評価通達に基づく画一的な評価方法による価額により当該財産を評価すると当該財産の客観的な交換価値（時価）を超えることになり不合理となることを100％証明する必要があり，この証明が不十分な場合には，納税者側の主張は容認されないものとなる。現行の評価実務においては，非常にハードルの高い証明を納税者側は求められていることになる。

❸　土地等の価額に係る立証挙証責任

土地等の価額（本件裁決事例では，課税時期において事業認可された土地区画整理事業の施行地内に存するものの仮換地指定を受けていない市街地山林の価額）につき，特別の事情を有するものとして評価通達に定める評価方法によらない評価方法（例えば，不動産鑑定士等による不動産鑑定評価額）を採用する場合には，上記❷に掲げるとおり，当該評価方法を採用すべきであるとの合理性に係る立証挙証責任はすべて納税者側にあるものとされ，一般的には次に掲げる2点が疎明されていることが必要であると解される。

(1)　納税者側が主張する不動産鑑定士等による不動産鑑定評価額（納税者が主張する評価対象地の客観的な交換価値（時価））に正当性が認められるものであること

(2)　評価対象地につき，「評価通達に基づいて算定された価額（相続税評価額）＞客観的な交換価値（時価）」という不等式の関係が成立していると認められるものであること

上記(1)及び(2)の関係について，先例たる裁決事例及び判例では，「相続税評価額が，時価とみなし得る合理的な範囲内にあれば，相続税法22条（評価の原則）違反の問題は生じないと解するのが相当である。そして，相続税評価額が客観的交換価値を超えているといえるためには，当該評価額を下回る鑑定評価が存在し，その鑑定評価が一応公正妥当な不動産鑑定理論に従っているというのみでは足りず，同一の土地についての他の不動産鑑定評価があればそれとの比較において，また，周辺の地価公示価格や都道府県地価調査に係る基準地の標準価格の状況，近隣における取引事例等の諸事情に照らして，相続税評価額が客観的な交換価値を上回ることが明らかであると認められることを要するものというべきである」との法令解釈等がなされている。

　なお，評価通達による評価額と不動産鑑定士による不動産鑑定評価額の二者と評価対象地の客観的な交換価値（時価）との関係については，次の❹を参照されたい。

❹　評価通達の定めにより難い「特別の事情」の有無（パターン別の検討）

　評価対象地に対する評価通達による評価額（以下，図表－7ないし図表－11において「通達評価額」という）と不動産鑑定士等による不動産鑑定評価額（以下，図表－7ないし図表－11において不動産鑑定の依頼者の別に応じて「納税者鑑定」，「課税庁鑑定」又は「判断機関鑑定」という）と評価対象地の客観的な交換価値（時価）との関係をまとめると，次の(1)から(5)のパターン別に区分して，それぞれに掲げる図表－7ないし図表－11のとおりとなる。

(1)　図表－7　通達評価額よりも低額である納税者鑑定が存在するのみである場合

論　点	図表－7に示す状況において，評価対象地に係る納税者鑑定（95）が通達評価額（108）を下回っていることのみを事由として，通達評価額（108）によらないで納税者鑑定（95）によるいわゆる時価申告を行うことは認められるのか。なお，前提として，納税者鑑定（95）には格別の不合理性は認められないことが確認されているものとする。
回　答	評価対象地の価額は，通達評価額（108）によって評価することが相当と思慮される。
解　説	評価通達1（評価の原則）の(2)（時価の意義）において，「財産の価額は，時価によるものとし，時価とは，課税時期において，それぞれの財産の現況に応じ，不特定多数の当事者間で自由な取引が行われる場合に通常成立すると認められる価額をいう」というと定められていることから，当該価額の意味するところは，市場参加者において制限のない自由な取引が行われる場合に通常成立すると認められる価額であるから，客観的な交換価値を示す価額（すなわち，仲値）と考えられる。 　そして，仲値とは，ある一定の範囲内において許容性が認められた幅のある価額帯（この価額帯の範囲内にあるものを一般的には時価と呼称しているのであろう）のなかで，統計学的な手法で求められた中央値又は最頻値を指すものと考えられる。換言すれば，時価とは一

本線（唯一無二の価額）ではなく，川の流れのようにある程度の幅員（上限値・下限値）の中に収まっている面的なものであるとしてとらえる必要がある。

　そうすると，図表－7の場合には，通達評価額（108）は，価額帯としての時価（下限値90，上限値110）の範囲内にあり，また，納税者側に求められる立証挙証責任のうち，上記❸(2)に掲げる要件（通達評価額＞時価）を充足していないことから納税者鑑定（95）による評価に相当性はないことになる。

　したがって，図表－7の事例では，評価対象地の価額は，通達評価額（108）によることが相当となる（上記❸の＿＿＿部分を併せて参照）。

(2) 図表－8　上記(1)の場合に想定される課税庁側の主張

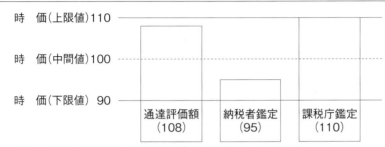

（注）　図表－8の場合の課税庁鑑定の上限値は，110となる。

|論　点| 前記図表－7の事例（通達評価額よりも低額である納税者鑑定が存在するのみである場合）において，評価対象地に係る時価（上限値）が通達評価額（108）を上回っていることをどのように確認するのか。
　　　　（注）　上記が証明されることにより，「通達評価額（108）＜時価（上限値）（110）」の不等式が成立し，通達評価額による評価の相当性が担保される。
|回　答| 課税庁において課税庁鑑定（110）を作成して，通達評価額（108）の相当性を主張することが想定される。
|解　説| 課税庁鑑定（110）につき，時価としての合理性が立証されれば，「通達評価額（108）＜課税庁鑑定（110）」となり，通達評価額（108）は時価を超えておらず，相続税法22条（評価の原則）に規定する時価による評価の原則に何ら違反しないことになる。

　すなわち，通達評価額（108）を下回る納税者鑑定（95）が存在し，かつ，当該鑑定につき時価としての合理性が立証されたとしても，それでもなお通達評価額（108）が時価（課税庁鑑定による110）を超えるものではないことから，納税者側に求められる立証挙証責任のうち，上記❸(2)に掲げる要件（通達評価額＞時価）を充足していないことから納税者鑑定（95）による評価は採用されない。

　したがって，図表－8の事例では，評価対象地の価額は，通達評価額（108）によることが相当となる（上記❸の＿＿＿部分を併せて参照）。

(3) 図表－9　評価通達の定めによることが不相当と認められる「特別の事情」がある場合

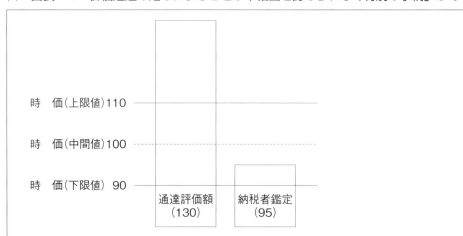

|論　点| 図表－9に示す状況において、評価対象地に係る通達評価額（130）が時価（上限値110）を上回り、かつ、時価の範囲内（下限値90，上限値110）である納税者鑑定（95）が存することを事由として、通達評価額（130）によらないで納税者鑑定（95）によるいわゆる時価申告を行うことは認められるのか。なお、前提として、納税者鑑定（95）には格別の不合理は認められないことが確認されているものとする。

|回　答| 評価対象地の価額を通達評価額（130）によって評価することは相当ではないと認められるものの、納税者鑑定（95）による評価が相当であるとの判断についても、これを直ちにすることは不適切である。

|解　説| 評価通達6（この通達の定めにより難い場合の評価）において、「この通達の定めによって評価することが著しく不適当と認められる財産の価額は、国税庁長官の指示（注）を受けて評価する」と定められている。

　（注）　裁判例等においては、国税庁長官の指示は、国税庁内部における処理の準則を定めたものにすぎず、同指示の有無が、課税処理の効力要件となっているものではないと解釈されている。

　そうすると、図表－9の場合は、「通達評価額（130）＞時価（下限値90，上限値110）」となっていることから上記通達に定める評価通達の定めによって評価することが著しく不適当と認められる財産（特別の事情がある場合）に該当するものと認められる。

　そして、納税者鑑定（95）が存在し、当該鑑定は時価（下限値90，上限値110）の範囲内ではあるものの上記❸の＿＿部分に掲げる法令解釈等のとおり（抜粋）、「相続税評価額が客観的交換価値を超えているといえるためには、当該評価額を下回る鑑定評価が存在し、その鑑定評価が一応公正妥当な不動産鑑定理論に従っているというのみでは足りず、同一の土地についての他の不動産鑑定評価があればそれとの比較において、相続税評価額が客観的な交換価値を上回ることが明らかであると認められることを要するものというべきである」とされていることから、当該鑑定の存在のみでは、納税者側に求められる立証挙証責任のうち、上記❸(2)に掲げる要件（通達評価額＞時価）を充足したことにはならず、直ちに、納税者鑑定（95）の正当性が確保されているとはいえないこととなる（この事例への対応については、次の(4)を参照）。

(4) 図表-10　上記(3)の場合に想定される課税庁側の主張

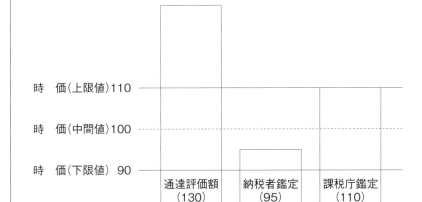

(注)　図表-10の場合の課税庁鑑定の上限値は，110となる。

|論　点| 前記図表-9の事例（評価通達の定めによることが不相当と認められる「特別の事情」がある場合）において，評価対象地に係る時価（下限値90，上限値110）の範囲内にあるとされる納税者鑑定（95）が存在するときに，課税庁はどのような対応を行うことになるのか。
|回　答| 通達評価額（130）によることは主張しないとしても，課税庁において課税庁鑑定（110）を作成し，納税者鑑定（95）よりもより一層の合理性を有する旨を主張することが想定される。
|解　説| 「通達評価額（130）＞課税庁鑑定（110）」であることから，課税庁において評価対象地の価額を通達評価額（130）によって評価すべきと主張することはない。すなわち，事例の場合には，評価通達の定めによることが不相当と考えられる「特別の事情」が存することとなり，納税者鑑定（95）と課税庁鑑定（110）のより一層の合理性が相対的に比較されることになる（換言すれば，立証挙証責任の配分の原則により判定されることになる）。
　もし仮に，課税庁鑑定（110）に，より一層の合理性が認められると判断されたならば，評価対象地の価額は，課税庁鑑定（110）となる。
　なお，納税者鑑定（95）と課税庁鑑定（110）のより一層の合理性が裁決や訴訟において争点とされた場合の取扱いについては，次の(5)を参照されたい。

(5) 図表-11　裁決や訴訟において想定される判断機関（国税不服審判所・裁判所）の対応

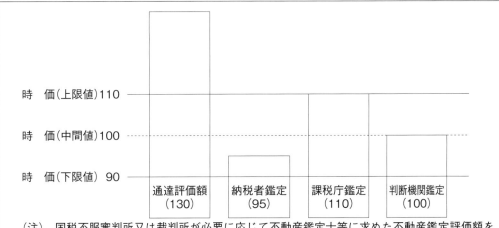

(注)　国税不服審判所又は裁判所が必要に応じて不動産鑑定士等に求めた不動産鑑定評価額を「判断機関鑑定」と呼称することにする。

> **論点** 前記図表-9の事例(評価通達の定めによることは不相当と認められる「特別の事情」がある場合)において,評価対象地に係る時価(下限値90,上限値110)の範囲内にあるとされる納税者鑑定(95)と課税庁鑑定(110)の双方が存在し,両者のより一層の合理性が争点とされた場合には国税不服審判所や裁判所はどのように対応することになるのか。
>
> **回答** 一義的には,納税者鑑定(95)と課税庁鑑定(110)のより一層の合理性が判断の対象とされるが,これら双方共に合理性が認められない(注)等,一定の場合には,判断機関鑑定(100)を求め,当該鑑定に合理性が認められれば判断機関鑑定(100)を相当とする判断がされることも想定される。
>
> (注) たとえ,数値としては時価(下限値90,上限値110)の範囲内にあったとしても,評価対象地の価額を求める過程における鑑定方式に問題があるものは容認されない。
>
> **解説** 通達評価額(130)によることが不相当と認められる「特別の事情」があると主張する者は,これを立証挙証する責任を負うと解されており,自らが評価対象地の客観的な交換価値を示す必要がある。前記図表-10に掲げるとおり,これを証するものとして納税者鑑定(95)と課税庁鑑定(110)が示されてそのより一層の合理性が争点とされた場合においては,必要に応じて,図表-11に掲げるように判断機関鑑定(100)を求め,当該鑑定に合理性が担保されていることを条件として,これを評価対象地の価額と認定する形態も数多く認められる。

❺ 不動産鑑定評価を理解するための基本的事項

相続税等における土地等の評価に当たって,評価通達の定めにより難い特別の事情があるとして不動産鑑定士等による不動産鑑定評価による価額をもって,相続税法22条(評価の原則)に規定する時価としたいとする事例は数多い。この場合,たとえ専門外(一般的に税理士は不動産に関する専門家ではない)であっても,不動産鑑定士等が作成する不動産鑑定書の概要程度は少なくとも理解しておきたいものである。不動産鑑定評価を理解するための何点かの基本的事項を次に示しておきたい。

(1) 対象不動産の確定

① 不動産鑑定評価基準における取扱い

不動産鑑定士等が不動産鑑定評価を適切に行うための考え方の拠り所を示し,不動産鑑定評価に関する理論的な統一指針を与えるものとして,「不動産鑑定評価基準」及び「不動産鑑定評価基準運用上の留意事項」が定められている。不動産鑑定士等は,これらの定めに則ったところで不動産鑑定評価業務を行うことが求められており,これらの定めは,一種のバイブル的な存在であるといえる。

この不動産鑑定評価基準の「総論,第5章(鑑定評価の基本的事項),第1節(対象不動産の確定)」に対象不動産の確定として,要旨,次の まとめ のとおりに定めている。

まとめ 不動産鑑定評価基準に定める対象不動産の確定

> 不動産の鑑定評価を行うに当たっては,まず,鑑定評価の対象となる土地又は建物等を物的に確定することのみならず,鑑定評価の対象となる所有権及び所有権以外の権利を確定する必要がある。
>
> 対象不動産の確定は,鑑定評価の対象を明確に他の不動産と区別し,特定することであり,それは不動産鑑定士が鑑定評価の依頼目的及び条件に照応する対象不動産と当該不動産の現実の利用状況とを照合して確認するという実践行為を経て最終的に確

定されるべきものである。

そして、対象確定条件（上記の対象不動産の確定（まとめ の___部分）に当たって必要となる鑑定評価の条件をいう）は、対象不動産（依頼内容に応じて図表－12に掲げるような条件により定められた不動産をいう）の所在、範囲等の物的事項及び所有権、賃借権等の対象不動産の権利の態様に関する事項を確定するために必要な条件である。

② 本件裁決事例の場合

本件裁決事例における本件土地は、前記❶❶及び❷に掲げるとおり、台形状のほぼ平

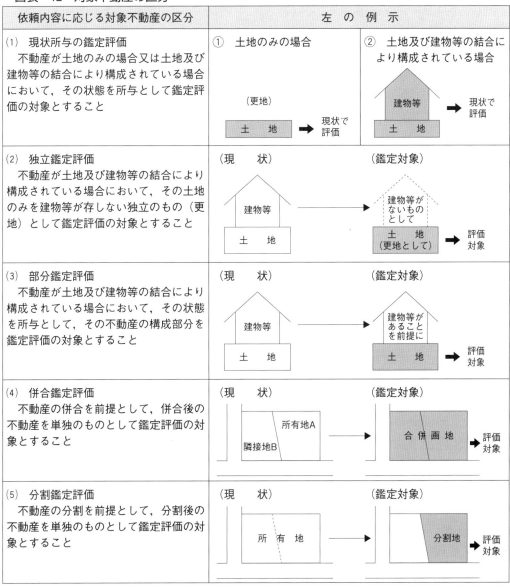

図表－12　対象不動産の区分

坦な林地（地目：山林，地積2,680㎡）で，本件土地区画整理事業の施行地内に所在する無道路地とされている。そうすると，本件土地を評価通達の定め（路線価方式による評価）によらず，不動産鑑定士等による不動産鑑定評価額に求める場合には，前頁図表－12に掲げる対象不動産の区分は，(1)①（現状所与の鑑定評価で土地のみを評価する場合）に該当することになる。

(2) 鑑定評価によって求める価格

① 不動産鑑定評価基準における取扱い

上記(1)①で示した不動産鑑定評価基準の「総論，第5章（鑑定評価の基本的事項），第3節（鑑定評価によって求める価格又は賃料の種類の確定）」及びこの項目に該当する「不動産鑑定評価基準運用上の留意事項」において，鑑定評価によって求める価格として，要旨，次の まとめ のとおり規定している。

まとめ 鑑定評価によって求める価格

> 不動産鑑定士等による不動産の鑑定評価は，不動産の適正な価格を求め，その適正な価格の形成に資するものでなければならない。
> ・価格
> 　不動産の鑑定評価によって求める価格は，基本的には正常価格であるが，鑑定評価の依頼目的及び条件に応じて限定価格，特定価格又は特殊価格を求める場合があるので，依頼目的及び条件に即して価格の種類を適切に判断し，明確にすべきである。なお，評価目的に応じ，特定価格として求めなければならない場合があることに留意しなければならない。

上記 まとめ の＿＿部分に掲げる「正常価格」，「限定価格」，「特定価格」及び「特殊価格」の意義及びこれらの用語の解釈上の留意点を示すと，図表－13のとおりとなる。

図表－13　正常価格・限定価格・特定価格・特殊価格の意義と解釈上の留意点

区　　分	意義及び解釈上の留意点
正常価格	不動産鑑定評価基準 　正常価格とは，市場性を有する不動産について，現実の社会経済情勢の下で合理的と考えられる条件を満たす市場で形成されるであろう市場価値を表示する適正な価格をいう。この場合において，現実の社会経済情勢の下で合理的と考えられる条件を満たす市場とは，以下の条件を満たす市場をいう。 (1)　市場参加者が自由意思に基づいて市場に参加し，参入，退出が自由であること 　　なお，ここでいう市場参加者は，自己の利益を最大化するため次のような要件を満たすとともに，慎重かつ賢明に予測し，行動するものとする。 　　①　売り急ぎ，買い進み等をもたらす特別な動機のないこと 　　②　対象不動産及び対象不動産が属する市場について取引を成立させるために必要となる通常の知識や情報を得ていること 　　③　取引を成立させるために通常必要と認められる労力，費用を費やしていること 　　④　対象不動産の最有効使用を前提とした価値判断を行うこと

	⑤　買主が通常の資金調達能力を有していること (2)　取引形態が，市場参加者が制約されたり，売り急ぎ，買い進み等を誘引したりするような特別なものではないこと (3)　対象不動産が相当の期間市場に公開されていること 不動産鑑定評価基準運用上の留意事項 ・正常価格について 現実の社会経済情勢の下で合理的と考えられる条件について ①　買主が通常の資金調達能力を有していることについて 通常の資金調達能力とは，買主が対象不動産の取得に当たって，市場における標準的な借入条件（借入比率，金利，借入期間等）の下での借り入れと自己資金とによって資金調達を行うことができる能力をいう。 ②　対象不動産が相当の期間市場に公開されていることについて 相当の期間とは，対象不動産の取得に際し必要となる情報が公開され，需要者層に十分浸透するまでの期間をいう。なお，相当の期間とは，価格時点における不動産市場の需給動向，対象不動産の種類，性格等によって異なることに留意すべきである。 また，公開されていることとは，価格時点において既に市場で公開されていた状況を想定することをいう（価格時点以降売買成立時まで公開されることではないことに留意すべきである）。
限定価格	不動産鑑定評価基準 限定価格とは，市場性を有する不動産について，不動産と取得する他の不動産との併合又は不動産の一部を取得する際の分割等に基づき正常価格と同一の市場概念の下において形成されるであろう市場価値と乖離することにより，市場が相対的に限定される場合における取得部分の当該市場限定に基づく市場価値を適正に表示する価格をいう。 限定価格を求める場合を例示すれば，次のとおりである。 (1)　借地権者が底地の併合を目的とする売買に関連する場合 (2)　隣接不動産の併合を目的とする売買に関連する場合 (3)　経済合理性に反する不動産の分割を前提とする売買に関連する場合
特定価格	不動産鑑定評価基準 特定価格とは，市場性を有する不動産について，法令等による社会的要請を背景とする評価目的の下で，正常価格の前提となる諸条件を満たさない場合における不動産の経済価値を適正に表示する価格をいう。 特定価格を求める場合を例示すれば，次のとおりである。 (1)　資産の流動化に関する法律又は投資信託及び投資法人に関する法律に基づく評価目的の下で，投資家に示すための投資採算価値を表す価格を求める場合 (2)　民事再生法に基づく評価目的の下で，早期売却を前提とした価格を求める場合 (3)　会社更生法又は民事再生法に基づく評価目的の下で，事業の継続を前提とした価格を求める場合 不動産鑑定評価基準運用上の留意事項 ・特定価格について ①　法令等について 法令等とは，法律，政令，内閣府令，省令，その他国の行政機関の規則，告示，訓令，通達等のほか，最高裁判所規則，条例，地方公共団体の規則，企業会計の基準，監査基準をいう。 ②　特定価格を求める場合の例について 特定価格として求める場合の例として掲げられているものについての特定価格として求める理由及び鑑定評価の基本的な手法等は次のとおりである。 　　(イ)　資産の流動化に関する法律又は投資信託及び投資法人に関する法律に基づく鑑定評価目的の下で，投資家に示すための投資採算価値を表す価格を求める場合 　　　　この場合，投資法人，投資信託又は特定目的会社（以下「投資法人等」という）

	に係る特定資産としての不動産の取得時又は保有期間中の価格として投資家に開示されることを目的に，投資家保護の観点から対象不動産の収益力を適切に反映する収益価格に基づいた投資採算価値を求める必要がある。 　特定資産の取得時又は保有期間中の価格としての鑑定評価に際しては，資産流動化計画等により投資家に開示される対象不動産の運用方法を所与とする必要があることから，必ずしも対象不動産の最有効活用を前提とするものではないため，特定価格として求めなければならない。なお，投資法人等が特定資産を譲渡するときに依頼される鑑定評価で求める価格は正常価格として求めることに留意する必要がある。 　鑑定評価の方法は，基本的に収益還元法のうちDCF法により求めた試算価格を標準とし，直接還元法による検証を行って求めた収益価格に基づき，比準価格及び積算価格による検証を行い鑑定評価額を決定する。 　(ロ)　民事再生法に基づく鑑定評価目的の下で，早期売却を前提とした価格を求める場合 　この場合は，民事再生法に基づく鑑定評価目的の下で，財産を処分するものとしての価格を求めるものであり，対象不動産の種類，性格，所在地域の実情に応じ，早期の処分可能性を考慮した適正な処分価格として求める必要がある。 　鑑定評価に際しては，通常の市場公開期間より短い期間で売却されることを前提とするものであるため特定価格として求めなければならない。 　鑑定評価の方法は，この前提を所与とした上で，原則として，比準価格と収益価格を関連づけ，積算価格による検証を行って鑑定評価額を決定する。なお，比較可能な資料が少ない場合は，通常の方法で正常価格を求めた上で，早期売却に伴う減価を行って鑑定評価額を求めることもできる。 　(ハ)　会社更生法又は民事再生法に基づく鑑定評価目的の下で，事業の継続を前提とした価格を求める場合 　この場合は，会社更生法又は民事再生法に基づく鑑定評価目的の下で，現状の事業が継続されるものとして当該事業の拘束下にあることを前提とする価格を求めるものである。 　鑑定評価に際しては，対象不動産の利用現況を所与とするため，必ずしも対象不動産の最有効使用を前提とするものではないことから特定価格として求めなければならない。 　鑑定評価の方法は，原則として事業経営に基づく純収益のうち不動産に帰属する純収益に基づく収益価格を標準とし，比準価格を比較考量の上，積算価格による検証を行って鑑定評価額を決定する。
特殊価格	不動産鑑定評価基準 　特殊価格とは，文化財等の一般的に市場性を有しない不動産について，その利用現況を前提とした不動産の経済価値を適正に表示する価格をいう。 　特殊価格を求める場合を例示すれば，文化財の指定を受けた建造物，宗教建築物又は現況による管理を継続する公共公益施設の用に供されている不動産について，その保存等に主眼をおいた鑑定評価を行う場合である。

② 税務評価において重視される価格

　上記①に掲げるとおり，不動産鑑定評価基準では不動産の鑑定評価によって求める価格に，「正常価格」，「限定価格」，「特定価格」及び「特殊価格」の4種類が存する。これら，4つの価格のうち，相続税等における土地等の評価につき，当該評価担当者が特に理解を深めておきたいのが，前二者（「正常価格」及び「限定価格」）である。これら二者の価格の意義と相続税等における評価上の価額概念との関係を示すと，次のとおりである。

(イ) 正常価格について

上記①の図表−13の「正常価格」欄中の不動産鑑定評価基準に示されている正常価格の意義は，真に，評価通達1（評価の原則）の(2)（時価の意義）に定める「財産の価額は，時価によるものとし，時価とは，課税時期において，それぞれの財産の現況に応じ，不特定多数の当事者間で自由な取引が行われる場合に通常成立すると認められる価額をいい，（以下略）」に該当するものと考えられる。そうすると，原則として，不動産鑑定評価基準に記載されている正常価格とは，評価通達1（評価の原則）の(2)（時価の意義）に定める財産の価額の概念と一致するものであると考えられる。

したがって，相続税等における土地等の評価につき，評価通達の定めによらない価額によるものとして，不動産鑑定士等による不動産鑑定評価を求める場合には，当該鑑定評価によって求める価格の種類は，一般的に，「正常価格」ということになろう。

(ロ) 限定価格について

上記(イ)に掲げるとおり，評価通達に定める財産の価額概念は，原則として，不動産鑑定評価基準に示されている正常価格の意義に一致するものと考えられる。しかしながら，上記①の図表−13の「限定価格」欄中の不動産鑑定評価基準に示されている限定価格の意義が，評価通達に定める土地等の評価方法（価額概念）に採用されていると考えられるもの（その例として，次頁図表−14に示す貸宅地の評価を参照）があり，不動産鑑定士等の不動産鑑定評価の専門家ではない相続税等における土地等の評価担当者も，この限定価格に関しては一定の認識を有しておく必要があるものと考えられる。

上掲の不動産鑑定評価基準において，限定価格を要旨，「市場が相対的に限定される場合における取得部分の当該市場限定に基づく市場価値を適正に表示する価格をいう」と定めており，この考え方は，真に，次頁図表−14に掲げる評価通達に定める貸宅地の評価方法に合致しているものといえよう。

なお，参考までに不動産鑑定評価基準に定める限定価格を求める場合の例示を図示すると，図表−15ないし図表−17のとおりとなる（次頁以下参照）。

③ 本件裁決事例の場合

本件裁決事例における本件土地は，前記❶❷の図表−1（評価対象地等の状況図）に掲げるとおりであり，その最有効使用は本件市道に対して道路を開設した上で，戸建住宅用地として利用することと認定されている。そうすると，本件土地（市街地山林）につき，鑑定評価によって求める価格は，本件隣接地との併合を前提に算定される限定価格ではなく，市場性を有する不動産について，現実の社会経済情勢の下で合理的と考えられる条件を満たす市場で形成されるであろう市場価値を表示する適正な価格たる正常価格が該当となる。

図表−14 評価通達に定める貸宅地の評価（評価方法と概念図）

|評価方法|

評価通達25（貸宅地の評価）の(1)において，要旨，「借地権（筆者注 借地借家法に規定する建物の所有を目的とする地上権及び賃借権のうち，定期借地権等以外のものをいう）の目的となっている宅地の価額は，自用地としての価額から評価通達27（借地権の評価）の定めにより評価したその借地権の価額を控除した金額によって評価する」と定められている。この取扱いを算式で示すと次のとおりとなる。

（算式） 自用地としての価額−評価通達27（借地権の評価）の定めにより評価した借地権の価額
　　　　＝自用地としての価額−自用地としての価額×借地権割合
　　　　＝自用地としての価額×（1−借地権割合）

そうすると，上記の算式からも容易に理解できるとおり，評価通達の考え方では，「自用地の価額＝借地権の価額＋貸宅地の価額」を前提として貸宅地の評価方法が定められていること，換言すれば，貸宅地（底地）の価額は借地権との併合を前提とした価額を求めている（下記の概念図を参照）ことになる。

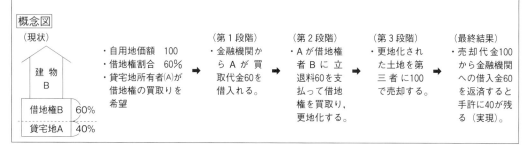

図表−15 限定価格の例示（その1：借地権者が底地の併合を目的とする売買に関連する場合）

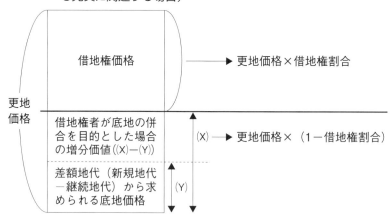

|ポイント|

底地価格を（X）部分として認識することは，対象不動産の区分を併合鑑定評価（前記図表−12の(4)を参照）とし，鑑定評価によって求める価格は限定価格となる。

図表−16　限定価格の例示（その２：隣接不動産の併合を目的とする売買に関連する場合）

(1) 増分価値の発生が認められる場合

ポイント

甲土地の所有者であるＡが，Ｂ所有の乙土地（隣接不動産）を取得して併合することにより，併合後の画地は整形地となり，ここに甲土地又は乙土地が単独で存在する場合に比して増分価値が生じる。この場合，対象不動産の区分を併合鑑定評価（前記図表−12の(4)を参照）とし，鑑定評価によって求める価格は限定価格となる。

(2) 増分価値の発生が認められない場合

ポイント

甲土地の所有者であるＡが，Ｂ所有の乙土地（隣接不動産，更地）を取得して併合したとしても，その地域における標準的な宅地の地積から判断すると併合による増分価値は生じない。この場合，対象不動産の区分を現状所与の鑑定評価（前記図表−12の(1)を参照）とし，鑑定評価によって求める価格は正常価格となる。

図表−17　限定価格の例示（その３：経済合理性に反する不動産の分割を前提とする売買に関連する場合）

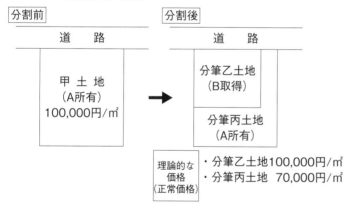

ポイント

甲土地の所有者であるＡが，Ｂに分筆乙土地を売却しようとする場合に分筆丙土地（Ａ所有）の価値減少分を回収できる価額でしか売却しないと考えられる。この場合，対象不動産の区分を分割鑑定評価（前記図表−12の(5)を参照）とし，鑑定評価によって求める価格は限定価格となる。

(3) 鑑定評価の基本的手法

　不動産鑑定評価基準の「総論　第７章　鑑定評価の方式　第１節　価格を求める鑑定評価の手法」において，「不動産の価格を求める鑑定評価の基本的な手法は，原価法，取引事例比較法及び収益還元法に大別され，このほか三手法の考え方を活用した開発法等の手法がある」と定められている。

　上記の＿＿部分に掲げる原価法，取引事例比較法及び収益還元法（鑑定評価における基本的な三手法）及び三手法の考え方の応用形である開発法について，それぞれの意義及び適用方法を土地の価格を求める鑑定評価を前提としてまとめると，次のとおりである。

① 原価法
　(イ)　意義

　　原価法は，価格時点における対象不動産の再調達原価を求め，この再調達原価について減価補正を行って対象不動産の試算価格を求める手法である（この手法による試算価格を「積算価格」という）。

　　原価法は，対象不動産が建物又は建物及びその敷地である場合において，再調達原価の把握及び減価修正を適切に行うことができるときに有効であり，対象不動産が土地のみである場合においても，再調達原価を適切に求めることができるときはこの手法を適用することができる。

　　この場合において，対象不動産が現に存在するものでないときは，価格時点における再調達原価を適切に求めることができる場合に限り適用することができるものとする。

　(ロ)　適用方法
　　㋑　再調達原価の意義

　　　再調達原価とは，対象不動産を価格時点において再調達することを想定した場合において必要とされる適正な原価の総額をいう。

　　　なお，建設資材，工法等の変遷により，対象不動産の再調達原価を求めることが困難な場合には，対象不動産と同等の有用性を持つものに置き換えて求めた原価（置換原価）を再調達原価とみなすものとしている。

　　㋺　再調達原価を求める方法

　　　再調達原価は，建設請負により，請負者が発注者に対して直ちに使用可能な状態で引き渡す通常の場合を想定した場合に必要とされる原価の総額であり，発注者が請負者に対して支払う標準的な建設費に発注者が直接負担すべき通常の付帯費用を加算して求めるものとする。

　　　なお，置換原価は，対象不動産と同等の有用性を持つ不動産を新たに調達することを想定した場合に必要とされる原価の総額であり，発注者が請負者に対して支払う標準的な建設費に発注者が直接負担すべき通常の付帯費用を加算して求める。

　　　土地の再調達原価は，その素材となる土地の標準的な取得原価に当該土地の標準的な造成費と発注者が直接負担すべき通常の付帯費用とを加算して求めるものとする。

　　　なお，土地についての原価法の適用において，宅地造成直後の対象地の地域要因と価格時点における対象地の地域要因とを比較し，公共施設，利便施設等の整備及び住宅等の建設等により，社会的，経済的環境の変化が価格水準に影響を与えていると認められる場合には，地域要因の変化の程度に応じた増加額を熟成度として加算することができる。

　　　再調達原価を求める方法には，直接法及び間接法があるが，収集した建設事例等の資料としての信頼度に応じていずれかを適用するものとし，また，必要に応じて

併用するものとする。
(A) 直接法

　　直接法は，対象不動産について直接的に再調達原価を求める方法である。

　　直接法は，対象不動産について，使用資材の種別，品等及び数量並びに所要労働の種別，時間等を調査し，対象不動産の存する地域の価格時点における単価を基礎とした直接工事費を積算し，これに間接工事費及び請負者の適正な利益を含む一般管理費等を加えて標準的な建設費を求め，さらに発注者が直接負担すべき通常の付帯費用を加算して再調達原価を求めるものとする。

　　また，対象不動産の素材となった土地（素地）の価格並びに実際の造成又は建設に要した直接工事費，間接工事費，請負者の適正な利益を含む一般管理費等及び発注者が直接負担した付帯費用の額並びにこれらの明細（種別，品等，数量，時間，単価等）が判明している場合には，これらの明細を分析して適切に補正し，かつ，必要に応じて時点修正を行って再調達原価を求めることができる。

(B) 間接法

　　間接法は，近隣地域(注1)若しくは同一需給圏(注2)内の類似地域(注3)等に存する対象不動産と類似の不動産又は同一需給圏内の代替競争不動産から間接的に対象不動産の再調達原価を求める方法である。

（注1）　近隣地域とは，対象不動産の属する用途的地域であって，より大きな規模と内容をもつ地域である都市あるいは農村等の内部にあって，居住，商業活動，工業生産活動等人の生活と活動とに関して，ある特定の用途に供されることを中心として地域的まとまりを示している地域をいう。近隣地域は，対象不動産の価格の形成に関して直接に影響を与えるような特性を持つものである。

　　　地域要因は，その地域の特性を形成する地域要因の推移，動向のいかんによって変化していくものである。

（注2）　類似地域とは，近隣地域の地域の特性と類似する特性を有する地域をいう。類似地域に属する不動産は，特定の用途に供されることを中心として地域的にまとまりを持つものである。この地域のまとまりは，近隣地域の特性との類似性を前提として判定されるものである。

（注3）　同一需給圏とは，一般的に対象不動産と代替関係が成立して，その価格の形成について相互に影響を及ぼすような関係にある他の不動産の存する圏域をいう。同一需給圏は，近隣地域を含んでより広域的であり，近隣地域と相関関係にある類似地域等の存する範囲を規定するものである。

　　間接法は，当該類似の不動産等について，素地の価格やその実際の造成又は建設に要した直接工事費，間接工事費，請負者の適正な利益を含む一般管理費等及び発注者が直接負担した付帯費用の額並びにこれらの明細（種別，品等，数量，時間，単価等）を明確に把握できる場合に，これらの明細を分析して適切に補正し，必要に応じて時点修正を行い，かつ，地域要因の比較及び個別的要因の比較

を行って，対象不動産の再調達原価を求めるものとする。
② 取引事例比較法
㈤ 意義

取引事例比較法は，まず多数の取引事例を収集して適切な事例の選択を行い，これらに係る取引価格に必要に応じて事情補正及び時点修正を行い，かつ，地域要因の比較及び個別的要因の比較を行って求められた価格を比較考量し，これによって対象不動産の試算価格を求める手法である（この手法による試算価格を「比準価格」という）。

取引事例比較法は，近隣地域若しくは同一需給圏内の類似地域等において対象不動産と類似の不動産の取引が行われている場合又は同一需給圏内の代替競争不動産の取引が行われている場合に有効である。

取引事例比較法の適用に当たっては，多数の取引事例を収集し，価格の指標となり得る事例の選択を行わなければならないが，その有効性を高めるため，取引事例はもとより，売り希望価格，買い希望価格，精通者意見等の資料を幅広く収集するよう努めるものとする。

なお，これらの資料は，近隣地域等の価格水準及び地価の動向を知る上で十分活用し得るものである。

㈹ 適用方法
㋑ 事例の収集及び選択

取引事例比較法は，市場において発生した取引事例を価格判定の基礎とするものであるので，多数の取引事例を収集することが必要である。

取引事例は，原則として近隣地域又は同一需給圏内の類似地域に存する不動産に係るもののうちから選択するものとし，必要やむを得ない場合には近隣地域の周辺の地域に存する不動産に係るもののうちから，対象不動産の最有効使用が標準的使用と異なる場合には，同一需給圏内の代替競争不動産に係るもののうちから選択するものとするほか，次の要件の全部を備えなければならない。

(A) 取引事情が正常なものと認められるものであること又は正常なものに補正することができるものであること
(B) 時点修正をすることが可能なものであること
(C) 地域要因の比較及び個別的要因の比較が可能なものであること

豊富に収集された取引事例の分析検討は，個別の取引に内在する特殊な事情を排除し，時点修正率を把握し，及び価格形成要因の対象不動産の価格への影響の程度を知る上で欠くことのできないものである。特に，選択された取引事例は，取引事例比較法を適用して比準価格を求める場合の基礎資料となるものであり，収集された取引事例の信頼度は比準価格の精度を左右するものである。

取引事例は，不動産の利用目的，不動産に関する価値観の多様性，取引の動機による売主及び買主の取引事情等により各々の取引について考慮されるべき視点が異ってくる。したがって，取引事例に係る取引事情を始め取引当事者の属性(注)及び

取引価格の水準の変動の推移を慎重に分析しなければならない。
(注)　取引当事者の属性は，不動産鑑定評価基準運用上の留意事項Ⅳ「総論　第6章地域分析及び個別分析について」に掲げる市場参加者の属性と同じであり，市場参加者の属性は下記のとおりに定められている。

　　　同一需給圏における市場参加者の属性及び行動

　　　　同一需給圏における市場参加者の属性及び行動を把握するに当たっては，特に次の事項に留意すべきである。

　Ⓐ　市場参加者の属性については，業務用不動産の場合，主たる需要者層及び供給者層の業種，業態，法人か個人かの別並びに需要者の存する地域的な範囲
　　　また，居住用不動産の場合，主たる需要者層及び供給者層の年齢，家族構成，所得水準並びに需要者の存する地域的な範囲

　Ⓑ　Ⓐで把握した属性を持つ市場参加者が取引の可否，取引価格，取引条件等について意思決定する際に重視する価格形成要因の内容

㈠　事情補正及び時点修正

　取引事例が特殊な事情を含み，これが当該事例に係る取引価格に影響していると認められるときは，適切な補正を行い，取引事例に係る取引の時点が価格時点と異なることにより，その間に価格水準の変動があると認められるときは，当該事例の価格を価格時点の価格に修正しなければならない。

　時点修正に当たっては，事例に係る不動産の存する用途的地域又は当該地域と相似の価格変動過程を経たと認められる類似の地域における土地又は建物の価格の変動率を求め，これにより取引価格を修正すべきである。

　事情補正及び時点修正につき，運用上の留意事項を掲げると下記のとおりとなる。

(A)　事情補正について

　　事情補正の必要性の有無及び程度の判定に当たっては，多数の取引事例等を総合的に比較対照の上，検討されるべきものであり，事情補正を要すると判定したときは，取引が行われた市場における客観的な価格水準等を考慮して適切に補正を行わなければならない。

　　事情補正を要する特殊な事情を例示すれば，次のとおりである。

　Ⓐ　補正に当たり減額すべき特殊な事情
　　㈠　営業上の場所の限定等特殊な使用方法を前提として取引が行われたとき
　　㈡　極端な供給不足，先行きに対する過度に楽観的な見通し等特異な市場条件の下に取引が行われたとき
　　㈢　業者又は系列会社間における中間利益の取得を目的として取引が行われたとき
　　㈣　買手が不動産に関し明らかに知識や情報が不足している状態において過大な額で取引が行われたとき
　　㈤　取引価格に売買代金の割賦払いによる金利相当額，立退料，離作料等の土

地の対価以外のものが含まれて取引が行われたとき
- Ⓑ 補正に当たり増額すべき特殊な事情
  - (ア) 売主が不動産に関し明らかに知識や情報が不足している状態において，過少な額で取引が行われたとき
  - (イ) 相続，転勤等により売り急いで取引が行われたとき
- Ⓒ 補正に当たり減額又は増額すべき特殊な事情
  - (ア) 金融逼迫，倒産時における法人間の恩恵的な取引又は知人，親族間等人間関係による恩恵的な取引が行われたとき
  - (イ) 不相応な造成費，修繕費等を考慮して取引が行われたとき
  - (ウ) 調停，清算，競売，公売において価格が成立したとき
- (B) 時点修正について
  - Ⓐ 時点修正率は，価格時点以前に発生した多数の取引事例について時系列的な分析を行い，さらに国民所得の動向，財政事情及び金融情勢，公共投資の動向，建築着工の動向，不動産取引の推移等の社会的及び経済的要因の変化，土地利用の規制，税制等の行政的要因の変化等の一般的要因の動向を総合的に勘案して求めるべきである。
  - Ⓑ 時点修正率は，原則として前記Ⓐにより求めるが，地価公示，都道府県地価調査等の資料を活用するとともに，適切な取引事例が乏しい場合には，売り希望価格，買い希望価格等の動向及び市場の需給の動向等に関する諸資料を参考として用いることができるものとする。

(ハ) 地域要因の比較及び個別的要因の比較

取引価格は，取引事例に係る不動産の存する用途的地域の地域要因及び当該不動産の個別的要因を反映しているものであるから，取引事例に係る不動産が同一需給圏内の類似地域等に存するもの又は同一需給圏内の代替競争不動産である場合においては，近隣地域と当該事例に係る不動産の存する地域との地域要因の比較及び対象不動産と当該事例に係る不動産との個別的要因の比較を，取引事例に係る不動産が近隣地域に存するものである場合においては，対象不動産と当該事例に係る不動産との個別的要因の比較をそれぞれ行うものとする。

また，このほか地域要因及び個別的要因の比較については，それぞれの地域における個別的要因が標準的な土地を設定して行う方法がある。

(ニ) 配分法

取引事例が対象不動産と同類型の不動産の部分を内包して複合的に構成されている異類型の不動産に係る場合においては，当該取引事例の取引価格から対象不動産と同類型の不動産以外の部分の価格が取引価格等により判明しているときは，その価格を控除し，又は当該取引事例について各構成部分の価格の割合が取引価格，新規投資等により判明しているときは，当該事例の取引価格に対象不動産と同類型の不動産の部分に係る構成割合を乗じて，対象不動産の類型に係る事例資料を求める

ものとする(この方法を「配分法」という)。
③ 収益還元法
(イ) 意義

収益還元法は,対象不動産が将来生み出すであろうと期待される純収益の現在価値の総和を求めることにより対象不動産の試算価格を求める手法である(この手法による試算価格を「収益価格」という)。

収益還元法は,賃貸用不動産又は賃貸以外の事業の用に供する不動産の価格を求める場合に特に有効である。

また,不動産の価格は,一般に当該不動産の収益性を反映して形成されるものであり,収益は,不動産の経済価値の本質を形成するものである。したがって,この手法は,文化財の指定を受けた建造物等の一般的に市場性を有しない不動産以外のものにはすべて適用すべきものであり,自用の住宅地といえども賃貸を想定することにより適用されるものである。

なお,市場における土地の取引価格の上昇が著しいときは,その価格と収益価格との乖離が増大するものであるので,先走りがちな取引価格に対する有力な験証手段として,この手法が活用されるべきである。

(ロ) 収益価格を求める方法

収益価格を求める方法には,一期間の純収益を還元利回りによって還元する方法(以下「直接還元法」という)と,連続する複数の期間に発生する純収益及び復帰価格を,その発生時期に応じて現在価値に割り引き,それぞれを合計する方法(Discounted Cash Flow 法(以下「DCF 法」という))がある。

これらの方法は,基本的には次の式により表される。

① 直接還元法

$$P = \frac{a}{R}$$

P:求める不動産の収益価格
a:一期間の純収益
R:還元利回り

② DCF 法

$$P = \sum_{k=1}^{n} \frac{a_K}{(1+Y)^K} + \frac{P_R}{(1+Y)^n}$$

P:求める不動産の収益価格
a_K:毎期の純収益
Y:割引率
n:保有期間(売却を想定しない場合には分析期間。以下同じ)
P_R:復帰価格

(注) 復帰価格とは,保有期間の満了時点における対象不動産の価格をいい,基本的に

は次の算式により表される。

$$P_R = \frac{a_{n+1}}{R_n}$$

a_{n+1}：n+1期の純収益

R_n　：保有期間の満了時点における還元利回り（最終還元利回り）

(ハ) 適用方法
　(イ) 純収益
　　(A) 純収益の意義

　　　純収益とは，不動産に帰属する適正な収益をいい，収益目的のために用いられている不動産とこれに関与する資本（不動産に化体されているものを除く），労働及び経営（組織）の諸要素の結合によって生ずる総収益から，資本（不動産に化体されているものを除く），労働及び経営（組織）の総収益に対する貢献度に応じた分配分を控除した残余の部分をいう。

　　(B) 純収益の算定

　　　対象不動産の純収益は，一般に1年を単位として総収益から総費用を控除して求めるものとする。また，純収益は，永続的なものと非永続的なもの，償却前のものと償却後のもの等，総収益及び総費用の把握の仕方により異なるものであり，それぞれ収益価格を求める方法及び還元利回り又は割引率を求める方法とも密接な関連があることに留意する必要がある。

　　　なお，直接還元法における純収益は，対象不動産の初年度の純収益を採用する場合と標準化された純収益を採用する場合があることに留意しなければならない。

　　　純収益の算定に当たっては，対象不動産からの総収益及びこれに係る総費用を直接的に把握し，それぞれの項目の細部について過去の推移及び将来の動向を慎重に分析して，対象不動産の純収益を適切に求めるべきである。この場合において収益増加の見通しについては，特に予測の限界を見極めなければならない。

　　　特にDCF法の適用に当たっては，毎期の純収益及び復帰価格並びにその発生時期が明示されることから，純収益の見通しについて十分な調査を行うことが必要である。

　　　なお，直接還元法の適用に当たって，対象不動産の純収益を近隣地域又は同一需給圏内の類似地域等に存する対象不動産と類似の不動産若しくは同一需給圏内の代替競争不動産の純収益によって間接的に求める場合には，それぞれの地域要因の比較及び個別的要因の比較を行い，当該純収益について適切に補正することが必要である。

　　　Ⓐ 総収益の算定及び留意点
　　　　(ア) 対象不動産が賃貸用不動産又は賃貸以外の事業の用に供する不動産である場合

　　　　　総収益は，一般に，賃貸用不動産にあっては，支払賃料に預り金的性格を

有する保証金等の運用益，賃料の前払的性格を有する権利金等の運用益及び償却額並びに駐車場使用料等のその他収入を加えた額とし，賃貸以外の事業の用に供する不動産にあっては，売上高とする。

なお，賃貸用不動産についてのDCF法の適用に当たっては，特に賃貸借契約の内容並びに賃料及び貸室の稼働率の毎期の変動に留意しなければならない。

(ｲ) 対象不動産が更地であるものとして，当該土地に最有効使用の賃貸用建物等の建築を想定する場合

対象不動産に最有効使用の賃貸用建物等の建設を想定し，当該複合不動産が生み出すであろう総収益を適切に求めるものとする。

Ⓑ 総費用の算定及び留意点

対象不動産の総費用は，賃貸用不動産（Ⓐの(ｲ)の複合不動産を想定する場合を含む）にあっては，減価償却費（償却前の純収益を求める場合には，計上しない），維持管理費（維持費，管理費，修繕費等），公租公課（固定資産税，都市計画税等），損害保険料等の諸経費等を，賃貸以外の事業の用に供する不動産にあっては，売上原価，販売費及び一般管理費等をそれぞれ加算して求めるものとする。なお，DCF法の適用に当たっては，特に保有期間中における大規模修繕費等の費用の発生時期に留意しなければならない。

㊁ 還元利回り及び割引率

（還元利回り及び割引率の意義）

還元利回り及び割引率は，共に不動産の収益性を表し，収益価格を求めるために用いるものであるが，基本的には次のような違いがある。

還元利回りは，直接還元法の収益価格及びDCF法の復帰価格の算定において，一定期間の純収益から対象不動産の価格を直接求める際に使用される率であり，将来の収益に影響を与える要因の変動予測と予測に伴う不確実性を含むものである。

割引率は，DCF法において，ある将来時点の収益を現在時点の価値に割り戻す際に使用される率であり，還元利回りに含まれる変動予測と予測に伴う不確実性のうち，収益見通しにおいて考慮された連続する複数の期間に発生する純収益や復帰価格の変動予測に係るものを除くものである。

㊁ 還元利回り及び割引率の算定

(A) 還元利回り及び割引率を求める際の留意点

還元利回り及び割引率は，共に比較可能な他の資産の収益性や金融市場における運用利回りと密接な関連があるので，その動向に留意しなければならない。

さらに，還元利回り及び割引率は，地方別，用途的地域別，品等別等によって異なる傾向を持つため，対象不動産に係る地域要因及び個別的要因の分析を踏まえつつ適切に求めることが必要である。

(B) 還元利回りを求める方法

還元利回りを求める方法を例示すると次のとおりである。

Ⓐ　類似の不動産の取引事例との比較から求める方法

　　　　この方法は，対象不動産と類似の不動産の取引事例から求められる利回りをもとに，取引時点及び取引事情並びに地域要因及び個別的要因の違いに応じた補正を行うことにより求めるものである。

　　Ⓑ　借入金と自己資金に係る還元利回りから求める方法

　　　　この方法は，対象不動産の取得の際の資金調達上の構成要素（借入金及び自己資金）に係る各還元利回りを各々の構成割合により加重平均して求めるものである。

　　Ⓒ　土地と建物に係る還元利回りから求める方法

　　　　この方法は，対象不動産が建物及びその敷地である場合に，その物理的な構成要素（土地及び建物）に係る各還元利回りを各々の価格の構成割合により加重平均して求めるものである。

　　Ⓓ　割引率との関係から求める方法

　　　　この方法は，割引率をもとに対象不動産の純収益の変動率を考慮して求めるものである。

　(C)　割引率を求める方法

　　割引率を求める方法を例示すると次のとおりである。

　　Ⓐ　類似の不動産の取引事例との比較から求める方法

　　　　この方法は，対象不動産と類似の不動産の取引事例から求められる割引率をもとに，取引時点及び取引事情並びに地域要因及び個別的要因の違いに応じた補正を行うことにより求めるものである。

　　Ⓑ　借入金と自己資金に係る割引率から求める方法

　　　　この方法は，対象不動産の取得の際の資金調達上の構成要素（借入金及び自己資金）に係る各割引率を各々の構成割合により加重平均して求めるものである。

　　Ⓒ　金融資産の利回りに不動産の個別性を加味して求める方法

　　　　この方法は，債券等の金融資産の利回りをもとに，対象不動産の投資対象としての危険性，非流動性，管理の困難性，資産としての安全性等の個別性を加味することにより求めるものである。

　㈢　直接還元法及びDCF法の適用のあり方

　　直接還元法又はDCF法のいずれの方法を適用するかについては，収集可能な資料の範囲，対象不動産の類型及び依頼目的に即して適切に選択することが必要である。

④　開発法

　　更地の鑑定評価額は，更地並びに自用の建物及びその敷地の取引事例に基づく比準価格並びに土地残余法（建物等の価格を収益還元法以外の手法によって求めることができる場合に，敷地と建物等からなる不動産について敷地に帰属する純収益から敷地の収益価格を求める方法）による収益価格を関連づけて決定するものとする。再調達

原価が把握できる場合には、積算価格をも関連づけて決定すべきである。当該更地の面積が近隣地域の標準的な土地の面積に比べて大きい場合等においては、さらに次に掲げる価格を比較考量して決定するものとする（この手法を「開発法」という）。

(イ) いわゆる「マンション開発法」

　一体利用をすることが合理的と認められるときは、価格時点において、当該更地に最有効使用の建物が建築されることを想定し、販売総額から通常の建物建築費相当額及び発注者が直接負担すべき通常の付帯費用を控除して得た価格

(ロ) いわゆる「戸建開発法」

　分割利用をすることが合理的と認められるときは、価格時点において、当該更地を区画割りして、標準的な宅地とすることを想定し、販売総額から通常の造成費相当額及び発注者が直接負担すべき通常の付帯費用を控除して得た価格

❻ 3つの不動産鑑定評価書の比較

本件裁決事例は、本件土地（課税時期において事業認可された土地区画整理事業の施行地内に存するものの仮換地指定を受けていない市街地山林（地積：2,680㎡））の価額が争点とされたものである。ここで注目しておきたいのは、請求人（納税者）及び原処分庁（課税庁）の主張並びに国税不服審判所の判断のそれぞれの過程において不動産鑑定士による不動産鑑定評価額が活用されている点である。

本件裁決事例における本件土地に対する三者（請求人・原処分庁・国税不服審判所）の価額認識及びこれら三者による3つの不動産鑑定評価書を項目ごとに比較すると、図表－18のとおりとなる。

図表－18　本件裁決事例における3つの不動産鑑定書の比較

項目	請求人（納税者）	原処分庁（課税庁）	国税不服審判所
(1) 鑑定評価方式の適用	本件土地は、市街化区域内に存する規模の大きい土地であるため、取引事例比較法及び戸建分譲を想定した開発法の2手法を適用した。	取引事例比較法による試算価格及び開発法による試算価格に加えて、本件土地に係る仮換地予定案が土地区画整理事業の施行者側から提示されていることから、土地区画整理事業に基づく試算価格も採用し、3つの試算価格を用いて評価した。	本件市道に対して道路を開設した上で、戸建で在宅用地として利用することが最有効使用の宅地見込地であるから、取引事例比較法及び戸建分譲を想定した開発法の2手法を適用した。
(2) 取引事例比較法による試算価格	① 標準的画地 　幅員4mの道路に接する間口、奥行の均衡がとれた面積1,000㎡程度の長方形状の画地	① 標準的画地 　幅員3.1mの市道にほぼ等高に接面する間口25m、奥行き40mの1,000㎡程度の画地	① 標準的画地 　幅員4mの道路に接する間口35m、奥行き70mの2,500㎡程度の画地
	② 標準的画地の価格 　実証的価格である取引事例比較法による価格44,000円/㎡を重視し、公示価格等による規準価格40,100円/㎡との均衡に留意の上、44,000円/㎡と算定	② 標準的画地の価格 　取引事例比較法による価格及び地価公示価格による基準価格から41,600円/㎡と算定	② 標準的画地の価格 　取引事例比較法により求めた価格を基に、地価公示価格による規準価格との均衡を考慮して61,000円/㎡と算定
	③ 本件土地の取引事例比較法による試算価格 　上記②の標準的画地の価格を基に、次の算式のとおり40,100,000	③ 本件土地の取引事例比較法による試算価格 　上記②の標準的画地の価格に、本件土地の個別要因に係る補正を	③ 本件土地の取引事例比較法による試算価格 　上記②の標準的画地の価格に、本件土地の個別要因に係る補正を

	円と算定 算式 　44,000円/㎡×（1－0.412㈦） 　×2,680㎡（地積）－29,200,000 　円（㋺）≒40,100,000円（15,000 　円/㎡） ㈦　個別的要因の補正 　㋑　利用効率の劣る程度 　　　　　　　　　　▲8.7％ 　㋺　供給処理施設等の整備に係 　　る造成費用の増加　▲19.5％ 　㋩　嫌悪施設（高圧線鉄塔）の 　　隣接による需要の減退 　　　　　　　　　　▲5.0％ 　㊁　土地区画整理事業の進捗率 　　に係る需要の減退　▲8.0％ 　合計（㋑＋㋺＋㋩＋㊁）▲41.2％ ㋺　道路用地の買収費用 　87,000円/㎡（造成後の宅地価 　格）×1.5倍㈲×223.78㎡（地 　積）≒29,200,000円 　（注）　開発については通り抜け 　　型開発を想定した。また， 　　買収する道路用地の現況は 　　山林であるが，当該道路用 　　地の確保は本件土地の開発 　　に係る絶対条件であること 　　等を考慮し，造成後の宅地 　　としての価格の50％割増の 　　価格とした。	行い次の算式のとおり56,012,000 円と算定 算式 　41,600円/㎡×50.3/100㈲× 　2,680㎡（地積）≒56,012,000 　円（20,900円/㎡） 　（注）　個別要因の内訳 ㈦　画地道路条件 　㋑　無道路　　▲40（0.60） 　㋺　伐根　　　▲5（0.95） 　㋩　無道路開設の可能性 　　　　　　　▲10（0.90） 　㊁　㋑×㋺×㋩＝0.513 ㋺　環境条件 　高圧線に近隣　▲2（0.98） ㈦　㈦×㋺＝0.503	行い次の算式のとおり 123,000,000円と算定 算式 　61,600円/㎡×（1－0.25㈲） 　×2,680㎡（地積）≒123,000,000 　円（45,800円/㎡） 　（注）　本件土地の個別要因 　　　　　　　　　（▲25％） 　本件土地は，宅地の利用効率が 劣る無道路地であるから，区画割 を前提とする場合の有効宅地化率， 単独での開発が困難であること による利用効率及び市場性が劣る 程度を考量した。
(3) 開発法 による試 算価格	①　開発計画の概要 ・区画割して標準的な宅地とす 　ることを想定 ・通り抜け型開発を想定 ・新規道路用地買収面積…… 　223.78㎡ ・有効宅地面積……2,109.33㎡ ・有効宅地化率……72.64％ ・分譲画地数……17区画 ・1画地平均面積……約124㎡ ②　事業収支計画 ㈦　販売総額 　㋑　標準的な分譲画地の単価 　　87,000円（取引事例比較法等 　　による） 　㋺　各分譲画地の販売総額 　　186,600,000円 ㋺　開発費用等 　㋑　道路用地の買収費用 　　29,200,000円（上記(2)③㋺） 　㋺　宅地造成工事費 　　83,000,000円（28,600円/㎡） 　㋩　販売費及び一般管理費 　　9,300,000円（上記㈦㋺× 　　5％） 　㊁　投下資本収益率 　　（A）借入金利率……3％ 　　（B）開発利潤率……5％	①　開発計画の概要 ・分譲住宅用地とすることを想定 ・行き止まり型開発を想定 ・新規道路用地買収面積…… 　90.83㎡ ・有効宅地面積……2,130.40㎡ ・分譲画地数……17区画 ・1画地平均面積……約125㎡ ②　事業収支計画 ㈦　販売総額 　㋑　標準的な分譲画地の単価 　　90,000円（取引事例比較法等 　　による） 　㋺　各分譲画地の販売総額 　　178,865,000円 ㋺　開発費用等 　㋑　道路用地の買収費用 　　41,600円（山林としての価格） 　　×1.6倍㈲×90.83㎡（道路 　　用地の面積）≒6,046,000円 　　（注）　道路用地の買収が本件 　　　　土地の開発に必要不可欠 　　　　であるから，当該道路用 　　　　地の現況である山林とし 　　　　ての価格の60％割増の価 　　　　格とした。 　㋺　宅地造成工事費	①　開発計画の概要 ・戸建住宅用地として分譲する 　ことを想定 ・行き止まり型開発を想定 ・新規道路用地買収面積…… 　88.5㎡ ・有効宅地面積……2,151.10㎡ ・分譲画地数……14区画 ・1画地平均面積……約150㎡ ②　事業収支計画 ㈦　販売総額 　㋑　標準的な分譲画地の単価 　　107,000円（取引事例比較法 　　等による） 　㋺　各分譲画地の販売総額 　　228,016,600円 ㋺　開発費用等 　㋑　道路用地の買収費用 　　61,000円（上記(2)②の価格） 　　×1.5倍㈲×88.5㎡（道路 　　用地の面積）≒8,100,000円 　　（注）　道路用地の買収費用は， 　　　　50％程度の買い進みとな 　　　　ることを想定した。 　㋺　宅地造成工事費 　　38,759,000円（土工事，道路 　　敷設工事，供給処理施設工事 　　等）

		(C) 危険負担率……5％ (D) 土地区画整理事業の進捗率等の事業リスク……5％ 　（合　計）　18％ ③ 本件土地の開発法による試算価格 　上記②(イ)(ロ)の販売総額を投下資本収益率を用いて本件相続開始日現在に割り引いた額から、上記②(ロ)の(イ)ないし(ニ)の開発費用の額等を投下資本収益率を用いて本件相続開始日現在に割り引いた額を控除して、開発法による試算価格を41,500,000円（15,500円／㎡）と決定	(A) 直接工事費（宅地造成、水道排水及び道路築造等）36,021,000円（13,000円／㎡） (B) 間接工事費 　3,602,000円（上記(A)×10％） (C) 合計 　(A)＋(B)＝39,623,000円 (ハ) 販売費及び一般管理費 　12,521,000円（上記(イ)(ロ)×7％） (ニ) 投下資本収益率 　12％（一般的な年利を採用） ③ 本件土地の開発法による試算価格 　上記②(イ)(ロ)の販売総額を投下資本収益率を用いて本件相続開始日現在に割り引いた額から、上記②(ロ)の(イ)ないし(ハ)の開発費用の額等を投下資本収益率を用いて本件相続開始日現在に割り引いた額を控除して、開発法による試算価格を99,077,000円（36,969円／㎡）と決定	(ハ) 給水申込納付金 　3,000,000円 (ニ) 販売費及び一般管理費 　27,361,992円（上記(イ)(ロ)×12％） (ホ) 投下資本収益率 　(A) 一般的な利率……12％ 　(B) 本件土地が無道路地であることのリスク等……1％ 　　（合　計）　13％ ③ 本件土地の開発法による試算価格 　投下資本収益率を用いて上記②(イ)(ロ)の販売総額及び上記②(ロ)の(イ)ないし(ニ)の開発費用の金額を本件相続開始日における金額に割り引き、その差額122,000,000円（45,500円／㎡）を開発法による試算価格として決定
(4) 土地区画整理事業に基づく価格	筆者注 　請求人鑑定書においては、土地区画整理事業に基づく価格については言及されていない。	本件相続開始日から8年後の平成28年前後には、本件土地区画整理事業の進捗により本件土地等の宅地化が完了するものとして、本件土地に係る仮換地（面積1,529㎡）について、宅地化が完了した場合の価格140,424,000円を求め、次の算式のとおり、当該価格を年利6％、期間8年の複利現価（0.627412）で割り引いて、土地区画整理事業に基づく価格を87,990,000円（32,832円／㎡）と決定 算式 140,242,000円×0.627412≒87,990,000円（32,832円／㎡）	筆者注 　審判所鑑定書においては、土地区画整理事業に基づく価格については言及されていない。
(5) 鑑定評価額の決定	上記(3)の開発法による試算価格41,500,000円を標準とし、上記(2)の取引事例比較法による試算価格40,100,000円を比較考量の上、41,500,000円と決定	上記(2)の取引事例比較法による試算価格56,012,000円、上記(3)の開発法による試算価格99,077,000円及び上記(4)の土地区画整理事業に基づく価格87,990,000円の3つの価格はいずれも一長一短があるものの、それぞれ特徴を生かした価格を査定していることから、ほぼ中庸値の81,000,000円（30,224円／㎡）と決定	上記(3)の開発法による試算価格122,000,000円を中心に、上記(2)の取引事例比較法による試算価格123,000,000円を比較考量して、本件土地の鑑定評価額を122,000,000円（45,500円／㎡）と決定
不動産鑑定評価額	41,500,000円	81,000,000円	122,000,000円
まとめ 相続税評価額	92,417,120円 （計算過程は不明）	相続税評価額によることを主張していない。	88,408,975円(注)
国税不服審判所の	請求人鑑定書は合理性を欠く点が認められるから、請求人鑑定	原処分庁鑑定書は合理性を欠く点が認められるから、原処分庁鑑	① 審判所鑑定評価額 　122,000,000円は、その過程を

	判断	価額は，本件土地の時価を適切に示しているものとは認められない。	定価評価額は，本件土地の時価を適切に示しているものとは認められない。	検討しても，その合理性を疑わせる点は認められないから，本件土地の時価として適切なものと認められる。 ② 本件土地については，時価を上回る等の評価通達によらないことが相当と認められる特別の事情がないから，本件土地の価額は評価通達により評価（88,408,975円）することが相当である。

（注） 国税不服審判所が算定した本件土地の評価通達に基づく価額
(1) 自用地価額の計算

（路線価）　　（広大地補正率）　　（本件土地の地積）　（自用地価額）
74,000円×$\left(0.6-0.05\times\dfrac{2,680\text{㎡}}{1,000\text{㎡}}\right)$× 2,680㎡ ＝92,417,120円 （①）

(2) 区分地上権に準ずる地役権の価額

（自用地価額）　（区分地上権に準ずる地役権の割合）　（地役権の設定されている部分の地積）　（区分地上権に準ずる地役権の価額）
92,417,120円× 60% × $\dfrac{193.72\text{㎡}}{2,680\text{㎡}}$ ＝ 4,008,145円 （②）

(3) 区分地上権に準ずる地役権の目的となっている本件土地の価額

　　　　　（①）　　　　　（②）　　　（相続税評価額）
92,417,120円－4,008,145円＝<u>88,408,975円</u>

 参考事項等

❶ 参考法令通達等

・相続税法22条（評価の原則）
・評価通達1（評価の原則）
・評価通達6（この通達の定めにより難い場合の評価）
・評価通達25（貸宅地の評価）
・評価通達27（借地権の評価）
・評価通達27－5（区分地上権に準ずる地役権の評価）
・不動産鑑定評価基準
・不動産鑑定評価基準運用上の留意事項

❷ 類似判例・裁決事例の確認

　相続等により取得した土地の価額を評価通達の定めによらず不動産鑑定士による不動産鑑定評価額によるものとしたところ，当該不動産鑑定書の不合理性が指摘され，当該主張が容認されなかった裁決事例として，次のようなものがある。

(1) 平成25年8月27日裁決，関裁（諸）平25－5（相続開始年分：平成21年分）

　請求人らは，本件各鑑定評価額（本件1土地9,000,000円，本件2土地13,000,000円）が相続税法22条に規定する本件各土地の時価であり，本件各通達評価額（本件1土地23,117,052円，本件2土地31,848,326円）は過大であるから，評価通達の定めにより難い

特別な事情がある旨主張する。

　しかしながら，一般に鑑定評価額と通達に基づいた評価額との乖離は，評価通達の適用上の過誤，不動産鑑定評価における試算価格算定方法の選択の誤り又は同試算価格算定過程における各種要件等の適用の誤り等に起因する場合もあることから，単に本件各鑑定評価額と本件各通達評価額との乖離の発生の一時をもって評価通達の定めにより難い特別な事情があることにはならない。

　A鑑定士は，取引事例比較法による比準価格の査定において，本件1土地及び本件2土地の無道路地としての街路条件が同じであるのは，隣地所有者との交渉・調整，道路整備に要する期間，開発不調リスクを総合的に判断し，無道路地の規模や用地買収の面積が異なってもこの判断による補正率は同様であるためとしているが，これは，土地価格比準表にそっておらず，本件1土地鑑定評価及び本件2土地鑑定評価の無道路地の評価減の割合は，これを同様とすることはできない。

　したがって，無道路地の価格の補正率が同等であるとする本件1土地鑑定評価の比準価格及び本件2土地鑑定評価の比準価格は相当と認められない。

　以上のとおり，本件各鑑定評価は，合理性が認められない点が複数あるから，客観的交換価値を合理的に算定する方法に基づいておらず，したがって，本件各鑑定評価額は，時価ということはできないから，本件各通達評価額が本件各鑑定評価額を上回ることをもって，評価通達の定めにより難い特別な事情があるとは認められない。

(2)　平成28年8月2日裁決，関裁（諸）平28－4（相続開始年分：平成23年分）

　請求人らは，本件土地の接道状況によって受けるべき減価や本件土地が急傾斜地に隣接している点が，評価通達では適切に評価できない事情である旨主張する。

　しかしながら，原処分関係資料及び審判所の調査の結果によれば，特定路線価の評定において本件道路の幅員は考慮されていると認められ，加えて，本件通達評価額（78,952,536円）は本件土地の間口が狭小であることを踏まえて評価した価額より低いことからすれば，本件通達評価額は，本件土地の接道状況を踏まえた価額と認められる。また，審判所の調査の結果によれば，本件土地は警戒区域に指定されていない上，本件土地に開発行為を行うとしても擁壁の設置や後退の措置を要さないと認められ，当該傾斜地が存することをもって，何らかの法的制約を受けることも，費用負担を強いられることもないことからすると，当該傾斜地の隣接することが，評価通達では適切に評価できないというほどの事情とはいえない。

　本件鑑定評価では，対象不動産を市街化区域の更地とした上で，開発法による価格を中心に比準価格を参考として鑑定評価額（59,000,000円）を決定している。ところで，不動産鑑定評価基準は，不動産鑑定士等が不動産の鑑定評価を行うに当たっての統一的基準であるから，不動産鑑定評価を行う際には，これに従うことを要するところ，同基準は，更地の鑑定評価額については，取引事例比較法に基づく比準価格及び収益還元法に基づく収益価格を関連付け，さらに，当該更地の面積が近隣地域の標準的な土地の面積に比べ大きい場合には開発法による価格を比較考量して決定するものと定めていることに鑑みると，

鑑定評価の手法の適用が不動産鑑定評価基準に適正に従っているのかについて疑義がある。

　以上のとおり，本件鑑定評価額は合理性を有するものと認められないから，このような本件鑑定評価をもって，本件通達評価額が本件土地の時価を適切に反映したものではないとか，客観的交換価値を上回るものであるなどとはいえない。したがって，評価通達の定めに従って評価した本件通達評価額は，本件土地の時価を適正に評価したものと認められる。

　（注）　次の**CASE15**では，上記の裁決事例を検討しているので確認されたい。

追補 地積規模の大きな宅地の評価について

本件裁決事例に係る相続開始年分は、平成20年（推定）である。もし仮に、当該相続開始日が、平成30年1月1日以後である場合（評価通達20—2（地積規模の大きな宅地の評価）の新設等の改正が行われた。以下「新通達適用後」という）としたときの本件土地に対する同通達の適用は、次のとおりとなる。

(1) 地積規模の大きな宅地の該当性

次に掲げる 判断基準 から、本件土地が三大都市圏に所在する場合又は三大都市圏以外に所在する場合のいずれにおいても、本件土地は評価通達20—2（地積規模の大きな宅地の評価）に定める地積規模の大きな宅地に該当する。

判断基準

要件	本件土地			
① 地積要件（注）	三大都市圏に所在する場合	2,680㎡（評価対象地の地積）≧ 500㎡（三大都市圏に所在する場合の地積要件） ∴地積要件を充足	三大都市圏以外に所在する場合	2,680㎡（評価対象地の地積）≧ 1,000㎡（三大都市圏以外に所在する場合の地積要件） ∴地積要件を充足
② 区域区分要件	本件土地は、認定事実から市街化区域（市街化調整区域以外）に所在 ∴区域区分要件を充足			
③ 地域区分要件	本件土地に係る所在地域区分は、基礎事実及び認定事実において明示されていないが、工業専用地域以外に所在することは明確 ∴地域区分要件を充足			
④ 容積率要件	本件土地に係る指定容積率は、認定事実から100％（指定容積率400％未満（東京都の特別区以外の場合）に該当） ∴容積率要件を充足			
⑤ 地区区分要件	本件土地は、基礎事実から路線価地域の普通住宅地区に所在 ∴地区区分要件を充足			
⑥ 判断とその理由	三大都市圏に所在する場合	該当（上記①ないし⑤の要件を充足）	三大都市圏以外に所在する場合	該当（上記①ないし⑤の要件を充足）

（注）本件土地の所在地は不明である。

(2) 規模格差補正率の算定

本件裁決事例では、本件土地の価額の計算に必要な奥行価格補正率等の数値資料が不明であるため、新通達適用後の本件土地の価額（相続税評価額）を算定することはできない。そこで、参考までに新通達適用後にその適用対象とされる本件土地に係る規模格差補正率を掲げると、それぞれ下記のとおりとなる。

① 本件土地が三大都市圏に所在する場合

$$\frac{2,680㎡（評価対象地の地積）\times 0.90+75}{2,680㎡（評価対象地の地積）}\times 0.8=0.742\cdots \Rightarrow 0.74 \begin{pmatrix}小数点以下第2\\位未満切捨て\end{pmatrix}$$

② 本件土地が三大都市圏以外に所在する場合

$$\frac{2,680㎡（評価対象地の地積）\times 0.90+100}{2,680㎡（評価対象地の地積）}\times 0.8=0.749\cdots \Rightarrow 0.74 \begin{pmatrix}小数点以下第2\\位未満切捨て\end{pmatrix}$$

CASE15

評価単位・地目・地積	路線価方式	間口距離・奥行距離	側方加算・二方加算	不整形地・無道路地
倍率方式	私　　道	土地区画整理事業	貸家・貸家建付地	借地権・貸宅地
農地・山林・原野	雑種地	不動産鑑定評価	利用価値の低下地・特別な事情	その他の評価項目

建築基準法上の道路（行止まりで路線価は未設定）に接道する市街地山林の評価につき，不動産鑑定士による不動産鑑定評価額と特定路線価を設定して評価通達の定めにより算定した評価額とのいずれによることが相当であるのかが争点とされた事例

事例

被相続人に係る相続開始によって相続人が取得した財産のうちに，市街化区域内に所在する２筆から構成される山林（地積1,116㎡）（以下「本件土地」という）がある。本件土地の現況等は，図表－１に掲げるとおりである。

図表－１　本件土地の現況等

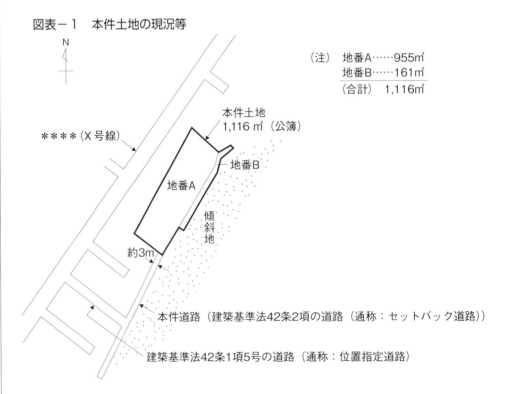

本件土地の評価につき検討したところ，次に掲げる２つの見解が示されてきた。

見解１　本件土地の評価は，不動産鑑定士による不動産鑑定評価額によるべきものと

する見解

　前頁図表－1から確認できるとおり，本件土地は幅員約3mの建築基準法42条（道路の定義）2項に規定する道路（通称：セットバック道路）たる本件道路に接道するのみであるという接道状況によって生じる相当の減価要因の認識や本件土地がその南東部分で傾斜地に隣接していることによる開発コスト（宅地化のための造成費用）の増加及びさまざまな開発上の規制や制約が見込まれることから，その評価に当たっては，評価通達の定めにより難い特別な事情を有するものと認められる。そうすると，本件土地の評価に当たっては，公正妥当な鑑定理論に従って行われる不動産鑑定士による不動産鑑定評価額（知人の不動産鑑定士によると，59,000,000円になる）によって行われるべきである。

|見解2| 本件土地の評価は，評価通達の定めに基づいて算定した価額によるべきものとする見解

　評価通達の定めに従って評価された価額が，課税時期における当該財産の客観的交換価値（時価）を上回り，当該財産の評価に当たって評価通達の定めにより難い特別な事情の存在があると認められない限り，評価通達の定めに従って評価された金額が当該財産の価額であると解釈されている。

　そうすると，本件土地は，前頁図表－1のとおり，建築基準法42条（道路の定義）2項の道路（通称：セットバック道路）に該当する本件道路に接道していることから，同法43条（敷地等と道路との関係）1項に規定する接道義務も充足していることになる。ただし，本件道路には路線価が設定されていないことから評価通達14－3（特定路線価）に定める特定路線価の設定を求めて，評価通達49－2（広大な市街地山林の評価）の定めを適用して評価（当該金額を算定すると，78,952,536円）することとなり，本件土地の評価に際して，上述の評価通達の定めにより難い特別の事情の存在は認識できないものと考えられる。

　なお，上記|見解1|で摘示された本件土地がその南東部分で傾斜地に隣接していることによる費用負担の増加等については，本件土地が土砂災害警戒区域等における土砂災害防止対策の推進に関する法律6条（土砂災害警戒区域）1項に規定する土砂災害警戒区域に指定されておらず，当該傾斜地が存することによる具体的な法的制約は存せず，また開発費用負担の増加は認められないことから，その相当性は認められない。

|参考|
(1) 建築基準法42条（道路の定義）2項は，この章の規定が適用されるに至った際現に建築物が立ち並んでいる幅員4m未満の道で，特定行政庁の指定したものは，前項の規定にかかわらず，同項の道路とみなし，その中心線からの水平距離2m(前項の規定により指定された区域内においては，3m（特定行政庁が周囲の状況により避難及び通行の安全上支障がないと認める場合は，2m）。以下この項及び次項において同じ）の線をその道路の境界線とみなす旨，ただし，当該道がその中心線

からの水平距離2m未満でがけ地，川，線路敷地その他これらに類するものに沿う場合においては，当該がけ地等の道の側の境界線及びその境界線からの道の側に水平距離4mの線をその道路の境界線とみなす旨規定している。

(2) 建築基準法43条（敷地等と道路との関係）1項は，建築物の敷地は，道路（括弧書き略）に2m以上接しなければならない旨，ただし，その敷地の周囲に広い空地を有する建築物その他の国土交通省令で定める基準に適合する建築物で，特定行政庁が交通上，安全上，防火上及び衛生上支障がないと認めて建築審査会の同意を得て許可したものについては，この限りでない旨規定している。

(3) 評価通達14－3（特定路線価）は，路線価方式により評価する地域（以下「路線価地域」という）内において，相続税の課税上，路線価の設定されていない道路のみに接している宅地を評価する必要がある場合には，当該道路を路線（不特定多数の者の通行の用に供されている道路をいう。以下同じ）とみなして当該宅地を評価するための路線価（特定路線価）を納税義務者からの申出等に基づき設定することができる旨定めている。

(4) 評価通達49－2（広大な市街地山林の評価）は，評価通達49（市街地山林の評価）本文の市街地山林が宅地であるとした場合において，評価通達24－4（広大地の評価）に定める広大地に該当するときは，その市街地山林の価額は，評価通達49の定めにかかわらず，評価通達24－4の定めに準じて評価し，ただし，当該価額が評価通達49の定めによって評価した価額を上回る場合には，評価通達49の定めによって評価することに留意する旨定めている。

(5) 土砂災害警戒区域等における土砂災害防止対策の推進に関する法律6条（土砂災害警戒区域）1項は，都道府県知事は，土砂災害の防止のための対策の推進に関する基本的な指針に基づき，急傾斜地の崩壊（傾斜度が30度以上である土地が崩壊する自然現象をいう）等が発生した場合には住民等の生命又は身体に危害が生ずるおそれがあると認められる土地の区域で，当該区域における土砂災害を防止するために警戒避難体制を特に整備すべき土地の区域として政令で定める基準に該当するものを，土砂災害警戒区域として指定することができる旨規定している。

　以上のような状況にある本件土地の評価に当たって，上記に掲げる 見解1 又は 見解2 のいずれを採用することが相当とされるのか。また，その採用されるべき見解の解釈に関して留意すべき事項等も含めて，適切なアドバイスを願いたい。
（平28.8.2裁決，関裁（諸）平28－4，平成23年相続開始分）

筆者注　評価通達24－4（広大地の評価）に定める広大地の評価及び評価通達49－2（広大な市街地山林の評価）に定める広大な市街地山林の評価の各定めは，平成29年12月31日までに開始した相続，遺贈又は贈与により取得した財産の評価について適用するものとされていた。

I ― 基 礎 事 実

❶ 本件土地の状況

(1) 請求人は，被相続人に係る共同相続人の間で平成24年7月24日に成立した遺産分割協議に基づき，相続財産のうち，次頁図表－2記載の2筆の土地（本件土地）を取得した。

(2) 本件相続の開始時における本件土地の現況等は次の①から③まで，及び前記図表－1記載のとおりである。

① 本件土地は，地積が1,116㎡（公簿地積），地目が山林の土地であり，その南東側には傾斜地が存在する。

② 本社土地は，南西側で幅員約3mの未舗装の本件道路（建築基準法42条（道路の定義）2項の規定により同条1項の道路とみなされる道路（筆者注 いわゆるセットバック道路に該当））に接している。そして，本件道路は，同条1項5号の規定による道路（＊＊＊＊号線（筆者注 いわゆる位置指定道路に該当））に接続している。

③ 本件土地は，都市計画法7条（区域区分）に規定する市街化区域に所在し，また，評価通達11（評価の方式）に定める路線価方式により評価する地域（普通住宅地区）に所在するが，関東信越国税局長が定めた平成23年分財産評価基準書において，本件道路には路線価が設定されていなかった。

❷ 本件土地の価額

(1) 請求人は，本件相続税の当初申告及び修正申告において，本件土地の価額を，＊＊＊＊（筆者注 不動産鑑定評価を行った者の名称）作成の平成24年5月21日付鑑定評価書（以下「本件鑑定評価書」という）の鑑定評価額に基づき57,000,000円と評価した。

本件鑑定評価書の要旨は，次頁図表－3のとおりである（以下，本件鑑定評価書による鑑定評価を「本件鑑定評価」という）。

(2) 請求人は，本件審査請求において，本件鑑定評価における鑑定評価額を59,000,000円に訂正する旨の＊＊＊＊（筆者注 不動産鑑定評価を行った者の名称）作成の平成28年2月24日付回答書を提出した（以下，訂正後の鑑定評価額を「本件鑑定評価額」という）。

(3) 原処分庁は，本件更正処分（筆者注 平成27年7月9日付で，原処分庁によって行われた請求人の課税価格を＊＊＊＊円及び納付すべき税額を＊＊＊＊円とする更正処分をいう）に当たり，本件道路に平成23年分の路線価（評価通達14（路線価）に定める路線価をいう。以下同じ）が設定されていなかったことから，＊＊＊＊（筆者注 特定路線価の設定業務を担当する税務署に係る税務署長）に評価通達14－3（特定路線価）に定める特定路線価の設定を求め，これにより設定された特定路線価（130,000円/㎡）を基礎とし，さらに，評価通達49－2（広大な市街地山林の評価）に基づき，後記図表－4記載のとおり，本件土地の価額を78,952,536円（以下「本件通達評価額」という）と評価した。

(4) 本件通達評価額が評価通達の定めに従ったものであることにつき請求人は争わず，審

判所においても相当であると認められる。

図表－2　本件土地の明細

順号	所在地	地積（㎡）	地目
1	＊＊＊＊	955	山林
2	＊＊＊＊	161	山林
（合　計）		1,116	

（注）　地積及び地目は公簿による

図表－3　本件鑑定評価書の要旨

1　鑑定評価額
　　57,000,000円（51,075円／㎡）
2　対象不動産の表示

所在地番	公簿地目 （現況地目）	公簿地積	所有者
＊＊＊＊ ＊＊＊＊	山林 山林 （原野ほか）	955㎡ 161㎡ 計1,116㎡	＊＊＊＊ ＊＊＊＊

3　価格時点
　　＊＊＊＊
4　鑑定評価額決定の理由
（1）地域分析（近隣地域の状況）
　イ　近隣地域の範囲
　　　対象不動産が存する近隣地域の範囲は，＊＊＊＊行政区域のほぼ中央部，＊＊＊＊地内に所在する住宅地域のうち，対象不動産を中心として北東方約90m，南西方約70m，北西方約10m，南東方約30mの地域一帯である。
　ロ　近隣地域の不動産取引の状況
　　　周辺類似地域のここ2年ほどの間の取引事例をみると，地積70㎡から130㎡程度の小規模宅地の取引が多く，取引水準は180,000円／㎡～200,000円／㎡である。
　ハ　公法上の規制
　　　都市計画法上市街化区域に属し，用途地域は第一種低層住居専用地域（建ぺい率60％，容積率100％，建築物の高さの最高限度10m）に指定されている。
　ニ　危険・嫌悪施設等
　　　特筆すべき危険・嫌悪施設等は認められないが，対象不動産の南東側には＊＊＊＊が迫っており，高低差12mを超える急傾斜地となっているため，地震や大雨時における崩落の危険性を有する。
　ホ　標準的画地
　　　分譲地にあっては東側（想定）幅員約4.2m舗装行き止まり開発道路に接面する間口約10m，奥行約10m，地積約100㎡前後の中間画地，住宅素地にあっては幅員約3.4m未舗装行き止まり市道に接面する間口約25m，奥行約40m，地積1,000㎡前後の中間画地
　ヘ　標準的使用
　　　低層（戸建）住宅の敷地
（2）個別分析
　イ　対象不動産の状況

(イ) 街路条件
前面道路は南西側幅員約3.4m未舗装行き止まり＊＊＊＊（建築基準法42条2項道路）である。
(ロ) 画地条件等
南西側前面道路にほぼ等高に接面する画地である。間口約3.4m，奥行約65mから72mまでのやや不整形地で，地積は1,116㎡（公簿）である。現況は原野（一部山林）となっており，地勢は北西へ緩傾斜を呈する。なお，対象不動産は，道路条件により，対象不動産単独での開発は不可能なため，宅地開発に当たっては隣接地の買収を要する。
(ハ) 環境条件
上記のとおり，対象不動産の南東側には高低差12mを超える急傾斜地が迫るため，地震や大雨時における崩落の危険性を有する。
(ニ) 行政的条件
第一種低層住居専用地域（建ぺい率60％，容積率100％，建築物の高さの最高限度10m），建築基準法22条の区域
(ホ) 埋蔵文化財の有無及びその状態
対象不動産のうち＊＊＊＊が埋蔵文化財包蔵地「＊＊＊＊」に指定されているため，対象不動産の開発に際しては試掘を要する。また，試掘の結果，埋蔵文化財が出土した場合には，開発者負担にて発掘調査をする必要がある。

ロ 最有効使用の判定
上記地域要因及び個別的要因から，対象不動産の最有効使用を隣接地買収，開発後の一般住宅の敷地（戸建住宅素地）と判定した。

(3) 鑑定評価方式の適用
対象不動産は市街化区域内の更地（住宅素地）であり，評価手法としては取引事例比較法，開発法を適用する。

イ 取引事例比較法の適用
標準的画地の比準価格を図表－3の付表1により92,900円／㎡と求めた。
次に，対象不動産と標準的画地との個別的要因の比較を次表のとおり行って，比準価格を以下のとおり評定した。

標準的画地の価格	個別的要因		1㎡当たり価格
92,900円／㎡	形状（やや不整形地）	－3％	53,400円／㎡
	間口狭小（約3.4m）	－10％	
	単独での宅地開発不可能	－30％	
	北西緩傾斜（日照・造成費）	－5％	（総額）
	埋蔵文化財出土の可能性	－1％	59,594,000円
	（相乗積）	57.5/100	

ロ 開発法の適用
図表－3の付表2－1から同付表2－6までにより開発法による価格を56,910,000円と査定した。

(4) 鑑定評価額の決定
開発法による価格を中心に比準価格を参考として，57,000,000円をもって鑑定評価額と決定した。

図表－3の付表1　取引事例比較法の比準価格

項目 \ 区分		取引事例 E	F	G	H
所在地		＊＊＊＊	＊＊＊＊	＊＊＊＊	＊＊＊＊
類型		宅地・更地	宅地・更地	宅地・更地	宅地・更地
地積		589.30㎡	653㎡	485㎡	809.13㎡
取引時点		平成22年11月 （登記原因日）	平成22年4月 （契約日）	平成22年3月 （契約日）	平成22年3月 （登記原因日）
間口・奥行		19m×30m	21m×31m	2画地より構成	22m×26m
形状		長方形	ほぼ整形	ほぼ整形	ほぼ整形
接面街路		北西側5.2m舗装市道	東側6.0m舗装市道	東側4.0m舗装市道 北東側4.0m舗装市道	北東側11m舗装市道 北西側5.7m舗装市道
取引価格 (a)		131,512円／㎡	131,700円／㎡	117,064円／㎡	166,846円／㎡
事情補正 (b)		正常 100／100	正常 100／100	正常 100／100	高値 100／120
時点修正率 (c)		97.6／100	96.2／100	96.0／100	96.0／100
建付減価補正 (d)		100／―	100／―	100／―	100／―
個別的要因の標準化補正 (e) （相乗積）		規模(市場性)　＋16 100／116	規模(市場性)　＋14 100／114	角地　　　　　＋3 規模(市場性)　＋21 100／125	二方路画地　　＋2 規模(市場性)　＋8 100／110
地域要因の比較	①街路条件	幅員約5.2m　　＋3 舗装市道　　　＋2 系統連続性(普通)＋3 100／108	幅員6.0m　　　＋4 舗装市道　　　＋2 系統連続性(普通)＋3 100／109	幅員4.0m　　　＋1 舗装市道　　　＋2 系統連続性(普通)＋3 100／106	幅員11m　　　＋6 舗装市道　　　＋2 系統連続性(普通)＋3 100／111
	②交通接近条件	＊＊＊＊　　　＋2 1,900m　　　－8.5 100／93.5	＊＊＊＊　　　＋2 1,600m　　　－5.5 100／96.5	＊＊＊＊　　　－2 1,550m　　　－5 100／93	＊＊＊＊　　　0 1,150m　　　－1 100／99
	③環境条件	一般住宅，アパートが混在する住宅地域 100／113	一般住宅が増えつつある区画整然とした住宅地域 100／115	一般住宅が建ち並ぶほか畑も残る住宅地域 100／105	一般住宅，アパート，農家住宅等が混在する住宅地域 100／115
	④行政的条件	1中専(60／200)　0 100／100	1中専(60／200)　0 100／100	1低専(60／100)　0 100／100	1中専(60／200)　0 100／100
	⑤その他の条件	100／100	100／100	100／100	100／100
	格差率 (f) （①から⑤の相乗積）	100／114	100／121	100／104	100／126
比準価格 (a×b×c×d×e×f)		97,100円／㎡	91,800円／㎡	86,400円／㎡	96,300円／㎡
（参考）平均価格		92,900円／㎡			

図表－3の付表2－1　開発計画の概要

①総面積	1,182.00㎡　(100.0)％	（買取隣地66㎡含む）
②公共潰地	339.11㎡　(28.7)％	
道路（角切，転回広場含む）	329.11㎡　(27.8)％	
ゴミ集積所	2㎡　(0.2)％	
集中プロパン置場	8㎡　(0.7)％	
③有効面積（①－②）	842.89㎡　(71.3)％	
④分譲総画数	8区画	
⑤一区画当たりの標準的面積	105.36㎡	

図表－3の付表2－2　収支計画

費　目	金　額
分譲収入	149,259円×842.89㎡＝125,809,000円
	図表－3の付表2－5による比準価格（中庸値を採用し159,000円／㎡と評定）を中心に，収益価格（136,000円／㎡）を参考とし，さらに図表－3の付表2－6による規準価格（152,000円／㎡）との均衡にも留意して，標準的画地の分譲価格を154,000円／㎡と査定し，本地の分譲画地の状況を考慮し，図表－3の付表2－4（分譲収入査定表）より平均分譲単価を149,259円／㎡と判定
宅地造成工事費	17,000円／㎡×1,182.00㎡＝20,094,000円
	道路敷設及び擁壁築造工事を伴う類似の工事費を参考として，宅地造成工事費を17,000円／㎡と査定
販売費及び一般管理費	125,809,000円×10.0％＝12,580,900円
	分譲収入の10.0％を計上
投下資本利益率	年12.00％と査定
水道利用加入金・検査手数料	266,500円×8戸＝2,132,000円
隣地買収費用等（ 別添資料 隣地買収に係るメモを参照），開発申請料	22,619,000円×1.00件＝22,619,000円

（注）　本件鑑定評価書に記載されている収益価格の算定過程については省略する。

別添資料　隣地買収に係るメモ

　対象不動産は，本件鑑定評価書本文に記載のとおり，南西側が幅員3.4m未舗装行き止まりの市道の行き止まり部分に接面しているものの，当該道路は建築基準法42条2項の道路であり，当該道路を前面道路として宅地開発をするためには，当該2項道路の幅員を4mに拡幅するとともに，既存の通り抜け市道から当該2項道路に至る位置指定道路（＊＊＊＊，幅員4.2m，延長40.3m）沿いと，当該2項道路沿いの2箇所に転回広場を設置しなければならないため，当該2項道路の拡幅用地及び転回広場二つ分の用地を買収する必要が生じ，現実的には不可能に近いものと思料される。そこで，対象不動産の北西側に隣接する＊＊＊＊（宅地66㎡）を買収することを想定し，開発法の適用を試みた。なお，当該隣地上には建物が存しているため，当該建物の補償料（撤去費用含む。）も計上した。

（土地）　図表－3の付表2－5による比準価格（159,000円／㎡）を基準に以下のとおり算出した。

　　　　　　※1　　　　　※2　　　　　※3　　　　　※4
　　　159,000円／㎡　×　114/100　×　1.30　≒　236,000円／㎡
　　　　　　　　　（総額）236,000円／㎡　×　66㎡　＝　15,576,000円

　　　※1　標準的画地の比準価格（図表－3の付表2－5参照）
　　　※2　個別的要因の格差率（道路＋7％，環境＋10％，道路方位－3％）
　　　※3　買進率（開発者都合による買い進み率を30％と判断）
　　　※4　買収隣地の単価

（建物）公共用地買収に係る建物補償に準じて，対象建物の補償費用（取壊し撤去費用込み）を以下のとおり算定した。

　　　　※1　　　　　　※2　　　　　　　※3
　　　69.13㎡　×　100,000円／㎡　＝　6,913,000円

　　　※1　隣地の建物の延床面積（公簿）
　　　※2　1㎡当たり補償料（取壊し撤去費用込み）
　　　※3　対象建物の補償等費用

（隣地買収に係る費用総額）
　　　（土地）＋（建物）＝22,489,000円

図表－3の付表2－3　試算

費目		割合	金額	割引期間	複利現価率	複利現価
収入	売上総収入	10%	12,580,900円	9か月	0.9185	11,555,557円
		70%	88,066,300円	14か月	0.8762	77,163,692円
		20%	25,161,800円	17か月	0.8517	21,430,305円
	合計	―	125,809,000円	―	―	110,149,554円
支出	造成工事費	50%	10,047,000円	6か月	0.9449	9,493,410円
		50%	10,047,000円	9か月	0.9185	9,228,170円
	販売費及び一般管理費	50%	6,290,450円	9か月	0.9185	5,777,778円
		50%	6,290,450円	17か月	0.8517	5,357,576円
	水道利用加入金・検査手数料	100%	2,132,000円	6か月	0.9449	2,014,527円
	隣地買収費用，開発申請料	100%	22,619,000円	6か月	0.9449	21,372,693円
	合計	―	57,425,900円	―	―	53,244,154円
開発法による価格		収入－支出		56,905,400円		56,910,000円 (51,000円／㎡)

図表－3の付表2－4　開発法分譲収入査定表

標準的画地の価格 (円／㎡)	画地番号	個別的要因の内訳	格差率	格差率 (相乗積)	分譲価格 (円／㎡)	地積 (㎡)	総額
154,000 道路方位(東想定)	1	道路方位（南西）	＋4	93.9／100	145,000	102.38	14,845,000円
		不整形	－5				
		プロパン庫隣接	－5				
	2	角地（南東×北東）	＋6	106.0／100	163,000	114.84	18,719,000円
	3	道路方位（南東）	＋5	105.0／100	162,000	102.95	16,678,000円
	4	道路方位（南東）	＋5	105.0／100	162,000	104.54	16,935,000円
	5	不整形	－10	82.9／100	128,000	109.80	14,054,000円
		間口狭小	－3				
		行き止まり接面	－5				
	6	道路方位（北西）	－3	99.9／100	154,000	104.19	16,045,000円
		日照条件	＋3				
	7	道路方位（北西）	－3	98.0／100	151,000	104.19	15,733,000円
		日照条件	＋1				
	8	道路方位（南西）	＋4	83.2／100	128,000	100.00	12,800,000円
		不整形	－20				
合計						842.89	125,809,000円
平均価格							149,259円／㎡

図表－3の付表2－5　開発法の分譲単価算定の基礎とした比準価格

項目 \ 区分	取引事例 A	B	C	D
所在地	＊＊＊＊	＊＊＊＊	＊＊＊＊	＊＊＊＊
類型	宅地・更地	宅地・建付地	宅地・建付地	宅地・建付地
地積	127.00㎡	74.74㎡	101.96㎡	75.21㎡
取引時点	平成22年5月（登記原因日）	平成23年1月（契約日）	平成23年7月（契約日）	平成22年12月（契約日）
間口・奥行	9.5m×13.5m	7.0m×10.0m	6.0m×18.0m	8.1m×10.6m
形状	ほぼ長方形	長方形	ほぼ長方形	やや不整形
接面街路	北西側4.0m舗装市道	北東側4.0m舗装市道 南西側4.0m舗装私道	北側6.0m舗装市道	北東側4.2m舗装行止私道
取引価格 (a)	181,748円／㎡	160,557円／㎡	137,309円／㎡	179,497円／㎡
事情補正 (b)	正常 100／100	正常 100／100	安値 100／80	正常 100／100
時点修正 (c)	96.4／100	98.0／100	99.2／100	97.8／100
建付減価補正 (d)	100／—	100／100	100／100	100／100
個別的要因の標準化補正 (e)（相乗積）	道路方位（北西）－3 100／97	二方路画地 ＋5 （北東×南西） 100／105	道路方位（北）－5 奥行長大　　－5 100／90	道路方位（北東）－2 やや不整形　　－3 100／95
地域要因の比較 ①街路条件	幅員約4.0m　　0 舗装市道　　　0 系統連続性（普通）＋3 100／103	幅員約4.0m　　0 舗装市道　　　0 系統連続性（普通）＋3 100／103	幅員約6.0m　＋3 舗装市道　　　0 系統連続性（普通）＋3 100／106	幅員約4.2m　　0 舗装私道　　　0 系統連続性（行止）0 100／100
②交通接近条件	＊＊＊＊　　　0 1,200m　　－1.5 100／98.5	＊＊＊＊　　　0 1,600m　　－5.5 100／94.5	＊＊＊＊　　＋2 1,800m　　－7.5 100／94.5	＊＊＊＊　　　0 1,100m　　－0.5 100／99.5
③環境条件	一般住宅，共同住宅，駐車場等が混在する住宅地域 100／110	戸建一般住宅が建ち並ぶ住宅地域 100／107	一般住宅が増えつつある新興住宅地域 100／115	一般住宅，共同住宅が建ち並ぶ住宅地域 100／113
④行政的条件	1低専(60/100)　0 100／100	1中専(60/200)　0 100／100	1中専(60/200)　0 100／100	1住居(60/200)　0 100／100
⑤その他の条件	100／100	100／100	100／100	100／100
格差率 (f)（①から⑤の相乗積）	100／112	100／104	100／115	100／112
比準価格 (a×b×c×d×e×f)	161,000円／㎡	144,000円／㎡	165,000円／㎡	165,000円／㎡
（参考）平均価格	159,000円／㎡			

図表-3の付表2-6 開発法の分譲単価算定の基礎とした公示地の規準価格

項目 / 区分	公示地等の概要
所在地	＊＊＊＊
類型	宅地・更地
地積	＊＊＊＊
価格時点	平成24年1月1日
形状	長方形
接面街路	南東側4m舗装市道
公示価格 (a)	＊＊＊＊
時点修正率 (b)	＊＊＊＊
個別的要因の標準化補正(c)（相乗積）	道路方位（南東） ＋1.5 100／101.5
地域要因の比較 ①街路条件	幅員約4.0m　　　　　　　0 舗装市道　　　　　　　　0 系統連続性（普通）　　＋3 100／103
②交通接近条件	＊＊＊＊　　　　　　　＋2 1,900m　　　　　　　－8.5 100／93.5
③環境条件	一般住宅が建ち並ぶ郊外の住宅地域 100／110
④行政的条件	1住居（60／200）　　　0 100／100
⑤その他の条件	100／100
格差率(d)（①から⑤の相乗積）	100／106
規準価格（a×b×c×d）	152,000円／㎡

図表-4 原処分庁主張額の計算明細（評価通達49―2（広大な市街地山林の評価）の定めに基づき評価した価額）

区分		金額等
特定路線価	①	130,000円
広大地補正率	②	0.5442
地積	③	1,116㎡
財産評価額（①×②×③）		78,952,536円

（注）広大地補正率（②欄）は、地積に応じた、評価通達24―4（広大地の評価）に定める算式により求めた補正率である。

筆者計算　$0.6 - 0.05 \times \dfrac{1,116㎡}{1,000㎡} = 0.5442$

CASE15

II 争　点

❶ 本件鑑定評価に合理性は認められるのか。
❷ 本件土地の具体的な相続税評価額はいくらになるのか。

III 争点に対する双方（請求人・原処分庁）の主張

争点に関する請求人・原処分庁の主張は，図表－5のとおりである。

図表－5　争点に関する請求人・原処分庁の主張

争　　点	請求人（納税者）の主張	原処分庁（課税庁）の主張
(1) 本件鑑定評価の合理性	① 本件鑑定評価は，下記に掲げる事項など，評価通達では適切に評価できない事情を適切に評価しており，公正妥当な鑑定理論に従ってなされたものといえるから，合理性を有するものである。 （イ）本件土地の接道状況によって受けるべき減価 （ロ）本件土地が急傾斜地に隣接している点 ② 原処分庁は，右記のとおり，本件鑑定評価が合理性を欠く旨主張するが，次のとおり，本件鑑定評価は合理性を欠くものではない。 （イ）本件鑑定評価では，開発法による価格を中心に，取引事例比較法による比準価格を参考として本件土地の価額を評価している。 　　これは，不動産鑑定士が各評価手法による価格の規範性を十分に検討した結果，取引事例比較法では取引事例に係る個々の契約の事情の把握が困難なこともある一方，開発法では本件土地に係る特殊性を十分に反映していると認められるとの理由に基づき判断したものであって，合理的な根拠に基づく不動産鑑定士の裁量の範囲内での判断である。 　　したがって，本件鑑定評価は，不動産鑑定評価基準を逸脱したものではない。 　　なお，本件鑑定評価額は，取引事例比較法による比準価格と開発法による価格に均衡のとれた価額となっている。 （ロ）本件土地を開発するためには，＊＊＊＊（筆者注 前記図表－1の＊＊＊＊（X号線）と推定される）と本件土	以下のとおり，本件鑑定評価は，公正妥当な鑑定理論に従ったものとはいえないから，合理性を欠くものである。 ① 不動産鑑定評価基準によれば，更地の価額の評価については，取引事例比較法による比準価格，収益還元法による収益価格又は原価法による積算価格を中心として，開発法による価格を比較考量して決定することとなる。 　ところが，本件鑑定評価は，取引事例比較法による比準価格及び開発法による価格を求めた上で，比準価格は取引事例に係る個々の契約の事情の把握が困難なこともあることを理由に参考にとどめ，開発法による価格を中心として本件土地の価額を評価しており，本件鑑定評価額の決定過程に疑義がある。 ② 本件鑑定評価は，開発法の検討において，本件隣接地を買い取る必要があるとした上で，本件隣接地の価格の査定を取引事例比較法によっているところ，想定した標準的な画地と本件隣接地を比較する過程において，個別的要因による格差率を114％（道路＋7％，環境＋10％，道路方位－3％）と判定している。 　しかしながら，環境要因については，本件土地と本件隣接地とでは差異はないと推認され，格差率は過大に評価されている上，格差率の根拠も示されていないため，その妥当性には疑義がある。 ③ 本件鑑定評価は，開発法の検討において，本件土地に係る宅地造成工事費を17,000円／㎡としている。 　ここで，平成23年分財産評価基準書において，本件土地の条件に係る宅地造成費は9,300円／㎡とされるところ，この

	地の間に存する地積が66㎡の土地（以下「本件隣接地」という）を買い取る必要があるところ，本件鑑定評価における開発法の適用に当たり，本件隣接地の買取りを想定し，本件隣接地の価格については，傾斜山林が迫るものとして想定した標準的な画地の価格に，個別要因（道路＋7％，環境＋10％，道路方位－3％）に係る補正を行い評価している（前記図表－3の付表2－2の 別添資料 ）。 　この個別要因のうち環境要因については，当該標準的な画地は傾斜山林に隣接し災害時における崩落の危険があるのに対し，本件隣接地には，そのような危険はないから，その格差率を10％と評価したものであって不合理ではない。 (ハ)　本件鑑定評価における開発法の検討において，本件土地が緩傾斜を呈しており，開発する場合には擁壁を設置する必要性があるため，その宅地造成工事費を17,000円／㎡と算定している（前記図表－3の付表2－2）。 　これは，不動産鑑定士が過去に宅地造成工事業者，水道設備業者等から聴取した単価，各研修会において取得した資料及び造成工事の積算実例等を参考に判定したものであり，合理性が認められる。 ③　本件土地の接道状況によって受けるべき減価や，本件土地が急傾斜地に隣接している点など，評価通達では適切に評価できない事情である。	額は，土地の造成における平均的な条件を想定した上で，様々な公表資料に基づき，土地造成のために通常要する額として算定された額の80％相当額とされている。 　そして，当該宅地造成費を80％で割り戻した額は11,625円／㎡となるところ，本件鑑定評価において想定している宅地造成工事費は，この約1.5倍に相当する額となるにもかかわらず，その算定根拠は不明であって，合理性に疑義がある。
(2) 本件土地の具体的な相続税評価額	上記(1)より，本件土地の時価は，本件鑑定評価額であり，その価額は，<u>59,000,000</u>円となる。	上記(1)より，本件土地の時価は，本件通達評価額であり，その価額は，<u>78,952,536</u>円となる。

国税不服審判所の判断

❶　法令解釈等

　相続税法22条（評価の原則）は，相続財産の価額は，特別に定める場合を除き，当該財産の取得の時における時価によるべき旨を規定しており，ここにいう時価とは相続開始時における当該財産の客観的な交換価値をいうものと解するのが相当である。

　しかし，客観的な交換価値というものが必ずしも一義的に確定されるものではないことから，相続税等に係る課税実務においては，納税者間の公平，納税者の便宜，徴税費用の

節減等の観点から，相続財産の評価に係る一般的基準が評価通達によって定められ，これに定められた画一的な評価方法に従って統一的に相続財産の評価が行われてきたところであり，このような評価通達に基づく相続財産の評価方法は，相続税法22条が規定する財産の時価すなわち客観的交換価値を評価・算定する方法として一定の合理性を有するものと一般に認められ，その結果，評価通達は，単に課税庁の内部における課税処分に係る行為準則であるというにとどまらず，一般の納税者にとっても，相続税等の納税申告における財産評価について準拠すべき指針として通用してきているところである。

そして，評価通達に基づく相続財産の評価の方法は，相続税法22条が規定する財産の時価すなわち客観的交換価値を評価・算定する方法として一定の合理性を有するものと一般に認められていることなどからすれば，相続税に係る課税処分の審査請求において，原処分庁が，当該課税処分における課税価格ないし税額の算定が評価通達の定めに従って相続財産の価額を評価して行われたものであることを評価通達の定めに即して主張・立証した場合には，その課税処分における相続財産の価額は「時価」すなわち客観的交換価値を適正に評価したものと事実上推認することができるというべきである。

したがって，このような場合には，請求人において，評価通達の定めに従って行ったという原処分庁の財産評価の基礎となる事実認定に誤りがある等，その評価方法に基づく相続財産の価額の算定過程自体に不合理な点があることを具体的に指摘して，上記推認を妨げ，あるいは，不動産鑑定士による合理性を有する不動産鑑定評価等の証拠資料に基づいて，評価通達の定めに従った評価が，当該事案の具体的な事情の下における当該財産の「時価」を適切に反映したものではなく，客観的交換価値を上回るものであることを主張立証するなどして上記推認を覆すことなどがない限り，当該課税処分は適法であると認めるのが相当である。

❷ **本件通達評価額について**

本件通達評価額が評価通達の定めに従ってされたものであることは，上記❶❷(4)のとおりである。そうすると，本件通達評価額は，本件相続の開始時における本件土地の時価すなわち客観的交換価値を適正に評価したものと事実上推認することができるというべきである。

なお，請求人は，本件土地の接道状況によって受けるべき減価や本件土地が急傾斜地に隣接している点が，評価通達では適切に評価できない事情である旨主張する。

しかしながら，原処分関係資料及び審判所の調査の結果によれば，特定路線価の評定において本件道路の幅員は考慮されていると認められ，加えて，本件通達評価額は本件土地の間口が狭小であることを踏まえて評価した価額（次頁図表－6の価額）より低いことからすれば，本件通達評価額は，本件土地の接道状況を踏まえた価額と認められる。

また，審判所の調査の結果によれば，本件土地は土砂災害警戒区域等における土砂災害防止対策の推進に関する法律6条（土砂災害警戒区域）1項に規定する土砂災害警戒区域に指定されていない上，本件土地に開発行為を行うとしても擁壁の設置や後退の措置を要さないと認められ，当該傾斜地が存することをもって，何らかの法的制約を受けることも，

図表－6　本件土地を評価通達49（市街地山林の価額）の定めに基づき評価した価額

区分		金額等
特定路線価	①	130,000円
奥行価格補正率	②	0.83
不整形地補正率（想定整形地：間口距離28.50m×奥行距離73.0m）	③	0.81
本件土地が宅地であるとした場合の1㎡当たりの価額（①×②×③）	④	87,399円
宅地造成費	⑤	9,300円/㎡
宅地造成費を控除した1㎡当たりの価額（④－⑤）	⑥	78,099円
地積	⑦	1,116㎡
財産評価額（⑥×⑦）		87,158,484円

（注1）　奥行価格補正率（②欄）は，奥行距離（73.00m）に応じた，評価通達15（奥行価格補正）に定める普通住宅地区の補正率である。

（注2）　不整形地補正率（③欄）は，かげ地割合（46.35％）に応じた評価通達20（不整形地の評価）に定める普通住宅地区（地積区分750㎡以上）の不整形地補正率（0.90）と間口距離（2.79m）に応じた評価通達20－3（間口が狭小な宅地等の評価）に定める間口狭小補正率（0.90）を乗じた補正率である。

（注3）　宅地造成費の金額（⑤欄）は，傾斜度が3度超5度以下の場合の造成費（8,500円/㎡）と伐採・抜根費（800円/㎡）の合計である。

費用負担を強いられることもないことからすると，当該傾斜地に隣接することが，評価通達では適切に評価できないというほどの事情とはいえない。

したがって，請求人の上記主張には理由がない。

❸ 本件鑑定評価の合理性の有無について

(1)　本件鑑定評価の概要

　本件鑑定評価は，本件土地周辺に存する土地の取引事例を選択し，それらの取引価格を補正するなどして標準的画地の価格を求め，さらに，当該価格に対して，本件土地との個別要因の差異により補正して比準価格を試算し，また，本件土地の分譲を想定して，販売総額から造成費相当額等を控除して得た開発法による価格を求めた上，開発法による価格を中心に比準価格を参考として，鑑定価額を決定するというものである。

(2)　鑑定評価手法の適用について

　本件鑑定評価では，対象不動産を市街化区域内の更地とした上で，開発法による価格を中心に比準価格を参考として鑑定評価額を決定している。

　ところで，不動産鑑定評価基準は，不動産鑑定士等が行う不動産の鑑定評価を行うに当たっての統一的基準であるから，不動産鑑定評価を行う際には，これに従うことを要するところ，同基準は，更地の鑑定評価について，取引事例比較法に基づく比準価格及び収益還元法に基づく収益価格を関連付け，さらに，当該更地の面積が近隣地域の標準的な土地の面積に比べ大きい場合には開発法による価格を比較考量して決定するものと定めていることに鑑みると，鑑定評価の手法の適用が不動産鑑定評価基準に適正に従っているのかについて疑義がある。

(3)　開発法の評価過程について

　本件鑑定評価では，本件土地の開発方法として，本件隣接地を取得の上，本件隣接地及

び本件土地上に，＊＊＊＊（X号線）に接続する袋路状の道路を設置し，当該道路沿いの宅地を分譲する方法を想定している（図表－7）。

しかしながら，本件隣接地の取得を前提として，幅員約8mの＊＊＊＊（X号線）から本件道路（幅員約3m）に接続するような開発道路の設置を想定すれば，当該開発道路は，いわゆる通り抜け道路となり，請求人が主張するような袋路状の道路の想定による転回広場の設置を要さないことから，想定される開発道路の距離が延長されることを踏まえても，本件鑑定評価よりも広い有効宅地を想定することができる（審判所の調査の結果によれば，本件土地の存する＊＊＊＊（筆者注 本件土地が所在する地方自治体名と推定される）において住宅建設のための開発行為を行うに当たり道路を開設する場合，開設する道路終端の一方を幅員6.5m以上の道路に，他方を幅員2.2m以上の道路にそれぞれ接続することにより，当該道路は通り抜け道路と認められる）。そうすると，本件鑑定評価で想定している開発道路の設置の仕方は経済的合理性に欠けるものというべきである。

そして，本件鑑定評価における宅地造成工事費（17,000円/㎡）は，図表－7のような開発（袋路状の道路）を前提として求めたものであるところ，上記のとおり，本件鑑定評

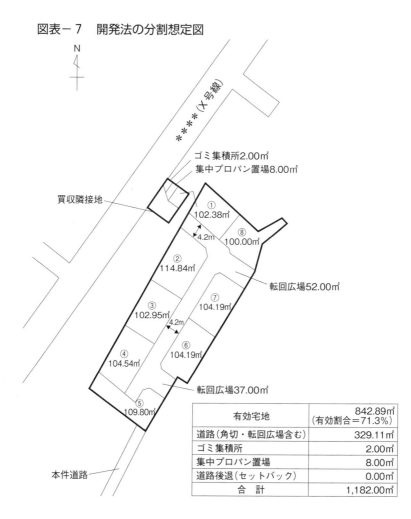

図表－7　開発法の分割想定図

価が想定している開発道路の設置の仕方が経済的合理性に欠けるものである以上，当該宅地造成工事費の査定について合理性に疑問があるといわざるを得ない。

以上の点からすれば，本件鑑定評価における開発法による価格の査定には，その合理性に疑問がある。

(4) 取引事例比較法の評価過程について

① 取引事例の選択について

不動産鑑定評価基準は，取引事例比較法に関して，取引事例は，取引事情が正常なものと認められるもの又は正常なものに補正することができるものから選択する旨定めている。

しかしながら，本件鑑定評価が採用した4つの取引事例（前記図表－3の付表1参照）のうち，取引事例Gについては「2画地より構成」とされているところ，請求人提出資料及び審判所の調査の結果によれば，取引事例Gに係る土地の形状は，おおむね図表－8の実線で囲んだ部分であること，さらに，図表－8の実線で囲んだ部分と点線で囲んだ部分はもともと1筆の土地であったものを分筆の上，同一年月日，それぞれ別の者に売却されたことが認められる。

このような事情に照らせば，取引事例Gに係る取引は取引事情や形状等の個別性が強く，取引事例として採用することに疑問があるといわざるを得ない（取引事例としてやむを得ず採用するにしても補正は困難というべきであり，現に，本件鑑定評価において，この点についての補正がされているとは認められない）。

加えて，本件鑑定評価では，標準的な画地を1,000㎡程度の住宅素地としているところ，取引事例Gに係る土地は2画地合わせても500㎡に満たず，大きな画地のみでは400㎡にも満たない（他方の区画は1区画の宅地にしかならない画地規模である）ことからすれば，標準的な画地と取引事例地とで条件が大きく異なるものと認められ，この点からも，本件鑑定評価において取引事例Gを採用したことには疑問がある（なお，審判所の調査の結

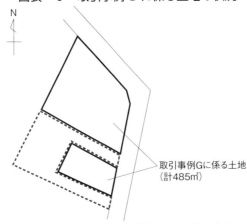

図表－8 取引事例Gに係る土地の状況

取引事例Gに係る土地
（計485㎡）

（注） 点線部分は，取引事例Gに係る土地と同一の所有者が，同一日に，他の買主に売却したと認められる土地である。

図表－9　取引事例

順号	所在地	地積(㎡)	取引時点	間口×奥行(m)	形状	接面街路	取引価格(円/㎡)
1	＊＊＊＊	804	平成22年5月24日	67×12	長方形(潰れ地なし)	北東4.5m舗装市道 南東4.5m舗装市道	181,590
2	＊＊＊＊	1,673	平成22年10月8日	52×32	不整形(潰れ地なし)	北6m舗装市道 東6m舗装市道 南6m舗装市道	155,319
3	＊＊＊＊	723	平成23年6月9日	28×34	やや不整形	北西4m舗装市道 南西4m舗装私道	154,592
4	＊＊＊＊	2,287.03	平成23年6月21日	21×59	不整形	北6m舗装私道 東4m舗装私道	135,547
5	＊＊＊＊	848	平成23年6月23日	31×27	長方形	南西6m舗装市道	242,262
6	＊＊＊＊	1,141	平成23年9月11日	14×73	長方形	北西4m舗装市道	64,838
7	＊＊＊＊	640	平成23年10月23日	22×29	ほぼ長方形	西4.2m舗装市道	139,272
8	＊＊＊＊	623	平成23年10月28日	51×12	長方形(潰れ地なし)	北西4m舗装市道 南西8m舗装市道	287,653
9	＊＊＊＊	488.32	平成23年11月11日	18×29	長方形	南西4m舗装市道	176,047

（注）1　「形状」欄の（潰れ地なし）とあるのは，開発するとした場合に潰れ地が生じないと本件鑑定評価書の作成者が判断したものを指す。
　　　2　建築基準法第43条（敷地等と道路との関係）に規定する基準を満たさない土地を除く。

果によれば，本件土地の存する＊＊＊＊（筆者注　本件土地が所在する地方自治体名と推定される）における平成22年及び23年の土地取引として，図表－9記載の各取引事例が認められるところ，当該各取引事例を採用することも可能であり，あえて取引事例Gのように個別性の強い事例を採用する必要性は乏しく，図表－9記載の取引事例の取引価格の大半が取引事例Gの取引価格を上回ることからすると，取引事例Gを採用することは鑑定評価額を引き下げる要因にもなっている）。

　取引事例の選択に係る上記で指摘した点は，本件鑑定評価の合理性に疑問を抱かせるものである。

② 取引価格の補正について

　不動産鑑定評価基準は，取引事例が特殊な事態を含み，これが当該事例に係る取引価格に影響を及ぼしているときは適切に補正しなければならない旨定め，不動産鑑定評価基準運用上の留意事項において，事情補正を要する特殊な事情が例示されている。

　しかしながら，本件鑑定評価は，取引事例Hの取引価格が高値であるとしてマイナス20％の事情補正を行っているところ，かかる事情は，事情補正を要するような特殊な事情に該当するとはいえず，他に本件鑑定評価書上，上記の特殊な事情をうかがわせる記載もなく，これを認めるに足りる証拠資料もない。

　したがって，この点も本件鑑定評価の合理性に疑問を抱かせるものである。

③ まとめ

　上記①及び②の点からすれば，本件鑑定評価における比準価格の試算には，その合理性に疑問がある。

(5) 小括

上記(1)ないし(4)のとおり、本件鑑定評価には、上記で指摘したような鑑定評価の合理性を疑わせるような点が認められることからすれば、本件鑑定評価は合理性を有するものと認めることはできない。

❹ 本件土地の価額

上記❶ないし❸のとおり、本件鑑定評価は合理性を有するものと認められないから、このような本件鑑定評価（筆者注 59,000,000円）をもって、本件通達評価額（筆者注 78,952,536円）が本件土地の時価を適切に反映したものでないとか、客観的交換価値を上回るものであるなどとはいえない。

したがって、評価通達の定めに従って評価した本件通達評価額は、本件土地の時価を適正に評価したものと認められる。

まとめ　本件裁決事例では、本件鑑定評価の合理性が認められず、請求人の主張は理由がないものとして認められなかったことから、原処分庁による本件更正処分が適法性を有するものとして容認された。

本件裁決事例のキーポイント

❶ 相続税法22条に規定する時価と評価通達の定め

(1) 租税法律主義と財産評価

① 憲法に規定する租税法律主義

わが国の最高法規である日本国憲法30条（納税の義務）において、「国民は、法律の定めるところにより、納税の義務を負う」と規定されている。当該規定は、条文のタイトルどおり、一般的には納税に関する義務規定と解釈されているが、換言すれば、国民は法律に規定しない（法源性を有しない）納税の義務は負わない旨を明確にしたものと解され、日本国民の納税義務は法律の根拠に基づくものに限り成立するものと解釈される。このような近代法治国家における基本的な納税原則を「租税法律主義」という。

そうすると、納税義務は法律に起因していると解されることから、その規定の改廃や新税の導入等の納税に関する諸事項の変更は、原則として法律の規定に基づかなければならないことになる。この点につき、日本国憲法84条（租税法律主義）において、「あらたに租税を課し、又は現行の租税を変更するには、法律又は法律の定める条件によることを必要とする」と規定しており、租税法律主義による課税要件の確定を明言しているといえよう。

② 課税要件法定主義

上記①に掲げる租税法律主義による課税要件の確定につき、具体的には、次に表題を示す四つの要件（四大要件）を掲げることができる。

(イ) 課税要件法定主義

㈠　課税要件明確主義
　㈡　合法性の原則
　㈣　手続保障の原則
　上記㈠ないし㈣に掲げる四大要件のうち，本稿のテーマでもある租税法律主義と財産評価との関係につき，特に密接していると考えられる㈠の課税要件法定主義について検討してみたい。
　課税要件法定主義とは，具体的に課税（納税義務）が成立する要件及び当該租税の申告納付・賦課徴収に関する手続の全部が法律(注1)によって規定されなければならないことをいう。この場合，法律と行政立法（施行令(注2)・施行規則(注3)）との関係については，法律の本来その有する趣旨から逸脱しない範囲内で具体的・個別的な事項を施行令・施行規則に委任することは許容されるものと解されている。

（注1）　法律とは，国民の代表が参集する議会（国会）において制定された法規範である。
　　　　国税に関する法律は，国税に関する共通事項を定めた3つの通則法（国税通則法・国税徴収法・国税犯則取締法）と各々の税目について定められた各個別租税法（所得税法・法人税法・相続税法・消費税法等）の2種類から構成されている。

（注2）　施行令とは，行政庁が制定する法規命令のなかで，内閣が制定する政令を意味する。政令については，次に掲げる2点に留意されたい。
　　㋑　政令の役割は2つあり，法律の規定を施行するために必要なもの（執行命令）と租税法律主義の範囲内において許容される法律の特別な委任に起因するもの（委任命令）とから成っている。
　　㋺　租税につき，各々の税目について規定した各個別租税法では包括的一般的事項を法律で規定し，実務的な詳細事項を政令委任している場合が非常に多い。したがって，施行令（政令）は租税実務上の取扱いでは非常に重要なウエイトを占めていることになる。

（注3）　施行規則とは，行政庁が制定する法規命令のなかで，各省大臣が制定する省令を意味する。省令の役割も上記（注2）㋑の施行令の場合と同様に2つあり，執行命令と委任命令とから成っている。

(2)　時価の解釈（相続税法に規定する時価・評価通達に定める時価）

① 　相続税法に規定する時価

　相続税法22条（評価の原則）において，「相続，遺贈又は贈与により取得した財産の価額は，当該財産の取得のときにおける時価により評価する」旨の規定が設けられている。しかしながら，この時価（前記＿＿部分）の意義については，相続税法（法律）において明確な規定は設けられていない。

② 　評価通達に定める時価

　上記①の相続税法に設けられている時価評価の規定のみでは，具体的に財産評価の実務を遂行することは著しく困難なものとなる。そこで，評価通達1（評価の原則）の(2)（時価の意義）の定めを設けて，次のとおりの時価に関する解釈指針を示している。

資料 評価通達1（評価の原則）⑵（時価の意義）

> ⁽ˣ⁾財産の価額は，⁽ʸ⁾時価によるものとし，時価とは，課税時期において，それぞれの財産の現況に応じ，不特定多数の当事者間で自由な取引が行われる場合に通常成立すると認められる価額をいい，⁽ᶻ⁾その価額は，この通達の定めによって評価した価額による。

上記の評価通達の形成過程を示すと，次のとおりとなる。

(イ) まず，(X)の部分で，この定め（時価の意義）は通達による制定事項であることから，通達で考えているところの財産の価額というものは時価であるということを明確にすることにより，この通達は法律（相続税法22条（評価の原則））の財産評価（時価評価）の解釈の範囲内（同一）であることを確認している。

(ロ) 次に，(Y)の部分で，具体的に時価の概念を説明している。この時価の概念とは，通常の市場経済原理に基づいて成立する客観的な交換価値であると明示している。要点をまとめると，次の3点となる。

　　㋑　財産の現況を考慮すること
　　㋺　取引に制約条件のないこと（不特定多数の当事者間・自由な取引）
　　㋩　客観的な交換価値［仲値の時価］によること（通常成立すると認められる価額）

(ハ) 最後に(Z)の部分で，純粋な評価領域における財産評価では，その評価方法をこの評価通達の定めに基づいて，画一的に，かつ，一律的に算定することを明示している。このような評価方法を採用した理由は，次に掲げるところによると考えられる。

　　㋑　上記(ロ)に掲げるような理論的な時価を実務上算定することは，大変困難であると考えられること
　　㋺　仮に，上記(ロ)に掲げるような理論的な時価が算定されたとしても，その適正さの担保や検証等に多大な手間が想定され，課税の均一性及び公平性の面で問題が生じることが考えられること

そうすると，評価通達による画一的な財産評価は，上記の評価に対する考え方（理論的思考と評価実務における実践性との整合）からして，極めて妥協的な側面を有しているものといえよう。

(3) **評価通達の位置付け等とその法源性**

① 通達の位置付けと役割

　通達とは，上級行政官庁が下級行政官庁に対して，法令の解釈に関する留意事項やその運用執行を命令指示するためのものをいう。したがって，通達は行政官庁の内部組織では拘束力を有することになるが，各納税義務者に対しては何らの拘束力をも有しないものであり，通達と異なる解釈によって税務処理を行うことも可能とされる。また，国税に関する判断機関である国税不服審判所や司法機関である裁判所も通達に拘束されることはない。

　このような特性を有する通達による課税実務に対する適用は，より一層の慎重さが求め

られるものであり，法令の解釈範囲を超えた通達の出現により，納税義務者が不利に取り扱われる状況となることは当然に許されないものと解釈される。

通達の分類方法として，次に掲げるような分類が一般的には行われている。
(イ) 法令の解釈に関する留意事項を定めた通達（解釈通達）とその運用執行を指示するための通達（執行通達）とに区分される。
(ロ) 各個別租税法の条文順に当該条文に係る重要事項に係る解釈や執行を体系的にまとめた通達（基本通達）と当該基本通達に制定していなかった事項又は個別的要素の強い事項について個々に解釈や執行指針を示す通達（個別通達）とに区分される。

② 評価通達とその法源性

評価通達は，上記(2)②に掲げるとおり，相続税法22条（評価の原則）に規定する時価の解釈の範囲内で運用されるべきものとして，上級行政官庁が下級行政官庁に対してその具体的な運用を指示したものと解釈すべきであり，評価通達自体がいかに評価実務上において重要な地位を占めているとしても，(A)法源性を有しているものではない。すなわち，相続税等の納税義務者は，財産の評価に際して評価通達の各定めを参考としながらも，その取扱いと異なる取扱いを適用して財産の評価及び申告を行うことが可能とされている。

しかしながら，実際には日常の租税行政（一般的には，相続税等の納税義務者及びその税務代理人たる税理士が行う日常業務も含めて）は，通達に則して行われることが通常（課税庁職員は，国家行政組織法14条2項の規定（下記 資料 を参照）により発せられた通達に拘束されることとなり，一方，納税義務者側においては，通達に即して課税処理を行うことによって，当該課税処理に基づく税務申告の是認可能性が高まるという課税予測性の確保という観点からの効果が期待される）である。したがって，その意味においては，通達は，事実上において租税法における(B)法源性を有しているものと同様の地位を占めているものと解釈せざるを得ないと考えられることもある。

資料　国家行政組織法14条

> 　各省大臣，各委員会及び各庁の長官は，その機関の所掌事務について，公示を必要とする場合においては，告示を発することができる。
> 2　各省大臣，各委員会及び各庁の長官は，その機関の所掌事務について，命令又は示達をするため，所管の諸機関及び職員に対し，訓令又は通達を発することができる。

そうすると，上述のとおり，相続税等の納税義務者は評価通達の定めを適用することなく財産を評価して申告するという行為自体は容認されるものの，上掲の通達の位置付け(注)からすると，当該行為に基づく財産評価は，その評価方法が適切であるか否かについて十分な審理（最終的には，裁判所における司法判断に委ねられることも想定される）を受けることになろう。

(注)　評価通達はあくまでも通達であり法律ではないことから法源性を有するものではない

（上記(A)部分）が，日常の租税行政実務においては，法源性を有しているものと同様の地位を占めている（上記(B)部分）との解釈が一般的には行われている。ただし，それでも「同様の地位」を占めているに止まっていることに留意すべきであろう。

(4) 土地等の価額に係る立証挙証責任
① 通説としての法令解釈等
　土地等の価額につき，特別の事情を有するものとして評価通達に定める評価方法によらないものとして，不動産鑑定士等による不動産鑑定評価額による場合の留意点及び通説としての法令解釈等を示すと，次のとおりとなる。
　(イ) 留意点
　　㋑ 土地等の価額につき，不動産鑑定士等による不動産鑑定評価額によるべきであるとの合理性に係る立証挙証責任は，すべて当該評価方法によるべきであると主張している納税義務者側にあること
　　㋺ 上記㋑に係る立証挙証責任につき，一般的には次に掲げる2点が疎明されていることが必要と解されていること
　　　(A) 納税義務者側が主張する不動産鑑定士による不動産鑑定評価額（納税義務者側が主張する評価対象地の客観的な交換価値（時価））に正当性が認められるものであること
　　　(B) 評価対象地につき，「評価通達に基づいて算定された価額（相続税評価額）＞客観的な交換価値（時価）」という不等式の関係が成立していると認められるものであること
　(ロ) 通説としての法令解釈等
　　上記(イ)㋺に掲げる(A)及び(B)の関係について，先例たる裁決事例及び判例では次に掲げるとおりの法令解釈等が示されており，通説とされている。

法令解釈等

> 　相続税評価額が，時価とみなし得る合理的な範囲内にあれば，相続税法22条（評価の原則）違反の問題は生じないと解するのが相当である。
> 　そして，相続税評価額が客観的交換価値を超えているといえるためには，当該評価額を下回る鑑定評価が存在し，その鑑定評価が一応公正妥当な不動産鑑定理論に従っているというのみでは足りず，同一の土地についての他の不動産鑑定評価があればそれとの比較において，また，周辺の地価公示価格や都道府県地価調査に係る基準地の標準価格の状況，近隣における取引事例等の諸事情に照らして，相続税評価額が客観的な交換価値を上回ることが明らかであると認められることを要するものというべきである。

② 具体的な事例に基づく検討
　上記①に掲げる法令解釈等が具体的な事例（裁決事例，裁判例）において，どのように

解釈及び運用されているかにつき，下記に掲げる裁決事例及び裁判例（各1点ずつ）を対象として，検討を加えてみることにする。

(イ) 国税不服審判所裁決事例（平28.8.2裁決，関裁（諸）平28−4，平成23年相続開始分）
　　題記の裁決事例は本稿で検討中の裁決事例である（事例，基礎事実，争点，双方の主張及び国税不服審判所の判断については，それぞれの該当項を参照）。この裁決事例において，国税不服審判所の判断として示された法令解釈等につき整理してまとめると，図表−10のとおりとなる。

(ロ) 名古屋地方裁判所裁判例（平16.8.30判決，平成15年（行ウ）第10号，平成10年相続開始分）

図表−10　国税不服審判所裁決事例（平28.8.2裁決，関裁（諸）平28−4，平成23年相続開始分）における法令解釈等

項目	国税不服審判所による法令解釈等
(1) 相続税法22条の規定	相続税法22条（評価の原則）は，相続財産の価額は，特別に定める場合を除き，当該財産の取得の時における時価によるべき旨を規定しており，ここにいう時価とは相続開始時における当該財産の客観的な交換価値をいうものと解するのが相当である。
(2) 相続財産の評価に係る一般的基準（評価通達の位置付け）	① 上記(1)の客観的な交換価値というものが必ずしも一義的に確定されるものではないことから，相続税等に係る課税実務においては，納税者間の公平，納税者の便宜，徴税費用の節減等の観点から，相続財産の評価に係る一般的基準が評価通達によって定められ，これに定められた画一的な評価方法に従って統一的に相続財産の評価が行われてきたところである。 ② 上記①のような評価通達に基づく相続財産の評価方法は，相続税法22条（評価の原則）が規定する財産の時価すなわち客観的交換価値を評価・算定する方法として一定の合理性を有するものと一般に認められる。 ③ 上記①及び②より，評価通達は，単に課税庁の内部における課税処分に係る行為準則であるというにとどまらず，一般の納税者にとっても，相続税等の納税申告における財産評価について準拠すべき指針として通用してきているところである。
(3) 評価通達の定めと時価評価の推認の関係	相続税に係る課税処分の審査請求において，原処分庁が，当該課税処分における課税価格ないし税額の算定が評価通達の定めに従って相続財産の価額を評価して行われたものであることを評価通達の定めに即して主張・立証した場合には，その課税処分における相続財産の価額は「時価」すなわち客観的交換価値を適正に評価したものと事実上推認することができるというべきである。
(4) 時価評価の推認と課税処分の適法性の関係	上記(3)より，相続税に係る課税処分の審査請求において，原処分庁が，当該課税処分における課税価格ないし税額の算定が評価通達に定めに従って相続財産の価額を評価して行われたものであることを評価通達の定めに即して主張・立証した場合には，請求人において，次に掲げる事項を具体的に指摘して，あるいは，主張立証するなどして原処分庁による上記(3)に掲げる推認を覆すことなどがない限り，当該課税処分は適法であると認めるのが相当である。 ① 評価通達の定めに従って行ったという原処分庁の財産評価の基礎となる事実認定に誤りがある等，その評価方法に基づく相続財産の価額の算定過程自体に不合理な点があること ② 不動産鑑定士による合理性を有する不動産鑑定評価等の証拠資料に基づいて，評価通達の定めに従った評価が，当該事案の具体的な事情の下における当該財産の「時価」を適切に反映したものではなく，客観的交換価値を上回るものであること

イ 裁判例の概要

本件は，原告の父に係る相続開始（平成10年6月3日）により相続税の申告をしたところ，被告が，相続財産の一部の不動産（第1土地（貸家建付地）及び第2土地（自用地））の評価額に誤りがあることを理由に，相続税の更正処分及び過少申告加算税の賦課決定処分をしたため，これを不服とする原告が，その一部の取消しを求めた抗告訴訟である。

ロ 争点とされた第1土地（貸家建付地）及び第2土地（自用地）の価額

題記につき，双方（原告・被告）の主張する価額及び名古屋地方裁判所が判断した価額をまとめると，図表-11のとおりとなる。

図表-11 争点に関する双方の主張及び名古屋地方裁判所の判断

区分	第1土地（貸家建付地）	第2土地（自用地）
原告（納税者）の主張する価額	(1) 当初（相続税の期限内申告時） 42,812,000円（計算根拠は判決文に未記載） (2) 請求縮減後（平成15年12月19日第3回弁論準備手続期日時に，名古屋地裁が依頼した不動産鑑定士が算定した不動産鑑定評価額に原告主張額も一致させることを表明） 54,589,550円（下記 計算 を参照） 計算 64,223,000円（名古屋地裁自用地鑑定額）×（1－50%（借地権割合）×30%（借家権割合））＝54,589,550円	(1) 当初（相続税の期限内申告時） 14,495,800円（計算根拠は判決文に未記載） (2) 請求縮減後（平成15年12月19日第3回弁論準備手続期日時に，名古屋地裁が依頼した不動産鑑定士が算定した不動産鑑定評価額に原告主張額も一致させることを表明） 21,204,000円
被告（原処分庁）の主張する価額	57,760,807円 被告は，評価通達に基づき算定（下記 計算 を参照）することを主張 計算 67,953,891円（自用地相続税評価額）×（1－50%（借地権割合）×30%（借家権割合））＝57,760,807円 参考 被告が参考までに，被告選任の不動産鑑定士に依頼して算定させた不動産鑑定評価額は，68,400,000円（自用地）であった。	(1) 当初（原告に対する第1次更正処分時） 40,674,721円（被告は，評価通達に基づき算定することを主張） (2) 異議申立て後の評価見直し 29,500,000円（被告選任の不動産鑑定士に依頼して算定させた不動産鑑定評価額）
名古屋地方裁判所の判断	(1) 判断のために資料とした価額（名古屋地裁が依頼した不動産鑑定士が算定した価額） 54,589,550円（下記 計算 を参照） 計算 64,223,000円（名古屋地裁自用地鑑定額）×（1－50%（借地権割合）×30%（借家権割合））＝54,589,550円 (2) 結論（第1土地の価額） 54,589,550円 留意点 被告側の不動産鑑定評価額68,400,000円と名古屋地裁側の不動産鑑定評価額64,223,000円とを比較検討し，後者を信用性の高いものとして採用し，これを基に算定した価額である。	(1) 判断のために資料とした価額（名古屋地裁が依頼した不動産鑑定士が算定した価額） 21,204,000円 (2) 結論（第2土地の価額） 21,204,000円 留意点 被告側の不動産鑑定評価額29,500,000円と名古屋地裁側の不動産鑑定評価額21,204,000円とを比較検討し，後者を信用性の高いものとして採用した。

(ハ) 法令解釈等

名古屋地方裁判所の判断として示された法令解釈等につき整理してまとめると，図表－12のとおりとなる。

図表－12 名古屋地方裁判所裁判例（平16.8.30判決，平成15年（行ウ）第10号，平成10年相続開始分）

項目	名古屋地方裁判所による法令解釈等
(1) 評価通達とその法源性	評価通達は，国税庁長官によって発出された通達であって，法形式上は行政内部の機関や職員に対する関係で拘束力を有する行政規則（国家行政組織法14条2項）にすぎず，国民に対して効力を有する法令としての性質を有するものではない（最高裁三小，昭38.12.24判決）。 （注）　国家行政組織法14条2項については，前記(3)②の資料を参照
(2) 相続財産の評価に係る一般的基準（評価通達の位置付け）	上記(1)にかかわらず，大量・反復して発生する課税事務を迅速かつ適正に処理するためには，あらかじめ法令の解釈や事務処理上の指針を明らかにし，納税者に対して申告内容を確定する便宜を与えるとともに，各課税庁における事務処理を統一することが望ましいと考えられるから，通達に基づく課税行政が積極的な意義を有することは否定し難いものである。
(3) 評価通達の定めと時価評価の推認の関係	上記(2)より，通達の内容が法令の趣旨に沿った合理的なものである限り，これに従った課税庁の処分は，一応適法なものであるとの推定を受けるであろうし，逆に，課税庁が，特段の事情がないにもかかわらず，通達に基づくことなく納税者に対して不利益な課税処分を行った場合には，当該処分は，租税法の基本原理の一つである公平負担の原則に反するものとして違法となり得るというべきである。
(4) 時価評価の推認と課税処分の適法性の関係	①　通達の意義は以上（筆者注　上記(3)に掲げる評価通達の定めと時価評価の推認の関係に掲げる事項を指す）に尽きるものであり，納税者が反対証拠を提出して通達に基づく課税処分の適法性を争うことは何ら妨げられないというべきであり，その場合には，通達の内容の合理性と当該証拠のそれとを比較考量して，どちらがより法令の趣旨に沿ったものであるかを判断して決すべきものである。 ②　相続税法22条（評価の原則）の「時価」は，不特定多数の者の間において通常成立すべき客観的な交換価値を意味するから，通達評価額が，この意味における時価を上回らない場合には，適法であることはいうまでもないが，他の証拠によって上記「時価」を上回ると判断された場合には，これを採用した課税処分は違法となるというべきである（固定資産税について定めた地方税法341条（固定資産税に関する用語の意義）5号の「適正な時価」に関する最高裁判所平成15年6月26日第一小法廷判決参照）。
(5) 評価通達に定める路線価方式による評価	①　評価通達は，宅地（市街化地域内）価額の評価が路線価方式によって行われるべきことを定めているところ，その概要は以下のとおりであると認められる。 　すなわち，ほぼ同価額と認められる一連の宅地が面している路線の中央部の標準的な宅地を選定し，その1単位当たりの毎年1月1日を基準日とする価額を，売買実例価額，精通者意見価格及び公示価格を基にして，各国税局長がその仲値の範囲内で評定して定め，これに対象土地の単位数（面積）を乗じ，更に各宅地の特殊事情を加味すべく，あらかじめ定められた奥行価格補正率，側方路線影響加算率，二方路線影響加算率，間口狭小補正率，奥行長大補正率，不整形地補正率などを適用して，その価額を算出するものである。 ②　上記①の路線価方式は，上記の概要から容易に看取できるとおり，標準的な宅地の1単位当たりの価額を不動産鑑定的手法を用いて評定し，これを当該路線に面する他の宅地にも適用するとともに，通常その価格形成に影響すると考えられる定型的な要因についてあらかじめ定められた補正（加算）率によって修正するものであり，いわば，簡易な不動産鑑定と定型的補正とを組み合わせた方式と評価することができる。

(6) 不動産鑑定の位置付け	① 正式な不動産鑑定は，不動産鑑定評価基準にのっとって行われる。不動産鑑定評価基準は，不動産価格の形成に関する理論を科学的に検討し，不動産評価に関する実務の最新の研究成果をも取り入れたものであって，「不動産鑑定士等が不動産の鑑定評価を行うに当たって，その拠り所となる実質的で統一的な行為規範」として機能すべきものである。 　上記のような不動産鑑定評価基準の性格や精度に照らすと，これに準拠して行われた不動産鑑定は，一般的には客観的な根拠を有するものとして扱われるべきであり，その結果が上記(5)の通達評価額を下回るときは，前者が「時価」に当たると判断すべきことは当然である。 ② もっとも，不動産鑑定評価基準に従った客観的な交換価値の評価といっても，自然科学における解答のような一義的なものではあり得ず，現実には鑑定人の想定価格としての性格を免れるものではないので，どのような要素をどの程度しんしゃくするかによって，同一の土地についても異なる評価額が算出され得ることは避けられない。 ③ 上記①及び②より，ある土地について複数の異なる評価額の不動産鑑定が存在する場合は，まずそれらの合理性を比較検討した上で，より合理性が高いと判断できる鑑定の評価額をもって時価と評価すべきであり（仮に合理性についての優劣の判断が全くなし得ない場合には，その平均値をもって時価と評価すべきである），その上で通達評価額と比較して，当該課税処分の適法性を判断すべきである。

　(ハ)　まとめ

　　　上記(イ)に掲げる裁決事例及び上記(ロ)に掲げる裁判例において，それぞれの判断機関（国税不服審判所，名古屋地方裁判所）が示した法令解釈等の要旨をまとめると，次頁図表－13のとおりとなり，両者が共通のものであると理解される。

③　まとめ

　上記①及び②より，土地等の評価につき，当該土地等の価額が評価通達に基づき算定されたことが証明されれば，当該価額は一応の合理性を確保しているものと推認されるという法令解釈が成立する（換言すれば，評価通達に基づく評価額は推定無罪（？）（さらに換言すれば，推定有効））ことから，納税者側においては評価通達の定めを超えるより一層の合理性を確保していると認められる証拠（例適正と認定される一定水準を確保した不動産鑑定士等による不動産鑑定評価）を明示して，当該推認を覆すことが必要とされる。

　この評価通達に定める評価対象財産の種類ごとに個別に定められた評価方法によらず，他の合理的と認められる評価方法を採用することは，相続税法22条（評価の原則）及び評価通達6（この通達の定めにより難い場合の評価）（資料を参照）に依拠しているものである。

資料　評価通達6（この通達の定めにより難い場合の評価）

　この通達の定めによって評価することが著しく不適当と認められる財産の価額は，国税庁長官の指示を受けて評価する。

図表-13 裁決事例及び裁判例における法令解釈等

理　念	相続税法22条（評価の原則）では，相続財産の価額は原則として，当該財産の取得の時における時価（客観的な交換価値）によるべき旨が規定されている。
現　実	評価実務においては，相続財産の価額を上記の理念に掲げる時価（客観的な交換価値）に求めることは，次に掲げる理由により非常に困難と考えられる。 ㋑　時価（客観的な交換価値）というものが，必ずしも一義的に確定されるものではないこと ㋺　大量・反復して発生する課税事務を迅速かつ適正に処理する必要があること ㋩　相続税等に係る課税実務においては，納税者間の公平，納税者の便宜，徴税費用の節減等の観点が求められること
対　応	㋑　上記の現実に対応するため，課税庁では相続財産の評価に係る一般的基準を評価通達として定め，これにより画一的な評価方法に従って統一的に相続財産の評価が行われてきた。 ㋺　評価通達に基づく相続財産の評価方法は，相続税法22条（評価の原則）が規定する財産の時価を算定する方法として一定の合理性を有すると一般的に認められる。 ㋩　上記㋑及び㋺より，評価通達に基づく相続財産の評価方法は，一般の納税者にとっても財産評価について準拠すべき指針として通用してきている（評価通達に対する(X)事実上の法源性の付与）。
通達の位置付け	評価通達の定めに従って相続財産の価額を評価したことを原処分庁が評価通達の定めに即して主張・立証した場合には，時価（客観的交換価値）を適正に評価したものと事実上(Y)推認される。
通達の違法性とその立証	㋑　評価通達に対して事実上の法源性が付与されている（上記 対応 の㋩を参照）としても，あくまでも「事実上」（(X)　部分に注目）であり，また，上記通達の位置付けに示されている時価評価の推認がなされるとしても，あくまでも，「推認」（(Y)　部分に注目）にすぎないことに留意する必要がある。 ㋺　上記㋑より，納税者は当該推認を覆す反対証拠を提出して（この場合の立証挙証責任は納税者にあることに留意する），通達に基づく課税処分の適法性を争うことが可能とされ，その取扱いは次のとおりとなる。 　(A)　通達の内容と当該証拠につき，それぞれの合理性が比較考量され，どちらがより法令の趣旨に沿ったものであるかの判断が求められる。 　(B)　通達評価額が，当該証拠によって時価（客観的交換価値）を上回ると判断された場合には，当該通達評価額を採用した課税処分は違法となる。

❷　本件鑑定評価に対する検証

本件裁決事例では，本件鑑定評価の合理性の有無が主要な争点の一つとされた。次に，この点について検証を加えてみたい。

(1)　鑑定評価手法の適用

本件鑑定評価における鑑定価額の決定過程，これに対する原処分庁（課税庁）の批判及びこれらに対する国税不服審判所の判断をまとめると，次頁図表-14のとおりとなる。

本件鑑定評価では，その前提として，対象不動産を市街化区域内の更地としている（次頁図表-14の(A)　部分）。そして，その鑑定評価手法として，開発法による価格を中心に比準価格を参考として鑑定価額を決定している（次頁図表-14の(B)　部分）としている。これに対して，原処分庁（課税庁）が主張し，当該主張を国税不服審判所が相当なものと容認したものとして，不動産鑑定評価基準によれば，更地の鑑定評価について，取引事例

図表－14　鑑定評価手法の適用

鑑定評価の決定過程	原処分庁（課税庁）の主張	国税不服審判所の判断
(A)本件鑑定評価は，対象不動産を市街化区域内の更地とした上で，本件土地周辺に存する土地の取引事例を選択し，それらの取引価格を補正するなどして標準的画地の価格を求め，さらに，当該価格に対して，本件土地との個別要因の差異により補正して比準価格を試算し，また，本件土地の分譲を想定して，販売総額から造成費相当額等を控除して得た開発法による価格を求めた上，(B)開発法による価格を中心に比準価格を参考として，鑑定価額を決定するというものである。	(C)不動産鑑定評価基準によれば，更地の価額の評価については，取引事例比較法による比準価格，収益還元法による収益価格又は原価法による積算価格を中心として，開発法による価格を比較考量して決定することとなる。 　ところが，本件鑑定評価は，取引事例比較法による比準価格及び開発法による価格を求めた上で，比準価格は取引事例に係る個々の契約の事情の把握が困難なこともあることを理由に参考にとどめ，開発法による価格を中心として本件土地の価額を評価しており，(D)本件鑑定評価額の決定過程に疑義がある。 　したがって，本件鑑定評価は，公正妥当な鑑定理論に従ったものとはいえないから，合理性を欠くものである。	(A)本件鑑定評価では，対象不動産を市街化区域内の更地とした上で，(B)開発法による価格を中心に比準価格を参考として鑑定評価額を決定している。 　ところで，不動産鑑定評価基準は，不動産鑑定士等が行う不動産の鑑定評価を行うに当たっての統一的基準であるから，不動産鑑定評価を行う際には，これに従うことを要するところ，(C)同基準は，更地の鑑定評価について，取引事例比較法に基づく比準価格及び収益還元法に基づく収益価格を関連付け，さらに，当該更地の面積が近隣地域の標準的な土地の面積に比べて大きい場合には開発法による価格を比較考量して決定するものと定めていることに鑑みると，(D)鑑定評価の手法の適用が不動産鑑定評価基準に適正に従っているのかについて疑義がある。

比較法に基づく比準価格及び収益還元法に基づく収益価格を関連付け，さらに当該更地の面積が近隣地域の標準的な土地の面積に比べて大きい場合には開発法による価格を比較考量して決定する（図表－14の(C)　部分）とされていることを示して，請求人（納税者）がその採用を主張する本件鑑定評価については本件鑑定評価額の決定過程には疑義がある（図表－14の(D)　部分）としてその正当性を認めていない。

しかしながら，前記❶❶(2)及び❷(3)並びに図表－1によれば，本件土地について次に掲げる基礎事実が確認できる。

① 本件土地は，地積が1,116㎡（公簿地積），地目が山林の土地であり，その南東側には傾斜地が存在する。

② 本件土地は，都市計画法7条（区域区分）に規定する市街化区域に所在し，また，評価通達11（評価の方式）に定める路線価方式により評価する地域に所在する。

③ 本件土地は，南西側で幅員3mの未舗装の本件道路（建築基準法42条（道路の定義）2項の規定により同条1項の道路とみなされる道路）に接しているが，関東信越国税局長が定めた平成23年分財産評価基準書において，本件道路には路線価が設定されていなかった。

④ 上記③より，原処分庁は，本件更正処分に当たり，本件道路に評価通達14－3（特定路線価）に定める平成23年分の特定路線価を設定（130,000円／㎡）し，さらに，評価通達49－2（広大な市街地山林の評価）に基づき，本件土地の価額を評価した。

上記①ないし④から判断すると，本件土地は評価通達上では市街地山林に区分される（さらに，評価通達24－4（広大地の評価）に定める広大地の要件を充足していると認定されたため，原処分庁では，評価通達49－2（広大な市街地山林の評価）の定めを適用して評価している）。なお，市街地山林の評価は，いわゆる宅地比準方式（評価対象地である市街地山林が宅地であるとした場合の1㎡当たりの価額を基礎に評価する方式）によることを原則としている。

一方，不動産鑑定士等が不動産の鑑定評価を行うに当たっての統一的基準とされる不動産鑑定評価基準では，本件土地（評価通達上では市街地山林に該当）は，「見込地（宅地見込地）」に該当するものとして取り扱われる。不動産鑑定評価基準に示されている見込地（宅地見込地）に関する定めを掲げると，次の図表－15のとおりとなる。

そうすると，本件土地（不動産鑑定評価基準上の分類では，宅地見込地）に対する価格に関する鑑定評価につき，不動産鑑定評価基準では，下記に掲げる2つの価格を関連づけ

図表－15　不動産鑑定評価基準に示されている見込地（宅地見込地）に関する定め

㈑　土地の種別（不動産鑑定評価基準：総論，第2章：不動産の種別及び類型，第1節：不動産の種別，Ⅱ：土地の種別） 　土地の種別は，地域の種別に応じて分類される土地の区分であり，宅地，農地，林地，見込地，移行地等に分けられ，さらに地域の種別の細分に応じて細分される。 　宅地とは，宅地地域のうちにある土地をいい，住宅地，商業地，工業地等に細分される。この場合において，住宅地とは住宅地域のうちにある土地をいい，商業地とは商業地域のうちにある土地をいい，工業地とは工業地域のうちにある土地をいう。 　農地とは，農地地域のうちにある土地をいう。 　林地とは，林地地域のうちにある土地を（立竹木を除く）いう。 　見込地とは，宅地地域，農地地域，林地地域等の相互間において，ある種別の地域から他の種別の地域へと転換しつつある地域のうちにある土地をいい，宅地見込地，農地見込地等に分けられる。 　移行地とは，宅地地域，農地地域等のうちにあって，細分されたある種別の地域から他の種別の地域へと移行しつつある地域のうちにある土地をいう。
㈺　土地に関する個別的要因（不動産鑑定評価基準：総論，第3章：不動産の価格を形成する要因，第3節：個別的要因，Ⅰ：土地に関する個別的要因，4：見込地及び移行地） 　見込地及び移行地については，転換し，又は移行すると見込まれる転換後又は移行後の種別の地域内の土地の個別的要因をより重視すべきであるが，転換又は移行の程度の低い場合においては，転換前又は移行前の種別の地域内の土地の個別的要因をより重視すべきである。
㈻　価格に関する鑑定評価（不動産鑑定評価基準：各論，第1章：価格に関する鑑定評価，第1節：土地，Ⅳ：宅地見込地） 　宅地見込地の鑑定評価額は，<u>⒳比準価格及び⒴当該宅地見込地について，価格時点において，転換後・造成後の更地を想定し，その価格から通常の造成費相当額及び発注者が直接負担すべき通常の付帯費用を控除し，その額を当該宅地見込地の熟成度に応じて適切に修正して得た価格</u>を関連づけて決定するものとする。この場合においては，特に都市の外延的発展を促進する要因の近隣地域に及ぼす影響度及び次に掲げる事項を総合的に勘案するものとする。 　㋑　当該宅地見込地の宅地化を助長し，又は阻害している行政上の措置又は規制 　㋺　付近における公共施設及び公益的施設の整備の動向 　㋩　付近における住宅，店舗，工場等の建設の動向 　㋥　造成の難易及びその必要の程度 　㋭　造成後における宅地としての有効利用度 　また，熟成度の低い宅地見込地を鑑定評価する場合には，比準価格を標準とし，転換前の土地の種別に基づく価格に宅地となる期待性を加味して得た価格を比較考量して決定するものとする。

て決定することを求めていることが理解される。
   (A)　比準価格（前頁図表－15の(ハ)X 部分）
   (B)　鑑定対象地（宅地見込地）について，価格時点において，転換後・造成後の更地を想定し，その価格から通常の造成費相当額及び発注者が直接負担すべき通常の付帯費用を控除し，その額を当該宅地見込地の熟成度に応じて適切に修正して得た価格（前頁図表－15の(ハ)Y 部分）

　上記(B)に掲げる鑑定手法はいわゆる「開発法」と呼ばれるものであり，不動産鑑定評価基準では宅地見込地の鑑定評価に際しては，同法による価格と比準価格の両価格を関連づけて（筆者注 不動産鑑定評価の世界では，「関連づけて」という用語は，双方の要素を一定の比率により配分してという意味で使用されるのが一般的である）決定することが求められているのは上述のとおりであるところ，本件鑑定評価では開発法による価格を中心に比準価格を参考として（筆者注 不動産鑑定評価の世界では，「参考として」という用語は，あくまでも参考であり，気に留めるという程度であり，事実上においては考慮（計算上のしんしゃく）の対象とはされないという意味で使用されるのが一般的である）鑑定評価額を決定しているものである。

　したがって，本件土地（宅地見込地）に係る請求人（納税者）側の本件鑑定評価は，事実上，開発法のみによって価格決定されたものと推定される。不動産鑑定評価基準において宅地見込地の鑑定評価につき，開発法を採用することは必然の事項として価格決定に関連づけて求めることが定められているものの，開発法のみに依拠して（換言すれば，比準価格を事実上無視した参考として）価格決定することは，正当な鑑定評価の方法としては容認されていない。

　相続税等における土地評価につき，評価通達の定めによらない価額によるものとして，不動産鑑定士等による不動産鑑定評価による場合には，当該不動産鑑定評価額が不動産鑑定評価基準の定めに適合して求められたものであるか否かにつき，十分に確認する必要があることを本件裁決事例は先例として示唆している。

(2)　**開発法の適用について**

　本件鑑定評価において採用され開発法について，その相当性に対し双方（請求人・原処分庁）において争いがあり，国税不服審判所において判断が示されている。これらをまとめると，図表－16のとおりとなる。

図表－16　開発法の適用に対する双方（請求人・原処分庁）の主張と国税不服審判所の判断

争点	請求人（納税者）の主張	原処分庁（課税庁）の主張	国税不服審判所の判断
① **本件隣接地の買取について**	本件土地を開発するためには，＊＊＊＊（筆者注 次々頁図表－17の＊＊＊＊（X号線）と推定される）と本件土地の間に存する地積が66㎡の土地（以下「本件隣接地」という）を買取る必要があるところ，本件鑑定評価における開発法の適用に当た	本件鑑定評価は，開発法の検討において，本件隣接地を買い取る必要があるとした上で，本件隣接地の価格の査定を取引事例比較法によっているところ，想定した標準的な画地と本件隣接地を比較する過程において，個別的要因による格差率を	本件鑑定評価では，本件土地の開発方法として，本件隣接地を取得の上，本件隣接地及び本件土地上に，＊＊＊＊（X号線）に接続する袋路上の道路を設置し，当該道路沿いの宅地を分譲する方法を想定している（次々頁図表－17）。

		り，本件隣接地の買取りを想定し，本件隣接地の価格については，傾斜山林が迫るものとして想定した標準的な画地の価格に，個別要因（道路＋7％，環境＋10％，道路方位－3％）に係る補正を行い評価している。 　この個別要因のうち環境要因については，当該標準的な画地は傾斜山林に隣接し災害時における崩落の危険があるのに対し，本件隣接地には，そのような危険はないから，その格差率を10％と評価したものであって不合理ではない。	114％（道路＋7％，環境＋10％，道路方位－3％）と判定している。 　しかしながら，環境要因については，本件土地と本件隣接地とでは差異はないと推認され，格差率は過大に評価されている上，<u>格差率の根拠も示されていないため，その妥当性には疑義がある。</u>	しかしながら，本件隣接地の取得を前提として，幅員約8mの＊＊＊＊（X号線）から本件道路（幅員約3m）に接続するような開発道路の設置を想定すれば，当該開発道路は，いわゆる通り抜け道路となり，請求人が主張するような袋路上の道路の想定による転回広場の設置を要さないことから，想定される開発道路の距離が延長されることを踏まえても，本件鑑定評価よりも広い有効宅地を想定することができる（注）。 　そうすると，本件鑑定評価で想定している開発道路の設置の仕方は経済的合理性に欠けるものというべきである。
②	宅地造成工事費について	本件鑑定評価における開発法の検討において，本件土地が緩傾斜を呈しており，開発する場合には擁壁を設置する必要性があるため，その宅地造成工事費を17,000円/㎡と算定している。 　これは，不動産鑑定士が過去に造成工事業者，水道設備業者等から聴取した単価，各研修会において取得した資料及び造成工事の積算実例等を参考に判定したものであり，合理性が認められる。	本件鑑定評価は，開発法の検討において，本件土地に係る宅地造成工事費を17,000円/㎡としている。 　ここで，平成23年分財産評価基準書において，本件土地の条件に係る宅地造成費が9,300円/㎡とされるところ，この額は，土地の造成における平均的な条件を想定した上で，様々な公表資料に基づき，土地造成のために通常要する額として算定された額の80％相当額とされている。 　そして，当該宅地造成費を80％で割り戻した額は11,625円/㎡となるところ，本件鑑定評価において想定している宅地造成工事費は，この約1.5倍に相当する額となるにもかかわらず，<u>その算定根拠は不明であって，合理性に疑義がある。</u>	本件鑑定評価における宅地造成工事費（17,000円/㎡）は，図表－17のような開発（袋路上の道路）を前提として求めたものであるところ，上記①のとおり，本件鑑定評価が想定している開発道路の設置の仕方が経済的合理性に欠けるものである以上，当該宅地造成工事費の査定について合理性に疑問があるといわざるを得ない。
③	本件鑑定評価における開発法の適用	上記①及び②から，本件鑑定評価における開発法による価格の査定には，合理性が認められる。	上記①及び②から，本件鑑定評価における開発法による価格の査定には，その合理性に疑問がある。	上記①及び②から，本件鑑定評価における開発法による価格の査定には，その合理性に疑問がある。

（注）　本件土地の存する＊＊＊＊（地方自治体名）において住宅建設のための開発行為を行うに当たり道路を開設する場合，(A)開設する道路終端の一方を幅員6.5m以上の道路に，(B)他方を幅員2.2m以上の道路にそれぞれ接続することにより，(C)<u>当該道路は通り抜け道路と認められる</u>旨の定めが設けられている。

① 　本件隣接地の買取りについて

　前頁図表－16の争点①（本件隣接地の買取りについて）について，請求人及び原処分庁の双方の主張は本件隣接地の買取りに関して標準的な画地との個別的要因の格差率の相当性が論じられている。しかしながら，国税不服審判所の判断では，認定事実として本件隣接地の買取りを前提とするならば，＊＊＊＊（本件土地所在地の地方自治体名）において

図表-17　開発法の分割想定図

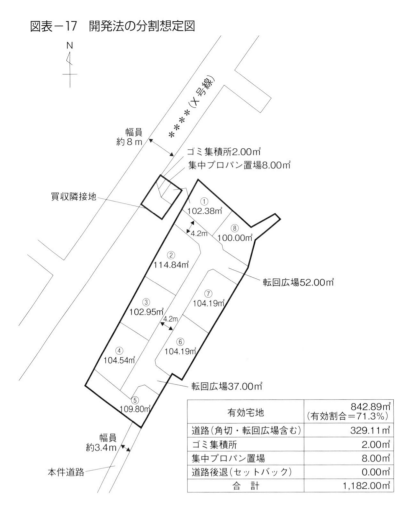

都市計画法に規定する開発行為を行う場合の道路新規開設に際して，次に掲げる2つの条件を充足することによって，当該新規開設道路は通り抜け道路と認められる（前記図表-16の(注)(C) 部分）旨の定めがあることを摘示し，次に当該条件を充足していることを確認している。

(イ)　開設する道路終端の一方を幅員6.5m以上の道路に接続していること（前記図表-16の(注)(A) 部分）。

　　本件隣接地の買取りにより，本件土地は「＊＊＊＊（X号線）」（道路幅員約8m）に接続することになる。

(ロ)　開設する道路終端の他方を幅員2.2m以上の道路に接続していること（前記図表-16の(注)(B) 部分）

　　従前（本件隣接地の買取前）から，本件土地は「本件道路」（道路幅員3.4m）に接続している。

　そして，通り抜け道路となる場合には，本件鑑定評価において想定されている行き止まり道路（袋路状の道路）としたときに必要とされる転回広場の設置(注)は不要とされ，想

定される開発道路の延長距離が行き止まり道路を想定した案に比して長くなったとしても，本件土地に対する有効宅地化率が高くなることを指摘し，結果的に，本件鑑定評価の経済的合理性の欠如が示されている。

(注) 建築基準法施行令144条の4（道路に関する基準）1項1号ハの規定では，延長35mを超える袋路状道路においては，終端及び35m以内ごとに一定の自動車転回場を設けることが義務付けられている。

そうすると，本件裁決事例における本件土地に係る本件鑑定評価の合理性の判断に当たっては，都市計画法（当該評価対象地が所在する地方自治体が制定する条例等を含む）に規定する開発行為の内容についてまで熟知しておくべきであったということになる。

② 宅地造成工事費について

前記図表－16の争点②（宅地造成工事費について）について，請求人及び原処分庁の双方の主張として本件鑑定評価における開発法に係る宅地造成工事費（17,000円/㎡）の相当性が論点となっている（ただし，国税不服審判所の判断では，本件鑑定評価における開発法の適用自体の不合理性（宅地造成に伴う開発道路の設置方法に対する経済的合理性の欠如）を指摘し，該当する論点部分の考え方は示されていない）。

とりわけ，原処分庁の主張では，本件鑑定評価における開発法適用時の宅地造成工事費（17,000円/㎡）が，平成23年分（本件相続に係る相続開始年分）の財産評価基準書を基に算定した額の約1.5倍にも達することを摘示（下記計算を参照）し，その合理性に対する疑義を唱えている。

[計算]

(1) 9,300円/㎡ ［平成23年分の財産評価基準書に基づいて算定した本件土地に係る宅地造成費の額］ ÷80% ［評価通達において想定されている評価の安全性のしんしゃく率］ = 11,625円/㎡

(2) 17,000円/㎡ ［本件鑑定評価における開発法に係る宅地造成工事費］ ÷ 11,625円/㎡（上記(1)）≒ 1.5倍

ここで少し確認しておきたい事項がある。それは，各国税局長が財産評価基準書において毎年分ごとに定める宅地造成費の金額はどのようにして算定されているのかという疑問である。これに対して有益な情報を与えてくれる裁決事例（平成25年5月28日裁決，関裁（諸）平24－50）（以下「参考裁決事例」という）があるので，次に紹介しておきたい。

[参考裁決事例]

(イ) 事案の概要

本件は，請求人が相続により取得した土地（以下「本件土地」という）の価額は不動産鑑定士による鑑定評価額（60,000,000円）（以下「請求人鑑定評価額」という）であるとして相続税の申告をしたところ，原処分庁が評価通達に基づく評価額（150,452,114円）（以下「本件通達評価額」という）によることが相当であるとして相続税の更正処分等を行ったのに対し，請求人がその全部の取消しを求めた事案であ

る。
(ロ) 国税不服審判所の判断（要旨）
　㋑　請求人鑑定評価額は，取引事例比較法による比準価格と開発法による価格を基に算定されているが，次に掲げるとおり，その算定過程において，いずれも合理性が認められないから，これらの価格を基に算定された請求人鑑定評価額は，本件土地の本件相続開始時における価額（時価）とは認められない。
　　(A) 取引事例比較法による比準価格について
　　　Ⓐ　取引事例比較法の適用につき，本件土地と状況の類似する土地の取引事例を採用するべきところ，採用された取引事例は類似性を著しく欠く事例（地積過小地）であり不合理である。
　　　Ⓑ　標準化補正及び価格格差補正において採用された各補正率について，その算定過程において合理性が認められない。
　　(B) 開発法による価格について
　　　Ⓐ　本件土地に係る請求人鑑定評価における開発計画は，本件審査基準（筆者注 本件土地が所在する地方自治体が定めた開発行為に関する実務的運用を示したもの）を満たしていない上，同基準を満たすために必要となる道路用地の買収費用等が開発法価格に何ら考慮されておらず，合理性が認められない。
　　　Ⓑ　本件土地は，崖地部分を含むため，その擁壁工事費用（以下「請求人擁壁工事費」という）として当該崖地部分の水平面積（626.25㎡）に１㎡当たり150,000円を見込んでいる。しかしながら，この１㎡当たりの単価（150,000円）は明らかに過大といえ（筆者注 これが過大であるとの立証として，次の㋩を参照されたい。当該㋩部分がこの参考裁決事例を有益な情報として取り扱う所以である），合理性が認められない。
　㋺　審判所において，本件土地の評価につき，評価通達によらないことが正当と認められる特別な事情があるか否かを検討するため，＊＊＊＊（筆者注 不動産鑑定評価機関の名称）に対し，本件土地の鑑定評価を依頼した（以下，本件土地の鑑定評価を「審判所鑑定評価」という）したところ，本件土地の評価額を69,300,000円（以下「審判所鑑定評価額」という）と算定している。
　　筆者注　審判所では，審判所鑑定評価額の算定方法には不合理な点はなく，その相当性は認められるものであるとの判断を示している。
　㋩　本件土地につき，本件通達評価額（150,452,114円）は，本件土地の本件相続開始時における価額（時価）である審判所鑑定評価額（69,300,000円）を上回ることから，本件土地の評価額を評価するに当たっては，評価通達の定めにより難い特別な事情があると認められ，本件土地の評価額は審判所鑑定評価額とするのが相当である。
(ハ) 請求人鑑定評価による開発法の価格（擁壁工事費用（宅地造成費）の相当性の判

断）について

　　関東信越国税局長が定める財産評価基準書（以下「評価基準書」という）における各県別の宅地造成費の金額表の金額は，平坦地，傾斜地ごとに，想定画地等，地質地盤，盛土高，傾斜度，擁壁の種類，土質，盛土の運搬距離などについて，土地造成における平均的な条件を想定の上，土木工事業界関係の専門誌である「建設物価」や「土木コスト情報（建設物価臨時増刊）」，一般社団法人日本建設機械施工協会発行の「建設機械等損料表」，国土交通省発表の「土木土事標準歩掛」の各地域別の人件費，材料費等のコストの数値等を積算することにより算定された㋑<u>通常要する造成費の金額の80％相当額であると認められ</u>，㋺<u>その通常要する造成費の算定には合理性が認められるところ</u>，平成20年分の評価基準書における埼玉県の平坦地の宅地造成費の金額表の土止費（1㎡当たり37,400円）の金額を80％で割り戻した金額が1㎡当たり46,750円（以下，この金額を「埼玉県内における評価基準書に基づく1㎡当たりの擁壁工事単価」という）であることからすると，請求人擁壁工事費の1㎡当たりの単価（150,000円）は明らかに過大といえる。

　　筆者注　上記㋺㋩で，国税不服審判所がその算定方法につき合理性を容認した審判所鑑定評価額を求めるに当たって採用された開発法において適用した擁壁工事費は，1㎡当たり36,000円であった。

上記で確認した 参考裁決事例 から，評価通達に定める宅地造成費の金額の課税実務上の取扱（運用解釈）として，次に掲げる事項が理解されよう。

(X)　土地所在地の各国税局長が評価基準書において定めるその年分の宅地造成費の金額は，その実績が認められる一定の資料に基づいて算定されたものであり，また，一般的に路線価の設定は当該土地（宅地）の正常な価額（客観的な交換価値）を示すとされる公示価格の80％相当とされていることから，上記の資料に基づいて算定された通常要する造成費の金額の80％相当額に改定することがその整合性を担保するために必要であると認められ（上記 参考裁決事例 ㋩㋑　部分），このように算定された造成費の算定には合理性が認められること（上記 参考裁決事例 ㋩㋺　部分）

(Y)　評価対象地（市街地山林等の宅地見込地）に係る宅地造成費の金額を，当該評価対象地所在地の国税局長が定める評価基準書よらず独自に算定した額とすることが禁止されているわけではない。ただし，この場合であっても，上掲の 参考裁決事例 ㋩のとおり，国税局長が定める評価基準書の算定過程には合理性があるものと認められることから，上述の独自に算定した宅地造成費の金額によることを納税者側が主張する場合には，当該算定過程に係る立証挙証責任（国税局長が定める評価基準書によらず納税者が独自に算定した宅地造成費の金額によることがより一層の合理性を担保していることの説明）が納税者側に求められること

(Z)　上記(Y)に掲げるところより，納税者が独自に算定した宅地造成費の金額によることのより一層の合理性が立証挙証された場合であっても，実際に宅地造成費の金額とし

て控除できるのは上記(X)に掲げる趣旨より，当該納税者が独自に算定した宅地造成費の金額の80％相当額とされること

③ 算定根拠を明示することの重要性

　本件裁決事例における本件鑑定評価につき，その合理性の有無に係る具体的な争点として，(イ)本件隣接地の買取に係る環境要因に対する格差率（10％）の相当性及び(ロ)本件土地に係る宅地造成工事費（17,000円／㎡）の金額の妥当性が挙げられている。本件裁決事例では，本件土地の価額につき，納税者側において評価通達の定めによるのではなく本件鑑定評価額によることを主張するものであることから，本件鑑定評価に係る考え方（構成要素），採用された各種数値資料（取引事例，各種の格差補正率，割引率，資本還元率，開発想定期間等）の合理性等に関する立証挙証責任（説明責任）は，納税者側が負うことになる（立証挙証責任配分の原則）。

　しかしながら，前記図表－16における原処分庁（課税庁）の主張欄の各____部分のとおり，上記(イ)に関しては環境要因に対する格差率（10％）の根拠も示されていないため，その妥当性には疑義があるとされ，また，上記(ロ)についても本件土地に係る宅地造成工事費（17,000円／㎡）の算定根拠は不明であって，合理性に疑義があると指摘されているところである。納税者側に立証挙証責任（説明責任）があるとされているこれらの論点につき，最終的に説明責任（算定根拠の明示）が果たせなかったというのであるから，本件鑑定評価の合理性が疑問視されてもいたしかたのないところであろう。

　相続税等の土地評価において，評価通達の定めによらないで評価することについて相当と認められる特別な事情があるとして，不動産鑑定士等による不動産鑑定評価による場合には，当該鑑定評価に係る説明責任が課せられているものと認識しておく必要があろう。

(3) 取引事例比較法

　本件裁決事例における本件鑑定評価では，参考として（(注)参考とは，不動産鑑定評価の世界では事実上において考慮（計算上のしんしゃく）の対象とされていないことを意味する），取引事例比較法が適用されている。本件鑑定評価で採用された4つの取引事例（次頁図表－18を参照）のうちの2事例につき，その採用の相当性をめぐって，次の①及び②に掲げる問題点が指摘されているので確認しておきたい。

① 取引事例の選択（取引事例Gについて）

　不動産鑑定評価基準では，取引事例比較法は，市場において発生した取引事例を価格判定の基礎とするものであるので，多数の取引事例を収集することが必要であり，また，収集の対象となる取引事例については，次に掲げる要件の全部を備えなければならない旨を定めている。

　(イ) 取引事例が正常なものと認められるものであること又は正常なものに補正することができるものであること
　(ロ) 時点修正をすることが可能なものであること
　(ハ) 地域要因の比較及び個別的要因の比較が可能なものであること

　そうすると，取引事例は，不動産の利用目的，不動産に関する価値観の多様性，取引の

図表−18　請求人鑑定評価における取引事例比較法による比準価格の算定（取引事例の選択・適正な事情補正）

区分 項目	取引事例 E	取引事例 F	取引事例 G	取引事例 H
所在地	＊＊＊＊	＊＊＊＊	＊＊＊＊	＊＊＊＊
類型	宅地・更地	宅地・更地	宅地・更地	宅地・更地
地積	589.30㎡	653㎡	485㎡	809.13㎡
取引時点	平成22年11月 （登記原因日）	平成22年4月 （契約日）	平成22年3月 （契約日）	平成22年3月 （登記原因日）
間口・奥行	19m×30m	21m×31m	2画地より構成	22m×26m
形状	長方形	ほぼ整形	ほぼ整形	ほぼ整形
接面街路	北西側5.2m舗装市道	東側6.0m舗装市道	東側4.0m舗装市道 北東側4.0m舗装市道	北東側11m舗装市道 北西側5.7m舗装市道
取引価格 (a)	131,512円/㎡	131,700円/㎡	117,064円/㎡	166,846円/㎡
事情補正 (b)	正常 100/100	正常 100/100	正常 100/100	高値 100/120
時点修正率 (c)	97.6/100	96.2/100	96.0/100	96.0/100
建付減価補正 (d)	100/−	100/−	100/−	100/−
個別的要因の標準化補正 (e)（相乗積）	規模（市場性）　＋16 100/116	規模（市場性）　＋14 100/114	角地　　　　　　＋3 規模（市場性）　＋21 100/125	二方路画地　　　＋2 規模（市場性）　＋8 100/110
地域要因の比較 ①街路条件	幅員約5.2m　　＋3 舗装市道　　　＋2 系統連続性（普通）＋3 100/108	幅員約6.0m　　＋4 舗装市道　　　＋2 系統連続性（普通）＋3 100/109	幅員約4.0m　　＋1 舗装市道　　　＋2 系統連続性（普通）＋3 100/106	幅員約11m　　　＋6 舗装市道　　　＋2 系統連続性（普通）＋3 100/111
②交通接近条件	＊＊＊＊　　＋2 1,900m　　−8.5 100/93.5	＊＊＊＊　　＋2 1,600m　　−5.5 100/96.5	＊＊＊＊　　−2 1,550m　　−5 100/93	＊＊＊＊　　0 1,150m　　−1 100/99
③環境条件	一般住宅，アパートが混在する住宅地域 100/113	一般住宅が増えつつある区画整然とした住宅地域 100/115	一般住宅が建ち並ぶほか畑も残る住宅地域 100/105	一般住宅，アパート，農家住宅等が混在する住宅地域 100/115
④行政的条件	1中専(60/200)　0 100/100	1中専(60/200)　0 100/100	1低専(60/100)　0 100/100	1中専(60/200)　0 100/100
⑤その他の条件	100/100	100/100	100/100	100/100
格差率 (f)（①から⑤の相乗積）	100/114	100/121	100/104	100/126
比準価格（a×b×c×d×e×f）	97,100円/㎡	91,800円/㎡	86,400円/㎡	96,300円/㎡
（参考）平均価格	92,900円/㎡			

動機による売主及び買主の取引事情等により各々の取引について考慮されるべき視点が異なってくることになり，取引事例に係る取引事情を始め取引当事者の属性及び取引価格の水準の変動の推移を慎重に分析する必要があることになる。

　図表−18に掲げる取引事例Gは項目の「間口・奥行」欄において，「2画地より構成」とされており，認定事実によれば，次に掲げる事項が認められる。

　認定事実
　(A)　取引事例Gに係る土地の形状は，おおむね次頁図表−19の実線で囲んだ部分であ

ること

(B) 図表－19の実線で囲んだ部分と点線で囲んだ部分はもともと１筆の土地であったものを分筆の上，同一年月日，それぞれ別の者に売却されたものであること

上記に掲げる認定事実を前提に，次に掲げる事項を摘示して国税不服審判所では本件鑑定評価において取引事例Ｇを採用したことには疑問があるとしている。極めて相当な判断であると考えられる。

摘示事項

(A) 取引事例Ｇに係る取引は取引事情や形状等の個別性が強いこと

(B) 取引事例としてやむを得ず採用するにしても補正は困難というべきであり，現に，本件鑑定評価において，この点についての補正がされているとは認められないこと

(C) 本件鑑定評価では，標準的な画地を1,000㎡程度の住宅素地としているところ，取引事例Ｇに係る土地は２画地合わせても500㎡に満たず，大きな画地のみでは400㎡にも満たない（他方の区画は１画地の宅地にしかならない画地規模である）ことからすれば，標準的な画地と取引事例地とで条件が大きく異なるものと認められること

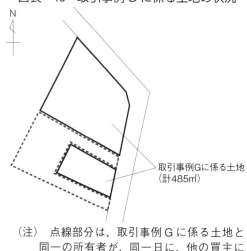

図表－19 取引事例Ｇに係る土地の状況

（注）点線部分は，取引事例Ｇに係る土地と同一の所有者が，同一日に，他の買主に売却したと認められる土地である。

② 取引価格に係る事情補正（取引事例Ｈについて）

不動産鑑定評価基準では，取引事例が特殊な事情を含み，これが当該事例に係る取引価格に影響していると認められるときは，適切な補正を行い（以下「事情補正」という），取引事例に係る取引の時点が価格時点と異なることにより，その間に価格水準の変動があると認められるときは，当該事例の価格を価格時点の価格に修正しなければならない旨を定めている。そして，不動産鑑定評価基準運用上の留意事項において，上記の「事情補正」につき，次頁図表－20に掲げるとおりの定めを設けている。

そうすると，取引事例比較法の適用に当たっては，取引事例が特殊な事情を含み，これ

図表－20　不動産鑑定評価基準運用上の留意事項に定める事情補正

> 事情補正について
>
> 　事情補正の必要性の有無及び程度の判定に当たっては，多数の取引事例等を総合的に比較対照の上，検討されるべきものであり，事情補正を要すると判定したときは，取引が行われた市場における客観的な価格水準等を考慮して適切に補正を行わなければならない。
> 　事情補正を要する特殊な事情を例示すれば，次のとおりである。
> (1) 補正に当たり減額すべき特殊な事情
> 　① 営業上の場所的限定等特殊な使用方法を前提として取引が行われたとき。
> 　② 極端な供給不足，先行きに対する過度に楽観的な見通し等特異な市場条件の下に取引が行われたとき。
> 　③ 業者又は系列会社間における中間利益の取得を目的として取引が行われたとき。
> 　④ 買手が不動産に関し明らかに知識や情報が不足している状態において過大な額で取引が行われたとき。
> 　⑤ 取引価格に売買代金の割賦払いによる金利相当額，立退料，離作料等の土地の対価以外のものが含まれて取引が行われたとき。
> (2) 補正に当たり増額すべき特殊な事情
> 　① 売主が不動産に関し明らかに知識や情報が不足している状態において，過少な額で取引が行われたとき。
> 　② 相続，転勤等により売り急いで取引が行われたとき。
> (3) 補正に当たり減額又は増額すべき特殊な事情
> 　① 金融逼迫，倒産時における法人間の恩恵的な取引又は知人，親族間等人間関係による恩恵的な取引が行われたとき
> 　② 不相応な造成費，修繕費等を考慮して取引が行われたとき。
> 　③ 調停，清算，競売，公売等において価格が成立したとき。

が当該事例に係る取引価格に影響していると認められるときは適切な補正（事情補正）が行われることが求められている。

　本件裁決事例における本件鑑定評価では，前記図表－18に掲げる取引事例Hの取引価格は項目の「事情補正」欄において「高値　100/120」（筆者注　買進み（高値取引）が行われたとの意味）の事情補正（減額すべき事情補正）が行われている。この点に対する国税不服審判所の判断では，「かかる事情は，事情補正を要するような特殊な事情に該当するとはいえず，他に本件鑑定評価書上，上記の特殊な事情をうかがわせる記載もなく，これを認めるに足りる証拠資料もない。したがって，この点も本件鑑定評価の合理性に疑問がある」として，本件鑑定評価に対する事情補正の相当性を否定している。

　本件鑑定評価において事情補正（減額すべき事情補正）が行われた経緯として，「取引事例Hの取引価格が高値であるとしてマイナス20％の事情補正を行っている」と記載されていることから，本件鑑定評価においては，次の観点からの視点（検討）が求められたのではないかと考えられる。

① 事情補正の理由が「取引事例Hの取引価格が高値である」とのことであるが，価額が高値であるか否かは主観的な要素を含むものであり，客観的な判断を求めることは相当に難しいこと

② 図表－20に掲げる不動産鑑定評価基準運用上の留意事項の(1)及び(3)の＿＿部分において，「補正に当たり減額すべき特殊な事情」が例示されているが，上記①に掲げる「取引事例Hの取引価格が高値である」という事実（価額が単に高いという意味）

のみで，いかなる事由（特殊な事情）で当該事実が発生しているのかという説明が本件鑑定評価においてはなされなかったこと
③ 予備的検討として，仮に本件鑑定評価における事情補正（減額すべき事情補正）に相当の理由にがあったとしても，本件鑑定評価における事情補正率（▲20％）の算定根拠が説明されていないこと

❸ **本件裁決事例に対する私見（国税不服審判所独自の本件土地に係る価額算定の必要性）**

本件裁決事例は，本件土地の価額につき，請求人（納税者）が本件鑑定評価（59,000,000円）によることを主張し，一方，原処分庁（課税庁）においては本件通達評価額（78,952,536円）によることを主張した事案である。

そして，国税不服審判所の判断では，承前において確認したとおり，本件鑑定評価は合理性を有するものとは認められないことを理由に，本件土地の評価は，評価通達の定めに従って評価した本件通達評価額（78,952,536円）で，当該本件通達評価額が本件土地の時価を適正に評価したものと認められるとしている。

ここで，一点，摘示しておきたい事項がある。それは，国税不服審判所の判断の過程において次のような行動様式が認められることである。

(1) 請求人（納税者）側の本件鑑定評価（59,000,000円）に不合理な点があることのみを複数の指摘事項をもって認定していること
(2) 上記(1)と連動するが，本件土地の価額につき，原処分庁（課税庁）が行った評価通達に基づく本件通達評価額（78,952,536円）の相当性に対する国税不服審判所としての言及は認められないこと
(3) 本件土地の価額につき，原処分庁（課税庁）が行った評価通達に基づく本件通達評価額（78,952,536円）が，本件土地の実勢市場における時価以下であること（換言すれば，本件通達評価額は時価（客観的な交換価値）を上回っていないこと）を確認した経緯は認められないこと

本件裁決事例で国税不服審判所が上記のような行動様式を採用したのは，次に掲げるような思考過程を経た結果によるものと筆者は推察する。

|思考過程|

(A) 評価通達の定めによる価額は「時価」と推認（基本的発想）

法令解釈等の通説として，相続税に係る課税処分の審査請求において，<u>原処分庁が，当該課税処分における課税価格ないし税額の算定が評価通達の定めに従って相続財産の価額を評価して行われたものであることを評価通達の定めに即して主張・立証した場合</u>には，その課税処分における相続財産の価額は「時価」すなわち客観的交換価値を適正に評価したものと事実上推認することができるとされている。

(B) 納税義務者による反証（立証挙証責任）

上記(A)を前提にすると，請求人（納税者）において，次に掲げるような事項を具体的に指摘して評価通達の定めによる評価の不合理性を主張立証するなどして上記推認

を覆すことがない限り，原処分庁（課税庁）による課税処分は適法であると認められる。

Ⓐ　評価通達の定めに従って行ったという原処分庁の財産評価の基礎となる事実認定に誤りがある等，その評価方法に基づく相続財産の価額の算定過程自体に不合理な点があること

Ⓑ　不動産鑑定士による合理性を有する不動産鑑定評価等の証拠資料に基づいて，評価通達の定めに従った評価が，当該事実の具体的な事情の下における当該財産の「時価」を適切に反映したものではなく，客観的交換価値を上回るものであること

(C)　本件裁決事例における当てはめ（国税不服審判所の判断）

Ⓐ　上記(A)に関して，原処分庁（課税庁）は本件土地の価額を評価通達14－3（特定路線価）及び同49－2（広大な市街地山林の評価）に基づき，図表－21のとおりの財産評価額（78,952,536円）となることを評価通達の定めに即して主張立証したと判断される（換言すれば，当該財産価額は時価と推認される）。

Ⓑ　上記(B)に関して，請求人（納税者）は上記Ⓐに掲げる推認（評価通達の定めによる価額は「時価」と推認）を覆すための主張立証を行う必要が求められているところ，本件裁決事例でその手法として採用された不動産鑑定士による本件鑑定評価（59,000,000円）は，上記(B)Ⓑに掲げる求められるべき反証水準には達しておらず，当該主張立証には合理性が認められないものと判断される（換言すれば，上記Ⓐの推認を妨げるに至っていない）。

Ⓒ　上記Ⓐ及びⒷより，本件土地の価額は，本件通達価額（78,952,536円）によるべきであり，請求人（納税者）の主張には理由が認められない。

上記に掲げる国税不服審判所の行動様式（思考過程）は法令解釈等の通説として一見（一読）すると合理性があるように思えるかもしれないが，筆者は少々異なる考え方を有している。すなわち，国税不服審判所は行政機関ではあるものの租税に対して発生した納税者と原処分庁との間の疑義（争点）に対して，納税者に対する権利救済機関としての役割が求められているものと解されていることから，上記(A)の____部分に掲げる「原処分庁が，当該課税処分における課税価格ないし税額の算定が評価通達の定めに従って相続財産の価

図表－21　原処分庁主張額の計算明細（評価通達49－2（広大な市街地山林の評価）の定めに基づき評価した価額）

区　　分		金　額　等
特定路線価	①	130,000円
広大地補正率	②	0.5442
地積	③	1,116㎡
財産評価額（①×②×③）		78,952,536円

（注）　広大地補正率（②欄）は，地積に応じた，評価通達24－4（広大地の評価）に定める算式により求めた補正率である。

筆者計算　$0.6 - 0.05 \times \dfrac{1,116㎡}{1,000㎡} = 0.5442$

額を評価して行われたものであることを評価通達の定めに即して主張・立証した場合」の解釈につき，本件裁決事例を当てはめると，次に掲げるような事項を指摘することができ，本件土地の評価につき，当該＿＿＿部分に掲げる原処分庁による主張・立証が完全に果たし得たのか否か，なお論点の残るところであると思慮される。

(1) 国税不服審判所が相当と判断したのは，図表－21に掲げるとおり，原処分庁（課税庁）が本件土地の価額の算定につき，評価通達49－2（広大な市街地山林の評価）という評価通達の定めが適用されたことのみを対象としているのではないかと考えられる。

(2) 本件土地の価額の算定につき，評価通達の定めを適用することが相当であるとしても，その各評価の過程に不合理な点はないか等の検証はなされていない（例えば，本件土地の場合では，原処分庁が＊＊＊＊（特定路線価の設定業務を担当する税務署に係る税務署長）に依頼して設定された特定路線価（130,000円/㎡）の合理性を検証したというような事実は確認されない）。

(3) 上記 思考過程 の(A)より，評価通達の定めによる価額は「時価」と推認されるものの，あくまでも推認に過ぎない。また一方，法令解釈等の通説として次に掲げるものがある。

法令解釈等の通説 （国税不服審判所裁決事例（平22.5.19裁決，関裁（諸）平21-109，平成18年相続開始分））

---

① 相続税法22条（評価の原則）は，相続により取得した財産の価額は，特別の定めのあるものを除き，当該財産の取得の時における時価による旨規定しており，この時価とは，当該財産の取得の時において，それぞれの財産の現況に応じ，不特定多数の当事者間で自由な取引が行われる場合に通常成立すると認められる価額，すなわち客観的な交換価値をいうものと解される。

② 相続税の課税対象とされる財産は多種多様であることから，国税庁は，相続財産の評価の一般的な基準を評価通達によって定め，各種財産の評価方法に共通する原則や各種の財産の評価単位ごとの評価方法を具体的に定め，課税の公平，公正の観点から，その取扱いを統一するとともに，これを公開し，納税者の申告，納税の便に供している。

③ 上記②に掲げるとおり，評価通達に定める評価方法は，個別の評価によることなく，画一的な評価方法が採られていることから，同通達に基づき算定された評価額が，取得財産の取得時における客観的な時価と一致しない場合が生ずることも当然に予定されているというべきであり，同通達に基づき算定された評価額が客観的な時価を超えていることが証明されれば，当該評価方法によらないことはいうまでもない。

参考 上掲の裁決事例は，評価対象地（市街地農地）の評価につき，原処分庁（課税庁）が評価通達の定めにより評価（28,988,832円）することが相当であると主張したのに対し，国税不服審判所が選任しその適切性を認めた審判所鑑定評価額

（13,200,000円）によることが相当であるとして，原処分の一部の取り消しを認めた事例である。

　注　上掲の裁決事例は，**CASE5**において紹介されているので，併せて参照されたい。

　そうすると，本件裁決事例における本件土地の本件通達評価額（78,952,536円）についても，当該価額が本件土地の客観的な時価を超えていないか否かを，納税者に対する権利救済機関たる国税不服審判所においてはこれを検証すべきであったと考えられる。

　なお，付言しておくが，上記の検証を行うことも，前掲の思考過程(A)に掲げる「評価通達の定めに従って相続財産の価額を評価して行われたものであること」の検討の範囲内に属するものと考えられる。なぜならば，上掲の 法令解釈等の通説 の③部分は，次に掲げる評価通達6（この通達の定めにより難い場合の評価）の定めの具体的な解釈の一つであると考えられるからである。

資料　評価通達6（この通達の定めにより難い場合の評価）

> この通達の定めによって評価することが著しく不適当と認められる財産の価額は，国税庁長官の指示を受けて評価する。

参考事項等

❶　参考法令通達等

- 日本国憲法30条（納税の義務）
- 日本国憲法84条（租税法律主義）
- 相続税法22条（評価の原則）
- 評価通達1（評価の原則）(2)（時価の意義）
- 評価通達6（この通達の定めにより難い場合の評価）
- 評価通達14－3（特定路線価）
- 評価通達24－4（広大地の評価）（筆者注 平成29年12月31日をもって廃止）
- 評価通達49（市街地山林の評価）
- 評価通達49－2（広大な市街地山林の評価）（筆者注 平成29年12月31日をもって廃止）
- 建築基準法42条（道路の定義）
- 建築基準法43条（敷地等と道路との関係）
- 建築基準法施行令144条の4（道路に関する基準）
- 土砂災害警戒区域等における土砂災害防止対策の推進に関する法律6条（土砂災害警戒区域）
- 不動産鑑定評価基準
- 不動産鑑定評価基準運用上の留意事項

・国家行政組織法14
・国税不服審判所裁決事例（平22.5.19裁決，関裁（諸）平21－109，平成18年相続開始分）
・国税不服審判所裁決事例（平25.5.28裁決，関裁（諸）平24－50，平成20年相続開始分）
・国税不服審判所裁決事例（平28.8.2裁決，関裁（諸）平28－4，平成23年相続開始分）
・名古屋地方裁判所（平16.8.30判決，平成15年（行ウ）第10号，平成10年相続開始分）

❷ 類似判例・裁決事例の確認

相続により取得した土地（宅地）の価額を評価通達の定めによらず不動産鑑定士による不動産鑑定評価額によるものとしたところ，当該不動産鑑定書の不合理性が指摘され原処分庁が主張する評価通達の定めにより評価した価額（相続税評価額）によることが相当であると判断された裁決事例として，次のようなものがある。

●平成28年2月12日裁決，東裁（諸）平27－88

請求人は，本件土地（地積128.52㎡の宅地，被相続人の持分割合は8分の7）は都市計画道路予定地の区域内となる部分を有する宅地であり，その部分は本件土地の地積の約90％を占め，本件土地上に建築される建築物について階数が3以下，高さが10m以下など建築に制限を受けることにより，宅地として通常の用途に供する場合に利用の制限がある等として，当該土地の価額は不動産鑑定士による本件鑑定評価書に基づく本件鑑定評価額（59,937,500円）（被相続人持分対応額）が相当である旨主張する。

しかしながら，評価通達の定めに基づく相続財産の評価の方法は，相続税法22条（評価の原則）が規定する財産の時価すなわち客観的交換価値を評価・算定する方法として一定の合理性を有するものと一般に認められていることなどからすれば，相続税に係る課税処分の審査請求において，原処分庁が，当該課税処分における課税価格又は納付すべき税額の算定が評価通達の定めに従って相続財産の価額を評価してしたものであることを，評価通達の定めに即して主張・立証した場合には，その課税処分における相続財産の価額は「時価」すなわち客観的交換価値を適正に評価したものと事実上推認することができるというべきである。

したがって，このような場合には，評価通達の定めに従ってしたという原処分庁の財産評価の基礎となる事実関係に認定の誤りがあるなど，その評価の方法に基づく相続財産の価額の算定過程自体に不合理な点があることにより，上記推認を妨げ，あるいは，不動産鑑定士による合理性を有する不動産鑑定評価等の証拠資料に基づいて，評価通達の定めに従った評価は，当該事案の具体的な事情の下における当該相続財産の「時価」を適切に反映したものではなく，客観的交換価値を上回るものであることが立証されるなどして上記推認を覆すことがない限り，当該課税処分は適法であると認められることになる。

本件鑑定書に係る鑑定評価については，公示価格を規準とするという点において不動産鑑定評価基準に準拠して行われたとは認められず（本件鑑定評価額と規準価格とが相当程度乖離しているにもかかわらず，その原因についての分析及び検討がないまま，本件鑑定評価額が決定されている），加えて，取引事例比較法を採用し，これにより算定された価格に個別的要因の比較に基づく個別格差率（以下「本件格差率」という）▲62.8％を乗じ

て本件比準価格を求めているが，本件格差率に合理性があるとは認められない。

　以上より，本件鑑定評価額が本件相続開始日における本件土地の客観的な交換価値（時価）を示すものとは認められず，本件鑑定評価書をもって，評価通達の定めにより評価した価額を時価とする事実上の推認は覆らない。また，その他に上記推認を覆し，あるいは妨げるに足りる事情は認められない。

　したがって，評価通達の定めにより評価した本件土地の価額（132,337,054円）（被相続人持分対応額）が，時価を上回る違法なものであるとは認められない。

追補　地積規模の大きな宅地の評価について

　本件裁決事例に係る相続開始年分は，平成23年である。もし仮に，当該相続開始日が，平成30年１月１日以後である場合（評価通達20－２（地積規模の大きな宅地の評価）の新設等の改正が行われた。以下「新通達適用後」という）としたときの本件土地の価額（前記図表－６に掲げる本件土地を評価通達49（市街地山林の価額）の定めに基づき評価した価額を基にする）は，次のとおりとなる。

(1)　地積規模の大きな宅地の該当性

　次に掲げる 判断基準 から，本件土地が三大都市圏に所在する場合又は三大都市圏以外に所在する場合のいずれにおいても，本件土地は，評価通達20－２（地積規模の大きな宅地の評価）に定める地積規模の大きな宅地に該当する。

判断基準

要件	本件土地			
① 地積要件(注)	三大都市圏に所在する場合	1,116㎡ ≧ 500㎡ （評価対象地の地積）（三大都市圏に所在する場合の地積要件） ∴地積要件を充足	三大都市圏以外に所在する場合	1,116㎡ ≧ 1,000㎡ （評価対象地の地積）（三大都市圏以外に所在する場合の地積要件） ∴地積要件を充足
② 区域区分要件	本件土地は，基礎事実から市街化区域（市街化調整区域以外）に所在 　∴区域区分要件を充足			
③ 地域区分要件	本件土地は，前記図表－３（本件鑑定評価書の要旨）によれば第一種低層住居専用地域（工業専用地域以外）に所在 　∴地域区分要件を充足			
④ 容積率要件	本件土地に係る指定容積率は，前記図表－３（本件鑑定書の要旨）によれば100％（指定容積率400％未満（東京都の特別区以外の場合）に該当 　∴容積率要件を充足			
⑤ 地区区分要件	本件土地は，基礎事実から路線価地域の普通住宅地区に所在 　∴地区区分要件を充足			
⑥ 判断とその理由	三大都市圏に所在する場合	該当 （上記①ないし⑤の要件を充足）	三大都市圏以外に所在する場合	該当 （上記①ないし⑤の要件を充足）

（注）　本件土地の所在地は不明である。

(2) 本件土地の価額（相続税評価額）

新通達適用後の本件土地の価額（相続税評価額）を算定すると，下表のとおりとなる。

区分		本件土地	
		三大都市圏に所在する場合	三大都市圏以外に所在する場合
特定路線価	①	130,000円	130,000円
奥行価格補正率	②	0.83	0.83
不整形地補正率	③	0.81	0.81
①×②×③	④	87,399円	87,399円
規模格差補正率(注1)	⑤	0.77	0.79
④×⑤	⑥	67,297円	69,045円
1㎡当たりの宅地造成費(注2)	⑦	9,300円	9,300円
宅地造成費控除後の1㎡当たりの価額（⑥−⑦）	⑧	57,997円	59,745円
地積	⑨	1,116㎡	1,116㎡
相続税評価額	⑩	<u>64,724,652円</u>	<u>66,675,420円</u>

(注1) 規模格差補正率
　(イ) 三大都市圏に所在する場合
$$\frac{1,116㎡（評価対象地の地積）\times 0.90+75}{1,116㎡（評価対象地の地積）}\times 0.8=0.773\cdots \Rightarrow 0.77 \left(\begin{array}{l}\text{小数点以下第2}\\\text{位未満切捨て}\end{array}\right)$$
　(ロ) 三大都市圏以外に所在する場合
$$\frac{1,116㎡（評価対象地の地積）\times 0.90+100}{1,116㎡（評価対象地の地積）}\times 0.8=0.791\cdots \Rightarrow 0.79 \left(\begin{array}{l}\text{小数点以下第2}\\\text{位未満切捨て}\end{array}\right)$$

(注2) 1㎡当たりの宅地造成費の金額は，平成23年分の財産評価基準書の数値資料をそのまま採用している。

資料　裁決事例一覧

CASE	タイトル	使用裁決事例	確認すべき主な評価項目等	「税理」掲載号
1	複数棟の貸家の敷地たる貸家建付地の評価に係る諸論点（一括借上時の評価単位，通路・駐車場等の共用施設の取扱い，借家人の有する権利の及ぶ範囲等）が争点とされた事例	平25.5.20裁決，東裁（諸）平24－212（平成22年相続開始分）	・評価単位（一括借上げの貸家が複数存する場合） ・広大地の評価（広大地の判定単位，マンション適地の判定） ・貸家建付地の評価（一括借上げされている場合における評価実務上の諸論点）	平成27年2月号，3月号，4月号，5月号，6月号
2	複数棟の貸家が一括借上げされている場合の貸家建付地の評価単位が争点とされた事例	平26.4.25裁決，東裁（諸）平25－111（平成22年相続開始分）	・評価単位（一括借上げの貸家が複数存する場合） ・広大地の評価（広大地の判定単位） ・貸家建付地の評価（一括借上げされている場合における評価実務上の諸論点） ・CASE1の事例との比較対照	平成27年7月号，8月号，9月号
3	評価会社が課税時期前3年以内に取得した家屋等の価額（課税時期における通常の取引価額）の算定方法が争点とされた事例	平25.7.1裁決，東裁（諸）平25－2（平成20年相続開始分）	・評価通達185（純資産価額）の括弧書 ・家屋等の通常の取引価額 ・最高裁平成15年7月18日の判決の意義 ・土地等の通常の取引価額	平成27年10月号，11月号，12月号
4	非線引の都市計画区域内に存する現状では建物建築が困難とされる雑種地の評価方法が争点とされた事例	平19.6.22裁決，関裁（諸）平18－72（平成16年相続開始分）	・雑種地の評価 ・市街化調整区域内に存する雑種地の評価上のしんしゃく割合（情報の確認） ・無道路地の評価	平成28年1月号

CASE	タイトル	使用裁決事例	確認すべき主な評価項目等	「税理」掲載号
5	市街化区域内に存するものの現状では建物建築が困難とされる市街地農地の評価方法が争点とされた事例	平22.5.19裁決，関裁（諸）平21－109（平成18年相続開始分）	・市街地農地の評価 ・建築基準法に規定する接道義務 ・特定路線価 ・奥行価格補正率の適用 ・不整形地の評価 ・無道路地の評価 ・埋蔵文化財包蔵地の評価 ・財産評価基準制度の適用限界 ・評価通達6（この通達の定めにより難い場合の評価）に係る法令解釈等 ・不動産鑑定評価	平成28年2月号，3月号，4月号
6	里道（道路法に規定する道路に非該当）に設定された路線価を基に市街地周辺農地として評価することの相当性が争点とされた事例	平11.12.22裁決，名裁（諸）平11－52（平成8年相続開始分）	・路線価の意義とその設定基準 ・里道に路線価を設定して評価することの是非 ・CASE5の事例との比較対照	平成28年5月号
7	宅地開発が可能な地域に存するものの急傾斜地で間口が狭小なため宅地化率が低い土地（畑・山林）の評価方法が争点とされた事例	平14.6.27裁決，東裁（諸）平13－281（平成9年相続開始分）	・地積（公簿上の地積によることの可否） ・開発困難な市街地山林等に対する評価 ・取引事例比較法による土地の価額算定	平成28年6月号
8	評価通達24－4（広大地の評価）に定める「その地域」の範囲及び「標準的な宅地の地積」の求め方が争点とされた事例	平25.2.27裁決，東裁（諸）平24－163（平成21年相続開始分）	・広大地の評価 ・広大地評価における「その地域」の範囲 ・広大地評価における「標準的な宅地の地積」の求め方	平成28年7月号

CASE	タイトル	使用裁決事例	確認すべき主な評価項目等	「税理」掲載号
9	建物が滅失し課税時期に存在していない貸地（賃貸借による）の評価につき、借地権割合を控除して評価することの可否が争点とされた事例	平26.5.9裁決、沖裁（諸）平25－4（平成21年贈与分）	・借地法に規定する借地権（借地借家法に規定する借地権との比較） ・朽廃と滅失の差異 ・法定更新 ・税務上の借地権	平成28年8月号、9月号、10月号
10	評価通達に定める広大地の要件たる「開発行為を行うとした場合に公共公益的施設用地（道路等）の負担が必要と認められるもの」に該当するか否かの判断基準が争点とされた事例（財産評価に影響を及ぼすべき客観的事情の認定）	平28.2.9裁決、東裁（諸）平27－29（平成25年相続開始分）	・広大地の評価 ・公共公益的施設用地（道路等）の負担の必要性に係る判断基準 ・財産評価に当たって考慮すべき客観的事情及び排除されるべき主観的事情 ・CASE 7 の事例との比較対照	平成28年11月号
11	土地区画整理事業の施行地区内に所在し、かつ、仮換地は未指定であり具体的な指定時期も不明確であることから著しい利用制限があると認められる市街地山林の評価方法が争点とされた事例	平20.5.29裁決、東裁（諸）平19－189（平成17年相続開始分）	・土地区画整理事業の意義 ・土地区画整理事業施行中の宅地の評価 ・土地区画整理法の条文理解とその運用 ・利用価値が著しく低下している宅地の評価	平成28年12月号、平成29年1月号
12	土地区画整理事業の施行区域（都市計画事業の認可が告示されていない地区）に存する評価対象地の評価につき、都市計画法上の建築制限をどのように反映させることが相当とされるのかが争点とされた事例	平25.3.26裁決、東裁（諸）平24－181（平成21年相続開始分）	・区分地上権に準ずる地役権の評価 ・都市計画道路予定地の区域内にある宅地の評価 ・利用価値が著しく低下している宅地の評価 ・市街化調整区域内の雑種地の評価 ・土地区画整理事業（土地区画整理法）と都市計画事業（都市計画法）	平成29年2月号、3月号

CASE	タイトル	使用裁決事例	確認すべき主な評価項目等	「税理」掲載号
13	課税時期において土地区画整理法に規定する仮換地の指定を受けたものの使用又は収益をすることができず，また，当該仮換地に係る造成工事も行われていない宅地の評価方法が争点とされた事例	平13.6.29裁決，東裁（諸）平12－202（平成10年相続開始分）	・土地区画整理事業施行中の宅地の評価 ・不動産鑑定評価	平成29年4月号
14	課税時期において事業認可された土地区画整理事業の施行地内に存するものの仮換地指定を受けていない土地（市街地山林）の価額を不動産鑑定評価額によることの可否が争点とされた事例	平24.3.6裁決，東裁（諸）平23－176（平成20年相続開始分（推定））	・評価通達の定めによらない評価と立証挙証責任 ・不動産鑑定評価と不動産鑑定評価基準 (1) 対象不動産の確定 　① 現状鑑定評価 　② 独立鑑定評価 　③ 部分鑑定評価 　④ 併合鑑定評価 　⑤ 分割鑑定評価 (2) 鑑定評価によって求める価格 　① 正常価格 　② 限定価格 　③ 特定価格 　④ 特殊価格 (3) 鑑定評価の基本的手法 　① 原価法 　② 取引事例比較法 　③ 収益還元法 　④ 開発法	平成29年5月号，6月号，7月号

CASE	タイトル	使用裁決事例	確認すべき主な評価項目等	「税理」掲載号
15	建築基準法上の道路（行止まりで路線価は未設定）に接道する市街地山林の評価につき、不動産鑑定士による不動産鑑定評価額と特定路線価を設定して評価通達の定めにより算定した評価額とのいずれによることが相当であるのかが争点とされた事例	平28.8.2裁決、関裁（諸）平28－4（平成23年相続開始分）	・租税法律主義と財産評価 ・時価の解釈（相続税法と評価通達） ・評価通達の位置付け等とその法源性 ・土地等の価額に係る立証挙証責任 ・不動産鑑定評価と不動産鑑定評価基準 　(1) 開発法（特に、宅地造成工事費について） 　(2) 取引事例比較法（特に、取引事例の選択について）	平成29年8月号、9月号、10月号

＜著者経歴＞

笹岡　宏保〔ささおか・ひろやす〕

昭和37年12月	兵庫県神戸市生まれ
昭和56年4月	関西大学経済学部入学
昭和58年9月	大原簿記専門学校非常勤講師就任
昭和59年12月	税理士試験合格
昭和60年3月	関西大学経済学部卒業
	その後会計事務所に勤務（主に相続・譲渡等の資産税部門の業務を担当）
平成3年2月	笹岡会計事務所設立
	その後現在に至る。

（主要著書）
- 『＜相続税・贈与税＞具体事例による財産評価の実務』（清文社）
- 『Q&A　税理士のための資産税の税務判断マニュアル』（清文社）
- 『これだけは確認しておきたい　相続税の実務 Q&A』（清文社）
- 『＜詳解＞小規模宅地等の課税特例の実務（重要項目の整理と理解）』（清文社）
- 『難解事例から探る　財産評価のキーポイント［第1集］』（ぎょうせい）
- 『難解事例から探る　財産評価のキーポイント［第2集］』（ぎょうせい）

　財産評価に関する事案は，各事例とも極めて個別特殊性を有するものであることが一般的です。そのような理由により本書に関するご質問及びご照会につきましては，対応が困難な状況です。この点斟酌をいただき，ご配慮をお願い申し上げます。

難解事例から探る　財産評価のキーポイント［第3集］

平成30年9月21日　第1刷発行
令和4年11月7日　第6刷発行

著　者　笹岡　宏保
発　行　株式会社ぎょうせい

〒136-8575　東京都江東区新木場1-18-11
電話　編集　03-6892-6508
　　　営業　03-6892-6666
フリーコール　0120-953-431
URL：https://gyosei.jp

＜検印省略＞

印刷　ぎょうせいデジタル㈱
＊乱丁・落丁本はお取り替え致します。

©2018　Printed in Japan

ISBN978-4-324-10509-2
(5108432-00-000)
［略号：財産評価ポイント(3)］